写给青春期男孩的书

面对青春期男孩出现的各种问题，父母必须认真分析原因，有的放矢地解决问题，在孩子的青春期与孩子一起成长。

写给青春期男孩的书

闫晗 / 编著

江西美术出版社
全国百佳出版单位

图书在版编目（CIP）数据

写给青春期男孩的书 / 闫晗编著 . -- 南昌 : 江西美术出版社 , 2018.8
ISBN 978-7-5480-6300-1

Ⅰ . ①写… Ⅱ . ①闫… Ⅲ . ①男性 - 青春期 - 健康教育 Ⅳ . ① G479

中国版本图书馆 CIP 数据核字 (2018) 第 182722 号

出 品 人：周建森
企　　划：江西美术出版社北京分社
（北京江美长风文化传播有限公司）
责任编辑：楚天顺　朱鲁巍
责任印制：谭　勋

写给青春期男孩的书
XIEGEI QINGCHUNQI NANHAI DE SHU

闫晗　编著

出　　版：江西美术出版社
社　　址：南昌市子安路 66 号
网　　址：http：//www.jxfinearts.com
电子信箱：jxms@jxfinearts.com
电　　话：010-82293750　0791-86566124
邮　　编：330025
经　　销：全国新华书店
印　　刷：北京长宁印刷有限公司天津分公司
版　　次：2018 年 8 月第 1 版
印　　次：2018 年 8 月第 1 次印刷
开　　本：830mm × 1180mm　1/32
印　　张：22
I S B N：978-7-5480-6300-1
定　　价：39.80 元

前言
PREFACE

对每一对父母来讲，看着自己的儿子一天天长大，一定是非常骄傲与自豪的。然而，步入青春期的男孩，却让不少父母感到不知所措。尽管孩子心理上的变化父母没那么迅速察觉，但身体上那些悄悄的变化却是掩盖不了的：个子高了，身材魁梧了，手腕更有力了……不断滋生的青春痘和刚刚露头的小胡子，都在意味着儿子已经进入青春期了，已经是一个“男子汉”了。

青春期，一个听上去充满朝气与活力的词语，然而对很多父母来说简直就是一道令人头疼的紧箍咒。这个时期的孩子生理上逐渐发育成熟，同时也有了与儿童明显不同的社会心理特征，但又不同于真正的成年人，他们虽然有一定的独立性，但还没有完全独立，这种介于儿童和成人的过渡阶段的地位，使得青春期的孩子成为社会学上所说的“边缘人”。他们的地位的不确定性和社会向他们提出的要求的不确认性，使他们面临着前所未有的生理变化和诸多特殊的心理问题。他们对有关于“性”的话题充满好奇甚至跃跃欲试，他们对师长、对社会总是怀有莫名的反叛情绪甚至充满敌意。在这成长的关键时期，如果师长因为无所适从而听之任之，或是因为恨铁不成钢而简单粗暴地对待孩子，很容易亲手把花季少年变成问题少年；如果孩子们得不到科学、有效的指导与帮助，也许会因一念之差而毁了自己的人生。因此青春期教育已经不仅仅是一个简单的教育问题，而变成了不可逃避、亟待解决的社会问题。

进入青春期的男孩，随着知识的不断积累、生活经验的不断丰富和心理素质的不断提升，他们的需求、动机、兴趣、能力、气质等人格特点也在不断地发生变化。他们开始学会了关注、分析、反思；开始带着怀疑、警觉的态度认识、评价每一个人、每一件事；开始有了“初生牛犊不怕虎”的气势；开始有了“欲与天公试比高”的志向……与此同时，他们也开始时不时地顶撞父母，不再像过去那么听话了，甚至会公开向父母叫板：“别管我，将来有没有出息是我自己的事！”他们的自我意识迅速发展，独立意识越来越强，他们认为自己已经成熟，有能力独立地处理一些事情。他们渴望别人把他们看作大人，当成朋友，尊重、理解他们；希望父母给予他们足够宽松与自由的空间。然而父母却并不一定能理解他们，所以他们跟父母较劲了、疏远了，可是内心还有自卑、虚荣与嫉妒。

作为曾经同样经历过这段“成长的烦恼”的人，父母应该最能理解儿子面临各种情形时心中的不安与困惑，了解儿子充满疑问却又无人可问的无助与迷茫。但事实上，并不是每个父母都是合格的老师。一方面，因为面对儿子突然的变化，自己没有做好充分的准备，所以沟通时往往还是简单而粗暴，只能端起家长的架子强硬管教，这种方式对于敏感、叛逆的青春期孩子简直是火上浇油，不但起不到作用，反而会导致儿子与父母更加疏离，甚至针锋相对；另一方面，儿子进入青春期后，面对自身产生的种种变化，或紧张、或尴尬，很多问题即使面对父母也羞于启齿，再加上他们开始有意识地保护起了自己的隐私，跟父母的知心话也越来越少了。这两方面的原因导致原本亲密的关系变得疏离，在儿子最需要与父母沟通交流的时候却产生了严重的障碍。

其实，很多时候方法决定效果，换一种交流方式也许会有一个意想不到的结果。既然口传心授不适用，不如把所有我们经历过的、想到的、看到的困扰儿子的种种情形和问题列举出来，并给出最佳答案和解决方法，作为一份礼物，送给青春期的男孩。

《写给青春期男孩的书》是一本专属于青春期男孩的百科全书，从生理变化到成长烦恼，从自我防卫到心理剖析，从学业指点到修养提升，从形象气质到礼仪交往，几乎无所不包，面面俱到；也是一本能够让父母和儿子一起阅读的亲子书，一字一句都凝结着父母的疼爱与呵护，让孩子感受到父母的浓浓爱意与细致入微的关怀；还是一本送给天下父母的青春期男孩成长笔记，让父母可以从中得知儿子那些不肯讲出来的烦恼和秘密，理解儿子产生种种变化的原因，成为男孩青春期最知心的良师益友。

青春期是人生中最重要、最宝贵的阶段，只有经过青春期，才能使男孩从童年过渡到成年，从幼稚变为基本成熟，从家庭走向社会，面对青春期男孩出现的各种问题，父母必须认真分析原因，有的放矢地解决问题，在孩子的青春期与孩子一起成长！

目录
CONTENTS

生理 & 变化——你的身体正在成熟

身体变化的小秘密

青春期的尴尬事

男子汉的“面子”事

健康走过青春期

成长 & 烦恼——小小少年没有烦恼

来自家庭的烦恼

让校园生活更愉快

迷茫的成长路

打理好我的小金库

心理 & 秘密——花季雨季自多情

若隐若现的情愫

怎样和女孩子相处

早恋的滋味

性与生命的故事

安全 & 健康——你也可以是“地球超人”

舞好网络这把“双刃剑”

如何应对生活中的意外

外出游玩怎样保障安全

火眼金睛，识破骗子的诡计

面对传染病和突发性疾病不慌乱

学校 & 学习——你在为自己读书

其实我是个好学生

学习不是痛苦的事

读书的意义

怎样提升学习效率

应对考试的诀窍

合理利用时间

勤思考，让头脑更灵巧

内心的成熟才是真正的成熟

成为一个处处受欢迎的人

乐群，做人之本

拥有良好心态

接受生活中的苦辣酸甜

风度 & 品质——你将成为未来的精英

美好德行增进魅力

打造个人风度

锻炼强壮体格

养成良好习惯

目标 & 计划——规划远行的蓝图

把握梦想的罗盘

培养独立精神

打造完美品质

用好口才为自己增值

累积人脉财富

遇见未来的自己

生理&变化

——你的身体正在成熟

身体变化的小秘密

大家有没有注意我的身体变化

近来，班上的汪辉变得越来越奇怪了。从前下课经常能听见他在教室里高歌一曲，声音洪亮而高亢，同学们十分喜欢听他唱歌。为此，他也被班上同学誉为“班级歌唱家”。可是，最近汪辉像变了一个人似的，课后再也听不到他的歌声了。他总是一个人低着头趴在桌子上，任凭同学怎么说他，跟他开玩笑，他都不理会。

班主任李老师知道后，把汪辉找来，关心地问：“汪辉，最近怎么了，我可是很久没有听你唱歌了，什么时候为我们献上一曲啊？”

“老师，我，我……我不会再唱歌了。”

老师惊讶地问：“怎么啦？出什么事了吗？”

“老师，我……我也不知道为什么，我的声音近来变了，连说话时都觉得怪怪的，唱歌时声音更加难听。”

李老师听后，笑着说：“就这啊！声音的变化，对你们这个年龄段的男孩子来说再正常不过了，你摸摸自己的喉咙，是不是觉得有一块突出来了？”

汪辉用手指摸了一下喉咙，连说道：“嗯！真的有一块突出来了！”

“呵呵，不用担心，这是你成长的一大特征，每个男孩子长大后都会有喉结，声音也会产生变化，随后，你身体其他地方也会慢慢地发生变化，这些都不必恐慌，不用害羞，老师会慢慢告诉你们的。等你完全变声后，还要继续唱歌给我们听啊！”

汪辉低着头，低声说：“谢谢老师，我知道是怎么回事了，等我声音变好后，我还会继续唱歌的。”说完，汪辉一脸轻松地回教室了。

给男孩的悄悄话

男孩在十一二岁时，身体会发生很多变化，上面故事中，汪辉出现的声音变化就是其中很典型的一种。男孩们面对这些变化，会表现出不同的心理，如羞涩或焦虑心理等。这个时候，了解一些自身发育的基本知识，男孩们就能坦然面对自己第二性征的出现了。

根据生理学的相关知识，男孩一般在11岁就开始进入青春期了，进入青春期的第一个表现就是睾丸的长度突增1厘米，宽度会增加0.8厘米。随之，雄性激素开始分泌，刺激阴茎开始变长变粗。而身高会在12岁时呈现突增高峰，男孩们看到的同学突然长高一般是这个时候。13岁，男孩会发现阴茎根部的两侧长出颜色浅而且细的毛毛，我们称之为阴毛。14岁时，男孩的喉结会慢慢突出来，要进入变声期了，说话的声音会变粗。乳房也会和女孩子一样开始发育，有时还伴随着疼痛感，但这并不是什么病痛，会渐渐消失。

就这样随着年龄的增长，慢慢地你会发现，身上其他部位，比如腋窝、嘴唇、腿部等都长出体毛来。当然，在此过程中，睾丸和阴茎一直在生长。15岁左右时，由于阴茎增长，阴茎头突出来，睾丸增长基本完成，直到有一天出现遗精，这时你就长成真正的“男子汉”了。

16岁时，男孩的阴茎、睾丸已与成人相同。身体发育会缓下来，各项发育渐趋平衡。再过一两年，男孩就会长出可爱又恼人的青春痘。

等到19岁时，男孩基本完成了青春期身体的发育，就会告别曾经的天真和无知，变得身材高大、强壮，声音低沉、有力，成为真正的男人了。

所以，这些身体上的变化是男孩子成长的见证，是成为“男子汉”

的必由之路，当青春期的男孩了解了身体发育的规律后，就不必因身体的变化而焦虑或羞涩了，为自己将成为“男子汉”而欣喜吧！

青春期有人开始得早，有人开始得晚

刘强是个多才多艺的学生，不光美术拿过奖，从小学三年级开始，就进入了少年合唱团，还成为了合唱团的队长。可是现在已经上初中的刘强，觉得当合唱团队长领着大家唱歌，是很没面子的事情。因为进入初中后，合唱团里的人因为青春期变声，开始陆陆续续地离开合唱团了。而刘强不但声音一直没变，就是个子也没长多少。有时新来的小学生一不小心还会喊他同学，而不是哥哥。

为此刘强跑到音乐老师那里，请求退出合唱团。老师因为熟练的学生越来越少，人手不够，希望刘强能再帮他一段时间，刘强也只能罢休了。可是每次在学校见到从前在一起的队员时，都会觉得不好意思。那些从前的队友每次见到他都会羡慕地说：“刘强，你真幸福，我现在想回去都不行。”这话刘强听了觉得刺耳，也没办法，只好笑笑，真是有苦说不出。

有时，刘强看到那些嘴唇上已经有些淡淡的绒毛的男生，觉得好羡慕。虽然不好看，可是那是变成男子汉的象征呀。刘强很担心，怕自己长不高，长不大。他把自己的心事告诉了好朋友。他的好朋友的妈妈正好是医生，知道刘强的苦恼后，便约他到家里玩。

刘强和好朋友在院子里玩儿，好朋友的妈妈走过来，指着院子里的一丛月季花说：“刘强，你看这些花苞有的大有的小，你知道哪个花苞会开得最漂亮吗？”刘强摇摇头问:“您知道吗，阿姨？”“我也不知道。不过我知道它们都在努力让自己健康成长，努力让自己开得最美。”刘强好像明白了什么。

给男孩的悄悄话

男孩也许会发现，有的同学青春期来得比较早，在别的孩子还没有进入青春期时，他就已经长出了小胡子；而有的同学青春期又来得晚些，别的孩子都变声了，他还保持着童音。

科学研究得出，青春期是指性器官发育成熟、出现第二性征的年龄阶段。世界卫生组织将青春期规定为 10 ~ 20 岁。在中国青春期一般是指 11 ~ 17 岁。但是，具体到每个孩子，青春期又有着“个体差异”，就是说每个同学的青春期有着迟早快慢的差异。相关资料表明，青春期的早晚快慢受遗传、营养、生活习惯、情绪及周围环境等因素的影响。

医学上将青春期发育的早晚归为不同的发育类型。一般来说，分为早熟型、均衡型和晚熟型。早熟型的孩子青春期开始最早，八九岁就进入了青春期；均衡型一般是 12 ~ 16 岁进入青春期；而晚熟型在 14 ~ 15 岁才进入青春期。

所以，不同的发育类型直接关系着青春期的早晚，青春期的早晚没有优劣之分，不过会带来一些身材的千差万别，不是影响健康的因素，不需要有此方面的担忧。至于，有些孩子在很晚的时候，第二性征还迟迟不发育的，就需要进行咨询和治疗了。

青春期长个子也有早晚

体育课上，陈老师点完名后不动声色地把花名册放在一旁，一边看体委带着同学们做准备活动，一边想陆欢又请病假的事儿。陆欢是个开朗大方的学生，不光成绩好，其他方面也很优秀，各科老师都很喜欢他，陈老师也不例外。以前体育课上，陆欢一直很积极，喜欢各种运动，从来没有请假或旷课，可是最近陆欢几乎不上体育课了，这个学期的体育课，陆欢几乎都请了病假，这让陈老师很不满，难道他的体育课就不是课了，一星期才一节，好好学习也不差这点时间。

下课后，陈老师顺路走过三班教室，向里望了望，看见陆欢正在认真做习题，陈老师皱了皱眉头，轻轻走过去敲了敲陆欢的桌子，“陆欢，哪里不舒服了，又没去上体育课，学习很忙吗？”陆欢看见陈老师突然站在自己面前，惊慌地站起来：“陈老师，对不起，我昨天把脚扭了。”“哦，是吗？”看着陈老师有些不满地离开了，陆欢很难过，知道自己这样做太过分了。

快放学的时候，班主任通知大家明天要体检，告诉大家好多注意事项。陆欢低着头，一边听一边想事情。班主任通知完大家后，对陆欢说：“陆欢，到我办公室来一下。”陆欢低下头没说什么，跟着班主任进了办公室。

“陆欢，老师知道你是个爱学习的好学生，这些值得表扬，但除了学习好，其他方面也很重要。听陈老师说，你最近体育课一直在请假，是不是因为学习呀？以后不能这样子了，体育除了能锻炼身体，还能锻炼人的意志，这也是需要好好学习的呀，应该更重视才对，你说对不对？”陆欢看着班主任没说话点了点头。

第二天，早晨8点钟开始体检，直到下午5点快要结束时，都没见到陆欢的人影，老师很着急，给陆欢的妈妈打电话，陆欢的妈妈说陆欢没在家，去上学了，大家一听就急了，分头找，最后在体育用品室找到了他。在老师的询问下，陆欢说出了原因。

原来陆欢一直为自己的身高烦恼，他不上体育课，是因为每次体育课排队时，他都站在最前面，是个头最矮的一个。为此，家里给他买了好多增高的补品，想了好多办法都不管用，这让陆欢很烦恼，慢慢有些自卑。这次体检，他想等大家都走了再去，免得量身高时被同学取笑。老师带着陆欢去问体检的医生，医生一听笑了，说：“要想长高，就更应该好好锻炼身体、上好体育课呀。别担心，你们现在都还小，好好锻炼，都会长成大个子的。”大家一听都笑了，陆欢也不好意思地笑了。

给男孩的悄悄话

一群年龄相当的中学生，有的个子要比其他人高很多，而有个别的要矮很多，这是为什么呢？是长得早就会长得高，还是长得晚才长得高呢？这是个困惑许多学生的问题，他们往往担心长个子早晚对自己最终身高的影响。

医学研究表明，影响身高的因素有很多，遗传、营养和运动等都会影响到中学生的身高。在这些因素都相当的情况下，还有每个同学的体质不同，长个子时间也会不同。长个早晚并不会决定身高的最终高度。个子长得过早的孩子要警惕性早熟。性早熟是性激素释放异常引起的，这样会导致孩子身高早期发育快，后期身高发育迟滞。

青春期无疑是身高发展的重要时期，在此期间为了给身高增长提供一个优越的条件，男孩们要合理安排自己的生活，从饮食、睡眠、运动等各个方面都加以注意，才不至于错过身高增长的最佳时期。

每个人的身高发育时段都不同。青春期时，每个人最先发育的部位也不一致，生殖器、体毛、身高等的发育会呈现不同的顺序，因人而异。所以，长个早晚不重要，重要的是为长个做好各方面的准备，提供各种有利于长个的条件。

男孩们也许发现了，那些喜欢户外运动的同学个子会比不爱运动的同学高，这是有科学道理的。经常参加体育运动的男孩身高普遍要高于不运动者。所以，在学校里经常参加单杠、弹跳、游泳、吊环、自由体操、打篮球和引体向上等运动，这些对长个子很有帮助。

什么原因导致青春期肥胖

四班班主任刘老师刚走进办公室，班长就急急忙忙跑进来，说："刘老师，你快去看看吧，夏威和杨涛打起来了！"刘老师一听，赶紧放下课本跟班长去了教室。

夏威和杨涛已经被大家拉开了，不过两个人还不罢休，刘老师很生气，"还打！都跟我去办公室！"夏威、杨涛看到班主任来了，都不敢再动，乖乖跟着班主任去办公室了。

"为什么打架？"

"杨涛给我起外号，叫我'胖墩'！"

"那也不能跟同学打架！"

"他还偷拿我的减肥药，丢给同学看，取笑我。"

"是不是，杨涛？"

“我没取笑他，只是跟他开玩笑的。减肥药有什么，看看怎么啦？”

听了杨涛的话，夏威很气愤，差点哭出来。刘老师还有事情，看两个人都不认错，只好让他俩先回去反省写检查。夏威很委屈，想自己因为胖被同学开玩笑，老师不但不理解还罚自己写检查。

回到家后，妈妈又做了很多好吃的。夏威看了看饭菜，跟妈妈说不想吃，就回房间做作业去了。妈妈很纳闷，晚饭后，又端来水果点心给夏威。夏威生气地让妈妈把水果点心端走，他下决心，一定要减肥。可是过了一段时间就坚持不住生病了，妈妈带夏威去看医生。医生听了夏威的烦恼后，对夏威说：“这样不但不能减肥，还会伤身体。你现在正是身体发育的时候，节食会让身体发育不良。以后应该多注意锻炼才对，饮食要规律，少吃热量很高又没营养的东西。”

回家后，夏威按照医生的话，给自己制订了一个减肥计划，每天跑步，吃饭休息很规律，不再买大堆的高热量零食。一个暑假过完后，同学们都说夏威瘦了好多，人也精神自信了。班上其他几个胖胖的同学不停地问他怎么做到的。他把自己的计划告诉大家后，大家都说要跟夏威一起做，让夏威做他们的小队长，监督他们，夏威高兴极了。班主任听到这件事，还在班上表扬了夏威，说他克服困难的精神值得所有同学学习。

给男孩的悄悄话

细心的男孩会发现，班里的同学肥胖率很高，在街上、学校和很多孩子常去的场合，也经常见到肥胖的孩子，其他孩子会因为好玩送给这些孩子一个叫做“小胖墩儿”的绰号，这给肥胖的孩子带来不小的心理负担。到底是什么原因导致青春期肥胖呢？科学研究表明，引起肥胖的原因很多，而青春期的孩子肥胖主要由于遗传、饮食不合理、运动少、情绪不稳定等原因造成的。

若要告别青春期肥胖得找出肥胖的原因。专家认为，遗传因素会造成肥胖。如果，父母都胖的话，那么孩子胖的几率是非常高的，但科学研究表明，遗传不是形成肥胖的主要原因。专家认为，引起肥胖的主要原因是饮食不合理、缺乏体育锻炼、青春期情绪波动大等。

我们经常发现，很多父母并不胖，孩子却很胖。如果仔细观察，你会发现这样的孩子一般都是手里零食不断。现在人们的物质生活水平提高了，一日三餐中的营养基本就能满足身体需要了，而面对青春期的孩子，父母又会为了让孩子长身体，源源不断地提供高营养、高热量的食物。此时孩子的食欲又很旺盛，所以，对父母提供的美食，会不加节制地吃。这样，人体所需的营养严重过剩时，就会转化为脂肪在体内堆积，造成肥胖。

青春期的孩子学习压力很大，体育锻炼对青春期的男孩来说更是重要，但是现实是除了吃饭睡觉外，一般都会坐在教室里读书，就连每周的体育课也因怕耽误学习懒得上，专门去健身的可能性更是很小了，身体多余的热量也就会转化成脂肪堆积，形成肥胖。

情绪的不稳定也会导致肥胖。很多男孩，在青春期，由于要适应身体第二性征的出现，还要承受家长、老师的期望，情绪波动很大。情绪不稳定就会出现暴饮暴食的情况，为了缓解情绪很多人会不加节制地吃零食，这样也会增加肥胖的几率。

导致青春期肥胖的原因很多，青春期男孩正是长身体的时候，要适当控制一下体重，多锻炼身体，为好好学习做好身体的保证。

青春期，我成了“沙嘶劈哑”

韩冲是一个初二的男生，已经开始身体发育的他比同班的其他男生都高了半头还要多，他一直都是班里的活跃分子，什么歌咏比赛，朗诵会都积极参加，还因为自己清脆的嗓音一度想等到高考了之后考取播音主持专业，成为一名新闻联播的主持人呢。

但是自从寒假过后，大家眼里活跃的韩冲开始变得沉默，他不爱参加集体活动了，也不爱和同学们一起玩，总是在自己的座位上低着头忙忙碌碌，而且好像不太开心的样子。

有时候说句话，也不是清脆的声音了，而是有点瓮声瓮气的，班里的同学关心地问他是不是感冒了，他摇摇头，但是也不说什么。

韩冲究竟怎么了？班主任李老师也注意到了韩冲的变化。有着多年班主任工作经验的李老师抽了一个自习课的时间，把韩冲约到了操场上。

“小伙子，这次学校的朗诵比赛怎么没有报名呀？”

“恩，恩，我不太想去，我，我……”他吞吞吐吐，也没有说明白自己为啥不想去。

李老师耐心地看着他，听着他瓮声瓮气的回答，微笑着说：“是不是觉得自己声音不如以前好听啦？”

韩冲本来低着头，看着自己的鞋子，突然抬起头，跟老师说：“是呀，我的嗓子突然毁了，天天哑，开始以为感冒了，后来一直这样。说起话来就跟鸭子叫一样，别的同学都问我是不是嗓子不舒服，我一听到自己这么难听的声音，就再也不想说话了，怎么能参加朗诵比赛呢？还不够丢人呢！”说到最后的时候，他的眼睛里已经闪出泪花。韩冲为了嗓子的事情已经苦恼了好久了，经李老师这么一问，禁不住难受，都快要掉下眼泪了。

李老师耐心地给他讲解了青春期男孩发育时候关于变声的问题，李老师的话为他解开了心中的困惑，他的脸上重新绽放了笑容，李老师看着他雀跃的背影，由衷地笑了。这些青春期的孩子们……

给男孩的悄悄话

相信很多男孩子经历过这样的苦闷，那就是自己的金嗓子在不知不觉中变成了公鸭嗓，还有可能曾经被女孩起过“破嗓子”“唐老鸭”这样的绰号，还真是郁闷。“为什么我变她不变？为什么自己有种沙哑带磁性的感觉？”要想解决这些疑问，就有必要来了解男孩子的“变声”这一生理现象。

变声指的是人的声音由童音变为成人声音的过程，这是人成长成熟的一个必经阶段，不仅是男孩，女孩也会经历一个变声的过程，只不过女孩子变声不如男孩子明显罢了。那么进入青春期后声音为什么会变呢？这是因为人的声音主要是由声带的震动引起的，而声带的震动又与喉头的发育直接相关。进入青春期之后，由于雄性激素的分泌增多，会刺激男孩子喉头的快速发育，喉头逐渐变得突出，形成男性特有的喉结。与此同时，声带也跟着增长、增宽和增厚，这样经由声带的震动而发出的声音就逐渐变得低沉，由此，男孩子曾经细而高的童声就逐渐被粗而低沉且略带磁性的音质所代替。这也就是所谓的青春期变声。变声是青春期十分正常的生理现象，男孩子没有必要为自己好嗓子的丧失而悲伤。

青少年一般会在 14 ～ 16 岁进入变声期，变声期一般会持续半年或一年，而这一时期的嗓子最容易受到损伤，所以，处于变声期的男孩一定要学会科学合理地使用并保护嗓子，不要让它太劳累，同时在食物的摄入方面要注意以下几点：

1. 平时多吃些富含胶原蛋白和弹性蛋白质的食物，如猪蹄、猪皮、蹄筋、鱼类、豆类、海产品等。因为这些胶原蛋白和弹性蛋白质有利于发声器官的发育。

2. 主食及副食要吃些软质、精细的食物，炒花生仁、爆米花、锅巴、坚果类及油炸类硬且干燥的食物尽量不吃或少吃，这样能够最大限度地减少对喉咙造成的损伤。

3. 平时尽量少吃辛酸苦辣的刺激性食物，不要喝过冷或过热的水，这些都会刺激声带。忌烟酒。

4. 吃饭时要细嚼慢咽，防止食物中可能存在的砂粒、鱼骨等刺伤咽喉部的组织。

5. 平时不要大声嘶叫，不要长时间地大声说话。

变声期对进入青少年时期的男性来说是一个很特殊的时期，声音正在经历童声的柔和向成人低沉的转变阶段，这一时期的声带也显得极为敏感，需要特殊的呵护。同时，不要被变了的音质吓到，这是男性的正常生理变化，是男孩子摆脱稚嫩走向成人的一个中转站。所以，处于这一时期的男孩子，没有必要害羞或是焦虑，需要的是细心，这样才能帮助自己成功度过变声期，为自己以后的健康音质打下基础。相信这也是每个男孩子所期望的。

男孩子的胸部也会增大吗

高君打篮球的时候，被同学手肘碰了一下，当时挺疼。大家一起玩儿，难免会有碰撞，加上过了一会儿就不疼了，所以高君就没太注意。

几天过去了，高君洗澡时偶然发现，自己的乳头部位突起，有时候碰到会疼，揉一揉，觉得里面好像有肿块。高君以为是打篮球时碰的，就去药店买了些消炎药。可是几天后肿块还在，并没有消失，并且又大了一些，高君有些害怕，就让爸爸带自己去医院检查。医生看了看说，不是肿块，是乳房发育。高君和爸爸听后吃了一惊。不是女生才乳房发育吗，怎么自己一个大男生乳房还会发育，真不可思议。医生说，青春期男孩分泌雄性激素时也分泌雌性激素，导致乳房发育。这是很正常的现象，没什么，过一段时间就好了。但要注意不要过度使用补品，因为有些补品含有激素，会影响乳房正常发育。

高君回家后，把这事情告诉了妈妈。妈妈听了也很吃惊，说："以后不再随便给高君买补品补身体了。还以为多吃些补品，对正在长身体、学习压力又大的高君是好事儿，没想到反会弄巧成拙，以后可要注意。"

给男孩的悄悄话

青春期，与高君有着同样烦恼的男孩并不在少数。有男孩担心地说：我的乳房很肿，摸上去感觉乳房内有一个硬块，并伴随有疼痛感。还有的男孩之间会开玩笑说某同学乳房变大了要变成女孩子了。可以看出，很多男孩会有这样的疑惑：乳房发育不是一般指女孩吗，难道男孩子的乳房在青春期也会发育？其实这是一些认识上的误区，男孩子在青春期也会有乳房的发育，这属于正常现象。

其实，男性青春发育期的乳房发育也是第二性征的表现，也会出现硬块，这是正常的生理变化。乳房主要是由乳腺组织和脂肪及结缔组织构成的，乳腺细胞能识别和接受雌性激素，当二者结合后就会使乳腺细胞增生，乳房发育隆起，乳晕可能会变得更宽，颜色更深，乳头变得稍大等等。

男孩进入青春发育期后，睾丸在分泌雄性激素的同时，也分泌极少量的雌性激素。雌性激素便使乳头部位的乳腺细胞不断增殖，导致乳房形成硬块，肿块一般不会超过乳晕。当然并不是每一个男孩都会乳房明显增大，有的男孩子雌性激素分泌微乎其微时就看不出变化，形成的硬块几个月后就会随着内分泌的调节自然消退，所以一般不需要治疗，不影响其他第二性征的继续发育。

需要注意的是，虽然青春期学习压力很大，但也不要过度食用补品，有的补品中含有激素，这样造成的乳房发育将不利于男孩子的健康，属于异常发育。

我的外号叫“骆驼”

林远涛的妈妈一直为林远涛的小驼背烦心。林远涛的爸爸妈妈身材都很好，高而挺拔，显得很精神。林远涛虽然个子没问题，但是驼背弯腰的，看着没精神。奶奶也说小小年纪，应该朝气蓬勃的像个小马驹似的才对。所以林远涛只要在家里一弯腰，大家谁见到谁就会过去给他拍直，有时会吓林远涛一跳，弄得林远涛很气愤。

林远涛的妈妈跟爸爸商量，想带着林远涛去医院检查一下，看能不能给孩子纠正过来。远涛的爸爸说：“现在的孩子书包那样重，天天闷着头看书，你就是纠正了，不注意也是不行。”远涛的妈妈想了想觉得也对，不过也不能不管呀。于是跑到商场给远涛买了有助于脊柱健康的书桌、书包，还有矫正姿势的用品，等远涛回家拿给远涛用。

可是看着远涛跳进家门的时候，妈妈觉得，其实这孩子用不着这些东西。原来远涛考试得了第一名，所以高兴得背也不驼了，精神也抖擞了，真像奶奶说的，像个撒欢的小马驹。林远涛的爸爸妈妈互相看了一眼，想到平时可能是给远涛的压力太大了，只注意孩子的学习和身体健康，没照顾好孩子心灵上的健康，于是决定星期天带远涛出去玩，好好跟远涛谈谈成长的事情，告诉他怎样面对困难与压力。

给男孩的悄悄话

青春期男孩出现驼背是很常见的，至于驼背的原因，科学研究还没明确告知，但是根据观察和分析，一般认为，这是由于脊椎承受的负荷超出其负载能力而导致平衡失调引起的。有的同学会因此得来“骆驼”的绰号。所以了解一下驼背的原因，有助于同学们远离驼背。

专家指出，青少年驼背除了遗传或外伤导致的脊柱变形外，更多的是由于平时身姿不对等后天原因造成脊柱变形而形成的。青春期的孩子，由于要适应身体和心理的各方面变化，情绪不稳定，挑食、偏食等现象很普遍，这样会造成营养的不充足、不均衡，再加上体育锻炼过少，就会出现驼背现象。

当然，处于青春期的男孩驼背和年龄阶段也有很大的关系，因为，青春期男孩的身高增长很快，有的男孩可能在 12 ~ 13 岁的一年里就增高十几厘米，但是，在身高增长时也会出现“慢”的问题，比如，肌肉增长慢，身体横向增长慢等，这就造成，身体纵向拉长，而横向的增长却跟不上纵向的增长。男孩与女孩相比个子增幅会更大，再加上天天坐在教室学习，如果坐姿不正确，就会驼背。

青春期的男孩，由于没有完全适应身体和心理的变化，会出现缺乏自信心、性格孤僻、怯懦等心理问题，导致男孩形成低着头含胸走路的习惯，久而久之也会形成驼背。此外，现在学生的负担还是很重，沉重的书包，也是造成驼背的因素。

为什么我的脚那么臭

快放暑假了，许阳想报名参加一个少年夏令营，跟大家一起去野外探险，那样能锻炼自己，还能认识更多的好朋友。夏令营的名额得来不易，是许阳通过比赛取得的。可是夏令营要求大家住集体宿舍，这让许阳很烦恼，一直犹豫不决。现在离报名结束还有一星期，许阳下决心，如果自己想的办法能有效，就报名参加；如果无效，就狠狠心把名额让给其他同学。

许阳放学回到家后，马上跑到厨房里找妈妈问自己要的东西买回来了没。妈妈说为买那些东西转了一天，还打听了好多有经验的人才买到。许阳一听就乐了，催着妈妈赶紧拿给他。许阳的妈妈打开柜子，大包小包地拿出来一大堆东西，什么去脚臭的保健鞋垫，泡脚片，防臭运动鞋，甚至还有膏药帖子。

许阳赶紧打水泡脚，妈妈说："着什么急呀，等睡觉前洗漱的时候再泡嘛。"

许阳说："现在泡一次，睡觉再前泡一次呗。"

"呵，你这孩子，平常洗脚都嫌麻烦，不催不去，这下夏令营的事儿倒不错，催的你自己主动洗脚了。"许阳挠挠头皮，不好意思地笑笑，开玩笑地说："要有集体意识嘛，不然到时候鞋一脱，集体宿舍就成了我的单间了。"妈妈摇摇头，笑呵呵地又回厨房做饭了。

原来许阳的脚是汗脚，每次体育课下来，大家都会说许阳的脚臭得让人受不了。就算没有体育课，许阳也要一天换两双鞋子，不然下午同桌总会时不时地捂鼻子，弄得许阳很不好意思。

可是脚泡了一星期，防臭鞋垫防臭运动鞋都用上了，还是没管用。许阳怕住集体宿舍别人受不了，只好很沮丧地打算放弃夏令营了。许阳难过极了，妈妈不忍心，就打电话给许阳的班主任，班主任说："夏令营的宿舍里洗漱室是和宿舍是分开的，许阳可以多带些洗漱用品多注意清洁就好，没必要放弃。"许阳知道后一下子跳了起来，可是还是觉得脚臭给自己带来了很多麻烦，不知道能不能去掉。老师说这是身体正常代谢，不要太担心，别偷懒，多洗洗就好了。许阳妈妈说：“小懒猪，听见老师说了没？”许阳吐吐舌头，心里美滋滋地跑回房间收拾夏令营的行装去了，兴奋地期待着三天后的野外探险。

给男孩的悄悄话

中学生的生活一般都是父母帮助料理的，我们经常听到父母抱怨孩子的鞋子怎么那么臭；在班里，刚上过体育课的话，周围同学也会抱怨脚臭的男生。脚臭不但给周围的人带去了麻烦，也让男孩子自己难以理解，自己的脚到底为什么会那么臭呢？

其实，很简单，脚臭是由于脚部出汗过多造成的。每个人身上都有许多汗腺，分泌汗液，带走体内杂质。特别是脚部的汗腺非常发达，所以出汗也自然多于其他部位，形成臭脚也不足为奇了。

我们都知道人在运动的时候，出汗会多些。而处于青春期的男孩子正是好动的时候，好动一方面有利于男孩长身体，也会排出大量的汗液。并且，其他部位，比如手上的汗腺也发达，但是，由于手部便于清洗，汗液及时地除去了，也就降低了细菌的繁殖。但是脚部无法及时清洗，如果穿的运动鞋的透气性能比较差的话，汗液就很难散发出去，这给细菌的繁殖创造了条件。细菌和汗液中的尿素和乳酸相遇后，会将其分解，这时就会散发出难闻的臭味。

此外，青春期，特别是 14 ~ 18 岁期间的男孩脚最臭，原因是这时是青春期发育高峰时期，此时无论是内分泌还是新陈代谢都是最旺盛的时期，这个时候的男孩排汗量也是最大的，所以脚臭是最严重的。不过，脚臭也不是什么病症，尽量穿透气性好的运动鞋，多注意些个人卫生就会好些。

青春期的尴尬事

什么是包皮过长

小飞是一个活泼好动的初一学生，他刚入学就被老师选为班长，而后又因为擅长打篮球，学习成绩好，成为了同学们都喜欢结交的男孩。小飞的父母很以他为傲，小飞自己也一直认为自己是个各方面都很突出的孩子。

这天课间，小飞和一名男同学去厕所，小便的时候，那名男同学无意地看了小飞一眼，眼睛随后便瞪得很大，他指着小飞大叫起来："小飞，你，你这个……"

其他男生闻声也围了过来，大家都盯着小飞的"小弟弟"，小飞莫名其妙地问："怎么了，有什么问题吗？"

"是包起来的！怎么没有'头儿'，跟我们的怎么不一样啊？"男生们指着小飞的"小弟弟"窃窃私语，小飞羞红了脸，他迅速地拉上裤子，跑回了教室。

回到家里，小飞关上门拉开裤子看看，自己的"小弟弟"好像真的和其他同学的不太一样……这个发现让小飞很伤自尊心，他觉得样样出色的自己，这下子脸面丢大了。

小飞的闷闷不乐引起了父母的注意，爸爸问了他好几遍，他才吞吞吐吐地告诉了爸爸原因。爸爸听后哈哈大笑。

爸爸拿出生理方面的书籍，耐心地为小飞讲解生理知识。让小飞知道这并不是什么难以解决的事情。

放暑假的时候，爸爸带小飞去医院做了割包皮手术。开学之后，小飞又恢复成了那个活泼开朗的男生了。

给男孩的悄悄话

所谓包皮，是指阴茎皮肤在阴茎头处褶成双层的皮肤。男孩的包皮会呈现出不同的差异，有的显得长些，有的则刚盖住龟头。包皮的功过自有不同的说法，有的人认为，包皮能保护阴茎，而有的认为过长会藏污垢，不利于健康；现在关于包皮的广告纷飞，讲述着包皮过长给成年人造成的负面影响。但是，到底什么样的状态才称得上包皮过长呢？

一般在青春期期间，阴茎会猛增，龟头也开始膨胀，勃起时龟头就会暴露出来。正常的情况下，此时能将包皮轻易地拉到龟头后面去，并不再完全盖住龟头。但是，也有一部分男孩子进入青春期后，阴茎头仍然被包皮严实地覆盖不能显露出来，这就是所谓的包皮过长。严重者则包皮无法往后拉，龟头也无法完全显露时，这样的被称为完全性包茎。

包皮过长会窝藏分泌物，给细菌提供滋生的环境，从而引起包皮和阴茎头发炎，导致龟头红肿、痒痛，严重者会糜烂、溃疡、有异味，诱发阴茎癌等。青春期是男孩转为男人的过渡期，为了成年后的健康，要对包皮过长给予重视。

一般来说，如果包皮稍微长点，开口宽大易于上翻，这样也便于清洗，只要多注意清洁，经常将包皮翻过来彻底清洗并保持干燥就不会影响正常的生活。但是，如果开口过小，不便于清洗，并且曾引起过阴茎发炎等情况的话，就应该考虑进行包皮环状切除手术。

睾丸为什么不长在身体里

陆路和体育老师的关系很好，两个人情同父子，常常一起运动完后，洗澡吃饭，无话不谈。

这天，洗澡的时候，体育老师让陆路给他搓背，陆路搓着搓着，发现了一个让他很不好意思的事情。

他从体育老师的背后，两腿之间，能看到体育老师的“蛋蛋”在晃动。对于这个发现，陆路显得很不好意思。

后来从澡堂出来，陆路把自己刚才看到的告诉了体育老师，并且担忧地问道：“老师，我以后也会这样吗？这样多难看啊！”

体育老师哈哈大笑，他回答道：“对啊，等你长大了，成为一个男人，就会这样了。”

陆路沮丧地低下头：“要是‘蛋蛋’能长到身体里就好了，这样别人就看不出来，自己也不会觉得不好意思了。”

“傻孩子，这有什么不好意思的，这是很正常的生理现象啊。”虽有体育老师的安慰，陆路还是觉得这个问题很棘手，他担心自己以后会像体育老师那样，进到澡堂里，会被其他人围观，那是非常害羞的一件事。

给男孩的悄悄话

在孩子初步具有性别意识时，就对异性和自己身体的差异很是好奇，随着年龄的增长，到青春期面对身体第二性征时就会有更多猜想，为什么“蛋蛋”不长在身体内是很多中学生提出的疑惑。因为在小时候男孩也许曾看到女孩的生殖器在身体里面，所以有这样的疑惑是很正常的，就像上文故事里提到的男孩那样。

对自己身体给予关注能帮助男孩更健康地成长。男孩知道睾丸，也就是“蛋蛋”，是男性非常重要的生殖器官，它产出精子，分泌雄性激素，是男女性别区分的重要标志。科学显示睾丸处于35℃左右时才能维持它的功能，但是人体温度一般在37℃，如睾丸长在身体内的话对它的功能就会造成损害。

可以说，睾丸在体外就是进化的一种结果，历史上有人做过相关的实验，尝试把睾丸放到温度高的地方，发现精子的质量会下降很多。所以，为了种族的繁衍，根据“物竞天择，适者生存”的进化论，男性的睾丸没有长在身体内。

睾丸这种对温度的高要求，即使在体外，温度的适中与否也是需要调节的，这就有了阴囊负责调节睾丸温度。当睾丸的温度低于最佳状态时，阴囊皮肤就会收缩，从而阻止热量的散失，反之当睾丸过热时，阴囊皮肤就会松弛下来，以便散热。但是任何调节都是有一定限度的，所以男孩一定要注意给睾丸提供一个舒适宽松的环境，比如不要穿过紧的内裤。

罚任意球为什么运动员要挡住“那里”

小强喜欢踢足球，他是前锋，总是能为自己的队伍进球而带来胜利。这天是周末，小强和同学们相约去操场踢球。

比赛进行得如火如荼，小强一个大脚飞射，球就向对方球门飞了过去，守门员去扑救，却不料被球砸到了下体。

看到对方守门员痛苦地倒在地上，小强他们赶紧围上去，“你怎么了，不要紧吧？”小强紧张地问道，毕竟刚才那个球是自己踢出去的。

守门员紧闭着双目，不断摇头，小强他们正不知所措的时候，一位老师经过操场，看到他们，便过去一看究竟。

听说了缘由，这位老师赶紧抱着守门员去了学校的医务室，医务室的校医为守门员同学诊断了一番后说他并没有什么大碍，小强他们才放下心来。

老师严肃地对小强他们说：“踢球锻炼身体是好事，但也要注意安全，刚才多危险啊，这要出了事情可怎么办？”

小强偷偷地问：“老师，他怎么会这样？”

老师将同学们聚拢在一起，“以后踢球要护住这里，”老师指着大家的“小弟弟”部位，“这里是男孩子最脆弱的地方，一旦受到外力的伤害，很容易出问题，你们以后玩儿的时候，一定要注意这个问题。”

小强他们赶紧点头。

看世界杯时，有的男孩或许注意到了这样一个动作，那就是，在罚任意球时运动员总会挡住自己的“那里”，这是他们的个人习惯呢，还是有科学的道理？

一般来说，男孩的外阴，包括睾丸、阴茎等都被称为他们的要害部位。球场上在罚任意球时，守方人员站成一排，会自觉地护住要害部位。那是因为要害部位上面的神经极其丰富，所以对压力极其敏感，遭到撞击的话，就会疼痛难忍。

阴茎海绵体内血管窦非常丰富，白膜包裹在外面。阴茎这样的特殊构造和结构，决定了它是很脆弱的，在球场上，如果运动员的阴茎处于勃起状态，外来的撞击会导致海绵体的破裂，出现肿胀、淤血等症状，严重者会出现阴茎骨折，导致不能再勃起。

睾丸是最娇嫩的部位，是连手都不能任意碰的地方。睾丸的上面有层厚而韧的白膜，限制了它不能轻易改变形状。如果遇到撞击会造成阴囊血肿或睾丸裂伤等，愈合非常慢，愈合后睾丸也会长期处于供血不足，发生萎缩现象。如果受伤严重的话，就会造成不堪设想的后果。更甚者，会出现神经性休克，影响到生育。

所以，对于男孩的要害部位一定要做好保护措施，特别是在运动过程中，以防不小心造成严重的后果。球场上的运动员在罚任意球时护住自己的“那里”是很有道理的，也是必须的。

为什么“小弟弟”总偏向一侧

小文是个内向的男孩子，他喜欢读书，喜欢写文章，更喜欢思考，钻研问题。但就是这几天，小文发现了一个让自己很困惑的问题，那就是他的“小弟弟”总是偏向一边，他把它拨过去另一侧，“小弟弟”又会自己歪向那一侧。

“我不会是有什么问题吧？”读过很多书的小文虽然年纪小，生理方面的知识有限，但是他隐约记得一些书上对“小弟弟”的描述。

越来越担忧的小文不敢把自己的害怕告诉父母，他怕父母以为自己不好好学习，整天胡思乱想。他也不敢和同学们说，担心同学们笑话他。

“小文，我们去游泳吧。”同学叫小文。小文慌乱地摇头，他说自己还有事，就赶紧跑了。泳裤那么贴身，万一被同学们看到，岂不是要笑话自己。

怀揣心事的小文在回家的路上，遇到了另一位同学小凯。“小凯，你怎么没去游泳，大家都去了。”小文问道。

“我，我有事。”小凯吞吞吐吐地答道。

小文也有自己的心事，没有多问，二人就各自回家了，其实小凯也正是有着小文一样的担忧才没去游泳。

这件事情让这两名青春期的少年陷入深深的隐忧之中，而又不知道该向谁诉说。

给男孩的悄悄话

小文发现自己的“小弟弟”总偏向一边，以为是自己身体不健康，这样由于阴茎偏向一边给男孩带来尴尬的案例很多。事实上，许多男孩发现自己的“小弟弟”在勃起时总会偏向一边，这些男孩子会担心弯曲的“小弟弟”对他们成人后的生活不利。其实，阴茎弯向一边的问题是大多数男孩都会遇到的情况。一般情况下，阴茎偏向一边是正常的现象，如果不是由于包皮系带过短，导致勃起后发生的上偏向一边，就不需要过度担心。

在医学上，阴茎弯曲称为“阴茎海绵体白膜异常”，也就是左边部分白膜较多，于是就会把阴茎拉向右边，如果右边部分白膜过多，就会把阴茎拉向左边。有人经过观察和调查，发现那些习惯用右手触摸阴茎的人，其右侧的阴茎海绵体的发育就较快，在勃起的时候阴茎就会向左侧偏，反之也是这样。

目前，还没发现阴茎弯曲和穿过紧的衣服有关，但是处于青春期的男孩，阴茎处于发育速度较快的阶段，最好还是选择宽松的裤子，这样可以给阴茎提供一个相对自由宽松的环境。如果，你很介意阴茎总是偏向一边，不妨在触摸阴茎时经常左右手交替使用。其实阴茎偏向一边是正常的生理现象，只有极少数男性的阴茎是直立的，并且阴茎弯曲也不会影响日后的生活。

“蛋蛋”怎么不见了

胖胖是初二的学生，他的成绩不太好，处于中下游水平。而望子成龙的胖胖爸爸一直希望儿子能够考上重点高中，为自己争光，所以每次发成绩单的时候，都是胖胖最害怕的时候，一旦考得不理想，爸爸轻则对他一顿责骂，重则要打上一顿。

这天又是发成绩单的日子，胖胖又考得不理想。他放学后迟迟不敢回家，害怕回去挨揍。可是天越来越黑，如果他再不回去，爸爸肯定会发火的。就这样，担忧害怕的胖胖一路磨蹭着往家走。

经过一个小胡同的公厕时，胖胖想尿尿，他进去拉下裤子拉链，忽然发现了一个大问题，自己的“蛋蛋”不见了。

胖胖吓坏了，他确认了好几次，自己的“蛋蛋”真的是不见了。这是怎么回事呢？本来就没考好，心里很懊恼，这下“蛋蛋”也不见了，他觉得自己今天真是倒霉到家了，怎么办呢？

越想越害怕的胖胖哭哭啼啼地回到家，爸爸正准备责备他怎么才回来，看到一脸恐惧的胖胖，他也吓了一跳。

听完胖胖的话，爸爸带他去了医院，医生听后笑着对胖胖爸爸说：“没关系，青春期男孩是容易这样，而且他这样，也多半是因为紧张造成的。”

听到医生的话，胖胖才算放下心来。

给男孩的悄悄话

在青春期，身体稍微的变化都会让孩子们好奇。有的男孩就发现自己的“蛋蛋”突然不见了，并为此担心。“蛋蛋”就是睾丸，其实它是处于变动中的，在睾丸的上面有提睾肌，提睾肌的收缩就牵动睾丸的移动，一旦移动幅度大时就会不容易被发现，就是胖胖说的“蛋蛋不见了”。

那么提睾肌为什么会收缩呢？一般是由于心理紧张造成的。科学研究发现，向男性阴囊发出信号的是大脑内部的神经中枢，男人在紧张、愤怒、恐惧或性兴奋时，阴囊就会出现回缩和下垂的现象，将睾丸和附睾悬吊于阴囊之内保护起来。一般来说，男孩在情绪低落时阴囊就会缩回。因为，心理紧张会导致肌肉紧张，肌肉紧张时收缩，连锁反应到提睾肌，就会使提睾肌收缩，进而牵动睾丸。

还有一种情况就是外界刺激，睾丸对温度的变化很敏感，阴囊也有调节温度的作用，使其内部温度利于精子的生长发育。当温度过高时，阴囊是松弛的，平滑肌就会伸长，睾丸就会在原位，有利于散热。但是，当突然遭受刺激时阴囊壁就收缩，保护睾丸的温度。此时，提睾肌也会收缩，就会“藏”起来。这是一种正常的生理现象。在洗澡时男孩也会发现睾丸会随着水温的变化而显现和隐藏。“蛋蛋”不见了，是一种生理现象，是睾丸对自身的一种保护。

“流白”是怎么回事

城城和光光是孪生兄弟，两个人的感情很好，从小一个床上睡觉，一个碗里吃饭，形影不离。

这日，光光从外面玩耍回来，发现城城满脸担忧地坐在床边：“你怎么了？刚才叫你你也不出去玩儿。”

城城不好意思地看着光光：“我，我有点不舒服。”

“你怎么了，是不是病了？我叫妈妈去。”光光准备去把客厅看电视的妈妈叫进来，却被城城一把拉住。

“别叫妈妈，”城城一脸紧张，“我告诉你，我，我可能得什么奇怪的病了。”

城城搞得光光也很紧张，原来，城城这几天，总是发现自己的尿道口有白色的分泌物。这在以前从来没有发现过。城城在学校上厕所的时候故意观察了其他男孩，却没发现和他一样的人。

城城认为自己得病了，光光也摸不着头脑："要不，我们还是问问妈妈吧，让她带你去医院看看。"

"我不去,不要告诉妈妈,这太丢人了。"城城把自己埋到被子里。

看到弟弟这么难受，光光也手足无措，他不明白，为什么弟弟会出现白色的分泌物，两兄弟就这样惊恐不安地过了好几天。

直到有一天上生理课，生物老师讲解生理知识的时候，两兄弟才明白，原来这叫"流白"，属于正常的生理现象。两个人才松了口气。

给男孩的悄悄话

像上面故事中那个男孩遇到的那样，青春期的不少男孩子的尿道口会产出白色的分泌物，有时候被同学们误认为是遗精，这到底是怎么回事呢？其实，进入青春期后，男孩子便对性刺激敏感了。当男孩接受到视听上的性刺激时便由尿道口流出一些清凉的分泌物，分泌物有时还会略带乳白色，这在医学上称为"流白"。

一般情况下，男孩子性成熟后便具备了生育的能力，尿道后端膀胱颈处的前列腺便会分泌前列腺液，腺液具有润滑、养护精子增强其活性的作用，这也是人类进化过程中保留下来的。

上文所说的腺液就是男孩"流白"中的分泌物。因为尿液和精液都是经由尿道排出，所以，"流白"发生在尿道口。这是一种正常的生理反应，但这种润滑剂里面没有精子，当阴茎勃起海绵体充血时"流白"就会更多，是为夫妻生活做准备的。有人认为"流白"是肾亏的原因，这是一种错误的认识。青春期的男孩子"流白"是正常的生理现象。

如果，男孩不想被"流白"困扰，可以尽量避开一些视听方面的性刺激，自己意识里也要适当控制关于性刺激的事情，与异性交往适度，专心于学习，转移注意力即可。其实，"流白"对身体没有什么损害，也不会影响到生活和学习，无须为此担忧。

越紧张越结巴怎么办

步步的爸爸是外交官，总是出席重大场合，和外宾一起侃侃而谈，同学们都很羡慕步步有这样一个爸爸。

步步也为此自豪，可是步步本人却是不善言辞，这天，学校通知要举办一场演讲比赛，步步想报名，他想像爸爸那样。可是步步又担心自己到时候会出丑。满心矛盾的步步回到家后，将担忧告诉了爸爸，爸爸鼓励他，让他相信自己。

有了爸爸的鼓励，步步终于报名了，在准备期间，步步对着镜子练习，总是能很流畅地将内容讲述下来。

可是到了比赛的前一晚，步步忽然发现自己说话磕磕绊绊，一点也不流畅了。他担心这样影响比赛成绩，可是他越担心就越结巴，紧张得一晚上没睡的步步第二天神情恍惚地去了学校。

老师和同学们为他打气，但这反而越发让步步紧张。

演讲开始了，眼看马上要轮到自己了，步步不停地回想演讲的内容，可是他的大脑一片空白。

上台后，步步看到底下黑压压的一片人影，心里紧张到了极致。

“各位，各位老师，同，同学们……”步步结结巴巴地开始了演讲，他之前准备时候的状态全没了。

好不容易结结巴巴地将这次比赛进行完，步步难过地回到教室哭了起来，他不明白自己怎么就在关键时刻结巴了起来。

给男孩的悄悄话

青春期的男孩会更注重表现自己，于是有的男孩很希望在班里、在演讲比赛上吸引他人的注意力，但是因为一紧张结巴，无法流畅地表达自己，所以，他们一直躲在角落里，做那个没人注意的“壁花草”。长此以往，会形成自卑、闭塞的性格。紧张是一种普遍现象，只是每个男孩的表现不同。

在医学上，结巴也叫口吃，是一种常见的语音节律障碍现象，这些人并不是发音系统出现了问题，他们的发音系统是正常的。在青春期，这种源于紧张的结巴主要由以下原因导致的：

首先是模仿。小孩子的好奇心强，听到别的男孩结巴，出于好玩的原因就会去模仿结巴。当这种模仿成为经常性的时候，就会变成一种自然的行为，自己也就会结巴起来。特别是紧张时，思考跟不上，就会以结巴的方式给自己提供思考的时间。

其次，青春期的男孩比较敏感，会更注意别人对自己的评价，当这种自我意识发展到一定程度时，他既希望自己在公共场合有所表现，又过于在乎别人的反应，因而心里会十分紧张。这时，就会出现思维和语言方面的不协调。于是流畅地表达自己的可能性就很小了。一旦有了第一次这样的挫败感，就会有下一次的担心，长此以往，将会造成结巴的恶性循环。于是就结巴起来。

那么，一紧张就结巴的男孩，就没有流畅表达自己的希望了吗？当然不是。心理学家侧重调节心理紧张，改变结巴。他们建议，结巴的青春期男孩首先要试着忘记自我，这样就会看淡别人对自己的评价，这是在自己为发言做好充分的准备的前提下进行的。其次，只有在放松的状态下，你才能顺利地克服紧张情绪。所以，心理学家建议结巴的男孩要学会掌控自己的情绪，此外，还可以进行专门的语言训练，改变结巴的状况。

为什么我16岁了还尿床

丁丁是个16岁的阳光大男孩，父母长期在外做生意，家里只有年迈的奶奶照顾他。这天，丁丁一觉起来，觉得褥子上湿湿的，他起身一看，竟然是自己尿床了。这下丁丁慌了，已经16岁的高中生了，怎么还会尿床呢？

“丁丁，下来吃饭了。”奶奶的声音从楼下传来。

“哎，马上就去。”丁丁慌乱中将褥子卷起来塞到床底下，一早上他都心不在焉的，在学校也没有听好课。

晚上回家来，看到奶奶正在阳台上，他冲了过去，奶奶正收他的褥子呢，“你这孩子，尿床了就把褥子塞床底，那褥子能干吗？”

“奶奶，我那不是不好意思嘛！”丁丁挠了挠头。

奶奶笑了：“这有啥，你爸16岁的时候也尿床，正常。”

听到奶奶这样说，丁丁释怀了。没过几天，他又尿床了，这次他自己去把褥子晾在了阳台上。正巧被他的邻居小飞看到。

“丁丁，你尿床了？”小飞惊讶地叫道。

丁丁点点头，小飞大笑起来：“真不害羞，这么大了还尿床，真不害羞。”

丁丁不服气地说：“这有什么，男孩子都会这样的。”

小飞说：“谁说的，长不大的小孩才这样呢。”

到底16岁还尿床是正常还是不正常呢，丁丁想不明白了。

给男孩的悄悄话

丁丁因为16岁了还尿床而苦恼，到底尿床是正常现象还是病症，对此，说法很多。

在医学上，把小孩子在熟睡时不由自主地排尿称为遗尿，即尿床，一般来说是机能性的，是可以纠正的。但是，在婴幼儿时尿床是很正常的，婴幼儿还不能自主地控制排尿的动作。但是对已处于青春期的16岁学生来说，遗尿的确切原因目前仍不完全清楚，一般认为下列因素影响到青春期孩子尿床，比如遗传、睡眠过深、膀胱功能不成熟、精神紧张等等。

遗传因素影响尿床，就是父母如果尿床的话，孩子尿床的可能性就大些，如果父母尿床到很大的话，那孩子16岁尿床也是很正常的。

睡眠过深，对于青春期的学生来说是很普遍的，因为父母和老师的期望会给他们很大的学习压力，整天的学习会让他们很累，所以在熟睡时需要尿尿，却由于过度劳累，无法醒来。

精神紧张，在青春期里是最常见的，升学的压力、身体第二性征的出现，会给他们心理上造成很大的负担，如果孩子再遭受其他的压力，比如父母不和、失去亲人等，他们的精神就会非常紧张，紧张时排尿次数会增多，会带来尿床现象。

另外，膀胱功能不成熟也是一个因素，青春期里，一般孩子的膀胱功能比较健全了，但是个别孩子膀胱功能尚未健全，尿床也是正常的。

因此，一般情况下青春期里的尿床现象没什么可怕的。只需稍加注意就行，比如晚上少喝水，学会调节自己的紧张心理。

我的“小弟弟”比别人的小

李明是个奇怪的男孩，他从不和大家一起洗澡，就算是夏天热得受不了的时候，男孩子们跳进河里，打水仗嬉戏玩耍，李明也是躲在岸上，不肯下水。

开始男孩子们还会叫李明，时间一久，大家也就渐渐遗忘了李明的存在。李明的妈妈看在眼里，很是担忧，她害怕李明有忧郁症，不合群。

于是，她和李明爸爸说了李明的情况，李明爸爸是个内科医生，平时工作很忙，不常关心儿子。听说儿子最近表现得很抑郁，他很是担心。

这天，他故意提早下班，在李明放学路上等着李明。“爸爸，你怎么来接我了？”看到忙碌的爸爸专门来学校等他，李明很是吃惊。

爸爸笑着搂住李明的肩膀，“咱们父子俩好久没一起散散步了，爸爸来接你正好和你散散步，谈谈心。”

在散步的途中，爸爸知道了李明忧郁的原因，原来，李明有一次洗澡，一个男孩无意嘲笑李明的“小弟弟”小，李明不服气，于是，澡堂里几个男孩子就纷纷比了起来，果然，李明的是最小的。

这给李明带来了不小的打击，从此后他便拒绝和男孩子们一起洗澡，玩耍，他害怕遭到嘲笑。

“爸爸，我是不是有什么病啊？”李明终于将内心的担忧问出。

爸爸哈哈大笑，“你还小，发育还没完全，等你长大了，就不会存在这个问题了。”

给男孩的悄悄话

进入青春期的男孩子，会对自己的身体，特别是性器官有个初步的认识，但是有时会存在这样一些误解。很多男孩子在一起比较阴茎的大小，比别人的大就会很高兴，比别人的小的男孩就会产生自卑感。其实，男孩子们对阴茎的大小不用这么在意，到底是多大为大，多小算是小不能武断定义。在现实生活里，阴茎的大小是不会影响夫妻生活的。所以，阴茎比别人小的男孩，不必为此担忧。

男孩在青春期，会把阴茎的大小看成自己未来生命力的标志，最容易忧虑阴茎的大小。为什么男孩一般会认为阴茎大了好呢？因为男孩误把阴茎的大小等价于自身的性能力。其实，阴茎大性能力就强是不科学的。

青春期的男孩必须明白阴茎的大小不影响性能力，因为自己的“小弟弟”比别人的小而自卑是没有必要的。男孩要摒弃那种错误的认识，拒绝受某些广告与偏见的影响。摆正自己的心态，因为，男子汉的气概是多方面的综合气质，提升自己的人格修养，增加自己的学识才是最重要的。

再说了，处于青春期的男孩，阴茎正是迅速发育的时候，有的增长得较早，有的可能会晚些，所以，不必过早在意。

喉结不明显就不是“男人”吗

“呦，这小姑娘，长得真俊，就好像个假小子一样。”居委会大妈拍着李威的头，爱怜地说道。

“大妈，我就是个小子。”

李威的话让居委会大妈大吃一惊，赶忙道歉：“真是不好意思，我还以为你是个姑娘呢。”大妈仔细端详着李威：“原来真是个小子，这事闹的，喉结怎么不明显啊？”

居委会大妈的疑惑不是李威第一次听到了，他总被人误以为是中性打扮的小姑娘，就是因为他的喉结不突出。

可是喉结不突出就不是男生了吗？李威照着镜子，看着镜子里的自己，除了喉结不突出之外，其余地方都很男人嘛。

但是李威还是有着隐隐的担忧，他观察周围的男同学，和自己同龄的人，喉结大部分都已经很突出了。就算是比自己小的男孩，喉结有的也比自己的要大。那为什么自己的喉结就会这么小，以至于被人误认为是个“假小子”呢？

给男孩的悄悄话

喉结是青春期男孩的一个标志，突出的喉结，是男性的性征之一。由于雄性激素的作用，喉结向前突出，但是突出程度是因人而异的。在学校里，男孩会感觉喉结明显的人很男人，但是喉结不明显是什么原因呢？喉结不明显的学生会质疑自己是否是真正的男人，这样的想法值得商榷。

医学专家根据临床经验，得出这样的结论：喉结的不明显对男性并无任何实质性的影响。并且，还发现喉结不明显的人很多是非常健壮的运动员。他们肌体发达，无任何异常表现。

究竟是什么原因导致有的人喉结不明显呢，通过调查发现，这些喉结小的男孩一般喜欢大运动量的训练，消耗掉了很多雄性激素，从而使喉结未能突出。有着过早手淫的男孩的喉结也会看起来不明显，因为手淫也让他们消耗去很多雄性激素。此外，偏胖的男孩的喉结也会不明显，这个原因就不具体阐述了。

目前，有些医生已不把喉结的明显与否和第二性征的健康联系到一起了。至于，男孩们会认为喉结明显就很男人，喉结不明显男人味就会少些，也是没有道理的。因为，研究发现，喉结的明显与否和睾丸及阴茎的发育没有直接的联系。而男孩的性成熟，主要取决于睾丸和阴茎的发育程度。有些男孩喉结基本上看不出来向外突出，但是其他性器官发育得非常好就是这个道理。因此，喉结不明显也不一定不是“男人”。

男子汉的“面子”事

青春期脸上为什么会长痘痘

李新最近总是一副战战兢兢的样子，满脸的不自信，连走路都要低着头，甚至说话的时候，也要用手遮着鼻梁，好像生怕做错了事情一般。班主任王老师察觉到这一现象以后，起先只是疑惑，是否是青春期的孩子都愿意玩所谓的“低调”，试图模仿明星风范：头发长了，不愿剪，红着脸说，这发型帅气；上课不抬头，说是在“思考”；本来活泼风趣的孩子，突然在女生面前羞怯起来……王老师仔细回想，越发觉得这不可能仅仅是所谓的“明星效应”。

他找来李新的父母，与他们聊了一些日常发现的问题，希望父母在家多关注孩子这方面习惯形成的原因。

“他在家的时候也好像和从前不太一样，开始爱照镜子了。这男孩本来大大咧咧的，挺活泼，现在却变了一个人似的，不爱说话，答话也是含含糊糊，心不在焉。”李新的妈妈回忆他在家时的表现说道。

李新回家后，吃过饭，妈妈与他坐下谈心。和王老师一样迷惑的妈妈，也试图让孩子说出心事，却依旧落了个“无趣”的下场。多问上几句，孩子就烦躁不安起来，生怕秘密都被打听走了似的，匆匆搪塞了几句就回屋去了。

在接下来的几天，依旧是天天揣一个小镜子，不时偷偷瞄上几眼，干什么事情都低着头，成绩也不见起色。

妈妈想，孩子这么在意形象，是谈恋爱了吗？可是这也不应该与女生说话脸红啊……越来越迷惑的妈妈询问多次失败，终于留意到每天晚上孩子都会跑到卫生间里照镜子洗脸，便在一旁偷偷留意起来。终于有一天，她走到卫生间门口，李新正撩着额上留长了的头发，对着镜子涂药膏呢……

给男孩的悄悄话

很多刚刚步入青春期的男孩都会有这样的烦恼："既然给了我青春的美好，为什么又让我遭遇到这么多讨厌的小痘痘？"继而发出这样的疑问："我可不可以只要青春不要痘？"

青春痘，虽然挂着"青春"的头衔，可相信不会有人喜欢它的到来。让人懊恼的是，青春期也恰恰是这些痘痘生长的黄金时段。男孩在步入青春期以后，体内的荷尔蒙分泌急剧增多，会刺激体内毛发的增长，从而促进体内皮脂腺分泌更多的油脂，毛发和皮脂腺因此会堆积许多物质，使油脂和细菌附着，引发皮肤红肿，这也就是青春痘的出现。

当然，并不是每个青春期的男孩都会长痘痘，痘痘也不是只长在青春期的青少年身上。

青春痘的出现除了与青春期的生理特征有关外，青少年平时的生活环境和习惯也会对青春痘的出现产生影响。如果长时间生活不规律，经常熬夜导致睡眠不足，或是平时压力过大使得心情长期处于低谷，或是饮食习惯不好等情况都会加剧青春痘的生长。

虽然在很多时候并不能够完全控制青春痘的出现，但是还是有很多方法能够帮助男孩们正确应对。这里介绍一些"战痘秘招"，会对爱美的男孩们有所帮助。

早起、晚睡前清洗面部，保持脸部干净清爽，避免污物堵塞毛孔。洗脸后，可以选择对脸部进行一定的保养，这就要在挑选护肤品时注意选择适合自己的。一般来讲，油性皮肤的人如果选择油腻性质的护肤品无疑是雪上加霜，这样反而给痘痘铺设了一个温床。皮肤油性较大的人还是适宜选用稀薄奶液状的护肤品。同时需要注意，晚睡前一定要认真洗脸。

喜欢长发飘飘的男孩子应该了解，长头发很容易披散到脸上，容易刺激皮肤从而引起痘痘的出现。

没事的时候不要用手碰触脸部，即使已经长出了痘痘，也不要用手挤压，这样很容易引起皮肤化脓发炎，同时脓疮破溃后往往会形成疤痕和色素沉着，而且很多时候会留下一些凹洞，这样就真的是得不偿失了。

养成健康的饮食习惯，对预防青春痘是有很大好处的。平时吃饭的时候，尽量挑选清淡的食物，多饮水，多吃蔬菜和水果。浓茶、咖啡、可可、巧克力等极容易激发油脂及内分泌不平衡，这样会刺激皮肤形成更严重的青春痘，因此，平时尽量少接触这些食物。

同时，吸烟和酗酒的一个很坏的后果便是痘痘的频繁冒出，因此，爱美的男孩子可要加倍小心了。

容易在嘴边长青春痘的人要留意一下，牙膏中的氟化物容易诱发青春痘，所以这些人可以选择不含氟的牙膏来使用，并且刷完牙以后一定要将嘴边残留的牙膏清洗干净。

还有一点很重要，那就是每天保持良好的睡眠和愉快的心情。心情好了，痘痘也就不是回事了。其实痘痘也很有意思，如果你一直与它纠缠，它也就来劲了，会与你展开持久战。很多时候不妨轻视它，那么失去斗志的它可能在不久后就灰溜溜地消失了。

其实对于这些讨厌的痘痘，正处在青春期发育的男孩们也没有必要太过恐慌，只要平时多注意自身的清洁卫生，养成良好的生活习惯，每天保持好的心情，那么这些痘痘也就不会长时间为难你了。

为什么不能挤痘痘

陈英青一到青春期，从额头到下巴层出不穷地冒痘痘。他按照老爸传授的经验认真洗脸，一周过去之后，脸上的那些痘眼看就要“退隐”，陈英青大喜过望。谁知，今天早上起来一照镜子，哎，新一代的痘痘“重出江湖”，呈饱满圆润状。

这回陈英青真有些气急败坏了，这么细心地照顾这张脸，痘痘倒长得更嚣张了。他决定要下狠手挤掉它们。

轻轻一挤，发现有一小颗白色的像豆腐渣一样的东西被挤出来。随后还有很多透明的液体被挤了出来，这样，脸上的小痘痘变平坦了。

陈英青暗自窃喜，原来祛痘有这样立竿见影的方法啊！

不过，结果并不是像他想象的那样好。虽然痘被挤掉了，但是有一个和痘痘大小相同的疤痕留在了脸上，一样很难看。

陈英青十分无奈。

给男孩的悄悄话

像陈英青那样把痘痘挤掉实在不是聪明的做法。

通过“挤”的方法，可以使痘痘看起来小很多。但是不知道你注意过吗？挤过的痘痘，会在挤掉的地方出现一个小孔，为细菌的进入提供了捷径。双手通常都有细菌，空气中也有很多的灰尘和污染物。手上和空气中的细菌可以轻而易举地进入这些小孔，造成面部皮肤的感染，不仅不能达到祛痘的效果，还会使痘痘变得更红、更肿，严重的时候甚至会化脓，即便是伤口恢复后也常常会留下褐色的疤痕。

所以，挤痘实在是一件很危险的事情。

有不少成年人在年轻的时候长过痘，一些人很在意自己的“面子”，生怕别人看到他脸上的痘痘，所以经常用手去挤。这样做不仅使挤破的地方发炎，甚至还落下一个个小痘疤，更影响脸部的美观。所以，青春期男孩千万要管住自己的手，不要去挤压脸上的痘。

男孩子护肤会被别人笑话

小李是个秀气白净的男生，他妈妈是著名的造型师，小李从小就在各种化妆品，名牌服饰中长大，耳濡目染，小李对打扮很在行。

读初中后，小李选择了住校，不几天，他发现宿舍的男生都用一种很奇怪的眼神看着他，大家是怎么了？小李有些纳闷。

这天，班主任忽然把小李叫到了办公室："小李，听同学们说，你每天在宿舍里化妆是吗？"

小李摇头："我没有化妆，我只是用一些护肤品。"小李对老师讲了妈妈的职业，还有妈妈从小就教给他如何护理皮肤的事情。

老师理解地点点头，后来，老师在教室里也将小李这件事情给同学们做了解释。但有些男同学还是不能够接受。

有次，小李去厕所，无意中听到几个男生聊他。

"男生还擦这个擦那个，娘娘腔，你看他长那样子，真不像男生。"

"就是，男生还在乎这个？"

"最讨厌娘娘腔了。"

小李很苦闷，自己不过就是对皮肤比较在乎，怎么就成了娘娘腔了呢？男生就不能护肤了吗？

给男孩的悄悄话

男孩子应当是具有男人味的，不能涂脂抹粉的，那样就和女孩子一样了。所以，许多男孩子从不护肤，他们认为男孩就应当粗犷些，就算脸上皮肤干燥些，长些痘痘，那也是无所谓的事情。

如果有的男孩喜欢擦护肤品，或是对皮肤做些保养，就会被其他男孩所看不起，其实这样的观念是不对的。护肤并不是女孩的专利，男孩子同样有护肤的权利，青春期的孩子皮肤虽然很年轻，但处于成长发展的时期，这个时期的男孩子皮肤会发生一些变化，出油，长痘痘，如果不认真对待，将来脸上就可能会留下痘痕，这是一辈子也无法抹去的痕迹，对将来求职，恋爱都会有影响。

男孩应该大大咧咧有男孩的样子，这样没错，但这并不意味着男孩就要忽视一些细节，认真对待自己的皮肤，也是男孩子应该做的。

如何防止大油脸

波波有个心病，那就是自己的皮肤。波波是油性皮肤，总是出油，冬天还行，一到夏天，尤其是运动完，满脸油光光的，看起来让人很不舒服。

虽然超市里有卖去油纸巾，还有一些其他的化妆品，但波波觉得那是女孩子用的，自己是男生，用这种东西太不像话了。

但是满脸冒油光的事情又让他很苦恼。一天，波波去商场买衣服，他看中一件T恤，便让服务员给自己拿一件试试。

服务员问道："同学，你看好了就要买这一件吗？"

波波说："我要试过才能决定买不买啊。"

服务员磨磨蹭蹭的，不一会儿给波波衣服的同时，递给他一张纸巾，说："同学，试穿衣服前，你能先把脸擦擦吗？"

波波这才恍然大悟，服务员是怕自己脸上的油蹭到衣服上，到时候自己不买，这件衣服卖不出去。

满心郁闷的波波走出商店，回到家，姑姑带着小表妹来家里玩儿。波波很喜欢这个小表妹，他抱着小表妹："快，让我亲一口。"

小表妹却哇哇大哭，指着波波的脸。

"她这是怕你脸上的油蹭她身上呢。"姑姑赶忙出来解围。

连自己的小表妹都嫌弃自己，到底该怎么样才能防止这个大油脸呢？波波很是苦恼。

给男孩的悄悄话

我们经常见到班里同学的脸看上去很油，让人感觉到不够清爽，怎样才能够告别大油脸、做清爽的青春少年成了很多男孩关注的问题。其实，皮肤出油是正常的，它与以下几个因素有关，第一，温度上升会让我们看起来油光满面。第二，荷尔蒙的分泌会造成皮肤油腻。第三，皮肤油和水的不平衡也会造成皮肤油腻。第四，情绪不稳定、生活不规律同样会造成大油脸。因此，告别大油脸，对于我们处于青春期的学生来说，可有针对性了。

青春期的男孩，要特别注意的是水油平衡和生活规律的问题。因为，温度不在我们的掌握之中；荷尔蒙的分泌，我们也无法控制。所以我们可以采取以下几种办法告别大油脸：

1. 处于青春期的孩子不要吃太多油腻的食物，控制身体吸取的油脂，这样不但可以减肥，还可以控制皮肤油脂的分泌。

2. 要养成多喝水的习惯。男孩都知道水是生命之源，水分充足可以冲淡油脂，保持水油平衡，就能减少油脂的分泌。因为一般是皮肤缺水时，才会有油脂分泌出来滋润皮肤。

3. 多吃瓜果蔬菜，科学研究发现，维生素有减少油脂分泌的功效，而瓜果蔬菜里面含有大量的维生素。

4. 最重要的是综合调理。做一个心情愉快的青春期男孩，按时作息，饮食也以健康为方向，做好皮肤的清洁工作，拒绝油脂堆积在面部，令皮肤洁净清爽。

不能拔胡子

少华看着镜子里自己的下巴，又皱着眉头摇了摇头，那三五根刚冒出来的胡子就像是长在心里的刺，看着别扭。今年刚上高中的少华开学前两天洗脸的时候，手在下巴的地方突然碰到了几根绒绒的毛，赶紧照镜子，是胡须，跟老山羊的胡子一样稀稀拉拉地分布在下巴的几个方位。

他盯着镜子的自己看，真丑，像个老头，他开始在心里嘀咕解决方法：用老爸的刮胡刀？听说用了刮胡刀之后，胡子就会长得更快，更密，而且必须要天天刮才行，否则就会很快长出茂密的胡子来。到时候就不可收拾了。就这么留着？跟老山羊一样，本来就瘦，再加上这几根胡子，去了高中，同学们肯定给我起外号，没准就是老山羊之类的名字，多难听呀！胡子不能留，也不能让它长得更旺盛，只有一个方法了：拔！

少华思前想后，做了这个自认为十全十美的决定，他进了卫生间之后，为了防止老爸老妈发现自己的小秘密，还把卫生间的门从里面反锁起来。这才开始安心地拔胡子。揪住了一根最长的胡子一端，使劲拽了下来，好疼，他捂着下巴揉了半天，强忍着才没有喊出声来。胡子是没了，周围的皮肤都红了，而且很疼。但是为了美，少华不顾疼痛难忍，又一一拔下了剩下的几根。

没过几天，就开学了，胡子的事情也被少华甩到了脑后，但是，一次早晨起来洗漱的时候，他突然发现下巴上起了好几个大大的包，跟青春痘似的，但是都在下巴周围。他也没在意，以为是青春痘。可是为啥只有下巴上有呢？

拔胡子的事情继续着，他坚决要清除掉那些长出来的胡子，可是下巴上的痘痘也层出不穷，他终于忍不住，去问了教生理课的生物老师，他是个刚从大学分配来的老师，跟他们也差不了几岁。他听了少华的问题之后，笑着问："你拔胡子了吧？"少华惊诧地说："老师，你怎么知道？"老师笑着告诉少华胡子是不能乱拔的，不仅疼，而且影响美观，还会带来感染……

给男孩的悄悄话

如果男孩子细心的话，会注意到一些很有特色的胡子造型，如鲁迅先生的八字胡，阿凡提的山羊胡，抑或是中东地区男性的两鬓连至下巴的络腮胡，这些胡子似乎已经成为了某些人或某些种族的标志，当然，胡须也是男性的一项专属。

刚刚步入青春期的男孩，对于初次到来的"胡须先生"，在如何处理方面会存在一些盲点或误区，而这些误区往往会对自己造成一定的伤害，因此，男孩子有必要对自己的胡须有更充分的认识，并掌握一定的保健常识，以使自己能够正确地善待胡须。

男孩子在进入青春期后才会长出胡子，这是体内分泌出来的雄性激素激发出来的，而且刚开始出现的胡子通常比较稀疏，比较细，有种茸茸的感觉，因此有些男孩子就会觉得很难看，于是他们就学着大人那样每天起来都将胡子剃掉。其实这样做完全没有必要，随着青春期的发育，胡须会自己慢慢变得茂盛起来的。

有些男孩子会对着镜子拔胡子，这样的做法可就要不得了。因为胡须周围有丰富的血管和组织，如果用手拔的话很容易损伤这些组织，不仅自己感到疼痛，而且很有可能因为手的不洁净而使得细菌侵入皮肤而损伤毛囊，引起炎症，如果情况更严重的话很有可能会导致永久性的脱毛症状。另外，如果拔胡子这种行为进行得很频繁，那么会使新长出来的胡须长短不一、参差不齐，在颜色和形状方面会变得很奇怪。所以，男孩子可一定要记住，千万不要用手拔自己的胡子，这样子会伤害到自己的。

当然，也有些男孩子喜欢把胡须留起来，因为他们可能觉得这样看起来很另类。那么，蓄须究竟是好还是不好？国外专家曾经做过这样的实验，他们将男性刮下的胡须放在气相色谱仪下进行分析，发现里面有数十种有害物质，如二氧化碳、氮氧化物和铅等重金属元素，在显微镜下还发现胡须上存留有很多微生物，因此他们得出结论，胡须有吸附有害物质的特性。而且人每天自己的呼吸中就能排出很多有害气体，这些气体很有可能会滞留在胡须里，当人进行呼吸的时候很有可能再次被吸入呼吸道，危害自己的健康。因此，如果胡须长得长了还是清洁掉比较好。

当男孩子的胡须逐渐长长并已经形成一定气候的时候，也就到了需要剃须的时候。而剃须也需要注意一些事项：

剃须前需要用中性肥皂将脸部清洗干净，这样能够防止刀片碰伤皮肤造成细菌感染。在剃须前最好用热水将胡须软化，稍停片刻再涂上一层肥皂液，准备工作做好以后再进行正式的剃须动作，这样能够有效地减少对皮肤的刺激和伤害。在剃须时可以用一只手帮助紧绷脸上的皮肤，这样能减少刀片受到的阻力，且有助于将胡须刮净，这对于那些皮肤并不光滑的男性来说大有好处。还有一点需要注意，当刮须动作结束后，可以用热毛巾敷几分钟，然后再涂抹一些护肤品，这样能对皮肤起到一定的安抚作用。

初入青春期的男孩子一定要细心呵护自己的胡须，善待自己这位必然会到来的客人，这样是会增加自己的魅力值的。

难闻的汗臭味

成军是个热爱运动的男生，上了初中后，他加入了校篮球队，校足球队，校羽毛球队。每天都活动在操场上，挥汗如雨。

本来，男孩子喜欢运动这是好事，锻炼身体，强健体格。但是成军渐渐发现，自己开始被同学们疏远，他不明白这是为什么。

有一天，他打球回来，满头大汗地坐到座位上，同桌捂着鼻子，一脸厌恶地看了他一眼，把凳子往另一边移了移。

“你怎么了，不舒服吗？”成军关心地凑了上去。

“没，没什么。”同学嘴上虽然这么说着，但还是躲着成军。

摸不着头脑的成军闷闷不乐地打开书本，放学后，成军走在回家的路上，遇到了之前的邻居小伟，二人亲热地打着招呼。小伟刚运动完，一头大汗，成军闻到小伟身上的汗臭味：“你这汗臭味太重了啊，得赶紧洗澡去。”

小伟哈哈大笑：“你还笑话我，你运动完，比我还严重呢，你不知道？”

小伟的话提醒了成军，他忽然明白过来同学们的反应是怎么回事了，原来是嫌弃自己身上的汗臭味。

“谢谢，谢谢，我终于知道了。”成军向一脸莫名其妙的小伟道谢后就跑回家了，困扰他很久的心结终于解开了。

给男孩的悄悄话

随着青春期的到来，男孩迎来了人生的转折，有许多惊喜不断出现，但是也会出现一些让人烦恼的事情。有的男孩会发现自己身上开始有一种很难闻的汗臭味，特别是那些爱运动的男孩子，就会觉得很自卑，怕给别人带来不舒服，不敢和别人走得太近。很多男孩还会认为这是一种不会影响身体健康但又挥之不去的病。

到底这可恶的汗臭味是什么原因造成的呢？根据医生的解释，青春期的汗臭是一种正常现象，不是什么病症，它主要是由于青春期的孩子腺体分泌旺盛，大汗腺分泌增加，就会出大量的汗液。大汗腺主要分部在腋窝等处，不便于立即清洗的地方，这些汗液分泌多的部位，就会有大量的细菌在这里繁殖。而细菌把汗液分泌物分解成不饱和的脂肪酸和氨就会散发出难闻的汗臭味。

一般来说，出汗对身体是很有好处的。它是人体正常的新陈代谢，可以把杂质带出体外，还可以调节体温，是机体的一种体液调节。由上文可以看出，汗臭味并不是有出汗多直接引起的，汗液不会散发出臭味。其实，只要多注意个人卫生，及时清洗汗液分泌多的地方就会减少汗臭味。

青春期的学生正是爱美的时候，汗臭味让人不喜欢自己，这种心态也是正常的。但是，不能为此就不去运动，人为地减少出汗或抑制出汗，这种做法是不科学的。下面给出几点减轻汗臭味的方法，以供参考。

1. 锻炼汗腺。专家指出锻炼汗腺对消除汗臭味有帮助。在闷热的时期，人坐在水温 43℃ ~ 44℃的浴池里，腰部以下浸在水里，10 多分钟后，等汗液从胸、腹、背部流出后再洗澡，然后再喝些姜汤补充水分。

2. 勤洗澡，不让汗液在身上停留时间过长。汗液停留在身上就会滋生细菌，分解出难闻的气味，在运动后要及时洗澡，不让细菌滋生，就会减少汗臭味。

总之，只要我们多注意些个人卫生，不让细菌在身体上大量繁殖，汗臭就不会成为男孩的大困扰的。

帅哥嘴里怎能长满烂牙

明昱一边捂着腮帮子，一边呻吟：“牙疼不是病，疼起来真要命。”从医院回来的路上，他就一直这么哼哼着，因为龋齿，去医院开药。妈妈帮他拎着从医院拿回来的漱口液和消炎药，边走边数落他：“你看看你，每天晚上睡觉前叮嘱半天，要刷牙，总是不听话。睡前还吃零食，现在把牙弄成这样，这幸好还没有坏个大窟窿，要是回头你的门牙上有俩大黑洞，看你怎么出门？”妈妈虽然心疼儿子，但是看着儿子因为不好的习惯而牙疼成这样，不由得加重了说话的语气。

明昱捂着因为牙疼而肿起来的脸，小声地嘀咕着，“我这么玉树临风，不能被门牙上的俩大洞毁了形象吧？”

“还玉树临风呢，到你的门牙也变成龋齿了之后，我看你就不是玉树临风了，而是门前漏风了！”

“老妈，你现在还挺幽默，对仗工整嘛！”

妈妈不理他的调侃，继续叮嘱每天要早晚刷牙，饭后漱口的事情。明昱虽然是高中生了，但还是一个调皮小子的样子，没事就跟老妈逗贫。但这次，老妈很严肃地要明昱纠正自己的卫生习惯，不能让儿子因为不良的卫生习惯而影响了他的牙齿健康。牙齿也算是门面了，现在儿子才刚上中学，以后的路还长着呢。孩子现在不注意，以后一辈子都受影响，虽然说牙齿是看起来不大的事情，但是一旦变成坏牙，就再也换不回来了。妈妈想着都忧心忡忡，看到儿子满不在乎的样子就忍不住多说几句。

回到家，去镜子前张开嘴照着自己嘴里的那颗正在发作疼痛的黑黑的牙齿，明昱也倒吸一口凉气，如果哪天所有的牙齿都坏掉了，都这么黑乎乎的，甚至一颗颗脱落，那该是多难看呀。一个堂堂的大帅哥就被牙齿毁掉了。

明昱在镜子前暗暗发誓，一定要注意早晚刷牙，爱护自己的牙齿，否则，以后就没法出门见人了……

给男孩的悄悄话

明昱的烦恼，相信不少男孩子都遇到过。俗语说，“牙疼不是病，疼起要人命。”在众多引起牙疼的因素中，龋齿应该属于最常见的一种。

龋齿是牙齿硬组织逐渐被破坏的一种疾病，发病开始在牙冠，如不及时治疗，病变继续发展，形成龋洞，终至牙冠完全破坏消失。

而龋齿疾病的发生是没有年龄限制的，因此，应该从儿童开始就注意预防龋齿病症的发生。

预防龋齿的发生，最重要的一点就是保持口腔清洁，最实际的办法是刷牙和漱口。青少年应该从小养成口腔卫生习惯，尽可能做到早晚各刷一次，饭后漱口。睡前刷牙更重要，因为夜间间隔时间长，细菌容易大量繁殖。刷牙的时候要顺刷，即“上牙由上往下刷，下牙由下往上刷”，“里里外外都刷到”，还要注意刷后牙的咬面。这样就可把牙缝和各个牙面上的食物残渣刷洗干净，刷牙后要漱口。不要横刷，横刷容易损伤牙龈，也刷不净牙缝里的残渣。

合理的饮食习惯也有助于预防龋齿的发生。平时可以多吃些粗糙、硬质和含纤维质的食物，因为这些食物对牙面有摩擦洁净的作用，可以有效减少食物残屑堆积。硬质食物需要充分咀嚼，既能增强牙周组织，又能摩擦牙齿咬面，可能使窝沟变浅，这样就有利于减少窝沟龋。同时还要注意减少或控制饮食中的糖。

多喝茶对预防龋齿有很好的帮助。茶中含有氟，而氟离子与牙齿的钙质有很大的亲和力，能形成一种较为难溶于酸的“氟磷灰石”，这就像给牙齿加上了一个保护层，能够有效提高牙齿防酸抗龋能力。

平时要定期做牙齿的全面检查，这样能够及时发现牙齿可能出现的病变，对预防龋齿的发生也很有帮助。一旦发现自己得了龋齿，一定要及时到牙医那里医治，因为龋齿发生的早期治疗起来还相对容易，如果出现了龋齿而不进行治疗，那么慢慢地龋齿就会发展成龋洞，久而久之整颗牙齿就会脱落。

因此，对于龋齿，一定要早预防，早发现，早治疗。

男子没有胡须是不是病

东东是走读生，可是最近他父母因为工作原因，需要经常出差。为了东东的安全着想，他们将东东送进了一所寄宿学校。

刚开始住校，东东对什么都很好奇。很快，他和宿舍的几个男孩子就混熟了，大家一起上课下课，相处得很融洽。

一天晚上，从浴室洗漱回来的东东看到宿舍的几个男生围在镜子前面讨论着什么，他放下脸盆凑了上去："你们在讨论什么呢？"

"我们在比谁的胡子长。"其中一个男孩子自豪地仰着下巴："我的胡子比你们的都长，我是真正的男人。"

看着那个男孩子嘴周围的绒毛，东东羡慕地看着。忽然一个男生指着东东说："东东，你怎么没有胡子呀？"

其他几个男孩子纷纷向东东的脸看去，纷纷附和："是啊，东东怎么没胡子，那么白净，像个女孩子。"

东东羞红了脸，他端着镜子自信观察，果然，自己不像其他男生那样长了胡子，嘴周围干干净净，一点长胡子的迹象也没有。

到底怎么回事，为什么别的男孩子都长胡子，可是自己却没有胡子？东东被这个问题困扰着，难道自己真的不是个男子汉吗？

给男孩的悄悄话

一般进入青春期的男孩子随着睾丸渐渐发育成熟，就能产生精子，雄性激素也就旺盛起来。在雄性激素的刺激下，第二性征就更加明显，比如喉结隆起、开始变声等，此时，也就会慢慢地长出胡须来。但是，性成熟是个过程，只有当青春期基本完成时，男子体内的雄性激素才能达到正常人的状态，胡须才会像成年人那样。

但是，我们会发现，一些男孩的胡须根本看不出来，他们会被其他男孩说成不是男子汉，还要忍受一些过分的嘲笑。那么，没有胡须或者胡须不明显真的就不是男子汉吗？真是一种病吗？为了让男孩对此问题有个正确的认识，减少心理上的负担，我们来看看医生怎么说。

在医学上，胡须的有无和多少与民族、遗传、身体发育状况等因素有关。并且，每个人的胡须都不一样，有的浓密一些，有的稀疏一些，胡须的形状也不同。我们在课本见到的艺术家达·芬奇的胡须非常多，并且分布广，而我们身边的大部分人的胡须没有那么茂密。

男子胡须的多少并不能说明他们是否健康，如果从整个身体的发育来看，只要生殖器官以及其他第二性征发育正常的话，就没有什么可担心的。

而对于处于青春期的男孩来说，胡须生长的时间也不一致，速度也有差异，所以有的人胡须自然会旺盛些，有的人胡须也会少些，这些都是自然现象，不是异常，不必为此担心。

我也想去整容

施卫是一个积极上进的大男孩，他在学校深受女孩子的喜欢，因为他长得很帅气，唱歌也好。常常有女孩子给他写纸条，说他长得像韩庚。

时间一久，施卫就觉得自己和韩庚长得很像。有空的时候，他就搜集韩庚的海报资料，光盘照片等。他越搜集资料，就越觉着自己也能当明星。正巧暑假的时候，在施卫所住的城市里举办了一场“明日之星”的选秀活动。

施卫也报名参加了。参加海选那天，本来信心满满的施卫受到了打击。前去参赛的选手都是俊男靓女，虽说施卫对自己的长相一向有自信，可和那些选手一比，他觉得自己逊色不少。

海选回来后，施卫灰心丧气地躺倒在沙发上，这时电视里的一个节目吸引了他的眼球，是一则整容医院的广告。

施卫脑中灵光一闪，他决定要去整容，把自己整的跟韩庚一模一样，这样就能吸引评委的目光，还能比过那些选手，更重要的是这样一来，说不定还真就走上明星之路了。

“妈妈，我要去整容，你支持我吧，等我出名了，我肯定会回报你的。”施卫磨着妈妈好几天了。

“可是，你长得不丑啊，干吗非要去整容，还要照那个什么韩的人整，那整完了，还是我的孩子吗？”妈妈担忧地看着施卫，她不明白儿子这奇怪的念头是怎么冒出来的。

“我不管，我就是要整成韩庚的样子。”施卫铁了心要整容。

妈妈不同意，他就偷偷跑去整形医院咨询，后来，医院给他家里打电话，说了这件事情。老师和家长一起劝他，还给他讲了许多道理，才渐渐打消了施卫想靠整容走红的念头。

给男孩的悄悄话

很多家长反映，孩子闹着要去整容，这对青春期的孩子们来说，有点反常。青春期可以说是人生中非常美丽的时候，这些青春期的孩子怎么还强烈要求整容呢？经过了解，我们发现，现在社会上整容之风盛行，特别是影视圈里的整容会特别地炒作，给那些爱美的青春期男孩心理产生很大影响。青春期的男孩还不能够完全认识到整容的负面影响，所以，会特别地羡慕别人整容变美，自己也会想整容。

随着青春期的到来，孩子身体会出现很大变化，他们敏感的心理也会注意到这一点，这时候，他们就会有意识地注意自己的形象。调查发现，青春期的男孩经常会研究自己是不是变漂亮了，以及和别人比较自己是否漂亮。这些心理都是很正常的，爱美之心人皆有之，更何况处于青春期的阶段，身体的改变会让男孩接受一个全新的自己。

等到发育接近成熟时，青春期的孩子们就会产生性意识，在与异性的交往中，就更在意自己的形象了，特别是面对自己喜欢的女孩时，会想方设法吸引她的注意力，因为最初的异性相吸主要来自外表。这些都是无可厚非的，这是渴望被认可的表现。每个人都渴望有张漂亮帅气的面孔，让自己成为人群里的焦点。

但是，整容的必要性，还是为大多数人否定的。因为，整容带来的负面影响是无法弥补的，比如，有的人觉得自己的鼻子不够挺拔，就去隆鼻子，但是，隆鼻后发现只要一感冒隆过的鼻子就会非常难受，甚至会变形。就拿很多男性做的双眼皮美容手术来说，经过仔细观察你就会发现，人工割的双眼皮看上去是很不自然的，有时还会像哭过后那样肿肿的。其他更大些的美容手术，负面影响就更多了，在此不做一一列举。

其实，什么是美呢？青春期男孩自己要有自己的审美观，不要被一些假象引导自己。你要通过其他方面去展示自己，而不仅仅是长相。有时候，男子汉的气概能胜过一切表面的华丽。

什么时候能让个子赶上女孩

刘鹏出生的时候就非常小，接生的护士捧着他给刘鹏妈妈看，“这孩子真小啊，比一般的孩子要小一圈。”

刘鹏逐渐长大，却依然是要比同龄的孩子看起来小一些。上小学了，老师要安排座位，刘鹏被安排在了第一排。

回家后，刘鹏很不高兴，妈妈问他怎么了，他说：“老师安排座位，我被安排在了第一排。”

妈妈摸摸他的头：“第一排多好啊，听老师讲课清楚，离黑板也近。对你的学习有帮助啊。”

刘鹏嘟着嘴，“可是前两排都坐的是女孩子，男孩子都坐在后面，我让老师把我也调后面去，可是老师说我个子太矮了，只能坐前面。同学们听到都笑话我是小不点。”

妈妈安慰他：“没关系，等明年，你就会长高了，同学们就不笑话你了。”

刘鹏天天盼着自己长高，可是每次排座位，他总是要坐第一排。有几次，女孩子故意和他比个子，说：“刘鹏，你怎么还没有我们女孩子高啊？”

刘鹏为此还哭过鼻子。很快，小学就要结束了，毕业照上，刘鹏站在第一排，矮矮的个子，很不显眼。

但是上了初中之后，刘鹏却迅速地成长起来，他不再是坐在第一排的小个子了，而是成为了班级里个子最高的男生。再也没有同学笑话他了，有一次刘鹏收拾自己的抽屉，无意中看到了他的小学毕业照。

他惊奇地发现那个时候自己竟然是那么的瘦小。“妈妈，我是什么时候开始长个子的呀，一下子长这么高了。”

妈妈笑着说：“我从你小时候就告诉你，不要着急，你的身高总有一天会超过女孩子的。你那个时候还不信。现在相信了吧？”

刘鹏点点头。

给男孩的悄悄话

一般来说，上小学和初中时，男孩会发现班里的女孩普遍要比男孩个子高些。而男孩意识里，爸爸一般又比妈妈高些，所以，很苦恼，自己的个子什么时候能赶上女孩呢。其实，不必着急，男孩和女孩本来就存在着差异，长个子早晚也是差异中的一点。

一个人，要经历很多阶段才能长成大人，想在个子方面像大人，其实并不是难事。对于男孩来说不过是个时间问题。一般情况下，女孩子要比男孩子成熟得早些，通常男孩子进入青春期发育的时间比女孩要晚两年。所以，女孩的个子也会长得要早些，这样，在刚开始时，男孩比女孩个子矮是很正常的现象。再说了，这种矮也只是暂时的，等到男孩的个子猛增时便会超过女孩。按照生理知识来说，男孩子的身高增长高峰在 14 岁左右，到那时，男孩的身高增长速度，会是以前的几倍，所以，到那个时候男孩的个子自然会超过女孩的。

此外，男孩一般又较喜欢运动，在青春期加强运动是长个子较好的方法，室外锻炼对长个子更好些，阳光的照射可促进人体对钙和镁的吸收，有利于骨骼的生长发育。科学统计发现，经常参加锻炼的青春期学生，要比一般青少年高出 4 ~ 8 厘米。等男孩具备了生理上长个子的条件后，再加上经常做运动，个子上超过女孩就不在话下了。所以说，个子问题不是问题，属于男孩的自信一定会找回来的。

我会不会秃顶

这两天，总是看到徐立闷闷不乐的样子，同桌卞杰不禁为他感到担忧。

“徐立，你怎么了？”他不禁关切地问徐立。

“卞杰，你看我的头发，每天都会掉一把。再这样掉下去，我的头发没有了怎么办？那样秃顶的脑袋多难看啊！”徐立说着说着带哭腔了。

其实徐立多虑了，再怎么掉头发，也不至于秃顶啊。

晚上回到家，卞杰从电脑里翻出一张徐立的照片，用软件把他的头发去掉，得到一个谢顶的徐立，然后独自欣赏了好半天，伴有傻笑……

千万不要叫卞杰是“坏小子”，谁叫徐立他总是杞人忧天呢。

“卞杰，你在干吗？”妈妈可能是听到卞杰傻乎乎的笑声，所以进屋来看看。

“妈妈，你看，如果徐立没有头发了，他就会变成这个样子。”卞杰指着自己的“杰作”对妈妈说，“徐立这几天可郁闷了，就因为掉了几根头发，居然担心自己会秃顶。”

“卞杰，你真是太淘气了。”妈妈对卞杰的行为感到很无奈，“徐立爱美，掉了头发心里当然难过啦。你呀，要体谅他才对。”

“嗯，我也没有说他什么啊。”卞杰明白妈妈的意思，同学之间不可以开过头的玩笑，何况徐立还是他的好朋友。

给男孩的悄悄话

浓密乌黑的头发是男孩英俊帅气、活力四射的象征。处于青春期的男孩，导致脱发的原因有很多，也很复杂。根据现代医学的研究，青春期脱发主要是由以下原因所引起的：

1. 遗传因素。脱发与遗传因素有一定的关系，如果父母脱发，其子女也会出现脱发的现象。

2. 营养失调。头发的生长发育状况与蛋白质、维生素和矿物质有着密切的关系。有的男孩喜欢挑食，很容易使机体内营养失衡，某些必要元素的摄入不足是导致脱发的一大致因。

3. 内分泌紊乱。男孩进入青春期之后，体内的各种激素水平开始发生重大变化，无论是雄性激素分泌过多，还是雌性激素分泌过少，都会引起脱发。

4. 过度用脑。青春期的男孩一般都有很大的课业负担，以致用脑过度。大脑长久处于紧张状态，致使头部血液主要集中于脑部，头皮的血液相对减少引起脱发。

5. 疾病因素。如果患有真菌感染、头皮湿疹、贫血等症状都会导致脱发。

基本上所有青春期的男孩都有脱发的现象，因为一个人的头发有 10 万根左右，时时处于新陈代谢之中，每昼夜脱落 20 ~ 40 根头发仍是很正常的。即使头发脱落得过多，有些也是暂时性的。

脱发的男孩，应该注意的是要保持健康心理，学习之余注意休息，多吃一些富含铜、铁、氨基酸的食物。

富含铜的食物有核桃、榛子等；含铁的食物有蛋类、菠菜等；芝麻、核桃、花生等食物富含硫氨酸和胱氨酸，多食用可以使毛发迅速生长。

不做“豆芽菜”

江江是个瘦弱的男生，从小体弱多病的他是父母的一块心病。每次妈妈带江江出去，邻居们都会说：“江江这孩子太瘦了，得多加强营养才行。”

江江妈妈总是给江江买许多鸡鸭鱼肉，但是江江却不喜欢这个，不喜欢那个，挑食不说，一不高兴了还什么都不吃，不论妈妈怎么劝都不听。

上了初中，男孩子们正是长身体到时候，原本许多跟江江体格差不多的男孩子，仿佛一夜之间就长大了似的，嗖嗖地往上长。

体育课是江江最不愿意上的课，每次看到同学们在篮球场上，足球场上飞奔的时候，江江就很羡慕。但是他一上场，男生们都会起哄地叫他“豆芽菜”。有些喜欢恶作剧的男生还会故意推他，绊他。

体育老师也总是捏着江江的小胳膊，说：“你这样哪像个男子汉呢！”

江江做梦都想长高长壮，能够和其他男孩子一样奔驰在球场上。可是每每照镜子，江江都只能看到一个又瘦又小的小矮子。这样的形象让江江变得越来越自卑，他越来越不愿意和同龄人出去玩了。

每天放学，江江就回家把自己锁在自己的小卧室里。妈妈看在眼里，急在心里。正巧有一天，江江在外地做生意的舅舅来了。

江江从小就喜欢和舅舅玩，因为舅舅总能给他讲好多好多的新鲜事。这天，江江放学一回家，就看到舅舅和妈妈在客厅说话。

“舅舅。”江江高兴地扑了过去。

舅舅一把就把江江举了起来，“江江，怎么这么久没见，你还是没长高啊？”

江江不好意思地笑了。后来舅舅发现江江总是放学后，偷偷从窗户里往外看外面公园里的男孩子们打球。

“江江，想出去玩吗？”舅舅摸着他的头问。

江江点点头，随后又黯然地低下脑袋：“我不出去，他们都不愿意和我玩儿，我一出去，他们就喊我豆芽菜。”

看到江江闷闷不乐的样子，舅舅坐到他身旁，安慰起他来。在舅舅的鼓励下，江江开始积极地锻炼身体，也不挑食了。他要脱离豆芽菜的外号，做一个健康的男孩，果然，在积极的锻炼下，江江体格和以前不一样了。

看到自己慢慢地成长，江江高兴极了。

给男孩的悄悄话

现在大家的生活水平提高了，爸爸妈妈也都把孩子们当宝贝，都是把最好的给他们吃，按理说，男孩应该长得很壮实有力，然而，由于各方面的原因，有些男孩却特别瘦弱，一副弱不禁风的样子，大家给这样体型的男孩起了个有意思的外号——“豆芽菜”。

“豆芽菜”体型是比喻其身体过分瘦高，四肢细长，头颅和其他部位的围径相比大得不协调的体型。身体过分瘦弱，身材失去比例，肌肉力量不足，看上去感觉身体不健康，这样的学生就像豆芽一样，习惯低着头、弓着背走路，所以“豆芽菜”体形是一种不健康的标志。

“豆芽菜”体型是各个方面的原因造成的，有的学生是因为过于挑食、偏食造成长期营养供给不充足、不均衡，而有的学生则可能是因为缺乏体育锻炼而成为“豆芽菜”的。不管是哪种情况，都对男孩的身体健康不利，而且还会影响男孩自身的形象。

经调查发现，“豆芽菜”体型的青少年大多数肌肉力量较差，特别是腰背肌群，因此易出现脊柱变形，由于身体各部位的围径小，支撑内脏的肌肉力量也差，限制了各内脏器官的发育，导致体质较弱，因此爱生病。

所以，处于青春期的男孩，要拒绝做别人眼中的“豆芽菜”，练就一个健康的体魄。应该注意以下问题：第一，要注意加强营养，增加进食的热量，选用高热量、高蛋白的食品，要荤素搭配，保证营养均衡，此外，不挑食，饮食有规律。第二，要加强身体锻炼，生活有规律。青春期的男孩们都把乔丹和贝克汉姆作为自己的偶像，梦想自己能拥有像他们一样健美结实的肌肉，锻炼是很有必要的。从现在开始，努力和“豆芽菜”说拜拜。

健康走过青春期

遗精了！我很下流吗

张老师正在讲台上滔滔不绝地向同学们讲述八国联军侵华的史实，同学们都被老师感染了，似乎回到了那个风雨飘摇的年代。张老师漫不经心地朝底下的座位瞟了一眼，却发现林扬有点心不在焉，完全没有在听讲。

“林扬，对于八国联军侵华，你有什么看法？”

很明显，林扬被张老师吓到了，他慌慌张张地站起来，“我认为，八国联军侵华……”吐出了这几个字，下面林扬不知道该怎么说了。

张老师很生气，“上课不好好听讲，你到底在想什么？坐下吧。”

课后，张老师将林扬在课堂上的表现告诉了班主任秦老师。秦老师也发现了，最近两个星期，林扬上课经常走神，脸色也不是很好，还经常称不舒服请假。秦老师几次关心地询问林扬是不是生病了，要不要去看医生，每次林扬都涨红了脸，连连摇头。秦老师觉得很奇怪，以前他可不是这样的，以前上课的时候很活跃，就是在课下，也经常和同学们打成一片。最近是怎么了？秦老师决定找林扬的父母谈谈。

林扬的父母跟老师说了一些林扬在家的反常表现：经常锁着房门不让父母进去，甚至还自己洗床单、被套，这在以前可是从来没有的。细心的爸爸似乎明白了什么，问妈妈：“你是否发现林扬有过遗精的现象呢？”妈妈愣了一下，不好意思地说：“上个月我给他叠被子时，发现床单上有块污渍，你刚好出差，我忘记和你说了。”

“那当时林扬怎么样？”爸爸又问。

“很不好意思，什么话也没说。唉，现在的孩子，才12岁，就……”妈妈觉得不可理解。

“那他锁门，洗被子是不是那次遗精以后的事情？”

在爸爸的追问下，林扬的妈妈才意识到儿子最近一段时间的异常表现：不太爱和父母说话，晚上睡得很晚，早晨很早就起来了。而且，也不让爸爸给他擦背了……

“儿子已经是个男子汉了，看来需要给他讲讲这方面的知识了。”爸爸笑着说。

和爸爸的谈话对林扬来说非常重要。最近一段时间，他已经陷入了深深的自责之中，他为自己的行为感到很羞愧，有一种罪恶感，甚至，他觉得自己很下流……

给男孩的悄悄话

通常而言，12岁以下的男孩子很少会遭遇到遗精的烦恼，因为遗精这样的现象往往发生在14岁以后。用科学的眼光看，遗精其实是一个正常的生理现象，指的是不经性交而精液自行泄出的现象，通常发生在睡梦中，当然，也可能是无梦而遗。遗精现象可以分为两种情况，即生理性遗精和病理性遗精。如果遗精次数为一周两次或是更长时间一次，身体没有伴随任何不适症状，那么基本上属于生理性遗精。生理性遗精对身体没有任何损害，也不影响学习和生活。但是，如果遗精次数过于频繁，一周数次或是一夜数次，清醒状态下因为性意念而引发遗精，这样的遗精现象就属于病理性遗精，应该引起足够的重视并及时接受相应的治疗。

当然，遗精这种现象没有规律可循，也并不是每一个进入青春期的男孩子都会遗精。有人曾经做过调查，遗精现象因人而异，与不同人的家庭经济状况或是受教育程度有一定的关系。14 ~ 45岁的男性人群中，高达 90% 的男子在某一境遇下发生过遗精现象。虽然每个人遭遇的遗精状况不同，但是有一点大家一定要认识清楚，那就是遗精不是不道德的事情，不要遮遮掩掩，更没有必要恐慌。

遗精现象非但不是一件坏事，相反，它在某些方面对逐渐成长起来的男子汉来说还有不少好处呢。这主要表现在以下几个方面：

首先，遗精在某种程度上可以解除体内的性紧张，使得男孩在心理和生理上找到一些平衡，这一方面已经得到了医学界的普遍共识。这一点对男孩子性的成熟方面起着很重要的作用。

其次，遗精还有利于种族繁衍。这是因为精液周期性地排出能够提高精子的质量，也就是增强精子的生育能力。

最后，青春期的遗精现象还有助于男孩子的性别分辨和认同，遗精现象的发生正说明男孩子开始走向了成熟。

虽然遗精属于男性性发育的正常生理现象，但是这一时期的男孩子依然需要进行一些保健工作，这样能更好地保证性发育的正常进行。这里给小男子汉们介绍一些相关的保健常识：

要正确认识遗精现象，不要为此忧心忡忡，继而给自己增加精神负担。即使真的属于病理性遗精，也依然有方法能够帮助治疗。千万不要听信别人的传言而遮遮掩掩，或是病急乱投医，在某些隐蔽地方的墙上找来一些小广告而慌乱地接受不正规的治疗，这样的后果是很严重的。

睡觉时可以采取侧卧位，避免仰卧，这样能够减少手或被子对生殖器的压力。

尽量不要穿过于紧的裤子，因为裤子过紧生殖器容易受到刺激，这样容易引起性兴奋而遗精。

养成良好的生活习惯，不要频繁地与烟、酒、茶、咖啡、葱、蒜等接触。

消除杂念，不要看黄色书刊、电影、电视或碟片，要通过正当的途径了解性知识。

晚上睡觉之前尽量不要用热水洗澡，条件允许的话可选择冷水浴，这样可以降低性神经的兴奋度。

进入青春期后，对于发生在自己身上的新的状况要给予及时的关注，切不可随意听信他人的说法，也不要觉得遗精是多么见不得人的事情，相反，自己正伴随遗精而走进了青春的门槛，而行走在通往成熟的大道上。认识到了这一点，相信那个曾经阳光的你依然会自信地走下去。

隐秘部位要呵护

肖腾是个 15 岁的男孩，也像这个年纪的其他男孩一样，他腼腆沉默，在班里是那种默默无闻的男生，由于比较高，座位也在后排，只是和周围的几个人比较熟悉，跟前排的同学很少来往。最近，他变得更加沉默了，他有了自己的小心事，也有了自己的小秘密。而最苦恼的是，他不能跟任何人分享这个秘密，但是他面对这个秘密又不知道该怎么办。

肖腾怎么了？原来，他洗澡的时候，猛然间发现自己的那个隐秘部位不像以前那样了，它长大了许多，自己以前怎么没注意呢？什么时候变成了这样？洗澡的时候，不断地想，它怎么变得这么大了？而且周围还有了黑色的绒毛，弯弯曲曲地围绕在四周，跟往常自己对自己身体的印象有了很大的变化。别的男同学也是这样的吗？好几次，他都想问问班上那几个要好的男同学，他们的“小弟弟”是不是也发生了这样的变化，但是一直都开不了口，觉得很不好意思。自觉地或者不自觉地，他发现自己的隐秘部位有了跟以前不一样的感觉，他觉得这样很邪恶，好像想了自己不该想的事情，夏天穿牛仔裤的时候还发现，很不舒服，不但热，而且不透气的牛仔裤让他的隐秘部位不太舒服。但是为了跟大家保持一致，他也只能这样，他不想让任何人发现他的秘密，即使爸爸妈妈，他也不想告诉。这件事情很难说出口的。

还是老爸敏锐的观察力帮他发现了肖腾的小秘密，老爸神秘地走进他的房间，还避开了老妈在家的时间。

老爸说："儿子，跟你说点咱男人的事情！"

肖腾看着老爸神秘到有点鬼鬼祟祟的样子，也来了好奇心："什么男人的事情呢？"

老爸说："到了你这个年纪，就该是某些部位开始发育的时候了，你那有变化吗？"说完指了指肖腾的裤裆。

肖腾点点头。

老爸继续说，"这个事跟老爸聊聊没啥不好意思的，我也是从你那个年纪过来的，但是由于当时不注意，走了很多弯路，现在老爸以过来人的身份给你讲点注意事项。"

父子俩开诚布公地谈论起身体的事情，肖腾开始觉得不好意思，老爸一再劝解，两父子开始了一场关于隐秘部位呵护的探讨。

肖腾的小秘密也就此宣告破解。

给男孩的悄悄话

肖腾的小秘密，是无数青少年男孩曾经拥有过的秘密。对于步入青春期的男孩，有必要认识自己身体上的至关重要的器官——生殖器。

生殖器，也叫性器官，顾名思义，也就是用以繁殖后代的器官，因此，它对人类所起的重要作用也就不言而喻。

男性的生殖系统主要由内生殖器和外生殖器两部分构成，外生殖器包括阴囊和阴茎，内生殖器包括生殖腺体也就是睾丸、排精管道（附睾、输精管、射精管和尿道）以及附属腺体（精囊腺、前列腺和尿道球腺）。当男孩子出生开始的几年内，阴茎、阴囊和睾丸变化不大，当进入青春期后，阴茎开始逐渐变长变粗，阴囊和睾丸逐渐增长，且附近的皮肤颜色逐渐变黑，并在附近长出阴毛。

青春期正是男孩性器官成长的敏感时期，青春期又被称为"是非期"或是"朦胧期"，但是对性器官的保护却不能朦胧，因为这关系到男性一辈子的健康和幸福。

处于青春期性器官发育关键时期的男孩子需要注意以下几点：

1. 每天清洗性器官，可以翻起覆盖在阴茎头上方的包皮，洗净阴茎头颈部的污垢。

2. 在洗浴时切勿用热水冲洗下身，特别不能在热水浴盆中泡浴，且在清洗的过程中尽量少用香皂，多用清水冲洗，这样才能保证正常精子的生成和发育。

3. 尽量远离烟酒。有研究表明，频繁地接触烟酒对生殖器的损伤尤其严重。

生殖器对人的生命如此重要，男孩在步入青春期尚且有些许朦胧的时候，一定要及早认识到保护生殖器的重要性和必要性。只有这样，才能保证自己有一个健康的身体和美好的未来。

怎样才能少做性梦

刘星最近情绪很低迷，上课无精打采，下课也不爱和同学们在一起玩儿。老师看到他这样，便主动找他了解情况，可是刘星支支吾吾地说他没事，就是最近太累了。老师感到很担心，主动联系了刘星的家长。

听到刘星最近的表现，刘星的父母也很担心，他们在刘星回家后，对刘星问了半天，可是刘星总说自己没事。

有一天晚上，刘星爸爸因为在书房里加班，睡得很晚，晚上上厕所路过刘星屋子的时候，看到里头亮着灯光。刘星爸爸推门进去，看到刘星呆坐在床上，刘星爸爸关切地过去问道："怎么了，儿子，怎么大半夜的不睡觉？"

刘星看着爸爸，可怜巴巴地问："爸爸，我是不是不纯洁了，我感觉我不是个好孩子了，我很难过。"

爸爸吃惊地听着刘星的话，原来刘星最近总是梦到自己和女孩子拉手，有时候还会亲吻，今天，他甚至还梦到了自己和女孩子……

"爸爸，我怎么会这样啊，我跟你保证，我没有早恋。"刘星难过得眼眶都红了。

刘星爸爸拍着刘星的肩膀，"不要担心，儿子，你没有变坏，你还是爸爸的好儿子。”第二天，刘星爸爸把刘星的情况告诉了刘星妈妈，他们一起给刘星讲解了青春期男孩子的变化，让刘星知道，做性梦并不是可耻的行为，只要保持日常生活的健康快乐，不要总把注意力放在性梦上，这样就能放松心情了。

给男孩的悄悄话

青春期的男孩很多都有性梦，这是一种伴随性成熟出现的正常的生理现象。很多男孩为此觉得自己不纯洁，甚至有罪恶感，我们要消除这种误解。大多数男孩都有做过性梦的经历。性梦内容五花八门，有的是一些带有色情的凌乱片段，使男孩子出现遗精。但不必为此困扰，它其实是进入青春期的一种潜在性意识活动，也是男孩身体发育成熟的表现，是正常生理现象。不过，如果性梦过于频繁，并伴有频发梦遗者，就会影响到他的精力，所以，我们要合理避免性梦的频繁发生。

进入青春期后，性器官逐渐发育成熟，青春期男孩的心理也在发生微妙的变化，此时，他们不仅对异性开始产生亲近的意识，而且对两性的奥妙比较好奇。又由于日常生活中性文化和电影书刊对青春期孩子会有不同程度的影响，会在意识层面让他们渴望异性，这种欲求就以性梦的形式表现出来了。其实按照心理学家弗洛伊德的说法，这是人的性本能的反映。而男孩子的荷尔蒙多些，所以男孩子做性梦的可能性非常大。

所以，我们要正确认识这种现象，打破传统关于性梦有害的误解，相反，性梦还有助于消除紧张的性心理，只要在适度的范围内，性梦对身体反而是有益的。

当然，性梦过多也会伤害身体。要少做性梦，首先，要从净化生活环境着手，尽量不要接触黄色书刊和色情文化，从而减少这些性暗示。其次，和女孩要交往适度，减少性梦产生的土壤。良好的生活习惯也很重要，不赖在床上不起，不趴睡，不穿过紧的内裤，等等，在一定程度上可以避免对性器官产生过多的刺激也可以减少性梦的频率。

青春期的男孩，要正确对待性梦，把精力用在学习上，从学习中得到乐趣，同时，积极和人交流，参加适当的体育活动，阅读一些有益的书籍，从而放松心情，娱乐身心，这样可以转移注意力，让性梦自然适量存在。

性自慰并不是罪恶

晚上宿舍熄灯后，小李翻来覆去地睡不着觉，他掏出一本小说，躲在被子里，打开手电筒看了起来。正看到紧要关头，忽然觉得床在晃动，他开始没在意，后来觉得床晃得厉害，便从被子里探出脑袋。

仔细观察了一下，是上铺的小张晃的，他是不是在做梦，小李刚想叫醒小张，让他不要晃了，却听到小张发出哼哼唧唧的声音。

“小张，小张，你是不是做噩梦了？”小李拍醒小张。

小张探出头，脑门上有汗珠：“没，没有，我，我没事，你赶紧睡觉吧。别管我了，我没事。”

小李丈二和尚摸不着头脑。

第二天，他又问小张，小张偷偷摸摸地告诉小李，他昨天晚上其实是在自慰。

小李吓了一跳：“小张，我们才 14 岁啊，你怎么……”在小李的心目中，这种事情只有成年男人才会干。

小张红着脸对小李央求：“别告诉别人，我也是，也是第一次。”

小李当天晚上想着小张说过的话，想不通为什么他身边的同龄人会出现这样的情况，这在小李看来是很罪恶，甚至有些肮脏的事情。

给男孩的悄悄话

很多男孩子都有性自慰的经历，他们的身体在慢慢走向成熟，但是很多孩子却会对此有种犯罪感。这样的心理，让他们无法正确地面对自己的成长，严重时还会影响学习和生活。

青春期是一个人身体变化巨大的阶段，在此期间，性器官的发育是最重大的变化。青春期的男孩，在对异性有着朦胧的渴望时，自己在大脑里构思与自己喜欢的异性在一起的种种场面是很常见的事。当然很多男孩都会把这种念头埋在自己的心中，只有一部分人才会告诉别人。这些常见的性幻想、手淫、性梦通常被称为“性自慰”。

随着男孩进入青春期，性器官会慢慢发育成熟，性激素的水平会渐渐上升，他们的内心开始萌动对异性的欲望。加上外界的视听的影响，这种欲望就更强烈了。于是就会不自觉地用性自慰的方式来满足这种欲望，这并不是罪恶的，是一种正常的生理和心理反应。所以，这些小小的性自慰在青春期的孩子中是比较常见的。男孩要正确看待这些发生在自己和他人身上的现象。这是男孩成长的表现之一，只要合理地把握就行。

凡事有个度，超过了合适的度就会带来负面效果。比如，你上课时在幻想和自己喜欢的女孩在一起花前月下就会影响学习。过度的手淫会分散精力影响学习，造成很大的精神压力。在青春期，除了长身体之外，学习就是最重要的了。在身体健康的条件下，男孩要学会转移自己的注意力，把学习放在首位，为自己的未来打基础。性自慰是正常的，与罪恶无关，但是男孩们要适度而为。

保持眼睛健康

卓然是个 17 岁的男生，现在在离家很近的高中念高二，父母的工作都很忙，每天很晚才到家。每天放学回来，卓然都是照例地打开电脑，在电脑前玩游戏，为了专心致志地玩，很多时候都趴在桌子上，离电脑很近。妈妈有一次看见卓然玩电脑，就让他离远点，但是，远了之后影响游戏效果，卓然坐着坐着，就又靠到了电脑前面。暑假的时候，没有其他的活动，外面又是酷热难耐，每天从早晨起来就开始坐到电脑前上网、玩游戏或者看电影。直到晚上和爸妈一起吃饭才会离开电脑桌。

一个多月的暑假结束了，卓然发现了一个不幸的事情，本来，可以在自己的窗前清楚地看见远处那个商业大楼上的广告牌，但是现在看不清楚了，第一次看不清楚，他以为是光线的问题。第二天早晨起来，他又去看那个大楼的广告牌，依然看不清楚。难道是我近视了？他内心开始忐忑。这么大的男孩子，很讨厌戴眼镜，运动的时候很不方便的。隔壁班的一个男孩在打篮球的时候眼镜被打掉，摔到了地上，然后他连球在哪都看不清楚。

难道我也近视了吗？卓然反复地问自己。为了验证一下，他还是去了医院验光。验光的结果是，假性近视。他叹了口气。医生告诉他这是用眼过度和用眼不卫生造成的，又详细地给他解释了如何科学地用眼。他慢慢地舒缓了自己的情绪，专心地听医生讲所有的注意事项，认真地记录下来。

回到家以后，他开始严格控制自己上网的时间，每隔一段时间之后就做一次眼保健操，还改掉了自己睡前躺着看书的习惯，慢慢地，他感到自己视力得到了恢复。

几个月之后，他的视力终于又恢复到暑假前的状态了，又能见到他在篮球场上生龙活虎地拼抢了。

给男孩的悄悄话

通过自己改变用眼习惯，卓然保持了自己的好视力。

一位名人曾经说过这么一句话：“健康是一种自由——在一切自由中首屈一指。”如果健康不在了，那么自由也就没有意义了。况且眼睛是要陪伴我们走完一辈子的，因此我们有必要对它们进行细心呵护。

读书、看电视时注意距离、光线。尽量不在乘车、走路时看书，同时要注意眼病的预防和治疗。多做转眼运动，锻炼眼肌，改善营养，使眼睛灵活自如。将双手摩擦暖和，闭上双眼，用手掌盖住眼圈，再深缓地呼吸。每天做一做眼保健操，如按太阳穴，轮刮眼眶。

在微暗的灯光下阅读，不会伤害眼睛，但若光线未提供足够的明暗对比，将使眼睛容易疲劳。使用能提供明暗对比的柔和灯光（不刺眼的光线），勿使用直接将光线反射入眼睛的电灯。

缓解眼睛疲劳的最佳方式是让眼睛休息。这比你想象的还简单，你可以一边打电话，一边闭着眼睛。你若无须读什么或写什么，那么大可以在聊天时闭上眼睛休息。在打电话时使用此方法的人都说，眼睛的确舒服许多，而且有助于消除眼睛疲劳。

青春期的男孩大部分视力问题与使用电脑有关。如果你连续使用电脑 6 ~ 8 小时，应每 2 ~ 3 小时休息一次。喝杯咖啡、上个厕所或只是让眼睛离开电脑 10 ~ 15 分钟。

电脑屏幕上的字体及数字就像小灯泡，直接将光线打入你的眼睛。因此，你需要降低屏幕的亮度，并调整反差（明暗对比）使字体清晰。要缓解眼睛疲劳，最好是将电脑置于黑暗中。买一块全黑的厚纸板，放在屏幕顶端，将多出来的两边向下折，如此可以方便地伸缩这头罩。这样作用相当于将电脑放入黑盒子内，使你能将屏幕光线调到很低，以保护眼睛。

蒸桑拿对睾丸不好

小伟的爸爸是个大老板，总有人请他吃饭喝酒蒸桑拿，每次小伟爸爸回来舒服地往沙发一躺，小伟就听见妈妈问他：“今天又去蒸桑拿了？”

小伟爸爸就惬意地回答道：“当然啊，蒸一蒸，就是舒服百倍啊！”

后来，小伟出于好奇，便央求爸爸带他也去蒸一次桑拿，拗不过小伟，爸爸便带他去了一次。桑拿室里热气腾腾，闷得小伟喘不过气来。但爸爸告诉他，坚持个十几分钟，让全身出出汗，出去后再冲个凉，会感觉很舒服。

小伟咬着牙坚持了十分钟，走出桑拿室后，果然感觉舒服不少。后来，小伟爸爸隔三差五就带小伟去蒸桑拿，小伟渐渐对此上了瘾。

一天，小伟在学校里向同学们讲蒸桑拿的感觉。同学们都羡慕地看着他，正巧生物老师从旁经过，听到小伟的话皱起了眉头。

后来，小伟再央求爸爸带他去蒸桑拿，爸爸便不再答应了。小伟很奇怪，其实是生物老师给他爸爸打了电话，告诉他青春期的男孩子不能总去蒸桑拿，那样会影响睾丸的发育，将来会影响到男孩子的生活。

给男孩的悄悄话

现在生活条件好了，很多男孩也去洗桑拿，因为在芬兰有个流行的说法，那就是“如果桑拿也治不好你的病，那你就没治了。”洗桑拿对身体很有好处，它能缓解疲劳、恢复体力，促进血液循环，还具有美容的作用。

但是，凡事都有个利弊，专家研究发现，桑拿对青春期男孩有着很大的弊端。因为，青春期男孩的睾丸正处于发育高峰期，而睾丸对温度的要求非常高，如果外界温度不合适的话，就会影响其发育。洗过桑拿的男孩都知道，洗桑拿时温度是高于人的体温的，而睾丸所需要的温度要低于人的体温，所以，洗桑拿会影响睾丸的发育。

精子的健康成长也对温度要求很苛刻，温度过高和过低都会影响到它的健康生长，否则，精子的活力就会下降。而专家指出，洗桑拿时的温度是会杀死精子的。

处于青春期的男孩子，身体正处于快速发育阶段，睾丸产生精子的能力还是比较低的，如果，洗桑拿过多的话，有可能影响生殖器官的发育，进而影响到以后的生育能力。所以男孩不要过于频繁、长时间地洗桑拿，以保证睾丸有一个良好的生长环境。

对于正处在青春期的男孩子来说，能够使睾丸温度升高的因素都要尽量避免，如长时间骑车、泡热水澡、久坐不动、穿紧身牛仔裤等。为了保证身体健康成长，一定要给睾丸提供一个好的发育环境。

半夜醒来“小弟弟”会勃起

小可晚上一向睡得很好，一觉睡到大天亮。昨天他睡前喝水喝多了，睡到半夜被尿憋醒，摸索着打开台灯，迷迷糊糊走去卫生间。

在打开卫生间的灯时，小可在镜子里看到了古怪的现象，自己的“小弟弟”居然胀了起来，在内裤里支撑起了一个小帐篷。

这是怎么回事？小可回忆自己没有做性梦，也没有关于这方面的想法，那为什么自己的“小弟弟”会这样呢？

小可厕所也不上了，赶紧回到自己的屋里，打开电脑，百度了起来。查过之后，他放下心来，原来这是很正常的生理现象，并没有什么值得大惊小怪的。

后来，小可和其他男孩子聊天的时候，发现其他男孩子也会有这样的情况，大家都说，有时候半夜迷迷糊糊的，会发现自己的“小弟弟”勃起了，不过过不了一会儿，就会软下去了。

青春期男孩都经历过这样的事情，这更让小可放心 ，自己是个身心健康的男孩，并没有什么可担心的。

给男孩的悄悄话

男孩们在一起会谈论的话题就是“小弟弟”勃起的事，但是，一般都是在受到外界刺激，特别是性刺激时才会那样，为什么半夜醒来“小弟弟”也会勃起呢？

这是因为随着青春期的到来，男性的阴茎增大，逐渐发育成熟，在这时，由于性激素的大量分泌，会带来一些生理上的不平衡，同时也使男孩们心理上发生变化。这个阶段，大多数男孩醒来会发现阴茎不自觉地硬邦邦的，想方设法让它变软都不行，他们就为这种现象感觉不安和内疚，以为这是不正常的，便生出很多烦恼，就连白天看女孩的眼神里也充满着歉疚。专家认为青春期男孩每晚平均可勃起 6 次左右，每次勃起的时间可达 20 ~ 30 分钟，这是很正常的现象。

为什么阴茎会在半夜或醒来勃起呢？这就得从我们的睡眠谈起，从我们躺到床上到入睡，来回不停地改变睡姿的时候，阴茎就会勃起，而通常我们一个晚上要周而复始地改变四五次睡姿，这也正是阴茎一晚要勃起好几次的原因所在。而在这四五次之外的时间，阴茎通常是缩小的、柔软的。这时发生阴茎勃起现象时，不必慌张，也不必刻意去控制，这是很正常的，往往在一段时间过后，它就会很自然地软下去。

从另一点来说，白天男孩所接触的东西也会刺激分泌雄性激素。青少年在心理、视觉、触觉等刺激下都可以迅速产生阴茎勃起，雄性激素的作用使阴茎对上述刺激十分敏感，这种情况在睡眠的时候也会继续刺激男孩的大脑，从而触及雄性激素，这时阴茎海绵体内的血液迅速增加到平时的很多倍，就会勃起。男孩控制外在的刺激，对青春期的健康是很重要的，比如不看黄色的书刊和电影，和女孩保持适度的交往等。

半夜醒来阴茎会勃起，这是青春期正常的生理现象。青少年在成熟过程中是会慢慢控制自己的好奇心理和正确对待自身的生理变化，慢慢适应这种反应，从而使自己的身心都健康地发展。

父母个子高，孩子就高吗

小利是个矮个子男生，每当有男生笑话他个子矮小到时候，他就告诉别人："你们懂什么？我爸爸一米九，我妈妈一米七，我爸妈的个子都那么高，我也不会矮的，我现在不长个子，以后总会长的，到时候会比你们都高。"

一年比一年大的小利的个子总是不见起色，他和爸爸出门，别人会问："这是你儿子吧，长这么高了，快上初中了吧。"听到这样的话，小利就很伤心，他那时已经初三了，还被人误以为是小学生。

但随后小利又开始安慰自己，没事，爸爸妈妈的个子高，自己迟早也会长高的，就算长不到爸爸那么高，像妈妈一样也行。

这天，小利见到了一个小学同学，小利记得上小学的时候，他们两个差不多高，可是现在那个男同学已经要比他高一头了。

小利羡慕地聊起了他的身高："你的父母一定也很高吧？"

那个男同学摇摇头："我爸妈都不高，可以说有点矮呢，我就是怕我自己也像他们一样，所以我很注重锻炼，你看，还是挺有效果的。"

原来矮个子的父母也能生出高个子的孩子啊，小利忽然明白了，等着长个子是不行的，要想有一个好身材，还得坚持锻炼。趁他还在发育期，不能荒废了这段好时候，于是，小利也常常活跃在篮球场上，他可不想等成年后，还是像现在这么矮。

给男孩的悄悄话

在班里面，有的男孩个子高，有的男孩个子矮。到底个子的高矮和什么有关呢？你是不是也经常想这个问题。大多数人认为，父母个子高的话，他们的孩子个子就高，于是有些父母不高的男孩就会担心自己长不高。其实，这种猜测是不科学的，也是不全面的。咱们看一下专家是怎么看待影响个子高矮的因素的。

专家认为，父母个子高，孩子的个子不一定高，因为孩子的身高有一方面来自父母遗传，另一方面就是后天培养的。进入青春期后，男孩身体的各个方面都开始发育，特别是身高发展空间很大，这个时候，要注意营养一定要跟得上，这样才能更大地开发身体发育的空间，使自己的个子长得高。如果认为“父母个子高，孩子也就高”，在青春期长个的黄金时期，有的家长不注意小孩的偏食、挑食等坏习惯，会导致孩子体弱多病，影响长个子，就会出现父母虽然高，孩子却不高的现象。

同时，身高还与出生时候的婴儿体重有关，如果出生时矮小，到两岁时仍未能追赶上同龄小朋友，那以后能达到正常身高的机会就很微小。同时，应该注意，身体过于肥胖也会影响长个。其实，单纯从视觉上，胖的人就会比同等高度的瘦人看着要矮些。

影响身高的另一方面的因素也是不可忽视的，那就是男孩进入青春期的早晚，有的男孩进入青春期比较早，那么他发育的就会全面一些，身体各个方面的发育就会相对棒一些，而那些进入青春期比较晚的男孩，身体发育就会迟一些。准确把握自己的青春期，多注意营养和锻炼，只有这样才能发育得完全，长得高而壮实。

一滴精真的等于十滴血吗

迷恋上网的亮亮常常会从网上得来许多新鲜的信息和词汇，这天亮亮上网浏览网页，无意中他的目光停留在了一句话上：“一滴精等于十滴血。”一滴精液就是十滴血，这也太夸张了吧。

亮亮想起自己几次半夜遗精，被子上湿湿的一大片，心里不禁一凉，那自己会损失多少血啊。

就在亮亮的担心还没有解除的时候，更让他担心的事情发生了。学校组织学生去医院体检，轮到亮亮的时候，医生给他量了血压，还为他验血。医生好心地提醒他：“小同学，你最近有些贫血，让你妈妈多给你补充一下营养。”

自己居然贫血，以前这种情况可从没发生过，难道真的是因为自己遗精，耗损了血液，想到这里，亮亮后怕起来。

晚上回到家，他偷偷给自己上大学的表哥打电话，告诉他自己的担忧，表哥听后哈哈大笑：“这完全是两回事，亮亮，你那么爱上网，自己去网上查查这到底是什么关系，就不用担心了。”

表哥提醒了亮亮，他立刻打开网页，搜索起了精液和血液的关系，结果网上的信息告诉他，这两者并没有关系。这下亮亮放心了。

给男孩的悄悄话

青春期的男孩也许常听人们说“一滴精十滴血”，也会在书中看到过“损失精液，大伤元气”的言论，在中国古老的中医学里也被认为精液对身体是很重要的，“中医说精是人的精华，也是‘元神’，所以称之为精”。男孩们从中可以领会到的是精液的重要性，然而，这种说法是不是有它的科学根据呢？这就不能凭空而论了，得找到足够的理由来论证“一滴精十滴血”的说法是否真实。

事实上，科学发现，血液和精液之间是没有任何关系的，这一点只要分析一下精液的成分就会清楚了。精液中除含有精子之外，其他部分叫做精浆，而精浆的成分和血浆相比是没有多少差异的，除却 90% 的水分外，它也是由极少量的蛋白质、糖和微量元素等物质构成的。所以，一滴精十滴血的说法是没有科学根据的。同时，精子是成熟的睾丸在垂体分泌的促性腺激素作用下分泌雄性激素，使精子在睾丸中发生的，而排精液的损失是和唾液差不多的，况且这两者都是可以很快地由相关分泌腺分泌出来的。

然而，就是不排精的话，精囊腺内贮存的精子会越来越多，虽然其内部的环境有利于精子的成熟和存活，但是，在里面精子也不能无限期地存活下去，它们会有一个不断老去、丧失活力的过程，相反，排精还有助于使附睾内老化的精子和新生的精子维持一个有益的平衡，从而保持身体的健康。这就是人们说的“精满则溢”，它本身就是人自身的一种调节。

所以，处在青春期的男孩们不要害怕排精会损耗精力，并开始担心自己的身体健康。而“一滴精十滴血”的说法更是不合情理、不科学的，男孩要正确对待青春期的排精现象，保持身心愉快，抛弃错误的传统认识。

青少年能否素食

球球，人如其名，是个胖乎乎的小男生，他走到哪，都会招来大妈的喜爱，“这小胖子谁家的啊？真可爱。”

可是球球并不喜欢自己的身材，他觉得自己这样一点也不帅气，在班上，总有女生开玩笑地喊球球是国宝。球球知道，她们在笑话自己和熊猫一样胖。球球想去操场上打篮球，但是那些健壮的男生总是看着他说：“你这么胖，跳得起来吗？”

球球很受伤，他想到了减肥。可是不让他吃饭，球球可是受不了的，怎么才能既舒服又不用大量运动就把肥减了呢？球球绞尽脑汁也想不出办法来。

正巧球球的表姑到球球家做客，饭桌上，表姑只吃青菜萝卜，球球问：“表姑，你怎么不吃肉？”

表姑说：“我在减肥啊，吃素有助于我减肥。”

原来吃素就能减肥啊，球球如获至宝，从那以后，球球只吃素食，其他什么也不吃，不论球球妈妈做多好吃的肉菜，球球都不吃一口。

可是几个星期过去了，球球非但没有瘦下来，反而被医生说营养不良。球球想不明白了，这到底是怎么回事啊？

给男孩的悄悄话

有些男孩因为体型偏胖，想通过只吃素食减肥；还有些男孩有挑食的坏习惯，不喜欢吃肉食，这让很多家长很担心。那么，处于青春期的男孩适合素食吗？答案是否定的。因为，青春期的男孩正是长身体的时候，此时身高和体重都会迅速增加，需要大量的蛋白质、脂肪、糖、维生素、矿物质等营养物质。而蛋白质等营养物质，主要存在于肉类食物中，所以，专家指出，青少年吃素食不利于长身体，良好的营养影响着身心的发展，显得尤为重要。

虽然，糖、脂肪和蛋白质三大营养素可以在体内互相转换，但是通过这种转换远远不能满足青春期男孩身体对蛋白质的需要。而人体必需的 8 种氨基酸，在体内是无法通过转换获得的，必须由食物提供。

科学家已发现，蛋白质中的必需氨基酸是参与人体新陈代谢的重要营养物质。摄入此类氨基酸的多少对青春期少年的生长发育影响很大，而此类氨基酸大多存在于肉、蛋、动物的肝脏等食品中。

专家指出，长期吃素，容易缺乏铁、维生素 B_{12} 和蛋白质等机体制造血红蛋白的主要原料。长期素食还会导致低胆固醇血症。胆固醇是人体不可缺少的营养物质，也是人体细胞膜、性激素、皮质醇等的物质基础，对白细胞活动起着重要的作用。

总之，无论从哪个角度来讲人体所需要的各种营养，都要靠膳食来提供。而对于处于青春期的男孩更须荤素搭配，保证营养的全面性，为长身体做好保障。

成长&烦恼

——小小少年没有烦恼

来自家庭的烦恼

我被全世界遗忘了

刘老师看着从校长室领回来的几个调皮鬼，气得不得了。因为这几个调皮鬼违反校规，八班被学校狠狠地批评了一通，刘老师也为此丢了奖金。几个学生都被记过，让家长带回好好反省去了。为了学习，更是为了学生的安全，学校禁止学生去网吧，尤其是去网吧熬夜，被学校抓到后，会受到严重惩罚。可是这次让刘老师觉得很意外的是，高毅居然也在其中。高毅是个腼腆内向的学生，从来没有做过什么违反纪律的事儿，学习很努力，成绩不好不坏，一直都是中上等。

刘老师怎么也不明白，高毅为什么这么做。他把高毅叫到办公室，想好好问一问。高毅一进办公室，还没开口说话就哭了，“老师，我不是故意违反纪律的，您别让我叫家长好吗？”“那你为什么去网吧呢？你也知道学校对这种事情处罚很严的。”“我是觉得老师同学都不喜欢我……”原来，高毅一直觉得自己总是被冷落，同学们从不主动和他搭讪，老师也没有主动和他说过话。每天坐在书桌旁，只觉得自己好像被人遗忘了。高毅觉得自己太普通了，成绩不是很好，也没有什么特长，跟同学在一起因为内向也不是很活跃，所以大家都不重视他更谈不上喜欢他，高毅觉得自己很没用。

听了高毅的话，老师语重心长地说：“高毅，你怎么会没用呢？

你也不普通啊，虽然你的成绩不是很好，可是你的作文很棒呀，老师记得你去年还在作文大赛中得奖了呢。”“可是他们说，作文好不算什么。”“什么话，作文好也是长处，说明你对文学很敏感，好好努力，将来说不定会成为一个大作家。”高毅听了点点头

三天后，高毅回到了学校。大家还是没太注意他，但是高毅变了，虽然还是那么内向，但是变得自信开朗了，因为他相信自己将来也会有一番成就的。

给男孩的悄悄话

进入初高中以后的男孩子基本上都处于青春期了，随着青春期的到来，男孩子们的身体和心理都发生了很大的变化，智力也是如此。不同的男孩就会表现出不同的特长，有的善于学习，有的善于和同学交往，还有的善于音乐舞蹈等艺术方面。所以，这时候，那些比别的男孩子较晚突出自己特长的男孩就会出现自卑心理。“我被全部世界遗忘了”等类似的想法和念头会常常在他们脑子里盘旋，这是青春期男孩子正常的焦虑，出现这样的焦虑该怎么办呢?

青春期男孩子的自尊心和好胜心理会明显地增强，他们在很多方面开始学会和其他男孩一比高低，这是男性身心发展的正常现象，以此才能造就男性们成年后的勇猛。但是，这种争强好胜的心理，在青春期里难免会给一部分男孩子带去负面的影响，一旦这些男孩子看到别人比自己强，就会产生己不如人的心理暗示。

其实，这些男孩子，对自己和他人的估价会存在着不同程度的偏差。比如：在学习上，很多男孩子喜欢数理化，不喜欢记忆性质的东西，他们肯定就会在数学课上花费更多的精力，但是，总会有那么一些男孩子会喜欢文学，喜欢语言类的课程，他们自然就会花费更多的时间学习文学语言等。曾经有这样的流行语，“学会数理化，走遍天下都不怕”，因此这些孩子们在班里往往比较谁的数理化学得好，老师和家长也会更看重数理化的学习，这样一来，那些喜欢和擅长文学语言的男孩子自然就会产生自卑心理，会有

不被重视的感觉。

专家提醒，每个人都有他的强项和弱项，每个人的发展空间也都是很大的，俗话说，“三百六十行，行行出状元。”所以，只要我们有自己的长处，就可以立足于生活。不要拿自己的短处和别人的长处比，找好自己的位置，努力去做就是最好的。

当然，在初高中阶段还是不要偏科的好，因为在基础教育阶段所设置的课程都是非常重要的，也许那些具体的知识会被遗忘，但是从中学来的思维却是让人们受用终生。男孩子好胜心强，也不能为了引人注意，拼命学习那些所谓的主要课程而忽视其他课程的学习。如果你现在觉得自己没有被注视到，也只是时间和心态的问题，没有什么能够阻挡男孩子对未来的向往。记住，只要努力，永远不会太迟。

妈妈的唠叨和爸爸的吼叫

陈才上初一了，学习任务骤然加重，他每天都要做作业到很晚，周末还要上各种各样的补习班。上初中真辛苦啊，还是小学轻松，陈才发现，上了初中后，不止是学习任务加重了，就连爸妈对他的态度也不一样了。

妈妈开始不停地唠叨，他回家晚了，妈妈就要问他干什么去了，跟谁一起玩儿，有时候妈妈还不相信陈才的话，非要打电话求证才行。

如果陈才说谎了，那妈妈就会联合爸爸一起指责他，陈才的爸爸是个退伍军人，嗓门很大，也很严厉。每当陈才犯错误，他就会大声训斥，上了初中后，这种时候变得越来越多，让陈才都不愿意回家了。

这天是周日，陈才本想上完奥数班和几个同学去踢球，可是妈妈告诉他，晚上给他报了个绘画班，让他去参加。

陈才实在不想去了，就悄悄地翘课了。等他回到家里，爸爸坐在沙发上等着他，“你干吗去了？”

“我上课去了。”陈才胆怯地回答。

“胡说，老师打电话说你根本没去。”爸爸大发雷霆地吼叫起来，妈妈也在一旁责备陈才。陈才捂着脑袋，苦闷地想，为什么父母总是这么不通情达理，妈妈的唠叨什么时候能停止，爸爸怎么才能不责骂自己。

给男孩的悄悄话

青春期的男孩一般正处于中学阶段，此时的学习任务很重，这个阶段不仅是男孩们成长发育的黄金期，也是长智力长知识的黄金时期。所以，家长认为这是塑造男孩的成型期，因此，不管是什么样的家庭，父母都会对男孩在这个时期的各种行为加以干涉，从而保证孩子能够学业有成。可是，在这个时候，男孩心理上也渐渐成熟起来，遇到什么事都有了自己的主见，这是很好的，然而，当男孩和父母的观点冲突时，如何对待妈妈的唠叨和爸爸的吼叫也就成了必须面对的事情。

不可置疑，每个父母都望子成龙，为此，他们不惜一切。看到青春期男孩的一些不正常的举动，他们会大惊小怪，妈妈会说东说西，爸爸可能就会更严厉地警告你。妈妈会不厌其烦地向你唠叨，给你讲“一定要考上某某名校”“得为自己的未来做好打算”等等，而爸爸则会对你的一些行为怒吼不止，“不许玩游戏”“再逃课就打断你的腿”等等。这让每个青春期的男孩都会觉得很厌烦，但是一味地和父母对着干也解决不了问题。

此时，正确而客观地对待父母的唠叨和怒吼就显得非常重要了。男孩要学会站在父母的角度考虑一下，也许他们的方式让我们觉得不舒服，他们的关心可能给我们带来一些压力，但男孩要看到他们的焦急的期盼，而对于他们的一些过于激烈的表现，你可以试着和他们进行沟通，把自己的想法和计划告诉他们，一是为了让他们知道你不是漫无目的地活着，也不是如他们所说的从没考虑过自己的未来。二是在交流的时候，有一些因为年龄和经验少你自己解决不了的问题，可以让父母帮着出出主意，从而使问题得到有效而合理地解决。三是通过交流，你可以减轻精神压力，使自己获得自由的生长环境，因为通过交流，减轻了彼此间的猜测，父母就会给你更大的自由空间。

所以，正处于青春期的男孩面对妈妈的唠叨和爸爸的怒吼时，沟通是最好的缓解双方压力的方法，记得去尝试啊。

爸妈总和我的“自由”过不去

这些天陆涛跟妈妈一直闹矛盾，两个人谁也不让步，陆涛觉得很委屈，就去找自己最喜欢的老师诉苦。

原来,陆涛十分喜欢轮滑,自己攒钱偷偷买了一双漂亮的轮滑鞋。陆涛暗里计划着，每天放学后去练一小时轮滑，争取下半年能参加轮滑赛。因为练轮滑，陆涛每次回家都很累，有时满头汗，有时累得都不吃晚饭就睡了。陆涛妈妈很纳闷,就在打扫房间时仔细找了找，结果就把那双陆涛舍不得穿的轮滑鞋翻到了。陆涛妈妈不但没收了鞋，还不准陆涛再去练习轮滑。陆涛为此跟妈妈闹矛盾了。陆涛觉得自己的事情自己可以安排好，自己喜欢做什么怎么做这是自己的自由，妈妈不应该干涉，何况自己做的又不是坏事情。陆涛讲完后，老师想了想说，“陆涛，回家先跟妈妈道歉，不管怎么样跟妈妈闹矛盾是不对的，你这样做也不是解决问题的办法。跟妈妈好好说，争取妈妈的理解，这才是好的办法。”

陆涛回家跟妈妈坐下来好好谈了谈，最终妈妈答应了陆涛，不过每天不能练习太久，怕耽误学习。陆涛又开始了他的轮滑计划，而且还有了妈妈的支持。

给男孩的悄悄话

也许，有些男孩子没有注意到，不知从什么时候起，自己不再是爸爸妈妈眼里的乖宝宝，开始有自己的想法，并强烈地要求付诸实施。其实，这些是男孩进入青春期后，渐渐出现的叛逆心理。为什么说是男孩子的叛逆心理呢，难道说爸妈就不存在对男孩管制过严的问题吗？当然不是。

让我们先来分析一下青春期的叛逆心理，男孩子们就会发觉自己存在的问题。进入青春期后，男孩子在生理上发生了很大变化，身体渐渐发育成熟。近年来，随着物质生活水平的提高，青春期提前来到，然而生理上的成熟并不意味着心理上的成熟，其实很多男孩子的心理并不成熟，于是在青春期期间就出现了叛逆心理。

专家说，青春期的叛逆意识突出表现在他们的独立意识。对于男孩子而言，这种情况更严重。一些男孩子就会希望得到独立、得到认可，在没有完全认识到自己的实力的情况下，总想着一鸣惊人，总想着挣脱父母的束缚，寻找更宽更高的天空。所以，这些男孩子会自发地采取一些接近自己梦想的措施，但是，在父母眼里，男孩子很多做法是好高骛远不切实际的。此时，出于对他们的关心，父母就会出面阻止。这就出现了男孩子们认为的被剥脱自由的现象。

客观地说，父母有父母的想法，男孩子也有男孩子的想法，没有谁对谁错的问题，最主要的是缺乏沟通。如果男孩子把自己的想法告诉爸妈，爸妈也听听他们的想法。在互相尊重的前提下，真诚地沟通就会少很多抱怨。

“自由”是一个高贵的字眼，但是通往自由的道路不止一条，男孩子们能让爸妈放心自己，自己也舒心地实现自己，才是最好的选择。

大人总是说话不算话

刘奎一直梦想自己能有一辆很酷的山地车，但是爸爸一直不答应。再过些天就要开校运动会了，而且是几所中学联谊举行，刘奎是这次给学校争光的主力。出差在外的爸爸听到这个消息后，一口就答应了给刘奎买山地车的事儿。刘奎兴奋得一夜没睡，最后几天还在拼命地加紧训练。

功夫不负有心人，比赛场上的刘奎像小明星一样吸引着大家的眼光。爸爸回家后看到刘奎的奖杯奖状，乐得合不拢嘴。刘奎也很期待地看着爸爸，“爸，我的山地车什么时候能到？”

爸爸神秘地笑笑，说：“三天后就寄过来了，好好期待。”

三天后，刘奎兴冲冲地跑回家。刚进家门，爸爸就说，“在你房间里呢，去看吧。”刘奎连蹦带跳跑进了房间，可是并没看到什么山地车，而是书桌上摆着一台新电脑。刘奎有点失望，兴奋劲儿一下子就没了。爸爸走进来，看到刘奎闷闷不乐地坐在椅子上，一声不响。爸爸说：“电脑比山地车更安全，对你也更有价值啊，这样不是很好嘛。”刘奎不高兴地说：“说话不算数，你们大人都这样。在我心中，山地车比电脑重要！”刘奎说完走了出去，弄得爸爸无可奈何。

给男孩的悄悄话

青春期的男孩子越来越有自己的想法，并且这些想法千奇百怪无所不有，因为，他们想把自己的想法变成现实，也就会冒出不同的要求。面对男孩子们的要求时，大人们会经常当面随口答应，而后来又不兑现。这是让很多男孩子很苦恼的事情。

“一诺千金”是书本上教给男孩子们的，他们是那么的重视许诺，认为那是千金不换的事情。但是，大人又有着大人的解释。青春期的男孩子，身体发育渐趋成熟，但是，心理上还存在着稚嫩的情况。在大人眼里，这些倔强的有想法的男孩子依然是个长不大的孩子，他们会认为他还没有足够的能力去实现那些特立独行的想法。但是面对他们提出的要求，又不愿意让他们伤心，就会出现随口答应的情况。而这些青春期男孩子的记忆力又非常好，加上自我认可的意识强烈，就会在心里一直记着大人们的许诺。其实，很多时候，大人们早已忘记了那随口的许诺。这样，男孩子们就难免会觉得大人们说话不算话。

究竟为什么会产生这样的误解呢？究其原因，还是青春期的男孩子想法奇特，并且特别希望得到认可，而大人又认为他们仍是个孩子，还没适应男孩子的成长。要想消除这些误解，男孩子和大人们都要认清男孩子所处阶段的特殊性。男孩子要知道自己处于青春期，有很多的想法，并且要求大人们帮助实现它们是值得肯定的，但是，也要多反思一下要求的可行性。大人们则要开始认识到男孩子已经慢慢接近成人，要尊重他们的想法，对他们的各种要求要给予重视，能帮助实现的就帮助实现，如果觉得不切实可行，也要给男孩子解释清楚。

只有这样，才能建立起和谐的家庭关系，男孩子不再是不懂事的男孩，大人也不再是不重许诺的大人。

妈妈为什么不相信我

这个学期，卢田在绘画班认识的几个好朋友是一个学校的，大家脾气很投合，天天在一起，关系越来越好。最近，几个好朋友商量着，找个时间大家一起骑车去郊外采风。卢田也想去，可是不知道妈妈答应不答应。大家知道卢田家教严，所以最后决定星期天去，那样卢田就有时间跟家里好好沟通下。

吃晚饭的时候，卢田说了去采风的事儿。妈妈一听就急了，“几个小孩子家，骑车去郊外多不安全。毛毛躁躁的，磕着碰着怎么办，不行，不能去！”“我们不是小孩子，已经长大了！”“不能去就是不能去！吃饭，吃完做作业去。”卢田闷闷不乐地回房间去了。

后来几个好朋友出主意，让王鹏妈妈帮卢田求求情，看卢田妈妈能不能答应。结果，卢田妈妈不但没答应，还说王鹏妈妈不顾虑孩子的安全帮着孩子瞎起哄。弄得卢田很不好意思，不停跟王鹏妈妈道歉。

卢田不好意思再麻烦大家，只好放弃了和大家一起出去。等到星期一上学时，看着大家凑在一起，兴高采烈地说着采风遇到的那些趣事，和获得的那些有趣的战利品。卢田觉得自己落了单，心里很不好受，暗暗地责怪妈妈管得太严，让自己脱离大家脱离现实，这对自己的成长一点都不好。一连几天，卢田都不爱和妈妈说话。妈妈也很生气，对卢田爸爸说：“这孩子真不懂事儿，我这是为他好呀，不理解不说，还跟我闹脾气！”卢田爸爸笑笑说：“孩子大了，应该适度地让他自己安排一些事情了。”

给男孩的悄悄话

随着青春期的到来，男孩子们越来越有自己的主见，他们把自己的想法看成非常神圣的事情，并想通过自己的努力实现它。然而，妈妈们还没有适应男孩们由一个听话的小男孩突然间称自己是个男人了，要做自己想做的事。她们当然无法真正放心地松手让男孩们去将自己的想法付诸实施。

这是让很多青春期的男孩子苦恼的事情，妈妈竟然不相信自己，这有点让他们觉得不可理解。其实人们所说的理解万岁，是很有道理的。男孩子们随着年龄的增长，进入青春期后，身体和心理上的变化一般不会非常明白地告诉妈妈，此时，妈妈对男孩子们的认识，很大程度上来自揣测。所以，难免会发生理解上的错位。

妈妈的不相信，一般是出于担心。例如，假期来了，很多有探险精神的男孩子自己组群骑车去一个想去的地方。妈妈看着孩子在自己身边，还会觉得一不小心他们就会出现磕磕碰碰的状况。现在，男孩子要骑车去旅行，妈妈就更不放心了。就会说出些不相信男孩子的话，而男孩子就会想证明妈妈的想法是错误的，证明自己能够独立做一些事情。再三坚持下，妈妈若还不同意，男孩子们就会认为得不到妈妈的信任。

这些都是非常常见的现象，随着年龄的增长，等男孩成为真正的男人了，有了较切实的想法，也有能力为自己的所作所为负责的时候，就能取得妈妈们的信任了。这些暂时的不相信，一般是出于关心，出于不放心。当然，妈妈们也会在看到你的成长后学会相信你，相信你们这些未来的“男人”们。其实，青春期的男孩子们只要学会换位思考，就会明白妈妈为什么不相信自己了。妈妈们的这种不相信是暂时的，它不是不信任，是对处于青春期男孩子的一种呵护。

沟通才是解决矛盾的正道

李进自从上了高中，渐渐发现和父母没有共同话题了。李进的父母只有初中学历，他说："我老爸、老妈连怎么上网都不知道，居然以为电子邮件要到邮局去收。整天只知道叫我多吃点，多穿件衣服，我真遇到什么问题，比方学习上的，却一点都帮不上忙。我真不知要说他们什么好。"

而小壮说起和父母沟通的事情，就觉得很头疼，他一脸埋怨地说："老妈太八卦了，我的什么事都要知道，经常打电话给老师不说，还成天向同学打探我的事，查看家里的电话记录，搞得我一点隐私都没有了。老妈这么有'办法'，还需要我跟她说什么呢？"

随着年龄的增长和自我意识、独立意识的增强，很多孩子与父母之间经常会产生意见不一致的情况，对事物的看法也存在很多明显的分歧，甚至于出现极大的矛盾和隔阂，在不经意间出现抵触和反叛情绪，经常牢骚满腹、怨气冲天。

"我不爱和我爸妈讲话，他们什么也不懂，还整天啰啰唆唆的，真是烦死我了！"

"我和爸妈很难好好沟通，说不到两句话就会吵架！"

"妈妈不说话还好，若她说话我便会觉得很烦！"

给男孩的悄悄话

其实父母是爱护你的，你也是尊敬父母的，可为什么还会出现以上这些情况呢？

如果我们静下心来仔细思考就会发现，问题主要在于男孩和父母之间太缺乏经常而有效的沟通了。人与人相处是需要沟通的，和父母也是一样，每天花一小时时间和他们聊天，足以拉近两代人之间的距离。

如果你能抽出点时间来理解父母，听听他们的想法，将会出现两种难以置信的结果：其一，你会得到父母更多的尊重。其二，你的想法和做法也就更有可能得到他们的理解和同意。因为如果他们认为你理解他们，也更愿意听听你的想法，也会更相信你。

尽管你感到自己长大了，已经有足够的能力自作主张，但实际上还有许多事情是你这个年龄无法把握的。而父母经历过的事情很多，可以给你不少宝贵的人生经验。

你可以尝试站在他们的立场，从他们的观点，而不是自己的观点出发考虑问题。当然，和父母聊天同样也要诚心诚意，投入一定的时间和精力，这也有助于你学会理解、关心别人。理解是双方面的，你既要求父母理解自己：理解你的学习目标，理解你放松一下是为了更轻松地学习，理解友情可以增强快乐，理解一张一弛是文武之道，学习劳逸结合才有效果。同样的，你也应该理解父母：理解父母望子成龙心切，理解他们看到了将来的社会是一个高科技的信息社会，面对强烈的社会竞争他们要你提高竞争力的用心良苦。须知，天下的父母没有一个不巴望自己的儿女好的。所以，你要尽早抽个时间与父母交流，告诉他们你的实际感受，他们也会因此对自己的教育方式进行一些调整，你也不会再喘不过气来了。

总之，当你与父母的观点与做法有分歧时，在要求父母理解尊重你时，你也要同父母进行心理换位，理解并尊重他们，这样才能加强两代人之间的沟通和交流，填平两代人之间的代沟。

当你与父母主动进行交流时，高兴的事，烦心的事，老师、同学、校园里的新鲜事都可以和他们说一说，听听他们的意见。

你是否有过这样的心情："父母说的什么呀？"满心的不服气，眼睛里是厌倦的目光。父母批评你的时候，先不要忙着反驳，应试着听听他们的想法，说不定你很快就能体会他们的苦心。

父母一定有错怪你的时候，就像你有时也会误解父母一样。虽然你特别委屈，可争辩也没有多大的用处，多多体谅为上。

遇事多和父母探讨。和父母共同讨论、达成协议，会让许多事情变得简单起来。比如家里买了电脑，父母担心你玩物丧志、影响学习，你却要坚持每天上网。对这样的问题如能加以讨论，就玩电脑的时间和学业的平衡达成协议，问题就会很好解决。

学会控制情绪。避免顶嘴、发脾气，最好的办法是多做几个深呼吸、离开一会儿、用冷水洗洗脸。要知道，在发怒的情况下，任何事情都无法圆满解决。

你现在可能认为自己是个大人了，也开始顾及起自己的面子来。这本没错，但是如果你明知道自己错了还不肯“服软”，这就是错了。所以，如果错了，就不要逃避，更不能对父母“沉默是金”。只要主动道歉，你很快会得到父母的谅解。

正像有人所说：“每个人的家对他自己都像是城堡和要塞。”家是一个人在这个世界上感觉最安全的地方，父母也是这个世界上给予你生命，并将所有的爱都给予你的人。天下没有不爱子女的父母。因此，对于生养自己的双亲，处于叛逆期的你依然应该给予足够的理解。当然，遇到不同意见可以沟通、商量，但这都要在互相信任和关爱的基础上进行。也相信日益成长和理智起来的你有能力正确处理好与他们之间的关系。

担惊受怕的家长会

这周六，小学六年级要召开一次家长会。消息一公布，班里便炸开了锅，大家纷纷讨论该怎么应对。因为听上一届的同学说，六年级的家长会尤其厉害，因为每次家长会后，总有不少同学会在家里吃一顿“竹笋烤肉”。于是，成绩一向不太好的王军决定让和蔼慈祥的妈妈来参加家长会，因为他还有另外一层顾虑，几天前他不小心将教室的玻璃打碎了。虽然他用自己积攒的零花钱补偿了一块新玻璃，但是他没有勇气告诉爸妈。

家长会前一天晚上，王军很早就上床了，可他在床上辗转反侧，心里老想着第二天家长会上可能发生的事情。“妈妈会不会发现我打碎玻璃的事情？老师会不会向妈妈讲我的坏话？”这样的担心一直持续到很晚。

第二天一早，他是从噩梦中惊醒的。坐在床上，他小心翼翼地清点梦境，在那里，得知消息的爸妈气急败坏，爸爸用鞋底板抽了他好多下……想着想着王军就害怕起来。一上午，待在家里的王军都胆战心惊的。

下午妈妈去开家长会，王军在家里也一反常态，勤快地打扫打扫厨房，拖了拖客厅的地板，他期望着妈妈回来时即使十分气愤，也会看在他表现好的分儿上原谅他。

下午五点半，妈妈回来了。王军小心地捕捉着妈妈脸上可能出现的愤怒。奇怪了，妈妈好像并没有生气，反而有一丝微笑在嘴边若隐若现。“难道，妈妈并没有发现那件事情？”可是，王军还是没有勇气问妈妈家长会的进展情况。

晚饭桌上，吃得津津有味的妈妈突然说出这样一句话：“小军，我今天真高兴，因为老师说你在班上很有男子汉气概。你自己不小心打破了玻璃，知道主动找老师道歉，并用自己的零花钱买了块新玻璃安上。你怎么都不告诉我一声。今天老师说了我才知道。”一边吃饭的爸爸也用惊奇的眼光看着小军，意思好像是“我儿子很有责任感呢”。一直紧绷神经的王军听到后，哦了一声，总算轻松了下来，“原来老师是这么告诉我妈妈的，看来这家长会好像也不是同学们说的那样恐怖啊。”王军在心里这样对自己说。

王军真是白白地担心了一场。

给男孩的悄悄话

王军，其实家长没有传说中那么可怕。之所以召开家长会，是家长和学校双方就孩子的生活和学习状况进行一下交流，看一下孩子这一段时间在哪些方面有所进步，又有哪些地方需要改进。经过家长与老师的沟通之后，双方能够对孩子的近况有更全面的了解和把握，这样在接下来的日子里也知道在哪些方面给孩子提供有效的帮助。

家长会一般会持续两个小时左右，在这有限的时间内，老师通常不会像很多孩子所想的那样当着家长的面对学生的成绩单，那样会浪费掉很多宝贵的时间。家长会上，老师通常会告诉家长学校最近在促进孩子学习方面采取的新措施，而这些新措施在哪些方面需要家长的配合。而家长之间也有可能利用家长会这样一个难得的平台来互相交流，那么，成绩好的孩子的家教方法就有可能会被父母学来而应用到自己身上，这样一来，受益的一定是自己。

也许你会担心爸爸妈妈在老师面前说你的坏话。其实，这样的担忧大可不必有。只要你在家里表现得好，爸爸妈妈其实是很开心能看到自己孩子的成长和成熟的。试想，哪个父母不喜欢自己的孩子，不希望老师对自己的孩子有好的印象。基于此，家长会上，很少有父母会专门告状的。父母参加家长会也只是特别想知道孩子最近究竟表现如何，有没有如自己期望的那样在不断进步。

也许你会因为成绩没考好而担心会被爸爸妈妈批评。其实素质教育推进到现在，已经有很多家长明白，分数并不是评判孩子优秀与否的唯一标准了。谁没有个失手的时候，一次考试失利并不表示自己的孩子处处不如人。我们虽然会有一点点的担心，但是我们更看重的其实是你对学习的态度，以及偶尔失利后的应对方法：是奋起直追还是气馁颓唐。当然，我们更想看到的是前者。

青春期的男孩接触家长会的机会尤其多，对待家长会，完全没有必要把自己弄得紧张兮兮的，这样可就太对不起自己了。即使近一段时间内自己成绩并不理想，或是自己在学校犯了一些小错，这些都可以坦诚地跟爸爸妈妈讲一下，他们一定会体谅你，因为主动承认错误和承担责任的孩子正是他们所期望看到的。

为什么我总与父母对着干

从小就聪明伶俐的苏平，很听爸妈的话，是一个人见人爱的好孩子。可近来苏平变了，凡事总爱与父母顶嘴，自作主张，有时还偏要“反其道而行之”。

例如，初中毕业后，爸妈为他选择了就近的一所重点高中作为报考志愿，而他偏挑选了一所离家较远的中学，他不是喜欢路远，而是有意同爸妈抬杠；苏平有鼻炎，父母为他买了滴鼻药水，他却有意把它扔了；父母问他考试成绩，他明明及格了，却偏说不及格；

有一天，气候突然变冷，苏平的母亲特意给他送去衣服，他竟当着同学们的面把衣服扔在寝室的地上；他爸爸平时工作忙，一有机会就想跟他聊聊，他却把他拒之于千里之外。这令苏平的父母十分焦急。

给男孩的悄悄话

苏平的这些表现与逆反心理有关。

逆反心理是指，人们彼此之间为了维护自尊，而对对方的要求采取相反的态度和言行的一种心理状态。青少年常会“不受教”“不听话”，常与教育者“顶牛”“对着干”。这种以反常的心理状态来显示自己的“高明”“非凡”的行为，往往来自于“逆反心理”。逆反心理在青少年成长过程的不同阶段都可能发生，且有多种表现。如在一些青少年当中，打架斗殴被看作是有胆量；与老师、领导公开对抗被视为有本事；哥们义气等不良的行为倾向却赢得了很多人的认同，而乐于助人、爱护集体、爱护公物、遵守校规校纪的青少年则被肆意讽刺、挖苦；对正面宣传作不认同、不信任的反向思考；对先进人物、榜样无端怀疑，甚至根本否定；对不良倾向持认同情感，大喝其彩；对思想教育消极抵制、蔑视对抗等等。

一般来说，人们对于越是得不到的东西，越想得到，越是不能接触的东西，越想接触，这就是所谓“禁果逆反”。无论是老师还是家长，都会禁止孩子做某事，却又不说明为什么不能做，结果适得其反，使“不要吸烟”“不要早恋”之类禁令达不到应有的预期效果，使被禁止、批判的电影、文学作品、理论文章更引起男孩极大兴趣……“被禁的果子是甜的”，好奇心驱使男孩甘冒受惩罚的风险去尝也许并不甜的“禁果”。

由于青少年正处在身心发育成长的不稳定时期，大脑发育成熟并趋于健全，脑机能越来越发达，思维的判断、分析能力越来越强，思维范围越来越广泛和丰富，特别是思维方式、思维视角已超出童年期简单和单一化的正向思维，向着逆向思维、多向思维和发散思维等方面发展。尤其是在接触社会文化和教育过程中，青少年渐渐学会并掌握了逆向思维等方法。正是青少年思维的发展和逆向思维的形成、掌握，为逆反心理的产生提供了心理基础和可能，因此，逆反心理在成年前呈上升状态。

另外，青少年正处在接受家庭、学校教育阶段，由于阅历和经验的不足，在认知事物和看问题时常出现认识上的片面和较大偏差，因而易与家长、教师、教育者的意向不同。当人们的意向不一致时，彼此之间为了维护自尊，就会对对方的要求采取相反的态度和言行。

逆反的后果是严重的，它会导致青少年出现对人对事多疑、偏执、冷漠、不合群的病态性格，使之信念动摇、理想泯灭、意志衰退、工作消极、学习被动、生活委靡等。逆反心理的进一步发展还可能向犯罪心理或病态心理转化。

面对心中生成的逆反心理，你可以尝试着用下面的方法去化解：

作为学生、子女，要学着从积极的意义上去理解大人，父母的啰唆、老师的批评都是善意的。老师、父母也是人，也有正常人的喜怒哀乐，也会犯错误，也会误解人，你只要抱着宽容的态度去理解他们，就不会逆反了。

要经常提醒自己虚心接受老师父母的教育，遇事要尽力克制自己，要知道，退一步海阔天空。另外，还要主动与他们接触，这样，多了一分沟通，也就多了一分理解。

要提高心理上的适应能力，如多参加课外活动，在活动中发展兴趣，展现自我价值。

正确认识自己，努力升华自我。把自己作为教育对象，主动思考自己、设计自己，并自觉能动地以实际行动完善或造就自己。

合理地提出自己对事情的不同看法是孩子的一项权利，但是，由于青少年时期的孩子与父母相比，在生活经验方面确实欠缺很多，这就需要孩子虚心听取家长一些有道理的见解，尝试着用理解的眼光来看身边的事情，这样有助于问题的解决，也有利于父母与子女之间的沟通，有助于和谐的家庭气氛的维持。因此，多一分理解，多一分倾听，叛逆也可以得到合理化解。

让校园生活更愉快

我是差生我怕谁

“李立，到底是怎么回事，你能跟老师讲清楚吗？”

“没什么好说的，要罚就罚。”

“李立，你这样的态度是不对的，难道你没有意识到自己行为的错误性吗？”张老师耐心地说道。

事情是这样的：

李立是八年级三班的学生，性格活泼好动，但注意力却不放在学习上，经常上课时大声讲话，引起很多同学的不满，自己却满不在乎。

这天上午上数学课时，数学老师在讲台上讲几何题，大多数同学都在认真听讲，所以整个教室格外安静。李立刚开始也听得挺认真，可听了一会儿后就开始坐不住了。

“喂，张梅！张梅！你看我新买的小乌龟，可好玩了！”

同桌张梅正在做老师刚刚布置的作业，所以没理他。

李立以为张梅没听到，就用力推了推她，“喂，你听到没有？”结果李立这一推使张梅正在写字的笔在作业本上画了一道长长的斜线。张梅很生气地说：“你不学习，我还要学习呢，你这人怎么这么自私啊！”李立一听火气就上来了，于是二人越吵越凶……

正在上课的老师为不影响其他同学只好将二人叫到办公室询问情况。

“反正我不怕处分，也不稀罕什么优秀学生的称号。我就是个差生，我怕谁啊！”李立一脸不屑地对老师说道。

给男孩的悄悄话

由于个体存在差异性，在一个班级里面的学生在学习成绩、思想品德、身体条件等方面肯定有差别，只有暂时的后进生，没有所谓的差生。“差生”是青少年对自己认识的偏差。只有认识自己的不足，努力发现问题解决问题，后进生才可以转变成优等生。

与其他学生相比，作为后进生的男孩通常存在这种心理：

1. 后进生常常对周围的事物充满敌意，不但不接受父母老师的管教，还常常和他们对着干，并以此为乐，对说教严重排斥。

2. 自暴自弃，“破罐子破摔”。处于青春期的男孩，如果在学习方面遇到挫折，又没有得到及时有效的心理疏导，很容易就会产生挫折感，觉得自己这也不行，那也不会，慢慢地觉得“反正我就这样了”而不求上进。

3. 有强烈的好胜心。积极的好胜心理其实是有利于青少年的进步的，但是后进生表现好胜心的形式较为扭曲。不能忍受在公共场合丢面子，典型的吃软不吃硬。

4. 多疑，不信任他人，缺乏安全感。由于在某一方面比其他同学差，自己总是警觉地对待周围的人，常常臆想同学们是不是看不起我，是不是说我坏话了，老师肯定讨厌我……周围的环境能给他们带来巨大压力。

5. 很多后进生不满足于停留在“差生”的队列。他们为改变自己而矛盾地挣扎。存有上进心，渴望改变现状，但是很多时候意志薄弱，不能坚持到底。遇到挫折后更悲观消沉。

现在正暂时处在后进生行列的青少年们，要充分认识自己的缺点和不足，更要发现自身的闪光点，培养自信心，甩掉思想包袱，乐观快乐地学习生活，不被暂时的困难打倒。培养坚强的意志，确定目标后，就要努力去实现，努力才会成功。

如果你的周围有后进生，应用包容的眼光看待他们，友好地和他们相处，在他们学习生活中遇到困难的时候，伸出援手。

学习不好被人歧视

每当成绩单发下来的时候，王兴都会绕开黑板旁边的公布栏进教室，因为好多被老师重视的同学都会凑在那里谈论成绩的事。等到自习课的时间，那些学生会被老师叫到办公室或者鼓励或者批评。看着那些从办公室回来的同学，或者兴高采烈，或者满不在乎，或者嘟着嘴一脸委屈。那时是王兴心里最不是滋味的时候，他也想被老师叫进办公室，哪怕是被批评也好呀，只是老师们好像忘记了他的存在，从没有理过他。

数学课上，王兴又走神望着窗外。数学老师看到很不满，但没说什么，只是在低头翻教材的时候撇了撇嘴。这个细微的动作被王兴看到了，他觉得数学老师瞧不起他。为什么那些学习好的同学上课有点小动作，他就会开玩笑似的批评一下，为什么我犯错误的时候就不理只是不屑地撇撇嘴。王兴又生气又委屈，心里难受却又不知道怎么办。第二堂课王兴逃课了，自习课的时候王兴刚回到座位就被班主任叫走了。王兴实在憋不住了，就把自己心里的委屈和想法告诉了老师。老师沉默了好久，说："王兴，你觉得自己笨吗？老师觉得你不笨，是你自己太小看自己了。如果你能端正态度，好好努力，将来一定能有很大成就的。"王兴看看老师，心里一下子很激动，"老师，我现在努力还来得及吗？我落下好多功课了呢。""当然来得及，好好加油，有不会的积极问老师们。"

几天后，老师们在办公室都在谈论王兴的事儿，说王兴一下子变得积极了。甚至有些任课老师还向王兴的班主任夸赞王兴。

给男孩的悄悄话

青春期的男孩子是非常敏感的，会很在意周围人对自己的看法。而在学习成绩还是衡量学生的标尺之一时，成绩不好的男孩子就会产生自卑的心理，认为大家都在歧视他。这种心理是很正常的，但是歧视存在与否是值得商榷的。

差生，为什么会产生这种心理呢？很多是由于青春期的自卑感。进入青春期以后，男孩子们就更关心自我价值，关心别人是否注意到了自己，希望别人对自己刮目相看。学习成绩就成为引起别人注视的对象，有的学校还会把成绩贴在教室里面，以促进学生学习，但是，差生就会产生这种自卑心理。

有自卑心理的青少年又会显得更为敏感，他们自尊心很容易受到伤害、自信心也会不足，就会给自己贴上差生的标签，而无法心平气和地去学习，显得急躁。所以说，这种自卑感更确切地说其实是一种信心不足。

但是，学习成绩是恒久不变的吗？成绩的好坏和个人的努力有关，要知道，只要努力就可以改变现状，所以，差生不会是一个摘不掉的帽子。差生应该付出更多的努力，而不能自甘沦为差生，这样才能找回自信心。

此外，要知道，社会上的人才不是单靠成绩来确定的，随着社会的多元化发展，也就需要多方面的人才，升学也并不是唯一的出路。只要实现自己的价值，为社会尽自己的一份力量，你的人生就是有意义的人生。

所以，不要以差生自居，也不要揣测别人怎么看自己，要改变现状，成为优秀者；不要把成绩作为衡量人的唯一标准，实现人生理想的路有很多条。但是，无论怎样，都要努力学习该学的知识，成绩不是唯一标准，德行和能力才是最重要的。

成绩好了人缘坏了

闫朝旭入学时成绩一般，但随着越来越努力地学习，他的成绩逐渐上升到班里的第一名，成了班里的尖子生。可是他的同学关系，却随着成绩的上升而变得越来越糟，现在甚至同宿舍的同学都不太爱和他说话了。闫朝旭不知道为什么，起初觉得可能是平常太努力了，没有时间和大家聚在一起，所以有些疏远。可是每次主动跟别人搭讪时，别人就会走开，甚至还有人酸溜溜地说："唉，人家是尖子，老师眼里的红人，咱们高攀不上。"这让闫朝旭很苦恼，他把这种情况跟老师说了。老师让闫朝旭担任学习委员，想让他通过在学习上帮助同学来改善人际关系。可是结果恰恰相反，同学们不但没找他帮忙，反而更疏远他了。闫朝旭没有办法，只好试着放弃学习的时间去跟大家沟通，结果收效甚微。老师告诉他，"优秀的人难免会被嫉妒，这是人之常情，如果想成功做好事情，应该学会承担这种苦恼。朝旭，你的努力老师看到了，但不能为此而耽误了学习，而是要更加努力，一直优秀下去。"闫朝旭点了点头，虽然难过，但他并没放弃。

当闫朝旭每次的考试成绩变成全校第一名时，那些曾疏远他的同学反而越来越佩服他了，开始向他问学习经验了。闫朝旭慢慢懂了，成功有时候除了付出努力，难免也会受冷落，但是真金不怕火炼，自己要有勇气做一块真金，才能取得更大的成绩。

给男孩的悄悄话

进入青春期的男孩子们在个性上会表现出更多的差异性，但是学习仍是他们的重中之重，面对升学的压力，很多老师和家长还是非常在乎孩子的学习成绩的。这样，学习成绩就成为了青春期里小男子汉们之间较量的方面。有较量就有差别，就有高低之分，这样一来，那些成绩太好的学生就会被嫉妒。这是正常的现象，特别是男孩子间争强好胜的心理更明显，成绩优秀的男孩子被人嫉妒也是很正常的。

青春期里男孩子喜欢与他人比较，特别是在学习上，一旦不如别人就会产生一种羡慕、崇拜、奋力追赶的心理，这是上进心的表现。成绩特别好的男孩子，自己成了别人追赶的对象，对于这种同学间的比较应该感到自豪。但是，也有的男孩子，过于在乎比较的结果，嫉妒心理就会明显地表现出来。

黑格尔曾经说过："有嫉妒心理的人，自己不能完成伟大的事业，就尽量低估他人的强大，通过贬低他人而使自己与之相齐。"

这样的嫉妒心理就会对嫉妒者产生消极的影响，但是对于成绩好的男孩子来说，也是无须放在心上的。如果，有可能就去帮助那些成绩差的学生提高学习成绩，但是不能因为怕别人嫉妒，自己就放慢学习的脚步。

成绩太好的男孩子也要认识到，只有永远努力，才会成为最后的成功者。懈怠会夺去暂时的优秀，为了明天成为一个成功的人，要努力不止，奋斗不息。要知道，当别人嫉妒你时，说明你还没有超过他太多，当你把嫉妒者远远甩在身后时，他们就会羡慕你，崇拜你。

如果恶意攻击是因为妒忌

田乐的妈妈发现，田乐最近总是心绪不宁的。起初田妈妈以为是田乐学习太累，身体不舒服。可是好一段时间了，田乐还是那样，甚至出现托病不去上学的现象。田妈妈越来越不放心了，就打电话给老师，想知道田乐在学校的表现。老师也说田乐最近有点反常，上课经常走神，心神不宁的。老师还以为是田乐家里出了什么事情呢。田乐一直是个很乖巧的孩子，学习用功，各方面都很优秀，会有什么事情呢？田妈妈百思不得其解。

田妈妈这天下班早，就顺道想去学校接田乐回家。走到离学校不远的地方，忽然看见几个流里流气的青年把田乐带进了旁边的拐角处。田妈妈心里咯噔一下，赶过去一看，几个人正在翻田乐的书包和衣服口袋。田妈妈气愤地赶过去，几个青年一哄而散。

田妈妈第二天带着田乐去了学校，把昨天见到的事情跟班主任说了一遍，班主任问田乐知不知道那些人是谁。田乐说只知道带头的一个人是刘强的哥哥，刘强的哥哥说田乐总抢刘强的风头，所以要压压他的风头。老师把刘强叫来问是怎么回事儿，刘强说不知道。最后老师说要报警，刘强才说是因为田乐比自己优秀，每次都和自己抢，气不过，所以才叫哥哥教训教训田乐的。老师严厉批评了刘强，也让田妈妈放心，以后学校一定注意，不再让这种事情发生。田乐也暗暗松了一口气，又恢复了从前的样子。

给男孩的悄悄话

现在在校园里经常会出现恶意攻击的事，很多情况下这种恶意攻击是弱者的行为，他们会用语言或行动来攻击别人的强势。特别是男孩子之间，如果过于优秀，就有可能被恶意攻击。优秀的男孩子要认清这绝对是出于嫉妒心理。男孩不能为了避免恶意攻击，而拒绝优秀。

其实，青春期的男孩子都有很强的好胜心理，都想在老师、家长，包括女孩心里成为优秀者。但是，“尺有所短，寸有所长”，每个人的特长不一样，受关注程度也就不一样。男孩之间的嫉妒也就非常正常了。根据调查，现在中学生存在的打架斗殴现象，很多都是出于嫉妒，比如，某某成绩好，长得又帅，从而得到很多女孩的喜爱，而其他的男孩子就会嫉妒，想出这个男孩子的丑。

但是，当嫉妒心理过于严重时就会表现出过激行为，就会出现恶意攻击。如果，你不是最优秀的那个，那么就努力成为优秀的人，而不要想着用恶意攻击阻止优秀者的步伐，恶意的攻击不会让自己变得优秀，反而会让自己显得狭隘和偏激；如果，你由于优秀成了被恶意攻击的对象，那么就做一个真正优秀的男孩子，一笑泯恩仇，继续自己的优秀，别让恶意的攻击成为你成功的阻力。

不过，如果对方的恶意攻击过激时就要提防了，因为有的男孩子会出于嫉妒殴打优秀者，那么就要将这种行为扼杀在萌芽状态，这是对自己和他人的负责。

同学不喜欢我怎么办

自从转学后，贾谊整天闷闷不乐的，新的学校、新的班级丝毫没有引起他的兴趣，没有任何的新鲜感，原本性格内向的他变得更加沉闷了，在学校几乎不与同学来往。每天放学后，其他同学都三五成群有说有笑、高高兴兴地回家，而他却常常独自一人走在回家的路上。

有一天晚上，他对妈妈说：“妈，我不想在这里上学，我能回到原来的学校吗？”妈妈一听，满脸疑惑关心地问：“儿子，怎么了？想以前的同学了吗？这可是这里最好的中学了，现在我们一家都在这生活了，不可能再回去了。”

“妈妈，我想我以前的同学了。”

“现在，你不是也有新同学了吗？妈妈相信，你很快就会交到好朋友的。”

“妈，班上的同学一点也不喜欢我，不喜欢和我交朋友。”贾谊伤心地回答道。

“你怎么知道同学们不喜欢你呢？你主动接近同学了吗，主动和同学打招呼了吗？”妈妈关切地问。

“妈，我是新同学啊！我害怕主动接近他们啊！班级的集体活动，他们也没有邀请我参加，放学后没人愿意和我一起回家。”贾谊一脸的委屈。

“儿子啊！你刚到一个新的班集体里，这正是锻炼你胆量的好机会。你要学会主动融入班集体，让更多的同学了解你，知道你的兴趣爱好，这样才能交到朋友，才有同学喜欢你啊！”

贾谊听后，大声说道：“妈妈，谢谢您！我会努力的，我会让同学们了解我，喜欢我的。”

妈妈听后，满意地点了点头，高兴地说：“儿子，妈妈相信你一定会做到的。”

给男孩的悄悄话

每个人都有自己的个性，不同个性的人会欣赏不同的人，所以，有的男孩子担心同学们不喜欢自己，如果同学们都不喜欢你的话，说明你的性格里存在着一些不足，那么就要检查自己个性里的不足，来获得同学的喜欢了。

其实，个性没有好与坏之分，但是有些方面会让人不喜欢，比如过于自私等。被同学不喜欢是一件非常痛苦的事，青春期也是学习科学文化知识的关键时期，如果和同学关系不好的话，肯定会影响情绪，会出现消极的心理，孤独感和失落感都会找上门来，长期下去，还会导致抑郁。改变这种现状，要从以下几个方面做起：

1. 学会融入同学。要避免过于孤僻，不要一个人躲在角落里，要积极主动地融入同学之间，多参加同学之间的活动，做一个善于协调的人，让同学因你的存在而感到轻松快乐。

2. 多向人缘好的同学学习。多和人缘好的同学交往，用心学习他们招人喜欢的长处，并把它运用到自己的交往里。从而学会和不同个性的人打交道，并真诚地接纳他们。

3. 多参加活动，培养自己的性格。一个人如果性格过激或过于自我的话，就会很难交到朋友。多参加集体活动，为集体做些有意义的事情，让自己找到自身价值的所在，增加自己的自信，做阳光的青春期男孩，为其他同学带去青春的色彩。

总之，放下担心，努力培养自己的性格，用自己的真诚打动同学，让自己成为同学喜欢的人。

被老师批评不是一件丢人的事

“郑波，郑波，王老师叫你放学后去办公室，她会在那等你。”班长李铭哲从老师办公室走了出来，来到郑波的座位旁对他说道。

“你快说说，王老师找我到底是什么事啊？”

“我不知道啊！王老师没有对我说，不过看样子她很生气，放学后，你自己去办公室找她吧！”

郑波一听，心头涌上一种不祥的预兆，“天啊！难道老师知道我晚上不上自习，外出上网的事了吗？怎么办才好啊？这次死定了。”郑波心里不由得想道。

最后一节课，郑波一直心不在焉，一心想着这件事。放学后，郑波忐忑不安地走进了王老师的办公室。“王老师，听说，听说，您找我啊！”正在批改作业的王老师听见后，抬起头看了他一眼，继续批改作业。

郑波见王老师阴沉着脸，看上去很生气。他战战兢兢地站在一旁，不敢看王老师一眼。过了一会儿，王老师说道：“郑波啊！你看看你的作业，这道题我已经讲过好几遍了，你还是做错了，而且字迹潦草，上课的时候经常开小差，注意力不集中，你说说你最近都干什么了？”“王老师，我真的没，没干什么。”“没干什么，不要以为我不知道你多次逃课上网的事。”

郑波一听，脸“唰”就变红了，低下了头，不敢正视王老师的眼睛。“郑波啊！你是一个聪明的孩子，学习也很认真。现在正是学习的时候，这是现阶段你们要干的事啊！虽然上网是一件缓解学习压力的方式，但要有节制啊！更不应该逃课上网啊！马上就要升入高三了，现在抓紧时间学习，才是你一门心思要做的事啊！不要给自己留下太多的遗憾！”

“王老师，我知道错了，我会改正的，今后我会认真学习，不辜负您对我的期望。”郑波抬起头看着老师说道。“知道自己错了，你依然是我心目中的好学生，老师相信你一定能做到的。”王老师亲切地回答。

郑波听后，笑着说道：“我一定会改正的，请老师相信我。”王老师点了点头，郑波带着一脸的轻松走出了办公室。

给男孩的悄悄话

老师是我们人生的指路人，是陪我们走过青春的朋友。所以，自古以来“良师益友”的关系被人们推崇。不过，还有“严师出高徒”的说法，所以，有时候老师对青春期的男孩子管教会更严些，有时怒其不争时还会出现骂人的情况。于是很多男孩子觉得被老师骂很没面子，觉得是一件丢人的事。

青春期的男孩子，随着生理和心理的成熟，自尊心也会很强，会很爱面子，被老师骂觉得丢脸是很正常的。不过，仔细想一想，就会发现，被老师骂其实不是丢人的事，反而是很幸运的。

调查发现，一般老师会竭力帮助每一个学生，看着每一个学生成长，但是，由于精力有限，老师对每个学生的关注程度肯定不一样。只有学习非常好或差的学生，老师才会天天盯着，被老师骂其实就是被老师关注的方式之一。倘若他没犯错的话，老师不会无缘无故地骂一个学生的，更不会骂一个敏感的青春期男孩子。所以，检查一下自己是否真的做错了事，及时改正，这是老师对自己的负责，自己也要对自己负责。不能曲解老师的本意，否则对自己的成长也是有害的。

大家都知道，如果老师对某个人听之任之、不管不问地放任，就是一种不负责任的行为。所以，自己犯错了，被老师骂也是一种恩惠，要珍惜老师给的改正机会，做最好的自己。

为什么每次选班干部都没我的份

王尚一直是个积极的学生，对班里的事情很热心，是老师得力的助手，班里的大小事情都缺不了他。可是每次选班干部，王尚都会落选，最多也就是做个小队长。王尚一直不明白，为什么自己总选不上班干部，是自己不优秀，还是自己做事不够好？渐渐地王尚就不再像从前那样积极了。老师看到王尚渐渐消沉下去，就派王尚跟班长一起组织最近的篮球比赛。

课间的时候，王尚跟班长还有体委一起讨论这次参加比赛的人员，最后人员都差不多了，就是差一个有力的后卫，体委一筹莫展。王尚一下子想起了高强，说："叫高强上，他控球能力超强，当后卫肯定行。"体委听了一拍大腿说："对呀，我怎么没想到，还是你小子点子多。"

放学的时候，班长通知那些定下来的同学留下，大家在教室里商量比赛的事儿。可是有几个同学提出不想参加比赛，尤其是王尚举荐的高强。高强说自己那天要跟父母去姥姥家，给姥姥过寿。王尚一听就很生气，这是给班级争荣誉的好机会，晚去姥姥家一会儿又怎么了。再说后卫不好找，就高强最适合，他还推三阻四地推荐别人，拿什么架子。结果王尚和高强争得不欢而散。第二天还是体委和班长耐心地做高强的工作，才说服高强参加比赛。王尚看着班长和体委说服高强时的样子，终于明白了自己一直不能当选班干部的原因。原来除了激情之外，做事情还要学会体谅别人，要有耐心。自己虽然能力也不错，总能解决那些关键难题，但是耐心和宽容却比不上班长和体委。王尚知道了自己的不足，不再消极地对待选班干部这件事了。他还是像以前那样积极帮助老师和同学，而且，在做事情的过程中，克服缺点锻炼自己。老师看着王尚的变化很欣慰也很欣赏，觉得这个孩子是个可塑之才。

给男孩的悄悄话

学生们都认为在班里做班干部是一件非常光荣的事情，很多孩子都希望自己能成为一名班干部。但是，班干部毕竟是少数，大多数孩子还是和班干部的位置无缘。特别是一些男孩子，怀有一颗为班级做事的心，不免就会抱怨，为什么每次选班干部都没自己的份呢？这一问题有时还会困扰这些男孩子，让他们觉得自己不够优秀。

经过调查，很多班主任都一致认为，选中的班干部一定是优秀的，但是，没选中做班干部的学生也有很多优秀的。也就是说，能否被选上班干部，并不能表明一个学生能力的高低。特别是一些男孩子，等到进入中学后，就会很有自己的想法，也想为班里做些好事。但是，究竟什么原因，这些同样优秀的男孩子没有被选为班干部呢？

一些老师认为，班干部的分工不同，就要求了不同性格和气质的学生担当，比如：班长就要求具有领导和管理才能；生活委员就要具有亲和力，要体贴；体育班长首先得喜欢运动；学习委员就要学习成绩优秀；等等。

在选班干部时，这些因素都要考虑进去，在一群优秀的学生中，还要选择适合做班干部的学生。比如有的男孩子喜欢特立独行，就不太适合做班长。但是特立独行也不是坏事，这样的男孩子就较有个性，就会有创新。所以，能否被选为班干部并不是代表着一个学生是否优秀，努力做最好的自己就行了。

和同学闹矛盾遭报复

“加油，现在离比赛结束还有三分钟，我们还落后三分，这次一定要赢隔壁班，不然我们就太丢脸了，上次他们就赢了我们。大家要防范好对方，特别是对方的5号，他是我们重点防范的对象，大家要注意配合，投篮命中率要高点，剩下的时间不多了。”高二（1)班篮球队队长李玉斌顾不上擦脸上的汗水，大声地对队员说道。说完后，李玉斌和队员们相互拍了拍肩膀，簇拥在一起大声地喊道：“加油！加油！”随后大家精神抖擞地重返了赛场。

“高二（1）班加油，高二（1）班加油！”响亮的呐喊助威声回荡在篮球场上空。

裁判一声令下，精彩激烈的比赛又开始了，李玉斌和队员们全力以赴，争取在紧急关头挽回落后的局面。他们配合得十分默契，传球的速度十分快，特别是队长李玉斌带球过了对方两三个人，一个漂亮的三步跨栏，把球推进了篮筐。“哇！我们班进球了呢。”啦啦队的同学们高兴得跳了起来，李玉斌脸上也露出了灿烂的微笑。啦啦队的同学们冲着他们大声地喊道：“加油，我们还落后一分。”此时，离比赛结束还有一分半钟。球赛越来越精彩，气氛也越来越紧张。

对方见他们投进了一球，也变得紧张了起来。此时，由李玉斌他们控球，他把球传给了队友陈亮。正当陈亮带球进攻时，与对方的高个子球员发生了碰撞，陈亮摔倒在地，球到了对方的手里，裁判没有吹哨。对方球员带球过人，轻松地把球投了进去。球落地的一刹那，整场球赛结束的哨声吹响了。

李玉斌与队员认为对方球员是故意那样做的，才导致他们失去了最后一丝希望。如果没有这样的故意行为，他们就有可能赢得此次比赛。李玉斌和队员们越想越不服气，难以咽下这口恶气。

队员张潭气愤地说道："不能就这样便宜了（2）班，是他们故意的。"

放学后，李玉斌带着几名同学堵在校门口，等着（2）班的队员。李玉斌二话没说，冲上去把（2）班篮球队的队长，按倒在地，抡起拳头打了下去。

老师得知后，急忙跑了出来，把他们扯开，带回了办公室。最终在老师的耐心教导下，李玉斌认识到了自己的错误，低头向对方球员道歉。

给男孩的悄悄话

故事里所提的同学之间的矛盾，会让从青春期走过的人们都会心一笑，甚至会觉得那时同学之间的小矛盾都是甜蜜的。因为青春期的男孩子和同学之间闹矛盾是很正常的，那也是"三天恼了两天好了"的青春期小摩擦，但是，有的男孩子反映遭到同学的报复就不正常了。

俗话说"一辈同学三辈亲"，同学之间的友谊是非常珍贵的，它值得每一个青春期的男孩子珍惜。所以，不要轻易因为一些琐事计较，当同学之间有矛盾时也不要记在心里，一笑而过，是一种风度。有的男孩子和同学闹矛盾遭到了报复，就不可思议了。

一般来说，同学之间也不会有什么深仇大恨。一旦事情已经发展到了这种程度，就要认真思索对策了。遭到报复的男孩子首先要自我反思一下，是不是自己做了伤害同学的事，不能轻易伤害别人的自尊，如果自己做了过分的事情伤了同学，那就要敢作敢当，向同学赔礼道歉，化解彼此的矛盾。

另外，如果自己确实没有做什么对不起同学的事情，彼此之间只是一些小摩擦，却遭到了报复，那么就大度一些，原谅同学。没有不可化解的矛盾，只要有颗真诚的心，同学早晚会理解你的良苦用心的。

冤家宜解不宜结，男孩子素来以宽容自称，一定要有足够的度量来包容同学之间的小矛盾，沉稳地解决问题。多一个朋友多一条路，相信沉稳、宽容的男孩子朋友一定会遍布天下。

需要特别指出的是，如果对方的报复手段太过分，造成人格侮辱或人身伤害，一定要及时向家长和老师反映，避免出现不可挽回的后果。

没有人是全才

李康是班里的多面手，每天都忙碌于各项活动中，不管是文艺节目表演，还是运动会，甚至各种作文竞赛都有他的身影。班上的很多同学都很羡慕他样样都行。但是他倒一直没有其他同学高兴。每次见到他总是唉声叹气，跟舞台上那个神采飞扬的李康完全是判若两人。班长刘凡一直观察着李康这种异常的表现，终于有一天，他忍不住想问问，到底是怎么回事。

放学的路上，他终于等到了李康。放学之后，李康又在班里弄学校的书画报，所以很晚才从教室里出来，刘凡好奇地说："李康，你这么厉害，我能问你几个问题吗？"

李康有些不耐烦，但是又不好意思拒绝，只好说："问吧。"

刘凡说："你是咱们班的全才，无论是唱歌还是跳舞，无论是作文竞赛还是运动会，都能看到你的身影，而且你还都能取得好成绩，你怎么做到的呀？"

李康来气了，大声地说："我这也算好成绩，我顶多算是友情客串罢了。"

刘凡纳闷地看着李康，这个男生的脾气怎么这么大呀，他本来挺优秀的，但是看起来好像很不满意的样子："你怎么天天好像不开心？"

李康情绪低落了下来："我一直想把所有的事情都做好，但是我什么都做不好，虽然你们看着我什么都参加，但是我知道我自己做什么都没那么好。你没有发现吗，我很多时候都是只取得一个还凑合的成绩，但是根本做不到最好。”

听了李康的话，刘凡明白过来，原来李康要的是自己当全才呀。刘凡想劝慰李康几句：“没必要让自己成为全才的吧，大家都是这样呀，在自己喜欢的事情上多下功夫就好了，那些不擅长的方面干吗那么跟自己较劲？”

李康显然没有把刘凡的劝解听到心里去，他摇摇头说：“你不懂，如果咱们现在什么都不懂的话，以后长大了，进了社会，就更没有机会了。你没听过吗？这个社会要的是全才的社会精英，所以我才这么累的。”

刘凡听得目瞪口呆，眼前的这个同班了两年的男生让他无话可说，一个初中生，为了适应社会的需要，硬要把自己培养成全才，每天疲惫不堪，这究竟是李康的问题，还是自己不够上进？

刘凡迷茫地回家了。这个问题，他得跟爸爸妈妈讨论一下。

给男孩的悄悄话

世界并不完美，人生当有不足。没有遗憾的过去无法链接人生。对于每个人来讲，不完美是客观存在的，无须怨天尤人。智者再优秀也有缺点，愚者再愚蠢也有优点。避免以完美主义的眼光去观察自己，以宽容之心包容自己的缺点。

李康颇有些完美主义倾向。完美主义的人表面上很自负，内心深处却很自卑。因为他很少看到优点，总是关注缺点。如果总是不知足，很少肯定自己，自己就很少有机会获得信心，当然会自卑了。不知足就不快乐，痛苦就常常跟随着他，周围的人也会不快乐。要认识到没有人是全才，接受自身的不完美，人生会轻松很多。

有一个男人，他一辈子独身，因为他在寻找一个完美的女人。当他 70 岁的时候，有人问他：“你一直在到处旅行，从喀布尔到加德满都，从加德满都到果阿，从果阿到普那，你始终在寻找，难道你没找到一个完美的女人？”

那老人变得非常悲伤，他说：“是的，有一次我碰到了一个完美的女人。”

那个发问者说：“那么发生了什么？为什么你们不结婚呢？”

他变得非常非常伤心，他说：“怎么办呢？她正在寻找一个完美的男人。”

人们以为只有他们找到一个完美的男人或一个完美的女人，他们才会爱。那么，他们将永远找不到。因为完美的女人和完美的男人都不存在，如果他们存在的话，他们也不会在意你的爱，他们也不会对人的爱感兴趣。

男孩们，请记住这样一个忠告：世界上根本就不存在任何一个完美的事物。不要再幻想做一个完美主义者，不要把光阴蹉跎在那毫无意义的幻想中，缺陷和不足是人人都有的，但是作为独立的个体，你要相信，你有许多与众不同的甚至优于别人的地方，你要用自己特有的形象装点这个丰富多彩的世界。

很多人因为自己的缺陷和不足自怨自艾，从而丧失了自信，变得自卑。人无完人，金无足赤。没有一个人是完美无瑕的，难道有缺点和不足就注定要悲哀，要默默无闻，无法成就大事吗？其实，只要你把“缺陷、不足”这块堵在心口上的石头放下来，别过分地去关注它，它也就不会成为你的障碍。假如能善于利用你那已无法改变的缺陷、不足，那么，你仍然是一个有价值的人。

学会接受“真实的自我”，接受它所有的瑕疵，因为它是我们唯一的表达工具。学会忍受你本身的不完美，要用智慧认清你的缺点，但不要忘记，为了缺点而自责，只会招致不幸，将你“自己”与你的行为区分开来，“你”并不会因为犯错或走偏了路而败坏、无价值，就像打字机不会因为出了毛病或小提琴不会因为发出噪音而无价值一样。

不要因为不完美而责备自己，你有很多的朋友，他们没有一个是十全十美的。那些伪装完美、追求完美的人，其实正在拿自己一生的幸福开玩笑。

最烦同学喊我外号

“麻杆，帮我再讲讲这道题。也不知道怎么回事儿，老弟我去办公室转了一圈，问了半天还是没明白。”戴天乐大大咧咧地一边走一边喊，大家听了都笑了。坐在旁边的陆伟听了一脸的不高兴，觉得很没面子。陆伟个子高但很瘦，打篮球的时候其他班的一个同学喊过他一声“麻杆”，从此班里其他几个同学也经常这样喊他了。

戴天乐走到陆伟旁边把书一放：“麻杆同学，给讲讲呗。”

陆伟理也没理：“不会！”

“怎么了，跟谁生气了，这么大脾气。小心变枪杆哦。”

陆伟听了，气得一下子从座位上站了起来：“你再说一遍，谁是麻杆？”

戴天乐吓了一跳，也火了：“发什么神经，开个玩笑怎么了，爱讲不讲，真酸。”

陆伟听到戴天乐说自己酸，更火大了。旁边的同学一看，赶紧把戴天乐拉走了。

戴天乐一边往外走一边说，“没见过这种酸溜溜的人。”陆伟听到气得不行，一把把戴天乐放在自己桌子上的书摔了出去。被拉着刚要出门的戴天乐看到自己的书被摔在地上，甩开同学的手，跑回来跟陆伟扭打在了一起。

马老师看着两个衣衫不整的学生站在自己面前，气得都乐了：“戴天乐，陆伟，你们俩真行啊，就为这点事儿，你俩就打起来了？”

“他当着那么多同学的面喊我外号，嘲笑我。”

“谁嘲笑你了，我开玩笑的。”

“谁跟你开玩笑，喊外号就是不尊重人。”

“还吵，你们两个都不对，老师现在没时间，都回去好好想想。”看着两个人蔫蔫地走出去，马老师摇了摇头。

班会的时候，马老师用“外号”做话题让大家讨论。当大家争论喊外号是不是不尊重别人时，马老师打住了大家的争论，讲起了自己高中时的外号。大家很惊奇，安静地听着。马老师讲完时，陆伟和戴天乐互相看了一眼，都不好意思地低了下头。

给男孩的悄悄话

绰号一般又称外号、诨号，是周围的人根据某人的特征、特点或体型给他另起的非正式名字，以表示亲昵、开玩笑、憎恶或嘲弄的意味。所以，一般的男孩子也不会在意绰号。还会因此更了解自己、了解他人。同学之间喊绰号本是很正常的事情，有的同学出于好玩或愚弄喜欢喊别人的绰号，正确运用了人这一游戏还会拉近彼此的距离。但是，青春期的男孩子心理是非常敏感的，对于同学喊绰号也会很反感。

正处于青春期的男孩子一般来说对别人说自己胖、矮、小眼睛比较介意。因为随着青春期的到来，他们会慢慢在意起自己在他人眼中的形象，男孩子们当然就会讨厌人们指出这些常人看来是负面的特征。

男孩子要了解，同学之间相互喊绰号是很正常的，没有恶意，如果你觉得不舒服可以直接告诉他们。不要因为同学的玩笑话就感到自卑，要坦然面对自己、接受自己。

其实，一个人的魅力和他的长相关系甚微，对于男孩来说更是如此。伟大的人格和良好的品行是最重要的，所以对于绰号里反映的自身的特点，也无须挂在心上。同学之间的友谊才是最重要的，不要因为这些小事就心生怨恨，男子汉要学会宽以待人，这样才会弥补自己的不足，成为大家喜欢的人。

完了，我被误解了

春天到了，各种植物都开始吐出新芽，大地上也冒出一片一片的嫩绿。王老师决定组织班里同学一起去郊游，让大家自己带吃的和水，多玩一会儿再回来。不巧的是，马奇这几天正好有一点感冒，可是他又实在不愿意错过这个好机会，不但可以接触大自然，还能跟同学们一起玩。所以他还是决定跟大家一起去，只是在出发之前吃了几片感冒药。

大家到了学校后面的一个山坡上，那里的小草已经长起来了，还有一些小野花，特别好看。大家玩了一会儿有点累，王老师说："大家原地坐下休息一下吧。"同学们三个一组、两个一簇地坐了下来，分别拿出自己包里的零食，互相分着吃。这时候，班里的女生宋小菲突然发现自己早晨走得急，竟然没有拿水壶。这可怎么办？她有一点着急，这时候转身看见身边的马奇拿着一个好大的水壶。她轻轻地对马奇说："我忘了拿水壶，可以喝你的水吗？"

马奇心想，我感冒了，传染给她可不好，再说，她是女孩子，怎么能用我的水壶呢？于是，马奇摇了摇头说："不行。"只见小菲的脸马上红到了脖子根，然后默默地走开了。这时候，马奇忽然觉得自己被误解了，他并不是故意地不给小菲喝水的，可是现在，她肯定以为自己是个吝啬鬼，这可怎么办呢？这下可完了，马奇的心情一下子低落到极点。

给男孩的悄悄话

青春期里的男孩子是最朝气蓬勃的一群，是最敢作敢当无畏无惧的一群，也是敏感多思的一群。青春期的男孩子会特别在意别人对自己的看法，担心自己哪点做得不好会被人误解。

误解是指认识与对方的不一致，由于认识上的错误导致意思表示与内心意志不一致。而人们之间的误解是彼此理解的偏差，被误解就是被别人错误地理解，这种错误的理解还有可能导致隔膜。

青春期的男孩子，是非常敏感的，他们渴望被理解，又害怕被误解。而这种误解又常常发生。青春期里的男孩子常见的误解可以分为同性之间的误解和异性之间的误解。一般来说，同性之间的误解比较容易化解，而异性之间的误解则不容易。因为，到了青春期，男孩子和女孩子都敏感得很，一旦误解产生，女孩子又往往拒绝沟通，男孩子会显得手足无措。

在学习和生活中，和同学、老师等打交道时，产生误解是很正常的。如果，青春期的男孩子被误解了，不要因此心事重重，不会出现“完了”的状况，不要置之不理，不要首先抱怨别人，要先反思一下自己哪儿做得不够好，然后再真诚地去向别人解释清楚，或者用自己的实际行动改变自己的形象，让别人了解到真实的自己。

洛克菲勒曾说过：“假如人际沟通的能力也是同糖或咖啡一样的商品的话，我愿意付出比太阳之下任何东西更高的代价购买这种能力。”所以，学会和他人沟通是很有必要的，青春期的男孩子一定要学些沟通的技巧，让沟通成为一种享受。

不过，青春期里的男孩子一般不会遇到什么很深的不可化解的误解，在最纯真的青春期里，拿出一颗真心，对待每一个人，也不会有什么不可化解的矛盾。

喜欢炫“帅”的年纪

要不要用文身纪念青春

陆青有个从小一起长大的朋友，那个孩子很早就辍学了，经常和社会上的小混混们在一起厮混，暑假的时候，他来找陆青玩，他的胳膊上文了一条龙，黑色的龙纹在胳膊上盘旋，看起来就像电视里那些古惑仔。

那个朋友极力地向陆青炫耀自己身上的文身，那是多么的帅呀，这文身就是用来证明自己年轻过，也疯狂过。

陆青家教一直很严，爸爸妈妈对陆青的要求很多也很细，陆青一直是个乖孩子，规规矩矩上学，放学回家，朋友也不多，而且妈妈还禁止过他和这个朋友交往，只不过他们是从幼儿园就认识的小伙伴，妈妈也没有强行反对他们的来往。

看了人家胳膊上的文身，想起电影里那些帅气的打斗镜头，还有那些黑社会电影里一个个疯狂的文身，陆青真心动了。他想着，我长这么大了，怎么也该自己做主了，好歹也给我自己留下点青春的礼物，就当是纪念也好。

他开始询问那个男孩关于文身的事情。那个男孩见他对文身感兴趣，急忙热心地推荐了几个可以文身的店铺。他并且热情地要带陆青立刻过去文身。

但是陆青明白，对于他从小受到的教育来说，文身绝对是不被允许的。他还很犹豫，要考虑一段时间才能决定。所以就让他的朋友先走了，自己一个人开始思考文身的事情。他甚至在晚上查看了大量的文身图片。还有一些关于文身的资料。他的心里蠢蠢欲动，发誓要给自己的青春留下个大大的印记。

陆青怕被父母发现，内心不断挣扎。他思前想后，又觉得自己也不是那种在社会上混的人，好像没必要文身，如果被学校发现了，肯定还得被处分。而且，听说文身就是用针将墨水刺进肉里，很疼很疼。他甚至想要不要用掷硬币的方式来做决定。

给男孩的悄悄话

要文身吗？这不仅是陆青一个人的问题，相信很多男孩子在这个阶段都曾热血沸腾地想要去文身。喜欢看香港警匪片的青少年会发现，片中很多男性身上都有文身，或龙或虎或豹，抑或是某个情人的名字。文身似乎成了某一个特定群体的象征，象征自己是虎胆英雄。而喜欢看明星演唱会的孩子也不难发现，出场的明星也往往是金发闪耀，光彩夺目的。

走出电视，走在真实的生活世界中，你依然能够很轻易地发现身边有很多文身的人。文身现在越来越成为一种时尚，一种艺术，一种文化，也渐渐成为新新人类彰显个性的一种方式。在生活里，他们确实看起来很另类，很吸引人眼球，可是你知道吗？在文身的背后，他们也要付出很沉重的代价。

光鲜的表面隐藏的，是你不知道的伤害。关于文身后的遭遇，网上曾经流传这么一个说法："想当兵就不能；想找个好老婆，女孩儿家不干；走路上说你是小流氓；找工作说你是混混。"这几句话真的说出了那些文身者的内心隐痛。

文身的时候，不仅要忍受皮肤割裂的疼痛，同时，你也没有办法保证文身的工具是否已经经过了严格的消毒。最近常有新闻报道出这类店因为没有经过正规的消毒程序而导致顾客感染上很多传染病的事例，因此，文身的过程其实是存在很大风险的。

同时，一旦在身上文了图案，那些图案就会伴随你一生，即使自己后来不喜欢了，但是目前为止也没有什么方法能够完全干净地将这些图案去除。

为什么我不能像偶像明星一样染发

刘立杰升旗之后被教导主任逮到了办公室，跟他一起被逮的还有三四个同学，他们有个共同点，就是头发都不再是黑色的。刘立杰的头发染成了黄色，那几个同学的头发有棕色的，甚至有个火红色的，看起来就像是火鸡的羽毛。大家都低着头，不敢看教导主任的黑脸。

主任开始一个个询问原因。得到的结果基本一致，他们都比较喜欢韩国的那些明星，而那些明星偶像都把头发染成了各色奇特的色彩。现在电视电影上流行的韩国明星深得青少年的喜爱，他们奇异的造型也让学生们以为那就是美，争相模仿起来。教导主任深深叹了一口气。

这帮正值青春期的孩子们盲目地追逐明星服饰打扮的事情，每年都会发生，经常有学生不穿校服，穿着奇装异服来学校，以前是女孩子比较明显，现在男生的势头也开始上升。看着这些五颜六色的头发，主任无奈地叫来了被逮孩子们的班主任，让他们一一带回去进行教育和开导。

刘立杰也被自己的班主任老师带回来了。老师没有给他讲大道理，没有讲那些每天都听得耳朵长茧的话，而是告诉他，染发的危害。原来染发剂里有那么多致癌物质。他以前都不知道，只是觉得像韩国明星那样的头发颜色就是比自己的黑头发好看，现在外面也流行染发。就把自己头发染了，没想到还有这么多危害。

老师给他做了思想工作之后，他突然觉得，那些明星们也没有那么好看。老师告诉他，做自己才最重要，模仿别人，永远没有人家本人漂亮。他想着老师说的话，决定回去了就把头发弄回本来面貌，还要告诉自己的同学，染发有很多危害……

随着青春期的到来，男孩子也逐渐注重自己的外表。偶像明星的时尚造型被越来越多男孩模仿。小时候的“和尚头”已经不能满足青春期男孩们的需求，他们喜欢把头发留长，并在发色上做文章。

爱美的男孩在变换头发颜色的时候，必须得考虑健康问题。

目前大多数染发剂中都含有过敏源——对苯二胺。这种物质很容易引起红肿、发痒、湿疹等过敏症状。还有一些染发剂中含有芳香胺类化合物，这是一种致癌物质。另外，染发剂经皮肤、毛囊进入人体，然后进入血液，很有可能会破坏血细胞，对身体百害而无一利。

有一对英国夫妇，妻子是金发碧眼，丈夫却有着棕色的头发。丈夫很爱妻子，非常想拥有和妻子一样的金发，于是他总是不断地染发。后来，电视上报道说他常使用的那种染发剂出了问题，严重影响健康，他便说出了这样的话：“我喜欢金发，但我不能用健康来换取美丽。不知道之前染发是否已经影响了健康，但今后我是不会再染发了。”

每个人都应该用这样的理智来维护自己的健康。盲目模仿明星染发会严重损害青少年的健康，爱美的男孩还是要三思而后行，因为健康比时尚、潮流更重要。

奇装异服不是帅

上学的路上，几个帅气个性的男孩儿骑着山地车呼啸而过，站在路旁等车的黄文斌看到后，心里羡慕得不得了。“真帅，我要是也能那样子，大家就会更加佩服我了。”黄文斌的成绩在班里很好，大家都知道他脑子学东西快，连老师都说他比别人聪明得多。黄文斌对此也有点扬扬自得。不过黄文斌觉得，成绩好还不算完美，应该在“别的方面”也很突出才行。看到刚刚风驰电掣骑车过去的几个人，黄文斌心里有了主意。

星期天的时候，黄文斌没去上补习班，偷偷溜去了商场。他用自己的零花钱，比着昨天看到的那几个同学的样子，买了一套衣服，又去发廊做了头发，出来后来了个一百八十度的大变样。因为爸爸妈妈出差，只有奶奶跟他做伴，所以回家后除了被奶奶唠叨了几句，就没什么了。

星期一，黄文斌在去学校的路上，总觉得不自在。进学校后，看到进进出出的同学，像平常一样，对他并没有太多关注，黄文斌有点失望。等到走进教室，大家都在低头看书，只有几个同学抬头望了望他显得有点惊讶，黄文斌更觉得不自在了。第一节数学课，黄文斌回答问题后，老师开玩笑地说了句“黄帅哥，请坐”，全班哄堂大笑。黄文斌恨不得马上赶回家把衣服换掉。

星期二，黄文斌的爸爸妈妈都回来了。看到黄文斌像往常一样，就问黄文斌这两天有没有犯错误。一身学生装的黄文斌一边说当然没有，一边向奶奶使眼色。奶奶笑着说，咱们文斌帅了一把，又被同学笑得换回去了。爸爸妈妈听了哈哈大笑，黄文斌又气又羞地回房间了。

给男孩的悄悄话

受影视和广告的影响，现在个性和帅气为男孩子热衷，都想成为“帅哥”。这本是件无可厚非的事，但是，凡事都有个度，否则会过犹不及。

由于青春萌动，青春期的男孩子具有爱美之心是很正常的，所以，一些男孩子就会模仿影星歌星们做一些酷动作，说一些流行语，最常见的是服装上的追星。看一部电影电视剧或一个广告，觉得演员们穿上帅气了，自己也想模仿，于是，校园里奇装异服就多了起来。

在以前，穿奇装异服是不允许进入学校的，但是，在现在是提倡个性的时期，稍微穿得潮流一些是被认可的，还会表现出一个人的审美趣味。但是，很多男孩子穿的奇装异服，有的是在裤子上挖个洞，有的是色彩怪异，有的甚至背个鬼头在后背上，等等，这样的例子举不胜举。

奇装异服的屡见不鲜，夺去了人们欣赏纯真的机会。在初高中里，一群青春期的男孩子，是朝气、年轻、生命力的象征，他们的笑容应该是透明的春天的颜色，是欣欣向荣的感觉，而这些奇装异服的泛滥，让青春期的男孩子过早地失去青春的纯真。特别是那些在膝盖上挖洞的裤子，天凉很可能会导致关节炎等疾病。

在最美的年龄里，无须修饰就胜过一切的修饰，年轻就是最大的美。所以，青春期的男孩子，请珍惜你最纯真的美，树立自己的审美观，别被外界牵着自己走路，要有健康和谐的审美趣味。要知道，奇装异服不是帅，作为中学生，最大的帅气来自对知识的追求，对美好品质的追求。

吸烟很酷吗

于宾是一名高二的学生。自从上高中后，于宾的个头猛长，转眼间小不点长成了高大的男子汉。长大了的男子汉可以帮助别人做很多事情了。他能轻松地给家里换灯泡，换煤气；在学校大扫除时帮助女同学擦高处的玻璃；在外边遇到不平事也挺身而出。这些事情都让于宾觉得自己长大了，是个有担当的男子汉了。

周末家庭聚会时，见到许久未见的表哥。表哥从小学习成绩就好，现在在一所名牌大学念书，家里的亲戚总是教育于宾要向表哥学习，爸爸妈妈还要于宾考和表哥一样的大学。的确，表哥不仅博学多才，还外貌英俊，性格开朗，有很多女孩子喜欢他。现在的表哥更帅了，留长的头发，时尚得体的衣服，优雅的谈吐，这些都令于宾羡慕不已。

于宾滔滔不绝地和表哥谈了很多学校的趣闻，也向表哥抱怨物理有多难，食堂的饭菜有多差。表哥边微笑着倾听边从口袋里抽出一根烟点燃了。表哥帅气地用手指夹着香烟，悠闲地向外吐着烟圈，于宾不觉看呆了。家里爸爸不吸烟，也不允许他碰烟，学校里更是视烟为洪水猛兽。他从来没有想过吸烟可以这么帅，可以这么有男子汉气概。

回到学校后，脑子里不断浮现表哥吸烟的情形。于宾暗暗想：自己吸烟应该也和表哥一样帅，而且听说很多同学都偷偷尝试过呢，我也一定要试试。

于是，于宾买了一包烟，上厕所的时候在厕所里偷偷地学着抽，刚开始总觉得自己做了什么见不得人的事，总有一种罪恶感。后来竟然在厕所里认识了几个“烟友”，一下就觉得自己比其他同学要成熟，一种“优越感”油然而生。

慢慢地，周围的很多同学都发现于宾抽烟了。可是令于宾没有想到的是，吸烟不仅没有给自己增加男子汉的魅力，反而损坏了自己的形象。现在很多同学都用异样的眼光看自己，有些女同学甚至躲着自己，似乎自己是什么怪物。

体会到被孤立的滋味，于宾下定决心：一定把烟戒掉，以后再也不吸烟。

给男孩的悄悄话

吸烟是一种不良嗜好，它对人体健康危害极大，对他人（被动吸烟者）和环境都有害。烟草中含有毒物质 20 多种，烟雾中有害化合物多达 300 种以上。吸烟所造成的死亡率大大超过酗酒和车祸，它对冠心病、睡眠、性功能、心理等都有直接影响，难怪有人把吸烟比成慢性自杀。

目前，青春期男孩抽烟的比例上升较快。有的人以为吸烟的人才有派头儿；有的人出于好奇，抽着玩的，竟成为“老烟民”；有的人想戒烟，但总是以写作或要研究问题为借口，烟不离口；甚至有的人睡在床上也要抽支烟，以致引火烧身，悔之莫及。目前我们并没有把抽烟作为一种恶习进行挞伐，但是青少年还是不要染上吸烟的恶习，尤其是在公共场所更是要对自己与他人的健康负责。

吸烟“上瘾”只是一种顽固的习惯，它不同于吸毒成瘾。在戒烟过程中也没有很大的痛苦和病理反应，因此较易戒除。但严重嗜烟者的戒烟亦有较大难度，戒除过程中有消极反应。下列建议，有助于已经开始吸烟的男孩戒掉吸烟的习惯：

第一，要加强戒烟意识。戒烟的过程中，人们总是感觉不太舒服，要有这种意识，即戒烟几天后味觉和嗅觉就会好起来。

第二，可以寻找替代办法。戒烟后的主要任务之一是在受到引诱的情况下找到不吸烟的替代办法：做一些技巧游戏使两只手不闲着，通过刷牙使口腔里产生一种不想吸烟的味道，或者通过令人兴奋的谈话转移注意力。

第三，学会转移注意力。尤其是在戒烟初期，多花点钱从事一些会带来乐趣的活动，以便转移吸烟的注意力，晚上不要像通常那样在电视机前度过，可以听音乐，出去运动、散步、上网。

第四，尽量少参加聚会。刚开始戒烟时要避免受到吸烟人群的引诱。如果有朋友邀请你参加聚会，而参加聚会的人都吸烟，那么至少在戒烟初期应婉言拒绝参加此类聚会，直到自己觉得没有烟瘾为止。

第五，可以选择游泳、踢球和洗蒸汽浴。经常运动会提高情绪，冲淡烟瘾，体育运动会使紧张不安的神经镇静下来，并且会消耗热量。

第六，要经受得住重新吸烟的考验。戒烟后又吸烟不等于戒烟失败，但要仔细分析重新吸烟的原因，避免以后重犯。

嗜酒成瘾的坏处

刘铭是高二（7）班的班长。他为人热情正直，对班级工作积极负责，得到了老师的信任和同学们的喜爱。

有一天刘铭看到同班的张华手上绑着绷带，脸上似乎也有伤痕。刘铭就关心地询问张华，张华吞吞吐吐只说是自己不小心碰伤的。看到张华不愿意说，刘铭也就不好问了，只是在私下里打听。

原来，张华的伤是酒后和别人打架所致。在高一暑假和同学聚会时，张华就学会了喝酒。并且不知什么时候认识了一帮“酒友”。这帮朋友没事就聚在一块喝两杯，刚开始的时候，张华还是应付朋友，可是到后来自己也迷上了喝酒。考试考好了得喝酒庆祝一下，情绪不好了得以酒浇愁。

刘铭觉得问题严重，就直接找到张华。“你是不是喝酒？这违反了学校的纪律。”刘铭顿了一顿，“我们这么大正是长身体的时候，喝酒不利于生长发育的。而且喝酒很容易出事。你看，你不是都受伤了吗？”张华很厌烦：“没事，我有分寸。”刘铭见张华不听劝便把事情报告给了班主任。

班主任很重视，他严厉地批评了张华，讲了酗酒的诸多坏处。可是张华却觉得老师小题大做。他心里嘀咕：都这么大了，喝点酒算什么？

有一天，终于出事了。酒后的张华骑着自行车在马路上飞奔，由于脑子不清醒，竟然撞到路旁的垃圾桶上，结果摔得大腿骨折还伴有脑震荡。现在的张华连生活都不能自理，只能卧床休息。

高中课程那么紧张，自己却只能躺在床上忍受痛苦，一想到这些张华就很后悔：自己不该学着喝酒，不该不听班长和老师的话。张华暗下决心：从今天起再也不沾酒了。

给男孩的悄悄话

古今中外，人们大多都爱酒，无酒不欢。酒虽然是交友叙怀的好东西，可一旦嗜酒成癖，成为陋习，则要坏了大事的。

如今有许多青春期男孩认为饮酒是交友的好办法，而热衷于聚会狂饮，或结交那些酒肉朋友，嗜酒成癖，最后导致是非不分，良莠不辨，惹出祸端。因酒后的一时冲动而犯罪的事时见报端。

青少年正值发育的黄金时段，酗酒的危害不可小视：

酗酒伤肝。肝脏是人体最重要的解毒器官，也是合成胆汁、贮存肝糖原的脏器，过量饮酒引起脂肪肝，必然导致消化吸收功能障碍和免疫功能下降，使机体对各种疾病的抵抗能力降低；酗酒可损伤大脑，使记忆力下降，使智商和判断力明显减退；经常酗酒可导致血管痉挛、呼吸肌麻痹；长期酗酒将造成心肌脂肪化，损伤心脏功能，诱发高血压、冠心病。

经常酗酒还会损伤生殖功能。医学研究证实：大量的酒精对精子和胎儿都有致命“打击”和损伤，酒鬼的后代出现的弱智子女和畸形悲剧就是明证。中国历史上著名文学家陶渊明曾以其《桃花源记》这一名作备受世人称颂，但由于一生嗜酒，连生五子非呆即傻。

这里介绍一些戒酒的方法：

可以选择认知疗法。通过影视、广播、图片、实物、讨论等多种传媒方式，让自己端正对酒的态度，正确认识酗酒的危害，从思想上坚决纠正饮酒的成瘾行为。

也可以借助药物戒除酗酒习惯。由于饮酒是一种成瘾行为，需要相当努力才能把这种习惯改正过来。有时候借助药物的帮助也是必要的，这样能够提高戒酒成功率，对于青春期男孩来说，采用这种方法必须事先征求医生和家长的同意。

还有一种厌恶疗法。这是一种行为矫正方法。其目的是在饮酒时不但得不到欣快感觉，相反产生令人痛苦的体验，形成硬性条件反射。想想醉酒后的痛苦感觉和可能引起的不良后果，会起到一定的作用。

亲友治疗也不失为一种好的方法。让家人、朋友帮助自己，树立起戒酒的决心和信心。

酒在日常生活中随处可见，也已经成了人们交际的重要工具，这便在很大程度上形成了对青少年不良影响氛围。对于步入青春期的男孩来说，一定要在根本上认识到，酗酒并不是成熟的表现，也不是判断自己是否新潮的标准，酗酒对身体百害而无一利。只有这样，才能正确选择健康的生活方式。

远离赌博，警惕赌性

王锋最近上课注意力总是不集中，还瞌睡连天。

早上九点，语文课上，林老师正在声情并茂地讲述《背影》，讲台下很多同学眼里已经泛起泪光，老师对学习效果很是满意。眼光一瞥，竟然看见王锋趴在桌子上睡着了。“文中一共描写了父亲的几次背影，分别表达了作者的什么感情，王锋同学，你来回答一下！”老师提问道。觉得同桌在晃他，王锋睁开迷蒙的睡眼，看着同桌怔怔地问道：“下课了？这么快！”全班哄堂大笑。

课后林老师把王锋叫到办公室严厉地问他：“最近怎么回事，上课总是瞌睡，这几天的作业都很潦草，上周的作文都跑题了！出什么事了吗？”王锋嗫嚅道：“我……我最近睡得有点晚……上课就犯困。”老师一听觉得有问题，于是接着问：“那你晚上都干什么了，为什么不早点睡呢？是作业太多还是看电视看得太晚？”“都不是，就是……家里妈妈他们打麻将，有时候人不够……拿我凑数。”王锋小声说。

原来，王锋的妈妈最近迷上了麻将，吃过晚饭后，就在家里摆牌局。写完作业后，王锋偶尔也会过去看看，觉得很新奇。刚开始爸爸妈妈不让他看，怕影响他学习，时间长了没发现什么异常也就不管他了。有时候牌瘾上来，“三缺一”的时候还会拉王锋凑数。王锋玩麻将只赢钱不输钱，因为大人们都不要他的钱，他还用自己“赚”的钱买了心仪已久的飞机模型，为此他很是得意。

慢慢地王锋也渐渐痴迷打麻将了。放学后潦草地把作业写完，就等着妈妈他们打麻将。妈妈他们一般都能玩到凌晨以后，虽然王锋被强制要求回房睡觉，但是听着外面搓麻将的声音心里就痒痒，在床上一直翻腾到牌局结束才能入睡。白天上课时，除了打瞌睡就是回想昨天晚上的牌局。

林老师意识到问题很严重，当即教育了王锋并马上找到了王锋的父母。爸爸妈妈没有想到自己的娱乐活动给孩子带来了这么坏的影响，当即保证再也不让王锋接触麻将。

给男孩的悄悄话

俗语说得好：“赌博赌博，越赌越薄。”可就是这么一个让人越来越“薄”的“赌”，却使一些孩子走向了歧途。因此，青春期的男孩有必要来认识清楚赌博的危害。

赌博是以扑克、麻将等工具，用财物作赌注争输赢的行为。目前，在青少年之中，这种不良行为具有很高的发生率。大量事例证明，青少年赌博的危害性极大。

青春期男孩赌博往往会导致学习成绩下降，并会诱发失眠、神经衰弱、记忆力下降等症状，造成心理素质、道德品质下降，伴随而来的是社会责任感、耻辱感、自尊心都会受到严重削弱，更严重的是赌博还会导致违法犯罪，现实生活中有许多男孩因为赌博引起暴力犯罪。

麻将桌旁发生的一则则悲喜剧说明对麻将的成瘾完全不亚于吸毒。南方一城市的麻将桌上发生过这样的事：由于两人输了要扳回来，另外两人赢了还想再多赢一些，结果，两夜三天的鏖战使得一人因中风死亡，一人因憋尿而死，还有一人因中风而半身不遂。

既然认识到了赌博的危害性，那么，陷入赌博中的问题孩子该如何与赌博说再见呢？

其一，认识到赌博的危害性。寻找丰富的娱乐活动，比如钓鱼、看书、打球等，来代替赌博这种娱乐活动。

其二，认识到十赌九输的特点。不要抱有侥幸心理，输了别想去捞回，赢了不要还想赢。平时生活中避免出席任何赌博场合，培养其他可取代赌博的爱好，打消赌博的念头。

青春期男孩可以选择定时做运动（如缓步跑）及学习松弛的技巧（如冥想或瑜伽），或进行休闲活动（如听音乐、与朋友逛街），借此驱走闷气，舒缓紧张的情绪。赌博是一种习惯性行为，戒除赌博不容易，但如果你拥有坚定的意志，那么你就一定能够克服赌博问题。

青春期正是身体和心理成长的关键时期，人生中很多良好的习惯和性格的养成都是在这时候打下基础的。那么，对于这一时期的男孩来说，健康趣味的养成会成为自身一种无形的资本，并会使得自己以后的人生受益无穷。

如何培养自己的男子汉气概

四班王老师急匆匆地往校长室赶，因为他班里的学生李耀跟人打架被校长抓了个正着。

校长室里，几个男生衣衫不整地站在墙边。王老师看见李耀脸上有伤，赶紧走过去仔细看了看。站在旁边的校医说，“没大碍，只是青了，吃点消炎药就好了。”王老师又气又心疼。挨完校长的批评后，王老师带着李耀回办公室。李耀跟在王老师后面，一边揉疼的地方，一边跟王老师说经过。原来，李耀的好朋友王兴打篮球时和隔壁三班的高强起了冲突。高强个子高是个顽劣的学生，和王兴在操场上吵起来。李耀听到了，觉得王兴和自己那么好，不去帮王兴一把太不仗义了。李耀虽然不喜欢打架，但是看高强那样嚣张，觉得自己要是示弱，就太没男子汉气概了，于是几个人就扭打到了一起，正好被从旁经过的校长看到，就被带到了校长室。

王老师听着听着，突然不走了，转过身问了一句：“李耀，你知道怎么样才是真正的男子汉？”李耀一下不知道怎么回答了。王老师又说：“回教室吧，好好反省下，想想自己有没有做错。也想想老师刚才的问题。”李耀回了教室。王老师摇摇头，看着李耀的小身影说：“这些孩子。”

给男孩的悄悄话

自古以来，对男子汉气概的表述不一，但内涵基本上是一致的，那就是指男子汉应当拥有的一种超凡脱俗的气质。在古代，对男子的要求是文武双全、德艺双馨。随着社会的发展，现在对男子汉的要求降低了些。但是，对于男子来说，一个健康的体魄是必不可少的。

处于青春期的男孩子，正是在培养男子汉气概的途中。男孩子一定要先清楚了男子汉气概的真正含义，再努力做一个真正的男子汉。因为，现在是一个价值观多元的社会，外界的多姿和迷离一定会影响到青春期的男孩子们。关于男子汉气概的理解也就多元化，但是最根本的一点一定要明白，就是男子汉一定有沉稳、内敛、敢作敢当的一种品质，这里的敢作敢当绝不是靠着打架、说脏话表现的，这是一种理想的男子的品格，需要靠修养才能达到。怎样才能培养自己的男子汉气概呢？专家给出以下几点建议：

1. 锻炼身体。身体永远是“革命”的本钱，练就一个健康体魄是非常重要的。男孩子不能看起来弱不禁风，在班里，有什么重活，男孩子一定要先行的，所以健康的身体非常重要。

2. 加强自己的修养，做个独立思考的人。修养是一个人的立世之本，中华民族是一个重视修养的民族，所以做事之前，先学会做人是非常重要的。做人就要严于律己、宽以待人；要先人后己，要孝敬谦恭等。

3. 多读书，提高自己的文化水平。一个男孩子的魅力，会通过他的知识表现出来。所以，喜欢学习，善于学习，也是培养男子汉气概的必由之路。值得注意的是，学习好课本知识的同时，一定要博览群书，学习各种知识。

青春期的男孩子，就要努力培养自己的男子汉气概，为未来的美好人生铺路。做一个优秀的人，一个真正的男子汉。

我压抑，我叛逆

请不要偷看我的日记

平常吃晚饭的时候，沈骥总会把学校里的趣事讲给爸爸妈妈听，可是最近一段时间，沈骥总是急急忙忙吃完饭就回房间，直到睡觉再也不出来。妈妈很担心，不知道沈骥一个人躲在房间里做什么。有时问沈骥，沈骥也不说，问多了，他就会不耐烦地说："什么也没干，做作业呢。"连续好多天都是这样子，沈妈妈就耐不住性子了。

这天，等到沈骥去上学，沈妈妈打开沈骥房间的门看了看，也没发现什么不妥的地方。刚要带上门的时候，沈妈妈迟疑了一下，她想了想就又走进房间，拉开了沈骥床头书桌的抽屉，沈骥的日记本平常都会放在这个抽屉里。沈妈妈从抽屉的底层拿出笔记本，翻了翻，也没看到什么特别的事情。翻到最近的几页时，沈妈妈明白了。原来最近这几天沈骥一直在帮班级设计一个公益网页，他想等设计好以后再告诉爸爸妈妈，给他们一个惊喜。沈妈妈看后终于放了心，高高兴兴地离开了沈骥的房间。

晚饭后，沈骥照常回房间，可是没一会儿，沈骥就气冲冲地拿着日记本出来了，"爸妈，你们翻我东西了，是不是偷看我日记了。"

沈妈妈赶紧说，"没有，我进去打扫房间了。""还没有！我日记里夹的资料都变位置了，还说没有。"

沈爸爸看看沈妈妈，赶紧跟沈骥说："沈骥，不能跟妈妈那样说话。你最近什么也不跟爸爸妈妈说，吃完饭就回房间，这让爸爸妈妈很担心。你妈妈的做法不对，但也是因为关心你。”沈骥没说什么，气呼呼地回房间了。过了几天，沈骥的网页设计很成功，学校发给沈骥一个证书作为奖励，可是妈妈已经知道这事儿了，沈骥觉得很没意思。回家后，把证书拿给爸爸妈妈看，爸爸妈妈高兴得不得了。沈骥有些不明白，问：“你们都已经知道了，还那么高兴。”爸爸说：“当然高兴啦，只要是你努力取得的成绩，爸爸妈妈不管提前知不知道都会很高兴。你妈妈看你的日记不是为了知道你在做什么，她只是担心你的安全，想好好保护你，不让你受伤害。不能再生妈妈的气了，知道吗？”沈骥听了点点头：“妈妈，对不起，我不应该跟你发脾气。”妈妈听了幸福得一把把沈骥抱进了怀里。

给男孩的悄悄话

青春期是人生中最美好的时期，有人把它比喻为花季。在如花的青春期里，青春期的男孩子就得面对自己的身体和心理的一些微妙的变化。他们会有自己的心事，会找个倾听的对象，所以，记日记是非常普遍的事情。但是，日记也给他们带来了烦恼，就是那些细密的心事都写了进去，却找不到安全的地方放置它，因为，总有一些好奇心强的同学或父母想窥探他们的小秘密。

每个人都有他的隐私权，但是有时我们的小秘密还是会被窥视。这成了困扰很多青春期男孩子的问题，因为碍于是自己身边的人，又不能轻易破坏彼此之间的感情。有时候，父母也是出于对青春期男孩的关心。

到底该怎样调节这样的关系呢？一些青春期的男孩子发出了“请不要偷看我的日记”的呼声。专家认为之所以出现这种日记被偷看的情况，是人与人之间缺乏沟通的原因。如果，青春期的男孩子把自己的心事告诉了父母或朋友，他们也没有必要翻看男孩子的日记了；如果父母和朋友少一些好奇心，多一些对男孩子的尊重，也就不会偷看他们的日记了。总之，人与人之间亲密无间的交流是非常重要的，这样会减少类似的侵犯隐私的事情。

但是处于青春期的男孩子，心事很多，有些又羞于开口，记日记确实是他们倾诉的唯一途径。此时，特别是父母就要学会尊重孩子，不要让男孩子记日记时总担心会被偷看、担心日记被偷看后的后果。所以，还是多一份关怀，少一些侵犯；多一些沟通，少一些防备，让男孩的花季真正如花绽放。

我已经长大了，请让我自己做主

期末考试成绩出来了，大家都用佩服的眼光看向马进，因为这次的第一名又是他。有些同学小声议论着，说马进从上学开始，就一直是第一名。还有的说，他的智商可高了。马进坐在座位上翻着一本名人传记，对大家的注视和议论毫不理会，就像这些都很平常，本来就该这样。

马进很聪明，从初中到高中一直成绩很棒，老师们都很重视他。甚至有些老师对马进特别尽心，想重点培养这个让他们很得意的学生。可是马进对此并不上心，总是按照自己的方式做事情，甚至有时都不听老师的话，惹老师生气。这让同学老师们都觉得马进很高傲，不谦虚。

家长会的时候，班主任表扬了好多进步的同学，一次也没提到马进，这让马进的爸爸很纳闷。家长会快完了的时候，班主任把马进的爸爸和马进带到了自己的办公室。班主任说，马进是很聪明，但是学习态度有些不端正。马进辩驳说，“老师，我没有不端正，只是我有自己的想法而已。我在课上看课外书，是想多了解其他的事情，再说老师讲的那些知识我早都会了，再听是浪费时间。我知道您和其他老师对我期望很高，可是我觉得我学习不是为了考个好大学，而是为了创造。有很多杰出的人都没上过大学。”爸爸听完，看了看班主任，他们都明白马进有自己的理想了，这是值得高兴的事情，但是有些地方马进还不成熟，想法太偏激。老师走过去很耐心地说：“马进，学习不光在课堂上，成功的人都是善于学习的，即使他们没有上过大学，但他们会利用各种机会学习，并尽量让周围的条件更有利于自己的学习与进步。而你现在是放弃自己的有利条件，让自己处于不利的状态，你明白吗，马进？”马进有种豁然开朗的感觉：“老师，我明白了，您说得对。今后我会更努力学习，不再任性好高骛远了。”爸爸和老师都欣慰地笑了：“真是孺子可教也。”

给男孩的悄悄话

有一个热播的电视剧叫做《我的青春谁做主》，引起过很多青春期朋友的共鸣。一些青春期的男孩子也会发出自己的呼声，“我已经长大了，请让我自己做主”。这是青春成长期非常正常的现象，但是，我们只有客观地对待这些青春期的心理，才能找到更好的解决方式。

青春期的男孩子为什么会发出这样的呼声呢？一般来说，最直接的原因是来自父母过多的管制。青春期的男孩子已经有主见了，他们要发出自己的声音，告诉周围的人，他也是个独立的人，所以，这些男孩子会想挣脱束缚做自己。

但是，父母也有父母的考虑。他们不那么爽快地放手让男孩子自己做主，主要是因为不放心，这种不放心已成了一种习惯，从孩子出生时就开始了。不看到男孩子真正成熟稳重了，父母是不放心的，自然会对他们管制多一些。

一个要自由，一个不放心。到底该怎么处理这种关系呢？专家给出了一些建议：

1. 男孩子要真正地培养男子汉气概，要成熟、稳重，要知得失、明大局。只有这样，他们做事时才不会好高骛远，不切实际，才能不至于半途而废。当然，真正地做到这些很难，需要一些磨炼才能做到，这就要求青春期的男孩子在做好自己的本职工作——学习后才可以寻找自由，去锻炼自己。虽然说，分数不是衡量人能力的唯一标准，但是中学的基础知识对成长非常重要，还是有必要努力学习的。

2. 父母要学会放手。学会放手是放心的有效措施，如果父母永远不放手，男孩子就永远没有独立之日，也永远没法锻炼自己，父母也就永远不放心了。所以根据男孩子的年龄和其他情况，放手让男孩子自己去做事，适时给予一些建议和帮助，是非常有必要的。

男孩子呼唤自由是正常的现象，是一种成长的见证，但是，要在自己做好做足了准备的情况下去独立，不然会让父母不放心，也就无法放手给你自由。

为什么我会疯狂迷恋明星

陈跃是个追求时尚的男孩，他的房间里到处都张贴着歌星的海报，这一两年，他迷恋周杰伦，周杰伦的每张新唱片他都第一时间去买下来。

他还把周杰伦的歌词都写在自己的日记本里，没事的时候就哼唱周的歌。家在南方的他，甚至跟爸妈申请参加周杰伦的北京演唱会。爸爸妈妈以路途远、影响学习的理由拒绝了他的要求，他决定偷偷地攒钱去北京看周杰伦的演唱会。他是周杰伦的铁杆粉丝。他要践行自己铁杆粉丝的身份。他觉得能见上周杰伦一面，是自己最大的愿望了。

爸妈也知道儿子喜欢周杰伦，他的歌都会唱，每天都在关注娱乐新闻上周杰伦的动向，开口闭口我的偶像怎么样。他们有些担心儿子会因为追星而影响自己的学习，却苦于找不到跟儿子可以协商的点而苦恼。

有一次，老爸问陈跃，你到底喜欢周杰伦什么地方呢?

陈跃边放 CD 边跟老爸念叨周杰伦的歌多么优美动人，周杰伦的音乐多么让人有共鸣，周杰伦的一切都那么美好，甚至他的每件衣服都看起来那么好看。

老爸纠正说，那是你喜欢他的歌，但是他这个人呢？你称他为你的偶像，总得对他的人品有所了解吧。

陈跃这可来了精神，既然老爸要深入了解周杰伦，那么作为一个周杰伦的粉丝，怎么能不表现一下呢？

他开始讲述周杰伦的成长历程和在这几年里取得的成就，以及这些成就背后的付出。

老爸听得也感动了。原来周杰伦也是经历了一番磨难，儿子不是像自己想的那样没头没脑地跟着别人瞎追星。

最后，陈跃还安慰老爸："你放心你儿子啦，我自己有分寸。我就是喜欢周杰伦的歌还有他身上的拼搏精神。要不然怎么歌坛那么多明星，只有他最受欢迎呢？"

老爸点了点头，又摇了摇头，看来儿子追星的事情，不能严令禁止，但是究竟该如何引导呢？这成了陈爸爸的一个大难题，他还要好好考虑。

给男孩的悄悄话

在20世纪，人们崇拜的偶像是雷锋、保尔 · 柯察金。而现在，青少年所崇拜的偶像，则换成了比尔 · 盖茨、乔丹、刘德华、周杰伦、林俊杰等亿万富翁或体育界或影视界明星。时代的变迁，印证了这种替换。

不管是体育明星还是娱乐明星，这些偶像可给少男少女的精神世界带来极大的向往和幻想，甚至沉湎于对他们的追逐和依恋当中，不能自拔。许多青少年一味关注明星们的帅、酷、炫，八卦或绯闻，名声或金钱，从而导致悲剧、闹剧的发生。

相反，如果人们看到的是明星如何坚忍不拔，如何善于创新，如何吃苦耐劳，如何谦虚谨慎，那么人们就会更多地从他身上吸取自我成长的养分，进而追逐像他那样的事业成功者。由此，盖茨便成为一个超级榜样，他会激发人们自我奋斗的决心。

明星给我们的还有一种成就感，我们也崇拜他们的成功。我们也渴望成为那样的辉煌成功者，于是热情地追随眼前的成功者。这没有什么错，可是这些只是表面，揭开这些荣耀的面纱，这些明星成功的背后，表现出的是一种艰辛的努力和伟大的人格。没有这些，他们的成功也是一种无意义的成功，我们的崇拜也就是盲目崇拜。

其实，崇拜明星并不是一件坏事，最重要的是要知道如何崇拜才最正确。我们应该看到明星们最杰出的地方，更应该学习明星的精神或优点，使学到的融入自己的生活当中，与我们自己的实际联系，确定我们的奋斗目标。

所以，青少年在追星的时候要有一个理智的态度，把握好分寸。我们所崇拜的应该是真正值得崇拜的。他不是徒有其表，而应该有高尚的人品和超凡的气度；他不仅仅能吸引我们的目光，更应该能震撼我们的心灵。而我们也要从这些优秀的偶像身上吸取积极的人生经验。

最好不要滥花时间和金钱在追星上。要知道，别人的光环不会罩在我们的身上，追星本身并没有什么可以夸耀的，更不应该成为我们生活的全部。

我们还应热爱自己。每个人都是独一无二的，明星自有风采，我们也要保持个性、本色。

最后还有一点，就是要摒弃狭隘心态，我们不能因为别人的偶像与自己的不同，就对他人持排斥甚至敌对的态度。

追星不是不可以，只是不要盲目，不要在追的过程中丢了自己。

“乖乖仔”成了“火炮筒子”

小宇今年 14 岁了，以前的小宇成绩优异，性格活泼，是父母眼中的好孩子，老师眼中的好学生，同学们都愿意和小宇在一块学习、游戏。可是最近小宇变了，变得易怒暴躁，和父母顶嘴，乱摔东西，甚至和同学打架。

“我觉得很难过，现在同学们都不愿意和我一起玩了。”独自站在操场角落的小宇小声地说道。

周一上午几何课后，小宇的同桌林明问小宇：“这道几何题怎么证明啊？”“上课老师不是讲了吗，看笔记。”小宇不耐烦地答道。

“上课走神了，没有听明白，你再给我讲讲吧。”林明不好意思地说道。“这么简单的题目都不会，怎么这么笨，上课时都讲了，自己看。”顺手把自己的笔记扔给林明。林明生气地把笔记拨到一边。

下午上美术课，小宇没带画笔，向同桌林明借，林明头也不抬，装没有听到，小宇觉得尴尬，气愤又困惑，不知道自己究竟哪里得罪了林明，要知道，他们俩可是好朋友啊。

在学校郁闷了一天，晚上回去做数学老师布置的作业，发现只有两道很简单的几何题，就想这么简单的题目我就没有必要做了，这些题目都是给那些学习成绩差的同学布置的。结果第二天因为没有完成作业，被数学老师批评了。小宇很不服气数学老师这样的批评，不就是两道题没做吗，又不是不会。

幸好还有一件令人开心的事，那就是爸爸今天出差回来了，他说过要给小宇买双耐克鞋子的。放学后兴冲冲地跑回家，爸爸果然在家。“宝贝，回来啦，想爸爸了吗？”爸爸高兴地抚摸着小宇的头，兴奋地说：“好像又长高了，哈哈，快来看看爸爸给你买了好多书呢。”“你给我买耐克鞋了吗？”小宇着急地问。“哎呀，坏了，太匆忙了，忘了！”爸爸歉意地说道：“下次记得给你买好不好？”“说话不算话，不用你买了。书、书就知道买书，以后买了你自己看吧！”说完小宇飞快地跑到自己的房间，狠狠地把门关上。

小宇现在很烦躁，很恐慌，觉得全世界的人都在和自己作对。面对爸爸妈妈的不理解，老师的批评，同学的孤立，小宇觉得似乎世界上所有的东西都失去了原有的秩序，都不对了。所有人都不喜欢他了，难道以前大家对他的喜爱都是假的吗？现在的小宇很困惑。

给男孩的悄悄话

相信不少男孩都会有这样的体验，进入了青春期就不再是“乖乖仔”。青春期的情绪，有时像一轮冉冉升起的朝阳，总是充满了无限的活力、希望和快乐；有时又像一艘航行在茫茫大海里的难以驾驭的航船，随时都有遭遇风暴袭击的危险。家长们常常会有这样的体会，孩子进入青春期后不仅身体见长，脾气也见长，言语和行为上都有很大的改变，尤其是批评不得，常常是不讲道理地乱发脾气。难以驾驭的情绪变化、冲动易怒的脾气和随之而来的烦闷心情，这不正是处于青春期的男孩们最典型的情绪特征吗?

据国内外专家的研究，从生理上来说，青少年性激素的分泌，比其性发育前增长了8 ~ 16倍。成长的加速度就是一种“生理能量”，同时有些孩子神经系统本来属于“强型”，例如心理学中所说的“胆汁质”或“多血质”的气质类型，当然就更“不由自主”地容易冲动了。从心理特征上来看，进入青春期以后，成人感和独立意识渐渐成熟，所以这个时期的孩子们总是想在自己的事情上自己做主，想得到别人的理解和尊重。与此同时，日渐多元的社会文化和时尚观念无时无刻不吸引着成长中的青少年们。男孩渴望参与精彩的社会生活，期望体验各种时髦的东西，常常会与父母老师“对着干”。

一方面，“生理能量”如果没有健康的释放渠道，就可能转化为一种“心理行为能量”， 正如平日所说的“有劲没处使”，这种能力释放的破坏作用是非常危险的。另一方面，冲动易怒、脾气暴躁是一种极其消极的情绪，这不仅对个人的身体健康、个性培养不利，而且也会对身边的朋友、亲人造成伤害，走向社会后更是影响着人际关系的生成，影响着一个人的进步和成才。

相信青春期的男孩都会有这样的烦恼——“总爱发脾气怎么办？”方法是多种多样的，只要你真的用心去尝试。

首先，要勇于承认自己爱发脾气，以求得他人帮助。如果周围人经常提醒、监督你，那么你的目标一定会达到。其次，意识控制就是一种很好的方式。当情绪即将爆发之时，可以进行自我暗示，提醒自己保持理性，暗暗告诉自己“别发脾气，以免伤己伤人”。相信每一个有涵养的人都可以做到。更重要的是，凡事要将心比心、推己及人，如果任何事情你都能够站在对方的立场来想一想，那么你会觉得似乎没有理由再发脾气。最后，宽容永远是一种高贵的美德，当你能够做到“笑口常开”“大肚能容”时，冲动易怒的坏毛病也就自然消失了。

青春期的男孩们，试着从现在开始，学会克制、学会宽容、告别冲动易怒的自己吧。要相信，深厚的涵养足以使一个人获得良好的人际关系并赢得众人的尊重，也可以使一个人从此具有一种人格的魅力、一种高贵的光芒。

每个人都渴望独立

妈妈在卧室里哭，不断地有抽泣声传来，可寒在自己的房间里听着断断续续的哭声，生自己的闷气。

妈妈是个过度保护的妈妈，从小没有让可寒摔过一个跟头，把可寒放在手心里怕掉了，含在嘴里怕化了。可是，现在可寒不再是那个经常愿意在妈妈怀里撒娇的三岁小孩了。他已经是个高中生了，是个不折不扣的男子汉了。妈妈却还要像以前照顾小孩子那样照顾他，要求他，控制他所有的饮食起居的细节。这让他很烦，今天因为出门和同学出去玩要穿哪件衣服的事情，跟妈妈产生了分歧。他愿意穿着夹克出门，但是妈妈觉得那件夹克不如自己喜欢的那件好看，于是母子俩开始争论。最后，妈妈哭着说："我辛辛苦苦地照顾你长这么大，你却这么不听话。"

这句话激起了可寒的愤怒："你是把我养大了，但是我是个人，我现在也是个男子汉了，你不要老用自己的要求把我的生活都搞乱好不好。我的事情我可以自己做主了。我喜欢什么样的衣服我知道。"

可寒的话当然也激起了妈妈的愤怒："嗯，是，你长大了，翅膀硬了，都知道和妈妈顶嘴了。你这是什么态度？"

"我就是这态度，你管我管这么严，我一点自由都没有。什么都得按你说的做，我根本没有人格独立！"

"我管你还不是为了你好！"

两人争吵不休，去和同学一起玩的好心情全没了，可寒也不打算出门了。妈妈对他很好，从小就是，从来没有把他一个人放在那不管。但是，他已经长大了，他想要独立了。为什么妈妈还是不肯给他自由呢。可寒也有了自己的小日记本，本子里写的都是自己的秘密，他不再像以前那样，有什么想法和什么故事都要第一时间和妈妈分享，现在他觉得自己已经长大了，不需要妈妈那么密切地关注自己了。他最需要的是独立的空间。没有空间他觉得都要喘不过气来了。

可寒头疼地想着原因和解决办法，他究竟该怎样才能独立？

给男孩的悄悄话

每个人都渴望独立，独立应该是每一个走过青春期的少年所必须收获的财富。相信每个青春期男孩都有着与可寒同样的烦恼：究竟怎样才能独立呢？

独立不是目中无人的自高自大。试着去回想，你是否有过这样的经历？把父母的悉心劝告当成老掉牙的“旧黄历”而不屑一顾，把老师的谆谆教导当成“过眼烟云”而不加留意，把朋友们的善意帮助当成是一种恶意的嘲讽和鄙视，把自己的心事用一本带锁的日记本密封起来，把自己的房门加一把锁而营造一个属于自己的“独立空间”。这种看起来很“酷”的行为就被青春期的少男少女们当成了一种“独立”。其实，当男孩在所谓的“独立空间”中荒废时光，当男孩因不听父母师长的劝告而犯下错误时，当男孩宁愿承受心事的重重纠结而不愿意倾诉给朋友和家长时，这正在说明男孩还没有长大，还没有成熟，还没有真正“独立”。

怎样才能实现真正的独立，是每一个青春期的少年必须要严肃思考的问题。意志力薄弱、精神脆弱、适应能力差、生存能力差已经成为了成长中的青少年们共同的弱点，而这些归结到一点就是独立精神的欠缺。

培养真正的独立能力至关重要，我们可以尝试着从以下几个途径着手。

首先，自觉地创造锻炼的机会。如果你现在生活在父母的溺爱中，除了要感谢他们的良苦用心，更重要的是要给他们提出建议，让他们认识到什么才是真正的“独立”和独立的重要性。

其次，从生活和学习中的点滴小事做起，不仅养成生活中的“独立”能力，更要培养“独立”的学习精神。同时要注意方法、循序渐进。要知道，拥有必要的独立意识，并不是说要不顾自身的实际情况，一味追求偏激的目标，更不能把任性和固执当成是一种“独立”，对父母长辈的关心和指导不能置之不理，而要耐心听取，把他们的经验和阅历当成自己成长的“养分”。

更重要的一点，学会“独立”的过程不可能是一蹴而就的，要从力所能及的事情做起，遇到力不从心的事情学会寻找帮助，不能盲目逞能。

青春期的男孩要相信自己，只要真的去努力了，就一定能成为一个独立、自信、自强的人。

爸爸妈妈也要学会如何沟通

激烈的争吵后，厉宁从家里跑了出来，因为妈妈看了他的日记本，本子里无非就是记录自己在学校的事情，还有一些跟同学相处的感慨，当然也有那个喜欢的女孩的章节。但是他很烦妈妈像跟踪小偷一样跟踪着他的一切，每次回家都感觉妈妈在窥探他的隐私，这次他终于爆发了，他已经忍无可忍了。看别人的日记就是侵犯隐私！

但是，妈妈好像一点都没有觉察到自己的错误，反而认为自己这是在关心孩子，等到厉宁跑出家门以后，妈妈开始坐在客厅里发呆。自己儿子究竟是怎么了？以前儿子有什么小秘密都第一个要跟自己分享，记得他换牙的时候，在幼儿园里掉了牙，下午放学还带回来给自己当礼物，可是现在儿子究竟是怎么回事？

他不愿意再和妈妈分享他的故事和心情了，每天放学回来就钻进自己的屋子里，关着门，也不知道在里面究竟在做什么，叫吃饭的时候才出来，吃完饭就回到自己的卧室里去了。妈妈是担心儿子的状态才偷偷打开儿子的日记本看的。没想到儿子的反应这么大，不仅跟自己吵架了，而且还夺门而出，这是以前从来没有发生过的事情。

妈妈坐在客厅里暗自垂泪了一番，然后开始给厉宁的爸爸打电话。爸爸赶忙从单位里赶了回来。听着妻子说完了今天吵架的经过，爸爸决定跟厉宁和妈妈都谈谈，儿子长大了，要给儿子一个更宽广的空间，让他独立去面对一些事情的时候到了。妻子这么关心儿子的成长也是出于做母亲的心，两方都没有错，只是交流的方式不对。

老爸要出马调节双边关系了！首先，跟自己的妻子详细地谈论了儿子的成长，儿子已经开始向成年人的行列迈进了，不能再像以前一样那么密切地保护着他了，他的羽毛也已经开始丰满了，如果总是把他护在自己的羽翼之下，那么也许未来，等到爸妈放手让他飞翔的时候，他就再也飞不起来了。

然后，老爸找到了厉宁。一番推心置腹的交谈之后，一家三口召开了正式的家庭会议，这个会议或许是这个家庭里一个新阶段的开始……

给男孩的悄悄话

对于正处于青春期的男孩来说，或许父母没有与你平等地交流；或许他们不能理解你成长中的烦恼与痛苦；或许当你出现了叛逆的情绪时他们没有及时放下举起来的手；或许他们没有认真地去发现你身上的优点，甚至从来不表扬你；或许他们给了你太多，让你成为家中的“小太阳”却从来不给你锻炼自己的机会；或许你一直在为无法与父母沟通交流而痛苦。

的确，在众多家长们的眼中，现在的孩子是只知道索取而不知道付出的一代，而进入青春期的男孩几乎就是一群危险分子。“这些孩子怎么了”是老师和家长们经常遭遇的困惑。其实，男孩们从来不是生活在真空里的，父母对孩子们成长中的缺憾，尤其是对青春期的孩子们有着不可推卸的责任。

对于这些“落后”的父母，青春期的男孩们可以试着去和他们交流沟通，试着给出建议，试着用自己的智慧和知识巧妙地“拉”

他们一把，告诉他们孩子进入青春期，家长应该做些什么。

主动对父母敞开心扉，让你的爸爸妈妈走进你的心灵世界，让他们熟悉你的爱好，了解你的情绪。只有让父母了解了你的所思、所好、所行，他们才能走进你的世界，拥有和你进行交流沟通的共同语言，良好的家庭氛围才能形成。

告诉他们，你渴望长大、渴望成熟、渴望独立，需要他们耐心的指导和帮助。强烈的“家长意识”对孩子的成长并没有帮助作用，相反容易激起青春期孩子的叛逆情绪。青春期的孩子希望父母视他们为大人，希望父母尊重他们的人格与意志，希望父母与他们平等交流。“你必须”“你应该”“人家的孩子比你强”“你不能”……这种命令式的、单向灌输式的谈话是无法引起孩子共鸣的，是无法触及他们的心灵的。男孩可以明确地告诉父母，你渴望交流和沟通而不是训斥，你渴望听到“我觉得”“你觉得”等词语。

告诉你的爸爸妈妈，父母是孩子最好的镜子，是孩子最好的老师。树立一个健康、积极、乐观、坚强的爸爸形象和妈妈形象，对孩子的成长有着潜移默化的重要作用。以身作则，这是为人父母必须要坚持的准则。当孩子情绪不稳定的时候，当孩子遇到挫折而自暴自弃的时候，父母方寸不乱才能让孩子的情绪走向稳定和理智。当父母遇到了难以招架的“青春期问题”，一定要及时求助于教育和心理咨询机构，不能错过疏导孩子心理行为问题的关键时期。

“摩擦生热”，这是最简单的物理学原理，当家庭“摩擦”发生时也同样适用。告诉你的爸爸妈妈，青春期的孩子有着特殊的“温度”，易冲动、易头脑发热、年轻气盛，所以你急需的是冷却剂、降温剂、镇静剂，千万不要“火上浇油”。一旦有“摩擦”，建议他们对待青春期的男孩时一定要冷静、耐心、宽容、理解，“冷处理”才是解决问题的最好方式。

迷茫的成长路

99%的忧虑实际上并没有发生

李贝在考完最后一门试，走出中考考场以后，突然想起自己可能忘记在最后一门考试的试卷上填写学号，于是，紧张的他开始一遍遍地搜索自己的记忆，“我写了吗？老师当堂提醒的时候我好像是在看后面一个几何题，还想着一会儿就写呢。好像后来我写了吧。哎呀，好像我又接着做题了。哎，如果真的没写可惨了，老师讲过没有写学号的卷子一准是零分，那样的话我一直梦寐以求的高中还怎么进得去，同学们一定会笑话我的……”

就这样，在从考场到家里的路上，李贝一直前后反复地回忆着。后来，他便认定自己是忘记写学号了。于是在等待成绩出来的几天里，每当有朋友来叫他出去打篮球，他就以“我的中考都没戏了，还出去玩什么啊”这样的理由拒绝，然后一个人坐在家里东想西想，接着便是无边的哀叹和忧虑。渐渐地，他的脾气也坏了起来，看到什么都觉得不顺，认为整个世界都在与自己作对。他似乎变成了一个小刺猬，给身边的家人和朋友造成了很多情感上的伤害。

一周以后，中考成绩在网上公布了。在成绩公布的前一天晚上，李贝一直在床上辗转反侧，为自己的分数担忧，为自己的未来担忧，于是他彻夜未眠。八点钟以后，不断有同学打来电话交流分数。听着别人或高兴或悲伤的声音，他更担心查自己的成绩了，后来索性将家里的电话线拔了出来。

中午妈妈下班回来，哼着小曲，并做了一顿丰盛的午餐。饭桌上，妈妈对愁眉苦脸的李贝说："你真棒，这下重点高中肯定没问题了！"一脸疑惑的李贝忙问妈妈怎么回事，妈妈便告诉他，上班的时候她在自己的电脑上输入了李贝的学号和身份证号，查到的成绩比重点高中的分数线多了 8 分，按照往年录取的惯例应该是没有问题了。

听到妈妈的消息，李贝突然放松了下来，也露出了这些天来的第一个笑脸。"哦，原来自己当时写下了学号啊"，他心里暗暗说道。

给男孩的悄悄话

男孩们一定听过杞人忧天的故事，几千年过去了，天依然还在我们头顶，而那个杞人，居然为它担忧了那么久。生活中，其实一直都存在不少像那个杞人一样的人，虽然这些人不再担心天是否会塌下来，但是他们也各有各的担忧，如有些人担心马上要到来的考试自己可能会通不过，另一些人可能会担心这学期的三好生自己评不上，或者还有一些孩子可能会担心班上其他同学不喜欢自己，等等。于是，担心这个紧张那个的孩子便放逐了快乐，让忧虑将自己层层包裹。

哈佛大学中国政治学教授裴宜理常和他的学生说："自己招来的忧伤是最大的忧伤。"李贝自己招来的忧虑吞噬掉了他一周的好心情，也给身边关心他的人造成了很大的压力。而到最后，他担心的事情其实并没有发生。

忧虑，是人在面临不利环境和条件时所产生的一种情绪抑制。它是一种沉重的精神压力，使人精神沮丧，身心疲惫。无论是逃避问题还是对问题过分执着，实际上只可能有两种情况。一是问题并不像我们所想的那么糟，至少没有到无可挽回的地步。只要采取积极正确的态度，问题就会得到解决。这样，我们也就没有什么可忧虑的了。二是问题的确是超出了我们的能力所能解决的范围。对这种情况，我们就需要乐观一些，就像杨柳承受风雨一样，我们也要承受无可避免的事实。哲学家威廉·詹姆士说："要乐于承认事情就是这样的情况。能够接受发生的事实，就是能克服随之而来的任何不幸的第一步。

其实，很多担忧和焦虑的情绪都是经过自己放大了的，其实它们本身并没有那么可怕，而且99%的忧虑在实际上都没有发生。那么，何必让自己陷落进忧虑的陷阱呢？跳出来吧，你会拥有一个更广阔的天地。

哥们儿义气不等于男子汉气概

小军是个很讲哥们儿义气的男孩子，在班上以他为首，聚集了几个脾气相投的男生，大家抱着“有福同享，有难同当”的思想，把大家的事情都当成自己的事情来看待。

有一天，这些孩子中一个叫黄凯的男孩与高一年级的同学马力发生了争执，吃了点亏。于是黄凯便向他的那帮哥们儿求助。小军看着受了委屈的黄凯，心想，哥儿们有难，我怎么能袖手旁观？于是立刻拉上他的那帮哥们儿，气势汹汹地冲向了马力的班级，

马力看架势不对，急忙道歉，但是小军为了在朋友面前挣足面子，硬是将马力劈头盖脸地狠揍了一顿。结果马力直接被送到了医院急救，而小军也受到了学校的严厉处分。

给男孩的悄悄话

在影视剧里面，人们经常见到那些为了朋友不惜上刀山下火海的人，现实生活中的男孩子们又往往误认为那样就是英雄好汉，于是，自己也开始在身边的朋友圈中拉帮结派，于是“哥们儿义气”也便盛行开来。

确实，“义气”在历史上也曾一次次被传为佳话，如刘关张的桃园结义，为了结拜兄弟甘愿肝脑涂地。再或者梁山好汉，他们现在似乎已经成了义气的代名词。但是那毕竟是在古代，并且是在一个战火纷飞的时代里。而今天的男孩子们与意气相投的朋友纠集在一起，往往有意识地将自己与和自己意见不同的其他人对立起来，

稍微受到外界的影响便将矛盾放大，进而采取打击报复的方式来彰显自己所谓的“义气”，而结果呢，往往是伤害了别人也耽误了自己。

正处在青春期容易躁动的男孩子们，遇到同学间可能出现的各种矛盾，一定要冷静处理。多站在别人的立场上考虑，不要轻易就将对方搁置在对立面上，这样不但不利于矛盾的解决，反而容易激化矛盾。如果一心只想着帮圈子里的哥们儿，把黑社会的帮派气息带进学校，无疑会对学校良好的氛围造成亵渎与污染。

作为容易冲动的小男子汉，不要将自己锁定在某一个小圈子里面，身边的所有同学都有优秀的一面，都有值得自己学习的地方，也都有需要别人帮助的时候，因此不要轻易将他人排斥出去，要学会理解他人，关爱他人，这样自己身边的朋友会多很多，不管对人还是对己都是利大于弊。

走出“义气”小圈子，你会成熟很多！

不卑不亢巧对“校园霸王”

杜鹏家里很有钱，他平时吃的、穿的、用的都比别人要好一些。

这天，杜鹏下午放学后，独自一人往家走。刚出校门，几个经常小偷小摸的高年级同学盯上了他，并装模作样地对他说：“杜鹏，走，咱们不是说好了要去踢足球吗？”另一个同学小声说：“别说话，跟我们走，否则后果自负。”杜鹏无奈，只好让他们拉着来到一条偏僻的街道。

杜鹏看看四下无人，这些人又虎视眈眈地望着他，不禁有些害怕。这时，其中一个长得比较凶的同学冲着他说：“小同学，穿得挺好嘛！家里挺有钱吧？哥们儿我这几天缺钱花，跟你借点儿，行吗？”

杜鹏心想眼下形势不给他们是过不了关的，就用心记下了他们每个人的特征，把自己身上的钱给了他们。那个比较凶恶的同学说：“小兄弟，不错嘛，挺识相的。不过，你要是把今天这事说出去的话，小心你的命。”说完狠狠瞪了他一眼，然后离开了。

杜鹏回家后就把这件事告诉了爸爸妈妈，并随爸爸妈妈到公安机关报了案。没过几天，那几个高年级同学就受到了相应处理。

肖勇也曾遇到过校园“小霸王”，那位“小霸王”碰巧是他认识的人。

12岁的肖勇所在的学校里有个叫张健的“小霸王”，留过两次级，比班里同学都高大，总找茬儿敲同学的钱、和同学打架，专门欺负弱小的同学和新同学。有一天放学后，肖勇就被张健给拦住了，他往肖勇面前一站说：“喂，借我100块钱花花，怎么样？”肖勇有些害怕了：“我没有钱。”“没有钱就回家去取！明天不把钱交给我，就叫你尝尝我的厉害！”张健说着，狠狠地在肖勇的肩膀上捶了一拳。

肖勇回到家，哭着把这件事告诉了爸爸。爸爸说：“对待欺负你的人，你越软弱就会越受他欺负。最好的办法首先是要不怕他，既勇于谴责和抵抗，又要以诚心对他，帮他改正。”肖勇认真地点了点头。

第二天，当张健又来找肖勇要钱的时候，肖勇鼓起勇气大声地对他说：“我又不欠你的，凭什么给你钱？你要是再这么霸道，我们就一起去老师办公室评评理！”听到肖勇的声音，旁边好多同学都围上来，他们平时都受过张健的欺负，早就对他不满，见肖勇这么勇敢，纷纷过来支持他。张健一看形势对他不利，很心虚，只得放过了肖勇，嘴里却还硬硬地说：“好小子，下次你等着瞧！”

后来肖勇了解到张健的身世。张健父母离了婚，都不在他的身边，他只好和上了年纪的奶奶一起过。奶奶身体不好，没有人给张健辅导功课，更没有人和他玩，所以他脾气暴，不讲理。肖勇想，张健一定也很想和大家一起玩，只是大家都不接受他。

一天中午，肖勇看见张健独自在操场上打篮球，一连投进了很多球，不禁为他喝起彩来，张健一看有人为他喝彩，心里十分得意。肖勇走上前说：“你打得真好，不知可不可以教教我？”“小子，你还真有眼光！”张健更得意了，早忘了那天的不快。

从此肖勇每天和张健学打球，有时间还帮张健补习功课。他俩居然成了一对好朋友。渐渐地，在肖勇的帮助下，张健不但学习有了很大进步，而且还改掉了欺负人的毛病，有了更多的朋友。对此他十分感谢肖勇。

给男孩的悄悄话

杜鹏在遇到高年级同学勒索钱财时的做法很妥当。面对“小霸王”，首先要不怕他，勇敢地应对，可大声呼喊同学和老师，寻求帮助，要随机应变，不轻易妥协。但以人身安全为准则，在寻求解脱困境不成时，可以把钱给对方，最重要的是记住对方的特征，事后向老师、家长报告。要意识到，报告老师、家长并不是什么怯懦的行为，而是勇敢的一种得体形式。

如果正巧你所遇到的“校园霸王”是熟悉的同学或平常经常接触的同学，在事后应设法了解对方的性格和家庭情况，努力地发掘赞扬他的优点，把握自己的原则，不卑不亢地与他相处，帮助他，这样可以为你赢得一个朋友。毕竟许多学坏的同学本性都是善良的，只是受了某些因素影响而暂时误入歧途。当然，首先要保证对方处在学校、社会的教育控制之下。如果对方被利益迷醉了眼睛和精神，且已不顾一切行为的后果，则应坚决地把这种事交由老师、警察处理。

这里有一些方法能够教你如何正确面对校园暴力：

1. 上学放学时同学们最好结伴而行，遇到危险时要团结一致、互相帮助。

2. 不随意乱花钱，不张扬用钱，在培养勤勉、节俭美德的同时，淡化勒索者的注意力，避免恶少纠缠。

3. 处于险境，紧急求援。当自己无法摆脱坏人的挑衅、纠缠、侮辱和围困时，立即通过呼喊、打电话、递条子等适当办法发出信号，以求民警、解放军、老师、家长及群众前来解救。

4. 千万不要跟对方“私了”，不要私下一个人赴“恶少”的“约会”，以免遭到他们的伤害或长期欺压、纠缠。

面对校园“小霸王”，不要硬碰硬，这样往往容易使自己吃亏以至于受伤。面对校园暴力，要不卑不亢，机智应对。即使自己真的应付不了，那也不是自己的错，不需要隐藏，而是要在事后及时地寻求家长或老师的援助，这样才能够让自己尽快地走出危险困境。

烦人的青春期焦虑症

“王恒，全市数学竞赛，老师已经帮你报名了，这个周六要记得去参加。”数学老师和蔼的笑容中透出了期待。

“嗯，谢谢老师，我一定争取好成绩。”王恒嘴上这么说，其实心里别提有多郁闷了。因为他还要准备一场朗诵比赛。

晚上 12 点了，爸爸妈妈都已经睡觉了，王恒却在灯下苦苦进行“题海战术”。外面施工的声音隆隆不绝，恰巧这个题目无论如何就是想不出来。他一时气不打一处来，紧皱了眉头，咬着笔杆，抓着头发……终于忍不住了，把手中的笔使劲地摔在桌子上。

心里突然产生了强烈的怨恨：都怪老师不好，一点都不体谅我们这些做学生的，交代给我这么多事情，我能做得完吗？外面的人也太缺德了，这都晚上几点了，还制造这么大的噪音，还让人休息吗？讨厌！还有，爸爸妈妈也是，根本就不应该把我送进这所学校里面来。总之……一切都很令人生厌！

过了半个小时，终于安静下来了，外面也不吵了，王恒洗洗脸，准备清爽一下再重新想想这道做不出来的题目，可是，墙上的钟表一直“滴答”“滴答”响个不停，烦人！

这个钟表的响声也太大了吧！扰乱了我的思路，真讨厌。算了，还是去睡觉吧。

关上了台灯，躺到自己的小床上睡觉，可是无论怎样就是睡不着。王恒翻来覆去，很长时间过去了还是睡不着，于是就使劲地踢被子，床发出“嘎吱”“嘎吱”的声音。

半夜的时候，妈妈中间醒过一次，顺路来到王恒的房间看看他。其实这时他还没有睡着，看到妈妈来了，他不禁带着哭腔说：“妈妈，我睡不着啊，难受死了。”

妈妈看到他这个样子，温和地拍拍他：“小恒，恢复平静的情绪，你很快就可以睡着了。”

王恒暴躁的脾气停了下来，和妈妈说：“我要准备朗诵比赛，还要准备数学竞赛，这个周末还有考试，每天作业又这么多，想起来就觉得头都炸了啊。”

“嗯，妈妈知道小恒很辛苦，不过事情要一件一件来处理，我们只要尽力了，就不要去想结果，抱着这样的态度，最后的效果可能会更好些的。如果你听妈妈的话，就先冷静下来，不想这些事情，只管好好睡觉，明天早上起来我们一起制订一个合理的学习计划，好不好？”

妈妈的话就像一颗定心丸，王恒一下感觉放松了许多，真的不一会儿就睡着了。

给男孩的悄悄话

青春期是焦虑症的易发期，由于在这个时期身体的发育加快，身心变化处于一个转折点。随着第二性征的出现，可能有些男孩对自己的体态、生理和心理等方面的变化，会产生一种神秘感，甚至不知所措。由于好奇和不理解往往会出现恐惧、紧张、羞涩、孤独，引起自卑和烦恼，还可能伴发头晕头痛、失眠多梦、眩晕无力、口干厌食、心慌气促、神经过敏、情绪不佳、体重下降和焦虑不安等症状。

青春期焦虑症可能会严重地危害青少年的身心健康，但是，你要相信自己能够战胜它。如果长期处于焦虑状态，会使神经衰弱，所以必须及时予以合理治疗。一般是以心理治疗为主，下面给大家几种不错的方法：

1. 暗示疗法

自信是治疗青春期焦虑症的必要前提，所以即便是患病的男孩也要相信这并不可怕，而是要暗示自己树立信心，正确认识自己，相信自己有处理社会性事件和完成各种工作的能力，坚信通过治疗可以完全消除焦虑疾患。通过暗示，患者每天多一点自信，焦虑程度就会降低一点，同时又反过来使自己变得更自信。通过这种良性的循环就可以摆脱焦虑症的纠缠。

2. 深度松弛疗法

如果能够学会自我深度松弛，就会出现与焦虑中所见相反的反应，自我深度松弛对焦虑症有显著的疗效，比如：患者在深度松弛的情况下去想象紧张情境。首先想象紧张感最弱的情境，然后重复进行，患者会慢慢在想象出的任何紧张情境或整个事件过程中，都不再感到焦虑。

3. 分析疗法

也许有时你会有这样的反应：成天忧心忡忡、惶惶犹如大难将至，痛苦焦虑，不知其所以然。此时，应分析产生焦虑的原因，或通过心理医生的协调，把深藏于潜意识中的"病根"挖掘出来，必要的时候可以进行发泄，这样症状一般可以消失。

4. 刺激疗法

如果你感觉自己总是胡思乱想、坐立不安、痛苦不堪，可采用自我刺激，转移注意力。如在胡思乱想时，找一本有趣的能吸引人的书读，或从事自己喜爱的娱乐活动，或进行紧张的体力劳动和体育运动，以忘却其痛苦。

5. 催眠疗法

如果有睡眠障碍怎么办呢？难以入睡或从梦中醒来的时候，如果想恢复平静，可以进行自我催眠，比如可以闭上眼睛，进行催眠："我现在躺在床上，非常舒服……我现在开始做腹式呼吸……呼吸很轻松……我的杂念开始消失……我的心情平静了……眼皮已经不能睁开……手臂也很重，不想抬了，也抬不起来……我的心情十分平静……我困了……我该睡觉了，我能愉快地睡着……明早醒来，我的心中会非常舒畅。"你可以试试，也许会很管用呢。

我得了"健忘症"

英语对张博来说是个老大难，这是公开的秘密，英语单词他就是记不住，无论背多少遍都不行。

Fox（狐狸）还是 box（盒子）？他总是分不清。

无数个临考试的早上，都可以看到他在教室里埋头苦背的身影。一个小小的单词，任凭他多么的努力，就是记不住。

所以，张博给自己下了个论断：我的记忆力不是很好。

而且，近来他发现自己的健忘症越来越严重。

那天下午，妈妈对他说："张博，家里面没有醋了，去帮妈妈买一瓶，好不好？"

"好吧。"他立即换好衣服，心里美美地打着小算盘，心想可以顺带着给自己买点零食回来。

到了超市里，他先跑到零食货架上，平时最喜欢吃牛肉干，所以一下买了好几袋。买完牛肉干之后，又看到新口味的巧克力派在促销，乐滋滋地就过去拿了一盒。

"啊，对，还有酸奶。"他想起一件重要的事情，直奔乳品区，提了一包"大果粒"。

满载而归，他准备结账回家了。

"好像不对哦，妈妈让我来干吗？"张博在心里嘀咕了好半天，才想起来：我是来买醋的啊！

咳！怎么把正事忘了，多亏想起来了。

"看来，我真的是很健忘啊！"张博喃喃地对自己说。

听说只有老年人才会患健忘症啊，为什么像我这样的小孩子也有健忘症呢？张博非常郁闷。

给男孩的悄悄话

可能张博的健忘是由于他性格原本就很马虎，其实只要做什么事情都能养成加倍细心的好习惯，相信青春期男孩的健忘症会很快"痊愈"的。

记忆是心理过程的重要组成部分，所以平时不要老是对自己说："我的记忆力差，我的记性不好。"如果你经常给自己这样的心理暗示，用不了太长的时间记忆力真的会下降。

下面给大家介绍一些帮助恢复、提高记忆力的方法，希望有“健忘症”的男孩好好去改变，把“健忘”的帽子甩掉。

1. 培养积极健康的生活方式，平时要有规律地生活。

2. 正确进行自我调节，注意保持乐观的情绪和积极向上的心态。

3. 把物品放在固定的位置，使用后放回原处，对于一些重要的事情可以采用用笔记录的方式，养成良好的生活习惯。

4. 造成记忆力低下的元凶是甜食和咸食，多吃含维生素、矿物质、纤维质丰富的蔬菜水果可以提高记忆力。玉米、全小麦、黄豆、蘑菇这些食物对提高记忆力很有帮助，要多食用。银杏叶提取物可以提高大脑活力和注意力，对记忆力也有一定的帮助；至于咖啡，它可以在短时间内使大脑兴奋，如果需要我们集中注意力、记忆力做事，可以事先喝一杯咖啡。

5. 勤奋的工作学习往往可以使人的记忆力保持良好的状态，所以希望记性不好的男孩能够对新鲜事物保持浓厚的兴趣，敢于挑战自己。平时可以开展一些益智的活动，比如下围棋、象棋等，可以使脑细胞处于活跃状态，从而减缓衰老。

6. 良好的情绪可以帮助神经系统与各个器官、系统的协调统一，使机体的生理代谢处于最佳状态，从而反馈性地增加大脑的活力，对提高记忆力颇有裨益。

7. 适量的体育运动可以调节和改善大脑的兴奋与抑制过程，能促进细胞的新陈代谢，使大脑功能得以充分发挥，延缓大脑衰老。

8. 大脑一贯存在着管理时间的神经中枢，即我们常讲的生物钟，所以工作、学习、娱乐以及饮食要有一定的规律，以免造成生物钟的紊乱、失调。尤其要保证睡眠的质量和时间，睡眠使脑细胞处于抑制状态，消耗的能量得到补充。

9. 探索一些适合自己的记忆方法，对一定要记住的事情写在笔记本或是写在便条上，外出购物或出差时列一个单子，将必须处理的事情写在日历上，等等。

告别青春期的迷惘

薛峰今年 17 岁了，是高中二年级的学生。现在的薛峰阳光、自信，已经成了班里的“模范生”，是同学们学习的榜样。

半年前，薛峰可不是这个样子的。他经常陷入无端的迷茫与痛苦中。他时常思考：要是考不上大学该怎么办呢？现在成绩这么差怎么可能考上大学呢？考不上大学，自己再待在学校还有什么价值呢？

他固执地认为自己是个不受欢迎的人，他总是对自己说：“你个子那么矮，瘦得像豆芽菜，学习成绩又差，别人讨厌你都来不及，怎么会喜欢你呢？还是识趣点，离别人远些吧！”于是总是故意疏远同学。

薛峰还会无端地发脾气，流眼泪。有一次在课堂上因为回答不上来老师的问题，竟然当堂失声痛哭，同学们都惊呆了。虽然事后薛峰感到很羞愧，可是当时不知道怎么回事，就是控制不了自己的眼泪。

那段时间，薛峰的状态本来就很不好，雪上加霜的是最疼爱他的奶奶病逝了。面对奶奶的离去，薛峰痛苦极了，怎么也不愿意相信亲爱的奶奶已经不在了。他固执地不让任何人动奶奶的东西，还把自己关在屋子里不吃不喝。

爸爸妈妈看到薛峰的表现，十分担心，每天苦口婆心地劝他。在爸爸妈妈的帮助下，薛峰终于从奶奶离去的痛苦中走了出来。走出痛苦的薛峰一下子明白了很多。

他开始认识到，只有健康快乐地生活，认真努力地学习才是对奶奶最大的慰藉。他开始查找自己在功课方面的不足，积极向老师同学请教问题。

虽然自己不是最聪明的，但是可以是最努力的。他坚信：有付出肯定就会有回报。从此之后，不管成绩多么差，薛峰都不会气馁，相反只会刺激他更努力地向前。似乎不再有什么挫折阻挡他前进的步伐。

现在的薛峰心态放松了，他开始积极地参加学校的活动，还和同学们创办了校报，参加了学校足球队。这些活动不仅锻炼了身体，还增强了与人沟通的能力，薛峰感受到了前所未有的与人交流的快乐。

现在遇到烦心事，薛峰再也不会憋在心里，自己钻牛角尖了。他会及时找老师和家长沟通，及时发现问题，寻找解决的途径。

给男孩的悄悄话

薛峰遇到的问题是男孩子在青春期中的常见问题。人体是许多系统的有机结合物。这些系统的发育，就是人体的发育。但这些系统的发育并不是同步的，这就形成了发育过程的各个不同阶段。其中，生殖系统的发育是最晚的。生殖系统在 9 岁左右开始迅速发育起来，在 20 岁左右就发育成熟了。这是人从儿童到成人的转变时期，因为这个时期犹如大自然的春天一样，人们便称它为“青春期”。

人体各部位在这一时期的生长速度是不均衡的，原因是生长素并不能十分周到地同时刺激身体所有组织的发育。所以，青春期的少年会出现肢体不匀称的现象，常常是某个时期胳膊显得太长，或者是身子长腿短，或者是手又过分大了，等等。这种种情形破坏了人体的结构美，让人不舒服，所以，青少年们常为这种不协调的现象苦恼，觉得自己身体不对头，甚至觉得别人会厌恶自己。其实，大可不必为此而忧心忡忡，随着身体进一步的发育，这种现象会自然而然地消失。

一般女孩比男孩早 1 ~ 2 年进入青春期。除此之外，还受地区、营养、精神因素等多方面的影响，其中营养状况起主要作用。青春期是人体生长发育的第二个高峰，生理上发生巨大变化，青少年在思想上往往难以承受，所以伴随许多心理上的变化。这些变化极端地表现为“青春期综合征”。

青春期综合征是青少年特有的一种心理现象，是青少年在青春期因适应能力和心理防卫机制尚不成熟而出现的具有心理失调特征的心理异常，其表现是因人而异、各具特色的。在现实生活中，青春期综合征的主要表现是：

苛求体貌。一些青少年对自己的容貌和衣着相当敏感，以至于过分挑剔；有些男孩会对客观存在的某一些“丑陋”，如体胖、肤黑、眼小、狐臭等忧心忡忡、烦恼不已，以至于难以接受。

进入青春期后，随着性意识的发展，男孩对异性的言行举止过分敏感。他们常会把异性对自己的好感当作对自己的“倾心”，而把自己对异性的好感当作“爱情”，从而造成不必要的苦恼。

情感危机。由于青春期男孩情绪波动大，自我控制能力不强，因而当他们在学习、交友、生活等方面出现重大波折时，很容易在极度失望和沮丧的情况下做出莽撞之事。尽管青春期综合征不属于严重的心理异常的范畴，可其对青少年心理的良好发展和人格的健全却是十分有害的，如果不能迅速地走出这种心理误区，则有可能导致较为严重的心理障碍。

男孩在青春期中，应注意以下几方面：

1. 努力控制自己的消极情绪，纠正自我评价的偏差。

2. 正确认识自己、接纳自己，保持心理健康。

3. 逐步增强应付各种难以预料的挫折的能力。

4. 扩大人际交往，积极参加各种有益活动，如打球、游泳、下棋等。

5. 多了解健康方面的知识，向师长、专家请教。

坚决拒绝尝试“刺激药片”

陈铭偶然的机会认识了同学晓刚的表弟，那个男孩很早就不上学了，每天在街上和一些小青年混在一起，无所事事，就在各种娱乐场所出没。暑假的时候，陈铭和晓刚都挺无聊，晓刚的表弟就提出，带着他们去寻找好玩的东西。两个初中生禁不住那个男孩的诱惑，就跟着他去了一个废旧的车库。

那个车库里还有几个和他们年龄相仿的男生，穿着破洞的牛仔裤，有的赤裸上身，还能看见胳膊和背上的刺青，还有手臂上烟头的烫伤。陈铭心里打鼓，想回家了。晓刚却拽着他说，看看到底有什么刺激的东西。

晓刚的表弟跟自己的那群哥们儿介绍了陈铭他们，就从车库里面一个破桌子里拿出了一个小瓶，里面是白色的药片。他拿出一片吞了下去，然后递给了晓刚和陈铭，要他们尝试一下这个刺激的药片。

陈铭觉察出了异样，坚决不吃，他拉着晓刚就走。他意识到那就是摇头丸之类的。晓刚的表弟忙劝说，让他们体验一下那种成仙的感觉。看着晓刚动心了，陈铭非常着急。他必须劝说晓刚，阻止他尝试这些“刺激”的药片……

给男孩的悄悄话

“白色瘟疫”“生命毒剂”“头号杀手”……对于毒品，任何一种表述都不为过。这种轻则害己毁家，重则祸国殃民的东西，21 世纪的今天，正如洪水猛兽般侵袭着我们年轻一代的身心。据国家禁毒委员会统计，目前，全国登记在册的吸毒人员已达 54 万人，其中 35 岁以下的青少年占全部吸毒者的 85.1%。毒品不但是摧残肉体、销蚀灵魂、毁灭家庭的恶魔，更是严重危害社会治安、践踏人类文明的世界公敌。在吸毒者人群中，80%有违法犯罪行为。

生活中，犯罪分子会利用以下招数来诱惑青少年：

“吸一两次毒品不会上瘾。”

“免费尝试。”

谎称“吸毒治病”。

谎称“吸毒可以炫耀财富，现在有钱人都吸毒”。

他们用这些办法使人上瘾后，再高价出售毒品。

处于青春期懵懂的男孩，对于毒品一定要提高警惕，辨别来自外界的诱惑因素，并充分认识毒品的危害，珍视自己的生命，提高抵御毒品的能力。

不要有任何好奇心，不要以身试毒。以身试毒必然要付出惨痛代价。

绝不抱侥幸心理，绝不要“第一次”。

不结交有吸毒、贩毒行为的人，慎交朋友。遇有亲友吸毒，一要劝阻，二要回避，三要举报。

远离毒品场所，严防毒品侵害。不要在吸毒场所停留，不做被动吸毒者。

不要听信吸毒是“高级享受”的谎言。吸毒一口，痛苦一生。

不要接受吸毒人的香烟或饮料，因为他们可能会诱骗你吸毒。

不要听信毒品能治病的谎言，吸毒摧残身体，根本不可能治病。

不要盲目追求感官的刺激。许多青少年就是因为空虚，追求刺激而走上吸毒道路的。“吸食毒品犹如玩火”，酿成恶果追悔莫及。

不要因为遇到不顺心的事而以吸毒消愁解闷。要勇敢面对失学、失恋等人生挫折。

对于自制力还比较差的青春期男孩来说，如果没有正确的认知、理智的控制，很容易成为自己冲动和欲望的奴隶，过早地尝试一些本不应该尝试的行为，一失足成千古恨。而面对毒品，男孩一定要坚决地说“不”，不要让毒品有任何接近自己的机会。在这方面，理智的自制能力，对于青少年朋友来说尤为重要。

打理好我的小金库

树立正确的金钱观

每天上学、放学，李雷都会有专车专人接送。当他从宝马车上走下来的那一刻，班上同学常常流露出羡慕的眼光，“哇！真没想到李雷家这么有钱啊！家里开的竟然是宝马。”“你不知道吗？他可是我们学校出了名的‘阔少爷’，上下学专人专车接送。”这样的话语早就在同学们间传开了，李雷听后内心得意极了，心里暗自高兴，仗着自己家里有钱，他变得越来越傲慢了。在他的眼里，自己总是高人一等，家境贫寒的同学根本不配做他的朋友。为此，他总是独来独往，几乎没有朋友。

每天上学时，李雷的书包里塞满了好吃的零食，还时常不忘带上爸爸从国外买回来的电动玩具，在同学面前炫耀一番。下课的时候，他独自一人慢慢地品尝着美味，从来不与同学一起分享。有一天下课，旁边的唐浩同学看见他正在玩弄玩具，听说这可是最新上市的一款玩具，他忍不住想伸手摸一摸。李雷见后大声叫喊道：“快住手！你给我放下，万一被你弄坏了，你赔得起吗？就靠你爸收废旧品那点钱，你想都不要想。”唐浩听后涨红了脸，赶紧把手缩了回来，一言不发地坐回到了座位上。

班长听后，忙对李雷说：“上次为灾区捐款的事你还记得吗？唐浩没有向父母要过一分钱，为了能多为灾区捐一点钱，他利用放学的时间，到大街小巷拣废旧品、易拉罐和塑料瓶，不怕脏不怕累，把换来的钱全部捐给了灾区。而你却把父母给你的零花钱大手大脚地花在了吃喝玩乐上，在为灾区捐款时，你还支支吾吾，闪烁其词，不太乐意参与到这项活动中来。最后，还是你问父母要钱，向灾区捐的款。”“我们应该向唐浩学习，通过自己的辛勤劳动，筹集善款，向灾区表达我们的一份心意。”旁边的同学也你一言我一语地说开了：“我们都是好同学好朋友，不要因为同学家境贫寒的原因，而看不起同学，不愿与之做朋友。”“用钱买不到同学对你的关心，买不到我们之间的友谊。”

此时，一直站在教室门口关注孩子们的班主任王老师走了进来，她轻轻地拍了拍李雷的肩膀，亲切地对他说：“现在你花的钱都是父母的钱，他们赚钱也不容易啊！要养成节俭的好习惯，还有，不要用金钱来衡量同学间的友谊，金钱换不来友情。”李雷听后，若有所思，点了点头，认识到自己错了，决定向唐浩道歉。

“唐浩，对不起，我不应该那样对你说话，希望你能原谅我。”

“没关系，我们一直都是好朋友啊！”唐浩说完，老师和同学们都笑了。

给男孩的悄悄话

现实生活中，许多人或者是因为不满足，或者是因钱而导致朋友的纠纷，感情的背离，或是因为钱已够多而失去了目标。总之，他们对钱又爱又恨，没有钱烦恼，有了钱不一定就会得到快乐。

在如何对待金钱的问题上，经常有两种极端做法。一种是，有些人只认钱、不认人，他们的唯一目标就是金钱，金钱成了支配他们生活的最重要的因素。

另一种是，在任何情况下都绝不希望成为守财奴的人士。只要可能，他们总是避免和金钱发生关系。他们把其他事物置于铜臭之外，例如人与人之间的关系、家庭、健康、精神生活、温情。反正这种类型的人总是尽量回避“金钱”这个题目，收到的账单不开封，银行账单看也不看，绝对不谈论金钱。

这两种做法都过于极端。我们必须明确，金钱对我们到底有多么重要，我们需要为此付出多少时间。我们必须学会把金钱变成我们生活中的助手。

生活中，不少青少年要么花钱毫无节制，如流水一般；要么小气吝啬，如一只“铁公鸡”。

凡吝啬的人都是金钱的奴隶，而不是主人。对这类人来说，唯有金钱、财物才是最为重要的。为钱而钱，为财而财，敛钱、敛财是这类人的最大嗜好，也是他们人生的最大目的。他们的生活公式是：挣钱、存钱、再挣钱、再存钱……他们的最大乐趣是“数钱”：今天比昨天多了多少，明天比今天还会多多少；他们的哲学是：多了还要多，永远不会有满足的时候。

凡吝啬的人一般都不懂人与人的感情。他们不懂得亲情，不懂得友谊，若是有的话，也要以金钱的标准去衡量。一般的处世原则是，认钱不认人。即使是家人、朋友，也始终毫不含糊，“账”总是算得清清的，为了金钱有的甚至达到了“六亲不认”的程度。

凡吝啬的人一般都是自私的、贪婪的。这类人总是嫌自己发财速度太慢，总想不劳多获。

吝啬贪婪者金钱、财富都不缺，然而其灵魂、其精神却是在日趋贫穷。

吝啬果真能给吝啬者带来愉快吗？不能。其实吝啬者的生活是最不安宁的，他们整天忙着挣钱，最担心的是丢钱，唯恐盗贼将他的金钱全部偷走，唯恐一场大火将其财产全部吞噬掉，唯恐自己的亲人将他的金钱全部挥霍掉因而整天提心吊胆，坐立不安，永远不会是愉快的。

吝啬者小气、心胸狭窄，在他们身上很少体现亲情二字，所以其内心世界是极其孤独的。尤其是当他们有难的时候，他们才会感到缺少感情支持的悲怆，才会感到因为吝啬而失去的东西实在太多了，才会充分感觉到金钱的真正无能。

对于金钱，青春期男孩应树立正确的观念：

1. 珍惜每一分钱，将它用在点儿上。大手大脚、挥霍浪费只会损害你的将来。

2. 既不回避、鄙夷它，也不贪婪、吝啬，应保持平常之心。

3. 成为罪恶之源，还是人生的好帮手，取决于你对金钱的驾驭之法。

钱应用在点儿上

韦国浩是一名高中生，爸妈都是生意人，家境比较富裕，再加上自己是独生子女，备受父母的宠爱。每个星期的零花钱不少于三百元，每当要买学习用品时，父母将会另外给他一笔费用。为此，他从小就养成了花钱大手大脚的习惯，从来没有体会到赚钱是多么的不容易。

有一天晚上，爸爸走到他的房间，对他说："儿子，你现在也已经长大了，是应该好好体会一下生活的艰辛了，爸妈赚钱也不容易。我和你妈妈商量了一下，从明天开始，你每个星期的零花钱只有一百块，其中也包括你买文具的钱，缺钱的时候只能自己想办法解决了。"韦国浩一听，这简直就是晴天霹雳嘛，每个星期的零花钱只有一百块，怎么活嘛！他知道苦苦哀求不会有任何的作用，爸爸下定决心的事，谁也改变不了，他只能接受这个事实。心想："现在只有一百块，需要省吃俭用，不能随便乱花钱了！"这区区的一百块，不能再花在吃喝玩乐上，也不能盲目地与同学攀比了，这钱需要用在点子上。在韦国浩的财政大权被爸妈剥夺以后，他花每一分钱都会精打细算，名牌服装也要跟他说拜拜了，也不能经常与同学去游乐场了，各种最新潮的物品也不能轻易就买了。

刚开始，韦国浩还是难以控制自己花钱大手大脚的坏习惯，刚过完两三天，他就出现"经济危机"了，在捉襟见肘的情况下只能自己想办法解决问题。现在他还未成年，做兼职找不到合适的工作。他能做的只是放学后，到街上捡废品。这对韦国浩来说，是一件难以接受的事，他怕同学会笑话他。但为了解决今后几天的零花钱，他也只能硬着头皮去做。一连走了好几条街，他把捡来的废品卖到了废品收购站，一个傍晚的艰辛，换来的只是区区的两块钱。

这要是以前，二三十块钱他都不会放在眼里，但此刻他觉得这两块钱弥足珍贵，因为这是他用汗水换来的。通过这几天的劳动，他深深地体会到了爸妈赚钱十分不易，自己不应该大手大脚地把钱花在吃喝玩乐上，钱要用在点子上。

给男孩的悄悄话

如何将钱用在点子上，也需要智慧。花钱不能简单地理解为消费，更不能看成是挥霍，它同时也包含着投资的意思。可以说，从如何花掉一元钱中，都能看出你对金钱的认知态度，反映出你管理金钱的能力。

中国人讲"把钱花在刀刃上"，就是如何实现金钱的价值最大化的意思。中国人习惯于勤俭的生活，一向主张勤俭节约，反对奢侈浪费；但现在的很多人又爱面子，讲排场，出手时很大方慷慨，终其一生也没有积累下什么资产。

如今，校园里许多男孩不懂得把钱花在点儿上，跟起了"高消费"的流行风。

1. 吃。很多男孩在一日三餐保证丰富之外，又给自己增添了第四餐、第五餐。于是，校园内外的商店里堆满了五花八门、包装精美的小食品，让人看了眼花缭乱。据报载，某校的小卖部门口每到下课就挤满了学生，还有一些校园"款哥、款姐"，吃不惯学校的大锅饭，经常下饭馆吃小灶，一顿花去几十元甚至上百元，可谓是挥金如土。

2. 穿。有些同学课下聚在一起，谈论的不是功课，也不是难题，而是一个个脱口而出的名牌：阿迪达斯、彪马、耐克、金利来、鳄鱼、老人头等。上千元一件的皮衣，四五百元一身的套服，两三百元一双的皮鞋，在当今中学生中已不足为怪。

3. 玩。如今“圣诞节”“愚人节”已经成为我们必过的节日，“生日聚会”的火爆程度更是众人皆知。形式更是多种多样，最常见的是请朋友到餐馆吃一顿，酒足饭饱后，还要请大家一起去娱乐一番，溜冰场、电子游戏厅这时就成了最受欢迎的地方。这样一个生日下来，花去几百元也不足为怪。

4. 名目繁多的礼尚往来。我过生日你送我一张音乐卡，你过生日我便不能再送贺卡，转而赠送精美的小礼物。下一轮便须打破上一轮的纪录，变成你送我一只三四十元的小狗熊，我送你一个五六十元的大洋娃娃，出手越大方，友谊越牢固，情义无价。

这种现象实在令人担忧。青春期男孩们不了解钱的价值，不懂得工作的辛苦，在大人的宠爱下，养成乱花钱的习惯，这有可能会给他们的将来埋下祸根。

青春期男孩如何把钱用在点儿上呢？

1. 无论我们年龄多大，也无论家庭经济条件如何，我们在使用零花钱方面，一定要有所节制，把钱的数额控制在我们有能力支配的范围之内。一般来说，零花钱的数额并没有一个定数，要根据我们的日常消费来预算。这些开支大多包括零花钱、午餐费、车费、购买学习用品等费用。

2. 尽量不和同学、朋友攀比，我们应坚持自己的个性。

3. 不盲目买名牌，跟潮流。真正的品位并非外表华贵。

4. 可买可不买的物品，就下定决心不买。

5. 学会精打细算、货比三家。

我的钱都花在哪儿了

下课的时候老师宣布，由于考试需要，学校要给学生们拍免冠照，每人交十元钱，交到班长那里。顾昌听了，把手伸进书包掏自己的零用钱，可是摸了半天也没找到。他又把书包拉出来仔细找了找也没有，又站起来翻遍了所有衣服口袋还是没有。没办法只好向同学借钱交上，明天再还了。

回到家顾昌跟妈妈说了借钱的事儿，妈妈想了一下说："不对呀，我前天才给你的零花钱，怎么这么快就没了？"

"我也不知道，反正没有了。"

"你是不是买什么东西了？"顾昌想了想，摇摇头，"没有。"

"你没偷偷买漫画什么的？"顾昌摇摇头，"没有。"

妈妈看顾昌不像说谎，但是想想还是觉得顾昌的零花钱没得太快。过了两天，妈妈递给顾昌一个小本子："顾昌，以后零花钱都用在什么地方了记下来，这样你能慢慢学会管理自己的钱财。"顾昌点点头，挺高兴这样做的，他也觉得自己对零花钱没规划，以后有必要学着有计划地用钱。

给男孩的悄悄话

很多男孩子都会发出这样的声音，"我的钱都花在哪儿了"，这是困扰很多男孩子的问题。父母给的钱也不少，明明自己什么东西都没有添置，钱却没了。当然，不是他们没有买任何东西，只是这些青春期的男孩子记不清自己的钱花在哪儿了，或者是说，他们花钱没有花在该花的地方，很多情况下是浪费了。

经过调查发现，很多男孩子的消费包括这几样：吃饭、交通、零食、朋友聚会、买某某明星演唱会的门票等等。仔细观察会发现，他们几乎没有花在学习上。所以，等到钱花完时，也没发现自己买到了什么实用的东西，就是不知道自己的钱花在了哪儿。

其实，很多地方不需要花钱或者是能少花钱的地方，对于他们来说却成了重头戏，比如：朋友聚会、追女孩摆阔。同学之间聚会是很正常的，但是，现在男孩子们聚会的方式有点过于潮流了，他本不属于青春期男孩子的消费范围，却被拉进了他们的生活，当然钱就会不够花，不知道钱花哪儿了。青春期的男孩子，应该将学业放在首位，保留住一切属于青春的美好，多学知识，提高修养，其实这些根本不会花很多钱的。所以如果你不知道钱花哪儿了，首先检查一下自己的消费观念是很有必要的。毕竟自己还不能挣钱，就要把钱花在有所值的地方。

同学向我借钱不还

刘向的早餐钱就快没了，可是王尧上个星期向他借的钱到现在还没还。每次找王尧要，王尧都会说："明天就还。"有一次要急了，王尧居然说："你怎么这么不仗义，上次别人欺负你还是我帮你解围的。这么点儿钱就是不还你了也没什么，还天天要。"刘向听了心里更着急，生怕王尧不还了。

今天刘向下决心一定要把钱要回来，实在不行就去告诉老师。放学的时候，刘向叫住王尧要自己的早餐钱，并告诉王尧说如果他再不还，自己就告诉老师去。王尧一听就翻脸了，推了刘向一把说："就不给，你敢告诉老师，我就找人揍你。"刘向愣住了，没想到王尧会这样。刘向没办法，只好跟家里要早餐钱。

过了两天，老师把刘向叫到办公室，问王尧有没有借他的钱。刘向看王尧的爸爸在旁边，就鼓起勇气点了点头。原来王尧不光跟刘向借钱，也跟班上其他同学借了很多钱偷偷去上网，因为还不上就有同学告诉老师了。刘向接过王尧爸爸手里的钱看了看老师，老师说："刘向，老师也要批评你，知道自己错在哪里了吗？以后不能随便借钱给别人，懂吗？"刘向点点头回教室了。

给男孩的悄悄话

同学之间互相帮助是好事，借钱给同学也是帮助他人的方式之一，但是，有的男孩子就非常苦恼了，因为他们借出去的钱往往有去无回。男孩子又顾及同学情谊，不好意思索要，但是自己还不能挣钱，也是向父母要的，索要借出去的东西是很正常的。

这里要提醒一下这些男孩子，帮助同学是义不容辞的，但是对于那些借钱的同学要先弄清情况。现在社会上充满诱惑的东西很多，要弄清楚他们借钱是花在什么地方再考虑要不要借给他。

有这样一个例子会告诉男孩子该怎么做：有一个男孩子本来成绩非常好，突然迷上了上网，便沉迷于网络，无心上课，一有空就去上网，没钱的时候就会找同学借，他当然没钱还。后来他竟还玩起了网游，成绩更是一落千丈。最后还是老师发现了情况，挽救了该男孩。

所以，借钱给同学的时候要弄清楚情况，如果同学真的是有困难，那么一方有难八方支援是应当的。否则会让自己的好意害了同学。理性对待这样的问题，是很有必要的。如果自己也确实需要钱，可以坦然地索要借出去的钱。因为自己还不能挣钱，没必要觉得会不好意思让同学还钱。

要建立和谐的同学关系，就得坦然面对这些问题，特别是敏感的钱的问题。真正的朋友，会懂得该怎么处理彼此间的金钱关系。一掷千金救知己，确实英豪洒脱，但是也要谨慎行事。

在外面欠钱怎么办

刘欢的爸爸气冲冲地找到学校，跟刘欢的班主任说，星期天刘欢的几个同学去他家玩，等他们走后，他最近新买的移动硬盘就不见了。班主任听了，知道事情很严重，马上把几个去刘欢家的同学叫来，挨个问，结果谁也不承认。班主任最后很严厉地说，这属于偷窃行为，如果找不到，刘欢爸爸会报案，惩罚会很严重。大家知道了事情的严重性，有的都吓哭了，有两个同学嘟嘟囔囔地说："他家自己的事儿，怎么不去问刘欢，干吗赖在我们身上。"办主任一听，知道事情蹊跷，就让其他同学先回去，留下他们两个单独说。那两个同学就把刘欢跟他俩还有班上其他同学借钱的事儿一五一十全说了。班主任听后，把刘欢叫来问是怎么回事儿，刘欢一听就哭了，把事情告诉了爸爸和老师。

原来刘欢的爸爸妈妈经常加班，很晚才回家，刘欢总是在外面一个人吃完饭再回家，久了就觉得回家很无聊。有一次，刘欢去了一个小网吧，在那里待到爸爸妈妈快回家时才走。从那以后，只要爸爸妈妈加班，刘欢都会去网吧玩。起初爸妈给的零花钱还够，到后来不够了就向同学借，最后欠了很多钱还不了。有的同学就说要告诉老师，刘欢怕挨批评，就偷偷拿家里的东西卖掉还同学的钱。这次的移动硬盘就是刘欢拿的，他想把它卖了还一个同学的钱。刘欢爸爸听了，气得举手就要打。班主任赶紧拦住了，说："孩子这样，我们都有责任。我作为班主任没有早点发现这种情况是失职的，你们作为家长没有把孩子管好照顾好也是有责任的。"刘欢爸爸叹了口气，把刘欢接回了家。

给男孩的悄悄话

有些青春期的男孩子会经常碰到这种情况，就是钱不够花，需要向其他人借钱，因为他们还不能感觉到挣钱的困难，习惯了伸手向父母要，所以花钱时没有计划。

在外面欠钱就成了普遍的现象，但是却会给青春期的他们很大的心理压力。这样会导致他们无法专心于学习，有时候还会因为钱的问题和同学闹矛盾。老师建议，对在外面借钱的同学要分清情况，再给予相应的帮助和处理。

如果在紧急情况出现时，比如突然生病或学校要组织郊游需要自带食品或是自己需要买书时，这时自己带的钱不够的话，是可以向同学借钱的。回到家后可以向父母说明情况，赶快把钱还给同学。这样的欠债情况，一般不会给青春期的男孩子带去什么心理负担。

还有一种情况是，自己花钱做了不该做的事，比如去上网玩游戏以及和哥们儿去不适合青春期男孩子去的酒吧等类似场合时，如果带的钱不够就需要借钱了，并且这时候需要花费的钱还会多些，但是，回到家后又无法向父母要钱，就出现了在外面欠钱的情况。根据调查发现，他们会从自己其他合理消费里扣钱还给同学，有时还会出现"挖东墙补西墙"的情况，这时会给男孩子带去一定的焦虑。

如果你在外面欠钱了，就要对照一下自己属于哪种情况，然后采取相应的措施，减去心理负担，从而专心学习。如果是第一种情况，属于合理消费，可以向父母解释清楚，请求他们的帮助。如果是第二种情况，就要自我检查一下，并加强理财意识，学习些理财知识，把它用到生活中，让理财成为一种习惯。

为什么我的钱总是不够花

春节过后，王子辉又收到了很多压岁钱，这么多的压岁钱总算可以缓解一下自己的“财政危机”了。

在学校里，同学们都亲切地叫王子辉为“王子”。由于为人热情大方，王子辉的人缘很好，周围总有一大批“追随者”，他俨然成了真正的“王子”。

身为王子，总该有王子的气度。一起和同学们吃饭、逛街多数都是他掏钱。他常常为自己的豪爽大方得意，觉得很有面子。要是有要好的同学过生日，王子辉更是会送上一份价值不菲的礼物，可是一年到头似乎有过不完的生日，他有点吃不消了。

家里爸爸妈妈给的生活费并不少，因为花钱大手大脚，爸爸还额外多给王子辉一些零用钱。可即使是这样，他还是会经常为钱不够花而烦恼。

王子辉根本不知道自己的钱花到哪了，自己也没有像那些女同学一样，今天买头花，明天买发夹呀，零食吃得也少。仔细想想自己买的东西都很有用啊，像是篮球，羽毛球拍，汽车模型，游戏机……难道买这些也算乱花钱吗？

幸好王子辉家境不错，每次向爸爸妈妈伸手要钱，爸妈都不过多地盘问，但是即使这样，他还是觉得有点不好意思。可是同学过生日总不能不送礼物吧，同学聚会总不能不参加吧？其他男孩子都有的游戏机总不能不买吧？那岂不是太没有面子了。

花钱豪爽惯了的王子辉，不知道怎么才能既有“面子”又不乱花钱。要是自己再不拿出个理财计划，这些压岁钱很快又要花光了，自己又要陷入新一轮的“财政危机”了。

给男孩的悄悄话

现在物质生活水平提高了，父母对孩子也更慷慨了，但是，总会有很多男孩子感到自己的零花钱不够花。用心观察的人会发现，在学校的周围有很多消费的地方，并且很多不是必需的消费。所以，男孩子一定要学会理财，才能防止零花钱不够花的情况出现。

理财，其实是立身的技能之一。但是在中国，不是很在意对青春期男孩子理财观念的培养。因为，中国人自古以来，以“重义轻利”为美德。但是这也带来了一定的负面效果，那就是青春期的男孩子理财观念差，总出现钱不够花的情况。

专家指出，青春期男孩子理财教育，首先，要培养其理财价值观，破除“重义轻利”的保守观念，其次，要传授给他们一些理财知识，让男孩子们懂得理财的重要性和必要性，最后，进行理财技能的培养。

作为青春期男孩子，要懂得父母挣钱不容易，不要把父母给的东西理所应当地就安心接受，也要自己主动学习理财方面的知识，让理财成为一种习惯，这样有助于激发自己奋斗之志。其实，中国人孝字当先，青春期的男孩子学会理财也是一种孝道。既让父母少费些心，自己也掌握了必备的能力。其实现在父母给男孩子的钱，应该是足够使用的，只要稍微有点理财意识，消除乱花钱的坏习惯，不是必须买的东西尽量不要买，买东西时不要攀比，就不会出现财政赤字现象。

早餐钱不能省

吴超，是初中二年级的学生。一年一度的母亲节要到了，吴超有一个甜蜜的小计划正在实施。妈妈整天在家操劳家务，为自己付出了那么多，自己一定要在母亲节那天送妈妈一份礼物，告诉妈妈有多爱她。

送妈妈什么礼物好呢？想来想去，决定送妈妈一个手提包。到商店转了一圈发现一个手提包的价格还不低呢，自己以前攒的零花钱不够买一个手提包，怎么办呢？

为了到时候给妈妈一个惊喜，吴超制订了一个攒钱计划：在母亲节前不吃早餐，就可以省下早餐钱，反正几个小时后就回家吃午饭，应该不会饿太长时间的肚子的。吴超为自己的“聪明”沾沾自喜。

他心里暗暗地想：省下的早餐钱再加上以前攒的零用钱就够给妈妈买一个手提包了，时间已经不多了，一定要坚持住。

刚开始不吃早餐的时候，吴超早上九点左右就饿得肚子“咕咕”乱叫，时间一长，肚皮仿佛也适应了不吃早饭，不会再饿得受不了了。但是中午一回到家，吴超就会敞开了肚皮大吃，常常一个人能吃两个人的饭。

妈妈觉得很疑惑就问他：“小超，是不是早餐钱不够，吃不饱啊，你看你现在脸色这么难看！”小超赶忙否认。妈妈怕儿子吃不饱，就又给小超增加了早餐钱。可是吴超仍旧一回家就喊饿。

一天天下去，小超的钱越攒越多了，身体却越来越不好。尤其是上午上课的时候，总觉得头昏、恶心，上课根本没有办法集中注意力，反应似乎也迟钝了，学习成绩一直不错的吴超竟然对学习有了力不从心的感觉。

有一天正在上课，小超突然胃部疼得难以忍受，老师马上停止上课把他送到附近的医院。经检查是轻度胃炎，了解情况后医生说和长期不吃早饭，午饭又暴饮暴食有关。

闻讯赶来的妈妈又是心疼又是生气：“为什么不吃早饭，不知道不吃早饭对身体危害很大吗？每天给你的早餐钱你都干什么了？

“我……是想攒钱给你买个手提包当作母亲节的礼物……”小超低着头小声地说。

妈妈听了感动得热泪盈眶，搂着吴超说：“只要你有这个心妈妈就很高兴了。你现在正在长身体，不吃早餐对健康损害太大了，还影响学习，以后千万不能不吃早餐了！”吴超使劲地点点头。

给男孩的悄悄话

“早吃好，午吃饱，晚吃少”是大家都知道的饮食口诀，但是在执行中就会出现偏差，特别是一些男孩子，早餐很随意或干脆不吃早餐，这对身体的损害是很大的。但是这种情况在中学生里是很普遍的。很多男孩子会挪用早餐的钱，去买其他东西或攒着以期待和同学一起吃顿痛快的午餐。

营养专家指出，早晨起床后，人体很长时间没有进食，胃里是空虚状态，血糖处于极度低的状态，无法给新一天的工作和学习提供能量。如果不及时进餐的话，就会出现头晕、疲劳、反应迟钝等状况。青春期的男孩子正是长知识的时期，学习任务重，如果早餐不吃好就会影响学习。

青春期的男孩子也是长身体的最佳时期，个子的高矮和这期间的营养也不无关系。国外的相关试验证明，早餐的营养如果达不到身体需求的话，就很难通过其他方式补充，午餐和晚餐也满足不了身体营养的需要，就会造成营养不良，严重时还会引发相关疾病。所以青春期的男孩子，如果早餐不吃好的话，能量无法按时供给，肯定会影响身体的发育和身高。

此外，专家还指出，青春期里的孩子一定要吃好早餐，因为青春期要适应身体和心理上的一些变化，心理会非常敏感，情绪就会不稳定，如果不吃早餐的话，会加重情绪的不稳定现象。所以青春期的男孩子请不要挪用早餐的钱，身体和智力的发育离不开营养的早餐。

压岁钱怎么花

给孩子压岁钱是我们中国的传统习俗，长辈借此向晚辈表达关爱，现在更成为男孩们过年过节的重要“精神动力”。过年的时候，男孩们最高兴的事情之一就是收到许多压岁钱。兜里装着各种各样的红包，心里甭提多开心了。

亮亮也是这样的。这不，今年亮亮的压岁钱也是“大丰收”，他笑得合不拢嘴。往年的压岁钱都是全部“上交”给妈妈，现在自己已经是初中生了，是不是应该自己保管并支配自己的压岁钱了呢？亮亮决定和妈妈好好“协商”这件事。

亮亮问妈妈：“我现在已经14岁了，我可以自己保管压岁钱吗？”

妈妈笑道：“嗯，可以的。不过，你打算怎么支配这笔钱呢？”

亮亮从未想过这件事，便摇摇头。

妈妈见他摇头，便拉他坐到自己身边，然后对他说：“有钱固然是一件好事，但更重要的是知道怎样花钱。钱一定要花在有用的地方才会产生价值，否则就是挥霍浪费。”

亮亮想了想回答：“我把四分之三的钱存起来，剩下的钱买些书。这样可以吗？”

妈妈欣慰地回答：“听起来真不错，就按照你的计划实行吧。以后你的压岁钱也由你自行支配了。”

亮亮兴奋得高呼“万岁”……

给男孩的悄悄话

男孩的想法有很多，当你拿到压岁钱的时候，正是展示自己想法的时候。通过安排压岁钱的花法，你会有很多收获。

有的男孩想去旅游，说明他想换一个环境，对生活充满好奇，希望可以自立；有的男孩想买一双名牌的球鞋，可能是家长平时有名牌情结，影响了男孩，或者男孩在学校受到一些影响；有的男孩想报名学绘画，也许他只是想尝试一种新东西。不管怎样的想法，都有它存在的原因。这些想法不能拿成人的标准衡量。每一种想法，都值得男孩自己小心翼翼地对待。最可怕的不是有不好的想法，而是一点想法都没有。如果男孩完全没有支配意愿，这表示他完全不愿意参与打理生活，与逃避有何异？

庆幸的是，绝大部分男孩都有支配欲望，并且坚持压岁钱是属于自己的私人财产，“神圣不可侵犯”。但是，花费这笔钱之前，最好征求下家长的意愿，请爸爸妈妈协助你做一个财务计划表，监督你执行、评价和总结。相信在坦诚的沟通中，你会学会听取家长的意见，也会渐渐懂得花钱的学问。

男孩学会安排压岁钱后，会体会到实现愿望的乐趣，在以后的生活中，会继续追求自己的小梦想，并学着用钱去一步一步实现。

勤工俭学会被同学嘲笑吗

老师在班会的时候宣布了一个通知，内容是学校为同学们提供一个勤工俭学的机会，有愿意参加的在各班班主任那里报名。黄嘉伦听了后很高兴，因为家里经济困难，他一直想帮妈妈做点事儿，好能贴补家用。但是妈妈怕耽误嘉伦的学习，也怕不安全，一直都不答应。这下好了，勤工俭学既不耽误学习又很安全，还能靠自己的一份力量来解决自己的困难，黄嘉伦兴奋得恨不得马上就能被安排好去做事情。可是班上那些家庭条件好的同学，在听到老师说有关勤工俭学的事情时，有的好奇，有的捂嘴偷笑，有的窃窃私语，“勤工俭学不是那些穷人家的孩子做的事情吗，老师何必通知大家呢，把班里几个家庭条件差的报上去不就得了。”黄嘉伦听了，心里像被针扎了一样，刚要举起的手又放下了。

放学的时候，班长从后面追上来，“哎，嘉伦，勤工俭学的事儿你有兴趣吗？”黄嘉伦看看班长，摇了摇头。

“不感兴趣，你不是一直想找点事情做吗？这次多好啊！有事情做又能锻炼自己。”黄嘉伦还是摇摇头。

班长说：“哦，我以为你会报名的，所以还想跟你一起搭个伴呢。既然你不感兴趣，那我找别人了。”

黄嘉伦听了一愣，“班长，你也需要勤工俭学吗？”

“当然啦，这是锻炼自己的好机会呀。”

黄嘉伦听后对班长十分佩服，觉得他跟其他同学就是不一样。黄嘉伦就把自己的担心，以及刚刚在班上听到的那些话告诉了班长。班长听了皱皱眉，说：“别管他们，明天我们一起去报名，把这事儿也顺便告诉班主任。”黄嘉伦开心地点点头，和班长一起说说笑笑地回家了。

第二天，班主任专门抽出一点时间，在班里把勤工俭学的真正意义讲给同学们听。那些对勤工俭学交头接耳的同学听后，低下了头。班里的其他几个有些犹豫的学生也积极地报了名。班长扭头看看黄嘉伦，伸出手，黄嘉伦伸手迎了上去，两个人开心地击了一下掌。

给男孩的悄悄话

有一部分青春期的男孩子由于各种原因选择一边学习一边打工，但是心里很在意同学对自己的勤工俭学的态度。青春期的男孩子一定要弄清楚勤工俭学的含义，去除这些不必要的精神负担。所谓勤工俭学是指学生一边求学，一边工作劳动的现象，是学校实施劳动教育活动的形式之一。它与教学活动、科技活动、文体活动和公益劳动一样，都是学校教育活动的一种。所以勤工俭学不但不应该被嘲笑，反而是每个学生都应参与的劳动教育。

有的地方还采取了一系列的措施，颁布相应的规章制度来鼓励和保护学生勤工俭学。《关于加强中小学勤工俭学劳务活动管理的意见》类似文件里一般都会明确指出要提高对中小学勤工俭学劳务活动的重要性的认识，认为勤工俭学是加强中小学生素质教育和道德教育的重要途径，有利于提高学生思想道德品质创新精神和实践能力。

青春期的男孩子，正是学习知识的好时期，首先要端正勤工俭学的动机，有的男孩子是为了赚钱减轻家庭负担，有的则是为了锻炼自己的能力，让自己多吃些苦，磨炼自己的意志。这些都是值得肯定的动机，勤工俭学也确实是一个学生实践能力的锻炼，绝对不是什么丢人的事情。

所以勤工俭学的男孩子大可放心地去勤工俭学，不会招来同学的嘲笑的。但是永远不要本末倒置了，书本上的基础知识也是必须要学的，不能急功近利，要把眼光放远点。

学会勤俭节约

在陈睿的书包里，经常放有一个大的塑料袋。不知道情况的同学都很好奇，这个塑料袋是做什么用的。这个塑料袋是陈睿拿来装废弃的矿泉水瓶、易拉罐、旧报纸等东西。每天放学后，陈睿会把丢弃在校园里或街道上可回收的废弃品，全部装在这个袋子里，把它们积攒在一起，等到足够多的时候再卖掉。

有同学在背后常常议论他，“陈睿，他家是不是经济状况不好啊！不然，他为什么天天放学捡废旧品啊！”“可能是吧！换成是我绝不会捡那脏兮兮的废旧品。”“不会吧！听说他家境很好，不至于要捡废旧品来过日子吧！”对陈睿的议论纷纷扬扬地传开了。

几个好奇的同学，决定追踪陈睿，想看看究竟。他们几个同学远远地跟在陈睿的后面，陈睿并没有发现他们，依旧像往常一样，在校园里来回地走了一遍，把垃圾桶里可回收的废旧品全部装在了塑料袋里，提着袋子往回家的方向走去。在回家的路上，陈睿不放过任何一个垃圾桶，把每个可回收的废旧品都捡到了塑料袋里。一路上，陈睿捡来的废旧品装满了那个塑料袋。他扛着塑料袋向一栋高级住宅楼走去，几个同学在门口等了很久，始终没有看见陈睿出来过。经过这几天的跟踪，同学们看见陈睿常常进入那栋高级住宅楼，很久都没有出来过。“哇！没想到陈睿家就住这啊！这可是我们市里最高级的住宅楼了，没想到陈睿家境这么好，还常常捡废旧品啊！”“真是不可思议啊！陈睿还这样勤俭节约啊！太让我们佩服了。”

第二天，全班同学都知道陈睿在家境条件好的情况下，仍然坚持艰苦朴素，勤俭节约的生活习惯，对他更是刮目相看。在班会课上，班主任对陈睿的这一优秀品质进行了表扬。陈睿涨红了脸，吞吞吐吐地说道：“其实这没什么，捡可回收的废旧品不仅可以保护我们的环境，也可以养成我们勤俭节约的好习惯。换来的钱，我们可以买书、买文具，也可以捐给那些家境不太好的同学，这样做，一举两得何乐而不为呢？”

大家听后，对陈睿更是称赞不绝。在他的影响下，班上的同学加入到了捡废旧品的队伍中来，做一名环境的卫士，慢慢地养成勤俭节约的优秀品质。

给男孩的悄悄话

古人曾说："俭，德之共也；侈，恶之大也。"今天，生活水平大大提高，一些男孩子养成了花钱大手大脚的习惯。一听到"勤俭节约"，他们总是一笑：早过时啦！

果真如此吗？

节俭不仅是财富的一块基石，也是许多优秀品质的根本。节俭可以提升个人的品性，节俭对人的其他能力也有很好的助益。我们知道一个节俭的人是不会懒散的，他精力充沛，勤奋刻苦，而且比起那些奢侈浪费的人更加诚实。

节俭是人生的导师。一个节俭的人勤于思考，也善于制订计划。他有自己的人生规划，也具有相当大的独立性。

那么，青春期男孩如何养成勤俭的习惯呢？

1. 正确认识金钱的含义。要懂得钱是什么，钱是怎么来的和怎样正确地对待钱财。

2. 珍惜物品，不浪费。要懂得所吃、所穿、所用来之不易，随意浪费是不珍惜劳动果实、不尊重劳动的表现。经常参加劳动，体会劳动的艰辛。

3. 学会花钱。要学会自己买东西，学会如何用钱、如何选择物有所值的物品。把钱保管好，防止丢失、被窃。养成先认真思考再花钱的习惯，避免盲目消费。可以要求父母让自己"一日当家"、记收支账，这是学会理财、培养节俭品质的好方法。

4. 学会积累。手里的零用钱、压岁钱应该有计划地使用，适当积累。在存钱、用钱的过程中养成节俭的好品质。

5. 懂得量入为出。必须明白，花钱必须有经济来源，花钱要看支付能力如何，即使家庭经济富裕，也要坚持前面提到的三条标准。

心理&秘密

——花季雨季自多情

若隐若现的情愫

能和女孩玩吗

翼南是一个初二的男生，到了发育的年纪，身体开始如同抽枝的柳条一般迅速地伸展开来，原本在班级里坐最前排的位置，现在由于身高的原因，被排到了后排的座位。有了新的同桌，翼南很开心，新同桌是个跟他一样高大的男孩，俩人很快成了形影不离的好朋友。还有一个小女孩也经常出现在他们这里。那个女孩是翼南以前的同桌，而且两家在一个小区住，每天结伴上学、放学。

新同桌和女孩相处得也很好，课间的时候，那个女孩经常来后排玩，放学的时候也是三个人一起走，三个人成了无话不谈的好朋友。但是，班里的同学开始谈论起他们三个人的关系来，有的人说，女孩和翼南在谈恋爱，不过是拿着新同桌当幌子，好让老师们不怀疑他们，有的人说女孩和翼南的新同桌在谈恋爱，没准还是翼南牵的线呢。各种说法此起彼伏，也不断地传到翼南的耳朵里。本来他觉得三个人在一起是很自然、很正常的事情，但是被大家这么一说，他也觉得怪怪的。班里的其他男生确实不太爱跟女同学说话，他们三个看起来是有那么点张扬。

不能和女孩一起玩了吗？已经男女有别了？翼南的心里打起了问号。总跟那个女孩在一起玩，难免会产生一些风言风语。其实根本没有的事，让他们这么说来说去却好像成了真的。

翼南决定和女孩保持距离。于是他自动地疏离了女孩。那个新同桌倒是没心没肺，依然和那个女孩一起玩。

看着两个昔日好友在一起依然那么快乐，翼南更加迷惑了，到底能不能和女孩玩呢？如果这样久了，我会喜欢她吗？我到底该怎么办？

给男孩的悄悄话

小时候，男孩子女孩子在一起玩，两小无猜。随着年龄的增长，由于生理的发展和逐渐成熟，男孩性意识开始觉醒。男孩会在心理上强烈地意识到男女有别，意识到男女之间交往与同性之间的交往，无论在交往方式上还是在交往的内容上，都会有许多不同。因而不可避免地产生了对异性的一种朦胧的好奇心，渴望了解异性，不自觉就产生了对异性的一种青涩的爱恋之情。这时青少年开始有意识地修饰自己的仪表，注意自己的谈吐，希望自己能够引起异性的注意，同时也对异性产生好感。我们在异性面前或是表现为热情、兴奋，用种种方式表现自己；或是表现慌乱、羞怯和不知所措，面对这一切，许多青少年表现出极大的不安。科学研究告诉人们，青少年的这种变化都是青春期异性之间相互吸引的表现，是一种正常的心理变化。

到了一定的年龄，每个人都会产生与异性接近的欲望，这是人的一种情感需求，并不是病态，也并不可怕。

心理学家认为异性交往会有如下几点互补性：

1. 个性互补

单一的同性交往，远不如多向的异性交往更能丰富人的个性。

心理学研究表明，社会中的个人，交往范围越广泛，和周围生活的联系越多样，他的各方面社会关系就越深入，精神世界就越丰富，个性发展就越全面。尽管同性间的个性也存在着差异，但如果只和同性人交往，人的个性发展往往很狭隘，因为这种差异远不如异性间的个性差异明显和有意义。

2. 心理互励

心理学家发现，大多数人，尤其是青少年，都有心理上的“异性效应”，往往表现为有异性参加的活动，较之只有同性参加的活动，参加者一般会感到更愉快，干得也更起劲、更出色。这是因为当有异性参加活动时，异性间心理接近的需要得到了满足，从而使人获得程度不同的愉悦感，从而激发出潜在的积极性和巨大的创造性。

3. 情感互慰

人际间的情感是极为丰富的，除了爱情之外，还有亲情、友情、同情、敬爱、恩情等等。男女之间可以有不带爱情色彩的情感交流，它可以使人感受到温暖，达到心理上的平衡。在“异性效应”的作用下，这种情感的交流更为密切，能达到有效的情感互慰。

4. 智力互偿

研究表明，虽然人类智力的高低总体上没有性别差异，但男女之间的智力特质却有区别。以思维能力为例，男性比较擅长离奇、大胆的抽象逻辑思维，善于抽象和概括，更喜欢用综合的方式对待现实；女性则擅长于具体形象思维，比较感性，更适合处理以实践应用和形象思维为支撑的事情。通过异性交往，双方均可从对方那里取长补短，以促进自己的智力水平和学习、工作效率。

但是，青少年毕竟处于一个较为特殊的人生阶段。一个人的价值观、世界观基本上是在这一阶段成熟起来的。在此阶段，人的身心发育还不够完善，情感认识还不够理性，情绪掌控还不够稳定。很容易因为一时冲动而酿下苦果。那么，刚刚步入人生花季的男孩应该怎么做呢?

与异性交往，很重要的一点是互相尊重和理解。男女之间在气质、性格、身体、爱好等方面往往有着较大差异，只有彼此互相尊重和理解，异性友谊才能维持和发展。

同时，不论男女，在交往过程中都不要过于随便。真正的异性朋友，自然可以堂堂正正地来往和接触。但毕竟有性别差异摆在那里，一举一动都要大方得体，不能过于随便，否则可能会伤害彼此和身边的其他人，有损友谊的巩固。

在交往的过程中要注意交往场所的选择。异性朋友单独相处时，要注意选择合适的场所，尽量不要在偏僻、昏暗处长谈。如果在房间里单独谈话，不要紧闭门窗。以免引起不必要的误会。

当然，青少年在与异性交往时，特别重要的一点是要分清友谊与爱情的界限。友谊和爱情之间既有联系又有区别。人们之间的爱情关系和友谊关系都是以彼此之间相互欣赏为基础的。友谊和爱情两者之间有严格的区别：

首先，是内涵不同。友谊是同学或朋友间的一种平等的、诚挚的、亲密的、互相依赖的关系。而爱情则是一对男女之爱，并渴望对方成为自己终身伴侣的关系。

其次，是对象不同。友谊是广泛的交往，而爱情则是在一对男女之间发生的。友谊可以通四海，朋友可以遍天下，人们可以和各种对象发展友谊。而在爱情世界里，却是男女之间的隐私之情，只能是真挚专一、忠贞不贰，如果第三者加入，便产生嫉妒心理和排除异己的行为。

最后，是要求不同。友谊关系中，主要承担道德义务。而爱情关系在双方缔结婚姻关系后，不仅承担道德义务，还要承担法律责任。异性朋友一定要注意，不要模糊两者的界限，否则不但失去友谊，还会失去爱情。

因此，男孩子与异性交往，要学会正确利用奇妙的“异性效应”，学会彼此欣赏和相互学习，同时要尽量把握好交往的尺度，让自己身边多一些朋友。

把握友情与恋情的尺度

自从和马莎莎相处熟悉之后，最近一段时间放学回家林雨都是和她一起回家，难怪青峰说：“林雨，你这个重色轻友的家伙，把我们都彻底抛弃了。”而她在一旁高兴地笑着。

一天，她跟林雨说：“林雨，今天你能够晚点回家吗？我有好多题不会做，你能不能帮我讲讲。”那天晚上，林雨一直给她讲题目讲到了八点多钟。

从那以后，她经常会要求林雨晚一点回家，为她讲两道题目。时间一长，林雨觉得有点恼火了。

林雨心里比较不高兴：为什么自己要凭空为她付出这么多呢？自己有很多的事情要做啊！那些题目她如果上课好好听讲的话一定是可以做出来的，为什么一定要在课下耽误我的时间呢？难道我的时间不宝贵吗？难道因为她是我的好朋友就可以随便耽误我的时间吗？这样一想，林雨心里突然觉得很委屈。

难道她是为了利用我吗？还是她觉得我们是好朋友，就不和我太客气了？总之，林雨的心里很不爽！

那天，她又要让林雨晚点回家，林雨想了一下，告诉她：“今天妈妈要我早点回家。”

她听了一愣，然后说道：“你家里的事情很重要吗？”

林雨听了这句话开始心里冒火了：“难道只有你的事情重要吗？”说完之后，头也不回地走开了。

在回家的路上，林雨郁闷坏了：为了她，自己牺牲了很多自己的时间，却没有换来她的感谢，反而让她觉得自己为她做这些事情是天经地义的。为什么我不为自己的利益多考虑考虑呢？

给男孩的悄悄话

在男女交往中要区分开什么是友情，什么是爱情。要把二者的界线明确化，而不能模糊不清，以免造成误会。只有让双方都明确彼此之间是友情而不是爱情，在日常交往中才不会造成误会，才会给彼此留有必要的空间。

从单恋的幻影中走出来

那次和妈妈一起去参加一个夏令营，有一个小姐姐吸引了安可的注意。她在那个夏令营里面做志愿服务生，看上去清秀漂亮，温文尔雅，不知为什么，安可总是把她和小鹿联系在一起。

有一次，安可不经意闯入了这个夏令营的后房，看到她在那里准备中午的饭菜，当时吃了一惊："原来你的工作就是负责日常的伙食啊？"安可很难想象这样一个相貌秀气的女孩为什么愿意把自己放到这样低微的位置上。

她却笑了笑说："我们是来这里参加学习，做什么工作不是利益别人呢？定下心来让自己做最基本的工作，才会真正树立服务社会的精神。"安可听她这样一讲，觉得有道理，心里更加尊敬和佩服她了。

以后，安可总是会抽时间特意跑到那里去看她在做什么，如果是集合的话，他也会努力希望能够从人群中找到她。有时看到她不忙了，他还会找机会和她一起聊聊天。

"我也在这里当志愿者，好不好？"安可问她。

"其实，只要你具有这样的精神，身在哪里都一样，真的。"她一脸真诚地对安可说。

"我很想留下来，能多学一些。"安可任性地对她说。

她看看安可："等等，我找点东西给你。"说着，她去了一间小仓库，不一会儿又出来，她要送给安可一本书。

"我找了半天，只剩下最后一本了，封皮有点破了，不过还好，里面还是新的，你拿回家去好好学习吧。"她把书递到了安可的手里。

从夏令营回来之后，安可经常会一个人默默地想念她，想起她清瘦的样子，想起她那张秀气的脸和在厨房里辛苦工作的身影，想起临走时她对自己的鼓励，想起了她的出语不凡……总之，安可总会想起她，总会在晚上睡不着的时候翻开她给自己的那本书。

给男孩的悄悄话

我们都会做梦。男孩子小时候也许都梦想自己是一个英俊的王子，历尽千辛万苦，终于找到了自己心目中的公主，她美丽大方、温柔体贴，最喜欢的就是她那双会说话的大眼睛；女孩子小时候也许都梦想自己是一个美丽可爱的公主，等着白马王子来迎接自己，他英俊高大、机智幽默，你最喜欢的就是他深沉且略带忧郁的眼神。

之后，男孩和女孩都长大了，并在现实生活中寻找自己的公主和王子。当发现某个人的某种特质与自己梦中的理想对象相符时，就会对对方产生好感，也就是我们说的喜欢。可能你认为这就是爱，而实际上，这两者是有本质区别的。

喜欢是尊重对方，认为对方有其优点值得自己去尊重，也认为对方的价值观与自己相似。这就是喜欢的情感。而爱情则包含亲密的感情，关怀对方，和情绪上的依赖。由此可见许多人的爱情感觉，其实只是有浓烈的喜欢感觉而已。不只是对异性同学，甚至是学校老师，荧幕媒体的明星偶像，都是爱慕的对象，这只是个人产生好感，认为对方某些部分与自己相似而喜欢对方而已。但有些人却将这种喜欢当作爱情，认为对方与自己的关系和别人不同，因此有时候会产生认知的偏差，误以为我对你这么好，你怎么可以不理我，怎么可以和别人嘻嘻哈哈，不是认为自己已坠入爱河，就是自己在单恋，或者失恋。一见钟情也就是这种将对方的某些特质与自己梦中情人特质吻合配对的喜欢情感而已，只不过误以为是爱情。这是时下许多青少年的苦恼来源。因为这种感情欠缺相互亲密的成分。

心理学家认为爱情应该从情绪、动机和认知 3 种因素来探讨，真正的爱情不只是比喜欢更浓烈，它需要涵盖 3 种因素，才是真正的爱情。一是在情绪上有亲密的感受；二是在动机方面要有激情，包含生理需求及冲动；三是在认知上要有承诺。情绪的亲密感受会使个体产生喜欢接近对方、相互联系、彼此相互感到温暖的感觉，而不是只有单方面才有这种感觉，否则只是单恋或暗恋。在动机方面的热情，则表现在异性间的吸引力，这种因为生理冲动与需求会有激情的感觉，很喜欢接近对方，碰触、抚摸。但需要自尊自重、自我控制，有些人往往因为这种冲动而不能自制，造成进一步性关系，而无法发展更进一步的心理分享，也就容易造成日后的分手。除了亲密与激情外，还要在认知上能理性地承诺，这种承诺是自己在理性选择下所做的决定，愿意为维持双方关系而做的决定。有人提出爱就是付出而非占有，意思指双方要相互尊重对方的决定和意愿，不能勉强。有些人往往自己认为我已经对你付出这么多，你相对地也要对我如何如何，否则的话，我就要对你采取什么动作，这就是一种强求手段。那就是误解了感情的含义。

因此从爱情的因素组成来看，亲密、激情和承诺都没有就是无爱，只有亲密时那只是喜欢，只有激情，称为迷恋，只有承诺就称为空爱；缺乏承诺的爱情是浪漫的爱；缺乏亲密的爱情是愚蠢的爱；缺乏激情的爱是友谊式的爱。只有亲密、激情与承诺都具备才是完全的爱情。

仔细想一想，你对他的感情究竟是喜欢还是爱。不要把青春期所自然萌动的对异性的喜欢或好感与爱混为一谈。这是两种绝对不一样的感觉，是很不同的心理状态：喜欢就像一条小溪，清澈见底；爱则是一片汪洋，浩瀚无边。你需要用心去聆听，才能将二者分辨出来。如果不经过理性的思考，只是跟着感觉走，就会混淆二者，导致判断失误，以致自作多情，甚至自寻烦恼，耽误了青春和学业。

现在我们还不成熟，考虑问题还不全面，随着日后知识的增长、视野的开阔、心智的成熟，很容易“见异思迁”。其实并不是你“变心”了，而是本来并没有去爱。爱一个人是要求感情专一的，而喜欢则不是，你可以在不同时间喜欢不同的人，甚至可以在同一时间喜欢着不同的人。

所以，青春期的男孩不要轻易说你爱谁。只有弄懂了爱的深层含义，你才有资格说出这个字。爱一个人，是要负责任的，问一问自己，已经做好准备了吗？

新来的语文老师好漂亮啊

新来的语文老师姓慕容，第一节课的时候就向同学们做自我介绍：“大家好，我就是慕容老师。”思嘉在下面接个话茬：“老师你是慕容复的亲戚吗？”大家都看过《天龙八部》电视剧，全笑了。慕容老师也笑了，笑起来格外甜美。

慕容老师很漂亮，这可是全班同学一致公认的：她身材苗条，个子高高的，穿着天蓝色的连衣裙，样子非常清纯。连班上的女生都惊呼：“哇噻！美女。”

这位慕容老师脾气非常的温和，站在讲台上，总是向大家微笑，她笑得那么自然、那么亲切，立刻拉近了她与同学之间的距离。

语文课上，她一遍一遍地给大家讲解问题、朗读课文，她柔和的嗓音，实在令人着迷。之前思嘉对语文课从没有兴趣，所以在做练习的时候笨手笨脚的，慕容老师耐心地帮助他纠正错误。

以后的课余时间，这位慕容老师经常成为全班男生谈论的话题：“慕容老师的气质，就像是《天龙八部》里的王语嫣。”“她也有点像是阿朱。”同学们说什么的都有。

“不过在我的心中，慕容老师就是慕容老师，不论是王语嫣还是阿朱，都比不上我们慕容老师啊！”思嘉认真地说道。

思嘉的伙伴们早就发现思嘉特别喜欢谈论慕容老师，问他：“思嘉，你是不是喜欢慕容老师？”

“你们不也很喜欢吗？我只是和你们一样的喜欢而已。”虽然思嘉的口头上没有承认，但是在心里已经肯定了，慕容老师的一切都是完美的。只是思嘉不知道慕容老师是否也同样喜欢自己。

给男孩的悄悄话

青春期男孩对年轻、有气质的异性老师产生爱慕之情，这是可以理解的，她也许是第一个闯入你心房的具有很大吸引力的年轻女子，与周围的女同学相比她肯定要出色很多。你对她产生好感，是十分正常的心理现象。

然而坦率地讲，男孩的这种爱慕之情并不一定是真正的爱情，换句话说，这只是一种对异性，尤其是对优秀异性的一种朦胧的好感，在这一个年龄段的青春期男孩，常常表现出既成熟又幼稚，既清醒又迷糊，既狂热又消沉的矛盾心理，并开始把目光更多地集中在异性的身上，憧憬着梦幻般甜美的爱情生活。但是这时候的你对于什么是真正的爱情却知之甚少。

爱情是双向的感情投入，爱情不能仅凭感情，还要有思想、道德、学识、性格、气质、习惯，甚至家庭影响等很多方面的考虑，而且需要处理很复杂的人际关系。作为一个学生，你现在能驾驭这么多吗？

所以最明智的选择是及时控制自己的感情，先将这段美好的感情沉积在心底，等你长大之后，随着你眼界的开阔、知识的增长，你会渐渐走向成熟，这段美好的感情也将成为你人生一段珍贵的回忆。

也许你会感到很难控制你的感情，这是肯定的。建议你从以下几点入手试试：

1. 改变环境

尽量避开与老师单独相处的机会，多参与体育活动，多与同学们在一起，将自己融入集体，就不会更多地沉湎于个人的感情之中了。

2. 转移感情

发展自己的兴趣爱好，课余时间多读课外读物，参加各种体育活动，多做些社会工作，将自己的生活充实起来，你将会发现一个更加广阔的充满生机的天地，自然也易于从缠绵中摆脱出来。可以在周末的时候约上好朋友，投身到山清水秀的大自然中去，让轻轻的风、柔柔的水、波涛汹涌的海和层峦叠嶂的山给予你人生的启示，帮助你走出迷茫。

我们知道，人生最可贵的就是拥有理智，希望对老师有好感的男孩能够理智地控制自己的感情，收获美好的未来。

怎样和女孩子相处

如何对待善变的女孩子

小雷是个好脾气的男生，班里同学都喜欢找他帮忙，而他也乐意帮助大家。

一天，小雪找到小雷，希望小雷能够帮她完成油画作业，小雷的油画很棒，对于小雪的要求，小雷爽快地答应了下来。

第二天放学，小雪就和小雷在画室里画画，小雪一开始说想画一幅贵妇人的画像，小雷便告诉她应该如何布置景物。

可是就在画到一半的时候，小雪突然改变主意，说要画景物，不画人物了，小雷有些为难："都画了一半了，扔掉怪可惜的，不如你下次的作业交景物的吧。"

小雪坚决不同意，"小雷，你答应了要帮我的，我觉得还是画景物好，画人物万一老师不给我高分，那我妈妈回去会说我的。"

看到小雪的坚持，小雷只得同意，但就在小雷告诉小雪如何画景物的时候，小雪又说想要画别的。

那天，小雪的主意变来变去，小雷实在无法搞清楚，小雪到底想怎么样，最后什么也没画成。

小雪还责怪小雷，让小雷哭笑不得。到底遇到这善变的女孩子该怎么做，才能做到最好呢？

我们常说："女孩是感性的，男孩是理性的。"可见男孩跟女孩的差别，不仅在生理上，心理上的差异也不容忽视。毕竟男女相较，女孩通常是弱势群体，所以历来有"绅士风度"的美好品行。但是有时候男孩子也会在处理与女孩的关系时产生迷茫、无奈的心理，认为女孩"任性""刁蛮""毫不讲理"，这样的矛盾应该怎么解决呢？

在处理这类问题时，男孩子应该给予女孩最基本的理解。对于女孩的情绪多变，只有在理解的基础上才能够懂得忍让与宽容。况且面对一个懂得理解和尊重的男孩，女孩怎么会刁难他呢？

情绪多变之外，男孩子们也很容易发现，女孩比较体贴和细心。女孩之所以"任性"，多因敏感所致。与男孩相比，女孩天生想得更多，因此对于外界的活动也就做出更激烈的反应。这样我们就不难想到，如果男孩子可以充分把握女孩子的心理，尽量顺从她们的愿望，就不会引起她们的反感。如果是很难接受的事情，拒绝时婉转加些幽默，女孩也不至于会太小心眼。

故事中的小雷，其实做得就很不错，虽然在这件事情中小雪所为确实有失风度，但他还是好脾气地一一帮忙。但是，当要求过分无理，男孩子也有权利拒绝女孩子的要求，不需要不由分说地完全服从。只要随时包容，对她们理解和尊重，善变的女孩也不是那么"可怕"的。

为什么他比我受女同学欢迎

史瑞宁是班里的班委，在学校人缘很好，很多人都很欣赏他。刘泽对此甚是纳闷，史瑞宁长得不怎么样，远没有自己帅气，可大家就是喜欢他。更气愤的是，刘泽喜欢的那个女生也是天天围着他转，对刘泽冷冷的。刘泽四处求问，别人告诉他说：男人的魅力不光是靠外貌。

其实刘泽也是被自己的嫉妒心蒙蔽了。史瑞宁之所以受欢迎，旁观者是一清二楚的。首先，史瑞宁是班干部，这决定了他基本能和班上的所有人有交流，甚至连其他班也会有很多人认识他，这个优势在学生时代是很重要的。

其次，史瑞宁有着一颗善良的心，一个同学这样说："和他相处，很开心！我是被他的人格魅力所吸引的。"而且他性格随和，活泼开朗，喜欢把自己骄傲的东西展示给别人，和朋友在一起的时候，他总是笑得很大声很开心，他很会玩，也很有个性。

最后，史瑞宁是个才子，很有智慧，喜欢写一些文采飞扬而略带感伤的文字；而且成绩很好，比较有思想。史瑞宁是这么说自己的，"有时疯疯癫癫，有时安安静静；有时热情如火，有时冷若冰霜；有时烦躁不安，有时漠不关心……其实我是一个蛮复杂的人！"

给男孩的悄悄话

其实青春期的每个人都有自己的个性，只是史瑞宁的这种随和而又热情的个性容易得到大家的欢迎。史瑞宁的经历让我们知道，外貌固然重要，但是也不是那么重要。也许和一个相处不久的人相处会通过外貌去喜欢他，可是一旦时间久了，同学之间就不会通过外貌去衡量人了，会通过他的性格等去判断。史瑞宁就是靠自己的性格取胜。

所以每一个人要想成为异性交往中受欢迎的角色，最重要的就是，在与人交往的时候，学会顾及别人的感受，善于为别人着想。同时要把自己锻造成有内涵的自信的人，我们可以变得开朗一些，在学习生活中更加积极主动地与同学联系。如果整天都只是闷着头一个人读书，谁也没那个责任去理你。友谊是交流出来的，或是言语上的互相鼓励，或是行动上的互相帮助。当然最基本的一些事情还是要注意的，比如说男孩要尽量会一项集体性的体育运动，要学会幽默，有大胆的想法却能够很细心地做事情。

青春期的男孩们都需要注意这个问题，如果想在异性交往中成为受欢迎的人，那就一定要学会用真诚和信任来提升自己的魅力，不仅对异性，对同性朋友也要多一些理解和宽容。如果这样做了，你就能发现自己身边的朋友越来越多。

老师干涉我和女孩的友谊

小全是个开朗的男生，班级里无论男生还是女生，都喜欢和他一起玩儿。小全最近迷上了集邮，一到周末就跑去邮票市场，这天又是周末，他一大早就赶去邮票市场，在人头攒动的市场里，小全遇到了同班同学小丽。

原来小丽也是个集邮爱好者，两个人聊邮票，聊得很开心，从那天以后，两个人常相约去邮票市场。课间也相互交换邮票。渐渐地，同学们之间传起了他们之间的绯闻，但小全不在乎，他光明磊落。

可是有一天放学，班主任把小全叫进了办公室，“小全，听说你最近和小丽常在一起玩儿啊？”

小全知道老师的意思，他说：“老师，我知道您什么意思，但我们就真的只是好朋友的关系而已。”

老师拍拍小全的肩膀，“老师没别的意思，就是提醒你，还是学习为重。”

后来小丽也被叫到了办公室，之后，小丽总是有意无意地躲着小全，小全知道，小丽是怕同学们的风言风语，也怕老师说她。

但自己和小丽真的只是好朋友关系，为什么老师就是不肯相信他们，还要从中阻挠，干涉他们之间的友谊呢？

难道男生和女生之间，就不能存在亲密无间的友谊吗？

给男孩的悄悄话

青春期的男孩女孩，几乎无不面临着“早恋”的问题。这个“早恋”，在父母、老师那里常常引起各种误会和曲解，也给男孩子们带来了不少的困扰。

像故事中所说的那样，青春期的孩子们常常要发问：男女之间就不能存在亲密的友谊吗？

当然，如果同样的情况，发生在其他的年龄段，也就不会存在这样那样的误解了。但是青春期的孩子们也应该理解父母、老师的心情。毕竟青春期是一个特殊的时期，男孩女孩们在荷尔蒙的作用下处于情感朦胧的时期，长辈的担心是不可避免的。况且他们大多因担忧孩子的认知不够，担心早恋影响学习生活而进行阻挠，不论如何，初衷都是为了孩子。

但问题在于如何把握一个“度”的问题。当这种长辈的担忧和疑虑变成一种过分敏感的怀疑时，就不可避免地会出现一些凭空出现的“早恋”，正常的男孩女孩友情被无情地阻止且永恒地产生隔阂。这时青春期男孩们就应该知道，在理解老师、家长的基础上，与他们进行说明和沟通也是必要的。当长辈们相信你是真正能够理性地处理这个问题的时候，这样的事情也就不容易发生了。

为什么要让着女孩子

“你是男孩子，要让着女孩子。”

“哎呀，你怎么能跟女孩子抢玩具呢？你是男孩子，理应让着女孩子。”

“别欺负女孩子，这怎么能是男孩子做的事情呢？”

军军从小到大，听得最多的就是这样的话，他很不服气，有时候，明明是女孩子欺负他，可是他还要被家长训斥。

军军和好朋友然然诉苦：“然然，我昨天又被我老妈批评了，因为我把我表妹的橡皮弄坏了，我妈就说我不让着女孩子。可是，是因为我表妹先把我的铅笔弄折的啊，我妈不问清楚就乱责备人。”

然然也诉苦：“我还不是一样，我从来不欺负女孩子，都是女孩子欺负我，可是大人们总是不体谅我。”

两个孩子互相诉苦，他们想不通，为什么有时候，明明是女孩子的问题，大人也会让男孩子让着她们。

军军回到家，刚走进院子里，表妹就冲出来，把他撞倒在地，军军从地上爬起来，一把揪住表妹的头发："快向我道歉。"

"我不。"表妹大喊大叫。

这时，军军妈妈从屋里出来："军军，你就不能让让你妹妹吗，她可是女孩子。"又来了，军军沮丧极了。为什么家长总是这样？

给男孩的悄悄话

男孩子往往在青春期开始出现叛逆心理，同时伴随过度的"自尊"。他们会在与女孩的交往中表现出"为什么非要让着她们"的不满情绪，认为父母、老师，都是向着女孩更多，而同样的年龄和身份，为什么要事事"迁就"她们呢？

青春期的男孩也早已有分辨是非的能力了。在街头来来往往的人流中，我们一定能够很容易地分别，哪些人有气度，哪些人则庸庸碌碌，所作所为处处体现出斤斤计较的小人作风。尤其是"绅士"与"莽夫"的差别，只须一个动作，几句言辞，就能基本上判断一个人是否可以用"风度翩翩"予以形容。但这种优雅的风度是如何培养的呢？正是从小的教育使然。一个男孩包容、尊重女孩是由小事看出来的，而每一个细节都是从小的教育汇聚而成。

你是想要成为风度翩翩的绅士，还是举止无礼的莽夫呢？

得了"异性恐惧症"怎么办

"小明，把你的橡皮借我用一下。"同学涓涓向小明伸出手。

小明从铅笔盒里拿出橡皮，头也不抬地递给涓涓，涓涓用完后，对小明说："小明，你这块橡皮真好看，借我用几天吧？"

"嗯，你用吧。"小明还是头也不抬，他的脸红得像个大苹果。

小明从小就这样，和女孩子说几句话就会脸红。

走在回家的路上，涓涓从后面跑了过来，"小明，咱们一起回家吧？我家就住在你家附近。"

小明点点头，也不说话，涓涓一路上滔滔不绝地讲着笑话，小明一句话也不说。快到家的时候，涓涓生气地拦住小明，“小明，我是不是得罪你了，你怎么老是不搭理我，我们不是好同学吗？”

小明慌乱地摇头：“没有，没有。”

涓涓生气地扭头就走，“你不爱和我玩，我还不和你玩呢，有什么了不起的，哼。”

小明很难过，他不是不爱和涓涓玩，只是他面对女孩子，总是不知道该怎么办才好。小明很苦恼。

给男孩的悄悄话

青春期男孩们容易对异性产生好奇心，常常刻意接近女孩。但是，有的男孩，由于害羞、紧张，会对异性交往产生恐惧心理而引起误会。像故事中的小明，就因为和异性接触时比较紧张，而被涓涓误认为对其抱有偏见，不爱搭理她。实际上，小明却是很清楚的。他对于涓涓其实丝毫不反感，只是克服不了自己内心的障碍而不自觉地与她远离。当误会发生的时候，也鼓不起勇气来说明真实情况。

这样的案例其实很常见。几乎每个班里都有几个羞赧的不敢跟女孩说话的男孩，一有女孩靠近就会红起脸来。

这种青春期“异性恐惧症”的产生，可能是因为男孩子与同龄的女孩接触太少，容易觉得不知所措；也可能是因为父母的传统教育，让他们觉得男孩女孩的关系很神秘复杂，冲不开内心的枷锁；更有些是怕出糗、被嘲笑、被无视，因而当他们与女孩相处时，即使不是出于恶意，也总是刻意保持距离。

对于这种状况，其实男孩们只要自然对待就可以了。刚开始可能羞于面对，无法自我克服，但是随着年龄增长，与异性的接触是难免的，慢慢便会坦然地对待它。只要不刻意放大“异性恐惧症”的症状，就必定能够在逐渐的成长中去克服它。

早恋的滋味

炫耀异性的爱慕，会伤害他人

学校的心理咨询室外面有个小小的信箱，有一天心理老师收到了这样的一封求助的信件：

“在学校那个小天地里，我们所有的方面都会拿到竞争的天平上比个你输我赢才肯罢休。男孩子们的虚荣在各个方面都会不断膨胀，我们会在学习成绩上一较高下，也会在运动场上玩命奔跑，只为成为那个最受瞩目的人。

“与女生交往，男生会觉得很有面子。而被女生追，对虚荣的男生们而言是一件特别荣耀的事情。

“我就是这么一个虚荣的家伙。

“我不知道爱情是什么，我也没有真的喜欢过哪个女生。我不能体会那种喜欢一个人的心情。但是班上有个文静的女生，有天突然找到我，说有话跟我说，我被她拉到操场。绕着操场转了一圈又一圈，她都不说话，好久之后，她才吞吞吐吐地告诉我，她喜欢我。她说运动会时候看见我受伤了还坚持，觉得我很坚强，后来就一直关注我。

“我忘记了怎样结束了那次谈话，后来她经常用精美的信纸给我写信。信的内容大部分都是柔软的文字，还有来自一个女孩子的关心之类的。我并没有特别的感觉，只是被一个女生这么关注，感觉自然良好。

“一次课间，我跟几个哥们吹嘘我如何受欢迎的时候，就说了这个女孩追我的事情，并且添油加醋地说她死缠着我不放。同伴们投来羡慕的目光的时候，她正好经过附近，我抬起头的时候，看到了她泛红的眼睛。

“我后悔自己的吹嘘，可是大家都知道了她追我的事情。她再也没理我，在班里也更沉默了，听说班主任还找她谈话了。学期结束后，她就转学走了。我连道歉的机会都没有。

“我现在很懊悔！”

给男孩的悄悄话

这位男孩的来信道出了他的苦恼。面对别人的喜欢，我们该怎么做呢？

虚荣心是无法回避的人性的阴暗面，每个人都有虚荣心，我们要时刻保持着警惕，不要让虚荣心轻易地表现出来。

拥有异性的爱慕，是可喜的事，因为这代表你有着某种吸引力，你会因为自己拥有这种魅力变得更加自信。根据一般人的心理，遇到让自己觉得骄傲兴奋的事情就喜欢与人分享，但是感情这种东西是不能分享的——对于爱慕你的人而言，这就是一种炫耀。设身处地地为喜爱你的人想一想：我爱慕你，投入了纯真的情感，这种情感却被你当作炫耀的筹码。试问这对爱慕你的人而言，是不是一种莫大的伤害？炫耀异性的爱慕，是自己不自信或不成熟的标志。把异性的爱慕变成提升自己身份的一个筹码，而不是真心地去对待这份感情，何尝不是一种残忍？

爱情，尤其别人对你的暗恋，应该放在心里，让它自然酝酿，生长，没必要拿出来炫耀。这种炫耀会伤害到对方，也有可能伤害到你自己。

在爱情问题上，人们往往比较敏感。本来在一段没有结果的感情面前，对方的感情已经非常脆弱了，你还要去炫耀，让对方肝肠寸断，遇上情绪容易激动的人，做出袭击、报复等疯狂的事情，后果无法想象。

所以，青春期的男孩子一定要注意，不论是在什么情况下都不能炫耀异性对你的爱慕。请把这份美好的感情深埋在心底，你会保护一颗敏感而温柔的心，从某种程度上讲，也是保护了你自己。

被拒绝的爱一样美丽

付凌霄最近心情极度差，每天精神萎靡的样子，看起来就像是经受了重大打击的小老头，一点精神劲头都没有。最近学校也没有举行什么大的活动，也没有考试，按说他没理由遭受这么大的挫折啊！

好朋友李翔发现了他的异常之处，一天放学的时候，李翔开门见山地问凌霄："咋啦？最近好像是闷闷不乐？"

凌霄支支吾吾半天，也说不出啥原因。

李翔着急了："到底咋回事呀，你看你这郁郁寡欢的样，有啥事把你愁成这样？"

凌霄看着搪塞不过去了，只好老实交代："我被拒绝了！"

"啥？怎么被拒绝了，你向哪个女生表白来着？"

凌霄不好意思地点头："是呀，我从来了3班之后，就发现那个叫白合的女生还蛮特别的，我就经常看她，发现她真漂亮，学习也好，人也安静，不像有些女生那么八婆！"说起了白合，凌霄眉飞色舞，精气神十足。

李翔乐了："你怎么跟人家说了？你打算追她？"

"当然了，我喜欢她，她要是能当我女朋友多好。但是没想到，她居然跟我说，我们还小，都不懂爱情，还是以后再说吧。"凌霄叹了口气，"我玉树临风的付大帅哥，就这样表白失败了……"

"现在，你们怎么样了？"

"她倒是没事，见了面跟没事人儿似的，还照样跟我打招呼。但是我觉得特难为情，都不好意思再跟她说话了。"

"人家都没事，你干吗跟自己过不去呀？"李翔实在不想看着哥们儿无精打采的样子，看着就难受。

"是，她是没事，但是我向她表白了，而且被拒绝了。你说我见了她，心理能好受吗？你说，我能不难过吗？”凌霄还喃喃地重复着被拒绝这句话。

怎么才能帮朋友走出这个小阴影呢，李翔一时也没有什么好的办法。

给男孩的悄悄话

爱情是美好的，如带刺的玫瑰，为了接近它，我们伤痕累累也再所不惜。可是你确信自己真的足够“强壮”，足以抵挡爱情给你带来的一切不幸吗？特别是你的爱被对方拒绝的时候，你是否会从此萎靡不振呢？

不要如此，因为被拒绝的爱也是一样美丽。你被拒绝，说明你已经勇敢地去向对方表达你的爱，你已经在按照自己内心的渴望去生活了，你已经尝试了。为什么还要责备一个勇敢的自己呢？

不可能所有的人都喜欢你。这个世界上，如果真是能够碰到一个你喜欢的人，而她也喜欢你，那当然是万幸。但是当别人不喜欢你的时候，你不能因此而对自己失去信心。你需要的是时间，世上真爱你的那个人一定会出现，只要在人生的道路上继续前行，终有一天会与其见面。

当然，无论怎样讲，当爱被拒绝的时候，那种失落感是没法避免的。我们需要一个很好的渠道来发泄自己的郁闷。什么样的方式都可以，比如和最好的朋友聊聊，如果你的父母足够开明，也可以向他们述说。运动也是一个不错的发泄方式，可以去跑跑步、踢踢球。总之发泄一下，比自己一个人闷着头郁闷要好得多。

有些男孩被拒绝了会否定自己，觉得是自己不够优秀，所以才会遭到拒绝。遇到感情问题，内心的强大是最重要的。其实不仅是在感情上，在生活其他的方面，被拒绝是我们必然会经历的，如果我们每被拒绝一次，就否定自己一次，那我们很难找到真正成熟长大的自己。我们被拒绝，固然在某种程度上说明我们不够优秀，可这是一个用来提高自己的好机会。你认识到自己的不足，然后改正，就能变得更加优秀。

就拿被女孩拒绝这件事来说，你被拒绝后，也许需要更加注意自己的言行举止，需要更加努力让自己有某方面的特长。当我们真正从一个很积极的角度去思考问题的时候，就会在一次次被拒绝中变得更加“强大”。只要有自信，对生活、学习不懈怠，愿意同更多的朋友交往，自有人欣赏你。

对于拒绝你的那个人，没必要去回避，更不要因此而恨她。你可以尝试着放开自己的心，让自己接触更多的人，这样她在你心中的分量会变得越来越小，也许你会发现有更好的选择。你还可以尝试着跟对方成为朋友，虽然无法收获爱情之果，但却可以赏到友谊之花。

如何结束一段感情

杨崇山终于下定决心要和女友赵文文“一刀两断”了——不过在下这个决定之前的过程是多么的痛苦，只有杨崇山一个人知道。

杨崇山想，让两个人都来真诚地面对这一切吧。杨崇山把自己的想法，原原本本地讲给赵文文听，相信她是会理解的。此时最好的方法也只有快刀斩乱麻了，长痛不如短痛，就这样吧。

晚上，杨崇山没有一丝睡意，给赵文文写了一封很真诚的信：

赵文文：我很高兴和你一起度过一段快乐难忘的时光，它将成为我一生中最美丽的经历，我会把它珍藏到永久。只是，我们现在还都是学生，老师寄予我们希望，父母也对我们抱有厚望，我不想辜负他们。和你在一起的日子很快乐，但是我却迷失了自己，我很想重新回到以前，专心学习，实现我最后的理想。赵文文，我只是想说，你是一个很好的女孩，我想和你分开并不是你的原因，只是和你在一起我很难将自己的精力集中于学习，所以请你不要误会。同时也希望你也能好好学习，努力向上，争取好的成绩。

放下笔，杨崇山长长地舒了一口气。每个人的一生，都有自己要做的事，自己并不是为了一个赵文文而活，而是要为自己的将来而努力，应该是这样吧。

杨崇山很想好好祝贺一下自己，终于知道什么对自己才是最重要的。

给男孩的悄悄话

青春期男孩在面对异性，在面对此种青涩的情怀或是情窦初开的现象时，更应该冷静地思考：我真的喜欢她吗？她是我的最爱吗？我了解对方吗？对方了解我吗？她有什么优缺点？我能容忍她的任何缺点吗？我能在学业与交异性朋友之间做妥善的安排吗？

因为交异性朋友就牵涉“做决定”与“负责任”的问题，什么时候做决定较恰当？什么时候做决定较完美？什么时候交异性朋友较理想等都是必须深入去考虑的问题，在身心尚未发展成熟时就交异性朋友不但对自己的成长没有帮助，相对地会影响并阻碍其他各方面的发展。

更重要的是，此时的我们通常无法为自己做的决定负责，必须由父母或他人来承担后果，一时的激情需要以终生的幸福作为赌注。因此，喜欢一个人要等他长大，也要等自己长大，长大以后再说爱。

很多男孩会常把一句话挂在嘴边“只要我喜欢有什么不可以”，我是我自己，父母说左我就要说右！父母说黑我就要说白！父母说我错，我就要错！在此种情怀与逻辑推理中，只要男女相爱，永结同心，海誓山盟，在一起有何不可？殊不知，年轻的心是飞扬的心，同时也是脆弱的心，容易受到伤害，而影响一生的发展。

当你做任何事，做任何决定时除了考虑自己也要顾虑他人，我如此做对自己、对亲人、对他人有无影响？行为的后果如果损人利己或是对大家都有损害等都应该慎重考虑。而当此时，我们更要弄清楚：我真的爱她吗？难道不是一时冲动吗？我现在还小，以后会不会出现什么变化？

早晚有一天，你会长大，你会发展，你会走出现在小小的生活圈子，你会遇见更多的人，也许那个最适合你的人仍在远方，需要你长大以后才能与她相识、相恋。

性与生命的故事

生命的孕育真奇特

“今天生理课真的很是别开生面呀！生命的孕育真的是件奇妙的事情。

今天的生理课，我们老师首先问我们，小时候爸爸妈妈是怎么告诉我们自己是从哪来的？好多同学都被告知是从外面捡来的，有的也会被告知说是从妈妈的肚子里来的，有的甚至会从爸爸妈妈那里知道，自己是一个大鸟送来的。答案千奇百怪。生理老师卖完关子之后，就说，今天我们的课程就是让大家了解大家到底是怎么来的。

大家都挺兴奋的，因为很少有机会这么正面地去看这个事情，在家里爸妈好像都生怕我们知道自己是从哪里来的。

老师用视频短片和幻灯片向我们详细地展示了精子和卵子相遇的过程。听起来就像是一场战斗，而胜者为王的道理也适用于那个世界。原来，竞争从我们还没有出生的时候就开始了。

接下来老师又讲了受精卵不断成熟的过程，重点讲述了妈妈十月怀胎的不同感受和变化。为了让我们更加直观地了解这个过程妈妈的艰辛，老师甚至准备了沙袋，让同学们绑在肚子上，体验孕妇的生活。

不管男生女生都要去体验。开始还有男生跟老师抗议，我们男孩子又不用生孩子，就不用体验这种生活了，让女生好好学吧。老师严肃地跟他说："即使男孩子不生孩子，也要去体验母亲的感受。你在妈妈肚子里的时候，你的妈妈也是这样一天天走过来的。她也和女孩的妈妈们一样负重，并且时刻担心着你的安危和健康。所以今天的活动所有的人都要参加。"

男生们都不再叽叽喳喳了，大家开始认真地绑沙袋，体验孕妇的生活了。

我也戴着沙袋走来走去，真的好累呀，绑了一会儿就觉得很辛苦，而妈妈怀我的时候，竟然要日夜都负担着我的重量。我以后一定要好好对老妈。原来从我还没出生，还未来到这个世界的时候，老妈就开始为我辛劳了……"

诺伊的日记里还记录了许多关于观看人的孕育过程的片段和感受。他今天的收获很多很多。

给男孩的悄悄话

所有男孩恐怕都问过这样一个问题：我来自哪里？但是他们对得到的答案却并不满意。生命真正的来源是奇妙而伟大的。

当一个婴儿用响亮的啼哭来向迎接他的众多人打招呼的时候，你知道吗，他其实已经走过了大约十个月的并不短暂的旅行，而这个旅程，其实也很奇妙，因为它道出了属于生命所独有的传奇。

妈妈怀胎十月后体内的小人就会从母体内出来，来认识外边这个全新的世界。这也就是母亲的分娩。分娩对每一个母亲来说都是一个极为痛苦的过程，当然这痛苦中也包含着无边的喜悦，因为新生命降临也宣告了一个女人到母亲的完美转型。

生命的孕育过程真的很神奇。在不足一年的时间里，从受精卵到胚胎到胎儿，这一过程复现了生物进化的全过程，也预示了生命的繁衍和生生不息。

人常说，孩子是父母身体的延伸，也是父母希望和梦想的再度起飞。在孩子身上，人们能够看到生命的奇迹。

了解了生命孕育和诞生的全过程，作为男孩的你也应该有足够的理由来珍视这来之不易的生命。既然来这世界上走一遭，那就活出精彩来，也不辜负最初精子和卵子的神奇相遇。

不看“口袋书”

小刚的妈妈发现近几年来，小刚的学习成绩一落千丈。但每天都看到儿子在书房认真地看书，并没有出去玩，妈妈越来越困惑。

一个偶然的机会，妈妈找到了原因。一天，在上班的妈妈接到小刚班主任的电话，要求她赶快到学校来一趟。赶到学校，老师将从小刚书包里找到的书摆在了妈妈面前，妈妈的脸立刻红了。这些书的封面和扉页中画满了男女赤身裸体的图片，旁边配的文字更是具有挑逗性。还有的杂志中竟教男子如何讨得女人欢心，内容极其下流，文字描写极其露骨。成年人看到也会面红耳赤，可这样的书刊却藏在儿子的书包里，而且班级里传看这些书的不只一两个人。

回到家，妈妈查看了小刚的书桌，发现抽屉里藏着数本色情书刊、杂志，这些黄色书刊上面，盖着小刚的课本。妈妈明白了，原来小刚在“挂羊头，卖狗肉”，每天拿着课本做掩护，实际上是在看色情书，难怪他的成绩下降得这么快。

给男孩的悄悄话

在青少年中间传看的黄色书刊大多比较小，称为“口袋书”，具有携带方便，隐藏性好的特点。难怪小刚公然在家里偷看竟很长时间没有被发现。这些书刊内容粗制滥造、下流无比，对青少年的思想和行为有很强的腐蚀作用。

色情书刊的危害是很大的，它腐蚀人的心灵，导致人们追求低级的感官刺激，诱发犯罪，扰乱社会秩序，败坏社会风气，严重影响国家和民族的兴旺发达。警方在打击黄色流毒，取缔非法出版物时，往往发现青少年过早地涉足娱乐场所，有的还出入色情场所进行违法活动。

性并不是一个禁忌话题。性本来就是人的一项正常的生理需求，处于青春期情感萌动的少男少女对性感到朦胧好奇也是正常现象，但是要了解性，还是得通过正确的、健康的途径。

现在课堂上通常不能将性知识较为全面地传授给青春期男孩们，这就需要男孩自己去学习。可供选择的方式有许多：可以向父母等长辈咨询，可以查找书本知识，可以查找网络资料。

向父母等长辈咨询，要做到诚恳大方，没有什么值得害羞的。有时候，一些你认为很严重、难以解决的问题到了这些“过来人”那里都是些小事，他们还可以给你提供很好的建议。

查找书本和网络资料时要多加小心，不可是书就读，是网站就进。由于各方面的原因，有些书的内容和质量是不能保证的。网站更是如此，往往打着“普及性教育知识”的旗号肆无忌惮地宣扬不健康的性消息，其中的色情内容过多，如果长期接触，很容易沉迷其中，从而危害到青少年身心的健康成长。

那么，男孩在选择图书和网站时就要学会鉴别，哪些是可读、可看的，哪些是可以看一点的，哪些是完全不能看的，在自己的心里应该有一个平衡杆。如果平衡杆倾斜了，就说明书或网站中的不安全因素超标了，自己就要避开它，去寻找那些内容安全、可靠的资料。

爱了，就要担当责任

胡岩现在陷入深深的苦恼之中，他开始后悔自己当初的行为，他也不知道未来该怎么办。现在一切都乱如一团麻，他不知道头绪在哪里。这沉重的负担让他喘不上气来。女朋友左叶在他身边低声地哭泣，还在小声地询问胡岩，现在该怎么办。

一对高中生，陷入了一场麻烦之中。他们是早熟的孩子，高一的时候就开始谈恋爱，很快两人就偷尝禁果。但是事情并不像他们道听途说来的那么妙不可言，除了生涩的疼痛之外，两人再没有任何快乐可言。

年轻无知的他们也不懂得采取安全措施，两个人偷尝禁果的两个月后，左叶忧心忡忡地告诉胡岩自己怀孕了。这对一对尚在高中的恋人来说，无疑是晴天霹雳。他们一下子陷入了慌乱中，到底该怎么办?

两人达成一致，不能告诉父母这件事情。这件事情如果让爸妈知道了，非打断他们的腿，但是肚子里的孩子还在一天天长大，左叶的情绪也越来越差，她只是跟家人说自己是学习压力大才这样的，但是跟胡岩在一起的时候，她就会拼命问胡岩，到底该怎么办，到底该怎么办？都是你的错!

女孩的抱怨，让胡岩的心乱成一团，太后悔当初的冲动了，如今这个恶果他自己一个人怎么承担?

左叶后来就开始不断地提醒胡岩，一定要对她负责任，所有的事情都是胡岩应该负责，都是胡岩害了她。

来自事件本身的压力，来自女友的不断施压，胡岩终于忍受不了这么大的心理压力了。他跟爸妈摊牌。事到如今，爸妈没有过多训斥他，直接找到了那个女孩，协商问题的解决方案。

最终，两家大人达成了协议。左叶父母带着女儿去了很远的城市做流产，而胡岩却陷入了深深的抑郁。

他不能原谅自己不能负责，而他也无力承担全部的责任。一直处于巨大的压力状态下的胡岩只好靠着抗抑郁药物来维持自己的正常生活。

犯了错，真的是男孩一个人的错吗？女孩没有责任吗?

给男孩的悄悄话

有一句话适合送给胡岩和左叶："在爱情里，如果两个人都能对自己负责，对他人负责的目标就也可以间接达到了。"

爱情非常美好，但是不堪一击，因为人们总是喜欢把爱情建立在虚无缥缈的幻想世界里。当我们疯狂地爱上一个人的时候，需要冷静地观察对方是否也愿意为你而真心付出，如果对方不愿意，就不要强求。或者是对方因为感动而和你在一起，那也是不合适的，因为感动仅仅是一瞬间的事情，在漫长的平淡无奇的生活里面，感动会慢慢地消失。其实大家都很明白，现实与想象中的情节实在太遥远。

于是“责任感”就变得非常重要。

爱情是神圣纯洁和永恒的，而责任是在一定条件下必须履行的义务，是不可推卸的。

当爱情与责任融为一体的时候，就赋予两者特定的含义。爱情就不仅仅是取悦对方，而是包容对方一切优缺点；责任就不仅仅是暂时的允诺，而是呵护对方一生的幸福。当爱情脱离责任的轨道时，它就是一列货车，伤人伤己；当责任飞离爱情的恒星时，它就是一颗流星，瞬间逝去。只有爱情和责任真正统一于男女之间的时候，爱情与责任才是完美和负责的。但在婚前婚后有所侧重，婚前谈的是感情，婚后担的是责任。只有融贯双方的责任，才是真正的爱情。

正是出于一种责任心，两个人在交往过程中就更加需要互相尊重，担当彼此的重担。你可能会经常看到这样的例子，女孩以为自己“一给了之”，然后把所有的责任推给男孩，结果是这男孩“一走了之”。或是，男孩为了满足自己强烈的青春欲望，不顾女孩的感受，或者可能造成的恶劣后果，而偷吃禁果。这实际上是很不负责任的，因为当一些事情真正发生的时候，你是没有任何能力与经验去处理的。所以，这样做了，就是把自己和对方陷入一种艰难的境地。在爱情里，无论是面对着怎么样的一个问题，男孩女孩都更加需要从责任的角度去思考，互相体谅，互相关心和鼓励。

正如中国当代著名的作家阿来所说的，“自由的第一个意义就是承担自己的责任。”生活就是这样，它来不得半点随意，请不要以自由的名义来逃避责任。每个人在做事情的时候都要想到可能出现的后果。虽然没有人能够保证自己做的事情万无一失，但是每个人都可以用自己的责任来弥补可能出现的失误。

所以，青春期的男孩女孩从小培养责任意识将会受益终生，不要被爱情冲昏了头脑，忘却了责任。

性不是罪恶的事情

林泽最近总是精神萎靡的样子，每天上课的时候也打不起精神来，下课也很少和同学们一起玩。他一直待在自己的座位上，不言不语，好像遇见了什么烦心事。班主任王老师发现了他最近的变化，主动叫他来谈心。

林泽依然不说话，坐在王老师对面的椅子上，佝偻着背，就像是一只大虾。见谈话没有什么效果，王老师以为林泽身体不舒服，就打电话询问了林泽的妈妈。

这一问才发现，原来真的有问题了。林泽的妈妈反映，她在给儿子收拾房间的时候，发现床单上有斑斑的污渍。林妈妈说得很隐晦，但是王老师还是明白了，那些污渍应该就是精液。

男孩到了发育的阶段，自然会出现这样那样的生理现象。王老师先安慰了林妈妈一番，让他放心，不要过度担心，这些都是正常的。

和林妈妈通完电话之后，王老师大概明白了林泽的问题。他又把林泽找来。这次不是在办公室，他请林泽去了学校附近的茶馆。这茶馆的私密环境要好很多，这样林泽可能不会那么难为情。

在悠扬的音乐里，林泽跟王老师说出了自己的苦恼，最近，他看见漂亮的女生之后，身体的某些部分就会有反应。他越是想控制，就越是没法控制，这让他很苦恼。他都不愿意参加学校的活动了，因为失常的状态让他觉得很丢人。对女生的那些冲动让他觉得自己就是色狼，特别龌龊。

这样的想法让他觉得自己在同学面前没法抬起头，而晚上有时候梦见了一些很禁忌的场面，之后就会发现被子都被弄脏了。他觉得想这些事情很有罪恶感，但又不知道怎么摆脱，非常苦恼。

给男孩的悄悄话

生活中，由于青少年神经发育相对迟于其他生殖器官和机能的发育，加之阅历浅，思想不成熟，对很多事物缺乏明确的是非观念，理智驾驭不了感情。生理上的发育成熟、性冲动的不断增强和心理上的不成熟，往往对“性”感到迷惑、恐惧、焦虑，甚至有罪恶感。另外，有些青少年对性发育好奇，或盲目追求而沉湎于性烦恼。由于自控能力差，如果受到某些外界因素的刺激，青少年就会发生一些鲁莽、反常和越轨的行为。

生活中，与林泽有着同样苦恼的青春期男孩如何早日走出“性”的误区呢？

首先，要正确对待手淫的问题。

青少年由遗精而尝到快感后，进而玩弄生殖器，养成了手淫的习惯，很多有手淫习惯的青少年由于缺乏正确认识，不知道手淫对身体有无危害，听到了一些有关手淫会影响结婚和生育的传闻，更加惶恐不安，充满道德上的犯罪感。有些青少年，因此变得沉默寡言，萎靡不振，这都会直接影响学习和工作，造成对身体的损害。其实从医学角度看，手淫的危害程度并不像一些人所说的那么可怕。国外调查资料表明，90%以上的男女青少年都曾经有过手淫的历史。国内的发生率可能会低些。

当然，过度手淫或过分追求性刺激，使生殖器长期处于充血状态，则容易诱发前列腺炎。另外，一些青少年为了寻求刺激，四处收集黄色书刊，沉湎于荒诞而离奇的性幻想中，使自己意志消沉，学习精力分散，甚至走上犯罪之路，这是要不得的。有志青少年应下决心戒除掉这种不良的习惯，把主要精力用于学习和工作，努力进取。

其次，要学会调节、克制异常性冲动。

这就要求青少年生活要有规律，每天按时睡觉，按时起床，不睡懒觉，睡觉前应避免过度兴奋。同时还要注意生殖器的清洁卫生。每天睡觉前应用温水清洗，避免不洁之物刺激生殖器。睡觉的姿势要合适。理想的姿势是侧睡，下肢稍弯曲，各部分肌肉放松，最好多向右侧睡，尽量避免仰睡和俯卧睡，以减轻对外生殖器的摩擦。铺盖的被褥不要过暖、过重，内衣裤要宽松，不要过于紧小，使对生殖器的摩擦尽量减少到最低程度。

最后，还有一点比较重要的是，要学习一些有关性的生理和心理知识，正确认识性冲动，使它永远处于自己的理智控制之中，防止因一时冲动而发生悔恨之举。

步入青春期的男孩一定要抵制诱惑，避免各种不良刺激。要警惕色情的书籍刊物、淫秽图片和音像制品的毒害。同时要提高克制力，及时转移注意力，弱化冲动欲念。如到户外去走走，同朋友玩一玩，参加些文娱体育活动，大脑中枢神经的兴奋转移了，性冲动就会自然消除。

男孩子还有一点需要知道，性和爱情一样，是需要等待的，因为它们都有属于自己的特定绽放时期。过早涉足其中，往往会给自己带来无可挽回的后果。

因此，步入青春期的男孩们，请慎重对待性，慎重对待自己的身体和未来。

安全&健康

——你也可以是『地球超人』

舞好网络这把“双刃剑”

满脑子都是游戏怎么办

18 岁的小凯原本应该坐在宽敞明亮的教室和老师同学们一起学习，接受各种新的知识，新的文化。可是现在的小凯却只能在铁窗后面流着悔恨的泪水。

小凯从初中二年级的时候就开始进入网吧玩游戏，平时玩玩虚幻浪漫类的网游。心情不好的时候，还会玩一些恐怖暴力的游戏。觉得在游戏里打人杀人特别刺激，在那一刻仿佛所有的烦恼都消失了，忘了繁重的功课，忘了和父母的隔阂，也忘了和同学的矛盾。取而代之的是一种强烈的快感。

迷上网络游戏的小凯，成绩一塌糊涂自是不必说了。不论课上课下，醒着还是睡着脑子里总是不断地浮现游戏中的画面。“杀死他，抢他的武器。”连睡梦中的呓语都是关于游戏的。

有一次，小凯又到网吧玩游戏，在网上与一个人对骂起来，气愤得不得了。后来发现两个人竟在同一个网吧里。小凯走过去，揪住那人的衣领就把他摁倒在地。这时候，脑子里一下就浮现出游戏中杀手酷酷的打人杀人的场面。就学着游戏中的样子，拳打脚踢，甚至还摸出了随身携带的匕首，朝对方刺去……

幸亏保安赶到及时制止了他，但是那个人已经被刺成重伤。在游戏中“走火入魔”的小凯就这样走进了监狱。

就是因为沉迷于不健康的网络游戏，小凯慢慢地分不清虚幻和现实。自己原本可以利用那些时间和精力做很多有意义的事情，可是现在只能在监狱里悔恨流泪。

给男孩的悄悄话

网络游戏的虚拟性、隐蔽性和交互性，使青春期男孩在网络游戏中能够随心所欲地宣泄自己的情感，做出现实社会规范所不允许的事情。遇到现实问题首先想到用游戏中的规则来认识和解决，无视社会现实和社会法律。且网络游戏大多以“暴力、凶杀、色情”为主要内容，长期玩飙车、砍杀、爆破、枪战等游戏，火爆刺激的内容使游戏者模糊道德认知，人格异化引发道德沉沦、行为越轨，甚至导致违法犯罪的问题增多。

沉溺于网络游戏，将自己置身于虚拟的环境中，会使自己缺乏人际交往，逃避现实，心理产生自闭倾向和畸化，与社会和现实格格不入，又极大地浪费时间和金钱。

网络游戏会像吸食精神鸦片一样，使你丧失理性，脱离法制约束，丧失了人与人之间的真诚，甚至会使人丧心病狂地抢劫、杀人、谋财害命，最终把自己送上刑场。因此，青少年在思想上首先要筑起牢固的防线，提高辨别是非的能力。

想抵制对网络游戏的迷恋，可做以下尝试：

1. 游戏无限，时间有限。网络游戏不是人生的理想和目标，而是调节生活的手段和方式，两者不可错位。

2. 培养科学、健康的兴趣和爱好，把对电脑的兴趣转移到学习网页制作、网站建设、动画制作、电脑编程等网络知识方面。学会利用网络获取知识、获取信息、培养创造力，学会利用网络进行科学研究，学会利用网络资源提高学习效率。

3. 树立起科学的闲暇意识和闲暇态度，合理地安排自己的闲暇活动。热爱大自然，忘情于阳光、沙滩、海浪、草地、森林之中，在自然中培养情趣、放松身心。

4. 善于发现生活中的乐趣，树立比玩网络游戏更重要的目标，如维持朋友间的情谊，完成某一项探索活动等。

5. 遵守网络公共道德规范，严格自律，杜绝上不健康的网站。遵守未成年人不得进入网吧的规定。

6. 如果发现自己过度沉迷或依赖网络游戏，要及时进行心理调试或向心理医生咨询。

避开网络诈骗的陷阱

黎强喜欢上网，不过他和其他喜欢上网的男孩不太一样，他不喜欢玩游戏，也不喜欢泡论坛，他喜欢研究电脑技术。最近，黎强在一个群里认识了一个很厉害的网友。他自称是黑客，还教黎强怎么盗人游戏密码等，所以黎强很崇拜他。

忽然有一天，这个自称是黑客的网友让黎强在银行开个户头，往里面存 500 块钱，说他可以修改银行账户程序，往黎强的户头里面存很多的钱。黎强只是个初中生，零花钱很少，而他有许多想买的东西，最新出的电脑杂志啦，新款的运动鞋啦，还有给自己的电脑换个好配件……不过，黎强突然想到了爸爸常说的一句话：世上没有免费的午餐。他决定跟爸爸说一下这件事。

爸爸看了网友和黎强的聊天记录，告诉儿子："这是一起典型的网络诈骗，如果你真把钱存进去不但不会变多，还会连这 500 块都消失得无影无踪。"

黎强在爸爸的帮助下，联系了网络警察。

给男孩的悄悄话

网络使人与人的交流变成了人"机"模式，使一些不怀好意的人虚拟的事物更加逼近事实，或者能够更加隐蔽地掩盖事实真相，从而使善良的人们容易上当受骗。网上诈骗的陷阱大部分是以一定虚假的利益为诱饵，以骗取人们的钱财，青春期男孩们在网上聊天、交友时，如果对方要求你汇入一定的款项，允诺会获得巨大利益时，须知道这是个陷阱，切不可贪图蝇头小利，过分相信对方而受害。应养成正直、向上的人格，对“网上掉下来的馅饼”慎之又慎，还可以向公安机关举报此类诈骗事件。

男孩上网需要注意以下问题：

1. 网络拍卖欺诈。以虚拟市场为诱饵，放出大量的拍卖信息。在消费者支付以后，他们得到的往往是价值较低的商品，或者什么也没有。

2. 高价回收骗局。介绍某个项目或产品如何好，有高额利润回报，要求参与者花巨资买回生产资料或生产产品，他们负责回收。但回收时却以质量未达标或交货期延误为由拒绝回收。

3. 利用特殊软件，进入一些网络游戏群发虚假的中奖信息，并声称获此奖项者必须先交纳一定数额的手续费，并让中奖者将手续费汇入他们提供的银行账户上，实际上子虚乌有。

4. 大奖赛诈骗。发电子邮件，告知中大奖了，要求你汇几元钱去确认，或者支付邮资以方便他们邮寄。别小瞧这几元钱，上当的人多了，数额可不得了。

5. 收发电子邮件赚钱。以挣钱为诱饵，但结果是忙活了好一阵子，挣的钱还抵不上网费，白白为人家打工了。

6. 传销综合非法集资。在电子邮件里告诉你在一定时间内把此信息复制多少份发给其他人，并寄去一定的钱款（一般数额不会很大），还列出一个数学计算方法，告诉参与者不久将会获得一笔可观的收入。

7. 点击广告条。要求上网时打开广告商给的一个广告条，在网上浏览时阅读（显示）广告，广告代理商则会根据广告在你电脑上的显示时间或点击次数计算，支付给你一笔报酬，但通常没有下文。

8. “创业机会”。电子邮件宣称，只需很少的资本和时间就可以开创属于自己的事业（当然要与他们合作），但其最终目的只是为了骗钱。

9. “连锁店”。以“如何一月内赚到5万元”的动人口号，诱惑网友往指定的地点寄钱。

10.“免费赠品”。从电话账号到电话卡都有。但如果真想拥有它，得先付一笔会员费，或吸引“下线”入会才行。

11.“内线消息”。向网友兜售所谓股市、汇市的内线消息。试想，如果消息真有效，那些人早就发大财了，何必还靠卖它为生。

12.“修改信用卡记录”。宣称只要肯付钱，他就能帮助网友修改不良的信用卡记录，或是帮助网友申请一张新卡，但是国际信用卡组织可不吃他这一套。

13.“卖假药”。从“减肥灵”“伟哥”一直到治疗糖尿病的药都有，标榜独家秘方，其实是江湖郎中的“网络版”。

不要在网上随意交友

常利这几天只要一听见家里的电话响，就心惊胆战的，生怕又是那个讨厌的声音。现在常利真后悔，认识到不应该随便把电话号码告诉别人。

原来常利被一个名叫“芊草”的女网友给缠住了，几乎天天打电话和常利聊天，约他见面。爸爸妈妈怕影响常利学习，在接电话时告诉女网友，常利还是学生，不要影响他的学习。没有想到，女网友竟然义正词严地对常利的爸爸说：“每个人都有交朋友的权利，你没有权利干涉我们！”她的话令常利一家哭笑不得。

这个网友有时半夜会突然打过来电话，家里以为出了什么急事，就慌慌张张地起床接电话，因为这个有一次，妈妈起床接电话时还摔倒了。接起电话一听竟然是那个女网友要常利出去看月亮。这个网友令常利一家头疼不已，常利觉得对家人很抱歉。

事情是这样的，原本不太爱聊天的常利最近迷上了 QQ 聊天，在网上碰到了“芊草”。芊草语言幽默，性格豪爽，俩人越聊越投机。常利就告诉了“芊草”学校地址、家庭电话。

常利还和“芊草”见了面，没有想到，“芊草”竟然是一个 30 多岁的妇女，现实中的谈吐举止和网上差别巨大。见面后常利就把她从好友里删了。没有想到，网上联系不到常利后，她开始天天往他家里打电话，还要去学校找他做朋友。

网友不断骚扰，给一家人带来了很大的困扰，现在爸爸妈妈已经决定报案了。常利现在后悔极了，没有想到自己随便交网友竟然给自己和家人带来了这么大的麻烦，以后一定不敢随便交网友了。

给男孩的悄悄话

青少年正处在青春期，这个时期的他们渴望友谊和交流，网上聊天给了他们倾诉的空间和对象。但是网上也有陷阱，对于天真单纯、涉世不深的青少年，特别是一些爱幻想、充满了好奇心的男孩来说，稍不留神，就会掉进网友设好的陷阱。

可见，结交网友不慎，会对自己的身心健康造成伤害，严重者会招致杀身之祸。虽然网友大部分可以信赖，但毕竟网友是不可预知的陌生人，甚至可能暗藏杀机。青春期男孩缺乏社会经验，对危险估计不足，遇到意外往往会成为受害者。迈脚前当三思：

1. 安全问题。盲目地去见不相识的网友，其实就等于对自己的生命不负责任，也是对亲人的不负责。

2. 后果问题。真发生了侵害问题，自己身心受到伤害，家人、老师、同学也会因你受到伤害，甚至会造成幸福家庭的毁灭。

3. 影响问题。面见网友，会影响正常的学习，干扰正常的生活，带来严重的负面效果，还会给生活留下隐患。

青春期男孩在网络上交友时，须注意以下几点：

1. 时刻保持警惕，不要轻信他人。

2. 告诉网上的人关于你自己和家里的事情。网上遇见的人都是陌生人，所以你千万不可以随便把家里的地址、电话、你的学校和班级、家庭经济状况等个人信息告诉你在网上结识的人。

3. 密码只属于你一个人。所以不要把自己在网上用的名称、密码告诉网友。

4. 不轻易相信网上的人讲的话。任何人在网上都告诉你一个假名字，或改变性别等。你在网上读到的信息都可能不是真的。对于那些不停索取私人通信方式，或主动给你 QQ、电话的人，一定要慎重对待。

5. 不邀请网上结识的人来自己家。尤其是当你单独在家时。

6. 保持平常心，提醒自己正在做什么。想进一步与对方加深关系之前，回顾一下自己的交友过程，并反思自己想要得到什么。不要强迫自己做使自己或他人不愉快的事情，不要过早过快地投入感情，尤其是在约会前，应慎重考虑。

7. 选择公共场所约会，并告知他人，或让亲友陪同。如果对对方有足够信任，且到了可以约会的程度，在约会前要确定一个首要原则：单独去一个陌生、偏僻的场所和陌生人约会是非常危险的。

8. 约会时要察言观色。不可能通过网络了解一个人的真实背景或真正性格，所以约会时要随时观察对方，防止发生意外的伤害。在任何情况下都要确信自己的判断，确认他人的行为是否会伤害到自己。

别被网络黄毒毁了

淙淙是个初中生了，一个偶然的机会，他从网上发现了一个黄色网站。网站上都是一些穿着暴露的年轻女孩图片，淙淙出于好奇，就进入了那个网站。除了暴露的贴图以外，还有一些跟帖和留言，那些留言是在评论一些女孩，内容都非常低俗不堪入目。淙淙从来没有接触过这些东西，他在学校跟女生说句话都要脸红半天呢，一些调情的话让淙淙在电脑前都觉得自己的脸是火辣辣的。

他赶紧关掉了那个网站。

但是睡前，淙淙突然又想起了网站里的东西，他又点开了那个网站的主页。这次打开网页前，他先把卧室的门锁了起来。万一爸爸妈妈突然冲过来，他就没法交代了。做完“准备工作”， 淙淙在电脑前长出了一口气，才屏住呼吸，打开了一个视频。

自此，他疯狂迷恋这个网站，他专门申请了账号，还故意把自己的年龄写成了 30 岁，每天放学都沉迷于这个黄色网站。淙淙甚至在这里结交了一些“朋友”，一些年轻的女孩还主动约他见面。每天在网上聊天到深夜，自然白天的学习效率是没法保障的。淙淙的成绩一落千丈，精神也萎靡了。而且他开始频繁地手淫，手淫后又产生深深的罪恶感。

他陷入自己闯入的怪圈里无法自拔。他开始悄悄从家里拿钱，去支付打开特殊视频的费用。

爸爸妈妈终于觉察到了淙淙的变化。开始妈妈和善地跟淙淙探讨最近学习下降的问题，看着他好像精神不太好的样子，妈妈还建议淙淙去医院检查一下。妈妈怀疑是学习压力大累坏了宝贝儿子。等爸爸用淙淙的电脑查阅一个文件的时候，才发现了淙淙登录黄色网站的事情。

终于找到了问题的症结，爸爸妈妈商量了很久，决定正面和淙淙谈谈这个事情。儿子长大了，也开始关注男女之事了。单纯制止肯定没法消除他想要了解这方面事情的欲望，那么，就把所有的事情都讲给他听，以免儿子再受那些黄色网站的诱惑，把前程毁掉。

一个小型家庭会议等待着淙淙参加……

给男孩的悄悄话

生活中有形形色色的诱惑，它们是一个个看不见的却足以把青少年推进厄运深渊的隐形恶魔。有时候，某些不怀好意的人，将青少年心里一些原本正当的欲望，如对性的了解欲，或是对不熟悉的事物的求知欲等激活、放大，并扭曲，通过阻碍青少年正常的思考而达到他们不可告人的目的。而在这众多危害中，网络黄毒，正以强大的势头向刚步入青春期的孩子袭来。有许许多多青少年面临着与淙淙同样的问题，一些男孩甚至因为网络黄毒做出了无法挽回的事情。

对于含有如此剧毒的网络黄片，青少年时期的孩子一定要提高警惕，擦亮眼睛，不入圈套。黄色网站里的内容极其下流，诱惑力极强，对学生的身心健康、思想意识、日常学习有极坏的影响，不仅是公安机关严厉打击的对象，也是人们自觉抵制的对象。学生上网查阅资料时，要注意关键词的使用。有些色情网站，为了逃避打击，经常以类似的名称出现在人们面前。浏览时要时刻警惕，一旦无意识地打开了黄色网站，要立刻关闭，不能关闭时，要强行关机。不要有丝毫的好奇心，更不能抱着只看一次，下次不看的念头。在黄色的诱惑面前，有了第一次，就可能有第二次、第三次……

在浏览网页时，一些伪装的黄色网站的页面会不请自到，有时会突然跳出来，骚扰你。无论以什么方式出现，都要立刻关掉它。也可以请网络高手为你的计算机设置反入侵程序，积极阻断“黄客”侵入。

处于青春期的男孩子们，一定要通过正确的途径了解性，要远离网络黄色鸦片，保证自己在人生美好的花季中健康成长，不要轻易被网络黄毒所俘虏。

远离虚无缥缈的网恋

伟民是高中二年级的学生，原本一直平静的生活最近几天被打破了。伟民在网上聊天时偶然认识了一个网名叫“茉莉”的女孩，“茉莉”的出现彻底扰乱了伟民的生活。

升入高二后，伟民明显感觉学习压力大了，周围的同学都在忙碌着学习，一些压力烦恼又不好意思向父母师长诉说，总觉得很憋闷。不过最近伟民找到了解决压力的好办法，那就是和网友聊天，诉说自己的苦闷，宣泄自己的压力。因为在网络上大家彼此陌生，现实中没有交集，所以在网上发言可以毫无顾忌，痛快地表达自己。

伟民是在聊天室聊天时认识“茉莉”的。“茉莉”文笔很好，语言又幽默，加上两人很有共同语言，天南海北无所不谈，没几天两人就打得火热了。伟民开始越来越依赖迷恋“茉莉”，尽管没有见过面甚至连真名都不知道，但是伟民觉得自己已经深深地喜欢上网络中的她了。

每天放学回家后，伟民都会迫不及待地打开电脑，寻找那个小兔子的头像。只要看见她上线就心花怒放，看到头像是灰的，心里就莫名地失落。上课时满脑子里都是网络上的“茉莉”，哪还有心思听课。要是前一天晚上“茉莉”没有上线，伟民一整天都会焦躁不安，精神恍恍惚惚的，总是在猜测她为什么没有上线呢？伟民心里总是惦记着网络中的“茉莉”，心中的想法都只和她诉说，和同学们之间的关系更疏远了。

他实在受不了朝思暮想的煎熬了，提出要和“茉莉”见面。没有想到“茉莉”竟然告诉他，她已经结婚了，并且已经有了一个3岁的孩子。这个消息对伟民来说不啻于晴天霹雳，伟民似乎无法接受这个事实，自己视为知音，付出这么多感情的“茉莉”竟然是……伟民简直不敢想下去。

现在的伟民成绩已经一落千丈，才发现前一段时间落下了那么多功课。他一直没有从网恋的阴影中走出来，觉得很懊恼，又觉得耻辱。现在整天无精打采，一副心事重重的样子。

给男孩的悄悄话

可能很多青春期男孩都会碰到伟民这样的事情，自己在网络中投入了真实的感情，换回来的却是欺骗。现在青少年当中很流行见网友，在虚拟的网络上聊得热火朝天，卿卿我我，现实中却发现对方是“恐龙”，与自己预想的相差太远。

现在是信息时代，作为当代的青少年更是非常主动地去接触网络。但是网络给我们的是一片虚拟的天地，在这并不纯洁的天地里，鱼龙混杂，很多行为都得不到约束。而通常青少年辨别是非的能力较差，一旦坠入网恋的泥潭，往往无法自拔。

具体来讲，网恋对青少年造成的负面影响有：

1. 花费大量的时间、精力还有金钱。把自己的生命浪费在虚拟的网络中，网恋的青少年，时时会想起网络中的“她”，不能安心学习，导致学业退步甚至荒废。青少年时期是学习知识、开阔眼界、拓展思维的黄金时期，把最美好的时光都交给了虚拟的网络，浪费的时间是永远无法弥补的损失。

2. 网恋的青少年常常会有一些心理上的障碍，给现实生活带来不便。比如网恋的青少年把自己的心里话、喜悦或者烦恼都向不认识的人倾诉，觉得虚拟的网络环境令他们很轻松。在网上他们妙语连珠，机智活泼，可是一回到现实中，往往沉默寡言，不愿意与他人进行正常的沟通交流，觉得不安全，对他人不信任，妨碍了人际交往。

3. 妨碍了青少年健康兴趣和爱好的发展，知识面越来越狭窄。因为网恋而沉迷于网络，上网似乎成了生活中唯一的活动。

4. 道德标准扭曲。沉迷于网恋的青少年，整天接受大量不健康的网络信息，在游戏里陌生人就可以结婚，很多男孩子在网络里有很多的“老婆”，可以和网上很多不知真实身份的人打情骂俏。时间久了，网络里的是非标准会潜移默化地影响现实中的行为。当回到现实中时有可能习惯了在虚幻中的欺骗，不负责任。

5. 影响身体健康。青少年正处在长身体的时候，长时间对着电脑，很容易脊柱变形，视力下降，电脑辐射会损伤皮肤。

6. 容易走上犯罪道路。网络毕竟是虚幻的，彼此都有隐瞒、欺骗。网上很容易结交一些品德低下的人，网恋“见光死”后，会惹上无尽的麻烦。

大部分的网恋因为没有感情基础，彼此不信任，多数以悲剧收场，而网恋一旦结束，会给青少年带来失恋的长期痛苦，因此青少年应充分认识到网恋带给我们的危害，培养健康的兴趣爱好，在大好青春里努力学习知识，杜绝网恋。

谨慎下载软件

文龙高二就迷上了计算机，经常上网学习图形设计，学习网页和动漫制作，需要很多的软件支持。他一有空，就在网上疯狂地寻找，凡是适合自己的软件，只要是免费不花钱的，就不管三七二十一，大量下载。他还经常为自己能免费使用软件向同学们炫耀，说自己是软件应用大师。

前不久，他辛苦了半个月，设计出一个复杂的动画，准备参加比赛。这个动画设计，需要一个新软件支持。他发现一个软件很新奇，就盲目地下载下来。结果，软件中含有致命缺陷，还有间接发作的病毒，把计算机给毁了。半个月的辛苦全泡汤了，还损坏了一些电脑部件，气得他快把地板给踩陷了。

给男孩的悄悄话

我们都知道网络上有很多免费软件，内容五花八门，涉及的范围广泛。但其中很多软件鱼目混珠，有的“黑客网站”专门搞恶作剧，以毁坏对方的计算机为乐；有的“骗子网站”以骗取钱财为目的；有的“钓鱼网站”先给你一点甜头，待你上钩后，再狠“宰”你一刀。

所以一定要注意，时刻要警惕。需要下载软件时，不要登录不熟悉的网站，更不能轻易在可疑网站上下载软件。一定要到正规、信誉度高的大网站，或者专业网站上下载，以杜绝一切危险的发生。

为防止“中招”，我们可以采取以下措施：

1. 先制作一张应急盘。制作一张系统应急引导盘是非常非常必要的，最好还要复制一个反病毒软件和一些你认为比较实用的工具软件到这个盘上，然后关上写保护。

2. 不要与人共享文件夹，这是很危险的传播途径。

3 . 不要完全相信朋友的电子邮件，如果收到奇怪的信件，或者信件中有许多乱码，这可能是病毒。到转信站申请一个转信信箱，在你使用的电子邮件程序中找到限制邮件大小和垃圾邮件的项目并设置，如果发现有很大的信件在服务器上，用一些可以登录服务的程序直接删除。另外，最好不告诉别人付费信箱地址，而只告诉转信地址。

小心邮件“炸弹”

初三的罗语已经习惯每天用电子邮件与远方的外公外婆联系，他经常使用电脑接收文件。

一天，他打开信箱，发现了一个奇特的电子邮件，邮件名字是：“送你999朵玫瑰花，恭喜你有桃花运了！”他觉得很好玩，就打开文件。玫瑰花慢慢显现，突然“砰、砰、砰”三声，显示器开始花屏，最后电脑死机。

罗语重新启动计算机，可是仍然无法运行。里面花费了大量心血搜集来的材料全找不到了，令他懊丧不已。

给男孩的悄悄话

电子邮件给人的通信带来了真正意义上的便捷，让人在几秒钟之内就能感受到亲人、朋友的问候与温暖。在享受快乐的同时，要警惕邮箱里的“炸药包”。

有些病毒名往往很好听，比如：你中大奖了！你发财了！开奖秘诀！美女向你招手！天大的秘密！打开，就送别墅！紧急通知！快来，开走汽车！我是你的老同学！等。都伪装得很好，或者隐藏在好看的画面里面，并以邮件的方式发送到你的信箱里。带病毒的邮件伪装得非常巧妙，有时很难察觉，一旦你鲁莽地打开信件，就会遭到攻击。所以要时刻提高警惕，不能麻痹大意，存侥幸心理。

让电脑成为好帮手

小波是初中二年级的学生，性格活泼开朗，为人热情，积极参加学校的各项活动。因此小波特有人缘，到哪都前呼后拥一大堆，俨然一个小领导。小波整天无忧无虑，像个快乐的小天使。只是最近小天使很不开心。

班里新建了一个QQ群，这个群的成员都是同班同学，创建这个群是经过老师同意的。在那里大家可以畅所欲言：可以互相交流学习经验；可以分享快乐，倾诉烦恼；还可以互相推荐图书，电影，美食。总之，都是大家感兴趣的话题。

通过这个群，同学们相互之间更了解，感情更深了。班里大部分同学都加入了这个 QQ 群，小波当然也要加入，可是爸爸妈妈认为那样影响学习，说什么也不同意小波上网聊天。

“你们能有什么好聊的，还不是一块商量着怎么玩，怎么对付老师家长啊，我才不上当呢！”妈妈坐在电脑前不肯让座，“你们小孩子玩电脑，影响学习！”小波抗议道：“不让上网才影响学习呢，上网可以学到很多东西的，可以查资料，还有网上课程。”妈妈坚决地说：“不行，网络不安全，很多好孩子接触网络后就变坏了，等你长大后再说吧！”

小波觉得很无奈，为什么一提网络，爸爸妈妈就会联想到一些不健康的信息呢。爸爸不是经常利用电脑查资料，妈妈不也经常网上购物，看韩剧，怎么轮到自己了，网络就“很黄很暴力”了呢？

平时，爸爸妈妈严禁小波上网。只有假期的时候偶尔可以上会儿网，但是上网必须是在爸爸或妈妈的监视之下，不允许看一些无关的网页，不准玩游戏，不准和陌生人聊天，而和同学聊天也只能和同学谈学习。为了防止小波偷偷上网，爸爸竟然给电脑加了密码。

不想被同学们当成笑话，也为了和爸妈“抗争”，小波就经常偷偷地去网吧上网。上网的时候和同学聊天，浏览新闻，当然也偶尔玩游戏。通过网络，小波学到了许多课堂以外的内容，和同学们的关系更加亲密了。

小波多想告诉爸爸妈妈：通过网络，不仅爸爸可以更有效地工作，妈妈能丰富生活。而且我们学生通过网络也可以更好地学习，为什么不相信我呢？

给男孩的悄悄话

购物、加工图文、听音乐、看电影、聊天、上论坛、游戏、资源共享……今天，电脑神通广大的触角几乎抵达了学习、生活、工作的所有领域。

随着科技信息的高速发展，电脑已经进入千家万户，所以青少年一定要学会使用电脑。

有学者指出，多媒体电脑是一种很好的学习和游戏的工具，不仅能促进青少年智力的发展，还能促进青少年非智力因素的发展。美国的一项研究表明：使用电脑的青少年和仅接受传统教育的同龄青少年相比，在学习上进步更快。他们认为，让青少年从小接触电脑，有利于智力开发和增强对新技术的适应性。

男孩们在学电脑时，须注意以下几点：

1. 忌好高骛远，要打好基础。对于初学者首先应该掌握基本操作。学电脑的目的在于应用，因此，学会和掌握一种文字处理软件是必要的。

2. 忌纸上谈兵，要勤于实践。计算机有很强的操作性，因此对初学者来讲一定要利用好各种时间进行上机训练，将理论转化为实际操作，这样才能真正地消化吸收。不少人认为自己缺乏英语基础，学电脑很困难。其实现在操作系统和很多软件都是汉化版，不懂外语一样能上计算机。

3. 忌浅尝辄止，要精益求精。学习电脑知识除了选择好自己适用的教材，还要阅读一些有关的杂志和报纸，拓宽自己的知识面。

4. 忌见异思迁，要持之以恒。

如何应对生活中的意外

熄灯了，不要点着蜡烛学习

快要临近考试了，大家都忙着复习，直到考试那天。

那天考场上少了很多人，宋方宇心里很纳闷：奇怪，怎么那么多人没有过来参加考试呢?

原来，有一个宿舍的同学，他们平时不好好学习，临近考试的时候着急了，临阵磨枪。可是宿舍的管理有规定，晚上11点准时熄灯。眼看第二天就考试了，还有很多书没有看完，怎么办？其中一个同学急中生智，他想到了蜡烛，于是开始了“秉烛夜读”。

其他的同学纷纷效法，大家都点起了蜡烛学习，应付第二天的考试。其中有一个同学实在是太困了，在看书的过程中没有撑住睡了过去，把蜡烛碰倒了，于是蜡烛把床上的棉被烧了起来……

所以，有很多人没能准时参加考试，宋方宇点点人数，都是那个宿舍的同学。

给男孩的悄悄话

现在使用蜡烛进行照明的人家已经很少了，但是如果遇到了停电或者是其他的特殊活动，还是常常会使用到蜡烛。还有住校的学生，熄灯之后在床上点蜡烛看书的情况也比较多见。日常生活中如果蜡烛使用不当会引发火灾。

使用蜡烛时，应在蜡烛点燃之后牢牢地固定在烛台上，如没有烛台应将其固定在不燃物体上，切不可放置在床头、茶几、纸箱等可燃物体上。

蜡烛要放置得当，且周围没有易燃可燃物品，以防碰倒后引起火灾。点燃的蜡烛必须远离蚊帐、门帘、窗帘、挂历等易于飘动的可燃物。更不能接近摩丝、杀虫剂等易燃的物品，以免受热后发生爆炸。

蜡烛用完后应该及时熄灭。临时停电时用蜡烛，在来电后要及时熄灭。在举办活动时点燃的蜡烛，在活动结束应该及时将其熄灭。

被刀割伤怎么办

周六晚上，爸爸在书房电脑前查资料，妈妈在厨房里忙碌着做饭。而薛杰则一个人坐在客厅里看电视，电视里正在播《走进科学》，薛杰一边眼睛紧紧盯着电视，一边手里还在忙碌地削着苹果。

薛杰被栏目的重重悬念吸引住了，到底有没有外星人呢？正在思考，突然“哎哟”一声叫了起来。由于思考得太投入，忘记了自己正在削水果，一不小心割伤了食指。

看着殷红的鲜血不断从伤口处涌出，薛杰倒是没怎么慌张，脑子里还在想着电视栏目的内容，走到厨房开始冲洗伤口流出的鲜血，可是血还是源源不断地流出。

妈妈一转头看见了惊叫道：“呀，怎么流这么多血！”薛杰满不在乎地说：“削水果的时候没注意，割破了，冲洗一下就好了，就是有点疼。”“还在流血呢，止血后再冲洗。”说着，妈妈就找来了纱布，赶紧捂住薛杰的伤口。爸爸也闻讯拿来碘酒，剪刀之类的东西。

薛杰认为一点小伤没有必要这么大惊小怪的。“我都是大男子汉了，这点小伤算什么，再说也不是很疼。”爸爸说：“刀伤要是不及时正确地处理很容易感染，要是严重了还得去医院打针，你这个只要止血，消毒包扎起来就没事了。”

用纱布捂住伤口几分钟后，血就止住了，在爸爸妈妈的帮助下，薛杰用肥皂清洗了伤口，又用碘酒消毒，还抹上了药膏以防感染。

最后，用创可贴包扎住伤口。“以后多学点这些急救常识，受了刀伤要记住先止血。”薛杰赶忙点头：“下次知道了，放心吧！”

给男孩的悄悄话

日常生活中，人们也都经常会遭遇意各种外刀伤，比如切菜、削水果皮、削铅笔都有可能被割伤。更应该注意的是，现在校园暴力事件时有发生，如果自己或他人不幸遭遇袭击受刀伤，青少年朋友们应学会急救措施。

1. 止血

通常对于较小的伤口，用纱布、毛巾、手绢或一张创可贴捂住伤口一会儿就可以止血。

用无菌绷带纱布压住伤口。如果有玻璃或金属嵌入、扎入，不可简单地压住伤口，以免玻璃或金属扎得更深。遇到这种情况，应该及时去医院看急诊。

压住伤口一会儿后，可检查一下伤口是否还在流血。如果流血不止就要继续按紧伤口，直到血不再流出，如果捂住伤口超过 5 分钟血仍止不住，则应当及时赶往医院接受救治。

如果遭遇严重刀伤，流血过多，则应采用以下方法：

（1）压迫止血法。直接用纱布、绷带或毛巾紧紧按住伤口，再用力把伤口包扎起来。

（2）止血点指压法。生物课上，青少年朋友们应该接触过，沿着动脉靠近骨骼，能摸到脉搏的地方，都可作为止血点。出血过多时可用手指或手掌压在伤口靠近心脏那一端的止血点上以减少出血量。

（3）止血带止血法。严重的血流不止时，用布条、绳子等紧紧绑在止血点上；每隔一段时间就稍微松一下，以避免组织坏死。这时候应该尽快把伤者送往医院急救。

2. 清洗伤口，涂抹药膏

血止住以后用清水、生理盐水或肥皂水轻柔地清洗伤口，用碘酒消毒。也可用含抗生素的药膏涂在伤口上以防感染。

3. 包扎

对于小的伤口，用碘酒或酒精消毒后，即可用无菌纱布包扎，夏天最好不用创可贴，包扎不宜过紧，尽量保持伤口干燥，通风。而有些大的伤口，则应该去医院进行手术缝合。

怎样打急救电话

张振上周末回家，奶奶正好发病。幸亏自己及时拨打了医院急救电话，由于抢救及时，现在奶奶已经没有危险，身体正在好转。

周末，爸爸妈妈出去参加朋友婚礼，家里就只有奶奶，张振和6岁的小堂弟。张振正在屋里写作业，突然听到客厅里堂弟大哭着喊：“奶奶，怎么了，快起来，哥哥，快点，奶奶摔倒了！”张振赶紧往外跑，一看奶奶已经从沙发上滑下来了，躺倒在地上。小堂弟在不断地摇晃着奶奶。

张振一看，知道奶奶不是单纯的跌倒，怀疑是奶奶多年的心脑血管病犯了。马上朝弟弟喊道：“别动奶奶，会加重病情的。”张振边喊边快速拿起电话，拨打了120。

“这里是和平小区3号楼一单元506室，我奶奶今年75岁，突然跌倒了，可能是心脑血管病犯了，现在手脚抽搐，人已经昏迷了，请快点派救护车过来！”

张振按照电话里医生的吩咐，把奶奶摆成平卧体位，并拉住哭喊的堂弟，不让他去碰奶奶。又迅速给家里人都打了电话。五分钟后，救护车到了。

由于发现抢救及时，奶奶很快就脱离了危险，要是当时张振没有立即拨打急救电话，后果简直不堪设想。

张振及时、正确地拨打了求助电话，使奶奶转危为安。如果张振见到奶奶发病因慌乱而忘记拨打急救电话，或者是不知道如何向电话另一端的救助人员倾诉，奶奶的生命堪忧。由此可见，知道如何拨打急救电话对男孩来说是重要的生活常识。

下面，我们就来学习如何拨打紧急求救电话：

1. 紧急报火警。发现大火并确认是火灾时，要立刻拨打“119”电话，不要紧张，准确向对方说明大火的位置，目前的火情，是什么原因引起的，有无人员被围困，等等。

2. 紧急报匪警。发现坏人进行违法犯罪活动时，要立刻拨打“110”电话，简单扼要地说明问题。如犯罪人的地点，犯罪人的人数，目前在干什么，有没有凶器，有无交通工具，有无人员伤害，有无爆炸物，等等。

3. 紧急报交通警。看见路上出了交通事故，或者自己家人出了交通事故，要立刻拨打“122”电话，讲清楚交通事故的位置，车辆情况，有无人员伤亡，车辆的牌号，等等。

4. 紧急拨打急救中心电话。发现有人突然发病，要立刻拨打“120”电话，准确说清楚病人的地址，是什么病（伤），目前的生命情况，工作单位，性别，等等。

煤气中毒的应急处理方法

每年放寒假后，杨超都会去乡下的奶奶家。奶奶住的地方环境清幽，早上可以听鸟叫，晚上可以看星星，空气清新，呼吸都特别畅快。杨超住在奶奶家一是为了放松身心，二是给奶奶他们“普及”一些安全知识。

奶奶家什么都好，就是太冷。家里没有空调，也没有暖气，只有一个小煤炉一天到晚地烧着。幸亏房子小，小煤炉把低矮的屋子烧得暖暖的。但杨超总觉得不安全。屋子空间本来就小，门窗又都紧闭，一点都不通风。

杨超向奶奶建议："奶奶，开开门通通风吧，总关着门窗烧炉子，容易煤气中毒的。"奶奶答道："哪这么容易就煤气中毒？一开门好不容易烧的热气就都跑了，这样暖和。"见奶奶不相信，也就不再说什么。

一天中午，杨超从外面滑冰回来。推开小屋，见奶奶躺在床上，平时这个时候奶奶都做好饭了啊，难道不舒服吗？杨超关心地问："奶奶您怎么了，不舒服吗？"奶奶无力地说："有点头晕恶心。唉，老了！"杨超突然闻到一股异味，马上意识到：奶奶煤气中毒了！

杨超赶紧一边开门窗一边喊住在隔壁的叔叔。叔侄俩迅速把奶奶转移到外面，并且给奶奶披上了一床被子。情况不是很严重，但是因为奶奶年纪大了，怕有什么闪失，杨超又和叔叔把奶奶送到了医院。

由于发现及时，处理得当，奶奶身体没受多大影响。

在医院里，奶奶不住地埋怨自己："都怪自己没有听小超的话，我真是老糊涂了。"叔叔也说："小超处理得很及时正确啊，要不然后果不堪设想。"杨超不好意思地挠挠头："这些老师都讲过。"突然想起另外一件事，"对了，叔叔，我看你家的热水器都老化了，最好换新的，要不然也容易出危险的！"

叔叔爽快地说："行，以后你就是我们的'安全顾问'了，安全方面的问题都听你的。"杨超又不好意思了。

给男孩的悄悄话

刚刚进入青春期的男孩们一定不要以为待在家里就一定会比在户外安全很多。其实，家庭生活中依然存在很多极容易被忽视的安全隐患，譬如煤气中毒。每年都有不少人因这方面的失误而给自己或家庭造成极大的损害，严重的时候甚至丧失了自己的生命。

煤气中毒常常是在缺乏相关安全知识的情况下发生的，其实只要做到以下几点，煤气中毒就会远离你和你的亲人：

1. 平时不要在密闭或通风不良的居室中使用煤炉取暖、做饭。

2. 使用燃气热水器的，要注意检查热水器是否泄气，热水器使用寿命一般不超过6年，超过6年要及时更换。洗澡时门窗不能紧闭，洗浴时间不要过长，水温不宜过高。

3. 要经常检查煤气管道是否漏气，开关是否拧紧。

4. 当感到呼吸越来越困难，头昏眼花，或是厨房内传出一种臭鸡蛋气味的特殊气体时，便可判定是煤气泄漏。这时应赶紧打开门窗通风。注意不要划火柴和开关电灯以及其他电器。

5. 如发现煤气中毒者，应速将中毒者盖好被子，抬到空气流通处，并尽快将其送往医院抢救。

6. 煤气中毒者醒后应注意休息，避免活动后加重心肺负担及增加氧的消耗量。

7. 对昏迷不醒、皮肤呈青紫色的严重中毒者，应通知急救中心，然后就地进行抢救，及时施以体外心脏按压和人工呼吸。

炒锅着火怎么办

今天是妈妈的生日，梁华走过来对妈妈说："今天我亲手炒一道菜给妈妈吃，好不好？"妈妈听了之后，很高兴地就答应了。

梁华找来一本菜谱，决定给妈妈做一道炸鸡翅。梁华按照书上介绍的方法来操作：首先把油放在锅里，然后在等待油热的过程中，去找来盘子还有需要用到的调料。

正在梁华忙得不亦乐乎的时候，他听到炉灶那边有一阵噼里啪啦的声响。梁华急忙跑过去看，谁知铁锅居然烧着了。

"妈妈！妈妈！锅烧着了！"梁华不禁惊慌失措，大声喊道。

妈妈听到了梁华的叫声，赶忙从屋里跑了出来，伸手拿过来锅盖扣在锅上，又及时把煤气关掉。这时她看到梁华正在用大盆接水："梁华，你要干吗？"

"用水把火扑灭。"梁华说道。

“千万不可以这样做，那样的话火苗会一下蹿得更高。”妈妈告诉梁华说，“让火苗在锅里隔绝氧气而自动熄灭，是最好的方法。这些都是常识，你一定要记得啊。”

“嗯。”梁华不好意思地点点头，原来做顿饭这么困难。

平时一日三餐都是妈妈来料理，自己心安理得地享受美味，却从来没有想到过妈妈的辛苦，梁华心中升起了一种难言的滋味。

给男孩的悄悄话

家庭日常食用油，无论是植物油还是动物油，都属于可燃液体，在锅内被加热到450℃时会发生自燃，火焰一下蹿起来很高。根据食用油的这种特性，炒菜时要先把菜洗净切好，然后在锅里放上油，看见锅里有热气，再把菜放下去炒，免得时间过长油在锅里起火。现在有不少人为了炒的菜好吃，总要等到锅里的油冒烟才放下菜去炒。这样的做法有两大危险：一是油温过高容易起火，二是油锅里散发出来的气体有害，过多地吸入容易致癌。

当遇到油锅起火时，一定要保持沉着冷静，迅速采取补救措施：

1. 用锅盖来灭火。用锅盖或能遮住锅的大块湿布、湿麻袋等物，朝前倾斜着遮盖在起火的油锅上，燃烧着的油火接触不到空气，便会因缺氧而立即熄灭。这种方法相对简便易行，而且还使锅里的油不会被污染，我们也不会被火伤害。

2. 将食物倒入锅内。可以拿起旁边要下锅的蔬菜、米面或其他生冷食物，沿着锅的边缘倾倒入锅内，利用蔬菜、食物与着火油品的温度差，使在锅里燃烧着的油温度迅速下降，因为当油品达不到450℃的燃烧点时，火就自动熄灭了。不过在使用这种方法时要防止烫伤或油火溅出。

要提高警惕的是，当油锅着火千万不能用水进行灭火，这种方法极易引发火灾。比如用冷水往油锅里浇，当冷水遇到高温的热油时，就会发生“炸锅”的现象，使油水到处飞溅，这样极容易形成火灾或造成自伤。还有就是如果用双手端起着火的油，再把油锅放到旁边的水池里，不仅会烫到双手，而且更可怕的是油火遇水会反蹿上来，烧伤人的面部。

燃放鞭炮意外多

金杰爸爸的单位里发了几挂鞭炮，这天吃过晚饭之后，爸爸对金杰说：“金杰，我们下楼把它放了好吗？”

“好。”金杰高兴地和爸爸下楼了。

父子两人来到一片空地，爸爸把鞭炮平放在那里，把引线点燃，然后跑出距离鞭炮 5 米的地方。金杰就站在爸爸旁边，捂着耳朵，兴奋地看着不远处的火光迸发，听着噼噼啪啪的响声。这时，好像有一个小火点蹦到金杰的鼻子尖上，好烫。

“爸爸，我被鞭炮崩到了。”金杰对爸爸说道。

“哪里？没有啊。”也许是因为户外光线昏暗，爸爸并没有注意到金杰有什么不同。

放完鞭炮之后，金杰跑上楼找妈妈：“妈妈，我被鞭炮崩了一下。”

“在哪里？让妈妈看一下。”听到金杰一嚷嚷，妈妈放下了手里的活跑了过来，“可不是吗？你看鼻子上有个小红点。你是不是离鞭炮太近了？”

“没有，我们跑出 5 米之外的距离呢。还好没有崩到我的眼睛里。”

“是啊，”妈妈说道，“燃放鞭炮，其实是件很危险的事情，所以一定要小心才行。”

给男孩的悄悄话

在喜庆的日子，人们往往燃放烟花爆竹，表达喜悦之情，增添欢乐气氛，但是在燃放烟花爆竹的时候需要特别小心：

要正确选择烟花爆竹的燃放地点，不可以在繁华街道、剧院等公共场所、在有电的设施下以及靠近易燃易炸物品的地方燃放。具体的细则还要遵守当地政府的安全规定。

燃放烟花的时候不可倒置。吐珠类烟花燃放时最好能用物体或器械在地面上进行固定之后燃放，如果确实需要手持燃放时，只能用手指掐住筒体尾端，点火后，要将手臂伸直，烟花火口朝上，尾部朝地，对空发射。禁止在楼群间和阳台上燃放。

在对喷花类、小礼花类、组合类烟花进行燃放时，平放地面将其固牢，燃放中不得出现倒筒现象，点燃引线之后马上离开。

燃放旋转升空及地面旋转烟花的时候，一定要注意周围的环境，将烟花放置于平整地面，点燃引线后，离开观赏，燃放手持或线吊类旋转烟花时，用手提线头或者用小竹竿吊住棉线，点燃后向前伸，身体不要离烟花太近。燃放钉挂旋转类烟花时，一定要先将烟花钉牢在壁或木板上，用手转动烟花，再点燃引线，离开观赏。

手持烟花不应朝地面方向燃放。

爆竹应在屋外空旷处吊挂燃放，点燃后切忌将爆竹放在手中，燃放双响炮应直竖地面，不得横放。

有时在燃放过程中会出现些异常情况，比如遇到熄火现象时千万不要再点火，更不许伸头、用眼睛靠近观看，也不要马上靠拢产品，并停止燃放其他产品，要明确熄火的原因，再进行处理，一般是等 15 分钟后再去处理。

火灾时积极自救

为了加强校园的消防安全管理，增强学生的消防安全意识，提高全校师生的火灾自防自救能力，李磊所在的学校决定举行火场逃生演习。

上午先是由消防队的张队长为大家做了一定的讲解，确定好逃生路线。下午 1 点钟，演习准时开始。随着一股黄色的烟雾溢出，模拟警报声响起，刺耳的警报声响彻校园。全校师生听到警报声后迅速向安全地带逃离。

李磊在张队长讲解怎样逃生时没有认真听，听见刺耳的警报声，又看到烟雾升起，他一下子慌了。看着同学们纷纷往外跑，李磊也跟着跑。好不容易跑到走廊，看见很多同学都手里拿着手绢或衣服捂着口鼻，就想起书包里还有围巾呢，可以用来捂住鼻子，于是赶紧往回跑。

由于和大家跑的方向相反，结果好几次差点摔倒，白色运动鞋上也满是脚印。跑回教室赶紧翻出围巾捂住鼻子后继续向外跑。没想到时间到了，他成了被困火场的人，需要等待救援人员施救。

李磊意识到好像自己做错了什么，才没有及时逃离“火场”，为弥补过失，李磊决定在救援人员到来前做点什么。往教室四周看了下，后排有一张铁桌子，李磊马上爬到桌子上，高高地站在上面，他想：如果周围都是火，铁又不能着火，站在铁桌子上面应该安全了。李磊为自己的聪明沾沾自喜。

没想到被“救”出去后，张队长评价说李磊在火场逃生演习中犯了很多错误：“首先，已经逃离现场，不应该以任何理由再返回去，这样会增加生命危险；其次，就是用来捂住口鼻的毛巾，布条之类最好用湿的；最后，最错误的是在火灾现场竟然高高地站在铁桌子上，遇火之后，铁的东西会快速升温，靠近之后会灼伤身体。”张队长接着说，“在火灾现场要采用低姿态，最好采用匍匐的姿势也就是爬行，这样可以减少烟雾的吸入……”

张队长在现场耐心讲了很多，李磊也学到了很多。他决定要好好记住这一课，并回去讲给爸爸妈妈，让更多的人了解火场自救。

给男孩的悄悄话

如果不幸遭遇火灾，男孩子一定要勇敢，不慌乱，应采取正确有效的方法自救逃生，减少人身伤亡：

1. 身受火灾威胁千万不要惊慌失措，要冷静地确定自己所处的位置，根据周围的烟、火光、温度等分析判断火势，不要盲目采取行动。

2. 身处平房的，如果门的周围火势不大，应迅速离开火场。反之，则必须另行选择出口脱身（如从窗口跳出），或者采取保护措施（如用水淋湿衣服、用温湿的棉被包住头部和上身等）以后再离开火场。

3. 身处楼房的，发现火情不要盲目打开门窗，否则有可能引火入室。不要盲目乱跑、更不要跳楼逃生，这样会造成不应有的伤亡。可以躲到居室里或者阳台上。紧闭门窗，隔断火路，等待救援。有条件的，可以不断向门窗上浇水降温，以延缓火势蔓延。

4. 在失火的楼房内，逃生不可使用电梯，应通过防火通道走楼梯脱险。因为失火后电梯竖井往往成为烟火的通道，并且电梯随时可能发生故障。

5. 因火势太猛，必须从楼房内逃生的，可以从二层处跳下，但要选择不坚硬的地面，同时应从楼上先扔下被褥等增加地面的缓冲，然后再顺窗滑下，要尽量缩小下落高度，做到双脚先落地。

6. 在有把握的情况下，可以将绳索（也可用床单等撕开连接起来）一头系在窗框上，然后顺绳索滑落到地面。

7. 逃生时，尽量采取保护措施，如用湿毛巾捂住口鼻、用湿衣物包裹身体。

8. 如身上衣物着火，可以迅速脱掉衣物，或者就地滚动，以身体压灭火焰，如果会游泳，还可以跳进附近的水池、小河中，将身上的火熄灭。总之，要尽量减少身体烧伤面积，减轻烧伤程度。

9. 火灾发生时，常会产生对人体有毒有害的气体，所以要预防烟毒，应尽量选择上风处停留或以湿的毛巾或口罩保护口、鼻及眼睛，避免有毒有害烟气侵害。

遭遇地震不慌乱

由于爸爸的工作调动，晓彤一家由湖南落户到山东。现在晓彤在山东临沂的一所学校读小学六年级。

近几年，世界各地震灾频发，山东临沂正好处在知名的郯庐地震带上。所以当地的人们对地震都很重视。平时家长老师都会给学生灌输防震、地震自救的知识。

晓彤以前没太接触这方面的知识，这不，第一堂课，他就遭到了老师的“刁难”。

"这位新同学，你说一下如果上课时发生了地震，你应该怎么做呢？"晓彤想了想轻松地说："应该快跑啊。"老师接着问道："可是我们的教室在五楼，一地震，就会很拥挤，来不及跑下楼怎么办？"晓彤一下不知道该怎么办了，抬眼看了看走廊勇敢地说："那就……跳楼！"周围一片哗然。

同学们七嘴八舌地说："不能跳楼，那样会被摔死的！""摔不死也会受重伤！"一个同学更是着急地站起来喊道："得快点找地方躲起来，地震停止后再跑，跑不出去就等人来救！"

老师示意大家安静下来，"这是每个人都应该知道的生活常识，必要的时候运用这些知识可以保护我们的生命安全，所以大家一定要牢记。"老师认真地说："在楼房高层，不到万不得已千万不要跳楼，这样会对身体造成不必要的伤害，最好的办法是……"

老师给晓彤详细讲了地震发生时，应该如何逃生，包括怎么选择路线，逃到什么地方。逃不出去时躲在什么地方最安全，以及被困后怎么保护自己，如何向外求救等。

晓彤认真地听老师讲解完真诚地对老师同学们说："感谢老师同学们给我上了这么重要的一课，这会让我终生受益的！"

给男孩的悄悄话

地震发生且震级较高时，通常会造成房屋倒塌、大堤决口、大地陷裂等危险情况，给人们的生命和财产带来损失。而地震中保护自己的生命安全显得尤为重要。为了在地震发生时保护自己，男孩们应当掌握以下应急的求生方法：

1. 如果地震发生时你正处在平房里，要迅速以比桌、床高度更低的姿势，躲在桌子床铺的旁边，同时用被褥、枕头、脸盆等物护住头部，然后等地震间隙再尽快转移到安全的地方。地震时如果房屋倒塌，则应待在床下或桌下不要移动，要等到地震停止再冲到室外或等待救援。切忌地震时在屋内乱跑，因为那样被砸伤的危险性很大。

2. 如果你住在楼房中，地震发生时，不要试图跑出楼外，因为时间上来不及。最安全、最有效的办法是及时躲到两个承重墙之间最小的房间，如厕所、厨房等，也可以躲在桌、柜等家具下面或者房间内侧的墙角，并且一定要注意保护好头部。千万不要去阳台和窗下躲避。

3. 如果正在上课时发生了地震，切不可惊慌失措，更不能在教室内乱跑或争抢外出。靠近门的青少年可以迅速跑到门外，中间及后排的青少年可以尽快躲到课桌下，用书包护住头部；靠墙的青少年要紧靠墙根，双手护住头部。

4. 如果你已经离开房间，记住千万不要在地震一停就立即回屋取东西。因为第一次地震后往往会接着发生多次余震，余震对人的威胁也不容忽视。

5. 如果地震发生时你正在公共场所，那么一定不能惊慌乱跑。可以随机应变躲到就近相对比较安全的地方，如桌柜下、舞台下、乐池里，等待地震过去后再离开。

6. 如果地震时你正在街上，那么绝对不能跑进建筑物中避险，也不要在高楼下、广告牌下、狭窄的胡同、桥头等危险地方停留。因为地震很可能会将楼上的玻璃或街上的广告牌震掉，而狭窄的胡同不利于你的逃生。

7. 如果地震后你不幸被埋在了建筑物中，应先设法清除压在腹部以上的物体；用毛巾、衣服捂住口鼻，防止烟尘窒息；同时要注意保存体力，并设法找到食品和水，创造一切生存条件，等待救援。

溺水如何自救

卫平最近刚刚学会了游泳，一直向爸爸妈妈吹嘘他的游泳技术有多好，扬言要和爸爸比试一下，要知道，卫平的爸爸可是游泳健将呢。

周末，父子俩一起到了游泳馆。在游泳池里，卫平不断地变换游泳姿势，一会儿蛙泳，一会儿狗刨，得意地向爸爸展示着自己的学习成果。轮到爸爸了，没想到他蝶泳、仰泳、蛙泳、自由泳样样都会，而且姿势优美，速度还那么快，卫平佩服极了。

卫平想去深水尝试一下，可是爸爸就是不允许。爸爸精湛的游泳技术吸引了很多人围观，纷纷要让他教游泳，他看起来得意极了。趁爸爸不注意，卫平悄悄到了深水区。

来到深水区后，卫平感觉游起来似乎轻松了很多，于是就欢快地游起来。没想到突然小腿抽筋了，眼看周围没什么人，卫平一下子就慌了。他拼命地挣扎想上岸，在挣扎过程中，他连续呛了几口水，抽筋加剧了，并且开始下沉。在这危急关头，救生员发现了卫平的状况，迅速下水施救，慌乱中的卫平紧紧抱着救生员。

爸爸不断责怪自己粗心大意没有照管好儿子，并且责问卫平："你难道只是学习游泳技术，连一点自救知识也没有吗？"卫平听了不服气，委屈地说："我都抽筋呛水了，怎么自救。"

爸爸严肃地说："发生意外情况溺水时，千万不要慌张地挣扎，越挣扎越沉得快，而且会加剧腿部抽筋。要想办法呼救，我都没有听到你的声音！另外，别人施救时，千万不要紧紧抱住施救人员，这样会让你们同时陷入危险的。"

"今天出了这样的事，确实有我的责任，但是你的自救知识也太匮乏了。要是在外面游泳，周围又没有人，那就危险了！"爸爸后怕地继续说道，"你在学习游泳技术之前应该先学会自救知识，遇到意外时才有可能从容应付。看来现在很有必要给你讲一下自救知识啊！"

于是爸爸就讲解了游泳抽筋时应该怎么处理，溺水时具体应该怎么做。

卫平挺羞愧的，本来是想向爸爸炫耀自己的游泳本领的，没想到居然出了这么大丑。不过现在已经懂了很多溺水自救的知识了，相信以后不会发生这种情况了。

给男孩的悄悄话

男孩子们夏天都喜欢游泳，有些男孩会选择安全较有保障的游泳馆，还有一些顽皮的男孩直接跑到河里、池塘里去游泳。几乎每年都有青少年溺水事件发生。

溺水对生命最大的威胁是水能堵住人的呼吸道，造成窒息缺氧死亡。溺水往往具有发生突然、危险进程快的特点，一般情况下 4 ~ 6 分钟就可能因呼吸和心跳停止而死亡。所以做好预防和抢救工作对保护自己的生命有重要的意义。

男孩们如果不慎落水或在水中发生意外，应采用以下几种方法自救：

1. 保持镇静，采取仰面位，即在水中头向后仰，口鼻向上并尽力露出水面。

2. 呼吸要注意做到呼气浅而吸气深，并防止发生呛水。

3. 不要向上伸手臂进行挣扎，这样只能使人加速下沉。

4. 因腿抽筋不能游动导致下沉时，应及时呼救；如附近无人，应保持镇静，设法向浅水或岸边靠近。

如果遭遇了车祸

贾明学校里有一个初中一年级的新生，在放学回家的路上，出了车祸，在医院抢救无效后死亡。

据说，在事故现场，那位受伤的同学还神志清醒，没有想到送到医院后情况恶化。医生说，那是因为伤者在事故现场错误的处理了伤情，延误了最佳救助时间。“要是在现场懂得自救，这个可怜的孩子就不会有生命危险了。”医生惋惜地说。

那个孩子的妈妈和贾明的爸爸是同事，听爸爸说，失去孩子后，他的同事就和疯了似的，又哭又笑，精神都有点失常了，原本身体就不好的奶奶也病危了。车祸给那个家庭带来了沉重的打击，整个家庭笼罩在阴影中。

这件事情在学校也引起了很大轰动，家长也都很关注。大家为一条鲜活生命的逝去感到惋惜，也同情那个不幸的家庭。同时大家也深刻意识到：除了要注意交通安全，防患于未然之外，还应该在事故发生时，学会正确的处理方法，尽快把自己从危险中拯救出来。要是懂得自救，那个小同学现在应该还在教室上课吧？

为了避免类似的悲剧再次发生，学校专门举办了一次讲座，并欢迎学生家长参加。讲座的内容主要是围绕在车祸中如何自救展开的：事故发生的一瞬间应该怎么保护自己，发生后如何自救。

重点讲了了几种简便可行的车祸后自救和急救方法，可为挽回生命赢得一些宝贵时间。比如：胸部剧痛、呼吸困难就有可能是肋骨骨折刺伤肺部，这时候千万不要贸然移动身体，以免碎骨对内脏造成新的伤害。

贾明和爸爸妈妈一起参加了讲座，这个讲座让贾明一家认识到了生命的宝贵与脆弱，懂得一定的自救知识，学会自救，是对生命最好的呵护。

给男孩的悄悄话

车祸中，容易造成各种伤害，如各类骨折、骨裂、脑外伤、内脏器官损伤等。因此，车祸中的防护方法显得更为重要。应用得当，能够最大限度地保护自己，降低伤害。

如果在车祸中受伤出血，可以把身上的衣服撕成布片，对出血的伤口进行局部加压止血。在大量出血时最好能用毛巾或其他替代品暂时包扎，以免失血过多。

骨折受伤时不要贸然移动身体，不要乱动或错误包扎，确实需要搬动时，一定要确定伤肢不会发生相对移动。找木板或较直、较粗的树枝，用 3 根固定带将 2 ~ 3 块木板在伤肢的上、中、下三个部位横向绑扎结实。

发生颈部损伤时不可随意挪动，否则很有可能形成永久性的伤害甚至瘫痪。

头部发生创伤时要将身体平放，头稍垫高。

腹部损伤时应把内脏尽量在原来的部位拿一个容器扣在腹壁上，不要把内脏放入腹腔内，以免造成腹腔感染。

一旦发生车祸，千万不可惊慌失措，因为急躁会增加出血量，增加人体耗氧量，反而加重伤情。同时千万不要忘记拨打 110 和 120，这样能够使自己在最短的时间内得到外部的支持和救援，就多了一份安全的可能。

异物哽塞喉咙怎么办

下午放学后，李明和刘峰两个人有说有笑地从校园里走出来。

刘峰开心地对李明说："我要告诉你一个好消息，你猜是什么？"

"唉，别卖关子了，赶紧说呗！"

"哈哈，这次数学考试我得了满分！好开心啊！哈哈！"刘峰兴奋地说。

"哇！你真棒！你数学成绩一直很好，我就不行了，数学成绩总是那么差。今天下午数学老师说明天要考试，想想就让人心烦。我爸还一直盯着我的数学成绩呢，真让人头疼……"李明愁眉苦脸地说道。

李明的苦恼令刘峰很不忍心，于是他转移话题道："走，咱们吃烤地瓜去！"俩人买回地瓜后，刘峰提议道："哈哈，咱们比谁吃得快怎么样？"

还没等李明反应过来，刘峰就三五口将一个烤地瓜吃完了。李明正要赞叹却见情况不妙，只见刘峰表情很痛苦，脸色由红变得微紫，两手不住地往喉咙处按，看情形是被噎到了。李明喊道："快咳啊，咳出来就好了。"可是这时候的刘峰哪还能咳得出来。李明见状赶紧拍刘峰的背，拍了一会儿也不见好转，看刘峰的脸色更难看了，李明赶紧去买了一瓶水，几口水下去之后，刘峰缓过来了。

"好危险，差点被几口地瓜憋死，谢谢你的水啊。"刘峰不好意思地说。李明开玩笑地说："记住，以后太兴奋的时候，要是身边没水就不要大口地吃烤地瓜啊！”

给男孩的悄悄话

吃东西时突然噎住，在日常生活中是比较常见的，咳一咳，喝点水，一般就能缓解。可是遇到比较严重的情况，这么做明显就不起作用了。这时候我们应该尽快采取措施，帮助被噎住的人脱离危险。

男孩们往往因为怕迟到赶时间而在路上大口大口吃东西，或者边和同学打闹边吃，这么做都容易噎住。在平时吃东西时应该注意小口慢吃，在吃东西时不要说笑打闹。尤其是在吃汤圆、蛋黄、蛋糕之类的食物时。

如果不慎被食物噎住，你可以这样做：使劲按压横膈膜偏下的地方。利用周围的桌子边缘、椅背，在没有其他东西的时候可以用自己的拳头，用力按压，就可以把异物吐出。

要是周围有人不小心噎住，我们应该采用正确的方法予以帮助：

1. 先看下对方是否还能讲话，如果被噎住的人还可以讲话，一般就可自行将异物吐出，但是如果对方已经被噎住不能说话，说明空气已经不能通过喉咙，这就需要我们在对方的肩胛区间的脊柱上猛拍几下，直到吐出。这时候千万不能大口喝水，因为这样反而会使心脏受到过分挤压，严重的会导致昏厥。

2. 假如他的嗓子仍然堵住，应迅速采取以下方法：站在他的背后，抱住他的腰，一手握成拳头，拇指一边靠在肋骨和肚脐间的肚皮上；另一只手抓住握拳的手，快速向上猛压。如此反复多次，直到堵塞物出来为止。

3. 如果仍未奏效，应及时拨打求救电话，或把患者就近送往医院。

异物入眼的急救

杨杨有着深度近视，可是他为了爱美，不愿意戴眼镜，央求着妈妈给他配了一副隐形眼镜。每天戴隐形眼镜很麻烦，杨杨为了帅气，每天都要提前起床半个小时来佩戴眼镜，后来时间长了，手法熟练了，才感觉没那么麻烦了。

有一天，杨杨上体育课打篮球，被人撞倒在地，一只隐形眼镜掉在地上，因为下节课是很重要的数学课，杨杨不想看不清黑板而耽误课程，便摸起掉在地上的隐形眼镜，放在水管下冲了冲就放进了眼睛里。

上课到时候，杨杨就觉得眼睛很不舒服，但他没在意，直到下课了，他同桌忽然大叫，“杨杨，你的那只眼睛怎么那么红啊。”

杨杨照镜子才发现，戴着掉到地上的隐形眼镜的那只眼睛，红得吓人，他被同学送到了医院，医生检查后说，没什么大碍，就是有点异物进入到了眼睛里。

“你今天眼睛里进了什么东西吗？”医生问。

“没有啊，就是隐形眼镜掉地上了，我又重新把它戴回眼睛里，可是我戴之前拿水冲洗过了。”

“可能是没冲洗干净，一些异物随着眼镜被你一起带到了眼睛里，这样很危险，搞不好会对视力造成损害，以后一定要注意。”医生叮嘱道。

给男孩的悄悄话

俗话说，“眼睛是心灵的窗户”，眼睛能够直接让人们感受到外界五彩缤纷的色彩，在日常生活中，常会发生异物入眼的事故。尤其是活泼好动的男孩子，玩耍时不注意，就可能让异物入眼，可能会引起不同程度的眼内异物感，疼痛，反射性流泪。如果更严重的话，会造成眼球损伤，失明等。因此，预防眼睛受伤和学会处理异物入眼十分重要。

处理入眼异物有以下几个步骤：

1. 发生异物入眼后，切勿用手揉擦眼睛，以免异物擦伤角膜。正确的处理方法是，先冷静地闭上眼睛休息片刻（如果是小孩应先将其双手控制住，以免揉擦眼睛）等到眼泪大量分泌，不断夺眶而出时再慢慢睁开眼睛眨几下，多数情况下，大量的泪水会将眼内异物自动地“冲洗”出来。

2. 如果泪水不能将异物冲出，可准备一盆清洁干净的水，轻轻闭上双眼，将面部浸入脸盆中，双眼在水中眨几下，这样会把眼内异物冲出。也可请人将患眼撑开，用注射器吸满凉开水或生理盐水冲洗眼睛，或用杯子冲洗眼睛。

3. 如果各种冲洗法都不能把异物冲出，可请人或自己翻开眼皮，用棉签或干净的手帕蘸凉开水或生理盐水轻轻将异物擦掉。

4. 求助于医生，利用专业工具取出。

触电的应急处理方法

物理课上，赵老师正在讲：“我国家庭用电电压是220伏，而人体的安全电压是36伏，所以家里在使用很多家用电器的时候都是存在危险的，大家一定要注意安全。”顿了一下后说，“今天课本上的内容先到这，我们说点题外话。”

这下，无精打采盼着下课的同学都来了精神。“有哪位同学触过电？都有什么感受？”赵老师问。小宝站起来说：“有一次我帮妈妈换灯泡时触电了，麻麻的。”“我开家里的电灯开关时被电过”“我是开电脑的时候触电的”同学们七嘴八舌，这和刚才安静的课堂形成了鲜明对比。

老师继续问道：“触电后应该怎么办呢？”“很简单啊，把手拿开就好了！”同学们答道。

“通常较严重的触电，想要摆脱带电物体没有那么容易的。触电时，要尽快切断电源，这样才能尽快摆脱带电体……”不知不觉，一堂课很快过去了，同学们都听得津津有味。

国梁回到家后，挺着胸脯对爸爸妈妈说：“物理老师今天给我们讲了很多触电时的应急处理方法呢，有什么不懂的问题你们可以问我啊！”

爸爸想逗他就问：“那假如电线漏电了，我现在触电了，你该怎么办啊？”国梁马上想起老师课上讲的说道：“我得快点把家里的开关关掉，切断电源。”抬头看了看开关，貌似太高了：“我不能用手拉你，要不然我也触电了。我得找干的东西把电线挑开，你就得救啦。要是你被电晕了，我还要给你做人工呼吸，把你赶快送医院。”国梁说得头头是道。

“好小子，还真懂得了不少呢！”爸爸赞许地点点头，“你们老师可真不错，把课内知识拓展到生活中，生活知识学会了，课内功课怎么样啊？”国梁听了，扮了个鬼脸跑开了。

给男孩的悄悄话

电在现代生活中被广泛应用，为人们的生活增添了无数便利。但是电并不是一种绝对安全的能源，生活中，随时可能出现触电现象。青少年需要掌握以下方法应对触电：

要先帮助触电者脱离电源。若在室内，则应立即切断电源；若在室外，电源无法切断，则应用木棍将电线挑开，或用干的衣服将触电者拉开。

当触电者脱离电源后，应根据其不同情况分别采取不同的紧急救护措施：

若触电者尚未失去知觉，还有呼吸和脉搏（心还在跳），则应立即设法把触电者送往附近医院救治；若触电者已失去知觉，但呼吸、心跳都没有停止，应在通知医院抢救的同时，将触电者放在平坦、空气流通的地方，然后让他嗅氨水（可用尿液代替）；同时可向触电者的身上洒些冷水，再摩擦他的全身，使其发热。

一旦发现触电者呼吸困难，气息逐渐变弱，或者断断续续有痉挛现象，则应立即为他进行人工呼吸。若触电者呼吸停止，心脏也停止跳动，急救人员要马上为他做人工呼吸；否则，触电者会很快死亡。

男孩们在用电过程中一定要注意保护好自己的生命安全。一旦发现有人触电，切不可慌乱无措，应按照以上步骤对之进行紧急处理，这样能够最大限度地保存他人的生命。

常见食物中毒的急救

王建一回到家就闻到厨房里飘出来的饭香味。可是摸摸已经鼓起的肚皮，还是算了吧。

“小建，今天怎么回来得这么晚？饭都做好了，快点洗手吃饭，今天有你最爱吃的红烧鱼。”妈妈对小建说。小建打着嗝回答：“实在吃不下了，刚在外边和同学吃了好多羊肉串，现在还很撑。”妈妈皱起了眉头：“又是在外面小摊上吃的？不是告诉过你吗，小摊上的东西太脏，而且那些羊肉都不新鲜，吃了很容易生病的……”小建笑嘻嘻地赶紧打断妈妈的话：“不干不净吃了没病，你看我现在不是好好的吗？”

半夜，睡梦中的小建突然肚子疼，一趟趟地跑厕所，连续跑了几趟后，王建都觉得自己有点虚脱了，想起卧室还有止泻药，就找出几片吃了。

吃了药的王建症状不但没有减轻，反而更严重了。开始头晕，恶心，还胸闷。实在坚持不住了，王建敲开了爸妈卧室的门：“爸妈我难受……”听王建说完症状，妈妈马上反应过来：“坏了，小建肯定是吃了不干净的羊肉食物中毒了！”爸爸惊叫道：“你还自己吃了止泻药？”顾不上埋怨王建了，爸妈赶忙把王建送到医院。

经过一夜的治疗，现在王建已经好多了。经医生诊断，王建确实是食物中毒。食物中毒后又错误地服用了止泻药，病情才更加重了。所幸送医院还算及时。现在只是身体有些虚弱。“如果继续延误，就该有生命危险了！”医生严肃地说。

给男孩的悄悄话

食物中毒是指因进食含有毒素的食物而引起腹痛、呕泻等为主要表现的中毒类疾病。食物中毒在人们日常生活中时有发生，会对人的身体健康造成损害，甚至有时候会威胁生命安全。青春期男孩们应加强防范，如果出现食物中毒症状能及时正确地采取急救。

一旦出现食物中毒症状，不要慌乱，应冷静分析中毒的原因，针对引起中毒的食物以及吃下去时间的长短采取三大急救措施：

1. 催吐。如果进食的时间不长，在两个小时以内可使用催吐的方法。把手伸进喉咙轻轻滑动，这种方法较为简单。也可以把食盐和水按照 1 ∶ 10 的比例混合冷却后喝下，一直到吐出为止。

2. 导泻。如果食用有毒食物多于两小时，这个时间食物已经到了大肠小肠。可以采用导泻的办法，促使受污染的食物尽快排出体外。一般是煎大黄服用。

3. 解毒。如果是吃了变质的鱼、虾、蟹等引起的食物中毒，可将食用醋按照 1 ∶ 2 的比例倒入水中进行稀释，然后一次服下。

经过急救后如果患者症状仍未缓解，或中毒较重者，应尽快送医院治疗。在治疗过程中应给中毒者补充淡盐开水，并及时给予病人护理，避免其精神过度紧张

病从口入，平时应该注意饮食安全，预防食物中毒。

青少年朋友们应当做到以下几点：

1. 养成良好的卫生习惯。饭前便后都要洗手。个人卫生习惯不好，会把细菌带到食物上，细菌跟随食物进入我们的消化系统，破坏我们的健康。

2. 选择新鲜和安全卫生的食品。在购买食品时应仔细查看产品出产日期和保质期。

3. 生吃的食物在食用前要彻底清洗干净，需要加热后才能食用的，一定要等熟透之后才能食用。

4. 少吃剩菜剩饭，发霉变质的更是不能吃。

5. 不到没有卫生许可证的小摊贩处购买食物。

6. 不喝生水或不洁净的水。

不可不知的饮食安全常识

晓辉 14 岁了，长得很瘦弱，是班里的小不点。他整天胃疼胃胀，还老是腹泻，吃什么也不吸收。妈妈为他的身体不知道操了多少心。

晓辉早上不习惯早起，起床后就匆匆忙忙往学校赶，渐渐养成

了不吃早餐的习惯。中午在学校也是草草吃几口，只有晚上回到家才可以美美地大吃一顿。

妈妈经常警告他："小孩子不吃早餐会变笨的，晚上吃太多，胃会不舒服，还睡不好觉。"可是吃晚餐的时候，看着晓辉狼吞虎咽的样子，又实在不忍心不让儿子吃，况且孩子正是长身体的时候，只得尽量把饭菜做得清淡些，经常做一些菠菜豆腐汤之类的。

和许多其他孩子一样，晓辉喜欢喝各种冷饮，什么冰镇汽水，冰粥之类的。不仅如此，晓辉对凉的东西似乎情有独钟，像冰镇西瓜，冰镇西红柿，冰镇香蕉真是百吃不厌。因此经常肚子疼，拉肚子。有时候一堂课晓辉能跑几趟厕所，这已经明显影响了学习。

晓辉特别爱吃水果，这本来是个好习惯，但是他吃水果不分时间，经常开饭前几分钟还在啃苹果。尽管妈妈每天费尽心思地给晓辉搭配饮食，可他还是那么瘦弱。

妈妈咨询了营养师，发现晓辉的饮食习惯有问题，这样吃下去是很危险的。她还从营养师那了解到，有些食物搭配到一起不但没有营养反而伤害身体。自己经常做菠菜豆腐汤，而菠菜和豆腐竟然不能搭配在一起吃，这样的搭配不仅会导致钙流失，还有可能形成结石。

妈妈后悔没有早点咨询专家，要是早明白，自己肯定不会把西红柿黄瓜一起炒，更不会经常做菠菜豆腐汤了。想想就后怕。妈妈决心帮助晓辉树立饮食安全的意识，纠正他的错误饮食偏好，做到安全饮食，健康饮食。

给男孩的悄悄话

男孩们可曾注意过，本来无毒的两种东西，同时吃却可能导致中毒或其他不良反应？这就是食物相克的现象。生活中有一些饮食搭配其实很不合理，如目前人们经常采用的牛奶加汉堡包或三明治配膳。因为牛奶里含有大量的钙，而瘦肉里则含磷，这两种营养元素是不能被同时吸收的，医学界称之为磷钙相克。

此外还有，鸡蛋忌糖精、土豆忌香蕉、芹菜忌兔肉、豆腐忌菠菜、羊肉忌西瓜等。因此，在日常生活中要注意避免以上食物搭配。

我们在平时的生活中要特别注意一些饮食安全。下面列举一些不良的饮食习惯，希望青春期正长身体的男孩们尽量避免：

1. 不吃早餐，却常吃夜宵。有人曾夸张地说，正确饮食习惯应该是，早上吃得像皇帝，中午吃得像平民，晚上吃得像乞丐。不吃早餐，饥肠辘辘地开始一天的学习工作，身体为了取得动力，会动用甲状腺、副甲状腺、脑下垂体之类的腺体，去燃烧组织，除了造成腺体亢进之外，更会使得体质变酸，患上慢性病。而常吃夜宵会变胖，甚至得胃癌，因为胃得不到休息。

2. 经常大量食用冷饮。比如一次吃4 ~ 5个冰激凌，或喝掉2 ~ 3瓶汽水，这对青少年健康非常不利。过食冷饮会引起青少年胃肠道内温度骤然下降，局部血液循环减缓等症状，影响对食物中营养物质的吸收和消化，甚至可能导致青少年消化功能紊乱、营养缺乏和经常性腹痛。

3. 经常食用“冰镇西瓜”。西瓜放在冰箱中不能超过两个小时，否则会对脾胃和咽喉造成很大的伤害，西瓜本身性冷，如果在冰箱里冷藏过久，对脾胃伤害极大，容易导致腹胀、腹泻，引发脾胃不合。

4. 饭前饭后吃水果。吃水果的正确时间是饭前1小时和饭后2个小时左右（柿子除外）。如果是临近吃饭才吃水果，水果更易消化，引起食物消化滞后；如果饭后马上吃大量水果，会造成肠胃负担。

另外，不要在晚上睡觉前吃水果，不然充盈的胃肠会使你的睡眠受到影响。

生活中有很多饮食安全常识，我们不可能一一去学习并在生活中完全按照规则饮食，但是掌握一些最基本的方法，并尽力去避免因饮食不当带来的麻烦，是非常有必要的。

外出游玩怎样保障安全

出门防范“三只手”

今天郑海和李大旭一起出门，经历了惊险的一幕。

他们在公交车上有说有笑，这时郑海发现旁边有一个人把手悄悄地伸进了李大旭的包里，而李大旭却毫无察觉，继续和郑海有说有笑。

郑海很着急，用眼睛向李大旭示意，可是李大旭并没有留心，继续讲那个他认为很好笑的故事。

他怎么还没有反应？郑海一着急，拉了他一下：“李大旭，我们站这边。”可是李大旭丝毫没有明白郑海的意思，继续讲他的故事。

“李大旭，你的包……”如果郑海再不说破的话，估计李大旭包里的东西就要被人顺走了，李大旭这才意识到，回过头看了一眼：好家伙，那个人已经翻到了他的钱包，正在往外拿。李大旭狠狠地瞪着他：“你……”

“看什么看，有什么好看的，哼！”那个人阴谋没有得逞，居然理直气壮地把李大旭训了一通，似乎李大旭是个贼……

给男孩的悄悄话

现在人们的生活条件普遍优越，一个十几岁的学生，往往都会拥有几个比较大件的贵重物品。在携带物品外出的时候，就要防止他人的抢夺或是盗窃。千万不要以为在白天就没事了，那样的想法只能说是侥幸心理，培养自己的防范意识才是最重要的。

如果是把财物放在包中外出，要尽量做到包不离身，包不离手。最好是把包挎在身上，如果是不能斜挎的侧背包，要用手捂住包或用手臂夹住包。如果是手提包，就要紧紧地抓住包，不要松手，防止歹徒趁人不备把包抢走。

骑自行车外出，如果是把包放在车筐里，要记得把包带缠牢在车把上。假如发现了车轮出现故障转不动，首先要把车筐里的包抓在手上，然后查看车轮故障，防止坏人趁机拿走你的包。

贵重物品的最佳保管方法还是锁在抽屉、柜子里，这样可以最大限度地防止顺手牵羊或者是乘虚而入者盗走。如果是长时间离开学校，应该将贵重物品随身带走或者是找个可靠的人保管，最好不要留在寝室。如果是住在学校宿舍一楼，睡前应该将现金及贵重物品锁入抽屉，防止被人从窗外“钓”走。寝室的门也最好能换上保险锁，比较容易翻越的窗户应该加护栏，门钥匙不要随便乱放或丢失。在价值较高的贵重物品、衣物上，最好有意识地做一些特殊记号，即使被偷走，将来找回的可能性也要更大一些。

现金最好的保管办法还是存入银行。尤其是数额较大的要及时存入，千万不能怕麻烦。不过，我们正处在上学的年龄，完全没有必要带太多的现金，所以用不到的钱还是放在家里或者交给父母最为安全。

不轻信车站的拉客者

黄晓睿和伙伴们在征得了父母的同意之后，利用暑假的时间一起坐船来到了风景秀丽的杭州旅游。当他们刚刚跳下船，便有人主动迎了上来，热情地问道：“你们是来旅游的吗？我们的旅馆离西湖不远，你们出去游玩很方便。我们的收费也不贵，对于你们学生来说是最合适了，怎么样？走吧。”

几个人合计了一下，觉得挺划算的，再说，人也多，怕什么，于是就打算跟这个人走了。那个人看他们同意了，直接拎起了大家的包放在车上，把他们带上了停在车站边上的一辆中巴车。

汽车驶进了市区，秀丽的西湖出现在眼前，大家激动得一阵欢呼。可是没等他们激动的心情平静下来，汽车又驶出了市区。

“究竟还要开出多远啊？再往前开就到郊区了啊！”吴鹏心里有点着急了。

“马上就到。”那个人说道。

过了很久，车终于停了下来，他们下了车一看，他们被拉到了农村，周围一片荒凉。

“你不是说离西湖不远吗？”孙巍问他道。

“是啊，这里总比你家离西湖近多了吧。”那个人露出了狰狞的面孔，大家意识到上当了。

“走，我们不住了。”黄晓睿果断地喊道。

“不住，可以啊。可是交通费你总要付吧。一个人 50 元，够我收回成本，合情合理。”那个人不紧不慢地说。

这里可是他的地盘，他们都是人生地不熟，怎么能和他硬碰硬呢？唉，认倒霉算了，以后可不能图便宜了。几个男孩只好乖乖地交钱，下车了事。

给男孩的悄悄话

每当假日来到，就有很多男孩想外出旅游或者是到亲戚家做客。但当到达目的地的时候，迎面而来的经常是一大批的拉客者。这时，可一定要小心谨慎了。因为在现实生活中，因为轻易相信拉客者的花言巧语而受骗上当的教训实在是太多了。

所以，男孩们在没有父母的陪同下独闯外地时，对那些拉客者应始终保持清醒的头脑，如果是到亲戚家，那么最好不要理睬那些拉客者而是直奔目的地；如果你是去旅游却事先没有联系好住的地方，那么你应该根据自己的经济状况，选择合适的旅社投宿，那些没有营业执照的“地下旅舍”，切不可住。

万一你发现自己被人骗了，也要机智一点——先把他们拉客车辆的车牌号记下来，再记下他们旅社的门牌号码或具体位置，随后拨打110报警，或者等到第二天，你假装外出旅游，再向有关部门举报。

选择安全的旅馆投宿

刘兵、胡山源、牛晓峰和顾升四个好朋友结伴去旅行。到了一个海滨城市后，大家为住宿的事情开了一个小型讨论会。

“不行的话，我们住星级酒店吧，安全比较有保障。”刘兵建议大家。

“好贵啊，你要是请客，我们就去。”顾升开玩笑地反驳道，“我们只要是在市中心找，应该不会有危险吧？”

“我想起来一个好方法。”胡山源一拍脑瓜，想出了一个好主意，“我们在网上找一找政府信息网，就能找到最安全，且价格最实惠的旅店了。”

“对对，还是胡山源的这个主意好。我们现在就去吧。”顾升对胡山源的意见表示赞同。

大家按照胡山源的想法，到了一家看上去很干净的旅馆，价格稍稍有点贵，不过安全有保证，住得会比较舒心。

“我们4个人，可以开一个包间了。”牛晓峰建议道，“我们4个人分摊费用，也就和白天的打车费差不了多少，呵呵。”

“嗯，对，不能和别人混住一屋，太不安全了。”刘兵说，“我们去看房子。”

就这样，男孩子们顺利地找到了合适的住处。

给男孩的悄悄话

旅社是社会上最为复杂的公共场所之一，不论是好人还是坏人都有可能会在旅社栖息过夜，而更有一些犯罪分子又常常把作案地点选择在旅社。所以我们在投宿旅社的时候要有足够的警惕，要处处注意安全。自己携带的贵重物品，除了洗漱用具和换洗衣服之外，应当全部寄存在旅社的包裹存放处，或者锁在客房内的保险箱里。若与其他旅客同住一室，要防止别人趁你熟睡的时候掏你的口袋，因此最好存放少量现金在内衣口袋，然后穿着内衣入睡。在与同房间的旅客闲聊的时候，不要太热情，更不要轻易暴露自己的家庭住址及家庭成员的详细情况，以防被别有用心的人利用；当对方给你喝饮料、抽香烟或者给你吃糖果时，应该婉言谢绝。

除此之外，在投宿旅社的时候，还有许多需要注意的地方：

1. 选择投宿旅馆要谨慎，切勿选择投宿环境复杂的小旅社。在投宿期间最好是要早出早归，切忌单独外出。

2. 要告知家人旅馆的名称、电话及相关的联系方式，如果是团队出游，一定要记下队友的房间电话。

3. 入住旅馆之后，应该首先察看安全门和安全通道，最好是试走一次，以便危险时刻得以迅速离开，同时还应该注意周围的安全逃生出口及紧急电话联络系统。

4. 留心看一眼旅馆内门窗、锁等设施是否安全，入睡前一定将房内插拴扣好。

5. 如果有访客敲门须经再三确认，不可以随便让陌生人进入，如果遇到棘手的事件不好处理，应该打电话请旅馆柜台派人处理。

6. 外出时，应将贵重物品随身携带，千万不要放在房间内。

7. 在使用旅馆电梯时，尽量让自己站在控制钮旁，如果遇到问题，可以立即按警报器求救。

8. 在入住客房期间，应该由服务人员陪同检查旅馆房内的橱柜、浴室是否有可疑人物。洁身自好，自尊自爱，不要理睬陌生电话骚扰。

9. 在休息的时候不能卧床吸烟，另外还应该注意电器的使用安全，有必要阅读旅馆制作的安全宣传手册。

10. 一旦发生火情，要冷静，不要慌乱，立即拨打火警电话“119”，并马上与服务台、消防控制室联系。

危险游戏谨慎玩

“啊！蹦极！我一直都想玩，就是不敢。你们有人玩过吗？掉下去的感觉是什么样的？”杨培武看到了远处的游乐设施，问同来的几个伙伴。

“其实我觉得吧，如果一个人实在是想自杀了，最好就是去蹦极。一来是真的有可能会玩死，二来如果没有死，他也多少会有死而复生的快感，经历了要死之前的恐怖，说不定就不自杀了。这样说来，蹦极还是有积极意义的。”司徒建一本正经地发表他的言论。

“要不，我们去试一试吧。你们都在，我胆子大。”杨培武按捺不住他的好奇心，“我们和那些人商量一下，用绳子把我们四个捆在一起，这样大家一起往下跳，我就不害怕了。你们觉得怎么样？”

“杨培武，难道你就没有一点顾虑吗？如果那根绳子无法负重的话，我们玩的就不是蹦极了。我们玩的是命！”司徒建一脸恐慌地对杨培武说道，“我们还是惜命一点为好。”

韩江和刘楚听了之后，开心地笑了起来。两人笑言，杨培武掉下去之后，肯定免不了阵阵惨叫，那声音，不知会吓死多少人呢！或者让多少人旧病复发也说不定呢！

“哼！有那么严重吗？不玩就不玩。”杨培武气呼呼地甩甩头。

给男孩的悄悄话

如今，在许多的游乐园内都设置了高空游览车、悬升飞机、过山车、碰碰车、滑车、溜冰、水上漂流、高山滑梯、赛车等等娱乐项目。这些游乐活动具有很大的刺激性和吸引力，但是有一定的不安全性，其中不少项目很惊险。

对于惊险刺激的游乐项目，很多男孩具有一种矛盾心理：很想玩但是又害怕玩，不玩吧又不甘心。我们需要注意：参加任何体育活动都必须把人身安全放在第一位，做到量力而行，不勉强，不逞强，并且严格遵守游乐规则。

所谓的量力而行，就是说惊险的项目不是每一个青春期男孩都可以玩的。因为这些游乐项目比较激烈，玩起来让人神情紧张，惊心动魄。所以胆小、体弱、心理承受能力较差和患有心脏病、恐高症、眩晕等疾病的男孩不能去玩这些惊险项目，以免身心健康受到损害，出现休克、晕厥、旧病复发等现象，甚至会威胁生命安全。

确保惊险项目的游乐安全，还有一条非常重要，就是要自觉遵守游乐规则。在游乐园里，每一个惊险项目都会明文规定游乐规则。这些规则，实际上是保护游客人身安全的有效措施。比如：玩高山滑梯时，严禁身穿背后有拉链的游泳衣裤，防止在滑行的过程中拉链与滑道摩擦，伤害人体；玩碰碰车时，驾车人的双腿不得伸出车外，而且身体与方向盘之间应保持一定距离，以防止两车相碰导致驾车人的腿脚被轧伤、撞伤；玩旋转上升的运动项目时，必须系好安全带，人体不得探出运动器外，以免在激烈的游戏过程中发生人身伤亡的事故，等等。对于这些游乐项目的规定，在玩之前一定要了解清楚，以免因无知而酿成无法弥补的遗憾。

应对公共场所的拥挤状况

范小北和好伙伴们相约一起去电影院看电影，由于他们去晚了，只好随便找个空位坐下来，大家都散开了。

直到影片结束，观众都开始散场的时候，影院中的灯才打开，范小北终于目测到他的好伙伴。

“许楠，我在这里啦。”范小北冲着许楠大喊。

只见许楠逆流而上，往范小北这边跑过来，和往影院出口方向走的观众正好相反。范小北看到他走过来特别吃力，又大声对他喊：“许楠，你先出去吧，我们在外面集合。”

好不容易走出了偌大的电影院，终于又重见天日了。范小北看到许楠在那里等自己。

“人太多，太挤了。我实在是过不去。”许楠向范小北解释。

“呵呵，所以我们要到外面集合。”

不一会儿，刘建和吴伟峰他们也出来了，大家在一起讨论刚才演的那些好玩的片段，说着笑着去找地方吃饭了。

给男孩的悄悄话

拥挤状况突然发生时，不管是人流同向涌出，还是交汇混杂，都要保持镇定，克服慌张心理。可以躲在障碍物的后面、门背后或贴在墙边，也可以紧紧拉住固定物，防止自己跌倒，被人踩伤。在集体统一通过狭窄的通道时，不要制造恶作剧或恶意开玩笑，以免场面混乱，最好等候人流高峰期过后再行通过。

如果遭遇拥挤现象，自己要学会一些自护措施，采取的任何行动都要以确保自己的生命安全为前提。

出现拥挤时，应伸出双手，随时准备应对紧急情况。不要将双手交叉着放在胸前。最可怕的姿势是双手插在口袋里被挤倒。尽量靠右墙走路。

尽量不要拿过重过沉的东西在楼道中走动，以免遮住自己的视线而不能看见道路和迎面而来的人。

在拥挤的人流中，不要俯身捡拾东西或提鞋、系鞋带等，防止被挤倒在地而被踩伤。在突然被大多数人裹挟向一个方向行动时，不要因为任何原因逆向行动，即使人流前进方向与你要去的目的地背道而驰，也不要做逆流而动的尝试，以免被众人挤伤。

由于拥挤现象并不鲜见，所以，作为正在成长的青少年，更应该掌握一些应对拥挤的方法，这些方法能够使你在突然遭遇拥挤时能够保持镇定自若，及时地帮助自己走出困境。

食用野生植物的技巧

远足一日，徐松一行人早已疲惫不堪，食物也只剩下最后一点。看起来在露宿之前食物是个不小的问题。虽说山中有的是“可利用资源”，但不知如何判断，无奈只得眼巴巴地看着。

在树下休息片刻之后，实在饥饿难耐的他们最终还是决定要尝试寻找些可以食用的植物来填填肚子。他们尝试在野外生存手册上学到的方法搭起“烤架”，捡来些嫩草坚果，准备烤食。这时刘东找来一捧蘑菇，惊喜地对小伙伴们招呼道：“有蘑菇啊！”并兴冲冲跑到烤架边上，欲分享这意外的发现。

徐松一看大惊，立刻对刘东摆手，“蘑菇不能随便吃”，他一脸严肃地说道，“蘑菇很有可能有毒，我们绝对不能随便吃。我不知道怎么判断，但是以防万一，还是注意一些好，否则后果严重。”刘东听了这话，也意识到这件事情的严重性，不敢轻易尝试，便放下蘑菇，和伙伴们一块去找嫩草、树皮那些能够保证安全的植物了。

远足回家后，徐松将寻找食物的事情告诉爸爸妈妈，得到了他们欣慰的肯定，爸爸告诉他：“在野外的时候，虽然身边有很多东西可以利用，但一定要在平时多了解常识，知道什么是可能不安全的。如果不能判断，就要尽量挑相对安全的，比如你们利用的嫩草、树皮，大都不会出现重大问题。蘑菇虽然是好东西，但是吃到有毒的，后果不堪设想。当然，如果能够判断，就另当别论了。其实啊，判断食物有没有毒，也是有学问的……”

给男孩的悄悄话

在野外的时候，男孩一定要注意一个问题：除非是陷入绝境，最好只选择自己所熟悉的植物吃，或选那些与自己所熟悉的植物相似的吃。

以蘑菇来说，没尝过的，最好不吃，以防中毒。青草几乎都可以食用，其种子收集后，经过炒或煮即可食用；叶和茎也可以食用，树皮内层，除了有苦味的以外，其他的几乎都可以食用，有的甚至可以生吃。坚果一般都可以吃，其中有的虽有涩味，但却不会影响健康。

在大量食用自己不熟悉的植物或果子之前，应事先进行试验，方可食用。先选取该植物的一小部分放入口中，细细咀嚼，千万别咽下。然后吐出来，看看你的嘴和舌头是否有病变的感觉。初步尝试之后，如无病变感觉，可吃下一口，不要超过 3 ~ 5 克，这样毒素量小，不致有严重反应。如果食用后 1 ~ 2 小时无中毒症状（腹痛、恶心、呕吐、头晕、胃肠不适、视觉模糊），表示这种食物可以食用。食用不熟悉的果实和块根时，应该煮熟后食用，因为大多数植物中的毒素经加热处理即可以分解（注意，有毒的蘑菇，煮后也不能去掉毒素）。

吃时要在嘴里慢慢嚼一嚼，如果它很难吃，就不要吃了，一般来讲，味道不好并不意味着有毒，但是，对那种烧焦的味、令人恶心的味和苦味要格外小心，因其不一定会引起中毒，但味道不好的食物通常会引起胃肠的不良反应，出现呕吐等症。当然，如果味道可以接受，便可以接着吃下去。

吃完以后，如果 6 ~ 8 小时后仍无病变发生，就不会有事了。如果发现有中毒症状时，应立即采取措施：

1. 催吐：可用手指或其他代用品触及咽喉部，直至吐出清水为止。

2. 导泻：常用的导泻剂有硫酸镁和硫酸钠，用量 15 ~ 30 克，加水 200 毫升，口服。

3. 洗胃：最方便的可用肥皂或浓茶水洗胃，也可用 2% 的碳酸氢钠洗，同时可除去已到肠内的毒物，起到洗肠的作用。

4. 解毒：在进行上述急救处理后，还应当对症治疗，服用解毒剂。最简便的可吃生鸡蛋清、生牛奶或用大蒜捣汁冲服。

5. 有条件的可服用通用解毒剂，其主要作用是吸附或中和生物碱、重金属和酸类等毒物。

怎样应对野外动物伤害

李晨是个小摄影迷，在摄影比赛中获了各种各样的大奖，是个颇有个性的冒险家。为了拍出特别的照片，他常常往外跑，到各地去采景。最近，他有点想要改变自己的摄影手法和主题，想要近距离地拍摄动物。这就要求他要更加接近自然地去探险一回了。

李晨常在外跑，也深知不能太过“英勇”，否则太莽撞后果可能会不堪设想。但是这一回，为了拍动物，他的确是“豁出去”了一把。可是要知道，毕竟他只是一名学生，对于未知的自然认知还太少，哪里知道凶险无处不在。

正当他专注地调着相机取景、锁定目标时，丝毫没有意识到，在他脚边的不远处，伏着一条虎视眈眈的毒蛇。李晨忽觉小腿一阵疼痛，一甩腿竟甩出蛇来……

一个几乎没有野外生存经历的学生，独自在外地遭遇毒蛇，倘若不知自救，大概后果就可想而知了。幸运的是，李晨被咬伤后正巧碰到沿路的村民。有经验的村民一看伤口不对，立即为他进行处理，用鞋带绑扎伤口近心口处，而后带李晨到他们家，为他清洗伤口，处理毒液，总算是不幸中之万幸了。

这件事过去之后李晨便养成了一个习惯，每次外出取景，都必先查查地形和安全注意事项，拍摄动物的时候也做好严格的安全防护措施，再不敢鲁莽行动了。

给男孩的悄悄话

在野外遇到动物伤害，无法得到及时救治非常危险。喜欢野外冒险的男孩一定要牢记以下一些常见动物伤害的自救方法：

1. 毒蛇

我国的毒蛇种类很多，而且多分布在长江以南的广大省份。毒蛇咬伤多发生于夏、秋两季。如果不幸被蛇咬伤，要判断咬伤自己的是否为毒蛇。一般的毒蛇有如下特征：头部呈三角形，身上有彩色花纹，尾短而细。毒蛇咬的伤口表层通常会有一对大而深的牙痕，或两列小牙痕上方有一对大牙痕，有的大牙痕里甚至留有断牙。且伤口的颜色会在较短时间内变成深色甚至是乌色。如果一时无法判断是否被毒蛇所伤，为了安全起见，还是要按照毒蛇咬伤进行处理。下面是被毒蛇咬伤后的处理措施：

要防止毒液扩散和吸收。被毒蛇咬伤后，一定不要惊慌失措、奔跑走动，这样会促使毒液快速向全身扩散。被毒蛇咬伤者应立即坐下或卧下，自行处理或呼唤别人来帮助，迅速找来一些鞋带、裤带之类的绳子绑扎伤口的近心端，如果是手指部位被咬伤要绑扎指根；手掌或前臂被咬伤可绑扎肘关节上；脚趾被咬伤可绑扎趾根部；足部或小腿被咬伤可绑扎膝关节下；大腿被咬伤可绑扎大腿根部。绑扎的目的与止血目的不同，仅在于阻断毒液经静脉和淋巴回流入心，而不会妨碍到动脉血的供应。故绑扎无须过紧，它的松紧度掌握在能够使被绑扎的下部肢体动脉搏动稍微减弱为宜。绑扎完成后还需要注意，接下来要每隔 30 分钟左右松解一次，每次 1 ~ 2 分钟，这样可以避免血液循环造成组织坏死现象的发生。

绑扎完成后要接着迅速排出毒液。这需要立即用凉开水、泉水、肥皂水或 1 ： 5000 高锰酸钾溶液冲洗伤口及周围的皮肤，以洗掉伤口外表毒液。如果伤口内有毒牙残留，应迅速用小刀或碎玻璃片等其他尖锐物将之挑出，使用前最好用火烧一下刀片以对之进行消毒。器物准备好以后，以牙痕为中心作十字切开，深至皮下，然后用手从肢体的近心端向伤口方向及伤口周围反复用力挤压，以促使毒液从切开的伤口排出体外，同时要边挤压边用清水冲洗伤口，冲洗挤压排毒须持续 20 ~ 30 分钟。

此后如果随身带有茶杯则可以对伤口做拔火罐处理。拔火罐时，要先在茶杯内点燃一小团纸，然后迅速将杯口扣在伤口上，使杯口紧贴伤口周围皮肤，利用杯内产生的负压吸出毒液。如无茶杯，也可用嘴吮吸伤口排毒，这种情况下一定要注意，吮吸者的口腔、嘴唇必须无破损、无龋齿，否则就有中毒的危险。吸出的毒液要随即吐掉，吸后要用清水漱口。排毒完成后，伤口要湿敷，这样有利于毒液的流出。

必须注意，有些蛇毒只需极小量即可致命，所以绝不能因惧怕疼痛而拒绝切开伤口进行排毒。去野外旅行的时候，最好随身备一些有解毒药，这样一旦被毒蛇咬伤就可立即口服以解内毒。伤者如出现口渴，可以给足量清水饮用，切忌饮酒精类饮料，因为这样可能会加速毒素的扩散。经过切开排毒处理的伤员要尽快用担架、车辆送往医院做进一步的治疗，以免出现在野外无法处理的严重情况。转运途中要安抚伤者的紧张心理，尽量使其保持安静。

在野外，为了避免被蛇咬伤中毒，应做好以下预防工作：

在野外时，尤其在夜间最好穿长裤、长靴或用厚帆布绑腿。持木棍或手杖在前后左右拨草将蛇赶走，夜间行走时要携带照明工具，防止踩踏到蛇体招致咬伤。选择宿营地时，要避开草丛、石缝、树丛、竹林等阴暗潮湿的地方。在野外应常备解蛇毒药品以防不测。

2. 蝎子

蝎子是一种毒虫，通常只有几厘米长，但最长的可达 20 厘米。它的尾巴像一根粗粗的辫子，尾端有毒腺和毒针，蝎子用尾针蜇伤敌人，同时毒腺分泌毒液。

蝎子蜇伤局部可见大片红肿、剧痛，重者可出现寒战、发热、恶心、呕吐、流涎、头痛、昏睡、盗汗、呼吸加快及脉搏细弱等，儿童被蜇伤后严重者可因呼吸、循环衰竭而死亡。被蝎子蜇伤后，应该迅速把伤口切开，然后用高锰酸钾溶液冲洗。接着要对伤口部位进行冷敷，涂抹皮质激素软膏。如果是被毒性较大的蝎子蜇伤，要立刻送往医院，由医生注射特效抗毒素。

3. 毒蜘蛛

毒蜘蛛大多表面颜色艳丽，所以在野外遇到“漂亮”的蜘蛛最好不要招惹它。若被咬伤，应该先用绳子、手帕、裤带等扎紧伤口上方，同时每隔 15 分钟放松 1 分钟。接着用消过毒的大号缝衣针和三棱针刺伤口周围，然后向外挤压伤口，这样可以排毒。再用肥皂水冲洗患处，然后涂上小苏打糊剂。严重者应尽快送医院诊治。

蜘蛛一般没有太大的毒性，但有些蜘蛛如“黑寡妇”，有剧毒。因此，不管是哪种蜘蛛，都不要因为好奇去“招惹”它。

野外饮用水的寻找、收集与安全处理

学校为了给同学们提供生存教育，举行了一次模拟的野外生存活动。陈佳整好行囊，兴致盎然地随着大部队出发了。

一直生活在舒适环境中的他还没有体会过野外生活的欢乐。一开始，满脑子的新鲜感，虽然老师家长都给他们普及过野外知识，千叮咛万嘱咐要他们提高警惕，但面对完全不同的世界，过分乐观的心态还是更胜了一筹。自然，刚上阵的激情可以使任何恶劣环境都能看上去更可爱一些，但没过多久，便出现问题了。

由于各人承重力有限，在野外远足的过程中体力消耗又非常大，行囊受限，因而自己能够携带的食物、水都是一定量的。当陈佳的水壶见底时，他这才感到，野外生存的考验已经开始了。

任何体力消耗必然不能离开水。陈佳听老师讲过，脱水过久，身体机能就会开始出现危机。很快他和他的小分队开始野外生存的第一关：寻找水源，收集制作饮用水。

没有头绪的寻找是无意义的。陈佳想到，不如回顾老师上课讲过的知识，定有细节能够应用到实际生存中。他们一边走一边留意路边花草树木的状态，发现不同区域的植物含水性确实有很大的差别。到傍晚时，精疲力竭的小分队，仅在植物表皮刮得一些小水珠，丝毫没有进展。这时，陈佳指着盘旋的鸟群，叫道："跟着它们走！"他领着小分队一路小跑向着鸟群的方向奔去……

给男孩的悄悄话

男孩们喜欢冒险，喜欢在大自然的环境中放松自己。但是在野外，危险随时都会出现。比如，自己带的饮用水喝光了或因各种原因水量不足了，你只能借助野外的自然资源自己收集饮用水。可以根据树木和青草的生长状况来寻找水源。

在山脚下，寻找那些草长得茂盛、葱翠的地方，往下挖，便会有水渗出；另外，还可寻找一些有水"标志"的树木，如三角叶杨、梧桐、柳树、盐香柏等，在这些植物下挖掘，可见到水。也可以利用一些植物来获取水分，如竹子、仙人掌等。将植物的茎、枝砍成一米长短，把一端削尖竖在容器中，这样就可以得到少量的水。

但应注意不能选用冒出乳状液体的植物。

除此之外，还可以根据动物的活动踪迹来寻找水源。鸟群会在水源上空盘旋，在早晨和傍晚，留心它们的叫声，你可确定水源地点。在蚂蚁密集的地点，大多也是可以找到水源的。你还可以根据自然的地形、地貌来寻找水源。干河床在其表面下就可能有水，可在河道转弯处外侧的最底处往下挖掘。

取来水后，还要对之进行煮沸消毒。在海平面，至少煮沸一分钟；在海拔较高地区，时间要延长，海拔每增高 1000 米，煮沸时间要增加 3 ~ 4 分钟。

野外遇险如何发求救信号

终于放暑假了，喜欢户外登山运动的王帅联络了几个有共同兴趣的同学成立了一个“暑假登山队”。

周一天气晴朗，而且气温不高，是自己团队开展活动的好时间。确定好时间，王帅他们几个小伙子又确定了登山路线。并开始为这次登山做准备，包括鞋子、服装，还有要带的水和食物……

爸爸看着王帅兴高采烈地忙碌着，就帮着检查了一下物品。“怎么没有哨子、打火机、手电筒之类的？”爸爸惊奇地问。“您以为我还是小孩，还爱玩哨子呢？”王帅不禁笑起来，“又不是去野炊，不用带打火机。当天就能回来要手电筒就更没有用了！”王帅感到爸爸的话很好笑。

爸爸看着王帅，严肃地说：“山上通常会很空旷，又多有茂密的植物，不小心就会迷路和同伴走散。要是迷路了，和同学走散了，你应该怎么办呢？”

王帅一下被爸爸问住了，他还从来没有想到过这种情况呢。想到爸爸说的几样物品，突然明白了：“是不是要是迷路了，又没有力气喊，就拼命吹哨子，晚上可以用打火机或手电筒照明，这样就可以让别人发现我们？”

爸爸摇摇头，说道：“可以让别人发现你们，但是别人不知道你们需要帮助啊。”“这都是有专门的求救信号的，只有正确地使用求救信号，才能及时得到救援。”爸爸接着说。王帅觉得更疑惑了。

看着王帅对这方面的知识一无所知，爸爸决定给儿子好好补补课。于是详细地给王帅讲了求救信号的种类，如烟火信号、声音信号以及色彩信号等，并讲了应该如何正确利用这些信号，在必要的时候帮助自己摆脱困境。

“实在太神奇了！原来有这么多信号，每种信号都这么有讲究！我学到了很多，谢谢老爸！”王帅欢快地对爸爸说。他把这些详细记录下来，并做了整理。他迫不及待地要把这些知识和他的队友分享。

给男孩的悄悄话

男孩在野外游玩，很多时候可能会遇到一些连自己和身边的朋友或家人都无法解决的难题。这时候就需要男孩及时对外求救。那么对求救信号的发送，你了解多少呢？

1. 国际通用的山中求救信号是哨声或光照，每分钟 6 响或闪照 6 次，间隔一分钟后，重复同样的信号。

2. 如果有火柴和木柴，则可以点起一堆火，烧旺后加些湿枝叶或青草，使之升起大量浓烟。

3. 穿着颜色鲜艳的衣服，帽子也应选择鲜艳的。

4. 用树枝、石块或衣服等物在空地上砌出 SOS 或其他求救字样，每字最少长 6 米。如在雪地上，则在雪上踩出这些字。

5. 用颜色最鲜艳、宽大的衣服当旗子，不断挥动。

6. 看见直升机到山上来援救而飞近时，引燃烟幕信号弹（如果有的话），或在附近生一把火，升起浓烟，让救援者知道方向，这样能帮助救援者准确地掌握停靠的位置。

在野外游玩，男孩们欣赏山水美景的同时，还要注意安全，不要因为玩而受到伤害。以上方法一定要记牢，遇到危险的时候能够起到救助作用。

火眼金睛，识破骗子的诡计

常见的电话或短信骗招

上高中以后，范睿开始住校。爸爸妈妈为了方便联系，给他买了一部手机。安全起见，范睿每天时时刻刻带着它，生怕把这宝贝玩意儿弄丢了。

这天，范睿下了课，掏出手机准备给爸爸妈妈打个电话，竟见到一个未接来电。奇怪，为了专心学习，范睿的号码谁也不知道，只跟家里联系呀，怎么会有陌生的未接电话呢？他刚想回电，突然想到爸爸给他手机的时候对他说过，如果有陌生的电话，千万不能回拨，奇怪的短信也不要理睬。

范睿给爸爸打了个电话，寒暄了一番，汇报了一下在学校的学习生活情况，然后把未接来电的事情告诉了他。

"你没有回拨吧？"爸爸的声音听起来有点紧张。

"没有，我记得你当时跟我说过不要理未接电话。怎么，会有什么问题吗？"

"是啊，遇到有陌生电话的情况，忽略就好了，千万不能理睬它。如果是打错电话倒是还好，要是骗子，可就惨了。"

"骗子？"

"你还没有社会经验，容易受骗，所以爸爸才事先告诉你不要理睬陌生电话。现在通讯这么发达，骗子可多了。比如有些号码，如果你回拨的话，电话费能扣500元！有时候他们也用短信诈骗，比如说中奖啊，点播啊，汇款啊，都是绝对不能轻易相信的。”

听爸爸说完后，范睿更加谨慎地用手机了，遇事也总跟家人商量，从不自己妄做决定。

给男孩的悄悄话

手机在现代社会已经得到普遍应用，而手机更是人们互相联络的得力助手。可是，手机短信中存在着很多安全隐患。因为很多不怀好意的人往往会通过发送诈骗短信来牟取钱财。因此，常与手机短信打交道的男孩一定要提高警惕，防止自己掉入不法分子的短信陷阱里。

这里罗列一些常见的电话诈骗方式：

1. “手机号为13×××××××××您的朋友，为您点播了一首××歌曲，以此表达他对你的思念和祝福，请您拨打9××××收听。”遇到这种情况，你最好不要拨回电话收听歌曲，因为这样很有可能会给你带来高额话费。

2. 听到铃声响起，一旦你接听，电话会马上挂断。当你按照号码回拨后，听到的可能是这样一段电话录音：“欢迎您致电澳门六合彩……澳门中心竭诚为广大彩民爱好者提供信息，透露密码。联系电话1395983××××。”遇到这种情况，你也一定不要回拨，因为这是以非法“六合彩”招揽客人，如果你回拨电话，既可能会损失话费，又很容易上当受骗。

3. “您好，移动通信公司现在将对您的手机进行线路检测，请您暂时关闭手机3个小时。”此种情形很可能是机主因为某种原因泄露了家庭电话号码，行骗者可能会在机主关机的时候，以“要求汇款”等事由诈骗事主的家人或朋友。所以，有关这一点，青少年要格外留意，防止上当受骗。

4. 当你收到开头为0941或0951的未接来电，一回拨即收费500元。因为这是典型的利用0941、0951加值型的付费电话。对此种来电，你一定要格外小心。

而黑短信诈骗通常会采取以下4个步骤：

1. 首先发送虚假消费短信，提示你“您在某地刷卡消费××元，如有疑问，请拨××银行信用卡服务部××电话查询”。

2. 当你按提示电话号码回拨，接电话的人会自称是××银行工作人员，谎称你的卡出了问题，并指示你按其所提示步骤将钱转入所谓保密账户。

3. 这时你很可能会按照“银行工作人员”所提示的步骤，将所持卡上的钱转入所谓“保密账户”。

4. 通过电话获得受害者的卡号和密码后，不法分子会迅速将你的卡上所余金额转走。

刚刚步入青春期的男孩们社会经验会相对缺乏些，而彼此间的联系又多是通过手机或手机短信进行的，这就给那些不法分子提供了很多可乘之机，这就需要男孩们在平时注意提高警惕，面对这些手机短信诈骗，要提高自己的防护能力。

上网需要注意防范哪些陷阱

江宇辰学会用电脑之后，就把查资料、发邮件、聊天、看电视、看电影等所有事情都寄托在这上面了。电脑上网不仅无所不能，而且方便快捷，江宇辰玩得不亦乐乎。

但是有一天，电脑却突然出了问题。江宇辰像平时一样，打开电脑，登录QQ，查看邮件。这时他注意到未读邮件里有一个链接网址，声称下载该软件，“使浏览速度加快一倍”。江宇辰动心了，急忙打开网址去看，网页却久久显示不出来。几分钟后，电脑突然黑屏，不管摁什么键都没有用。无奈之下，江宇辰只得强制关机，然后重新开机。不料重新开机之后电脑就不正常了：屏幕上什么都没有，只有一个任务管理器，显示正常进程……

江宇辰一下子愣住了。刚学会上网不久，他根本不知道如何处理这种状况，只知道电脑功能的强大，竟忘记了网络陷阱是无处不在的，没有防患意识，终究还是遭遇到了网络陷阱。

等到爸爸下班回家，江宇辰把电脑的问题告诉他，并讲述了事情发生的过程。爸爸看了看电脑，叹了口气，“唉，看来要重装系统了”。爸爸告诉宇辰，网络陷阱防不胜防，大多由邮件、网址这些途径传播病毒，一旦没有看清，轻易打开了不正确的地址，就很容易让病毒攻入。更何况，新电脑还没有装上杀毒软件，在这种状态下上网，是很危险的。

这下江宇辰明白了，网络虽然便捷，但要是太麻痹大意，电脑病毒的麻烦也随时会找上门来。

给男孩的悄悄话

互联网在近些年高速发展，给青少年带来了巨大的便利，但是同时也带来了许多新的烦恼。当你在享受丰富的网络资源的同时，又不得不面对着众多的安全威胁。对于缺乏相关安全知识的青少年来说，怎样才能防止自己在享受网络带来的便利时又保护好自己免受不法分子的侵害呢？下面一些经验和方法希望能给喜欢网络的男孩们提供一些帮助。

在上网时，你可以采取如下保护措施：

1. 用杀毒软件保护电脑，及时更新软件。杀毒软件可以最大限度地保护电脑免遭病毒侵害。同时病毒的发作就像每年的流感病毒一样，新的病毒和病毒变种不断产生，所以一定要保证有规律地升级杀毒软件，例如一周升级一次。

2. 不要打开不明来源的邮件。收到了可疑的邮件，最好的处理办法是直接把整个邮件删除，包括其中的任何附件。即使知道是谁发来的邮件，对看起来有点奇怪的或者是预料之外的邮件，也要提高警惕。

3. 使用较复杂的密码。在网络世界里，即使不告诉别人自己的密码，“黑客”们也能利用一些手段对密码进行暴力破解，因此把密码尽量设置得复杂一些是绝没有坏处的。

4. 定期下载安全更新补丁。有时程序漏洞会成为他人攻击你电脑的切入点，因此经常去一些主流软件公司（如微软）的网站及时下载发布的最新安全更新补丁，也是保护电脑的有力措施之一。

网上购物防诈骗

最近班里掀起阵不小的网上购物热潮。陈聪找同学问了操作步骤之后，回家也开始对着电脑查找自己想要的游戏光盘。“听说××网上能找到那个碟啊，小店里已经卖完了，你去网上找吧。”听着好朋友小天在电话那头说着，陈聪立即开始搜索了。“有了！我把它买下来！”

陈聪按照同学们教他的步骤填了地址，付了款，然后，便就剩眼巴巴等着光盘赶紧寄过来了。

“小聪啊，这个不对啊！你看，不是正版的！花了多少钱啊？”

陈聪一听，猛然意识到这事情不太正常了。他回家打开电脑，翻回到那个购物的网站，仔细看了一下“实物图”。这所谓的“实物图”，其实原来根本就是假的，寄过来的盘，跟网上图片上的完全不一样。可是能怎么办呢，钱也退不回来了，正版碟也没买到……陈聪哭丧着脸，找爸爸抱怨，“什么足不出户啊，都是骗人的！”

“网上购物确实方便，但是也要懂技巧。这次的事情就当是个教训吧，要知道网络资源太杂，骗子也就容易藏身，所以要是在购物的过程中不谨慎小心，就很容易上当受骗的。”

给男孩的悄悄话

而随着网络经济的繁荣，网上购物由于其快捷、便利、价格较低的优点，已经成为许多青春期的男孩时尚购物的方式。尽管这种购物方式使你享受到了足不出户、送货上门的方便，但一些不法分子利用网络购物行骗也经常令购物者防不胜防。

网上购物，你也需要注意以下几点：

1. 网托诱惑。一般的消费者看到“卖家好评率”和“卖家信用”时，便会放心地把款汇到对方账户。然而卖家往往会找身边的好朋友来当“托儿”，对自己的网店进行留言，网站则根据这些点评就会生成“卖家的信用等级”。

2. 货品标价。在很多网站都会看到一些价格上超乎想象的“宝贝”，进去一看，还确实是好产品，再寻思这个“天上掉馅饼儿”的价格，难免会有消费者动心。但实际上，这类商品往往质量有问题，或者是无法保修的“水货”，或者干脆就是商家设下的一个骗局。

3. 看图买货。看了图片引起购买欲望的消费者不占少数，但买了之后后悔的也不少。实际上，有的网站对照片没有任何要求，既可以从网上下载，也可以实物拍摄。因此，卖家随意发布产品图片信息，以次充好的事情就总是会出现。

如果选择网上购物，一定要选择那些信誉度比较高的网站，同时，也需要提高自己的鉴别能力，不要在购物的时候让网络骗子得手了。

对于经常遨游在网络世界中的男孩们，一定要学习一些网络安全知识，对于可能出现的各种诈骗方式，自己一定要提高警惕。只有这样才能使自己在享受网络资源便利的同时保证自己的权益不受侵害。

警惕搭话的陌生人

放学后，欧阳林林走出校门与同学道别不久，一个推着自行车的年轻人迎上前去，对欧阳林林说：“你爸爸在外出事了，他让我来接你。”欧阳林林的爸爸是开出租车的司机。一听爸爸“出了事”，欧阳林林头脑里的第一个信号就是“车祸事故”，因为这是他经常担心的事情，所以对这个虽然陌生但热情有余的“大哥哥”的话深信不疑。欧阳林林说了声“谢谢”后，便坐在了陌生人自行车的后座上。

陌生人蹬着自行车飞快地向野外奔去，他一边蹬车一边与欧阳林林交谈，打听欧阳林林爸爸妈妈的姓名、职业和家庭住址、电话号码。当他获悉欧阳林林的家庭状况时，心中暗自得意。待到僻静处，残忍的陌生人将毫无提防的欧阳林林掐死，又迫不及待地按欧阳林林提供的电话吩咐欧阳林林父母拿赎金来换人质。欧阳林林爸爸及时报了案，最终将犯罪分子绳之以法。

给男孩的悄悄话

如果有陌生人告诉你，说你家中发生了意外，如家长受伤、急病住院等要带你走时，你千万不可相信。

外出时，遇到素不相识的成年人（包括女性）与你搭讪，最好不要理会，更不要过分热情。如果对方以各种理由提出带你离开时，千万不可轻信；即使你经过盘问考察，自以为对方可以相信，也要告诉熟人、邻居，听取他们的意见，至少让他们知道你的去向，否则是十分危险的。

路遇陌生人突然上来与你搭话，要抱持戒备之心，对其所说的话不可轻信。如对方需要指路或钱财帮助，可以告诉他去找警察帮助，或为他直接拨打“110”求助。

平时不搭乘陌生人的便车，也不要接受陌生人的钱物、玩具、礼物、食品、饮料、香烟。如果陌生人在你放学途中强行接你走或对你纠缠，应立即向附近的巡警、交警报告，或往人多的地方跑，千万不要跟随陌生人到僻静的角落去。

由于这世界上存在很多无法预料的事情，我们一定要提高自我保护意识，防范可能出现的各种危险。

遇到绑架怎么办

“听说老林家的儿子被绑架了！”“是啊，那绑匪也太丧心病狂了，那孩子还这么小，真下得去手！”“救出来了吗？”“救出来了，听说身上有伤！”最近几天白马小区里都议论纷纷。

被绑架的是10岁的林林，一个可爱的小男孩。林林和刘伟同住在一个单元楼，见面林林总是热情地叫刘伟哥哥。慢慢地两个人就熟悉了。林林总是缠着刘伟让他陪自己踢球，给他讲故事。刘伟很喜欢这个热情的小男孩。

这次林林被绑架，对刘伟一家人的震动很大。一直觉得绑架这种事情离自己的生活挺遥远，没有想到这么不可思议的事情竟然会发生在自己身边。

被解救回来的林林，除了身上有很多淤伤之外，最令人痛心的是，原本活泼开朗的他现在怕见到陌生人，见人就躲。这次绑架给林林幼小的心灵带来了挥之不去的阴影。

据说是因为林林平时总是全身名牌地在小区里进进出出，引起了坏人的注意。有一天，当林林独自在小区广场玩耍时。那个绑匪用一个冰激凌就把林林骗走了。

林林出事之后，爸爸妈妈对刘伟的安全都提高了警惕。他们不断地重复：有陌生人接近你时，一定要保持距离；陌生人给的水、食物都不能碰，礼物坚决不收……

刘伟也觉得自己太缺乏这方面的知识，就在网上搜集了很多警惕预防绑架以及被绑架后如何应对的方法。并且在爸爸的帮助下，把这些知识归纳整理后誊抄在笔记本上。他要把这些知识和同学们一起分享，共同提高警惕，加强自身安全。

给男孩的悄悄话

青少年朋友经验少，对社会认识不足容易轻信他人，因此很容易成为绑匪的目标，那么我们应该怎样预防遭绑架劫持呢？如果不幸遇到，我们又该怎样应对呢？

青少年应该自己提高警惕：

1. 不要独自外出，上下学，要和其他人结伴而行。
2. 外出时将行踪告知父母或老师，并说明返回的时间。
3. 进出家门要养成随手关门的习惯，以防坏人入室。
4. 不接受陌生人赠与的任何东西。
5. 不搭陌生人的顺风车。
6. 如果遇到陌生人驾车问路，应保持一定距离，不可贴近车身。
7. 平日穿戴整洁干净即可，不要盲目追求名牌，过分招摇。
8. 如果遇到紧急状况，约定暗语、代号。

9. 应学会拨打紧急求助电话，及时求助。

另外，学校是青少年活动的主要场所，学校里也应该提高警惕：

1. 有陌生人来学校以任何理由要接走学生时，都应尽快与家长联系并求证。

2. 对于学生及家长的资料，应严格保密，不能外泄。

3. 应密切注意学校内出现的可疑分子，并上前盘询或报警。

4. 学生到校时间不宜过早，离校不能太晚，不能单独把学生留在教室或办公室。

5. 教导学生遇到自称是督学、师长或亲友的陌生人时，应及时报告学校，要求查证。

6. 规划好学生上下学的交通路线、家长等候及停车区域。

7. 定期举行安全防暴教育讲座及反绑架教育宣导活动。

万一不幸被绑架，青少年朋友要记住：首先要做到的是保持沉着冷静，这时候一定不要慌张，也不要贸然采取措施。应对方法不同，结局就有可能完全相反，有的被绑架的可以毫发无伤地平安归来，还有一些被残忍伤害，甚至丢失生命。除了一些外部因素，自身的应对措施是使自己平安的关键。

如果真被绑架，应该尽量做到：

1. 保持头脑冷静，千万不要惊慌失措。保持头脑清醒，思考对策，并观察周围的环境，看是否有逃脱的可能。如果自己手足无措将使自己处于更不利的境地。

2. 要有坚定的求生信念，不论什么时候都不要放弃。被绑架后心情很容易悲观，失望甚至绝望。要坚信自己不是孤立无援的。我们的父母、老师、朋友、警方都在为解救自己而努力。不能在劫持者伤害自己之前先被自己打垮。

3. 尽量周旋，稳定绑匪的情绪。可以表面上装出很温顺乖巧的样子，降低绑匪对你的防备，伺机逃跑，但是如果地处偏远，周围没有人烟，一定避免和绑匪搏斗或是盲目地呼救，以免造成不必要的伤害。

4. 尽量避免大幅度动作，以免刺激劫持歹徒，做出一些过激行为。

5. 当绑匪要你写信或者打电话给家里人时，应当尽可能地透露自己的行踪，所处位置，在打电话的时候尽量拖延通话时间，便于警方调查追踪。

6. 被关押后，应仔细观察环境，如有临街的窗户，可写纸条扔到窗下寻求帮助。也可以利用东西敲击下水道，引起其他人的注意。这些行动都以不惊动绑匪为前提。

7. 要设法记住绑匪的外貌、口音或者车牌号，以便日后警方尽快破案。

如果有人跟踪

这天磊磊一个人走在路上，总是觉得后面有人在跟踪自己。磊磊总共回头看到了 3 次，都是同样一个人。他为什么要跟踪我？难道是个别有企图的人吗？

磊磊想了一下，决定把他甩开。磊磊躲进一家小卖部假装买东西，而那个人偏偏也跟着磊磊进了同样一家小卖部。看到那人进来之后，磊磊就出去了，而他也跟着磊磊出去了。

磊磊心里开始有点着急了，这可怎么办啊？旁边没有熟人可以帮我啊！这时，磊磊看到路边有一个卖瓷器的小摊，有办法了！

他走到那家小摊前，拿起一个大号的瓷罐子，然后故意摔碎，发出了很大的声音。

摊主看到他的商品被磊磊摔碎了，急忙跑了过来："这个小同学，你把我的东西摔坏了，你要照价赔偿。"

"凭什么要我赔偿？我又不是故意要摔你的东西。这种破瓷罐子，能值几个钱。算了，您就认倒霉吧。"

摊主一看磊磊这态度，火了："小同学，你怎么这样不讲道理。明明是你把我家的东西摔坏了，就应该赔。咱找个地方说理去吧。"

"走就走，谁怕谁啊！"磊磊和那人继续吵，而且毫不避讳地嚷嚷要去公安局。

磊磊一边吵，一边观察那个跟踪他的人，发现那人已经走了。

磊磊松了口气，对那个摊主说道：“真是对不起，我回家的路上发现总有一个人在跟踪我，躲不开，实在没有办法才找茬跟人吵架。现在他人走了，多少钱，我照价赔偿您吧。”

摊主明白了事情的来龙去脉，脸上的怒意化解了：“原来是这么回事。孩子，在外面一定要多小心啊。”

就这样，磊磊用智慧成功甩掉了一个心怀鬼胎的家伙。

给男孩的悄悄话

一般来讲，陌生人的尾随，多数情况下是有预谋的，多数情况是因为我们自身存在着某种诱因。一般来说，尾随的目的有两种：一是尾随到僻静的地方，寻机下手，进行抢劫、绑架；另一种是尾随到家，乘开门之机，进入家中进行抢劫等犯罪活动。

所以，一个人在外行走时，须保持警惕，注意观察有没有人总是跟着自己或总是在自己附近时隐时现，要提前做好准备，想好应对措施。在单独回家快要进入单元门口时，先不要急着进去，应该注意观察有无可疑之人尾随。如果发现情况异常，应该迅速向楼外人多的地方走，或者求助邻居。进了单元门后，突然发现走廊有形迹可疑之人，不要开门，要巧妙地走出单元门，告诉小区的值班人员。另外，还应该主动打电话把情况向爸爸、妈妈说清楚，以防不测。

1. 发现自己被歹徒盯上，不能惊慌，要保持头脑的清醒、镇定。同时，根据自己的体力和心理状态、周围情况、歹徒的动机等积极寻找应对良策。如果只是被歹徒盯上，应迅速向附近的商店、繁华热闹的地段跑去，那里人来人往，歹徒不敢轻举妄动；还可就近进入居民区求得群众帮助。

2. 如果在近家处碰上了尾随者，而且又难以摆脱时，不要急于进家门，要先想好哪个邻居家里经常有人，先到他家去敲门呼喊：“大爷，我有事找你！”“奶奶！开开门，我是 ×××，有点事！”爷爷、奶奶们一定会帮助你的。如果邻居家也没人，可以乘机快跑到家，紧锁门窗，然后再打电话设法与外界联系。

3. 如果在上学的路上被人跟踪，可马上加快脚步，甩掉那个陌生人，跑到学校报告老师。

4. 为了摆脱跟踪，我们可以向路上一些陌生人借机打个招呼，问一些事情或无关紧要的问题，这样能够给尾随者一些心理压力，让他不敢对自己下手。

5. 甩掉盯梢人后，应及时打电话报警，将盯梢人的长相、高矮、胖瘦、大约年龄等特征告诉警察，便于他们调查、破案。

怎样应对“碰瓷儿”

放学之后，王小群背着书包独自一人往家走，经过一个自由贸易市场，突然有一个叼着香烟的青年从旁边擦了过去，重重地碰了他一下，随之听见“咣当”的声响，一个手机摔在了地上。王小群当时并没有在意，而是继续往前走。

这个青年却把王小群拽住了:“喂,你把我的手机碰掉了,摔坏了。你要赔偿！”

面对这个青年的威吓，王小群感到奇怪：“我并没有碰你啊，是你自己撞上来的。”

“你居然狡辩，这个手机是我自己新买的，花了我 600 元，难道我要自己把它摔坏吗？你赶快把钱给我，否则的话我就和你玩命。”他一边说，一边还朝王小群瞪圆了眼睛，挥着他的拳头。

看他这副样子，王小群想自己是遇到了“碰瓷儿”的了，这分明就是敲诈啊！怎么办？我要想想办法。

“我身上没有这么多的钱，你让我回家拿给你好吗？”王小群和他商量。

“回家？”这个青年似乎识破了王小群的伎俩，“等你回了家，我上哪里去找你啊？你现在有多少钱就都给我吧，要不然的话，今天就别想回家。”

王小群心里有点着急，这可怎么办呢？这时他想到了要报警。

“我想起来了，我的卡里有钱，你等等我去取好吗？”王小群再和他商量。

青年满意极了：“嗯，行啊，我在这里等你。”

王小群趁这个机会赶快跑到取款机旁，并请周围的人帮助他报了警。他假装在取钱，然后稳稳当当地走了出来。

“你可真慢，把钱给我就走人吧。”

“真对不起，我卡上没有钱了。我现在钱包里只有10块钱，都给你吧。”王小群开始和他周旋。

“嘿！你怎么回事，惹急了我揍不死你！老实点，让我翻翻你的钱包。”他有点急眼了。

“要不这样吧，你看看我的书包吧。”王小群说着，把书包里的书，还有作业本，还有文具袋，一个一个不紧不慢地翻给他看。其实王小群心里可着急呢：警察叔叔，你们快点到啊。

不一会儿，王小群就听见了警车的声音，大声喊道：“在这里，这里。”

青年一看不妙，转身就跑，但最终没有逃过警察叔叔的敏捷身手。

原来，这个青年经常用这种方法来欺诈小同学的金钱，已经有十好几次了。看来，王小群今天不仅成功保护了自己，还立了一个大功呢！

给男孩的悄悄话

社会上有一些心术不正、好逸恶劳的人，总是虚张声势，专做讹诈蒙骗的恶事，极尽拙劣表演之能事。路遇讹诈，和他们相比我们一般处于弱势，此时要保持清醒的头脑，分析问题，不要被讹诈者的强横声势吓坏，盲目屈从而被骗钱财。应据理力争，巧妙地向旁人、父母、警察求救。

青春期男孩缺乏社会经验和防备心理，往往容易受到骗子的欺诈而丧失钱财，因而外出时，必须特别小心谨慎。诈骗作案的手法多种多样：有的歹徒以做好事为幌子骗走你的钱财，如利用帮助你购买车（机）船票或者提取行李包裹之机，把你的钱骗去，把包拎走；

有的歹徒冒充车站码头工作人员，以查验车票为由，用短途票换走你的长途票；还有的骗子故意在你附近丢下财物，由其同伙捡拾后，强拦住你分钱，然后骗子以失主身份查验你的钱物，乘机偷盗作案。

也许，很多男孩在遭遇了敲诈之后会一时感到茫然不知所措，那么，在此时要切记哪些要点呢？

1. 保持镇静，不要害怕，不要脑子发热，更不能鲁莽行事。要在人身安全确实有保证的前提下，采取必要的措施。

2. 善于分析问题，镇定自若。遇到突发的情况，不要被骗局所迷惑。要善于从不同的角度分析问题，在细微地方发现狐狸尾巴。

3. 灵活机动，果断处置。如果当时环境复杂，情况对自己不利，也可以运用缓兵之计，先答应条件，确保安全脱身后，再及时报警。

遇到劫匪怎样保障人身安全

海洋在另外一个城市读高中，放寒假的时候，海洋独自一人背着大包小包往家赶，由于临近过年，坐车的人特别多，路也堵。下车的时候天都黑了，也没有和家里人说好去接。

一下车，看着周围黑乎乎的一片，原本很熟悉的环境突然觉得很陌生了。四处一看只有前面小镇上有灯光，路上一个行人也没有。

海洋感觉有点害怕了，就拿起手机给爸爸打了一个电话，告诉爸爸现在的地址，让爸爸尽快过来接他。刚挂了电话，不知道从哪冒出来一个人，戴着黑色的帽子，黑色的口罩，穿着黑色的风衣。海洋脑子里马上闪出一个念头：“打劫的！”

不出所料，那个黑衣人果然是打劫的。他从怀里掏出一把明晃晃的匕首，走近海洋恶狠狠地说：“别动，把身上值钱的东西都交出来。要是喊，小心捅了你。”海洋想呼救，朝四周看了一下：周围一个人都没有，距小镇还有一段距离，不会有人听见的。

自己曾经练过一段时间的跆拳道，海洋想与劫匪拼一下，又看了一眼他手中的匕首，心里又很没有底。就想尽量拖延时间等爸爸过来，可是爸爸过来至少得半个小时，时间肯定不够。

想了想，还是人身安全要紧，仔细打量了劫匪几眼，就把兜里的钱掏出来给了劫匪，劫匪显然不满足，过去打开海洋的包，把他的钱包，手机等全部拿走了。临走，劫匪又一次威胁道:“不许声张！”然后就快速消失在夜色里。

劫匪走后，海洋收拾起包裹，迅速跑到小镇上，马上报警。又给爸爸打了一个电话。爸爸赶到时，已经有警察在调查了。在这次遭劫事件中，海洋丢失了几百元钱现金，手机，还有一些证件，所幸自己没有受伤。

回到家，家里人都长吁短叹，都夸海洋做得对，遇到劫匪时，如果没有条件反击，最重要的就是保护自己的人身安全。

给男孩的悄悄话

生活中可能发生各种意外，劫匪并不是只有在电视剧中才会出现，很有可能会出现在你身边对你伸出黑手。男孩们在遇到劫匪时，要镇定勇敢，与劫匪周旋，保证人身安全。下面就为大家介绍几种应对劫匪的方法：

1. 对劫匪高声呵斥，言词要强硬，以强悍的姿态将其吓退。

2. 如果歹徒扑上来，用泥沙、石灰、砖块、背包等身边的物品全力还击。

3. 倘若劫匪从背后袭击，脖子被其双臂勒住，可稍微转身，用肘部向后猛击劫匪的腹部或用脚猛跺其脚面和小腿，迫使其松开双臂，得以脱身。

4. 如果与劫匪正面遭遇，可以靠近劫匪，抬起膝盖向其胯下猛击。如果劫匪穿着大衣或者比较灵活，建议不用此法。

5. 如果手头有伞或者其他带尖手杖等物品，可以用尖头部分狠刺劫匪。还可以两指叉开成“V”字形，攻击劫匪的眼睛。

6. 与坏人搏斗时要高声喊叫，尽量向灯光明亮处逃跑，同时打110 报警。

7. 如果歹徒强悍有力，自己又孤立无援，此时可佯装顺从，尽量拖延时间，并趁其不备全力将他推倒或狠击其致命处，使其丧失攻击力，迅速脱身。

8. 记下坏人的相貌特征、声音和穿着打扮，脱险后，马上打电话报警，向警方详细描述匪徒的情况。

提高安全意识，学会自我保护

“当当当——”屋外有人敲门，但却不说话。

“是谁？”白书亮问了一句，当时屋里只有他一个人。外面的人没有回话。

那个神秘的人拧开了白书亮家的防盗门，直接敲他家的木门。糟了，妈妈出去的时候白书亮忘记了锁防盗门。

“当当当——”这声音听起来这样刺耳。可是这个人到底是谁啊？

白书亮躲在屋里，有点害怕了。再次鼓起勇气大喊一声：“你到底是谁啊？”可奇怪的是外面的那个人仍然不说话。

让他在外面敲门吧，我不理他就是了。可是，如果他把我家的门撬开了怎么办？白书亮一个人在屋里，越想越害怕。情急之下，他马上拨通了妈妈的电话：

“妈妈……防盗门没有锁……有个人在一直敲门不说话……我害怕……他在撬门。”

“书亮，你冷静一点，我就在楼下，马上回家。”

妈妈恰好在回家的路上，而且确切地说就在楼下，白书亮心里一下踏实了，跑到门口听听一会儿妈妈会和那个神秘的人说什么。

“请问您找谁？”白书亮听到了外面妈妈的声音。

那个人依旧不说话，不知在外面做什么，然后就走了。妈妈在外面喊：“白书亮开门吧。”

“妈妈，刚才外面的那个是个什么人，吓死我了。”

“他是个聋哑人，只是想讨一点钱，没有恶意。”妈妈说道，“不过，白书亮你这样做是对的，对待陌生人一定要多几分防备才行。害人之心不可有，防人之心不可无。”

“小弟弟，我是修水表的，你爸妈打电话让我过来，给我开门吧。”

“小同学，你看，我手机没电了，我又急着找我儿子，他在上大学，我找他有急事，你手机借我用一下行吗？用完了就还你。”

很多情况下，我们往往是不假思索地就相信了对方，开了门、递给对方手机，而却没有意识到要保护自己，这不能不说明我们自我保护意识太过于薄弱。正是因为一些男孩毫无自我保护意识才给不法分子提供了可乘之机，悲剧也由此展开。这样的事例不在少数，所以我们一定要时刻提高警惕，并增强观察、识别能力，不被坏人的甜言蜜语所迷惑，谨防上当受骗。

不光如此，我们还要学会在适当的时机与歹徒巧妙周旋、斗智斗勇，尽力保护自己，以增强防护认识和自我保护能力。如何帮助自己树立强烈的自我保护意识并尽可能地实行自我保护呢？不妨从以下几个方面做起：

1. 遇事要冷静，不要让所谓的哥们儿义气害了自己，也害了朋友。学会拒绝不正当要求，坚决不与坏人同流合污。

2. 不要随意泄露个人及家庭情况，以免被不法分子利用。

3. 独自在家时，不要给陌生人开门。如有人撬门爬窗，应立即大声呼救或电话报警。

4. 平时尽可能多地学一些法律知识，学会用法律武器保护自己的合法权利。

5. 遭到严重暴力侵害时如绑架、劫持、伤害等，一般不要与其硬拼，但更不要吓得不知所措，屈服于恶势力。这时要镇静、机智地与之周旋，以寻找机会脱身并报警。

生活有美好、阳光的一面，但生活中也处处存在着危险。青春期男孩正处于成长时期，阅历相对简单，社会经验相对不足，鉴别是非的能力也较弱，所以更应该加强自我保护意识，从而将伤害降低到最小。

面对传染病和突发性疾病不慌乱

莫轻视感冒

“兰景辉，上课不要无精打采，你来说说这道题的解题思路。”老师在课上，看到兰景辉眯着眼有气无力的样子，把他叫了起来。

兰景辉站起来，木木地看着黑板，摇摇头。

“你是不舒服吗？”老师似乎看出来他有点不对劲。

兰景辉轻轻地点点头。

老师走下讲台，摸了摸兰景辉的额头：“怎么这么烫！你发烧了，快回家打针吃药吧。”

“嗯，下了课我就走。”兰景辉一直撑到了下课，才收拾书包回家休息。

老师放了学之后去看望兰景辉：“你好点了吗？”

“嗯，其实刚开始不难受的，就是到了后来越来越难受，终于发烧了。如果刚开始注意一下呢，也许不会这么糟。”

感冒看似是小病，如果发展成为高烧，那也是很严重的。

给男孩的悄悄话

当人体温度超过39℃，病人面色潮红、皮肤烫手、呼吸及脉搏增快时，要立即采取急救处理。

1. 冷敷。用冰袋或冰块外包毛巾敷头部。

2. 酒精擦浴。用酒精加冷水（无酒精时可用白酒）擦拭病人头部、颈部、四肢、腋窝和大腿根部。

3. 多饮凉开水。

4. 口服退热药物。

5. 针刺 10 个指尖出血可泻热降温。

6. 出现抽搐，可针刺人中、合穴、涌泉穴。

7. 立即送医院就诊。

天热防中暑

在军训的时候，小林总会看到有人中暑晕倒，然后就可以不训练了，坐在树荫下面喝水看着大家训练。还记得那个时候大家总是羡慕那些晕倒的同学，而且纳闷为什么自己不晕倒。

不过有这么一次经历让小林不再羡慕中暑的同学了。

那是一个很胖的男孩子，在站军姿的时候没有坚持住，重重地摔在了地上。由于他摔得过快过重，以至于把门牙摔掉了半颗。

摔掉了半颗牙，比较不好看，做烤瓷牙又很麻烦，这位同学着实难看了一阵子。

从那以后，小林再也不盼着中暑了，而且可以想象，中暑的同学一定也很难受吧。

给男孩的悄悄话

人体长时间在烈日下暴晒或处于高温潮湿的环境中，体内的热量散发不出去，就会引起机体调节和代谢机能的紊乱以及神经功能的损伤。这时人会有自感乏力，头昏眼花，出现大汗、口渴、心悸等不适症状，这就是中暑。中暑后不及时救治会有生命危险。

1. 预防中暑的措施

（1）在夏季高温、高湿的天气里，应避免做剧烈活动或长时间在太阳下暴晒。

（2）要多饮用清凉饮料，如绿豆汤、淡盐水、凉茶等。

（3）注意穿宽松、通风、吸汗的服装。

2. 中暑发生后的自救互救措施

（1）夏季户外活动自身感到不适时，应尽快采取措施，终止活动，适当休息。不要因为其他原因而硬挺着，使不适加重。

（2）发现有人中暑应立即将病人抬到阴凉通风的地点，为其松开衣领、裤带，以便更好地通风降温。

（3）给中暑病人服淡盐水、十滴水、仁丹等，并用清凉油、风油精涂抹太阳穴。

（4）对高温昏迷的病人可用冰块、冷毛巾敷在头部、腋窝、腹股沟等处，进行物理降温。

（5）重度中暑的病人应及时送医院抢救。

宠物病的危害

晨晨过生日的时候，爸爸送给他一条可爱的哈巴狗。这条哈巴狗可爱极了，晨晨每天都要和小狗玩儿一会儿。他给小狗起了个名字叫做“贝贝”。贝贝很听话，尤其是看到晨晨，更是亲热。

晨晨每天和小狗在一起，有时候就和小狗睡在一个被窝里，虽然妈妈总是说不准他这样，可是妈妈扭头一走，晨晨又把小狗抱到自己的被窝里。

这天，妈妈来叫晨晨起床，却发现晨晨满脸通红，妈妈伸手一摸，晨晨身上滚烫。妈妈吓了一跳，赶紧抱晨晨去了医院。

医生诊断过后，告诉晨晨妈妈，晨晨这是得了一种感染病，幸亏送来及时，不然可能会有生命危险。

“晨晨一直在家里，在学校也有老师看管，怎么会感染上疾病呢？”妈妈想不通。

医生想到什么似的问：“你们家是不是养了什么宠物？”

晨晨妈妈点点头：“嗯，养了一条小狗，可是我每天都给小狗洗澡的。”

医生摇摇头。“这和洗澡不洗澡没多大关系，有些宠物身上会携带病菌，以后养宠物，最好先带到宠物医院去给宠物做个体检。”

晨晨妈妈点点头，回家后就把小狗送走了。

给男孩的悄悄话

青少年难免对可爱的小动物产生兴趣。但是，由于还不懂把握分寸，容易在与小动物相处的过程中对它们过度保护和关爱。这当然是件值得肯定的事情，在家里适当养养宠物能够培养孩子的爱心，但往往这爱心容易过度。比如故事中的晨晨，将小狗抱在被窝里，就是明显过度了。

小动物虽然可爱伶俐，但是生活常识还远远不足的青少年们必须要知道，在这些动物的身上，往往会携带有各种病菌。人类和宠物虽然生活在同一个大自然里，但是毕竟有别。动物身上的病菌到了人类身上，可能会造成无法想象的严重后果，影响身体健康，甚至威胁到生命。

因此，在处理与小动物的关系时，必须要把握分寸，既付以真心，又保持距离，才能够与它们和谐相处。

关爱生命，远离艾滋病

体检的时候需要抽血，徐尔亮最讨厌挨针扎。等轮到他的时候，他居然这样对大夫讲：

“大夫，我可以拒绝抽血吗？我很担心会传染上艾滋病。”徐尔亮镇定地对大夫说。

面对徐尔亮这一突如其来的提问，大夫顿时愣住了，可能他从来都没有想过这个问题，他对徐尔亮说：“同学，你不用怀疑我们的医疗器具，这些都是经过了严格消毒的。”

“如果万一被传染上怎么办？我害怕……”徐尔亮和大夫东拉西扯起来，以致把班主任老师招了过来。

“徐尔亮，你是不是害怕扎针啊？过来过来，我给你治治，不要难为大夫。”老师一针见血地拆穿了徐尔亮的阴谋。

徐尔亮无奈，只好把一只胳膊伸了出来，摆出一副英勇无畏的架势：“来吧，你抽吧。”

其他同学在一旁看到他这个样子，都觉得好玩极了。

就这样，一场闹剧总算是结束了。不过听徐尔亮说过，有一些小医院的确会通过输血等途径将艾滋病毒传播给病人，所以也不能不小心啊。

给男孩的悄悄话

艾滋病是人体免疫系统被 HIV（Human Immunodeficiency Virus 人类免疫缺陷病毒）所破坏而引起的一种严重传染病。当艾滋病病毒感染者的免疫系统受到病毒的严重破坏，以致不能维持最低的抗病能力时，感染者便发展成为艾滋病病人，出现原因不明的长期低热、体重下降、盗汗、慢性腹泻、咳嗽等症状。艾滋病病毒在侵入人体之后会破坏人体的免疫功能，使人体发生多种难以治愈的感染和肿瘤，最终导致死亡。

艾滋病病毒对外界环境的抵抗力较弱，离开人体后，常温下只能生存数小时至数天。高温、干燥以及常用消毒药品都可以杀灭这种病毒。但是目前还没有能够治愈艾滋病的药物，已经研制出的一些药物只能在某种程度上缓解艾滋病病人的症状和延长患者的生命。积极接受医学指导和治疗，可以帮助艾滋病病人缓解症状、改善生活质量。

艾滋病主要通过性接触、血液和母婴 3 种途径传播：

1. 在世界范围内，性接触是艾滋病最主要的传播途径。艾滋病可通过性交的方式在男男之间、男女之间传播。性接触者越多，感染艾滋病的危险越大。

2. 共用注射器吸毒是艾滋病传播的重要途径。输入或注射被艾滋病病毒污染的血液或血液制品就会感染艾滋病。被艾滋病病毒污染而又未经消毒的注射器、针灸针或其他侵入人体的器械会传播艾滋病。

3. 有三分之一感染了艾滋病病毒的妇女会通过妊娠、分娩和哺乳把艾滋病传染给婴幼儿。大部分感染了艾滋病病毒的婴幼儿会在3岁以前死亡。

怀疑自己有可能感染艾滋病病毒的妇女，应在孕前到有条件的医疗机构做艾滋病病毒抗体检查和咨询。怀疑或发现感染艾滋病病毒的孕妇，应到有关医疗机构进行咨询，接受医务人员的指导和治疗。

除此之外，其他的一些行为不会造成艾滋病毒的传染，比如：

1. 与艾滋病病人及艾滋病病毒感染者的生活接触和工作接触不会感染艾滋病。

2. 艾滋病不会经马桶圈、电话机、餐饮具、卧具、游泳池或公共浴池等公共设施传播。

3. 咳嗽和打喷嚏不传播艾滋病。蚊虫叮咬不传播艾滋病。

即便是如此，我们也应该预防艾滋病：

1. 洁身自爱，遵守性道德。避免与HIV感染者、艾滋病病人及高危人群发生性接触。

2. 在输血、注射、使用血液和血液制品的时候，必须要进行HIV检测。进行穿破皮肤的行为时要确保用具经过了严格的消毒。禁止共用注射器和针头。

3. 当献血、献器官的时候要做HIV检测。

得水痘了

晚上的时候，齐强感觉头有点晕晕的，还有点发烧，第二天一起床，脸上身上长满了痘痘，奇痒无比。到学校医务室一检查，原来是长水痘了。

平时惜时如金的班主任这次对齐强格外慷慨："不用担心耽误学习，在家好好治疗休息，养好后再来。"

齐强的妈妈是医生，是个名副其实的"战痘专家"。回到家的齐强被妈妈当成了重病号，这不允许，那不允许，禁忌特别多。

即使是在屋里也要穿得严严实实的，不让他外出，不能开空调。最令齐强不理解的是：平时最爱干净的妈妈竟然不让自己洗澡。“你现在的水痘还没有结痂，最好不要洗澡，要是不小心弄破了，会复制更多的病毒，要是吹了风感冒了，引起其他并发症是很危险的。”妈妈解释说。

身上的水痘越来越痒，齐强总忍不住用手抓，妈妈看到了就批评他，“抓破了是很容易感染的”。

在饮食上，妈妈只给齐强做一些清淡的粥、蔬菜之类的。平时最爱吃的辣椒、鱼之类的美味是被严令禁止食用的。看着爸爸妈妈在吃着美味的水煮鱼，自己只能喝稀粥，齐强抗议道：“你们总不能把我当兔子养吧，还把我的碗筷单独消毒，这分明就是嫌弃我嘛！”妈妈笑说：“吃清淡些是为了你好。水痘的传染性很强，你总不想我和你爸爸跟你一块长水痘吧！”

在妈妈的悉心照料下，齐强的水痘开始结痂了，过不了多长时间就可以去上学了。

给男孩的悄悄话

水痘是由水痘带状疱疹病毒初次感染引起的急性传染病。此病多发生在婴幼儿及青少年时期，传染性很强。尤其是人群密集的学校，更容易传染此病。

很多青少年都曾有过得水痘的经历：身上长满红色斑丘疹、疱疹、痂疹，痒痒的，总忍不住伸手去抓，甚至还伴有发烧，头晕的症状。水痘虽然传染性高，一次患病的人数众多，但是没有必要恐慌。只要配合治疗，注意休息，饮食，一般两周左右就可以痊愈。

因为水痘病情一般不是特别严重，所以若能确定是水痘，也可在家护理，而不一定要住院治疗。

青少年在得水痘后会很痒，这时候一定不要用手去抓，抓破了容易感染，会加重病情。注意良好的个人卫生习惯，勤剪指甲，勤洗手，勤换洗内衣裤。室内空气要流通，注意避风寒。在患水痘期间，尽量不要洗头，减少洗澡，注意休息。再就是饮食要合理。

得水痘期间，饮食应以清淡为主，有些食物是不能食用的：

1. 生冷、油腻食物。这时候平时爱吃的冷饮、冰激凌等都要暂时收起来了。

2. 发物。如鱼、虾、螃蟹、牛肉、羊肉等内含丰富蛋白质的食物，这些异体蛋白容易产生过敏原，使机体发生过敏反应，导致病情加重。

3. 辛辣刺激性食物。如辣椒、胡椒、姜和蒜，容易引起上火，不利于病情的早日康复。

得流行性腮腺炎怎么办

星期二的上午，妈妈正在上班，突然接到小超班主任的电话。班主任在电话里告诉妈妈：学校爆发了流行性腮腺炎，小超也被传染了。现在有点发烧，希望小超妈妈尽快将小超接回家，一来可以让小超得到及时有效的治疗，二来避免传染更多的人。

小超妈妈马上放下手头工作把小超送到医院检查。在医院里，小超除了发烧，腮部肿大外，情绪还挺低落。妈妈关心地问："小超是不是很不舒服？"小超委屈地说："没有特别不舒服，就是腮有点疼，还有点困。我病得很严重吗？为什么老师不让我在学校上课？"

妈妈安慰说："老师没有不让你上课啊，只不过是你得了流行性腮腺炎，为了让你尽快好起来，老师才让你在家休息。这种病没有什么可怕，只不过传染性很强。你看，你就是因为不注意才被传染的。你要是现在在学校上课，同样会把病传染给其他同学，那大家岂不是都没法上课了吗？"

妈妈继续劝导："你只要听医生的话，积极配合治疗，病很快就会好起来的。爸爸妈妈小时候也都得过腮腺炎，现在不是都好好的吗？"听了妈妈的话，小超终于放下心来。

小超听从医生和妈妈的安排，除了接受药物治疗外，还保持良好的卫生习惯，早晚刷牙漱口。饮食上也吃得很清淡，一些辛辣有刺激性的食物都忌吃。一周后，小超就完全康复回到学校继续上课了。

给男孩的悄悄话

人们通常认为，腮腺炎是很普通的病，可也别小看了这个普通的病，处理不好，它也会危及人的生命。

冬季正是流行性腮腺炎的高发季节，儿童、青少年更易罹患此病。而由于生理特点，得流行性腮腺炎的男孩更容易引起一些危险的并发症，因此，男孩子们更应该了解它的基本特点，做好预防工作，得病后不要恐慌，及时治疗，得当护理，很快就能痊愈。

流行性腮腺炎前期症状一般较轻，表现为体温中度增高、头痛、肌肉酸痛等。腮腺肿大是该病的首要症状，持续 7 ~ 10 天。

一旦出现流行性腮腺炎的症状，就要及时做到以下几个方面：

1. 隔离。自己一旦患上流行性腮腺炎，要主动与其他健康人隔离，因为此病的传染性很强。飞沫吸入是主要传染途径，在此病的高发季节，最好少去人群密集的地方，以减少被传染的机会。要保持室内空气流通，注意不要过于疲劳，好好休息，在腮腺消肿之前不要去学校以免传染其他同学。

2. 注意饮食。要管住自己的胃，患病期间忌吃辛辣刺激性的食物，像辣椒、醋之类的都不要碰，以免加重病情。由于腮腺肿大，吞咽困难，要吃一些利于咀嚼消化的流质食物。患病期间要注意多喝水。

3. 餐具消毒。得病后要主动把自己的餐具和家人的分开，还要注意煮沸消毒，以防传染家人。

4. 对症处理。如果发烧要按时测量体温。如果睾丸疼痛，可以用绷带把阴囊托起，以减轻疼痛。

5. 养成良好的卫生习惯。早晚刷牙漱口，减少口腔内的细菌滋生。

6. 热敷。得病后，腮部会疼痛难忍，这时候你可以用热水将毛巾打湿在腮部进行热敷，这样可以缓解疼痛。

得病后要积极配合医生的治疗，再加上得当的护理，一般 10 天左右即可痊愈。

肝炎的预防

班上来了一个新同学，性格很内向，和大家都不怎么说话。

下了课，张嘉培跑过来向大家汇报他的小道消息："听说那个男孩小的时候得过乙肝，现在治好了。我们还是尽量少和他说话吧，如果一不小心被传染了怎么办。"

"如果只是说说话，也不至于传染吧。他是新来的同学，如果不理他的话，那样也很不友好。"金文说道。

"张嘉培，如果你不想得乙肝的话，我劝你最好从今天开始少吃那些小摊小贩的食物，那些东西不干不净的，最容易传染上乙肝呢。"顾言劈头盖脸给张嘉培来了一句，"你们没有看到吧，那天起了好大的风，我看到张嘉培一个人站在马路边上吃铁板鱿鱼，那简直就是吃铁板加沙子啊。"

张嘉培感觉没有面子："无所谓啦。我就是喜欢吃铁板鱿鱼，日日如此，而且风雨无阻。"

回到家顾言问妈妈："妈妈，我们班上新来的一个同学，听说以前得过乙肝，您说，我们如果和他在一起玩，会不会被传染呢？"

妈妈说："不要和他共用东西，最好也不要在一起吃饭。平时一起说说话，玩一玩，那没有关系啊。"

"哦，"顾言长舒一口气，"那就好，这个张嘉培总是吓唬我。"

"还有，顾言，虽然说我们与他保持一定的距离，但是还是要和他友好地相处。毕竟生病不是他的错，而且我们只要不和他过于亲密接触，是不会被传染的。当他遇到困难的时候，我们也要想尽方法来帮助他，你说是不是呢？"

"嗯，妈妈我知道。"顾言使劲地点点头。

后来，我们才知道，这个男孩还是个小才子呢。他参加全区的演讲比赛，获得了第一名的好成绩。

肝炎是肝脏受到损害，出现肝功能异常的肝脏炎症性疾病的统称。其中以病毒性肝炎最为常见。病毒性肝炎是由肝炎病毒所引起的，具有传染性强、传播途径复杂、流行面广泛、发病率高等特点。

病毒性肝炎的患者主要有食欲减退，乏力，恶心，厌食油腻，肝脏肿大以及肝功能异常等症状。有些人还会出现发热和黄疸等症状，极少数病人表现为重症肝炎。急性肝炎和慢性肝炎是根据黄疸的有无、病情的轻重和病程的长短划分的。

急性肝炎分为甲型和乙型。二者的临床症状大致相似，早期症状主要为乏力、食欲不振、恶心、腹胀、发热、黄疸，以甲型肝炎为多见，乙型肝炎比较少见，另外肝区胀痛也是重要症状。

慢性肝炎又分为慢性迁延性肝炎和慢性活动性肝炎两种，其病程常超过半年，有的长达10年以上，迁延性症状较轻，活动性症状较重，发展较快。

乙型肝炎的传染源主要是急、慢性病人和病毒携带者。传播途径包括：

1. 在输血的过程中或者在血制品的使用过程中，使用了污染的注射器或针头。

2. 与乙肝病人在生活上的密切接触。

3. 母婴垂直传播。

对于乙肝病毒，我们应该在平时就做好积极的预防工作：

1. 严格控制传染源。对急性甲型肝炎病人应采取早期隔离措施。

（1）不要与乙肝患者在一个床上睡眠，乙肝患者的被、褥、衣物要与健康人的分开，并进行消毒。

（2）乙肝患者的食具、脸盆、毛巾、便盆等生活日用品也与健康人的分开使用。病人吃剩下的食物最好不要给他人吃。我们也不要接受病人赠与的食物。

（3）病人的书报、刊物、玩具等最好不要借给他人传阅、玩耍，如果一定要用的话，一定要经过消毒处理后才能传借别人。

（4）在病人生病和隔离期间，邻居和亲友不要到病人家串门，尤其要看好自己的孩子不要与病人一起玩耍。

（5）病人患病期间不要串门，不要带病人到公共场所，更不要和把病人带到饮食部门用餐。

2. 想办法切断肝炎病毒的传播途径。

（1）提倡用流动的水洗手，到医院进行注射时要每人一针一管，不可以共用。用后高压或煮沸消毒；不使用他人生活用具，搞好个人卫生。

（2）非必要时不要输血及血制品，输血员要进行筛选。

（3）消毒也是切断传播途径，控制、消灭传染源的另一方法。肝炎病人确诊后，病家应及时做一次较彻底的消毒，食具、漱口用具、毛巾等要煮沸 30 分钟，家具、物体表面、地面要用 3% 消毒液擦拭。

3. 通过药物进行预防。可以在医生指导下，选用以下任何一方，水煎服，连服 7 ~ 10 天，有预防乙肝的效果。

（1）茵陈蒿 30 克，生甘草 10 克。

（2）决明子 15 克，贯众 15 克，生甘草 10 克。

（3）茵陈蒿 30 克，凤尾草 30 克。

（4）茵陈蒿 30 克，大枣 10 枚。

学校&学习

——你在为自己读书

其实我是个好学生

学习压力大，常常想逃学

陈铭从小是一个优秀的学生。升高中时，他如愿进入了年级最好的班级。大家实力都强，让陈铭突然觉得自己没有了优势。

一个优秀的学生大多都是被老师“捧”大的，一个班级参差不齐，需要一个人作为榜样，优等生们便认为被表扬是件理所当然的事情了。陈铭就是这样的一个优等生，习惯了高处的优越感，突然来到这个“强手如云”的班级里，第一次考试，全班50人他考了23名——“中等生”，这个自己定义的名号瞬间就把他压垮了。

陈铭当然知道，没有人可以一直站在峰顶俯瞰，但是这落差未免有点大吧？经历了第一次考试，他大受打击，立志要在下次考试中迅速回到优等生的行列。但是从班级中游突然到尖子行列哪有那么容易啊，当陈铭发现每天的课堂上别人会的答案他都没有做出来，别人用20分钟写的作文他要写40分钟，他渐渐觉得这压力让他喘不过气来。

第二次考试，不出意料，25名。优等生行列没进，反倒倒退了两名，怎么办？陈铭每天被这成绩困扰得吃不下睡不香，老师也有他们“捧”的优等生了，身为中游的一个学生他简直像个不知名的“群众演员”。压力越来越大，信心也没了，陈铭甚至萌生了逃学的念头……

给男孩的悄悄话

青春期男孩面对的压力，一般有来自学习上的、生活中的、社会的压力，如何来消除这些压力呢？

1. 消除来自学习上的压力

（1）找出压力的原因。导致学习上产生压力的因素是多种多样的，比如学过的东西很快就忘，以至于怀疑自己“天生就不是学习的料”；上课时精力不集中，学习的时候则不自觉地陷入“白日梦”中；学过的知识像一堆到处乱放的砖石，无法条理化；考试成绩总是不理想，而“苦心人，天不负”的古训在自己身上却不起作用；听了很多别人的学习经验，看了很多介绍学习方法的书，但是学习效率依然没有提高。

（2）用正确的心态去看待这些压力。当别人如鱼得水般轻松地在学海中遨游时，自己却总是慢半拍，担心掉队的压力也就油然而生。如果自己真把压力看成压力，把烦恼当成烦恼，那么，离掉队的时刻也就不远了。就像有些青少年因为承受不了这种压力，便自暴自弃，掉入苦恼的深渊，结果成绩如坐滑梯一样，越滑越低。而有些青少年则在压力的推动下，更加积极向上，勤奋刻苦，最终硕果累累。

（3）带着愉快的心情学习。真正的学习是快乐的，它不仅是指学有所获以及学会某事的成就感，而且还指学习过程本身是令人感到快乐的。因此，青少年应确立学习是快乐的信念，应带着喜悦的期盼开始学习，而学习结束时应感到意犹未尽、恋恋不舍。快乐的学习能够使整个学习过程都变得津津有味，充满乐趣，让我们越学越想学，并乐此不疲。

（4）有规划地学习。没有规划，一团乱麻，连自己掌握哪些，没掌握哪些，都不能区分开来，这会导致大量的无效学习，并造成畏难情绪，进而生出种种烦恼。青少年在学习上只有看到自己该学些什么，能学些什么，理出一条脉络来，那才可能做到有规划。建议青少年按照系统学习法画出系统树，这样对知识点就能够一目了然了。

（5）不断给予自己肯定和鼓励。青少年在学习时要把目光盯住那些积极的东西，要能够看到自己的进步，并认为，这就是自己的成功。

（6）劳逸结合。青少年绝不能一天到晚泡在书堆里，那样只会让自己头昏脑涨，压力也会更大。

2. 消除来自生活的压力

（1）拥有一颗平常心。平静地看待身边之事，遇事不必大喜过望，也不要怨天尤人。人生中许多事都难以预料，我们要做的就是以平常心待之，把握好每一天，才能迎来更美好的明天。人生最高境界莫过于宠辱不惊，笑看庭前花开花落。

（2）多读好书，用知识开阔眼界。很多时候，我们觉得自己“苦”，是因为对自己“关心”太多，却不曾想到世界上有很多人可能比我们还“苦”。能成大事者无一不是“吃得苦中苦，方为人上人”的。读书会让我们更理性地思考问题，在理性中成熟，在成熟中长大。

（3）学会冷静处世。任何时候冲动都是做事的大敌，因为冲动就会导致凭感觉去做事，其后果往往是很难预料的。

（4）“苦”时要挺住。在许巍《曾经的你》歌词里，有这样一段话：“在最寂寞和不得不流泪的晚上，即使连自己都在笑自己傻时，依然拔出怀中的长剑，刺痛自己，提醒自己，勇往直前，直到现在。”在这个世界上生存，就意味着要遇到种种不如意之事，不论是父母的不理解、误会，还是人际关系的紧张，抑或是考试的失败甚至是面临种种“绝境”，所有的这些都会带给我们“苦涩”的味道。但是，世界上“没有绝望的处境，只有绝望的人”，品味“苦”的时候要挺住，不能向命运低头，要与命运顽强抗争，如同在沙漠中长途跋涉，要耐得住干渴、饥饿之“苦”，才能迎来到达沙漠绿洲时的喜悦。生活中充满苦涩，因此，青春期男孩要学会吃苦，吃苦不仅可以使自己增加生存经验，而且还能得到进步。

3. 消除来自社会的压力

（1）调整自己的心态，尽快适应周围环境。青少年在学校里的角色是比较简单的，到工作单位以后，面对不同的角色要及时调整心态：面对上级的时候，应要求自己服从上级的管理；面对同级就要以协作、互利为准则投入工作。

（2）专心致志于自己的工作，争取“更好”而不是“最好”。要懂得工作首先是为了自己，“你就是自己的老板”，这样就自然而然地产生了对工作的热忱，工作时专心致志，集中全部注意力在自己的任务上，这不仅是敬业的体现，同时也符合人大脑的兴奋特点，有助于解决遇到的麻烦，减小自己的压力。

（3）学会放松。自我放松减压的方法很多，如放松训练、听音乐、运动等。只要我们平时懂得放松，并以积极乐观的态度去面对人生，即使面临压力，我们也能从容应对，化解压力。

（4）学会宣泄。多交朋友，内心有了烦恼，找个朋友倾诉衷肠，适当宣泄一下自己的感受，最好有一个心理医生做朋友，以便及时得到他们的帮助。

（5）平衡工作与生活的乐趣。当我们的大脑一天到晚都在提醒自己不能应付工作压力的时候，无形之中压力包袱也会越来越重。我们一定要平衡一下生活，分出一些时间给家庭、朋友、嗜好等，最重要的是娱乐，娱乐是对付压力的良方。压力没有什么可怕的，它也不是永久存在的，只要学会适当地排解，那你的生存环境依然轻松自如。

人人都是读书的好材料

“你是准备不回家了吗？你班主任给我打了好几个电话了，你为什么不去上课？”一听就知道，马锐的爸爸已经暴跳如雷了。最近马爸爸操心得也够多了，每天接到马锐班主任的电话，说马锐没去上课，实在是让人伤透脑筋。“这孩子是怎么了，之前也安安分分没做过这么荒唐的事情啊。这都初三了，还有半年就要中考了，他是不准备读书了吗……唉……”马爸爸实在气得说不出话，只对着妈妈不停地抱怨，唉声叹气。“我们这样解决不了问题啊，孩子本来没事的，现在成这样肯定有原因。”

马妈妈找到马锐的班主任详细地询问了情况。仔细分析起来，看来马锐的反常举动还是从上次考试之后开始的。班主任老师说，那场考试马锐发挥得很失常，成绩比平时平均低了20分，让老师也无法理解。从那以后，他连上课也不来了，天天沉迷游戏，怎么劝他都听不进去。

“我想起来了，我去找一个人。”班主任找来的是马锐原来的死党赵一。赵一怯怯地看着班主任，“我真的不知道他在哪里……他好久没跟我一起回家了。我们吵了一架，我劝他不要太看重成绩，他就骂我，说我是傻子，说读书没用。他说，他不是读书的材料……我真的不知道他去哪了，他跟我吵了之后也不来找我了……”

给男孩的悄悄话

“要有自信，然后全力以赴——假如有这种信念，任何事情十有八九都会成功。”这是一句来自于生活实践的名言。

一位著名心理学家到一所普通的学校听课，班主任问他:“先生，您能否判断出我们班里的孩子有没有天才？”

“当然可以。”心理学家爽快地答应了，然后毫不迟疑地指着一个学生说:“就是你！”被点到的孩子眼睛一亮，兴奋之情溢于言表，飞奔回家告诉父母:“爸爸，妈妈，好消息，心理学家说我是天才！”

母亲听完孩子的话后，欣喜若狂，仿佛孩子一下子变成了天才。从此，这个孩子不断受到同学的羡慕、老师的关怀、家长的夸奖，他找到了天才的感觉，成绩不断提高，智力水平也飞速地提升。

一年后，心理学家再次访问该校，问，“那个孩子的情况怎么样？班主任回答:“好极了！”接着她又向心理学家请教道:“先生，我感到很惊讶，您来之前他只是一个普普通通的学生，可经你一说，马上就变了。请问您的眼力为什么这么好，判断得如此准确？”心理学家微笑着说：“因为每一个孩子都是天才！有人说，除了人格以外，人生最大的损失莫过于丧失自信心。一旦如此，所有的事情都将不会再有成功的希望和可能，正如一个没有脊梁骨的人永远不可能挺起腰来一样。”

记住，我们每一个人都是天才，我们每一个人都要树立自信心，要相信自己、信任自己。要确信自己是聪明的、是有能力的，相信自己能干好任何事情，对生活、学习中遇到的困难和挫折要有坚定的信心，在心中告诉自己：“我就是天才，我可以战胜一切困难和挫折。”

1. 相信自己的长处

“尺有所短，寸有所长”，要客观地进行自我分析，充分地认识自己的能力、素质和心理特点。找出自己的长处和短处，以己之长，比人之短，激发自己的自信心。一旦你正确地了解了自己，自信的太阳就会在你心中升起，你就会发现，在自信的阳光下，没有什么是你做不了的。

2. 对自己充满 100% 的信心

俄罗斯有一句古老的谚语：“把你的帽子扔进围墙里。”意思是说，当你想翻过一堵很难攀越的围墙时，就把帽子先扔过去，这样你就会想尽办法翻越围墙，一定要把帽子拿回来。

人往往就是这样，自信不够的时候，总是给自己一条后退的路，一个逃避的借口。正因为如此，我们常常错过了许多可以“跨越栅栏”的机会。而“把帽子扔过去”，就斩断了那似有似无的退路和借口，你只能用自信来鼓励自己，去“背水一战”。所以，如马锐一般消沉的男孩每天都要大声对自己说：“我能行，一定行！”

别给自己制定不切合实际的目标

少坤的生活好像永远都很忙碌。他有一个小本子，上面写满想要完成的目标。比如，三月：看五本书并做好读书笔记，写读后感，每周背三篇英语短文，做完数学的课外习题，每天写日记……可以想象，对于一个初中生来说，每天的学习和作业，任务就已经不算轻了，再加上那么多的目标，恐怕就算不出门，也完不成。

妈妈看了那个小本子后，很担心儿子的身体会被自己折磨垮。她不担心儿子的学习，知道他是个好强努力的孩子，唯一不放心的，就是他的健康。

“少坤，你来回答一下，这道题怎么解，设什么为x，方程怎么列。”

“这个……老师，对不起我刚刚没仔细听。”

老师微微皱了下眉，没多说。下课后，老师给少坤的妈妈打电话了。“我也不是对他不满意，这孩子比其他人努力，成绩也不差，就是最近觉得他精神不太好。”

妈妈一听就知道问题所在了。为了完成自己设定的目标，少坤天天把自己逼得很紧，不完成不睡觉，所以时常到半夜一两点，儿子房里的灯都还亮着。这样熬夜，白天怎么能不困呢。加上因为想要做的事情太多，有时候少坤甚至没有认真做好课上的作业就开始课外的学习了，太追求目标的完成，而把生活节奏赶得太快，生活步调也就完全混乱了。有目标是好事，但这样不切实际的目标，就不见得一定会收到好的效果了……

给男孩的悄悄话

目标和梦想一样是一个人成功路上的里程碑。目标能给你一个看得见的靶子，当你一步一个脚印去实现这些目标时，就会有成就感，就会更加信心百倍，向高峰挺进。成功学专家拿破仑·希尔说过，不甘做平庸之辈，必须要有一个明确的追求目标，才能调动起自己的智慧和精力，全力以赴为自己的目标而行动。因此，青春期男孩要树立一个切合自己的目标。人生如果失去了目标，就像航船失去了航向，最终会在人生的大海中迷失。

有一年，一群踌躇满志、意气风发的天之骄子从哈佛大学毕业了，他们的智力、学历、环境条件都相差无几。临出校门，哈佛对他们进行了一次关于人生目标的调查。结果是这样的：27%的人，没有目标；60%的人，目标模糊；10%的人，有清晰但比较短期的目标；3%的人，有清晰而长远的目标。

25年后，哈佛再次对这群学生进行了跟踪调查。结果是这样的：

3%的人，25年间他们朝着一个方向不懈努力，几乎都成为社会各界的成功之士，其中不乏行业领袖、社会精英。

10%的人，他们的短期目标不断实现，成为各个领域中的专业人士，大都生活在社会的中上层。

60%的人，他们安稳地生活与工作，但都没有什么特别的成绩，几乎都生活在社会的中下层。

剩下的27%的人，他们的生活没有目标，过得很不如意，并且常常在埋怨他人、抱怨社会、抱怨这个“不肯给他们机会”的世界。

其实，他们之间的差别仅仅在于25年间，他们中的一些人知道自己的人生目标，而另外一些人则不清楚或不很清楚自己的人生目标是什么。不知道或者不清楚自己人生目标的人，在人生前行的路上就会迷茫，因为迷茫而浪费宝贵生命，在有限的时间内取得的成就就会大打折扣，甚至会一事无成。

所以，每一个男孩都应该在心中树立一个目标，然后着手去实现它。

男孩的身心发展是有规律的，教育也有一定的规律。家庭教育既要尊重一般的教育规律，又要尊重男孩的身心发展规律。不能盲目为男孩设定目标。

现在社会和家庭的独生子女越来越多，独生子女寄托着家庭全部的希望。这就使得许多家长心态改变很大，不能再以平常心养育子女。同时，由于所有的家庭、所有的家长，都在潜意识中深深地浸透着一种无法驱除的“望子成龙”的情结，家长对男孩都有一种“超值期待”，从生下男孩的那天起，就希望男孩是个天才。因此，独生子女的父母望子成龙、望女成凤的心态还普遍存在。

但是很多家长对孩子的教育与学习要求超过了孩子的生理和心理承受限度。他们对男孩的教育操之过急，希望男孩每次考试都得100分，今天全班第一，明天希望全年级第一，后天希望他跳级；有的家长经常带男孩参加各种比赛，希望获大奖，结果男孩压力太重，无法承受。

这些做法其实并不明智。正确的做法是青春期男孩在做每一件事时都给自己设定一个可行的目标。比如搭积木，有的男孩搭得又快又好，有的男孩却反反复复也搭不出一个样子，这就是有目标和没有目标的区别。因此我们不妨在动手做一件事前，先提示性地问问自己：我要做的是什么？要做到什么程度才可以呢？这样习惯成自然，渐渐地，你就会懂得凡事都要给自己确立一个目标。

拓宽自己的知识面，未来的景色将愈加壮阔

陈森很羡慕张哲元，或者说，是“仰慕”。这词放在同辈之间好像是不太合适，但陈森坚持说，只有这个词能表示他有多佩服他的这位博学的同学。

张哲元是陈森他们班的学习委员。身为学习委员，张哲元不仅学习成绩出众，而且更加可贵的是，他的知识面相当广，也正是这点，让他被许多同学所钦佩。

张哲元的父母是普通的工人，家庭条件不太富裕的哲元从小就不太有机会去买好书读，但一次偶然的机会他路过区里的图书馆，让他开始接触各门类的知识。张爸爸看儿子对图书馆那么喜爱，为他办了一张图书卡。每到周末，小哲元就要往图书馆跑。起先，爸爸为了儿子的学习，有时会限制他去图书馆的次数，要求他专心专业课，但一段时间后，张爸爸就彻底改变了他的看法。

张爸爸发现，儿子对各方面的接触，为他展开了一个非常丰富的世界，低年级时，小哲元的学习成绩很普通，但还算踏实，但每回去开家长会，老师都会猛夸儿子，就是因为他从小看的大

量的书籍，让他接触到比同龄人大得多的世界。到了高年级，爸爸发现，读书的习惯让儿子早已掌握了学习的技巧，根本无须担心他的学习成绩，为了学习更多的知识，他一直在努力着，这才成长成了现在的张哲元。

每当同学向张哲元讨教的时候，张哲元总告诉他们一句话："世界很大，知识很丰富。"

给男孩的悄悄话

学习无处不在，处处都能拓宽我们的知识面。生活中的学习资源不仅仅是一些细枝末节，还包括很多生活中已被人熟视无睹的东西。学习过程中只要用心，就可以通过对这些事物的观察和探究，不断地增长见识，丰富自己的知识。

科学家通过长期的研究和实验，发现人精确的记忆力、敏锐的理解力和活跃的想象力等一切反映智慧的能力，是由在脑神经元之间传递信息的能力所决定的，而信息传递所依赖的要素之一，是一种特殊的核糖核酸。这种物质，主要是在后天智力发育过程中不断激发而合成的。这就是靠学习、靠训练、靠实践、靠思考，一句话就是知识。不断的新知促使脑细胞长出新突触，就像计算机的逻辑电路一样，每增加一条线路，就成倍地增长"思路"，进而使大脑里的信息大量"增殖"，从而达到创新的目的。

所以说，我们的知识面越广，成绩就越优秀。在知识的山峰上站得越高，眼前展现的景色就越壮阔。一个人的知识越多，他获取新的知识就越容易。

在学习中随着知识的增长，我们的思想也必须重新加以组合。这种变化通常总是伴随新定律的出现，并按照要求而发生的。

因此，知识面的大小决定了学习潜能的大小。正所谓"见多"才能"识广"，一个人的知识越丰富，他的联想才会更丰富，知识之间的组合也就越丰富，创新能力才会更强。同时，当旧有的知识不能处理当前问题的时候，又会促使他去学习新的知识，这样，在不断的积累和创新中，就能够充分地释放出一个人的学习潜能。

在学习的过程中，我们要尽量全面地学习各科的知识，不断地充实自己的大脑，让自己有丰富的知识，可以为自己所用，这样的人，才是学习中的优秀者。

偏科的坏处

“这次考试，我们班的第一名，仍旧是颜智同学，希望大家多向他学习，在下次考试中取得更大进步。”老师宣布了考试成绩，大家就开始争相看自己的各门课成绩。孙可拿到自己的成绩单，呆坐在位置上，满脸受挫的表情。同桌是班里几乎不动摇的第一名，自己却总在第十名左右徘徊，还为这一门课回回烦恼纠结。一想这事，孙可就烦心得很。

“怎么了？又是英语的问题？”颜智回到座位上，一看同桌满脸郁闷的样子，心想大概八九不离十又是英语的错了。他了解这个同桌的脾气，好强得很，但愣是偏科太严重，英语差，老给他拖后腿。而让他无奈的是，孙可就是没有兴趣学英语，怎么鼓励也没有用。

“是啊……你说我们为啥就非得学英语啊……唉，真是郁闷，一加英语成绩，就能把我的总分给拖个五名……人生不幸啊！我就巴望着中国一发达，让老外都来学中文！哼哼。”

“你就认了吧，怎么着它现在也是门主课啊，不学英语多冤啊，你的数学这么强，被一门课拉得，多不值。”

“是啊，我要学英语了！这么着太窝囊了！”

在颜智每天的鼓励下，孙可终于开始认真听英语课，也意识到文科薄弱对理科的理解会造成障碍。于是他在同桌的帮助下背单词、学语法，渐渐掌握了学英语的技巧，发现这门课也并非那么不好学嘛。与理科一样，只要掌握入门的技巧，就能融会贯通，很快找到状态。到下一次考试，孙可也在五名内的全面发展的尖子生之列了。

给男孩的悄悄话

你知道那种带铁箍的木桶吗？当这只木桶上有一根木板是短的，它的蓄水量就会受到限制。学习也是同样的道理，所以，这就要求我们在学习的过程中找出“最短的那块木板”是什么，集中精力和资源去解决这一薄弱环节，这样，学习的整体效能才能明显提高，甚至跃上一个新台阶。

妨碍我们在学习中发挥潜能的最大天敌往往不是机会不佳，而是我们的恐惧心理。比如你在某门课中有一两次成绩很低，因而对这门课产生了恐惧心理，在恐惧的支配下，逃避学这门课，从而无法发挥自己在这方面的潜能。日久天长，就会造成这门课的成绩越来越差，形成偏科现象。

很多男孩往往也有一块学习中的“短板”，这严重地影响着他们的学习成绩。因为偏科就意味着他们在知识上产生缺陷，在学科方面出现“跛腿”现象。这样不但会影响整体的学习成绩，而且还会给以后的工作带来很大的不利。偏科还会影响其他学科的学习，因为各门学科是相互联系的，缺少哪一门课都会觉得不协调。正如人缺一只手或一条腿，就会觉得很不方便。

在学习时，每个人身上都有许多潜能，有的人有音乐方面的潜能，有的人有美术方面的潜能。举例来说，好多害怕写作文的男孩往往一听到“写作”就害怕，总是一开始就否定自己，认为自己不是学写作的料，忽视自己的写作潜能。事实上，当你害怕做某事时，并不能代表你就缺乏这方面的才能，而是你解决这方面问题的能力比较弱。

因此，这就要求我们在学习的过程中，一定要重视学习中的“木桶原理”，缺什么，补什么。也就是强项、弱项一起抓，巩固自己的优势学科，逐步弥补自己的不足，加强对知识的融会贯通。运用“木桶理论”，可以有效地提高学习效率。

不做分数的牺牲品

赵建伟的成绩不是很好，但也不是很坏，一般能排在班里的第十名。他当然不能在学习成绩上跟白书亮相比啦，白书亮在成绩上可不平凡，几乎每次都能拿第一名，真的很厉害。可是不知道为什么，平时大家在一起总是觉得赵建伟似乎更厉害一些。不论是动手能力，还是说话做事，好像赵建伟总能更胜一筹。真是让人费解的一件事情。对了，赵建伟还是他们班的副班长呢，可是白书亮却什么也没当。大家后来都说，可能分数不能决定一切吧，因为明明是赵建伟更厉害一些，虽然他没有白书亮的成绩好。赵建伟知道了大家的疑惑，便说："其实也没什么啦，你们记得魔法师讲的关于爱因斯坦小时候的故事吗？"

《时代周刊》称爱因斯坦为"天才""原子和宇宙谜的开启者""20世纪最伟大的思想家和政治理想主义者"，但是，小时候的他得到的一大堆外号全是充满厌恶之意的恶名。比如，他的小保姆就经常背着他的父母不耐烦地直呼他为"小傻瓜"。而在学校里，他的成绩也不好，甚至根本就没有人留意过他。

小爱因斯坦的确显得很笨，他的语言接受能力很迟钝，到3岁才学会说话。他的年轻的保姆哄他有一个十分简便的办法：她手上只须拿着一根小木棍，这个笨小孩就会看得发痴，并且会奇怪地笑起来，保姆因此更认定他是个"傻子"。而其他孩子也都不肯和他在一起，孩子们都觉得他又傻又古怪。爱因斯坦后来回忆说："的确，因为我学说话非常晚，我的父母曾一度非常担心，他们甚至为此咨询过医生。"

许多研究爱因斯坦的人则认为，爱因斯坦说话晚的原因，可能是由于小孩子的抱负，只要开始说话就要说完整的句子。当有人问他问题时，他首先在头脑中形成答案，用嘴小声模仿，可以看到明显的嘴唇动作，直到确认无误时，才大声说出来，给人的印象是他每句话都说两遍。9岁时，他才戒掉这个习惯。

但是，爱因斯坦本人却认为发育迟缓正好帮了他大忙。他说："当我自问为什么是我，而不是其他人发现了相对论，我想是由于以下原因：一个成年人对于时空已经熟视无睹了，而只有儿童才可能对周围产生什么想法；而我发育比较迟，恰恰是到了成年才开始考虑时空问题，因而我可以比普通孩子更进一步研究这个问题。"

爱因斯坦在学校里的表现依然很糟糕，他从来都不是老师眼中的好学生，考试名次也总是很靠后，然而就是这样一位"差生"，开创了物理学的一个新时代，为人类的进步做出了巨大的贡献。

给男孩的悄悄话

在素质教育日益受到重视的今天，很多人已经知道，分数不是唯一的，分数并不能充分衡量一个学生的能力。的确，分数只能作为一种评判学生的方式，但绝不应该是唯一的，只能作为一种参考。因为历史已经无数次证明，那些平常人眼中的"差生"同样能够取得令人瞩目的成就。也许他们的学习成绩不是最好的，但是他们日后取得的成就依然可以让那些在学校里成绩好的学生汗颜。

有经验的老师从来都不只拿分数来考量一个学生，他们更看重一个学生的综合素质。他们认为这才是重要的。一个人的综合素质更能反映出一个人的能力，而不是简单的分数。一个排在第十名的学生在分数上也许不如排在第一名的学生，可是他依然可以在许多方面超过成绩第一名的学生，从而展现出自己的才华，实现自己的人生价值。

还在担忧分数的男孩们，不要因为分数低了就丧失了自己的信心，因为这世界上还是有很多东西是分数衡量不出来的，如真诚、如友情、如亲情、如尊严等等。

当然，在学习上也不能偷懒。因为自己的懒惰而导致的考试分数低是不应该的。在学习上还是要尽力而为。即使自己不能把握结果，但是自己可以付出努力。只要自己努力了，也就无悔了。

不喜欢这个老师，为什么还要上他的课

于远的班主任是他的语文老师，任老师脾气温和，是个非常善解人意的好老师，也是个负责的班主任，全班同学都非常喜欢她。于远也不例外。他的语文成绩很好。因为从小跟着爸爸每周去图书馆一次，有读书的好习惯，本来底子就不错，加上任老师渊博的学识和温和的性格，对他又十分看重，他更是喜欢语文课。

但是于远有非常严重的偏科问题。正是因为这个偏科问题，让他在总分上总要“扼腕叹息”一把。于远的弱项是数学。之所以提高不了，不是因为他不爱数学，而是不喜欢数学老师之故。

说起数学老师，于远可是咬牙切齿。他一直不喜欢数学老师声调平平的讲课方式，认为理科学习虽然严谨但是这样未免也太“催眠”，到后来，就越来越不爱听数学课了。

有一回数学考试后，老师发卷子，到于远领卷子的时候，数学老师突然拉下脸来。“你以前数学挺好的，怎么这次考成这样？是不是上课没有认真听？课后题做了吗？”于远强忍着怒火，听老师念叨。回家后他对着爸妈一阵抱怨，“我就是不喜欢他，为什么要听他的课！”于爸爸跟儿子一样是个急脾气，一听这话立刻就火了：“你坐下！你仔细想想你为谁读书的？你手里的卷子检验的是你自己的成果还是老师的成果？”

于远有些被吓到，战战兢兢地朝妈妈求救。妈妈做调解员，把爸爸推到一边，语重心长地劝儿子：“你爸爸说得没错啊，你要自己想想，你的未来是谁决定，是你的老师，还是我们？还是你自己？”

于远握着试卷，看着爸爸妈妈阴沉的脸，陷入沉思……

给男孩的悄悄话

古人云：“亲其师，信其道，乐其道。”学习成绩是由智力因素与非智力因素共同作用来决定的。

当一个人所喜欢的老师来上课时，他的感受是兴奋的，情绪

是高昂的，注意力也是集中的。这种非智力因素会强化他在课堂上的观察、记忆、思维、想象等活动，提高智力活动的速度和效率。同时，智力活动的成效，以及认识和创造的欢乐，又会振奋一个人的精神，提高他的信心，激发他的兴趣，增强他的意志，使这些非智力因素活动的能量更大、水平更高。这样相互促进，就保证了喜欢的老师所教学科学习的质量。长此以往，这门功课就一定学得好。

反之，如果不喜欢某一个老师，那么上课也会没精打采，注意力也不会集中，随之各种大脑活动也降低了，对知识的感受和接受能力就降低了。

由此可见，对一个老师的态度会间接影响到自己的学习成绩。

对此，有的人喜欢抱怨，一边为成绩忧心忡忡，一边埋怨老师，有的人还因此而产生强烈的抵触情绪甚至最后破罐子破摔，直接放弃学习，其实这些都是不明智的做法，这是一种消极的学习态度。

可是，有的人就采取了一种积极而有效的态度和方法，因为他明白读书是自己的事情，每个人都是在为自己的未来读书，如果因为对老师有意见就放弃了学习，也不过是逞一时之气，将来是一定会后悔的。他们知道只有提高成绩，才是基本之道！才是急需解决的最根本问题！

首先，要端正学习态度，在意识深处不断强化“为自己读书”这一概念，明白学习对于自己的重要性，由此减轻对学习的抵触情绪。

其次，要端正对老师的态度。永远不存在不希望学生取得好成绩的老师，你不喜欢老师，可能因为你成绩不够好，没有得到老师足够的关注，或是你偏科情况严重，老师也更喜欢该门功课成绩好的学生，或是你不喜欢老师的讲课方式……不管是什么情况，都要针对不同情况及时地做出调整，如果是第一种情况，那不妨努力改变自身的状况，让老师惊喜地看到一个不断进步的你，由此相信你，自然地你就容易得到老师的关注，而之前你对老师的负面情绪也会逐渐转化。

如果是第二种情况，那其实证明着你还存在着一些不足，所以更要主动找出自己和其他同学的差距，积极迎头赶上，如果你因此而对老师产生反感，不仅问题得不到解决，相反还会使自己心情压抑，影响学习、生活。如此下去，恐怕老师会更不喜欢你。

如果是第三种，你可以尝试着去适应，如果觉得还是难以适应，你可以大胆地和老师进行交流和沟通，说出自己的想法，这未尝不是一种解决问题的办法。

最后，一定要记住要保持积极的心态，只有一直保持积极的心态，才能对随时出现的问题进行积极的应对，为解决问题提供保证，这是制胜的法宝。

老师不喜欢我怎么办

小涛是美术班的学生，专业课、文化课都很优秀，很有希望考进名牌院校的美术系，小涛自己也很有信心。一天晚自习课，小涛却愁眉不展地走进班主任老师的办公室。原来小涛感觉到，自从进入高二以来，专业课老师好像不像从前那样喜欢自己了。每次上专业课，老师给其他同学看画、改画，但对他，却只是瞟一眼，什么也不说。这样长时间以来，小涛感觉到老师不喜欢自己、不重视自己了，信心慢慢没了，对于专业课也提不起兴趣了，甚至想到要转学到其他学校去。

后来在班主任老师的鼓励下，小涛终于鼓起勇气去向专业课老师问明了情况。那么，到底为什么专业课老师不喜欢小涛了呢？原来，专业课老师不是不喜欢小涛，而是因为最近太忙了，而小涛的专业课一直是最好的，老师一直很放心，所以老师把主要精力放到中等学生身上了，因此对小涛就有些忽略。对于自己的失误，专业课老师对小涛表示了歉意，并希望小涛以后能多主动与老师交流。

知道事情真相的小涛愁云散尽，又恢复了自信和对学习的兴趣。

给男孩的悄悄话

男孩们，小涛这样的苦恼你遇到过吗？你是否有“老师不喜欢我”的困扰？

大多数中学生从外表看上去都是大小伙子了，但是中学生的内心往往还很敏感、脆弱，他们会注意老师对他们的一言一行，他们会很在意老师对他们的态度。但是老师面对的往往是几个班、几十个同学，不可能只把注意力完全放在哪一个同学的身上，很难做到每一天对每一个学生都细致入微地观察、关心和教育。也许老师只是暂时“忽略”了你，但是在学生看来，就往往产生“老师不喜欢我”的恐惧和忧虑。就像小涛一样，为了一个不必要的担心忧虑了几个月，影响了学习和生活。

如果，你遇到了“老师不喜欢我”的难题应该怎么办呢？

作为学生我们要相信老师对每一个学生都是关心的。如果你还是感觉老师不喜欢你，那么，就像小涛那样，主动找到老师，向老师问明情况和原因，这样你的困惑就会迎刃而解了。大多数的情况是老师并没有不喜欢你，而是暂时不小心“忽略”了你，这样的担忧大可不必，因为老师不是仅有你一个学生，老师还有其他的学生，那就“大度”地原谅老师吧。

遇到问题，我们要做的是自己主动想办法去解决，而不是自己一个人偷偷躲起来胡思乱想。不管你遇到的是“老师喜不喜欢你”的问题，还是其他的困扰，都要勇敢地想办法主动解决。

不愿让人知道的分数

在学生中间，长期流传着这样一句话：“考，考，老师的法宝；分，分，学生的命根。”每次公布成绩后，大部分学生脸上那或喜或忧的表情，都说明了一个事实：用命根来形容考试分数对于这些学生的重要性，还是很有道理的。

钱连城就是这些学生中的一个。

放学了，钱连城还在呆呆地想着数学老师评讲过的考卷。

“钱连城，你怎么还不回家？”同学响亮的声音从他耳边擦过。

“一会儿就回。”他机械地应答着。

教室里只剩下他一个人了。他面对着空荡荡的教室，一言不发，脑中不断地设想着父母知道他的考试成绩后的反应……他好像看到了暴风雨的骤然降临，又好像看到了彩虹的凌空展现……

不知过了多久，天色慢慢暗了下来。钱连城必须得回家了，否则不用多说什么，父母也能猜到他没有考好。他一边想着，一边不由自主地站了起来，低着头，慢慢地走出了教室。

不知不觉已经到了家门口，他停下来，努力变换着表情。当他认为自己的表情和平时没有多大区别后，才故作轻松地走进了家门。妈妈正在做饭，见他回来，就停下手中的活，关切地问：“考得怎么样？”“语文、英语、数学都还行吧，其他各科成绩还没有出来。”在提到数学时，他的底气显然不足，好在妈妈没有发觉，他赶紧回到了自己的房间。

钱连城的心情十分郁闷，习惯性地打开了电脑，又进入自己的博客空间，写下了今天的感受：

今天，期末考试卷子发下来了，语文、英语是我的强项，仍然考得不错，都是90多分。可是数学才考了78分，虽然数学成绩一直不太稳定，时起时伏，但这次是最差的。前面的小题因为粗心错了好几个（不能再粗心了），后面的一道大题，不知为什么当时思路偏了一下竟然做错了（吸取教训，以后一定要把解题思路理顺再答题）。最后的附加题太难了，我当时想了很久也没有想明白。唉，怎么告诉父母我的数学成绩呢？真不想看到父母那由满怀希望变成写满失望的脸。

怎么办，怎么办？可恶的78分，你要是变成87分还稍微好说一些。现在，我怎么对父母说呢……下个学期，下个学期我一定要在数学上投注更多的精力！

写完了，准备上传时，钱连城突然看到妈妈就站在自己身后，正悄悄地看着他打字呢。他心里猛一下抽紧，妈妈却十分平静地笑笑说：“走，吃饭去。”

爸爸回来得晚，他吃完饭就早早地上床睡觉了。还好，今晚不用面对爸爸。

第二天下午，刚回到家，他就看到爸爸了。爸爸亲切地说：“孩子，我昨晚看了你的博客。写得不错，考得嘛，也还行。想一想，我们暑假去哪里玩？”他简直不敢相信自己的耳朵。爸爸见他满脸惊奇，就说：“假期里，好好放松一下，下个学期才能轻松上阵。我们相信，下个学期你一定会更加努力的！”

给男孩的悄悄话

这件事情发生后钱连成的快乐不必再多用语言去描绘。相信经历过了这件事，他也能了解关心爱护孩子的父母，在得知孩子成绩不理想后的普遍心态。

最关心爱护孩子的人莫过于孩子的父母，最了解孩子品性的人也莫过于孩子的父母。自己的孩子在学习上能达到什么程度，大部分家长心里是清楚的。但是，每位家长都希望自己的孩子有所进步，所以他们更关注学习中的不稳定因素，即孩子的学习态度是否端正，孩子学习期间是否努力。如果家长在孩子身上看到了让他们满意的表现，同时又看到了孩子的点滴进步，家长会非常欣慰，甚至比孩子自己还开心；而如果孩子即使努力学习了，却由于种种原因一时没有考好，明理、真正懂得爱护孩子的家长大都会掩藏自己的失望之情，反过来安慰鼓励孩子，因为家长最不愿看到的情景就是孩子对学习失去兴趣和信心，破罐子破摔啊！

所以，男孩们，面对不理想的分数，没有必要隐瞒，为此忐忑不安、食不甘味，和爸爸妈妈坦诚地交流，说出自己对考试失利的分析，爸爸妈妈会从你真诚的态度中看到你以后更加努力学习的情景，看到你下次的进步的。

学习不是痛苦的事

合理规划学习，留出生活空间

四年级（2）班的雷凯每次不管什么考试都能考第一，这让同学们都羡慕不已。让大家最纳闷的是，很多人整天闷着头学习，成绩都不见提高，而雷凯玩得比谁都多，却每次都稳拿第一，看着雷凯整天说说笑笑，一副活蹦乱跳的样子，大家是百思不得其解。

于是，大家纷纷向他请教他的学习秘诀。

“其实很简单，我的成绩全靠它。”雷凯拿出了一张计划表说。他说：“取得好成绩，不等于在学习上磨时间，不是花费的时间愈多成绩才愈好。必须要提高学习效率，这样不仅保证了学习的时间，玩的时间也会多起来，所以计划就显得很重要啦！”

在学习时，雷凯从来不注重学习的时间，而是注重“理解”“运用”和“熟练掌握”。别人每天回家先写作业，他则先复习课堂上做的笔记，对照书里的例题，看明白了再写作业，所以每次都能非常轻松地做完。每天写完作业，他只用 10 分钟的时间，把新的和旧的知识点都画到一张结构图上，是完全不看书画下来的。画的时候就等于把以前的知识温习了一遍，同时把新知识和旧知识有机地联系了起来。

在计划表上，雷凯每天还留出了半个小时的时间，用来补漏洞。他把所有测验和作业中错过的题，都单独抄到一个本子上，每天补漏洞的时候，就从里面挑题目做，故意挑那些看起来比较生疏、印象不是很深的题，做对一次打一个钩，做错一次打一个叉，当一道题目能连续得到三个钩，他就认为自己彻底掌握，就再也不会去碰它。

就是在这样的计划之下，雷凯的成绩总是遥遥领先。

给男孩的悄悄话

努力固然是好，但并不需要拼死拼活的架势，因为学习即使努力了也不一定有效果。没有方法和窍门的努力只是卖力蛮干，或者埋头苦干。功课不是这么学的，也不是这么教的。

在一次数学课上，老师给大家出了这样一道数学题：请问将 1 至 100 之间的所有自然数相加，和是多少？老师承诺，谁做完这道题谁就可以放学回家。

为了能尽快回家享受那自由而快乐的美好时光，同学们都努力地演算起来，有的同学甚至额头上都渗出了晶莹的汗珠。

只有小高斯一人静静地坐在自己的位置上。他一只手撑着下巴，一只手在无意识地摆弄着手中的铅笔，若有所思的样子，他在寻找一种可以快速解答这个问题的办法。

过了一会儿，小高斯就举手交答案了。

“老师，这道题的答案是 5050。”小高斯很自信地说。

“你可以给出你的方法吗？别人可连一半都没有加完啊！”老师略带吃惊地问他。

接下来这个答案一定是你很熟悉的，但一个小孩子能有这样的思维，确实不简单：“当然。你看，99+1=100；98+2=100……以此类推，到 49+51=100，50+50=100 时，我们恰好得到了 50 个 100 是 5000，然后再加上单个的 100 是 5100，但这里 50 加了两次，所以要减去一个 50，最后得出的就是 5050。”

做任何事情，都不是无条件努力就行了，勤奋刻苦和开动脑筋好比鸟儿的两翼，缺少其中一翼，就不能展翅高翔。

那些认为生活必然被学习填满的学生，那些很努力却无法取得理想成绩的学生，很可能是因为学习方法不够巧妙，或者对于这个问题不够重视的缘故，其实，只要方法得当，我们就能够轻松学习，学习就不会侵犯玩的时间了。

读书在妨碍我们找到快乐吗

“柯南翻开那本古老的书，顺着第一个故事从头看下去，突然，他感觉到心里有个人在对自己说话，那是来自一千年前的工藤新一……”

中午，姥姥家。

刘强紧张地盯着电视屏幕里的卡通画面，他咬着嘴唇、双目圆睁的表情像被施了魔法似的凝固在脸上。姥姥用手指在他的头上狠狠弹了几下，让他看墙上的挂钟。

这一看，刘强的眉头立时皱成了一堆，他像个小老头儿一样不紧不慢地穿鞋，然后打开家门一阵风似的朝学校飞奔，心却没有跟来，仍坐在电视机前继续回味。

下午的课，刘强没法专心起来。上学常常让他错过许多满心盼望的事，比如一集扣人心弦的《名侦探柯南》。如果不用上学该多好啊，就可以哪也不去慢悠悠地把它看完，刘强想。

给男孩的悄悄话

读书真的在妨碍我们找到快乐吗?

想想看，通常有哪些事会让我们感觉到快乐呢，是踢一个下午的足球，还是参加一次演出、看一场精彩的电影？当然了，这些都是愉快的消遣，能让我们彻底地放松。可读书却是那样的循规蹈矩，上课铃声、下课铃声一点也不能通融；作业、考试样样都得认真。怎一个“累”字了得。

真的是这样吗?

让我们设想一下，现在就甩开书包的束缚，去拥抱书本之外的快乐。如果一个苹果从树下掉下来，不是飞到天上去，而是砸到了你的头上，请不要问为什么；某地发生地震前几个小时，几千公里之外的地方就已经预测出了震级，请不要问为什么；飞机失事后，坠落在大海里的“黑匣子”帮我们揭开谜团，请不要问为什么；看到四季轮回、昼夜交替，请不要问为什么……

这样你会快乐吗？或许读书占去了自由嬉戏的时间，可它也给予了我们求知欲和成就感得以满足的快乐。

求知也是一种快乐。假如有这么多的为什么都得不到解答，天长日久，就好比你自己用黑布一点点蒙住眼睛，你能得到的快乐也就将越来越少。

怎么办呢？答案就在你读过和将要去读的书里，在一堂堂的物理、自然课上。

人类的视力水平在动物界并不出众，却早已看到了外星球的美丽。我们学到的知识，就是最好的望远镜和显微镜。

柯南能够将一个个悬疑的案情理出头绪，正是所学的知识帮了他的大忙。当然，我们可以在完成学校的学习之后，抽出时间去柯南的世界里看看，跟着他一起探索，这样你是不是会得到更大的快乐呢？

读书永远不会成为你的负累，相反，它使你成为一个心明眼亮的人，使你越来越有智慧，智慧也带给你快乐。

孩子，带着发现的眼睛和快乐的心情去读书吧，读书原本就是一件快乐的事。

学习不一定要承受压力

胡老师最近发现陈鑫的状态不太对劲，像是有烦心事，脾气挺暴躁，与同学常常发生口角。这对于之前一直是“开心果”角色的他来说实在是个奇怪的现象。又过了一段时间，胡老师甚至发现，他上课完全集中不了注意力，满脸焦虑，就连读课文也读不顺畅了，作业也做得十分马虎。胡老师断定，这是心理困扰产生的现象。他把陈鑫叫来，“怎么，学习上不顺利？”陈鑫摇摇头，一副欲言又止的样子。

“有什么事情一定要告诉老师，如果不说出来，谁也帮不了你，很明显你现在已经不能自己解决了，是吧？”

在胡老师的开导追问之下，陈鑫终于说出了一直憋在心里的想法。由于学习成绩一直没有进步，甚至总是出现不必要的偏差失误，久而久之，陈鑫越想考好，越考不好，压力就愈大。上课的时候，做作业的时候，都觉得很沮丧，很茫然，逐渐就导致学习效率大大下降。

“怎么样，说出来好多了吧？”胡老师对他一笑。陈鑫点点头。“任何的心理压力都是可以缓解的，更何况你的学习进步小，不是你学得很糟，只是你太马虎了而已。放轻松一点，把状态调整好才是最重要的。有压力未必是坏事，但压力太大就会误事了。有了压力，要懂得释放。”

当天放学后，陈鑫到操场上，大汗淋漓地跑了五圈，顿时觉得浑身轻松。他后来对胡老师说：“我忽然觉得，小小压力算不了什么，我可以仰天长啸告诉自己我可以做到的！”

给男孩的悄悄话

每天书海里遨游的你想过没有，压力从哪里来，怎样才能有效减轻繁重的学习压力呢？

其实，作为一个经常面临考试的学生，没有压力反而不正常了。压力好像一架引擎，推动学习的机器向前行。现实生活中的任何人，不论其年龄、性别、职业怎样，也不管其社会、经济、文化状况如何，都会不同程度地体验到各种压力，精神、心理压力则是人们生活中不可回避的一部分。

压力就是一把双刃剑，如果一个人没有一丁点儿压力，那么他的生活就可能变得空空荡荡，人也变得闲适懒散且缺乏上进心；但如果压力太大，则会使人精神过于紧张、心理负担过重，并由此产生注意力分散、记忆力减弱、判断力下降、头痛、失眠、恶心等症状，时间长了，还会造成神经衰弱、抑郁症和恐惧症等精神疾患。

两样都不妙，也都是你所不愿意见到的。

在学习上，我们往往背负了过多的压力，要知道，有些压力只会空耗能量，若是你有吃不好、睡不着、神经高度紧张的状况，那就说明你承受的压力已经偏重。这时如果你不能很好地及时调整自己，就可能会被压力搞垮。只有那些有益的压力，才能促使我们奋力前进。

压力有时就是我们的动力，父母和老师难道偏偏要强加压力给我们？学校教育我们的最终目的是什么呢？难道不是每个学生的生命、自由、健康和智慧得到滋养吗？父母也是殷切希望我们将来能学业有成，能缩短奋斗的过程。

很多压力其实是自己不知不觉中酿成的，父母老师给我们压力的本意是好的，而我们却不能好好疏通。

于是，压力造成你心的纠结，作业、书包、家长、老师、班干部等交叉在一起，有时让你有一种一团乱麻的烦躁感。解铃还须系铃人，别人无法帮助你。

人在学海，身不由己。没有什么大不了的，不是有这么多人与你在一个战壕里吗？看看人家是怎么化解的吧！有一位男孩总结出减轻学习压力的几种方法：

1. 在沉重的书堆中，眺望远方或是喝杯清茶，休息后再投入学习。

2. 大喊三声："没事！"

3. 找朋友聊天，或写信。

4. 听一些舒缓的音乐，或是睡一觉。

5. 多读些文学作品，或许可以找到对困惑排遣或疏解的方法。

6. 相信自己，做自己。

7. 安慰自己，学习阶段只是我生命中的一部分，自己还有好长的一段人生旅途。

8. 平静地接受事实。

9. 社会为我们提供了很多成才的途径，大不了改道而行。

10. 看看动漫。

11. 有时可以暂且把面子和所谓的尊严放一放，或许会轻松一点。

12. 有空多多散步。

13. 真做不到的事就不要随便答应别人。

14. 不开心时，对同桌朋友打上几拳。

15. 大声唱歌。

16. 和你信任的人交谈。沟通和交流实际上是比较好的发泄方法，当你感觉紧张时，和你信任的人交谈会使你紧张的情绪得以缓解。

17. 转移目标。学习紧张时可通过摆脱紧张状态消除紧张情绪，比如到操场上踢足球，看有趣的笑话，有利于调整你的心态，还可以培养你幽默的个性。

18. 轻松舒适地洗一个澡。

上面列举的方法仅供借鉴，你是独特的生命个体，肯定有属于自己的特殊减压方法。

人是注定要承受各种压力的。压力，已成为当今社会的一个流行话题，但繁重的学习压力并不能使你的生活黯然失色，相反，你应积极乐观地应对，面对学习上的压力不畏惧、不埋怨，用正确实用的方法来为自己减压，使压力推动你学习的发动机高速运转。

为赚钱放弃学习，早晚会后悔

暑假结束后，小庆就该读初中三年级了，可是都开学一个月了，小庆还在家待着。因为自己学习成绩不是很好，而且周围有很多孩子初中都没有读完就出去“挣大钱”了，所以小庆就有了不上学的念头。

同村的东子比小庆大两岁，他初中都没读就出去打工了。今年过年回家时，头发梳得锃亮，身穿皮大衣，脚蹬耐克鞋，还戴着个大戒指，一看就知道“发达”了。东子回来后得意扬扬地讲述自己在外面的见闻，听起来惊险又刺激；他还把新买的游戏机借给小庆他们玩。

“小庆你都长这么高了！都能挣钱了，还上学？上完学了不是也得找工作挣钱吗？你花钱上学的这些时间能挣多少钱啊？这次跟我走吧，我带你出去看看，领你挣大钱。”东子拍着小庆的肩膀说道。

看着东子潇洒的做派，当时小庆就心动了，把东子当作偶像。东子在家的那几天，小庆天天往东子家跑，央求他讲外面的见闻。

因为一直想着挣钱，小庆就更不用心学习了，学习成绩从中游直落到下游，好多科目都不及格。好不容易盼到放暑假，暑假过后说什么也不愿意上学了。爸爸生气地问："你这个年龄正是学习的黄金时期，不上学你能干什么？""我可以和东子他们一起出去打工啊，不用多长时间就可以挣很多钱，等我在外面事业有成了，就把你和妈妈都接出去。"小庆信誓旦旦地答道。

现在爸爸妈妈每天都会劝说甚至训斥小庆要他回学校读书，可是小庆却一直想着东子什么时候能回来，带他一起出去挣钱呢。

给男孩的悄悄话

如今义务教育已经普及，仍然有很多中学没有毕业的男孩加入了"打工赚钱"的行列，也许有人尤其是一些目光短浅的父母认为：考上大学也不一定能找到好工作，不如趁着年轻力壮，早点在社会上闯荡，也许在别的孩子还在读书的时候，自己的孩子就能够赚钱了呢！

时代发展到今天，有这样想法的人，当然是愚昧无知的，为了赚钱而放弃学习的人，早晚会为自己的行为感到后悔遗憾，只是一旦到了那一天，读书的黄金时代却不可避免地一去不复返了。

为赚钱放弃学习的人，潜意识里必然认为赚钱是学习的目的，这就大错特错了。

一位在纽约华尔街附近一间餐馆打工的中国留学生，每天下班后总是对着餐馆大厨发誓说："看着吧，总有一天我会打入华尔街。"

大厨侧过脸来好奇地询问他："你毕业后有什么设想？"

中国留学生答道："当然是马上进跨国公司，前途和钱途就有保障了。"

大厨又说：“我没问你的前途和钱途，我问的是你将来的工作志趣和人生志趣。”留学生一时语塞。

大厨叹口气嘟囔道：“要是继续经济低迷，餐馆歇业，我就只好去当银行家了。”中国留学生差点惊了个跟头，他觉得不是大厨精神失常，就是自己耳朵幻听，眼前这位自己一向视为大老粗的人，跟银行家岂能扯得上关系？

大厨盯着惊呆了的留学生解释道：“我以前就在华尔街的银行里上班，日出而作，日落却无法休息，每天都是午夜后才回家，我终于厌烦了这种劳苦生涯。我年轻的时候就喜欢烹饪，看着亲友们津津有味地品尝我做的美食，我便乐得心花怒放。一次午夜两点多钟，我办完了一天的公事后，在办公室里嚼着令人厌恶的汉堡包时，我就下决心辞职去当一名专业美食家，这样不仅可以满足挑剔的肠胃，还有机会为众人献艺。”

其实，人生可以有很多选择，成功的方式也多种多样，最成功的人不一定是最能赚钱的人，能赚钱的人也不一定非常成功。如果狭隘地将人生的目标设置为赚钱，那你的人生的底蕴必定会非常单薄。总之，不要把赚钱当成你人生的唯一目标。

以此类推，把赚钱当成学习的唯一目标，不仅会失去学习过程中应有的快乐，也会慢慢地丧失自我，人生之路会越走越狭隘。

爱学习才能学习好

林宏是三中有名的人物，学生会主席，班长，学习成绩第一名。不仅如此，他还参加奥数比赛，屡战屡胜。让同学们疑惑的是，他总是有那么精力旺盛，不论组织活动多辛苦，或是忙碌做题到深夜，第二天他还是照样在课堂上举手回答问题，还是能按时完成作业，简直像是有用不完的精力似的。这种现象其实就连老师们都觉得极少见，成年人都未必能够在工作之后调节生活每天坚持同样的效率和精神，一个孩子竟然可以有如此的活力和激情。

期中考试后学校广播台找到又得了第一名的林宏，让他与同学们聊聊他的学习心得和方法，好让同学们效仿学习。

林宏说："其实，我的学习心得非常简单，就是每天早上起床大喊三声，'我爱学习'，然后精神抖擞地去学校。"

林宏告诉大家，心理暗示是一种非常好的方法。当你每天对自己说，你爱学习的时候，你就在潜意识里鞭策自己学习了。大声喊出来，让自己听到，慢慢地，不管以前厌恶学习还是懒得学习，都会不知不觉形成"爱学习"的心态。林宏说："我也不知道我怎么就有那么充沛的精力，大概只是因为我爱学习吧。热爱的动力是无穷的。"

是啊，热爱的动力是无穷的，当你专心于一件无比热爱的事情时，你哪里知道时间是怎么过的，疲倦是什么感觉呢？

给男孩的悄悄话

学习究竟是什么呢？

学习是按照一定的学习目标，有系统、有组织地掌握知识、技能和发展能力的活动。

我国著名的心理学家林崇德教授将学习归纳成以下几点：

1. 学习过程是同学们的认识活动要超越直接经验的阶段。
2. 学习是在老师指导下的认识或认识活动。
3. 学习是一种运用学习策略的活动。
4. 学习动机是学习的动力。
5. 学习过程是获得知识经验、发展智力能力、提高思想品德水平的过程。

经过学习的五大特点的总结，我们找不到不爱学习的理由。那些热爱学习的优等生没有人会说"课堂上只是老师照本宣科，讲些重复的死理论"。

只有愉快的学习才会事半功倍。因为学习是一种内心的自觉活动，不良情绪会阻碍我们的认知记忆水平，会降低理解和分析能力。因此，兴趣盎然地、主动地、愉快地学习，与被迫地、强制地、不得已地学习，效果截然不同。学习是所必要的记忆力，理解力都是由中枢神经支配的，而中枢神经则可以由情绪调动。高昂的情绪会使中枢神经兴奋起来，从而使学习事半功倍。

科学研究表明，人的脑子在喜、怒、哀、乐、爱、恨、惧等情绪极度兴奋时，所发生的一切，均会自然而然地牢记不忘。

例如给幼儿尝一次黄连，那苦味永生不忘；再如，一个特别美或丑的人，一瞥之下，也会令我们终生难忘。因为这种刺激会引起强烈的情绪反应。情绪不仅与记忆有关，与理解能力也有很大的关系。如果你对下棋产生了浓厚的兴趣，你就会对棋谱具有比其他书籍高得多的理解力；假如你喜欢跳舞，你就会对音乐及舞蹈动作具有超乎寻常的领悟能力。这都与由兴趣爱好所激发的有关神经高度兴奋有关。研究证明，愉快积极的情绪，对学习效果具有神奇的作用。

学习“学习的方法”

吴欢刚进入高中一年级，这个高中距离他家很远，父母费了很大周折才把他送进了这所高中，理由是这所高中更注重培养学生的学习能力，而不是单纯地强调学习成绩。吴欢心里在纳闷，到底什么样的高中，有这么大的魅力，让爸妈不辞辛苦地把自己弄过来，而且自己还要每天奔波很远的路，才能到学校。除了对新生活的向往，他更多的是好奇。

从开学第一天，这个学校就透出它的个性，第一堂课，老师没有让大家相互介绍，没有展开讲第一章，第一节是什么内容，直接来了个题目：学习学什么？

大家互相之间也不熟悉，老师也是陌生的面孔，一时间教室里很安静，所有的人都不知道接下来的 45 分钟，老师究竟要给他们怎样的第一堂课。

老师写完题目，简要介绍了自己，然后直接说：“我们来这个学校是为了学习，在学习过程中，大家同处一室，自然会相互熟悉，相互了解，并且会互帮互助，成为一个新的集体，所以课上就不给大家留时间自我介绍了。谁站起来发言的时候，报出自己的名字。让大家记住你就好。”

老师开始步入正题，他看着黑板上硕大的题目，问大家，大家学习学什么？

没有人接老师的话茬，老师也不说话了，教室里就这么静默着，一般这样静默的时候，等着老师们打破沉默，进入下一个环节，但是，这个老师却丝毫不着急，他等待着。

终于有人说话了，学知识。

吴欢想了想认为，学习学的应该是思维。

还有人说学的是未来的技能，有的说是过去的理论。

大家对学习学什么持有自己的态度和观点，老师也不着急说话，只是点头微笑。

最后总结的时候，老师说，我不可能带你们一辈子，别的老师也不可能带你们一辈子，出了校门，什么都要靠自己了。那么学习该学什么？

有个同学脱口而出，学习方法。

老师笑着说，不错。简单的道理，授之以鱼，不如授之以渔。希望大家不要以为这句话和我们没关系。只要你们都学到了方法，就算你以后没有了老师这根拐棍，也能直立行走，否则，只能做残疾人了。

吴欢和同学们一样，深深地点了点头。学习方法学到了，我们才能在任何时间，任何地点学更多的东西。

给男孩的悄悄话

学习的真正目的并不在于记忆、存储，或是学会运用某种特定技巧，而是在于学到终身学习的能力。要具备终身学习的能力，关键就在于必须“学习如何学习”。

珍尼特·沃斯和戈登·德莱顿在《学习的革命》一书中写道：“真正的革命不只在学校教育之中，它在学习如何学习，学习你能用于解决任何问题和挑战的新方法中。”

急遽的全球性转变，资讯光速流转，机会转瞬即逝。环境的迅速变化确实向任何人都提出了新的挑战——因循守旧，还是创新超越。在巨变的洪流中，无论企业还是个人，凡是依赖于旧有的知识和依循以往的方式解决新问题，终将无法避免被淘汰的命运。

别无选择，只有“变”才能应变。甚至可以说，变，才是唯一的不变。

“变”是新的挑战下唯一不变的生存之道。那么，如何应变甚至异变呢？那就是学习如何学习。只有具备“如何学习”的能力，才能在爆炸般骤增的资讯中有所取舍，在“全时间”“全环境”中因时、因地、因事、因变进行学习创新，从而更高效地实现自己的目标。也只有如此，你的时间才是用在最有生产力的地方。而效率就是竞争力。

企业战略专家认为：

懂得如何学习的人，自然能掌握变化、掌握趋势。

懂得如何学习的人，自然有事业心、有应变力。

懂得如何学习的人，自然能够有创造力、有前瞻性。

所谓“会学习”“如何学习”，实质就是倡导一种创造性学习、高效学习。如何能更有效、更高效地学习，这本身就是知识和学问。

学习很重要，学习如何学习更重要。

男孩们一定要明白这样一个道理：不学习的人，不如好学习的人，好学习的人，不如会学习的人。

课外活动：把学习当作游戏

亦星是7班有名的尖子生，回回考试都在前三名，几乎没见他有太大的失误。这样的优异成绩当然是努力的结果。为了保证学习的严谨和踏实，亦星坚持每天课前预习，课上专心听讲，课下认真复习，更加让人惊异的是，他时刻在做题，几乎没有任何的课余活动。

7班另外一名尖子生是陈晨。不同于亦星的学习，陈晨显得轻松许多，虽然成绩不如亦星稳定，但也与他不相上下。平时，陈晨一样认真完成预习复习，一样完成功课，但课下，他给自己很多的空闲时间用于课外活动，比如科技实践小组、文学社等。这些不同于应试的学习方式让他觉得充实而有意义。

学校一年一度的奥数比赛又到了。亦星为了准备比赛，开始了更加紧张的学习，每日将自己埋在题海里，试图把所有题型啃到熟烂。而陈晨呢，每日照样参加学习小组，体育活动，丝毫没有紧张的迹象。亦星看看竞争对手如此不将比赛放在心上，心想：这回我可是赢定了。

结果出来了，陈晨的成绩比亦星整整高出十分，拿到奥数比赛的第一名。

所有人都惊诧了。在大家的眼中，到处跑的陈晨总是好像玩着就能取得优异成绩，而亦星那么努力却总是在关键时刻输给陈晨。亦星自己也十分困惑，他对陈晨没有敌意，虽然是竞争对手，但一直很钦佩陈晨广泛的人际关系和随和的性格，因为成绩的原因，常想他是不是特别聪明？而这次十分的差距实在让他有些备受打击，加上也看到比赛前陈晨每天活跃的身影，更是好奇他是如何做到如此轻松地学习。

亦星的爸爸是老师。听儿子讲完这件事之后，爸爸笑着跟他说：“儿子，你没错，你学得很扎实。但是他学得更快乐。”“快乐？”“是啊，当一个人可以把学习当作游戏，他就可以更灵活地应用它。你一直以书本作为学习的对象，他却是一直在实践中应用它，自然你们的效果是不一样的。”

给男孩的悄悄话

我们的身边“书呆子”随处可见，他们通常只知道埋头苦读，甚至连课间十分钟和课外活动的时间也不放过。他们是利用了一分一秒的时间，但学习效果却并不明显。相反，那些在课外活动中意兴盎然的男孩却能轻松取得好成绩。

其实这并不难理解。

实践证明，课外活动是知识的第二课堂，在这里，知识有了一个新的展现的场所，平时课堂上所学的知识完全可以通过课外活动来得到巩固与加强，也落实理论联系实际的原则；另外，积极地参加课外活动有利于一个人兴趣爱好的培养及个性特长的发展；有利于独立思考和动手实践能力的培养，有利于推动科技活动的广泛开展，增强科技意识，发现和培养科学幼苗。所以，我们应该养成积极参加课外活动的习惯。

课外活动的主要类型有：

1. 科技活动

科技活动是指学习和研究一般的科学知识，进行简单的科技作品制作，内容非常广泛，既有基本的科学技术、知识、技能，也有新的科学知识、新的技术。男孩们在科技活动中能接触到很多课堂上学不到的东西。这类活动用于激发男孩爱科学、学科学、用科学的积极性，有利于培养男孩对科技的兴趣和探索科学知识的能力，形成科学的态度，适应新技术革命的需要。科技活动很适合求知欲、好奇心强，具有创造欲望和能力的男孩。

2. 学科活动

这类活动是指与学科有紧密联系，但又区别于学科教学的活动。学科活动不是补课，它的内容是某一学科中某一领域内容的加深和扩展，是学科的一些新理论、新知识，是以课堂教学为基础的实验、实习等探索性活动。积极参加学科活动有利于男孩们学习积极性和认知水平的提高，有利于开阔视野，发展个性与特长。学科活动的主要形式有：讲座、阅读、演讲、讨论、参观、实验、竞赛、比赛、晚会、报告会、讲故事、写论文，书评、影评等。

3. 文体活动

这类活动主要包括文学、音乐、美术和体育方面的活动。它与课堂联系较少，娱乐性、竞赛性较强。这类活动有利于陶冶男孩们的情操，开阔胸怀，丰富课余生活；有利于培养文学艺术及体育方面的爱好与才能，促进身心和谐健康地成长。文艺活动很适合具有表演爱好和艺术天赋的男孩，体育活动对男孩们具有强大的吸引力，是他们最喜爱的活动，也是最易于开展的活动。

4. 社会活动

这类活动包括班、团、队、校会和社会实践活动，多以开展思想政治教育为主要目的，每次活动参加人数多，时间相对比较集中。社会活动的方式很多。常见的有班、团队的主题活动，如报告会、故事会、评比表彰会、专题活动月、夏令营、军训、旅游、义务劳动、社会调查、社会实践、社会交往等。

当然，为使课外活动取得更好的成效，我们要根据各自的实际情况，制订好参加课外活动的计划，选好参加课外活动的项目，科学安排好学习与课外活动的时间，遵守课外活动的规则与纪律，处理好课内与课外、普及与提高的关系。

选择课外活动要根据自己的兴趣爱好，比如喜欢科学知识可以参加科技方面的课外活动，喜欢体育或音乐可以参加文体方面的课外活动，喜欢大自然可以参加社会方面的课外活动。

参加课外活动是为了开阔视野，放松身心，以便于自己能够更好地进行学习。切不可全身心地投入到课外活动中而荒废学业，这会得不偿失的。

读书的意义

读书是为了你自己

刘晗从小在赞扬声里长大。他的爸爸妈妈都是老师，自然对他的要求也非常严格，从小就给他灌输了一定要好好学习的思想，也一直给他提供学习上的指导。如今的刘晗，是人群中的佼佼者，一提到2班，一定少不了他的名字。优异的成绩、得体的举止、自如的谈吐……但人们看不到的是他被要求读的书目、做的习题、参加的各种比赛。在这样的家庭教育下，刘晗无形中承受了很大的压力。如今，他回顾以前父母的严格要求，还禁不住要小小地抱怨一番，“我小时候是没有太多的游戏时间的，大多节假日都与爸爸妈妈一同度过：做做奥数题、看看课外书、听听英语磁带，出去玩也是跟爸爸妈妈一起的，回家后就要写作文……”他耸耸肩，“也有一段时间，我特别不听话，大概因为太烦躁了吧，就是想玩，想放松，但是爸爸妈妈不允许。”

小孩爱玩的天性是抹不掉的，刘晗确实有一段时间沉迷于玩乐，偷偷溜出去跟小伙伴玩，也迷恋过一段时间的游戏，甚至怨恨父母对他太过于严苛。“当时，我彻底厌倦了爸妈对我的种种要求，比如不能在路上吃东西，比如不能在吃饭的时候说话……因为我看到其他的小朋友都可以做这些事情呀，我就觉得我的爸爸妈妈简直像魔鬼一样，哈哈。”如今当成笑谈，但当时的情景完全是不难想象的。

"但是现在我是真的很感激我的爸爸妈妈"，刘晗很真诚地说道，"等到尝到成功的喜悦，才由衷地觉得，爸爸妈妈是多么好的父母亲，如果没有他们的严格要求，一定是没有现在的我。"

给男孩的悄悄话

父母老师经常会对孩子说：读书是为了自己。但是有时，男孩们觉得事实不是这样，成绩并不完全和自己的感受挂钩，成绩好的同学可能并不快乐，成绩不好的同学有时却能开心生活，放松交友，在同学之间很受欢迎。

从目前来讲，我们学习的短期目的似乎只是让大考小考顺利拿高分，满足父母和老师的期待，让他们展露欢颜，当我们的成绩下滑时，最担心的也莫过于无法向他们交代。这让我们的心里产生了一种错觉：好像学习并没有为我们自己带来真正的好处，只是为了父母师长的要求才不得已而学的。毕竟三角函数和细胞结构图对于我们目前的生活和幸福指数，并没有任何助益。

但是静下心来想一想，父母师长无疑是非常爱我们的，难道他们会任由我们为了一件毫无意义的事浪费生命吗？绝对不会，他们已经走过了几十年的人生，他们经历过与我们一样迷茫懵懂厌恶学习的时期，也体会过知识储备的不足所付出的惨痛代价，体验过知识为自己带来的喜悦、光荣和成功，走过这段蹒跚的道路，他们经过分析和总结，发现了一个道理：虽然学习知识的过程也许有些累和枯燥，但是它的结果绝对是甜蜜的。他们爱自己的孩子和学生，所以，当他们想把他们的人生经验向世人传播的时候，首先想到了他们最亲近的人。

他们不想让自己的孩子怀着痛苦的心情做枯燥的数学题和物理知识，也不舍得让自己的孩子舍弃一部分休息的时间背诵生涩又难懂的古文，但是他们更深深地知道，没有苦痛和艰难的努力就没有成长，没有日后的成功，如果与让孩子一生目不识丁，在社会上步履维艰来比较，他们宁愿选择让他们选择现在的痛苦。事实上，努力之中也自有快乐，当男孩经历了入门期的枯燥体验，就会发现学习的天地里别有洞天，那里的神奇和奥妙是你原来难以想象的。

所以，我们必须明白，无论一个人是为了祖国而学习，还是为了父母而学习，学习的直接受益者都是自己。

只有学习，我们才能体会到遨游于知识世界的快乐，只有学习，才能体验目标实现的成就感，只有学习，才能在未来社会中立好身，找到自己认为最理想的工作和职业；只有学习，才能让我们成为一个高素质的、有内涵有魅力的人；只有学习，才能让我们有更敏锐的触角去体验生命的喜悦与快乐。

用心读书是人生的责任

张智的家境一般，但是爸妈还是拿了很大一部分资金来支持他读书和在学校里学习东西，当然也包括那些为了增加知识而必不可少的辅导班的培训费。因为爸妈的工作都不太稳定，所以这些费用对于这个家庭来说，就有些捉襟见肘了。

张智是个懂事的孩子，每天都很认真地学习，他不想辜负爸妈对他的期望，他想通过成绩来为爸妈争气。他一直是这么想的，也是这么做的，他的成绩也很好。但是，看了最近关于大学生的就业问题之后，他突然对自己一贯的想法产生了怀疑。那么多大学生毕业之后也依然找不到工作，自己还是一个高中生，虽然也肯定是要考大学的，那么自己大学毕业之后呢？是否也能找到适合自己的工作呢？自己的未来究竟在哪里呢？是不是也会像那些哥哥姐姐一样，虽然寒窗苦读十几年，到头来连工作也找不到，还是靠着爸妈养活。

张智一直想着等自己毕业了就不让爸妈这么辛苦赚钱了，他希望能够凭借自己的能力让爸妈都过上幸福的晚年生活，但是现在看起来自己读书的前途那么灰暗，他的思想上产生了动摇，情绪也变得低落。

觉察出儿子最近闷闷不乐好像是有什么心事，爸爸就问儿子："小智，最近学校遇见什么事了？你好像最近都不太高兴呀！”

张智摇头，他不想告诉爸爸他的真实想法，如果爸爸知道他对读书的事情产生了怀疑，肯定会暴跳如雷的。爸妈的文化都不太高，他们一直希望把张智培养成一个有文化，有知识的人。但是张智还是说出来了：“爸，你看那些大学生们，找工作都那么难，读书那么多年，有啥前途呀？”

爸爸是个脾气火爆的人，他一听儿子居然有这种想法，当场暴跳如雷，“小兔崽子，你居然敢这么说，我跟你妈这么辛苦供你上学，不就是为了让你有个光明的未来，不像我们这么辛苦吗？你说你，没事想什么不好，非要想着上学没前途这些事来气我。”

老爸发了一顿火走了，剩下张智一个人在客厅里，读书是对自己的未来负责任还是不负责任呢？他需要认真地分析一下形势和自己的未来。

给男孩的悄悄话

著名哲学家萨特说：“从一个人被投进这个世界的那一刻起，就要对自己的一切负责。”这一句话对于所有人来说都是适用的。

列夫·托尔斯泰说：“一个人若没有热情，他将一事无成，而热情的基点就是责任心。”社会学家认为，当一个人富有责任心时，他的自我便真正开始形成，同时，这个人也由立志开始，影响力逐渐扩大，义务感逐渐增加，并能最终获得突出的成就。

对于青春期男孩来讲，今天的用心读书，就是对自己的未来负责。

对自己负责是人们安身立命的基础。一个人应该为自己所承担的一切责任感到自豪，想要证明自己，那就对自己负责。

一次，著名教育家茨格拉夫人的儿子从学校回家比平常晚了半小时，她对此表示充分的理解，但是，她也明确地告诉儿子：“你玩的时间自然也就少了半个小时，这个规定我们可要遵守。”这样，就让儿子意识到了自己晚回家的后果，他就可能对自己的行为负责。

茨格拉夫人说：“有时候，做父母的内心也会在爱与公平之间摇摆犹豫，但是不能因为孩子的借口而一味地迁就他的喜好，让他逃避责任。孩子如果没有按规定整理好他的书柜，那么面对他喜爱的电视节目，我们也只能做出很‘遗憾’的决定。”

人生的道路总会遇到成功、挫折、悲伤、快乐……然而男孩们应该学会承担责任，自己的事情，对自己说：“我对自己负责。”

青春期男孩们正处于校园学习阶段。学习，还是我们当前最重要的任务。然而有些男孩却认为，学习是为上大学而准备的，他们不想上大学，就可以不学或者少学。而无论我们身居何处，没有知识是不行的。我们应该本着对自己负责的态度，从现在开始好好学习，亡羊补牢为时不晚。在学习、工作、生活中，我们都应学会负责，对别人负责，对自己负责。

学习拓展生命的宽度

同学聚会上，两年不见的初中同学们多少都有了些变化。袁博的变化不大，依然穿着校服，高高瘦瘦的，戴着黑框的眼镜，唯一的变化也就是初中深蓝色的校服变成了浅蓝色的校服。他是骑单车来的，还是初中上学那个单车，从外部看上去，袁博基本上没有任何变化。

同学们陆续地来了，最引人注意的是樊朝。他当年在班里坐在前排的淘气鬼，总是在课堂上给老师起哄，或者搞恶作剧吓唬女同学，班上很多女生都很讨厌他。现在，他居然穿着西装，留着寸头，脖子上还戴着小拇指粗细的金链子，那条肥硕的金色链子在整个包间里闪闪发光，大家都觉得刺眼。

“成功人士”自然少不了一番吹嘘，大家也都恭维了一番。樊朝在整个聚会期间滔滔不绝，讲了不上学之后这两年，跟着爸爸做生意，全国各地出差，到了哪都是游山玩水，每天杯来盏往，灯红酒绿。一部分男生听了樊朝的话，不但用羡慕的眼神看着他，还央求他没事带着大家去那些娱乐场所玩玩。对于还是学生的他们来说，那些场所是非常烧钱的地方，他们的零用钱对于那里的收费来说不过是杯水车薪。

整个宴会期间，大家都觉得樊朝虽然没有继续上学，但是现在他开着蓝鸟的“坏小子”，是班上最成功的人，他当然成了这次聚会的主角。而宴席结束的时候，他还大手一挥，自己付款结账了。大家都觉得他很是慷慨。

而袁博一直没有说话，他没有觉得大家的那种附庸有错，但是他也不觉得这就是成功，现在看来樊朝的财富要比其他人多，社会经验也很丰富。但是小小年纪的他，过早接触了社会，也过早地沾染了一些坏习惯。虽然现在自己还骑着单车，但是，袁博觉得自己在学校的收获是那些金钱买不来的。

袁博这么想着，他在学习上的成长除了知识的增长，更多的是思考问题的角度的变化，心智的成熟。想了这些，他轻松愉快地回家去了。

给男孩的悄悄话

每个人对于生命都有自己不同的理解，在现在这个观念多元的社会，已经不是所有人都认为做官、创富是人生的唯一目标了。许多青春期男孩热衷于歌手许巍的歌，就是因为其中有一种“生命在路上”的感觉。是的，生命是一个过程，它的结果没有好坏之分，重要的是能充分体验到生命的所有悲喜，经历过一点一滴的成长和成熟。

而心智的成熟，自我的成长，是需要学习来实现的。没有学习的精神，生命会陷入停滞的状态，生活在青春期的我们，如果体验不到生命如朝阳般冉冉升起，力量逐渐壮大的话，又怎么能体验到内心的喜悦呢?

所以，不一定要功利主义地为自己设下一个成功的定义，只要有一种坚持“今天一定比昨天更好”的信念和勇气，并为之付诸行动，每天进步一点点，它具有无穷的威力。

学习正是进步过程中必须进行的一种活动，如同呼吸一样，它的真正期限是：终生。呼吸让身体获得氧气和活力，学习则使精神更为充实和健全。

所以，为了生命的充实和喜悦，要求自己每天进步一点点，让自己在漫长人生旅途中，今天要比昨天强，今天的事情今天做，每天都在为成长进步做着永不懈怠的努力！为此，要始终保持一份平静、从容的心态，步履稳健地走好人生的每一步，用“自胜者强”来勉励、监督和强迫自己，克服浮躁，战胜动摇，不是做给别人看，所以不能懈怠，更不能糊弄自己，而是要用严于律己的人生态度和自强不息、每天进步一点点的可贵精神，走一条不断进取的光明大道。

不为文凭读书

温昊然被老师拉到办公室接受教育去了。劳动技术课他又请假了，一学期有 12 节劳动技术课，他请假 10 次，除了第一次去了之外，他再没去过。眼看着就最后一节课了，他居然还请假，老师忍无可忍了，直接从教室里把正在埋头算数学题的昊然拉到了办公室。

温昊然同学是很多老师眼里的好学生，但是他绝对不是劳动课的老师心里的好学生。他每次都逃课，理由也千奇百怪。虽然劳动课老师也知道，在高中开设这门课程，有些特别在乎学习时间和学习成绩的同学心里会不太喜欢这样所谓的浪费时间的课程。但是他也知道这样的课程是必须开设的，而这门课的开设也得到上面教育局的大力支持和校长们的一致赞同。

在学校，虽然除了温昊然还有很多同学有这样的想法，但是很少有人这么明目张胆地跟老师作对，根本就不来上课。

老师跟温昊然说：“你为什么又不来上课，是不是觉得这个课程跟你没关系？”

温昊然理直气壮地说：“这种课程都没用，又不能给我的高考成绩加分。”

或许跟他一样想法的同学还很多，他们都觉得学习就是为了成绩，为了获得大学的文凭，就是为了一纸文凭而奋斗，和这张文凭无关的东西都是不必要学的。

“你学习是为了什么？”老师禁不住问昊然，“难道就是为了那张最后的文凭，最后的证书？”

“是呀，没有文凭现在哪能在社会上吃得开呀？文凭就是敲门砖。”

听他这么说之后，老师想了想，决心改变学生这样的学习态度，这样的态度只会让像昊然这样的学生陷入对学习成绩和文凭的追求中，偏废了许多在中学必须掌握的技能。

“这样的学习态度，你会失去很多东西。你是一个人，注定要进入社会，这没错。但是文凭不能代表一切。重要的还是你这个人的能力，而能力除了学习成绩以外，还有你的适应社会的能力，还有你基本的生活能力。如果这些能力你都不具备，即使你获得了高学历，最后不过被别人扣上高分低能的帽子。这样你还怎么要求自己有大的发展呢？”

老师的一席话让昊然如同醍醐灌顶，原来学习不能只为了那个文凭而奋斗，更不能为了文凭放弃很多提升自己的机会。他决定趁最后一次劳动课的机会去上课，虽然机会不多了，但是他要珍惜每一次机会。

给男孩的悄悄话

当代青少年厌恶学习的原因之一就是认为十几载的寒窗苦读只能换来一纸文凭，这样自己的付出和结果不成比例，而且近年来越来越多的事实表明，拥有高学历的人不一定能够在社会上取得绝对优势，有时，研究生和本科生的就业率还没有专科生高，在这种背景下，有很多青少年朋友更加质疑学校教育的意义。

事实上，文凭不等于水平，这已经是众所周知的真理，在钱钟书先生的《围城》里，他用一句名言和众多的事例讽刺了那些购买假文凭，并试图以此来掩饰自己的愚昧无知，并谋取社会利益的人物和行为，小说中的方鸿渐和韩学愈花钱购买“克莱登大学”的博士文凭，并凭此回国内高校任教，结果被他人戳穿，并为掩饰自己的行为而做出种种令人不齿的行为。韩学愈没有学识，只能靠请学生吃饭和阴谋诡计维持自己的教授身份，方鸿渐为了假文凭更是吃尽了苦头。

文凭当然不能真的遮羞包丑，天长日久，一个人的真实面目总会被人发现，所以，我们一定不能用功利主义的态度对待文凭，更不能把今天在学校中的学习生活单单看成是获得文凭的手段，那样做就大错特错了。

所以，面对“文凭不等于水平”的论断，我们所能做的，不是拒绝现在的学校教育，而是端正学习态度，为了增长知识，提高能力，提升自己的精神面貌而学习，在校园中，重视培养自己这几方面的素质，而不要把分数、名次等等表面的问题看得太重，因为那些东西，只是暂时的荣耀或“耻辱”，不能代表你的未来，只有握在自己手中的本领和才干，才是你今后安身立命的根本，明白了这一点，你就明确了学习的方向，不会再感到迷茫了。

改变对知识的敌视态度

吴锦鹏很讨厌学习，他总是对知识抱有成见。虽然也每天上学，但是他心里觉得自己对知识的敌视态度总是抹不去。他希望自己能够驰骋江湖，他希望自己能够做行侠仗义的大侠，但是他却不愿意学习，不愿意去打开知识的宝库，他讨厌那些繁复的理论，还有那些让他晕头转向的知识。

不过锦鹏很喜欢上网，他上网聊天，有时候会加入一些网络的俱乐部还有一些有主题的群。在那些群里有个叫“和知识交朋友”的群，每天都有人在群里发布一些小知识，内容涉及方方面面，他很喜欢那上面分享的一些材料。从那个群组里，他也开始渐渐放弃了自己对知识的敌对态度，他开始喜欢分享那些小故事，那些小常识，还有一些平日里能用到的知识点，有些也很有科学的味道，比如对宇宙的探讨呀，对地质时期的分类呀，等等。

锦鹏了解了这些之后，他突然发现，在现实生活中，这些知识都可以用到。而且和同学们谈论起这些问题的时候，他发现，很多他看起来司空见惯的事情，好多同学都不知道是什么原理，原来都是这个群组分享的那些知识帮助他开阔了视野。

他开始喜欢科学知识了，他了解到的知识让他在生活中处处得力，而且这些让他可以正确地看待很多事情。他也不再盲目地追星了，开始静下心来去读书。

锦鹏知道，在知识的海洋里，他才能找到属于自己的宝藏。

给男孩的悄悄话

在学习上，每个人都会遇到一些不如意的事情。也许你花了很大的力气，很努力地学习，成绩却依然上不去。也许你认为老师不重视自己，自己也看不到希望，于是敌视书本和其中的知识。有时甚至想，如果没有那么多的书，日子是否会好过很多。不用天天坐在教室里看课本，不用在考试前后和成绩出来时胆战心惊，不用在请父母参加家长会时忐忑不安。在这些情况下，都是无可奈何被动地听老师讲课，艰难地在熬日子而已，这并不是学习，而只是假装在学习，因为你的心中一直在逃避。

知识，应该是一架帮助你登上高峰的梯子，是帮助你走上更好的人生道路的良师益友。知识，是课本的内容，其中蕴涵着很多的智慧，那些是知识灵魂的所在。有一些是实用性的，比如教你读书识字，有些是陶冶性情的，使你与众不同。想想看，在学校里陪伴你时间最长的不正是它们吗？把它们当作是一个个有自己思想的人吧，其实它们每天都在和你说心里话，希望你能听懂，和他们认真交谈。

要爱知识，也要爱智慧。知识决定高度。知识不会抛弃任何人，它只是这样静静地等候在那里，等你过去和它交心。请试着把它们当作你的朋友，认真地去倾听它们想要告诉你的东西，并细细领会。

和知识交朋友，不是因为老师，也不是因为家长，而是因为你需要它的引导。你人生的方向由你自己掌控，你想不想和知识交朋友呢？你当你能听懂它想要告诉你的东西时，一定会有不小的收获。对于这样无私的朋友，不该心存感激吗？

我家有钱，可以不读书吗

庄晓的父母是典型的商人，他们靠自己勤劳的双手和灵活的头脑白手起家，从替人打工开始，逐渐积累起自己的财产。现在，庄晓的家庭拥有一家大型连锁超市，家道已经十分殷实。

庄晓的父母常年忙于在外打拼，很少花时间和精力在庄晓的教育上面，自从儿子上学后，庄晓的父亲慢慢发现，越来越难与自己一手养大的儿子沟通了。他觉察到，尽管儿子每天在自己身边转悠，仿佛距离很近，但是父子俩的心却是咫尺天涯，难以拉近。

庄晓虽然有条件上最好的学校，但是他并不认真学习，经常到学校点一个卯，便抽身离去。老师或者校长为此事找他谈话，他还是一副满不在乎的样子，玩世不恭，学校也拿他没有办法。其实，不上课的日子，庄晓还是感到很空虚的，虽然可以不在意课业的负担，但是无所事事的日子也很难过，通常，庄晓会在网吧、酒吧度过白天。对于网络上流行一时的网络用语他已烂熟于心。

他是一个本性善良的孩子，所以值得庆幸，他虽然玩游戏，不务正业，却也不至于误入歧途，走上犯罪道路。但是日子一天一天过去了，青春一天一天耗没了，他没能像同龄人一样考上大学，虽说他嘴上说不在意，但是看见好朋友们都陆续收到了录取通知，他的心里还是酸酸的，没有学历，当然是难找工作的，只有干一些体力活，一方面，他自己没吃过苦自然做不了；另一方面，父母也舍不得让他去做那样的工作，所以，离开了校园，他依旧无所事事。

有时候，心情好的话，庄晓也会回到家里，帮父母在超市里卸货上架，但在庄晓父母的记忆里，这样的好儿子形象少之又少。多数时候，庄晓来到父母面前，是向他们索要零花钱。庄晓说，父母每周给自己 1000 元，但似乎总是不够用。

到了快成家立业的日子，无奈的父母只好安排庄晓成为自家超市里的员工。这名“员工”的特别之处在于，他从来不按时上下班。即便上了班，他也只是闲在超市里，看着父母工作，无所事事。或者干脆抱着笔记本电脑在店里的某个角落里待上整整一天。经常到超市购物的顾客会惊讶地发现，在超市里，除了一个辛勤工作日渐弯曲的身影外，旁边还有个什么都不会干的“啃老”族。

给男孩的悄悄话

前些年流行一种说法：“学好数理化，不如有个好爸爸。”如今这种声音虽然与时代渐行渐远，但是认为只要家庭条件特别好就不必用功读书的看法却仍然大有市场，很多人羡慕富裕人家的孩子，认为父母家财万贯，孩子不必自己动手挣钱也可以衣食无忧地过一生，就像躺在一座金山上一样。

这种想法当然是错误的，后继无人的家族财富一向是最容易被败掉的，生在富裕家庭的孩子，如果没能接受很好的教育，掌握相当了得的本领，相反却在无意中滋长了纨绔习气，那么再大的家业也面临着坐吃山空的危险。“金山”垮掉之后，一个没有生存能力和抗挫折能力的人，只可能一面在梦幻中追忆父辈的辉煌，一面过着清苦又被人鄙视的日子，既无力承担家境败落的命运，更无法为社会做出应有的贡献，只能在潦倒中度过自己的人生。

每个人都只能来到这个世界一次，是选择努力奋斗让生命充实有意义，还是什么都不做等待别人的施与，这是一道不太难的选择题。其实庄晓的故事还没有结束，因为没有一个“他人”可以让你依靠一辈子，不能自强自立的人，总有一天会被赶到社会的门外，无法发展，也无力生存，其遭遇也必将从可欣可羡变为可悲可叹甚至可鄙可憎。

所以，我们必须明白，家境富裕，那是父母不断努力奋斗的结果，它代表父母的人生在一定意义上取得成功，但是父母这些财富和本领不可能像基因一样自然地遗传给你，你可以凭借他们的能力为自己创造更好的学习环境，但是能否学到知识，能否练就一身过硬的本领，能否得到未来社会的承认，这一切都还要靠你自己去积极争取，用父母的金钱武装自己只能为自己糊上一层虚荣的“门面”，而用心读书，用丰富的知识和卓越的能力武装自己，才能赢得真正的幸福和成功。

成绩好就意味着将来会有成就吗

吴非被班主任张老师叫到了办公室，这让周围的同学很诧异。吴非的成绩一直稳居榜首，这样的学生，按照张老师的一贯原则，肯定不用多操心，也基本不用苦口婆心地教育，张老师更关注那些成绩不稳定的同学和经常闯祸的同学，因此，他们班的学生很少在学校大会被教导主任点名。

这次期中考试的成绩单刚下来不久，吴非还是年级第一呀，虽然自上而下都不让给学生排名了，但是老师们还是想方设法地知道了自己的学生在全年级的排名，并且也迅速地假装无意地把这个排名单透露给学生，对于大家来说，考试结束后排名情况，每个人都知道得一清二楚。吴非还是第一。这个大家都知道。

张老师叫他，难道是给他开小灶，让他更上一层楼，还是有其他的原因？

同学们在掂量张老师的用意，吴非心里也盘算着张老师的目的，张老师很信任他的嘛，基本不用特殊关心他呀。

到了办公室，张老师直接问：“吴非，你对自己的评价是什么？”

吴非被问得一头雾水，“我觉得我挺好的。作为一个学生，我成绩稳定。而且热爱集体，团结同学，积极参加班里的活动。”

吴非多少有些沾沾自喜，而这些张老师也看在眼里，他今天叫吴非来，就是因为吴非前面的女生今天上午哭着来说吴非总是在他们面前显摆自己的成绩，并且他高人一等的态度，让她很接受不了。

“你的成绩是相当棒，”张老师先肯定了他的优点，“但是成绩不等于成就！我们应该从更长远的角度看问题。”

吴非摸了摸头，不知道张老师究竟要说什么，但是大概也能猜出来，肯定是不要骄傲，看来张老师要着力培养自己呀。

吴非美美地想着。张老师接着说：“你们都还是孩子，要有远大的理想，不能只停留在现在的成绩上，这样的成绩在学校里是很好的。但是你能给我个承诺，你未来是个有成就的人吗？”

吴非被张老师的话问呆了，是呀，什么是成就呢？反正不是现在的分数能说明的。他得好好想想。

给男孩的悄悄话

吴非的苦恼在于，他不明白成绩和成就不一定成正比，不能以学业的成败评估自己未来的成就。

为了发现学生与未来成功相关的因素，哈佛商学院做了大量的调查研究。调查结果显示：一个学生在学校里的成绩与他将来的成就之间并无关系。短期内还有点相关性，而长期内根本没有什么关系。

作为一名学生，必须能够正确认识短期学业上的成败。生活之路是很漫长的，最顶尖和最失败的学生都必须走完剩下那一多半的人生旅程。在学业上跑在前面的人，在长跑中往往会黯然失色，起初落后的人却往往会后来居上。

一项研究表明，在智力水平相当的天才儿童中，成就最高者和成就最低者之间的差距相当大，那些最成功的人士都有两个区别于他人的特征：高度的自信和恒心，或者说充满豪情壮志。

有句古谚说，实践出真知，而真正聪明的人也从他人的经验中学习。影响成功的因素有很多：

1. 处理失意的能力

非常成功的人士都能够饱受学习的失意而始终坚持不懈。在你的人生中你将会遭遇一些极为扫兴甚至痛苦的事情。如果有一天你走出校园、走入职场，可能在一个很好的公司里工作，突然公司不需要你了，而你不得不走人。

成功的人总是在生活中勇往直前，富有弹性地面对失意和挫折。有时候许多人由于早年经历了太多成功——小学、中学成绩一路遥遥领先，进入了自己中意的大学，他们不知道该如何摆脱失意或失败的情绪而勇往直前。他们更像一个昂贵的瓷茶杯：高雅、精致、美观——但是逆境袭来时则脆弱不堪。

2. 运气

这里的运气并不是指生于达官显贵之家，或者是中了大奖，如果你遗传了好的基因，接受了良好的教育，拥有关心你并给你提供好建议的人或导师，如果你生于这个世纪而不是中世纪，那么你获得的好运便已多于你应该获得的。幸运并不意味着安逸的生活，而是你的机遇。一个人，即使再有才能，但如果没有机遇，也很难让自己的才能得以发挥。

3. 公正感

你应该对他人公正。走入职场，要获得成功，必须有最优秀的人为你工作。如果你不公正或阴险地对待他人，他们会选择离开。你不得不让二流的人接管他们的工作，而同一群二流员工一起工作是很难取得成功的。

显而易见，这几种能力的高低在学业上很难体现，而这几种能力是成功的必备因素。所以当你在校园里的时候，不要被成绩左右，考试成绩与你未来的成就没有什么必然的联系。

能力重要还是知识重要

究竟是知识重要还是能力重要，嘉义自己在书桌前看着一篇报道发呆，思考着这个问题。他一直是个成绩很好的学生，但是除了成绩好，好像就没有别的什么特殊的爱好和特长了，而在学习方面，也不过是自己的学业成绩很好，并没有参加过什么创新小组之类的活动。

他在创新小组里总是觉得自己像个呆板的傻瓜，没有什么新的想法，所以后来就退出了。没有什么文体特长的他，在班里被认为是好学生，但是现在学校强调素质教育，这就让他很头疼。知识和成绩只是一个方面，而能力呢？

他反思着自己，我究竟有什么样的能力呀？好像找不到可以称之为能力的东西拿出来安慰自己。老爸经常说学会数理化，走遍天下都不怕。自己虽然现在数理化学得都很好，但是要走天下的话，心里还是充满了恐惧。因为学到的都是课本上的知识，自己从来没想过要把这些知识转化为能力。

既然知识没有转化成能力，那么看看自己的其他方面吧，与人沟通的能力呢？好像也不那么乐观。平日里他是个沉默寡言的孩子，在学校里，同学们爱说爱闹的人那么多，自己就更不怎么表达自己。偶尔和大家聊天才发现，更多的时候自己不过是个听众。而大家对自己的话好像也不那么感兴趣。

很多同学暑假的时候都去社会实践或者去兼职打工了，他们把赚来的钱捐给了希望工程，自己呢？每天在家里看书，但是书里的知识就像是存在冰箱里的食物，好像从来都是冷冻状态。

思索半天，嘉义决定发展一下自己的能力，因为他得出的结论是能力比知识更重要。现在是信息时代了，只要打开网络，就能获得无尽的知识，但是能力只有自己慢慢积攒锻炼才能形成。没有能力，空有知识，只会变成高分低能的书呆子。下了这个定论之后，他开始制订自己的发展计划……

给男孩的悄悄话

学习的本质就是培养人的思考和创造能力，只有通过学习，掌握了这些能力，才能让我们的生存更加强。

有一天，一名大学教授到一个落后乡村游山玩水。

他雇了一艘小船游江，当船开动后教授问船夫："你会数学吗？"

船夫回答：“先生，我不会。”

教授又问船夫：“你会物理吗？”

船夫回答：“物理？我不会。”

教授又问船夫：“那你会用计算机吗？”

船夫回答：“对不起。我不会。”

教授听后摇摇头说道“你不会数学，人生已失去六分之二；不会物理，人生又失去六分之一；不会用计算机，人生又失去六分之一；你的人生总共失去六分之四……”

说到这儿，天空忽然飘来大片黑云，随后吹来强风，眼看暴风雨就要来到。

船夫问教授：“先生，你会游泳吗？”

教授愣一愣答道：“不会。没学过。”

船夫摇摇头说道：“那你失去了全部人生。”

一个人拥有多少知识，并不能证明拥有多少能力，也就是说，知识与能力并不是成正比的。有渊博的知识固然是件好事，但人生首先最需要的并不是渊博的知识，而是生存的能力。

青少年朋友只有通过学习，掌握一种能力，并让这种能力适应千变万化的社会需求，才能更好地生存和发展。

有人说，真正的“铁饭碗”，不是在一个地方总有饭吃，而是走到哪里都有饭吃，也就是到哪里都有生存的能力。曾经的“高工资、低付出”仅仅是一种生存状态，而技能与技术却是一种生存能力，只有掌握能力的人，才能更好地生存下去。

知其然，仅仅是一种状态，知其所以然，就是一种能力。学习成绩只是一种状态，思考与创新却是一种能力。我们学习的目的，正是为了获取这种能力。所以，孔子说：“学而不思则罔。”卢梭说：“读书不要贪多，而是要多加思索，这样的读书才能使人受益匪浅。”这些伟人的良言，就是要告诫青少年，要学以致用，不要用书本中的知识来替代自己的思考。只有积极地思考，才能触摸到知识的灵魂，才能将知识转化为生存的精彩，所谓“六经注我”，而不是“我注六经”。

有一位伟人说过：“学习是学习，学习的学习也是学习，而且是更重要的学习。”青春期男孩尤其要注重“学习的学习”，从各个方面塑造培养自己的综合能力。

尽信书则不如无书，书本中的理论只有与实践相结合，才能转化为生存的能力。做到这一点其实很简单，我们只要细心观察生活中的一些现象，并有意识地在自己的头脑中找出理论印证就可以了。比如说，老师在课堂上传授我们作文的方法和要点，读书的时候，就可以用这样的理论衡量一篇文章的结构，从中找出为什么好，为什么不好，这些共性的经验，还可以反过来促进自己的作文水平，培养理论与实际相结合的能力。

归根究底学习的目的是为了应用，所以，我们要在日常的生活中，积累一些有用的经验和知识，从“无字句处”读书，这也是我们打造生存能力的一个重要途径。数学运算阻碍物理的研究，牛顿就创造了微积分；工具的简陋影响了手艺的发挥，鲁班就发明了锯。这些都是在学习中创造、学以致用的典范。青春期男孩更要在实践中，突破各种束缚，主动应用新的技能，创造新的观点，这样我们的未来社会生存才能有所保障。

古人说：“授我以鱼，只供一饭之需；教我以渔，则终身受用无穷。”在学习中探索生存的技能，在生存中体会学习的真谛，人才会越来越成熟。

怎样提升学习效率

课上紧张，课下才能轻松

如果在课堂上实行“打假”活动，一定会有很多收获。只要你留心观察，你会发现每节课都会出现一些“身在课堂心在旁”的同学：有的人撑着下巴，眼皮竭力分开，可最后还是抵挡不了阵阵袭来的困意，于是终于进入了梦境，直到被同桌推醒；有的人一本正经地听课，不时地看看老师，不时地瞄一下课本，原来，这本包了封皮的课本其实是一本小说；还有的人眼睛瞪得圆圆的，耳朵也竖起来，仿佛一副专心听讲的样子，但其实他的心早就飞到球场上去了，只要一提问，准保是什么都不知道。

卢培一下课就冲到许建的课桌前着急地喊：“许建，许建！快把你课堂笔记借我抄抄！我上课又走神了！”卢培一边急急忙忙地抄着笔记一边沮丧无比地自言自语：“许建！你看怎么办才好啊？我怎么这么多内容没听到啊？这抄了也没用啊，你还是给我讲讲好吧！”说到这儿，他停下笔，抬起头，露出一副十分可怜的样子。

“卢培，你怎么回事啊？最近上课怎么总是走神啊？你这样下去可怎么办？”许建一边替卢培暗暗焦急，一边责怪他上课不用心。

“我也不知道怎么回事。”卢培又继续埋头苦抄，“许建，你说是不是人大了心也大了，所以精神就不容易集中了啊？”

“你都想些什么啊？”许建疑惑地看着卢培。

“我也不知道自己想些什么，就是无缘无故地听着听着，老师的声音就像催眠曲一样，和我的耳朵就共鸣了，然后我就不知不觉走神了。”卢培委屈地说道。

“其实我有时候也走神，但像你这样一走就连笔记都抄漏了的情况还是和在冬天看见荷花开一样，是十分罕见的……”许建说道。

“许建，你就别嘲笑我了，我难过着呢。可能越是这样，我就越着急，越着急，结果就越走神。许建，你说我是不是老了啊？”卢培认真地问道。

“哈哈，你胡说什么啊！还没到20呢，老什么老！”许建半开玩笑地说，还顺便用手拍拍他的肩膀，“我们正是花一样的季节，呵呵。抄完了没？抄完了我们快看看吧。待会儿又要上别的课了！”

“好好好！快讲快讲……”卢培的表情终于是雨过天晴了。

许建一边讲，一边注视着时而皱眉，时而微笑的卢培，心里在想："我一定要帮助卢培分析分析他走神的原因，然后找到解决上课走神的办法。”许建决定回家问问爸爸。

给男孩的悄悄话

男孩们，你可曾注意过，课堂上情景不同，课下同样丰富多彩：有人拼命学习，抓紧每分每秒，可不管是平时的练习还是大小考试，这些貌似认真学习的人都无法取得好成绩；而有的人课下轻轻松松，却毫不费力地取得好成绩，他们的区别就在于课堂上的不同。

事实证明，课堂上开小差，或不懂得如何运用课堂时间学习的人即使课下付出再多，成绩仍然比不上那些课堂上认真听讲的人。

因为，课堂是知识最集中的场所，每一节课都是经过老师精心准备的，都是精华。如果课堂上你不认真听讲，那就意味着你错过了知识的最精华部分。而课堂也是一个解决问题的场所，在课堂上不通过提问解决，那么问题很可能就一直搁置，最后也得不到解决。

我们都知道课堂占据着我们大部分的学习时间，这就更加要求每一个人要善于抓住课堂上的每分每秒，专心听讲，这样才能确保高效学习，只有笨拙的人才会舍弃课堂，而费劲心力把时间花在课堂之外。

所以要想取得好成绩，充分利用课堂时间就显得十分重要了，那么该如何做呢？你们不妨从以下几个方面着手：

课前准备。课前准备一定要做好，比如课前预习和文具的准备等，课前预习，能够保证对知识脉络的掌握，这样就可以轻松地跟着老师的思维走。另外，预习中产生的疑问会迫使你更加专心听讲，最终使问题得到解决。而文具的准备是为了避免上课分心，以便提高听课效率；专心听讲，听老师讲课、听同学发言，并积极思考，这样可以使自己一直集中注意力。

要善于观察并发现问题。这样有助于集中注意力；大胆提问，增加课堂上的互动，促使自己加深对知识的理解和掌握，其实这也是提高听课效率的一种有效途径；认真做课堂上老师布置的习题，以检测自己对知识的掌握程度；善于记课堂笔记。不能因为要记笔记，就错过了老师的讲解，这样得不偿失，记笔记要记书本上没有的，可以趁老师板书的时候记，听始终是关键！

抓住上课的每一分钟，你将会成为一个高效率的学习者。

造成走神主要有两种原因：第一，对要学习内容的意义认识不足，目的不明确，没有兴趣和责任心；第二，受到外界环境和身体内部很多因素的影响，环境方面如噪音、突发事件等，身体原因有疲劳、不舒服等。

自己是属于哪一种呢？大多数的人属于第一种。首先，要静下心来想一想：我为什么要学习？我的人生目标是什么？……当你真正明白学习的意义和目的之后，就会建立起学习的责任感，学习不再是别人给你的任务，而是你自己必须要完成的使命。

接下来就要培养自己对学习的兴趣。兴趣包括直接兴趣和间接兴趣。直接兴趣是指对活动的内容和过程感兴趣；而间接兴趣是指对活动过程和内容并不感兴趣，只对活动的目标和结果感兴趣，它与有意注意紧密相关。对于学校的课程来说大多数属于间接兴趣。

这样你就首先要认真思索学习这些课程的意义，培养出对它们的间接兴趣来。

下面是几种克服“走神”的办法，选择对你有用的彻底克服“走神”。

1. 自我提示法

写几张小卡片，在上面写上“专心听讲”“不要走神”“少壮不努力，老大徒伤悲”等这样的句子，然后把它们放到平时容易看见的地方，如铅笔盒里，写字台前的墙上，或者夹在课本里。这样，每当你想走神的时候，不管你是在听讲，还是在做作业或者复习，都能及时提醒自己：不要走神！

2. 情景想象法

无论多爱走神的男孩，在考试的时候还是能够以比平常更集中精力，认真作答，以求自己能获得一个好成绩。因此，每次做作业的时候都想象成自己是在参加一次很重要的考试，并要在规定的时间内完成，这样就可以使自己紧张起来，注意力自然就能够集中了。正如著名数学家杨乐所说：“平时做作业像考试一样认真，考试就能像做作业一样轻松。”

3. 记录法

给自己准备一个小本，专用来记录走神的内容。比如，今天数学课上想昨天的足球比赛了，那就在本子上记录：“数学课——足球赛——约一分钟半”……这样记录几次之后，你认真看一下自己的记录，就会发现自己的胡思乱想是多无聊，浪费了多少宝贵的时光。渐渐地，你会对走神越来越厌恶，记录在本上的内容也会越来越少。相信不用多久，你的记录本上就会出现这样的话：“我今天学习得一直很认真，没有走神。”这样，你就是一个专心听讲的好学生了。

4. 自我奖惩法

每次写作业或者复习之前，给自己定个时间表。如果在规定时间内完成了学习任务，并且始终是专心致志的，那么就可以奖励一下自己：看会儿电视或是听会儿音乐；如果你因为走神而没有完成任务，就惩罚自己，如干家务或者爬楼梯。长此以往，你就会为了得到奖励、避免惩罚而逐渐养成集中注意力的好习惯了。

除此之外，在学习时尽量找安静的地方，使自己不受外界干扰。另外，还要注意劳逸结合，列宁曾说过：“不会休息的人就不会工作。”

与同学交流学习经验

常老师是一位有着丰富管理经验的班主任。

新学期开始了，他被任命为高一（3）班的班主任。他时时关注班里的动态，观察着每一个学生的表现，并与学生们讨论制定了各种班规制度。在他的带领下，学生们很快适应了高中阶段紧张的学习生活，班里洋溢着一种积极向上的学习氛围。

期中考试后，常老师发现班里考得最好的两个学生——田志鹏和黄友天，却显得并不愉快。他和这两个学生分别谈心，发现他们都对自己现有的成绩不满意：田志鹏虽然数理化方面很好，但是语文和英语却明显逊于理科，在全年级的排名仅为第9；而黄友天的作文写得极为精彩，英语方面甚至能和外国人进行较为流利地对话，但是物理这门课却从初中开始就学得不太好，他对自己年级第4的排名也不甘心。

如何能让这两个优秀的学生取长补短，在学习上更进一步呢？常老师想到了一个办法。他当着全班学生的面说：“同学们，《礼记·学记》里有这样一句话‘独学而无友，则孤陋而寡闻’。意思就是说，自己一个人学习而没有朋友交流讨论，就会孤陋寡闻。所以，周六下午，我们要举行名为‘分享你的经验’的主题班会，到时我会邀请高二高三的学习尖子也到场，希望我们班同学积极准备，与大家共享你的学习经验，共同提高共同进步。”常老师敏锐地观察到这两个学生都若有所思地点点头。

在周六的班会上，高一（3）班的学生们认真地听着高二高三的学长们的经验。有一位学长讲述的复习物理的方法给黄友天留下了很深的印象。那位学长说，他很重视物理课的复习，认为复习物理时一定要有条理，层次清楚。他自己的具体做法是将本学期所学习的知识画图表示，先把本册书分为几个一级知识点，每个一级知识点底下又包括几个二级知识点，二级知识点下又包括几个三级知识点，每个知识点之间的联系用箭头表示。虽然老师在课堂上会分析本册的知识脉络，但是自己再根据自己的理解整理后并认认真真地写在纸上是不一样的。考试时想一想考的是哪个知识点的内容，回忆一下自己总结的内容，并不忘各种限定条件，就不怕难题了。黄友天对学习物理有信心了。

而黄友天讲述的自己学习语文英语的经验，也使田志鹏深受启发。黄友天说，学习语言是一个长期的积累过程，需要记忆大量的、琐碎的语言点，所以他有一个专门的英语记录本，记下英语课堂上学过的但是掌握得不好的单词、词组等，经常翻看，以加深记忆。学习语文中的基础知识时，他也用类似方法。针对语文学习中的重点和难点即写作，他更是认真，不仅摘抄优美的词句、名人名言，还将自己平时看到的一些很新颖，并且预计会用到的材料分类记下来，这样，写起议论文来，就不会内容空洞，言之无物了。

这次学习经验交流会后，大家都认为自己有收获，并且更加乐于交流。效果怎么样呢？还是看看期末考试后田志鹏和黄友天的感想吧。黄友天考了全年级第3名，不过最使他开心的是物理成绩提高了很多，他相信自己还会有进步。田志鹏虽然名次上没有变化，但依然很高兴，因为他觉得自己已经踏上了学好语文和英语的道路。

给男孩的悄悄话

别人的学习经验启发了田志鹏和黄友天，那么他们的故事是否启发了我们呢？

英国著名作家肖伯纳曾说过这样一段话："两个人在一起交换苹果与两个人在一起交换思想完全不一样。两个人交换了苹果，每个人手里还是只有一个苹果；但是两个人交换了思想，每个人同时有了两个思想。"这段话的确精辟地道出了人与人之间交流思想的重要性、互补性。

培根说：如果把快乐告诉一个朋友，你将得到两个快乐，而如果你把忧愁向一个朋友倾吐，你将被分掉一半忧愁。自私的人心胸狭窄，往往会回收更多的自私，从而消沉郁闷。而与人分享的人却能获得更多的分享，从而更轻松更快乐。

青少年朋友在学习的过程中，要善于和同学老师分享交流经验，不断吸收新的思想，新的知识，开阔自己的眼界。同学之间的分享交流能让彼此的经验更完善，方法更有效，大家共同进步，从而给自己创造更有利于学习的环境。

分享不是给予或转让，而是相互的交流沟通，大方的分享，你会有意想不到的收获。

在学习过程中，如果你把学习经验与同学分享，你将认识自己的缺点与不足，与他人进行交流时去粗取精，从而不断完善原有的学习经验和方法，这无疑会使你进步。如果故步自封，不舍得分享，那么你将失去更多学习进步的机会。交流才会共同提高，分享是不会让我们失去东西的，反而能得到更多。

青少年在平时的学习生活当中，都会有自己的学习经验和方法。可能有的青少年朋友会说："我好不容易总结的学习经验，凭什么要与别人分享，要是他们学习了我的经验，成绩超过我怎么办？那不是自己给自己设障碍吗？"其实这些担心完全是不必要的，你分享的过程不但得到了更多的宝贵经验而且还收获了快乐。

制定一份学习时间表

大军和小军是孪生兄弟，兄弟俩相貌很像，可是他们的性格却大不相同。

大军性格温顺，特别老实，在家听爸爸妈妈的话，自己的事情自己处理好，在学校虽然学习成绩平平但表现得很认真，倒也让大人省心。可是弟弟小军完全相反，他性格开朗，活泼好动，在家经常翻箱倒柜，上蹿下跳。在学校里虽然参加活动积极，但是他太毛躁，学习成绩也不理想。

为了提高兄弟俩的学习成绩，爸爸妈妈没少费心思：辅导书买了，家教也请了，可是孩子的成绩还是没有起色。

通过观察，爸爸发现，俩孩子都没有好的学习习惯，学习没有计划性。

大军对待作业的态度是：必须在第一时间完成。每天放学后，一放下书包就写作业，一直写完才开始看电视，玩游戏。放暑假寒假时，学校都会发一本暑假或者寒假作业本，每次一拿到作业本，大军就开始头也不抬地做题。通常，放假前两天他都会起得很早，晚上会熬到很晚，一门心思写作业。基本第三天整个假期的作业就全部完成了。接下来近两个月的时间里，大军就轻松地玩，再也不用担心作业没做完，也就不再看书了。新学期开始时，上学期所学内容也差不多都忘了。

而弟弟小军则完全不同。小军的作业总是拖到最后一刻才开始做，每天晚上直到快去睡觉的时候，小军才懒洋洋地拿起作业本，每次的作业都做得很潦草。假期中，临开学的前两天基本就是小军的“世界末日”。这两天他会疯狂地赶作业。在这两天里，你经常可以看到小军愁眉苦脸地趴在书桌前，一边啃面包，一边做作业。每当这时小军就想：以后一定要早点写作业，就不会这么着急了。

发现问题后，爸爸征询了老师的意见，已经为两兄弟制订了详细的学习计划表。

给男孩的悄悄话

做任何事情要想取得成功，都必须在行动前制订一个详尽的计划，学习也不例外。学习计划是实现学习目标的蓝图，制订良好的学习计划，可以帮助我们有效地提高学习的效率。

在学习的过程中，我们时常看到一些同学东走走西逛逛，左看看右翻翻，好像作业完成就没什么事可干了。这实际上是一种没有明确的目标、随遇而安的学习态度，很大程度上是由于没有为自己制订一个详细的学习计划造成的。

计划性强的学生，什么时间做什么事是非常有规划的，他们做完一件事后就会立刻去做另一件事，从来不会有无所事事、毫无目标的情况出现。他们对时间也抓得十分紧，轻易不会把大好时光白白浪费掉。

详细的学习计划使你的各项学习活动目标明确，在你努力争取自己的学习按计划进行时，由于学习生活的千变万化，常会出现一些意想不到的情况，而影响计划的进行，如临时增加集体活动、作业增多、考试临近等，这些往往都会打乱我们的学习计划。遇到这些情况，我们千万不能急躁，或者仍然死板地按计划进行，而是要及时调整自己的学习计划，增强计划的可行性，以适应变化了的学习情况。有时在计划实施的过程中会遇到困难，这时就需要你用坚强的意志努力克服困难，排除诱惑，来实施学习计划。在实施计划时，每克服一个困难，完成一项任务，你就会在享受胜利喜悦的同时增强克服学习中困难的信心和勇气。

如果你长期按计划学习和生活，到时间就起床，到时间就睡觉，该学习时就集中精力学习，该锻炼身体时就锻炼身体，不预习就无法听好下一节课，不复习就不能做作业。这样就会使学习生活很有规律，你也能逐渐养成良好的学习习惯。

这种良好的学习习惯可大大提高你的学习效率和学习质量。

下面是制订学习计划时应注意的一些问题：

1. 计划要全面

计划里除了有学习的时间外，还应当有进行社会工作、为集体服务的时间；有保证睡眠的时间；有娱乐活动的时间。计划里不能只有三件事：吃饭、睡觉和学习。

2. 安排好常规和自由学习时间

常规学习时间就是学校规定的学习时间，主要用来完成老师当天布置的学习任务，“消化”当天所学的知识。在自由支配的时间内，一般可做两件事：补课和提高。自由学习时间应当成为制订学习计划的重点部分。

3. 长计划和短安排

在一个比较长的时间内，究竟干些什么，应当有个大致计划。例如，一个学期、一个学年应该有个长计划。有长计划，还要有短安排，否则长计划要实现的目标不容易达到。

4. 突出重点，兼顾一般

所谓重点：一是指自己学习中的弱科，二是指知识体系中的重点内容。订计划时，一定要集中时间、集中精力来攻下重点。

5. 不要脱离学习的实际

有些男孩订计划时满腔热情，想得很好，可行动起来，寸步难行，这是目标定得过高，计划订得过死，脱离实际的缘故。

6. 不要太满、太死、太紧

要留出机动时间，使计划有一定的机动性，这样完成计划的可能性就增加了。

7. 脑体结合，文理交替

在安排计划时，不要长时间地从事单一活动，学习和体育活动要交替安排。比如：学习了一下午，就应当去锻炼一会儿再回来学习。锻炼时运动中枢兴奋，而其他区域的脑细胞就得到了休息。安排科目时，文科、理科要交替安排，相近的学习内容不要集中在一起学习。

8. 提高学习时间的利用率

早晨或晚上，或一天学习的开头和结尾的时间，可以安排着重记忆的科目；心情比较愉快，注意力比较集中，时间较完整时，可以安排比较枯燥，或自己不太喜欢的科目；零星的、注意力不易集中的时间，可以安排做习题和自己最感兴趣的学科。这样就可以提高时间利用率。

不做“学习时间表”的奴隶

今年暑假过后，陈杰已经升入初中三年级了。明年就要参加中考，似乎现在就已经感觉到了中考的压力。要想明年以优异的成绩升入高中，现在必须加倍努力。

陈杰的数学成绩不是很理想，为此，老师着急，爸爸妈妈也都很发愁。陈杰下定决心，一定要在不到一年的时间内提高数学成绩。为了能更好地敦促自己学习，陈杰制订了一份详细的学习计划表。

制订完计划表之后，陈杰很是得意，感觉成功就在眼前了，可是没有想到计划实行起来却遇到了很多的困难。

陈杰的计划是这样的，每天放学回家后，在 7 点以前完成老师布置的作业，然后休息 20 分钟；7 ：20~8 ：00 拿出 40 分钟的时间巩固白天上课时老师讲的内容；8 ：20~9 ：10 这段时间做爸爸买的数学辅导题；9 ：30 准时上床睡觉。

问题就来了，有时候老师布置的题目比较难理解，根本不可能在 7 ：00 前完成。这时候陈杰就会想：后面还有好多计划呢，这样下去会耽误后面的计划，于是在没有完成这个任务的情况下就进行下一个计划了。而又有时候，白天课上学习的内容没有什么难理解，复习起来根本用不了 40 分钟的时间，可是为了保持与时间表一致，陈杰就会无聊地翻着书把时间耗到 8 ：00 才进行下一个流程。

有一天晚上，陈杰正在做数学辅导题，这是一天中的最后一项学习任务。实在是又累又困，脑子根本就不转了，陈杰不停地看着表，可是看看时间还有 20 多分钟才到学习时间表规定的睡觉时间呢。只能硬着头皮继续没有结果的演算。妈妈看不下去了，心疼地说："小杰，快去睡吧，明天早起会儿再做吧。""那可不行，这样会打乱我的学习计划的，得严格按照时间表来。"陈杰固执地答道。

给男孩的悄悄话

人类定义了时间，将时间用年月日、时分秒来度量，却反过来，处在时间的控制之下。你怎么看呢？人类是不是常常为时间所制呢？你在学习中是不是常常划定一段时间来学习呢？

老师们常常在下课前对饥肠辘辘、蠢蠢欲动的学生宣布："过三分钟才开饭呢，急什么！"

就是说，当大家眼巴巴地望着秒针在时钟盘上转两圈以后，才能冲进食堂狼吞虎咽。

的确，有时我们的生活需要时间来做安排。比如，时钟决定校门几时开，几时关；决定课间休息什么时候开始，什么时候结束；决定我们的父母该几点去上班；决定火车几点钟开车；决定动画片什么时候在电视上播出……我们被框在一个个时间的小方格里。

时间让人感到害怕，钟表上的时间好像是我们无形的指挥棒。在日历上，在计划表中，在详细的学年安排中，我们处在这张无边际的时间网之内。

在学校，我们常常等待倒计时牌上的数字消为六个零，之后便松一口气，似乎我们的学习只是为了熬时间。

结果时间白白地过去，却没有任何实际的收获。我们总是胡乱地说要学几个小时，却从不认真想为什么要学、学什么，效果自然不会好。

试着想想下面的情况吧，你就不会如此草率地决定学几个小时来完成任务了。

当老师对我们说还有三分钟才开饭时，我们还可以这样说："如果肚子饿了，就上桌吃饭吧！"这样的想法就是饥饿感在决定，而不是时间。

在学习中，由于听任时间的指挥，我们给自己划定一个个死规定，比如还看几个小时的书啊，还做半小时的作业啊，再读一刻钟啊，这样就成了时间的奴隶……

毕竟，学习不是为了打发时间、完成任务，而是一种乐趣，不是死板地规定学多久，而是在学习中忘了时间流逝。

男孩们可能经常陷入下面的误区：

一个个的学习计划，这门学习几个小时，那门复习几个小时。你放学回家，书包还没丢下，或者还在回家路上呢，就开始规定今夜学习几个小时，否则不关灯睡觉。这样，你注重的是那几个小时时间，你将这时间看得比学习的成效更重要，不达到终点决不上床睡觉。

何不尝试改变一下呢？你可以不让时间做你的主人，而是以学习中理解和学到的为准，说：“能弄清楚了这些题目的答案，再关灯睡觉吧。”

天才们往往没有哪个局限于时间，他们也并不是靠死板地规定学习多久多久，成就他们的伟大的。

曾经有一个年轻人拜访了一位80多岁的老学者。在学者那狭窄的书房里，年轻人向学者倾诉了内心的困惑。学者：“你应该抓紧现在和未来的日子。”

年轻人：“是的，我在尽力。但是，我已经浪费了十几年。”

学者摇摇头：“达尔文说他贪睡，把时间浪费了，却写了《物种起源》；奥本海默说他锄地拔草，把时间浪费了，后来成为‘原子弹之父’；海明威说他打猎、钓鱼，把时间浪费了，后来获得了诺贝尔文学奖；居里夫人说她为孩子和家务浪费了时间，然而她不但发现了镭，而且还把孩子教育成了科学家。”

这些大人物都是善于掌控时间的高手，在时间里，没有局限。他们就像一条小鱼，自由自在地游弋在时间的海里。你羡慕他们伟大成就的同时，是否细想过这背后的奥秘呢？

如同在你的学习中一样，你所要的不是严格地强求自己学到几时，不是胡乱地做打算，而是首要看你的学习效果，自己消化了多少，确实弄明白了多少。

学习是一门利用时间和时间赛跑的艺术，若胡乱地给自己限定学习几个小时，那就好比你原来是海里的鱼，现在溯流而上，甚至钻到湖泊池塘了，境界越来越狭窄了。

为什么我写作业写得慢

我们经常听见一些家长这样抱怨男孩写作业时心不在焉的情形：

“我那男孩平时性子挺急的，可一到写作业的时候就拖沓得不行。他坐在那儿一动不动的，好半天才写一个字。明明半小时或一小时能写完的作业，他经常要熬到深夜。他自己受累不说，我和他爸还得陪着他受罪……”

“我家男孩一写作业就犯糊涂，要是让他抄写50遍生字，再怎么纠正他都会出40遍错误。哪有这么粗心的男孩？唉……”

“要说起来，我儿子学校留的家庭作业真不多，可他几乎没有一个晚上不写三四个小时。他不是不会做，反正就是快不起来，好像一点也不着急。你要是不在他身边盯着，他肯定写到天亮都完不成……”

“他写几个字就开始抠橡皮，咬笔头，抓耳挠腮的，看着让人生气！”

“老师经常说他在课堂上注意力不集中，总开小差……”

从心理发展的角度来看，这类男孩多半注意力差，在写作业期间不能精力集中地思考问题，经常做与学习无关的事情，表现得很不专注。写作业时又不善于动脑筋，表现出一种惰性。

牛牛每天在家里做作业都有很多麻烦事相伴。当他拿出作业本，在写字台前坐稳，刚写上几个字，就感到铅笔尖太粗了，于是去找小刀削铅笔；写了一会儿，又喊饿了，去厨房找吃的东西；过了一会儿，又去打开电视机，看一看有没有动画片；做一道算术题，还没有认真思考，就问妈妈，而常常是妈妈还没回答完，他的眼睛又跑到电视上了。

最后虽然在妈妈的再三催促和帮助下作业完成了，但却拖到很晚，而且字迹潦草，错误百出。

给男孩的悄悄话

一名高考状元说：“一分钟就要有一分钟的效率。”这话说得多好啊！是很值得我们深思的。花出一分钟的时间就要收到一分钟的效率。题海战术、疲劳战术花的时间不少，但效率很低。高考状元们确实有状元的学习效率，他们学得比较活，比较灵，他们不是死读书，读死书，不搞疲劳战术。他们说：“我们不打时间战，而是打效率战。”这是什么意思呢？就是强调效率，强调在相同的时间内争取更高的学习效率。

那么具体说来我们怎样才能提高效率呢?

1. 不要爸爸妈妈陪着读书

大多数教育专家都不赞成家长陪男孩读书，因为家长总会情不自禁地告诫男孩不要这样做,不要那样做。这些时断时续的语言刺激，更易于分散孩子们的注意力。同时，也会让孩子们对家长产生强烈的依赖性。

2. 给自己一个明确的完成作业的期限

比如可以这样对自己说：必须在八点钟之前完成作业，否则周末就不能做什么等。培养时间紧迫感，慢慢地让自己形成学习规律。有了明确的任务，学习时就有了动力，就能保持紧张状态。但是不能要求自己长时间做同一件事。

3. 给自己适当的奖励

比如，可以这样激励自己：“每天晚上只须花一个小时就能完成作业，还有时间看动画片。”

将学到的知识系统化

郭楠觉得自己很刻苦，每天都花很多时间去学习，还给自己规定了很多必须完成的作业和题目。但是，自己的成绩在学校里始终只能算是中等水平。他想是不是因为自己比较笨，才成了这样子，苦苦思索也找不到其他的原因。他能保证学习时间，也能保证学习的时候不想别的事情，但是那些学到的知识就像是散在地上的珠子，今天捡了，明天再看的时候又忘记了多半。等半个月不复习，就基本跟新的知识没啥区别了。

郭楠开始寻找原因，还有不到一年就高考了，他希望自己可以做一匹能够在高考中杀出重围的黑马，考上自己心仪的学校。

首先考虑的是时间，每天早晨起来开始一天的学习，不管是什么科目，都有时间照顾到，每天按照自己规定完成那些数学、物理和化学的计算题目，也安排了英语的练习时间。看着满满当当的时间表，郭楠觉得自己还是不错的学生，但是为什么成绩的变化不大呢?

他自己找不到原因，就求助班主任高老师。高老师知道郭楠是个爱学习的男孩，就不在学习时间上给他强调太多，于是师生二人开始研究郭楠的学习方法：原来，郭楠很注重作业的完成量，而不太在乎将学到的知识系统总结，以至于在分单元学习的时候，郭楠都能很快掌握。但是到了后面，很多单元的知识都混合在一起的时候，郭楠的问题就出现了。他不注重总结和复习，单纯的练习不能带来很好的复习效果，他不够注重对知识的系统整理，发现知识点之间的联系和区别。这样在做题的时候就容易混淆概念，很容易出错。

郭楠听了老师的分析，也开始明白了，自己在以后的学习中，要注意系统化。或许这样，成绩就该有突飞猛进的进步了。

给男孩的悄悄话

有人说，智慧不是别的，而是一种组织起来的知识体系。这就是指系统化知识，而形成系统化知识正是复习的中心任务。

只有通过系统复习，才能使这些知识概括化，条理化，真正“串”起来，如同串珍珠般。

要想把学过的知识串成珍珠，必须通过系统的复习来完成，可分为以下步骤：

1. 阅读

阅读就是围绕复习的中心课题，认真地看书、看笔记、做试卷等。通过阅读使掌握的知识迅速回到原来曾经达到过的水平，在阅读过程中，如果发现了不懂的问题要及时弄懂，发现没有记住的知识，要想办法记住。

在阅读时，要注意：要以课本为主，在阅读前，尽量采用尝试回忆的办法，先自己考考自己，看看独立掌握知识的情况，如果坚持把回忆和阅读结合起来，并坚持多思考，阅读时就会更加专心。另外，在阅读速度上可根据对知识掌握的实际水平来决定，凡是学得较好的部分，就可以很快地过一下；掌握得不太好的部分，则要多花点时间，并留下记号，以便在以后学习时提醒自己。除此之外，还可以通过记笔记的形式来巩固自己的思考成果，以作为下一步整理复习笔记的原始材料。

2. 整理

整理指整理出系统复习的笔记。

通过艰苦的思考，终于形成了完整而又系统的知识。应当十分珍惜这个学习成果，并及时用复习笔记的形式，把它记录下来，使这些思考的成果，可以长久地保存下来。

有了复习笔记，可以使学习保持连续性。再复习时，就可以迅速回到原来曾经达到过的最高水平，以最高水平为起点，可再进行更深一层地学习。这样，复习笔记变成了学习进程中的“里程碑”，从而保持了学习的连续性，避免学习时一次又一次地简单重复。

有了复习笔记，有助于实现知识由“繁而杂”向“少而精”的转化。不少学生经过一次一次的努力，终于把厚厚的一本书变成了薄薄的几页笔记，把一个复杂的专题变成一张系统表；把容易混淆的概念变成一张比较表；把不易记忆的内容改造为醒目的图示；把复杂的内容变成一张关系图；总之，把书上密密麻麻的文字描述变成各式各样的笔记形式，如果再使用彩色笔就更加醒目了。

有了复习笔记，时常拿出来看看，可以起到提纲挈领，强化记忆的作用，因为一看复习笔记，就能迅速抓住知识的全局。重点、难点以及内在联系，又由于是自己整理的，印象深刻，所以是一份极难得的“备忘录”。

有了整理复习笔记的愿望，复习起来就会更加专心。因为在掌握知识的基础上，还要进一步考虑怎样把已经形成的“知识之网”，用最形象、最简明、最醒目的方式表达出来，这种考虑本身就推动了复习时的思考，没有整理笔记的愿望，系统复习时就容易分心。

3. 练习

阅读和整理主要是为了深入领会和巩固知识，当知识系统化以后还该干什么呢？要做一定数量的习题，通过做习题去发现问题。然后再深入地读书钻研、加深领会，继而再做题，这个过程是可以不断深入进行的。不少男孩自认为复习得挺好，可是一做题，就知道自己的肤浅了，从而促进了对问题的钻研。

在系统复习时，适当做点习题，可以培养运用知识解决综合问题的能力。因此，每做好一道题之后，要注意回味一下，整理出解题的思路，逻辑关系和划分好题目的类型等，以便举一反三，提高解题效率。

当然，在练习后，还要认真地把自己曾做过的与专题有关的全部习题进行分类整理，这项工作在系统复习的后期进行为好，整理后再做有关习题，会感到容易得多。

4. 熟练

熟练指的是记忆，表达和解题要达到熟练的程度。这就需要按照记忆规律反复记忆，认真练习。对基本概念和原理，对典型的习题要力求达到精益求精的地步。

现在的重大考试，题量都比较大，如果知识掌握得不熟练，在考场上就往往完不成任务。因此，对自己要提出更高的要求，知识不仅要弄懂，还要牢记；不仅要牢记，还要会运用；不仅要会运用，还要能熟练地、高效率地解决问题。当然，根据学科的不同特点，对熟练也有不同的要求，不能一律简单地理解为背得熟，解题快。实验学科的动手操作，也要达到熟练的程度。

学会有趣的记忆法

明天就要历史考试了，老师今天才说，而且都不知道是考近现代还是古代史，那么多内容怎么准备啊？王晨看着一堆历史资料发愁，不知道该从哪里看起。

“应该先把朝代顺序理一下，夏、商、西周，然后，然后是……”王晨皱着眉苦思，“西周了应该是春秋战国，再就是秦朝、汉朝……”脑子又短路了，“烦死了，怎么就是记不住呢？”王晨烦躁地把课本扔到一边。

“哈哈，遇到什么麻烦了吗？”“历史大王”刘刚看着王晨滑稽的表情忍不住笑着问。王晨抱怨道："明天就要考试了，这么多内容怎么记啊？历史老师也真是的，开始考试了才说！现在一紧张连朝代顺序都记不清了！"

"不就是记不住这些年代顺序吗，这有什么难的，我教你一个简单的办法。"刘刚轻松地说，"夏代商代与西周，春秋战国乱悠悠；秦汉三国晋统一，南朝北朝是对头；隋唐五代又十国，宋元明清帝王休。这样简单的几句话就把所有朝代理顺了，你试试。"

王晨读了一遍高兴地说："一句话押韵又简单，果然不错！还有其他可以用这种方法记忆的知识点吗？"刘刚笑答道："其实很多知识点都可以用这种方法记忆的，学习的时候觉得哪种方法有利于记忆就用哪种，你可以自己编顺口溜、诗歌。就像新文化运动的代表人，你就可以这样记：葫（胡适）芦（鲁迅）里（李大钊）盛（陈独秀）菜（蔡元培）——葫芦里盛菜，这样好玩又好记。"

"怪不得你成绩这么好，原来你有这么多好的学习方法啊，真厉害！"王晨向刘刚竖起了大拇指。

给男孩的悄悄话

很多人一提到背诵就两腿发抖，"记不住"成了男孩们学习时很难跨越的一个障碍。的确，面对着堆积如山的书本练习题就已经头昏脑涨了，这时再去背诵和记忆，大概谁都没有心情了吧！何况，枯燥的课文，排着队的公式，那么多怎么记得下来？想快速有效地记就更难能了！

其实，只要稍稍动动脑筋，这个大难题就可以解决了。比如，地理课就有很多"地理知识记忆法"：

1. 歌谣记忆

如中国沿海的 14 个开放港口城市，从北到南的顺序可记为：

大、秦、天、烟、青；连云、南、上、宁；温、福、广、湛、北。

分别代表大连、秦皇岛、天津、烟台、青岛；连云港、南通、上海、宁波；温州、福州、广州、湛江、北海。

2. 趣味记忆

地理知识与学生的生活有紧密联系。如把《中国地理》的有关内容与旅游结合起来，有极大的乐趣。在《中国铁路》一节中，可用游戏来完成这一兴趣记忆。把每一组定为一个旅游团，完成一条旅游路线。

甲：我乘火车呼市发，要去北京天安门；

乙：北京站，我上车，去参观济南趵突泉；

丙：济南站，我出发，来到上海外滩上；

丁：上海站，我出发，要到杭州钱塘江；

在游戏中，自己选择去向，后边的同学跟着延续下去，做接力旅游。这种记忆形式我们可在闲暇时间随便玩，是一种良好的记忆方法。

3. 模仿记忆

地理知识中有许多内容要求具有丰富的想象力来认识地理事物的空间、时间。单靠想象理解和记忆较为困难。模仿后再记则容易得多。如《地球的运动》一节中，辅导学生做“三球运动”的演示。你可以与你的好朋友分别充当太阳、地球、月球做旋转运动，其他同学在旁观察、分析各球的运动轨迹与有关现象。在这个模仿中，“地球”要记住自己绕太阳转一圈用了 365 日 5 小时 48 分 46 秒，自己自转一圈即 360° ，需时间 23 小时 56 分 4 秒，“月球”要记住自己绕地球一圈用 29 天半。这样，较为抽象的概念和枯燥的数字就会被清楚地记下来。

4. 谐音记忆

将记忆内容编制成另一句与之发音相似的话来帮助记忆，其特点是将枯燥无味的内容变得诙谐幽默，记忆深刻。例如在记美洲的物产时，我们想象：“中美洲各国都有咖啡馆，服务员一律是男士，都围着一条沙质地的领带，人们称他们‘围、沙、哥’。”其实是记忆取了 3 个咖啡生产国家的名称谐音，即代表危地马拉、萨尔瓦多、哥斯达黎加。这样，就非常容易地记住了，又可以想象：中美洲有一种鸟，红红的嘴，每天吃香蕉，会学说话，像八哥鸟。人称“红、八、哥”。其实是洪都拉斯、巴拿马、哥斯达黎加都是产香蕉国。

是不是觉得很有趣？事实证明，这样的记忆轻松而高效，而且不光是地理，其他功课也可以采取这些记忆方法。事实证明，如果能够掌握一套正确的记忆方法，就能够提高记忆力，使你轻轻松松地记住你想要记住的一切知识。所以，不要让记忆继续成为自己的烦恼，与其埋怨自己的记忆力差，不如认真地去总结一套记忆方法。

把书本上的知识运用到实际中

董宇每天都很认真学习，认真听讲，认真做笔记，认真完成老师留下的作业，有时候自己也会额外地完成一些课外的题目。但是突然有一天，在跟同学聊天的时候，他被问道：“你每天那么认真学习，你学习到的东西对你来说有用吗？”

董宇愣了一下，然后开始认真地思考这个问题，学习究竟是为了什么？很多时候，老师教了，我就学了，我从来没有思考过我学这些东西到底有什么用。

回到家之后，董宇翻开自己的笔记本，笔记里密密麻麻的字迹，彰显了他的认真程度。那些烦琐的公式，还有那一个个的知识点，都躺在笔记里，也躺在自己的大脑深处，但是它们怎样才能有用呢？从小，董宇就知道李时珍实践出真知的故事。但是他也清楚地知道自己没有那么多机会去接触第一手的实践，他的大部分时间都是在学校里，听老师讲那些科学知识。

董宇突发奇想，他决定自己每天要把那些从书本上学到的知识在实践里检验一把。

他第一次感受到知识的力量是去姑姑工作的城市玩。因为姑姑上班，当天没有去接他。他自己下了火车之后去寻找公交站牌，坐公交车去姑姑的单位和姑姑会合。出了火车站，他看见了5路车的站牌，走近了一看，才发现自己要去的地方在相反的方向。按道理来说，相反方向的站牌就在马路对面，但是正对这个站牌的位置没有公交站牌。董宇正踌躇的时候，突然想起来地理课本上曾经讲过，在繁华地段，公交站牌往往不是相对而设，两个相对的站牌要错开，这样可以避免车辆和人群的拥堵。

想起了这些，他开始走到马路对面，去寻找按照理论上讲的科学位置,果然,他在前面转过弯之后看见了5路车的站牌。不用问别人，就能找到自己要找的地方，看来自己的地理还是没白学呀！

给男孩的悄悄话

不管你是不是喜欢读书，实际上你已经读了很多年的书了，对吗？从图画书、童话书到手工书、教科书，还有谜语书、作文书……各式各样的都有，种类多极了。等长大以后，可读的书更多了，我们却把它们只简单地分为两类：有字的书和没字的书。

如果你读过一本书，清楚地记下书上的每一个字，之后就认为你的学习已经完成了的话，那可就错了。

你知道著名教育学家陶行知改名的故事吗？

陶行知，原名文俊，年轻时在南京金陵大学文学院求学时，赞同明代王明阳的观点："知是行的主意，行是知的功夫。知是行之始，行是知之成。"于是改名陶知行。后在南京创办晓庄师范，认为应当是行先知后，行而后知，于是将名字改为陶行知。"知"字和"行"字只是顺序做了颠倒，意义却大不相同，它告诉我们要重视实践，实践中得来的知识往往更加重要。

有一个人，进城去卖竹竿，可是在他要进城门之时却发觉竹竿横竖均不能进入城门，他非常气恼。这时走过来一位读书人，这位读书人为他出了一个主意，让他把竹竿从中间折断，就可进城了。事后，这位读书人还非常谦逊地说："吾非智者，无非见者多矣。"

或许读书人真的才高八斗，可不懂得正确运用，有知识倒不如没有。真正的知识往往是在思考和运用的过程中得来的，而不是完全来自老师的传授，一个人越是善于运用自己的知识，他的知识增长得就越快。

怎样真正做到学以致用呢？在大量阅读之余，我们不妨换一个角度观察日常生活，在琐碎的常理当中多问一些为什么，然后试着运用所学的知识做出解答。

阅读“有字之书”可以学习前人积累的知识并从中借鉴，避免走弯路；读“无字之书”则可以学到书本上没有的知识。

齐白石的画，卓尔不群，活灵活现，而这正是来自对“无字之书”的深入细致观察。齐白石的好友老舍在某年春节时，选了苏曼殊的四句诗请他作画。诗中有一句“芭蕉叶卷抱秋花”，齐白石从没见过“芭蕉叶卷”是什么样，而当时又正好是北国的严冬，没有实物可进行观察，他为了弄清楚芭蕉的卷叶到底是从右到左的，还是从左到右的，逢人便问，但是很多人都没有进行过细心的观察，所以都不敢肯定是哪一个答案。这个在别人看来似乎微不足道的原因使得他最后放弃了为老舍作“芭蕉叶卷”画。

这又应了一句话：纸上得来终觉浅，绝知此事要躬行。正是齐白石对客观事实、对实践的尊重，才使得他的作品始终保持着一定的水准。

现在我们明白了，要掌握有用的知识，就应当有一双善于发现的眼睛，把书本上的知识运用到实际中，边读书边实践，这样你能学到的知识就将没有穷尽，因为生活这本无字的大书，丰富的内容够你享用一生。

全神贯注，诸事轻松

向泽没有像其他同学那样在暑假的时候报那么多辅导班增加自己的兴趣。他只报了绘画班，他觉得如果兼顾的东西多了，他就会学不好。虽然他也想和别的同学一样，既报绘画班，又学小提琴，还要参加英语补习和社会实践，但是他最终放弃了那种想法。他选择了绘画班，每天按时去画室里上课，认真地完成老师的作业，经常为了更好地画画在老师的画室逗留很久，别的学绘画的同学都赶场一般地去另一个培训班里学新的东西去了，他却留在画室里继续画画。

他绘画的能力是整个绘画班里进步最快的，很快也变成了画得最好的同学。他每天都在下课之后坚持多在画室里练习，老师也为他的执着所感动，经常在他画画的时候指点他，也会告诉他一些课上没有提到的技巧。他每天都勤奋地学画，虽然没有大家的生活那么丰富多彩，倒也踏实。

最后开学的时候，很多同学都在抱怨自己顾此失彼的时候，向泽在一旁沉默不语，他知道专注的重要性，如果不能专心于一件事，即使一时能接下很多任务，也不能出色地完成其中的任何一个。

给男孩的悄悄话

人有一种表情最可爱，那就是全神贯注！当一个人目光专一，专心致志的时候，你的模样在老师、家长、同学们眼中就是最可爱的。

有这样一个故事：一位雄心勃勃的青年向一位智慧老人请教“成功秘籍”。“要成功很简单，你要同你的对手打拼、竞争，这些人都是很优秀的人，但他们都有一个通病，就是自命不凡、聪明绝顶、万事通，做事绝不专心一意。要打赢他们并不困难。”智慧老人缓缓地说。说完，顺手拿起一支铅笔，把平的一头插在青年的手臂上，问青年感觉怎样，青年说：“不痛。”智慧老人突然把铅笔头掉转过来，把尖的一头刺向青年，青年痛得大声叫喊。智慧老人说：“这就是‘成功秘籍’。你把所有的精力、资源集中为一点，就无坚不摧了，明白了吗？”青年说：“明白了。”带着老人传授的“成功秘籍”，几年后，青年终于闯出了一番大事业。

打个比方，如果人的精力有十分，把它分成10份去做10件不同的事，那么每做一件事你只能用一分的精力，一分的精力能做成什么大事呢？只能是一事无成。如果你把十分的精力聚集在一起，那么它就是一把锐利的钻头，无坚不摧，无往不胜。

兵书上说：“夫五指之更弹，不如卷手一桎；万人之更进，不如百人之俱至也。”意思是说：五个手指头轮番敲打，不如握紧拳头猛力一击；一万个人轮番进攻，不如一百个人同时动手。在学习上如果遇到了困难，也可以采用这种办法。

一个自学英语的青年发现想要学好外语，要掌握词汇、语法和阅读大量书籍。于是他首先把词汇作为学习英语的突破口。在学习词汇的过程中，他又从出现频率最高、含义最丰富、用途最广的基本词汇入手。如果记住了基本词汇，再扩展一些一般词汇和专业术语，又弄懂了语法，就可以迅速进入阅读专业书籍的阶段。因此，他每拿到一本简单外文读物时，首先就背后面的词汇表，后来发展到背词典。他先后学了几十本各类小辞典，掌握了大量的词汇，为学好英语奠定了基础。

不但是英语学习，学习中的方方面面都可以运用这种“专心”的办法，可先集中精力全力学习一项内容。你的知识可以集中起来，结成一个合理的知识结构。你还可以在一定的时间内，把积累起来的资料归类，从中发现新的信息、新的知识。你可以集中突击所需要的东西，以进行某项研究或参加考试。

这时你会发现，我们的知识几乎都是在集中下获得的。几天读完一本书，几个月学完一门课程，几个星期学会一个方法等。也许你以往没有注意到，而当你有意识地去集中时，你的战果一定更加辉煌。

我们要知道，在学习的过程中，要具备的第一个要素就是集中注意力，因为它是记忆的基础、理解的基础、掌握和运用知识的基础。

可能你会有这样的经验，如果在学习中不能全神贯注，你只能看到书上的字，却无法把握它的内涵；你只能听到老师的声音，却不知道老师讲的是什么，就是所谓“左耳朵进，右耳朵出”。心猿意马，漫无目的地学习，将一无所获，很多学习成绩差的学生，老师的第一个评语就是：注意力不集中，上课爱做小动作。而在学习上专心致志的学生大多数能取得好的成绩。

所以，全神贯注地专注于一个内容吧，你会发现，学习也变得轻松自如起来！

应对考试的诀窍

考试成绩究竟证明了什么

何东每天认真学习，认真完成作业，积极回答问题，在班里也算是活跃分子了，但是成绩总是排在中游的位置，他也希望自己能成为一个成绩优异的学生，但是每次发成绩单看着自己的排名稳定在中间的位置，何东就有些沮丧。

在初一的时候，自己的英语成绩不好，总成绩总是被英语成绩拉下来，到了初二之后，他特别努力地学英语，就是希望自己的这块短板不要影响自己的成绩，为了学英语，他还让妈妈专门请了一个英语家教，每天补习功课。

英语成绩上来了，和入学的时候比起来，总成绩也提高了不少，但是大家都在努力，他的成绩排名依然没有变化，这让何东很苦恼：什么时候才能在成绩上有所突破呢？

他回家了之后和妈妈讨论这个问题，妈妈笑着问何东："儿子，你说考试成绩能证明什么？"

何东被妈妈问住了，考试成绩代表了自己的智商？代表了自己学习努力程度？代表了以后的成就？考试成绩证明了自己所学的知识吗？学到的东西有的是试卷上没有出现的。而有些试卷上出现的题目，他还没有掌握。而且，对于很重视考试成绩的何东来说，一到考试的时候就紧张，严重影响了他的水平发挥。这么说来，成绩中等的他好像也没有自己看起来的那么差。或许他能更优秀。想到这里，他心里轻松多了。

给男孩的悄悄话

由于升学考试的压力，分数对学生来说，仍然是一道紧箍咒。偶尔的一次考试失误，或许你可以不放在心上，可是如果别人总是通过成绩来判定你的能力，是不是会让你感到有些不开心呢？

事实上，考试成绩的确也只是在一定程度上证明我们的能力和素质，我们完全不必因为排名不理想而有压力，或过早地为自己下结论。

我们常常看到：一些在学校一直是优秀生的人，考试成绩始终保持在班级的前几名，可是在走上工作岗位以后，他们的表现就不尽如人意了。而许多原来排名靠后的同学却在工作中成长为一匹黑马。

经过统计，大家发现了一个奇怪的“第十名现象”，即长大后，在工作中有出色表现的，往往是那些从小学到中学在班上经常考第八名至第十五名的同学。原因是由于一直处在第十名左右的位置，他们的学习压力相对较小，可以自由自在地、快乐地学习，还有时间参加课外活动。他们的学习更为自主，思维更加活跃。这些都使得他们的学习成为一种探索，变得更有深度和活力，学习力自然也更持久。

我们要相信自己的潜力。一次考得不好，只能说明现阶段的水平，实在不必因此而灰心丧气。在学习的过程中，掌握知识才是根本的、重要的，倘若所有的知识你真的都彻底弄明白了，那么即使没有考第一又有什么关系呢？

同时，如果你总是过分重视考试成绩，一味地把大好的时光放在如何对付考试上，那将来你会为你浪费的时间感到遗憾。如果你的学生时代真打算一直这样度过的话，很显然，每一次考试你的成绩可能都是第一，但你的创造能力无疑让人担忧。

在一个仅以考试成绩来评价人的环境中，是难以培养出大师级的人物的。

人的一生虽然漫长，但紧要处常常只有几步。不仅学生时代，长大以后，你会发现，我们的生活中充满了各种各样的考试，不仅上高中、上大学要考试，出国留学要考试，公务员录用、求职应聘都需要考试。考试成绩虽然不是评判人才的唯一标准，但在大规模选拔人才时，却还是能够相对保证竞争的公平。

所以，在明白了考试成绩和能力的关系之后，我们应该努力使自己的成绩与能力之间尽快地画上等于号或是约等于号。

轻松应考，掌握答题窍门

考场上只听见笔尖在纸面划过时产生的“沙沙沙”的声音。所有人都在认真答着题，只不过每个人都不一样。

周思源是个十足的急性子，每次考试，只要卷子一发下来，他就着急地要在最短的时间内做完，然后第一个交试卷。所以他每次都急急忙忙的，像是要和时间赛跑。他的笔快得像要飞起来，他的脸涨得红红的，他的后背也一直挺得直直的，那副模样像极了一只伸长脖子的大公鸡，仿佛要飞过去和人搏斗。

孙翔又是十足的慢性子。拿到试卷之后，他不慌不忙地将试卷前前后后地看了两遍，然后又慢慢腾腾地拿起笔。往往光是审题就要审上半天，别人都已经下笔了，他还呈思考状。即使遇到很简单的题目，他也要思考良久，像在酝酿什么。“反正时间多着呢，慢慢做。”抱着这样的心理，每次交卷的铃声响起时，大家看到的一定是他惊慌失措的表情，因为他的题目还有很多没做。

裴坤又是一个代表。裴坤的成绩一直很不错，但一到考试的时候他就很容易紧张，他经常攥着笔，一脸严肃，不是担心题目太难，自己做不出来，就是时间不够用，题目做不完，心神不宁的他经常连会做的题目也做错了。

状态最好的要属樊增河了，不管什么时候，大家见到的都是樊增河自信的样子，尤其是考场上。每次考试，不管试卷难易，他总是不慌不忙，一副胸有成竹的样子。就算题量大些，他也能安排得井井有条，最后全部完成。通常是考试结束了，大家长吁短叹，只有他镇定自若，不时地还回答同学们的问题，大家都喜欢找他对答案。

这让周思源、孙翔和裴坤都羡慕不已。

三人百思不得其解："为什么樊增河考试的时候能不慌不忙的，而且那么自信呢？"

樊增河知道后，告诉他们："因为答题也有窍门。"

知道后，三人决定像樊增河一样总结出答题窍门，然后四个好朋友一起分享。

给男孩的悄悄话

拿到考卷，并不是一个劲地做到最后就可以取得高分，同样是成绩很好的人，但如果没有掌握一定的答题窍门，最后还是无法取得理想的成绩。所以，要想在考场上游刃有余，一定要掌握答题窍门。

1. 熟悉题型。平时可针对考试的题型来练习，不过即使遇到不熟悉的题型，也不要慌张，因为这些题并没有脱离你平常的学习范围，只是形式上发生了一些改变。

2. 心理放松。深呼吸放松自己并对自己说："相信自己一定行！"如果遇到难题也不要紧张，想着别人也可能做不出。

3. 安排好答题的时间和次序。答题时一定要看清题目，审清题意。如果题量较大，时间紧张，可以先答分值多的题目。在完成体题量的三分之一时，看看时间，控制速度。答题顺利的话也不要骄傲，要小心答题。

4. 遇到难题，多读几遍。选择题，如果不知道正确答案，就猜一个，千万不要留空白，填空题尤其如此。但切记考完试一定要弄清楚。

5. 发现明显的错误，就毫不犹豫地改正。

6. 检查时，重点检查开始没有把握的题目。

7. 一定要注意保持卷面的整洁美观。

实力是获取高分的基础，但技巧则是获取高分的关键。如能掌握一些解题的捷径，那么我们也就能轻轻松松考出好成绩。

人们常说“找到窍门”，考试也是如此，如能在考试中抓住答题的各种捷径，那么轻轻松松获得高分并不是一件很难的事。如果两个同学实力相当，那么在考试中某些解题技巧使用的好坏，往往会导致两人最后的成绩有很大的差距。对于一道题往往有许多种不同的解法，聪明人当然用最直接、最简单的一种。因此，我们在基本功扎实的基础上，应多掌握一些针对某些典型题型的特殊解题方法。

1. 选择题

选择题客观性最强，技巧也很多，除了正面进攻的直接选择法以外，还有其他一些事半功倍的方法：

（1）排除法。逆向进行，从选项入手，一边审题一边排除，一个一个地排除掉，直至得到正确选项，看似复杂的问题就会变得很简单。

（2）估值法。运用一些基本定义如定义域、值域或不等式的有关知识来确定一个足够小的范围，使四选项中只有一个在此范围内，那么正确答案就得到了。

（3）赋值法。在一些特殊形式的选择题中，给未知量赋一个适当的便于计算的值，来确定正确答案。

（4）图形法。就题中已知条件画出合适的图形，如数轴、集合、三角函数等图像，通过图像分析得出答案。

（5）归纳推理法。原理类似数学归纳法，但比其简单，依题目已知推理下去，找出规律，归纳出正确答案。

2. 简答题

回答简答题，一定要开门见山不转弯，简明扼要，直接入题。另外还要防止两大不良倾向：一是过于简略而显得不够完整；

二是冗长。

3. 问答题

问答题是通过文字表达的形式全面深入地考查学生再认和再现历史知识、材料的处理和文字表达等多方面能力的题型，在这里试分析该题型的结构特点和构思技巧，以期对大家有所帮助。

（1）问答题的结构。一般来说，问答题包含四种构题成分：提示语、答项语、主干语（即指明答项内容对象的成分，它提示答案围绕的中心和落脚点）和限定语（限定解答内容或解答对象的时间、空间、角度、频率等成分）。

（2）问答题的构思技巧。要解答好问答题，必须掌握问答题的解题技巧，一般来说，历史问答题的答题技巧是通过解题过程的“三部曲”来体现的。

第一部：审题定位。审题是答好问答题的重要前提和先决条件。所以，审题定位强调一个“准”字。审准与课本知识的关系，诱发联想，启迪思维。

问答题的内容都依托课文，因此课本上有关的“蛛丝马迹”往往会是解题的重要依据。大家应尽可能地把题目与课本知识对照，找出内在的联系。

第二部：构思拟纲。一个较好的问答题答案，不仅取决于审题，还取决于构纲。因为问答题跨度大，内容多而杂，若只是想到哪儿答到哪儿，往往会造成层次不清，条理不明。构思拟纲虽花时间，但这一环节做好将对下一步的行文作答产生事半功倍的效果。构思拟纲强调一个“精”字，主要体现在：

对答案要精心设计，全面考虑。所需要的知识点和基本观点全部到位。在对答案要点进行精心设计和全盘考虑的同时，拟出提纲。

提纲要精练简洁。由于提纲只供自己答题时参考对照，因此不用写得很详细，只要能体现答案的内容要点和层次结构就可以了，要精练简洁。

第三部：行文作答。再扎实的基本功，再高超的能力，再精妙的构思，也要通过行文才能表现出来。行文作答时要做到语言准确，逻辑严谨。此外，在文字表述的形式上，要做到“三化”，即序号化、要点化、段落化。

对于问答题的解题技巧，需要强调的一点是：“问答题的解答，虽有方法，但无定法，贵在得法。”同时，你要坚持具体问题具体分析的原则，对不同类型的问答题，应结合上述解题技巧采取不同的解法。

考试答题顺序不要“按部就班”，应根据自己对考试内容的掌握程度和各试题的配分情况来决定。同时疲劳因素也应考虑进去，譬如要写几篇短文，并要完成一系列多项选择题的情况，那么你至少应该先写一两篇短文，再转向多项选择题部分，然后继续写其他短文。因为适当转换一下节奏能够调整你的思维，更有助于考试的发挥。

另外，答题时应遵循先易后难、先小后大、先熟后生的顺序答题。这样能避免花过多时间在解难题上，到最后反而没时间做有把握的题目。先做有把握的题后，心情就逐渐稳定下来，智力活动也恢复了常态，这时再做难题就容易成功。而且做的小题越多，拿到的分数也就越多，心里就越有底，自信心也就大大增强，更有利于做余下的难题。

不过对于成绩优秀，反应灵敏，但常因粗心犯错的男孩来说，则适宜先做中等难度的题目。

考前压力太大怎么办

任攀是初二（5）班的学习委员，他担任学习委员就是因为成绩好。但是任攀有个很严重的问题，他一到了考试的时候就很紧张。下周就要期末考试了。都说考场如同战场，考试就是不见血的战争，不是你死就是我活。他总觉得自己复习的不够充分，不足以应对考场上的刀光剑影，每次到了考前都紧张得晚上睡不好，脑子里总是不断闪现那些白天复习的内容，如果哪段突然被卡住，就必须半夜里起来看书，直到记住为止。

这样的考试状态让他每次面对考试的时候都如临大敌，考场上也比别人紧张许多。经常因为考试期间拉肚子而不得不中途去厕所，学校的老师都知道这个情况，一般也会允许他去。考试结束之后，拉肚子的现象又会自动消失。

他为这件事很苦恼，决心在期末考试的时候克服这个习惯，他就主动到了学校的心理咨询室，去寻求心理老师的帮助，想打开自己的心结。

心理老师给他讲了考试的作用和意义，并且教给他放松的方法，当老师说考试是为了查漏补缺的时候，他突然觉得这个作用跟自己想的差距很大，他每次都把考试当成一次你死我活的较量，把成绩和分数看得很重。看来，备考真不是备战，输赢也不在分数的高低上。

给男孩的悄悄话

都说迎考就是迎战，就连教室里也贴着“迎战高考”的警语。“考场如战场”本是让我们重视考试，而家长和老师们说者无意，我们却听者有心，在内心里形成了巨大的压力。

俗话说：“井无压力不出油，人无压力轻飘飘。”但在考试中，压力过大只会被压倒，从此站不起来。

奇怪的是越是不把考试当一回事的同学，越能考出好成绩；越因为担心考不好寝食难安，到头来也往往就真的吃不到好果子。这到底是什么原因呢?

答案就在于，你是怎么看待考试的，心态决定成败。一场考试又要到来的时候，你是感到紧张、激动，还是像平常写道作业题一样完全不把它放在心上呢?

要是觉得紧张的话，那要想考出好的成绩还真的有点难度呢。你知道当我们面对一场考试时，好的心态是非常重要的。比方说，现在在你的班上有甲和乙两位同学，甲同学平时认真刻苦，考前也做了全面的准备；乙同学刻苦劲头明显不如甲，知识只能算是掌握了个大概，考前就翻翻书看了看重点。试卷发下来，乙同学知道自己学得不是最好，但基本的知识心里有数，于是他认真对待每一道题，完全处于放松的状态，脑子甚至转得比平时还要快，遇到不会的题就先跳过去，合理分配好时间。而甲同学呢，由于太紧张，大概扫一眼认为可能是不会做的题，他就停在了那里，着急得要命，心里又不停地埋怨自己，这样本来能想到的方法这时也想不起来了。考试结果，可想而知。

由此可见，我们在平时做好对知识的掌握和积累的同时，让自己对考试有一个正确的认识真的非常重要，它决定你是轻松应对考试，还是每天在书包里装一个沉重的十字架。

让我们想想看，学校为什么要组织考试呢？当然不是为了排名次，只不过是为了了解大家对知识的掌握情况，以便老师及时对授课方法和重点做出调整。如果有哪一个环节真的是你的弱项，那早一点让老师发现你的问题，有针对性地来帮助你解决，这不是一件好事吗？

假使尽力了而考得不好，你认为需要为自己感到难为情吗？如果你学习的目的真的是为了掌握知识，而非考一个好分数，相信你也不会有这样的想法。

分数是虚的，能力却是实实在在的，一场场的考试不但帮你检验和巩固了平时学习的成果，对你的心理素质也是一个很好的锤炼。知识点就是那些，老师的考题却可以出得千奇百怪。有时候你常常会觉得自己是白复习了一场，那些知识明明都懂了，怎么考试的时候就是想不到呢！其实问题就出在你的心理素质上。这需要更多场考试来磨炼。不要以为考试就是学生的事，会考试对你一生都有益。你想想那四年一届的奥运盛会，一场场的比赛比的不但是运动员的身体素质和动作技术，常常心理素质的优异决定了最后花落谁家。

考试，只是一种教育手段，无所谓好坏，主要看如何运用。考试的目的也很单纯，一是接受检验和自我检验，二是选拔人才的一个途径。

学生应付试卷这种考试，是人生道路上比较简单的一种考试；生活中的考试却要困难得多，也复杂得多。提高学生素质的办法，不能以削弱学生应付考试的能力为代价，更不能把问题归罪于考试。

了解了这些之后，怎么样，感觉轻松点了吗？那么就请把考试当作是一个查缺补漏的途径，把那些讨厌的名次都从你的头脑里删除掉吧，那不是你最终的命运！只要你愿意，下一次你就可以做得更好！

将考过的试题辑录成册

考前复习的时候，大家都在拿着课本背知识点，肖明每次都拿着他那个厚厚的本子在看，他复习的时候很少拿着课本或者其他的复习资料或者习题，每次考前都拿着那个本子看。每次考试成绩发布，肖明的成绩都是最好的。因此班上的同学都说肖明有魔法笔记。如果看了他的魔法笔记，就能得到好成绩。

有些同学禁不住好奇，去问肖明，那个本子里到底藏着什么样的秘密。肖明大方地和大家分享他的魔法笔记。原来本子上都是密密麻麻的单词，英语的常用句型，还有语文的成语、古诗，数学的公式和题目，还有好多好多题目和解法。大家不知道这个本子上的题目和那些笔记到底是干什么用的。

肖明解释说，这个是错题本，每次我都把做错的题目改正后收集到这个本子里，那些可以做对的题目就没有必要看了，这样每次考前我就把那些我做错了的题目拿出来复习，等到考试的时候就不用害怕再犯同样的错误了。

大家恍然大悟，原来，魔法笔记里都是那些容易犯错的题目，掌握了这些易错的知识点，再加上那些本来就掌握的很牢固的知识，肖明的成绩当然好了。

只要把平时的考试卷子汇编成册，平时多加温习。那么，温故而知新，你会收获到意想不到的学习效果。

因为考试中出错的题目你当然会留意，可是那些掌握的不是很牢固的知识点，可能考试的时候也会“蒙混过关”，甚至考试完在总结的时候，那一部分的知识也常常会被你忽略掉，所以有必要把老师精心出的题目汇编成册，有时间就拿到手头常常翻一翻，哪怕是考试中答对的题目，你也要多加留意，因为很多重要的内容，你掌握的深度往往是不够的，你以为你会了，其实很有可能理解的依然很肤浅。所以我们建议，不要轻视考试中的任何一道题目，常看常思，重在温习，一道题目，可以从不同的角度来思考。

当你把这本智慧小册子研究通透后，可以模仿每一份试题，自己再出一份模拟题，考一考自己，当你自己会出题目考查自己学过的知识是否牢固的时候，相信你已经掌握了战胜考试的方法，可以从容不迫面对下一次的考试了。基本上，你就再也不必担心不了解考试的概念和考试规则，也就避免了在规定的时间里答不完题，或者考试紧张了。

只要一个细心的行为，可以改变你的学习状态和考试成绩，所以一定记得做一本智慧小册子，还要记住多加温习啊。而且，翻一翻你的试卷，你会在不经意中发现自己的成绩越来越好了，高分也越来越多了！

不同学科有不同的学习方法

初三新增了化学课，丁宁也像以前一样认真地听课，认真地做笔记，期中考试的时候，丁宁的化学成绩特别不好。他想不明白自己每天很认真地学化学了，为什么成绩却不如那些看起来不如他认真的同学。

他拿着化学试卷去找化学老师分析，化学老师仔细地看了他的试卷，然后问他："你是怎么复习的呀？"

丁宁低着头，以为是老师在训斥他，不好意思地搓着手，不说话。

化学老师看出了丁宁的心思："你能主动来找我，说明你很想学好化学，我看着你成绩不太高，就想问问你复习的方式是不是不对。没有别的意思。"

听了老师的劝慰，丁宁说："我就像复习历史、政治一样，每天把化学那些知识点背诵一遍，然后考试的时候发现，我背的那些跟考题都没有多大关系。"

化学老师笑着说："对呀，你已经找到你没考好的原因啦。学化学和学政治、历史的学习方法不一样。考查的内容也不一样，除了记忆，我们要更多地把握和理解所学的内容，还要从练习题里找到需要掌握的知识点，这样化学才能学得好呀。"

告别了化学老师，丁宁明白了，原来不同的学科有不同的考试要求和学习方法，看来自己把那套记忆的本领生搬硬套到所有的科目里去是行不通的。

给男孩的悄悄话

每个科目都有各自不同的特点，在考试时，我们应根据不同的科目，采取不同的答题策略。考试时，要纠正对不同的科目采取千篇一律的答题方式的坏习惯。

要想在考试中取得好成绩，扎实的基础知识、熟练的基本技能和在长年累月的刻苦钻研中培养起来的能力是最基本的要求，同时，临场发挥的好坏也对成绩的高低起着至关重要的作用。每科根据不同的特点都会有一些答题应考的小技巧，有了这些小建议，男孩们就可以临场不慌，并能在紧张的考试中有效提高成绩。

1. 语文——答题技巧主要在作文上

"精彩题目一半文"，标题最重要，起个漂亮的标题，能把阅卷老师吸引，印象分会较高。另外，作文本身要有内涵。

考试作文应该不会脱离人与人、人与自然、人与社会的关系这3个大方向，考生写文章时一定要写得贴近生活，凭空想象、脱离实际的作文得不了高分。

2. 数学——计算题、证明题要把步骤写全

计算题、证明题要尽量把步骤写全，这样容易得分。比如，求直线和平面所成的角，一般步骤是先在图上画出这个角，然后证明这是直线和平面所成的角，最后再进行计算，跳过中间任何一步都会扣分。另外，后面的大题一般第一问较简单，应先把第一问做完，如第2或第3问较难，也不要空白，尽量把可以用到的相关公式写上去，或许可以得分。

3. 英语——改错题中要正确标注符号

改错题中，插入、删除等符号必须按照规范来标注。如插入符号“∧”应该标在右下角，不能标在右上角。

同时，答案也要书写规范，否则不能得分。书面表达书写要清楚，常用词千万不能写错，语法错误要尽量少出。如果学生基本功较差，尽量用简单句写，用自己最有把握的句子，书写尽量少涂改，有时间最好打草稿。

4. 历史——材料题以材料中的有效信息为主

答题要结合所学知识联系教材，文字要简练完整，回答问题时要看相关材料，看分数回答要点。另外还要注意题目提出的要求，如让你“依据材料”，就是说这个题目答案可从材料中提取，同时要结合课本中的观点或者看法。对于主观题，考生要在落笔前稍作思考，把最重要的写在前面，次要的写在后面，自己都拿不定的放在最后。

5. 政治——答主观题先要进行理论概括

理论概括后要紧扣题意对理论进行阐述，重要理论在前，有关的理论点到为止。试卷所用的原理一般不会重复，有时会有交叉，考生如觉得两个题所用理论相同，应考虑一下自己思路是否正确。有些题目给的材料中有几句话，中间用分号隔开，这可能是一种信号，一句话就可能是一个答题要点。考生答题要简明扼要，语言要有时代气息，如可巧妙运用“执政为民”“和谐社会”等词。

6. 生物——填空要看清题目不能答非所问

主观题分填空和简答两部分。填空时要看清题目，如有的学生会把“微生物代谢调节的特点”写成“调节的方法”。另外，概念书写注意准确规范，有的考生多写了反而被扣了分。另外要少写错别字，有学生把显色反应中呈现出的“砖红色”写成“红色”就不能得分；一些化学试剂名称写错也不能得分。简答题要用书面规范的语言。表述现象时候要描述出现象背后的原理，这样更容易得分。

7. 物理——计算题要注重计算过程

选择题少选会给相应分数，但多选不给分，因此考生实在没把握时对某一选项可干脆放弃，只选能确认的，这样较保险。主观题主要是计算题和实验题。计算题要把原始表达式用准确符号书写出来，要写明代入数据的过程，最好将整个思维过程书写出来。如计算题最后答案正确，但没有过程，此题不给分；如有计算过程，答案不正确，也能相应得分。因此做计算题既要注意结果，更要注重计算过程。实验题步骤应该写完整，尽量少涂改。

8. 地理——对地图的考查始终是重点

对地图的考查始终是重点，试卷中读图分析题量重，考生审图后应选中相关内容，结合书本再根据自己理解答题，地理术语要运用准确。考试中要特别注意题目的要求。比如，双选题每题 3 分，只选一个答案，如正确得 1 分；选两个答案，若其中一个错误，该题不得分。

9. 化学——方程式一定要写准确

实验设计方案或设计表述等，要把现象、依据、结论等都写明。有机物结构解释经常容易出错，扣分较多，因此在书写时尤其要注意，如纵向化学键应与相连的碳原子、氧原子对齐；而横向原子团表达也有要求。另外，计算题中书写化学方程式时，应注意化学式下标数字一定要写正确。

在考试过程中，要根据不同的科目，采取不同的策略，相信这样一定会对成绩的提高有很大帮助。

每一次考试结束，你对成绩的估计会有所偏差吗？如果这次考试失利，你会怎样分析考试中的失误，不要为分数而苦恼，重要的是要学会对症下药。

可以仔细分析一下自己是基础知识上存在巨大的缺陷，还是答题技巧上出现了一定的问题，不论哪种情况，都不必焦虑，因为对于我们无止境的学习来说，也有无止境的考试。

可以制作一个错题集，考卷中的试题都是高度浓缩的试题。一道试题，可以开发出许许多多的知识点，可以借此机会，重新回归书本，查漏补缺，顺便复习一下整个章节的知识内容。重新整理出一个知识结构，如此一来，你的基础知识网络才会更加详备，不会轻易被攻破了。

如果是你缺乏答题技巧，出现紧张等情况，可以在日常生活中，多做几套模拟题，也要模仿考试中的时间、定量，定时完成题目，多检测自己。

每一次检测，如同每一次考试，每一次失利，都留给你一次宝贵的经验。不要为成绩难过后，将试卷丢弃，弃之不理，要学会对症下药，再回首一次，就多一次检验，多一次成熟。

考试容易发挥失常怎么办

还有一个星期就考试了，和其他同学一样，李焕也进入了紧急的复习状态。可是随着考试一天天地逼近，李焕的心里像装了只小耗子，他开始变得心神不安，紧张烦躁。回到家，妈妈只不过问了一句平平常常的问题：今天学习怎么样？得立即惹得他满肚子的不高兴，还朝着妈妈大喊大叫，发完脾气就钻进屋里了，吃饭时间也不出来。坐在书桌前，无论怎么努力，平时很容易记下的内容忽然也像和他玩起了捉迷藏的游戏，怎么记也记不住。第二天，在上学的路上，同学大声地叫他，他半天才反应过来。

临考前两天，李焕甚至做起了噩梦，梦里不是题目一个也不会做，就是题目还没做到一半，时间就到了，有时还会出现老师和同学的嘲笑的面孔，还有爸爸妈妈失望的样子。李焕觉得自己快受不了了，他觉得自己像是发烧了，头晕晕的，走起路来像是踩在棉花上。

还剩最后一天，李焕忽然冒出了一个念头：离家出走！他徘徊在学校的那条路上，如果不是同桌过来拉着他一起进学校，说不定，那天他真要逃学了。

考试的日子终于来了！还没进考场，李焕就浑身冒汗。坐到了座位上，他发现手心全是汗。

“这些题不是以前全做过吗？我怎么一下子忘了做法？”拿到试卷后，李焕越来越慌张，他拼命地想让自己镇定下来，可他握着笔的手却越来越抖。看到周围的同学那么认真地做题，李焕的信心一下子全没了。

几门功课终于坚持考完了，李焕像虚脱了一样。

成绩结果出来了，本来在全班成绩占前十名的李焕这次考试一下滑到了二十几名。只有李焕清楚这是为什么。

给男孩的悄悄话

很多人平时成绩很好，可一旦考试成绩出来，却让人大跌眼镜，这很大一部分原因是考试时紧张造成的。考试更需要一个良好的心态，如果能保持一颗平常心，以一种积极、从容、冷静的态度来应考，又何必担心无法获得好成绩呢？因此考前要做到以下几点：

1. 考前放松

考试前一天让自己轻松愉快地休息一天，以缓解因复习而一直紧张的神经，睡个好觉，这样第二天上考场时才能精神饱满、思维敏捷。

2. 考前学会摆脱压力，确立信心

不要总想自己会不会失败，失败后又如何，这样只会越来越担心，不妨想想自己的优势，对自己说："我相信自己！"把自己的身心调整到最佳状态。

3. 对考试保持一颗平常心

告诉自己："要保持平常心，正常发挥。"

4. 注重生活的规律性和丰富性

不能因为考试就打乱自己平时的生活，生活仍然要有条有理、有张有弛。让丰富多彩的生活来缓解自己的紧张、焦虑心理。

5. 考试间隙应有正确的态度

考完一科后觉得考得好也不要骄傲自满，考得不好也不要悲观泄气，应抓紧时间休息大脑，消除疲劳，做好下一学科的物质和精神准备，使自己始终保持最佳的精神状态。

除此之外，考试前还要学会心理按摩。对于考试来说，成绩的好坏与考试心理有直接的关系，送你一套考试前的心理按摩术，从不同的角度，为你的心理按摩，帮你放松，为你解决好考试心理紧张的各种问题。

1. 饮食法

多吃如草莓、洋葱头、柑橘等富含维生素 C 的食物，有直接减轻心理压力的作用。

2. 活动法

适当运动，在学习间隙多做一些活动，通过娱乐的方式来舒缓一下自己紧张的神经。

3. 转移法

不要总想考试的事情，可以想一首歌，想念一个远方的亲人，转移一下自己的注意力。

4. 睡觉法

充足的睡眠，能保证精力充沛、心理的宁静。可以闭上眼睛，想象有一只可爱的猫咪，在阳光下舒展四肢，懒洋洋地躺在草地上……

5. 自信法

鼓励自己，这个阶段确实努力了，考试一定会发挥出“平常功”！每天早上和睡觉前，都对自己微笑。对自己说“我真棒”！

6. 深呼吸法

进入考场后，如果觉得紧张，就长长地吸一口气，把肚腹鼓起来，再缓缓地呼出去，你会觉得心跳不那么快了，身体很舒服。

7. 听音乐法

听一听平常最喜欢的音乐，告诉自己，这其实和平时没有什么不同的。

应试有技巧

立军学习用功，平时知识掌握得很扎实，奇怪的是考试考不出好成绩，每次总因为各种原因发挥失常。

立军学习很用心，他绝不会让自己“在同一个地方摔倒两次”，只要自己做错过的题目，他总能认真思考，请教老师同学直到弄懂为止，并且把错题都记录在“纠错本”上，平时经常翻看。

他还有课前认真预习，课后认真复习的习惯，这些行为让他的知识掌握得更扎实。临近考试时，复习的力度也加强了，不断地翻看课本，做更多的习题。

尽管立军很努力，可他的成绩总和预期的有差距，考不出理想的分数。

立军知道自己总是发挥失常，一想到考试，心里就很紧张。考试的前夕，为了保证正常发挥，立军会更卖力地学习，晚上开夜车，不断研究自己没有掌握好的知识。考试前一晚经常失眠。

坐在考场里，老担心自己会发挥不好，神情紧张。

为争取时间，立军拿到试卷后，就开始埋头答题。前面答得顺还好，要是遇到自己不确定的，就不停地钻研那道题，心里着急后面的题目又不甘心放弃眼前的难题。常常是前面的题目没有答出来，还影响了后面答题的速度和质量。每次匆匆答完题都来不及检查就交卷。

一次次考试失利，对立军形成不小的打击，他不明白为什么自己这么努力，却没有得到该有的回报。

老师也纳闷，以立军平时对知识的掌握程度看，考试成绩不应该是这样的。于是找立军了解了情况。

“你现在主要的问题就是惧怕考试，一考试就紧张，总担心自己考不好。学会放松心态， 以你平时对知识的掌握考试前不需要加班加点，这样只会让你更紧张。”老师耐心地开导立军，“考试发挥失常主要是因为你答题不科学，你只要科学答题，成绩就会上来了，慢慢就不用紧张了。”

“其实，应试是有技巧的，掌握这些技巧会帮助你取得更好成绩……”

现在立军终于知道自己的问题出在哪了。

给男孩的悄悄话

下面为青春期男孩介绍一些应试技巧，以供参考：

1. 建立“错题记录本”

一些学生失分的关键，往往只是几个类型上的差错。每次将自己做错的题记下来，反复钻研，下一次再犯错的可能性就小了。久而久之，自己的弱项便可以克服了。

2. 多做模拟试题

多做模拟试题的目的意在模拟考试，并通过此种办法提高临考的适应能力。

往往有这种情况，自己感到已掌握的知识，在模拟考试中又出了错，这反映了所掌握的知识是不扎实的，是经不住略加变化的考验的。所以通过模拟考试，可以发现已认为掌握而实际上还没有完全、扎实地掌握的知识点，从而有针对性地予以加强学习。

每套模拟考题都有一定的难度，往往能大致反映这门考试科目的重点。因此通过模拟考试，可以检验和巩固复习的成果。

由于标准试题的题型都有相对的稳定性，因此可通过模拟考试，熟悉考试的题型。通过把所复习的内容按试题类型归类，以提高复习的针对性和应考的适应能力。

3. 考前复习

下面提供几位北大高分考生的备考经验：

（1）考生甲：考前我给自己考了三轮试，主要按照高考的模式进行答得不理想的立即找书看看。睡前还可以看一些散文小品等，帮助找语感写作文。

（2）考生乙：不做难题，主要注意各学科基础知识。但也要保持适当的题量，比如各科每天起码做一套单选题。适当看一些新闻也有助于写作文，比如一个高考作文满分的考生，就因为考试的前一天晚上看了关于“诺曼底登陆”的专题节目，适当运用到作文中而得了满分。

（3）考生丙：特别注意看基础的东西，包括各科的基本知识点，比如语文的默写等，注意纠正一些错字别字；作文方面就反复看自己之前归纳的例子。

（4）考生丁：在考前就不再做新的，特别是难而偏的题。只找一些简单，自己非常顺手的题来做，这样有利于考试前信心的建立。文科复习方面，应该回到书本中去，复习最基础的知识点，或者只是随意地翻一下书。

4. 心理放松

考前充足的睡眠、愉快的心情是必不可少的。加班加点，强攻难关，往往适得其反。多参加体育活动，多听音乐，多吃蔬菜水果，多与朋友、师长聊开心的话题，都能为自己创造一个宽松的环境。

5. 科学答题

（1）浏览。拿到试卷后，不要急于动手答题，浏览一下所有试题，粗略地观察、判断试题的难易程度和分值，大体制定一个答题的“战略战术”。这样有利于合理安排时间，掌握答题难度。

（2）审题。解答每一道题之前都要逐字逐句审清题意，明确要求，不要一看就答，随想随写，随写随改。答题力求简明扼要，条理清楚，答其所问，字迹不要潦草。

（3）草稿。解题须打草稿时，要从左到右、从上到下按照顺序逐题地写在纸上，这样做便于检查，节省时间，草稿切忌东写一下，西画一下，认为无所谓。

（4）搁题。有些题目如果一时做不出来可先搁在一边，要抢时间先做会做的题和得分点高的题，待会做的题和得分点高的题都做完后，再回过头来考虑原来不会做的题。

（5）卷面。有些题目觉得答案字数较多，但试卷上留的答题空不够用时，应有计划地把字写得小一点、密一点，不要到最后写不完了，在试卷上乱安排，乱勾画，搞得卷面不整洁，从而影响得分。

（6）复查。复查是考试过程中的一个重要环节，有时宁可少做一个没有把握的题，也要挤出时间来把做完的题目再复查一遍。

合理利用时间

为自己做个时间规划

何腾现在在制作自己的时间安排表，他现在感受到了规划时间的益处，经常跟大家说规划时间就能节省时间。

何腾从进入中学以后一直觉得自己不能适应中学的学习节奏。小学里那些知识是非常浅显的，而且科目也不多，每天完成了老师规定的作业之后就剩下大把的时间归自己支配了，每天生活得都很轻松。但是到了中学之后一下子多了很多科目，而且每科都经常搞测验，还有其他大大小小的考试不断。每天都被这些课程和作业弄得焦头烂额，他实在没办法了。就像自己上大学的邻居哥哥请教学习方法。

邻居家的哥哥告诉他，上了中学之后，跟小学不一样，要学会自己规划自己的时间，这样就能自己有主动权，不会被作业或者考试牵着鼻子走。

按照邻居家哥哥指导的方法，何腾先把自己每天必须做的事情列在了一张表格上。每天上课的时间是不能改变的，但是课间的时间，中午的时间，下午放学后的时间都可以自己支配。他就在这些灵活安排的时间段上根据自己的学习特点排上了不同的学习科目，比如中午的时候很容易犯困，就拿些需要边写边看的资料，这样一边思考一边动手效率会很高。晚上坐公交车回家的路上成了他背课文的主要时间段。

经过一番安排和规划，他每天都把自己要做的事情安排好了。

给男孩的悄悄话

进入中学阶段以后，学习任务一下子变得繁重起来。

首先是作业变多了，除了需要完成各科老师课堂布置的不少作业，还要应付平时大大小小的考试，还有那么多越帮越忙的课辅书、家庭教师布置的课外习题等。很多人每天忙得焦头烂额，却还有不少重要的事情被遗漏掉，这都是不懂合理安排时间的缘故。

时间很公平，每天给每个人的都是24个小时。但同样是24个小时，不同的人会有不同的效率，甚至差别悬殊。比如有的男孩善于科学安排自己的学习时间，学习、娱乐、休息安排得井井有条不说，学习效果也很好；而有的男孩整天忙作一团，因为学习影响了休息不说，学习效率也不高。

怎么样才能科学合理地安排时间呢？

凡事预则立，不预则废，最重要的一点是首先要给自己定一份时间表，也就是学习计划表，在表上填上那些非花不可的时间，如吃饭、睡觉、上课、娱乐等。安排这些时间之后，选定合适的、固定的时间用于学习，还要留出足够的时间来完成正常的阅读和课后作业。值得注意的是，学习不应该占据作息时间表上全部的空闲时间，而要适当安排一些休息和娱乐，比如收看精彩的电视节目的时间、锻炼身体的时间等。一些心理学家的研究结果表明：智力相同的两个学生有无学习计划，直接影响他们的学习效果。计划性差是学习成绩不理想的主要原因。

时间表的拟定要根据自己的习惯和特点。比如有的男孩习惯早睡早起，早晨背东西记得牢，理解力也好，这样晚上的睡觉时间就要适当提前，以保证充足的休息。反之，则可以适当晚睡晚起。

同时，时间集中使用不如分散使用效果好，尤其是前后内容连贯性不强的功课，如记英语单词，与其花40分钟集中强记，不如在睡觉前和起床后各花 20 分钟记，后者效果肯定好于前者。还要考虑内容相近的学科尽可能不要连续学，这样会加速大脑疲劳，影响学习效果。

为了能提高学习效率，一定要注重休息，学习了半小时或一小时就活动一下。要提高单位时间的利用率，有效的办法就是专心致志地学习，三心二意地学半天，还不如集中注意力学习一个小时。学就要认认真真地学，玩就要痛痛快快地玩。劳逸结合，才能学有所得，收到好的效果。有的男孩从清晨学到深夜，连课间也不出教室，埋头苦学，勤奋固然重要，但打的是疲劳战，大脑得不到休息，总是昏昏沉沉，最终是无效劳动，还有可能拖垮自己的身体。

其实，除了这些规规整整坐下来学习的时间之外，我们还有大把的空闲时间可以拿来利用。如上学路上、等车的时候、饭前饭后等，我们不妨用这些点滴的时间记一两个单词，看一段阅读，坚持下来效果也不错。

最忌浪费时间。我们要牢牢记住今天的事今天完成，不要总安慰自己明天一定完成，养成拖拉的习惯。

合理安排好时间，就等于预约到了成功。时间就像海绵里的水，挤挤总会有的，让我们逐步克服浪费时间的坏习惯，科学合理地让一分钟的时间产生出两分钟的效率。

有时候，你会不会有一种无力感，想要做的事又没有完成，许许多多的安排让你手忙脚乱，没有时间去从从容容地做一件事情呢？那时候，你是不是好想当一个时间大富翁，拥有好多好多的时间呢？

想一想，如果有一天在梦中醒来发现自己拥有了好多好多的时间，真正成为一个时间大富翁呢？

再不用担心作业做不完，有的安排没有完成了。这样的感觉是不是很棒。如果你想要在生活中成为时间大富翁，你首先要有的是紧迫感，为了让自己产生紧迫感，你可以把小时感觉成分钟。半小时换成三十分钟，学习起来会有争分夺秒的感觉。

心理学家说，用分钟来计算时间的人比用小时来计算时间的人，时间多出 59 倍。

平常就养成限定时间来学习的习惯，你能赢得比别人多 59 倍的时间，你就是个时间大富翁。

时间对每个人都是平等的，换个时间观念，你就能多做好多事情。养成限时做事的好习惯，你就不会在考试时担心时间不够，做不完题了。

你洗脸、刷牙、吃早饭的时候就可以打开录音机听外语，坐公交车的时候也可以掏出要记忆的材料来背诵，甚至一边做功课一边还可以开洗衣机把自己的衣服洗干净，一边扫地一边还可以活动肩膀和腰腿……

计划一下你要做的事情的时间顺序和时间长短，列出主次，严格按照计划行事，计划一次完成的事情一定要完成，不要拖延。

在时间有限的情况下，记得分清主次，先解决最主要的困难，再完成其他任务，这样时间就可以被最大化地利用。

做善于利用时间的人

苏豪每天要乘坐 14 路车去学校，每次他的手里都拿着一本单词书。从家到学校的路上，他总是在学英语，有时候遇见了同学，同学跟他打招呼的时候，他会不好意思地收起自己的单词书。

除了等公交车这段时间，他别的时候也挺注意运用零散的时间，每天放学会在家里给爸妈做饭，做饭的时候，他就打开电脑，播放英语听力的对话，或者语文的古诗朗诵。他一边做饭，一边跟着录音朗读。每天都跟读那么一段，时间久了无论是他的英语朗诵水平，还是汉语的古诗和散文朗诵，都是别的同学非常羡慕的。

他就是利用这些零散的时间安排自己喜欢的朗诵练习的，学校的课程安排得很紧，在学校根本没有专门的时间去做这些事情，苏豪就会用这些零散的时间来学习自己喜欢的东西。

结果也不难猜，他的成绩很好，最突出的是语文和英语成绩。他用零散的时间学习，日积月累，成绩就比别人好了很多。

每天都是 24 小时，我们必须吃饭，睡觉，然后剩下的时间里，除了必须做的事情需要占用的时间，我们可以安排的就只有这些零散的时间了，而苏豪很好地利用了这些零散时间。

给男孩的悄悄话

生命是以时间为单位的，时间就是生命。学习是要用时间来完成的，浪费自己的时间等于慢性自杀。只有利用好自己身边的零散时间，才能不断地超越自我，实现学习上的飞跃。

哈佛心理学教授，美国发展心理学家杰罗姆·凯根说过：“时间是在分秒之中积成的，善于利用每一分钟的人，才会做出更大的成绩。”

争取时间、善于利用时间才是我们高效学习的保证。所谓零碎时间，主要是说学习的间歇、用餐时间、上学或放学路上的时间等等。在零碎时间里，基本上无法完成什么重要的事情。但我们如果将这些零散时间白白地浪费掉，那将是十分可惜的，而如果我们将零散的时间合理地运用到学习上，就可以节约很多学习的时间。

我们节约了时间，也就是延长了我们学习的生命，也就能掌握更多的知识。

在学习阶段，大部分的时间是在课堂和自习中度过的，能自由支配的时间很少，在这种情况下，更应学会利用零散时间。

比如，从家到学校 10 分钟的路程，记住一个英语单词绰绰有余。更重要的还不是背会了英语单词，而是养成了节约时间的良好习惯。只有懂得珍惜零散时间的人，才会真正珍惜大段时间。浪费时间跟浪费钱财一样，都是从小数目开始的。

善于利用零散时间的人，可用的时间就比别人多。除了“挤”时间，还要善于节省时间，比如一天当中，一定要办最重要的事情；用大部分时间去处理最难、影响最大的事等等。“挤”时间与省时间的另一个方法是科学利用业余时间。

我们可以将自己每天的活动时间都详细地记录下来，从中发现那些被浪费掉的零散时间，然后选择适合的学习活动来配合。假设你每天都要坐半小时的公车去上学，就可以在路上进行英语听力练习，日积月累，英语听力肯定会大有长进。或者，每天在你上学或放学走路的时间里，背两三个英语单词、一首小诗或一个公式，一学期下来，你也会为自己的收获而惊讶。

另外，利用零散时间的时候，要有一种积极的心态，不要心想“只有 5 分钟，什么也做不成”，而要告诉自己“还有 5 分钟，要充分利用它”。

根据生物钟安排学习计划

班里开了一场主题班会：珍惜时间。开完班会之后，大家纷纷表示自己要珍惜时间。葛龙飞也是这么想的，他觉得自己以前不够珍惜时间。为了有所行动表示，他决定每天提前一小时起床学英语。以前他是 6：50 起床，然后洗漱，吃饭，骑单车到学校刚好赶上上课。现在他下定决心珍惜时间，要提前一小时起床。

第一天，他 5：50 起来，然后开始朗读英语，一个小时下来，很有成就感，上课的时候虽然有些困，但是他安慰自己是还不适应早起一个小时。

第二天，他照样 5：50 起床，朗读英语。等到上午上课的时候实在有些困，就趴在桌子上小睡了一会儿。被数学老师发现了，老师点名要他回答问题，他却睡眼惺忪。

第三天，他觉得自己起床也变得很困难，眼皮很重，虽然坚持着起床了，但是一点精神也没有。

坚持了一周，他越来越没精神，他决定还是放弃自己的早起计划。回归到自己正常的生活里去。后来听了老师讲关于生物钟的事情他才明白，原来每个人都有自己的生物钟，自己的早起行为打乱了自己体内的生物钟，这才使得自己不仅没有珍惜时间，而且越来越困倦。

看来，要想珍惜时间也要掌握自己的时间节奏呀。

在适当的时机做适合的事情，这就是所谓的“掌握时间节奏”，这也是很多成功人士高效学习和工作的秘密武器。

只要留心，你就会发现，在我们日常的工作和生活中，除了每天能力状态的规律性波动之外，还有较长时间段里的生理规律：生理节奏。通过生理节奏管理，我们可以解读体内的“生物钟”，了解其规律，通过主动调整，使自己的能力与其自然波动相适应。

在低点周期和临界日，我们养精蓄锐，放松休息，多做重复性工作，回避不愿见的人和令人头疼的问题。与此相反，在高点周期则要大干一番！这时候适宜做出决定，重新部署工作，贯彻自己的意图。管理好自己的生理节奏，可以让我们更好地掌握自己的时间和身体，享受更轻松、更简单的工作和生活。那么，究竟什么是“生理节奏”呢？下面的小例子会让你明白。

洛克睁开了眼睛，才不过清晨五点钟，他便已精神饱满，充满干劲。而他的太太却把被子拉高，将面孔埋在枕头底下。

洛克说：“过去 15 年来，我们俩几乎没有同时起床过。”

像洛克夫妇这样的情况，并不少见。

事实上，我们的身体像个时钟那样复杂地运转，而且每个人的运转速度却略有不同。洛克是个上午型的人，而他的太太则要到入夜后才精神最好。

很久以来，行为学家一直认为导致这种差别的原因是个人的怪癖或早年养成的习惯。直到 20 世纪 50 年代后期，医生兼生物学家霍尔堡提出了一项称为“时间生物学”的理论，此一见解才受到挑战。霍尔堡医生在哈佛大学实验室中发现某些血细胞的数目并非整天一样，视它们从体内抽出的时间不同而定，但这些变化是可以预测的。细胞的数目会在一天中的某个时间比较高，而在 12 小时之后则比较低。他还发现心脏新陈代谢率和体温等也有同样的规律。

霍尔堡解释说，我们体内的各个系统并非永远稳定而无变化地运转，而是有一个大约周期，有时会加速，有时会减慢。我们每天只有一段有限的时间是处于效率的巅峰状态。霍尔堡把这些身体节奏称为“生理节奏”。

生理节奏和我们生活的方方面面都密切相关：健康、事业、家庭生活、社会活动、闲暇时间和运动等，它的应用可以说是无限的。日本和美国的许多企业利用生理节奏原理，短时间内就把事故率减少了30%、50%，甚至接近60%。

根据自身的生理节奏来调节好自己的时间节奏，我们就可以更好掌控和利用自己的时间。

试想一下，如果我们在晚上10点睡觉、早上5点起床，我们的睡眠时间仍然是7个小时；而一般人如果在午夜12点入睡，早上7点起床，他们的睡眠时间也同样是7个小时。所以我们在这里提倡早睡早起，只是非常有策略性地将休息和工作的时间对调了一下，将晚上10点至午夜12点这段本是用来看电视、看报纸、娱乐、应酬的时间用于睡眠，而早上5～8点这段本应用于睡眠的时间，则用来做一些更重要的事情。

目前，生理节奏理论已经成为人们追求简单生活、提高效率的好帮手。我们同样可以利用生理节奏规律来帮助自己更好地规划我们的学习。但在此之前，我们需要知道如何去辨认它们。霍尔堡和他的同事们已研究出以下方法，可以帮助你测定自己的身体规律：

早上起床之后1小时，量一量你的体温，然后每隔4小时再量一次，最后一次量度时间尽量安排在靠近上床时间。一天结束时，你应该得到5个体温度数。

每个人的变化不同而体温亦异。你的体温在什么时候开始升高？在什么时候到达最高点？什么时候降至最低点？你一旦熟悉了自己的规律，便可以利用时间学的技术来增进健康和提高学习效率。

对于青春期男孩而言，读书和学习最好是在体温正向上升的时候。大多数人体温上升时间是在早上8点或9点，相比之下，阅读和思考则在下午 2 点至 4 点进行比较适宜，一般人的体温在这段时间会开始下降。

充分利用假期时间

刘驰放假了，他期待了很久的暑假终于到来了。刚放假的头两天，他每天中午才起床，起来就看电视，一副无所事事的样子。这样的生活刚刚过了两天，他就有些厌倦了。他觉得自己应该制订一个计划，不能虚度光阴。毕竟开学之后他就该进毕业班了，听说毕业班的复习是很紧张的。他觉得自己也有必要先预习一下课程，然后补习一下自己最弱的英语。

刘驰的暑期计划出炉了。他每天下午都去国画班学画画，这是去年就想好的，他喜欢画画，喜欢在白纸上泼洒墨汁的感觉。他的上午时间分给了学习，学习英语和预习其他课程交替进行。晚上的时间当然是自由安排了。或者陪老妈老爸去散步，或者自己和伙伴们一起玩。

这样一个暑假下来，他的国画水平有了显著的提高，对英语也更自信了，更重要的是熟悉了下一年的课程之后，他觉得自己的学习压力好像没有那么大了。这样的状态他非常喜欢。

等到开学大家互相交流暑假做的事情时，他发现大家真的把假期看得比学期还重要，很多同学参加了社会实践，也有人跟他一样参加了兴趣班，培养自己的爱好，更多的人选择了补习自己比较弱势的科目。

给男孩的悄悄话

假期是一笔可贵的时间财富，如果得以充分利用，会让我们过得更加充实、更加有意义。要改掉不善于充分利用假期时间，在假期里放任自流的坏习惯。

学生都有寒假、暑假两个假期，时间比较长，因此，安排好假期的学习，是不让自己掉队，让自己提升的最好办法。

由于假期前学生经过紧张的期末复习考试，已经很累了，假期中许多男孩存在着一种自发产生的放松要求，甚至有一定的厌学情绪。考试一结束，就有一种千斤重担一时卸的轻松感觉，不愿再读书，或者有“且待明日”的思想，这是正常的心理反应。但如果让这种思想不断滋长，就会使得整个假期都被浪费掉。

有的男孩说：“磨刀不误砍柴工。”假期好好玩，养精蓄锐，待开学再努力吧。这是一种典型的等待思想。我们应坚决予以纠正。

当然，假期的安排也很有讲究。假期的安排不应该像课余或双休日的安排，更不宜把课排得满满的，应讲究安排的技巧，它的安排原则是既玩好，也学好。

从内容上，假期不仅要安排教材的学习，还应安排一定的社会实践活动，争取能把“玩”和社会实践结合起来，做到有目的地玩，在玩中了解自然、了解社会，在玩中读好社会这本无字天书。

在时间安排上，一般放假后就可立即进行社会实践的活动，让紧张的头脑松弛一下，做到“一张一弛，文武之道”，这是有必要的。至于到什么地方去实践，则应该根据自己的情况认真考虑。

当然，假期最重要的是自学，为此，要把时间安排好，排个时间安排表，照时间表有计划地学，不要凭兴趣，这本书翻翻，那本书翻翻，结果什么也没学到。

另外，假期间的学习要注意四个问题。

1. 要提高

假期自由时间多了，我们的学习应在原来的基础上有所提高。对那些原来没有学好的或似懂非懂的知识，要专题攻坚，注意那些要跳起来才能摘到的“桃子”，也就是我们通常说的要靠能力才能解决的问题。为此，应该找一本复习资料，学学练练，特别要注意人家解题时的思路，学会思维，这是能力培养的基础。

2. 要把原来学过的知识系统化

一般来说，期末结束前，各科都告一个段落，这就为我们把学过的知识系统化提供了条件。办法是在认真研究教材的基础上，先理出各科各章节的知识点，再找出它们的联系，从而形成一个知识网络图，把这理好的知识网络图在我们的头脑中反复思考，斟酌改进，最终成为我们的认知结构。这就使我们在今后的学习中能够比较容易调出需要的知识，不易卡壳，还可使联想通道通畅，便于记忆。

3. 要查缺补漏

利用假期对自己基础薄弱的学科进行“假期恶补”是个好办法。一位安徽省高考文科状元介绍过他的学习经验，他原来数学成绩并不太好，报考了文科。但他知道文科也要考数学，结果利用高二的一个寒假进行了“假期恶补”，一个假期做了六七百道数学题，数学从“最忧”变为不怕，从薄弱变为坚实，最后变为“最优”。结果，高考时数学分上去了，当上了“状元”。

4. 要预习

假期间，新书未到，不妨向高年级的同学把教材借来先预习。预习时，首先浏览粗读，有个大概了解，然后通过自学先认真学习几章，达到一定水平，通常达到会做教材上的习题即可，那么待新学期开始，你的学习就主动了。

总之，假期时间是宝贵的，我们要根据自己的特点，根据生理、心理的规律，安排好时间，安排好假期，充分利用好假期，不要让假期在我们的放任自流中白白浪费掉。任何计划都是“死”的，是条条框框，在特殊情况下，可以根据实际情况灵活机动地调整，这样既能合理安排假期时间，也能锻炼优良的意志品质。另外，假期计划要制订在经过努力确实可以实现的水平上。因为过高难以实现，便会使自己感到不安，产生自卑感；过低，则阻碍自己正常水平的发挥。

勤思考，让头脑更灵巧

思考让学习其乐无穷

物理课，对于一些同学来说是枯燥的可怕的科目，而对于另一些同学来说却是趣味横生的课程，在这门课上，他们会体验到无穷的乐趣，赵向飞无疑就属于后者。他是个爱思考的孩子，因此一些看似平常的习题和教学内容，都能让向飞挖出新的东西来。物理课就像是一场寻宝活动，每次都带给他和同学们新的惊喜。

我们都习惯了按照老师讲的内容记下那些知识，然后照猫画虎地去做实验，并且理所当然地认为那就是正确的，就是自然而然的。也正因为如此，我们的学习很辛苦，也很无趣，不过是重复的机械记忆，没有什么乐趣和新鲜感可言。但是向飞就不这样，他每次学到新东西时都会问一个为什么，自己去思考这个结论得出的具体情境，有时候还自己制作小实验去验证或者推翻书上的结论。

记得一次实验课，他得出的实验结果和书上的完全相反，于是他就去找物理老师理论，物理老师也被他的探索和思考打动了，两人一起做实验，反复实验，最后发现，与书上的结论真是相反的。于是在老师的帮助下，他还给出版社写信，要求更正错误呢，很快便收到出版社的回复，果然是印刷错了。为此，老师表扬他，还给他颁发了奖状。

就是因为思考，向飞才能不被课本上的知识所累，并且在挖掘知识来源的时候体验到了自己的主动性，还开拓了思路。因为思考，他的学习之路趣味横生，他的物理课更像是自己的实验课。这样，他反而从来不做笔记，死记那些条条框框的知识点。

不仅是物理课，向飞在别的课上也注意思考问题，而不是单纯地去背诵，记忆那些知识，历史课上，他就经常提出自己的问题来“刁难”老师，有时候老师都会被问得哑口无言，但是老师们都在课后表扬这个爱思考的男生，只有这样的学生，才不会觉得学习是负担。

给男孩的悄悄话

美国著名学者彭威廉说：“真正的知识更多地来自思考，而不是书本，在学习的过程中应该用‘脑’学习，而不是用‘眼睛’学习。”用眼睛学习的知识在脑中依然是知识，知识是会过时的、被遗忘的。而用脑学习则通过思索将其化成了方法、智慧，并培养了自己的主见与独立思考能力，成了人生命中的一部分，这是一个人真正的能力。

向飞成绩优异，可以说是因为其善于用脑思考，敢于创造性地学习。

善于用脑思考既是一种能力、品质，又是一种习惯。要具备这种能力，就要养成良好的思维习惯，进行创造性地学习。而对知识保持旺盛的求知欲又是养成良好的思维习惯、进行创造性学习的前提，没有强烈的求知欲，你自然就不会去开动自己的大脑。同样是一本书、一节课，如果你对它感到厌烦或无所谓，你便会觉得自己的大脑是麻木的、烦躁的，这时就谈不上热情，更谈不上用大脑思考，创造性地学习了。反之，如果你能充分地激起自己的求知欲，觉得里面充满有趣的知识，觉得当你掌握了它们，会高兴、自豪，那你的大脑就会始终处于兴奋而活跃的状态，而不是人们常说的木头疙瘩了。

一个善于用脑思考的人，他的学习绝不会毫无目标、枯燥乏味，因为思考是为了以后更好地学习，为了在下一步学习时，能取得更大的进步。

如果你有幸能走入著名的哈佛大学的课堂，会看到这样一幅场景：有的学生不好好地坐在椅子上，而是躺在地毯上，头枕书包，一边听课，一边喝着饮料，你千万别惊讶，因为其他的学生，甚至教授本人，都没觉得这有什么不妥。这种自由和个性，正是哈佛传统所提倡和维护的。一个让所有学生按一个标准的动作坐着上课的学校，肯定也会让所有的学生按一种标准的方式进行“思考”，这就是哈佛提倡的自由思考。

学会独立思考

新来的班主任总是在班会上要求大家注意独立思考，以前的老师没怎么强调过这件事情，独立思考是什么呢？同学们都觉得有些迷茫。

但是，李阳很喜欢这个新来的班主任，他认为这样的老师才能培养出真正的好学生，光能记住那些公式、概念，即使考试的时候考出了高的分数，也基本上没有什么用途。我们学习如果只是为了分数，那么生活将多么无聊呀。

李阳能这么想，是因为他在平时的学习中非常注意自己的独立思考，不管是同学的见解，还是老师的看法，甚至教科书上的结论，他都要经过自己的思考才肯去相信。

很小的时候，大人们就夸奖李阳是个聪明、爱动脑筋的孩子，他也以此为荣，很多时候，一些看起来非常司空见惯的小事，即使父母告诉了他正确的答案，他也很注意自己的主动性，注意独立思考事情本身，所以小小年纪的李阳经常会语惊四座。

现在高中的课程也开始普及素质教育，课程的课题并没有固定的答案，很多时候都要通过自己的探索去寻找，而且答案也变得丰富多彩起来，光是靠课堂上记忆那些大家总结出来的结论显然是不够的。一些同学对这种学习方式还无所适从，但李阳已经很好地适应了这种学习方式。

他在学习方面显示出了巨大的优势，有的同学也会问他学习的经验，他一般都会告诉大家，主要是独立思考，不能轻易相信别人给你的现成答案，这样就自然而然找到很多事情的真相。越是独立思考，就越能发现事物的本质，看起来也会变得更加聪明。

原来是这么回事，以后的课堂上，出现了更多的像李阳一样爱独立思考的同学，他们班的课堂上出现了“百家争鸣”的场景，比那些老师一提问题学生就都低头的班级活跃得多。这样，同学们在学习中把握了主动性，也就在学习中投入得更多，没有人觉得上学很苦、很累了。

给男孩的悄悄话

“学而不思则罔。”思考是学习的灵魂。李阳的故事让我们看到，在学习中，知识固然重要，但更重要的是驾驭知识的头脑。

你是不是经常听到老师、家长对你说 “你要学会独立思考”？他们这么注重独立思考，是因为只有独立思考了，你才会有自己的想法，长大后才能成为一个独立的人，否则你就得一辈子依靠别人，那样的生活你会觉得有意思吗？

开动脑筋，世界会更加精彩。善于独立思考能够帮助我们更好地获取成功。伟大的物理学家爱因斯坦说：“学会独立思考和独立判断比获得知识更重要。不下决心培养思考习惯的人，便失去了生活的最大乐趣。”

要知道，思考好比播种，行动好比果实，播种越勤，收获越丰。一个善于独立思考的人，才能品尝到金秋的琼浆玉液，享受丰收的喜悦。

世界首富比尔·盖茨从小显露出的最大特点就是不停地思考。对外界的一切，他常常置若罔闻，甚至整日躲在他的卧室里不出来。当母亲问他在干什么的时候，比尔·盖茨总是说：“我正在思考！”有时他还责问家人：“难道你们从不思考吗？”比尔·盖茨的头脑似乎时刻都在高速地运转。直到现在，微软公司还流传着这样一种说法："和大多数人谈话就像从喷泉中饮水，而和盖茨谈话却像从救火的水龙头中饮水，让人根本应付不过来，他会提出无穷无尽的问题。"

比尔·盖茨之所以能够取得今天的辉煌成就，与他从小养成的善于独立思考的良好习惯是密不可分的，这种思考习惯使比尔·盖茨大受其益。由此可见，培养独立思考的习惯会使我们受益终生的。

我们在考试时面对试卷中的问题，不可能向任何人请教，只能独立思考。所以要想让自己取得好成绩，就必须在平时培养独立思考问题的习惯。

培养独立思考的习惯，你可以从以下两方面着手：

1. 用自己的话讲知识。经常用自己的话，把一段时期学到的知识讲出来，可以讲给父母或小伙伴听，讲得越通俗越简单越好。把课本的话变成自己的话，需要一个独立思考的过程，长期坚持下来，你就会养成独立思考的习惯。

2. 经常对各种题型整理归纳。我们可以在做了一定量题目的基础上，对题型分类整理，概括出每种题型的解题技巧和注意事项。学会这种独立的思考，以后再见到类似题型，就能够顺理成章得出正确答案。

如果你不善于独立思考，那将对你各方面能力的培养产生极大影响，你就不能有效地运用各方面的能力，去独立地分析解决问题，特别是遇到新问题的时候。说得具体一些，许多男孩在解题时不会独立处理问题，不是由于题目做得少，而是平时缺乏独立思考的能力和习惯。如果你平时对每个问题都能独立地进行分析思考，遇到问题自然会去钻研，并且能把问题处理好。

此外，要培养独立思考的能力，还要给自己一个独立思考的空间。

1. 创造一个思考的氛围

我们应该拥有自己的世界和空间，和同学、朋友们一起开动大脑，共同思考，形成互动，创造共同努力、共同进步的氛围。

2. 学会独立思考

要养成凡事自己思考、自己判断的好习惯，不要一遇到事情就直接问父母：我该怎么办？我该怎么做？而要学会问自己：我要怎么办？我能怎么做？

3. 学会创造性地思考

要有意识地养成追根究底的习惯，凡事都要问个为什么。同时要自己努力寻找答案，不要光是坐着等待别人来告诉你答案。要学会不断地探索谜底，钻研问题。不会思考的人将一无所获，而善于思考的人才会享受到丰收的喜悦。我们要学会不断地给自己提出问题，认真地思考问题，独立地解决问题，这样我们才能使自己接近成功的殿堂，走向优秀。

在培养独立思考、独立解决问题能力的过程中，你要学会借鉴别人的方法、经验，找出其中的差异点，思考自己的不足。不要盲目照搬别人的经验，要学会质疑，不但要敢问，还要学会怎么问、问什么。

科学用脑效率高

程文京过完暑假就要念高三了，他的数学成绩不够好，为了防止数学成绩成为自己的短板，他开始疯狂地补习数学，每天从早晨到晚上，在数学习题的题海里浸泡着，他希望自己的题海战术能给自己的未来一些帮助，开始的时候还算可以，每天做题，总结，然后觉得蛮有成就感的，但是持续了一个星期之后，他觉得自己的脑子里昏昏沉沉的，满满的都是数学的公式和那些希腊字母，他觉得自己没法看下去了，这样心浮气躁地做题还容易出错，面对着厚厚的参考书，一点思路也没有。

他很沮丧，觉得自己的补习宣告失败，那么剩下的一年究竟该怎么办呀？如果数学成了短板，高考失利就是不言自明的事情。他很苦恼，但是一时也找不到解决的方法，就拿起了本英语字典随手地翻来翻去，也没记住几个单词，但是，做了好几个小时的数学题，这么一看英语，倒觉得英语这个科目对自己来说还是挺有新鲜感的，于是开始看英语的课本和资料，这么大概看了一个小时后，他觉得自己不想看书了，就去楼下帮老妈买菜，等去楼下溜达了一圈，觉得自己这么荒废时光还是有些不忍心，就又坐到了书桌前。

奇怪的是，这次看着那些繁乱的数学题目，突然觉得不那么心浮气躁了，仔细去看那些题目的时候，发现解题思路原来就藏在题目隐含的条件里，自己上午费劲半天，居然没有看到。

于是，文京就重新修订了自己的学习计划，每天交替着复习自己要复习的内容，把文科和理科的复习内容交叉开，记忆和运算的内容也交互在一起，这样他的复习效果比先前好了许多，他也不再和自己打时间消耗战，而是学会了合理安排学习时间，每学习一个小单元，就休息十几分钟，这样安排时间后，他自己觉得自己的收获要比先前大了许多，而且这样也比以前轻松了许多。以前每天把自己搞得辛苦不堪而且没有效率。

给男孩的悄悄话

现代神经科学家认为，人脑潜能很大，一般人只是用了其中的少部分能量，还有相当大的潜能没有被开发利用。因此，只要科学用脑，就能不断开发脑力，充分发挥大脑在学习和实践中的作用，提高效率。科学用脑，就是要按照大脑神经活动的特点和规律办事，对开发智力、增强记忆力具有重要意义。

脑和人体的其他器官一样，遵循“用进废退”的原则。只要合理使用，不仅不会把大脑用坏，而且会越用越灵活，越用越出智慧。美国科学家富兰克林说：“懒惰像锈一样，比操劳更能消耗身体，经常用的钥匙总是闪闪发光的。”英国神经生理学家科斯塞利斯和米勒通过脑电波的研究发现，随着年龄的增长，脑电波的波形会发生变化，会出现老化波型。然而从事非脑力劳动的人比从事脑力劳动的人出现老化波形更早。他们的结论是，人们的大脑受训练越少衰老越快，勤于用脑可以延缓大脑的老化速度。

另外，要准确把握用脑的最佳时间。科学用脑就是要掌握大脑的活动规律，在大脑的最佳活动时间用脑。这样人们的学习和工作效率就会大大提高。所谓用脑的最佳时间，是指一个人精力充沛、脑细胞处于高度兴奋状态的时间段。人们的生理节律不是统一的，各自的最佳用脑时间不尽相同，有的人上午大脑活动特别有效，学习、工作精力充沛，有的人则在其他时间工作效率更高。

注意科学掌握用脑的最佳时间，并不是说只在最佳时间用脑，而是说在组织各种活动时，要不失最佳用脑时机，依据大脑一天记忆的最佳时间合理安排不同类型的活动。比如：在日常学习和工作中，把复杂的脑力劳动如理论学习、高深知识的记忆和创造性活动尽量安排在最佳记忆时间段来进行，而把一般性、重复性或体力劳动安排在大脑的非最佳记忆时间来进行。

心理学家认为，记忆是一个过程，并且当你记忆的时候，实际上就是你把保存在大脑中零零碎碎的信息进行重建的过程。科学家证实，以下几种方法可以帮助你的大脑得到合理的使用：

1. 大脑喜欢色彩，颜色能帮助记忆。

2. 大脑集中精力最多只有 25 分钟，所以学习 20 到 30 分钟后就应该休息 10 分钟。

3. 大脑需要休息，才能学得快，记得牢。如果你感到很累，就要先休息。

4. 大脑像发动机，需要燃料。英国一项新研究显示，饮食结构影响你的智商。

5. 大脑需要水。专家建议，日常生活要多喝水，保持身体必需的水分，而且一天最好不要饮用相同的饮料，可以交换着喝矿泉水、果汁和咖啡等。另外，研究资料显示，经常性头痛和脱水有关。

6. 当你在学习或读书过程中提出问题的时候，大脑会自动搜索答案，从而提高你的学习效率。从这个角度说，一个好的问题胜过一个正确答案。

7. 大脑和身体有它们各自的节奏周期。一天中大脑思维最敏捷的时间有几段，如果你能在大脑功能最活跃的时候学习，就能节省很多时间，会取得很好的学习效果。

8. 如果身体很懒散，大脑就会认为你正在做的事情一点都不重要，大脑也就不会重视你所做的事情。所以在学习的时候，你应该端坐、身体稍微前倾，让大脑保持警觉。

9. 气味影响大脑。香料对保持头脑清醒有一定功效。薄荷、柠檬和桂皮都值得一试。

10. 大脑需要氧气。经常到户外走走，运动运动身体。

11. 尽量在一个宽敞的地方学习，这对你的大脑有好处。

12. 接受了外部环境的训练后，大脑学会了组织内部知道的技巧，你的记忆力会更好。

13. 当你受到压力时，体内就会产生皮质醇，它会杀死海马状突起里的脑细胞，而这种大脑侧面脑室壁上的隆起物在处理长期和短期记忆上起主要作用。因此，压力影响记忆。最好的方法就是锻炼。

14. 大脑并不知道你不能做哪些事情，所以需要你告诉它。用自言自语的方式对大脑说话，但是不要提供消极信息，用积极的话代替它。

总之，要提高大脑的活动效率，就要遵循大脑活动规律。既要积极地使用大脑，又要科学地保护大脑，做到事业和大脑的发展相得益彰。

在学习中加点儿创造性

思然是个爱学习的学生，但是他的学习和别人的学习不太一样，他的成绩中等，历史、政治之类的科目经常让他头大，他总是把那些年代和发生的大事乱搭线，为此，在历史课上经常引起同学们的哄堂大笑，但思然也不是一无是处。他的学习很有自己的特点。

遇见新的问题和新的知识点的时候，思然特别爱比较，也爱总结，数学课是他的舞台。学到立体几何那一段的时候，很多学生都在为画辅助线头大，因为面对那一个个奇形怪状的立体状图形，每走一步，都可能影响自己的解题思路，有时候一个辅助线画好了，这道题就是柳暗花明，直接能找到问题的答案，有的辅助线画上了之后，整个图形就会陷入一片混乱，跟着图形混乱的还有解题思路，很可能是繁复的计算过程外加自己都没有勇气再做下去的沮丧和气馁。

思然则很喜欢这样的模棱两可的图形，他每次做几何题目的时候，都要根据自己学到的知识和图形进行对比，将复杂的图形拆分成几个简单图形，这样，经过拆分之后，不仅看起来更加清晰，而且可以帮助他理清思路，迅速地找到问题的答案，有时候也会遇见难题，那么他就会重新回到原点，再从原点开始寻找解题思路，这样的过程循环往复，久而久之他就学会了这样富有创造性的学习方式，他的数学能力也得到了锻炼和提高。

在学校举办的数学知识大赛中，他结识了很多跟他一样的同学，相互交流的时候发现，他们在学习的时候不仅都注重记忆，而更多的是要理解知识，并且去追溯知识的源泉，甚至相似知识点的联系和区别，虽然看起来这样比较辛苦，但是这样进行学习，一旦掌握的知识就会成为牢固的知识基础，有助于新知识的触类旁通。

思然决定，以后在文科知识的学习方面也采用这样富有创造性的学习，只有这样才能达到成功吧。

大赛里，他见识了同学们的本领，当然还包括他们之所以成功的秘诀——创造性学习。

给男孩的悄悄话

创新犹如新鲜的血液，赋予人活力，促使文明不断地进步，几乎每一个科学家的身上都凝聚着创新力，他们的故事告诉我们，要不断创新，敢于质疑一切，正是这种创造性学习引导他们一步步攀登科学的高峰。

儿童时代的创造性是自发幼稚的，自发幼稚的创造性是不会长久的。事实上一般人的创造性如电光石火，瞬息即逝。而科学家一旦被激起好奇心理，它所点燃的思维火焰，不到问题彻底解决是不会熄灭的。因此，要想学有所成，仅有创造性还不够，还要不断地追随创造性学习，点燃思维的火焰，把学习引向深邃。

创造性的学习方法有：

1. 要激发自己的丰富想象，提高创造力水平。

2. 探源索隐。学习中，从事物的联系中思考。追索偶然发现的起因，在掌握知识的同时，探源索隐，追寻前人发现与发明定律、定理和公式的思路。从寻找事物的各种原因中，探索创新思维方式，激发自己提出解决问题的办法。

3. 要善于比较，从比较中打开思路。不谋求唯一正确答案，要"逼迫"自己通过不同的思路达到同一目标。从比较中，发现新问题、新情况，发现老问题的不同解决办法，发现已知情况的新变化，使自己的创造欲在执着的追求中受到激发。

4. 立体思考。要研究认识对象的一切方面、一切联系和"中介"。纵串横联，立体思考，从事物方方面面的联系上，去发现问题和发现与问题相关的各种关系，从而获得解决问题的方法。

多掌握几种思维方法

浩然参加了班主任组织的一个主题班会活动，这个主题班会的名字就是巧妙思维。他跟同学们一样，都是带着好奇心来听这个班会。

老师一改往日开班会先做演讲的风格，上来就给同学们拿来了一堆乱七八糟的东西，有火柴、小镜子、水杯、牙刷……都是生活中的日用品，大家都不知道老师葫芦里卖的什么药。教室里安静极了，只有老师摆放杂物的声音。

第一个环节，老师把全班同学分成了 6 个小组。看来要小组竞争了，大家的精神立马紧张起来，进入备战状态。

第二个环节，老师要求每个小组尽可能多地列出这些日用品的用途，最后，6 个小组要看哪个小组联想到的用途最多。哪个小组就获胜。

大家待老师宣布完游戏规则之后，便立刻展开了热烈的讨论，最开始的时候，大家的思路都局限于平时的日常用途，实在想不出来还有什么特殊的作用，每个日用品大概也就只能想出那一个或者两个用途来。比如牙刷，也就是用来刷牙的嘛，除了刷牙还有其他的用途吗？大家抓耳挠腮地讨论着，试图挖掘出更多的信息和资料。

浩然他们组也紧张而热烈地讨论着，生怕自己的小组落后的同学们拿出了自己的看家本领想象这些日用品的其他用途。

讨论结束，各小组说出了自己的答案，连他们自己都吃惊，这些看起来不起眼的日用品居然有这么多用途，而且很多用途都是他们平日里不常想起却是很有用的方面。大家都惊叹自己小组智慧的力量。

老师最后笑着总结了发散思维的好处，同学们才恍然大悟，原来我们只要开动脑筋，就会发现这个世界真的很奇妙。

给男孩的悄悄话

谈到思维，简单地说就是思路，就是思考问题的路线、途径。思考问题都要遵循一定的路线途径，也就是都要运用一定的思维方法。碰到困难时，学会用正确的思维方法去思考，往往很轻易就找到了解决的方案。

但是思维方法究竟有哪些，这却是很多人并不熟知的，下面我们就简要地介绍几种常用的思维方法，希望给男孩们提供帮助。

1. 平面思维法

“平面”是针对“纵向”而言的，“纵向思维”主要依托逻辑，只是沿着一条固定的思路走下去，而平面则偏向多思路地进行思考。打个比方：在一个地方打井，老打不出水来。纵向思考的人，只会嫌自己打得不够努力，而增加努力程度。平面思维法思考的人，则考虑很可能是选择井的地方不对，或者根本就没有水，或者要挖很深才可以挖到水，所以与其在这样一个地方努力，不如另外寻找一个更容易有水的地方打井。

比较而言，“纵向”总是放弃别的可能性，所以大大局限了创造力。

而“平面”则不断探索其他可能性，所以更有创造力。

2. 侧向思维法

假设你是一家电影公司的职员，现在，公司要在另外一个城市开一家新的电影院，于是安排你做一件事情：在 1 ~ 2 天的时间内，帮公司寻找一个最适合开电影院的地方。你该怎么做呢？

电影院生意要兴隆，就得人气旺。而人气要旺，就必须将位置选择在人流量多、消费能力强的地方。这时，很多人很容易根据常规思维，用测算人流量的方法去解决，其中最直接的方法（正向方法），就是每天派人到各处实地考察，但这样需要耗费大量的时间和精力，短时间内得出结果根本不可能。还有一种办法就是请专门的调查公司去做调查，那花费肯定是不小的。除这两种方法外，有一种方法要巧妙得多：那就是可以到将要开设电影院的城市的所有派出所进行调查。调查的目标十分简单：哪个地方平时丢钱包最多，然后就选择丢钱包最多的地方开电影院。而这样做是因为钱包丢失最多的地方，就是人流量最大、消费活动最旺盛的地方。这个方法就是侧向思维法。它的具体做法是：思考问题时，不从“正面”的角度去考虑，而是通过出人意料的侧面来思考和解决问题。

3. 系统思维法

系统思维是一种逻辑抽象能力，也可以称为整体观、全局观。它的核心就是从整体性原则出发，考虑问题时坚持立足整体、统筹全局、把握规律。运用系统思维，有利于解决较复杂、较烦琐的难题，从而收到一举多得、事半功倍的效果。

4. 联想思维法

联想思维是指人们在头脑中将一种事物的形象与另一种事物的形象联系起来，根据它们之间共同或类似的规律，从而解决问题的思维方法。

1944 年 4 月，苏军决定歼灭盘踞在彼列科普的德寇，解放克里木半岛。4 月 6 日，已进入春季的彼列科普突降大雪，放眼望去，大地一片银装素裹。苏联集团军炮兵司令在暖融融的掩体里，注视着刚进来的参谋长，只见他双肩落了一层薄薄的雪花，其边缘部分在室内的暖气中开始融化，清晰地勾画出肩章的轮廓。司令员突然联想到：天气转暖，敌军掩体内的积雪也将融化，为了避免泥泞，他们肯定要清除掩体内的积雪，暴露其兵力部署。于是，司令员立即命令对德军阵地进行连续侦察和航空摄像。苏军只用了3个多小时，就从敌军前沿阵地积雪出现湿土的情况中，推断出敌人的兵力部署。苏军立即调整了进攻力量，一举突破防线，解放了克里木半岛。

5. 超前思维法

超前思维，是指多角度、全方位地分析事物的历史和现状，从现实出发，认识未来，把握未来的发展趋势，获得常人不能得知的信息，从而提前做出正确判断的思维方式。它一旦被人们所掌握，就会对事业成功起巨大的推动作用。

第二次世界大战后，战胜国决定在美国纽约建立联合国。洛克菲勒家族听后，立即出资买下一块地皮，并将这块地皮无条件赠予了联合国。同时，洛克菲勒家族亦将毗连这块地皮的大面积地皮全部买下。对此，很多人不理解，他们纷纷断言，洛克菲勒家族将破产，但让所有人惊叹的是，联合国办公大楼刚刚建成完工，毗邻它四周的地价便立刻飙升起来，相当于赠款数十倍、近百倍的巨额财富源源不断地涌进了洛克菲勒家族财团。

洛克菲勒家的超前思维，真令人拍案叫绝。

6. 发散思维法

发散思维又叫辐散思维、求异思维。根据已有信息，从不同角度、不同方向思考，从多方面寻求多样性答案的一种展开性思维方式。

在一次欧洲篮球锦标赛上，保加利亚队与捷克斯洛伐克队相遇。当比赛剩下8秒钟时，保加利亚队以2分优势领先，一般说来，已稳操胜券。但是那次锦标赛采用的是循环制，保加利亚队必须赢球超过5分才能取胜。可是仅用剩下的8秒钟再赢3分，谈何容易。

这时，保加利亚队的教练突然请求暂停。许多人对此举付之一笑，认为保加利亚队大势已去，被淘汰是不可避免的，教练即使有回天之力，也很难力挽狂澜。

暂停结束后，比赛继续进行。这时，球场上出现了众人意想不到的事情，只见保加利亚队员突然运球向自家篮下跑去，并迅速起跳投篮，球应声入网。这时全场观众目瞪口呆，全场比赛时间到。但是当裁判宣布双方打成平局需要加时赛时，大家才恍然大悟。保加利亚队这出人意料之举，为自己创造了一次起死回生的机会。加时赛的结果，保加利亚队赢得了 6 分，如愿以偿地出线了。

男孩们，多掌握几种思维方法，相信对你的人生和事业将大有裨益。

展开想象的翅膀

于佳南思维活跃，并且语言机智幽默。六年级三班的课堂上只要有他绝对不会冷场。在佳南的带领下，班里的其他孩子也积极思考，踊跃发言。三班的任课老师常常惊异孩子们的奇思妙想。

佳南从小就是一个喜欢动脑筋的孩子，他的脑子里装满了许许多多奇怪的想法，以至于爸爸妈妈怀疑这么小的脑袋怎么可以装下这么多东西呢？

他简直就是十万个为什么，比如看到书中说“太阳公公下山了，月亮姐姐出来了”，他就会问：“为什么不是太阳姐姐，月亮公公呢？太阳是男的，月亮是女的吗？”他的很多问题，身为名校高材生的爸爸也常常答不出来。

没有答案，他就会开动脑筋自己想，想起来后就会兴高采烈地向别人宣布他的思考成果：“我知道了，太阳是男的胆子大，所以敢在白天出现，月亮是女的，胆子小，只有等到晚上没有人的时候才敢出来！”

老师上课讲道：“山顶洞人也是爱美的，他们不仅在脖子上套着一条条五光十色的兽牙和卵石项链，还有更加漂亮的贝壳和鱼骨项链呢。”这时候佳南看着教科书上的图片就会问：“既然他们这么爱美，为什么头发这么长了都不去理发呢？”这时候又引起了全班同学的讨论，这个说：“他们认为乱糟糟的长头发是美的，就像唐朝以胖为美一样。”那个说：“不对，因为那时候没有剪刀。”三班的课程进度总是慢于其他班级，但是学习成绩上却遥遥领先。孩子们开动思维快乐地学习。

于佳南特别喜欢看《名侦探柯南》，他总是跟着剧情的发展不断地推理猜测，案件越是复杂悬疑，他的兴趣就越大。事实证明，佳南的很多推测都是对的，每次猜对，他都会觉得特别有成就感。

他还是一个热爱生活的孩子，在学校里积极参加课外活动，还组织同学们参加一些社会实践活动，到当地的敬老院、福利院献爱心。在家里，帮助爸爸妈妈做家务。通过这些，佳南更加认真地观察了生活，对很多事情都有了更深的了解，这下这个想象力丰富的男孩有更多的事情要发问了。

给男孩的悄悄话

想象力让于佳南的生活有超越常人的精彩，相信他未来的人生之路会如他的想象世界一般五彩斑斓。对于青春期男孩的丰富想象力，有人说它脱离实际、毫无价值。其实这是一种片面的理解。人类离不开想象，它对现实生活有着推动和促进的作用，对科技的发展、文艺的繁荣、社会的进步功不可没。

1861 年，素有“科幻小说之父”之称的美国著名作家凡尔纳，曾在一部小说里描绘了以下想象：美国的佛罗里达州将设立一个火箭发射站，火箭从这里发射，飞往人们心仪已久的月球，他还具体描述了飞行员在宇宙飞船中失重的情景。

令人感到不可思议的是，刚好过了 100 年，到 1961 年，美国真在佛罗里达州发射了人类第一艘载人宇宙飞船。而且，宇航员在太空的许多失重情景，竟和凡尔纳在想象中描写的差不多。

不仅如此，直升机、雷达、导弹、坦克、电视机等，也都在凡尔纳的小说中有了雏形。

第二次世界大战初期，德国人制造的潜水艇，与凡尔纳小说中描绘的相差无几。

第一个把宇宙飞船送上太空的俄国科学家齐奥尔科夫斯基，也是从凡尔纳的小说《从地球到月球》里得到启示的。

可见，想象能打破传统的束缚，创造出辉煌的成就。

爱因斯坦曾说："想象力远比知识更重要。"智慧比知识的水平更高。因为智慧就是创造力。那么，决定创造范围的想象力当然比知识更重要。但我们必须记住，知识是基础，是绝不容忽视的。

想要拥有丰富的想象力。需要我们不断地进行思考训练，使自己的思想有飞跃的发展。拿破仑说："想象支配人类。"只要我们的想象力不衰竭，我们的创造力就永不会枯竭。如此，人生能够长久地停留在"保鲜期"，保持活跃的思想、敏捷的行动。

青春期男孩在加强想象力的培养方面，应注意以下几点：

1. 在看到或听到故事或者任何事件的过程中，要不断练习猜想的能力，多为下一步、下几步想想，养成预测的习惯，这有益于想象力的开发与培养。

2. 凡事都要问个为什么，养成好奇的习惯。这是激发想象的源泉，也是推动想象力发展的动力。

3. 想象的材料来源于客观现实，只有对现实认真观察，才能在头脑中留下关于客观事物的感性形象，感性形象太少，想象就难以丰富。

4. 比喻和类比是想象力的花朵。一般来说，善于打比方的人想象力都比较活跃，所以平时在讲话和写作中，你不妨多用一些比喻和类比。

不能一味追求唯一答案

5 班的课堂上总是吵吵闹闹，这令老师们很头疼，但是这群孩子们的精神也挺让老师们觉得兴奋，在这个班里讲课总是会被争论打断，甚至有的时候一节课就只能讲一道题目，而老师们根据这些孩子的特点不得不修改了自己在5班讲课的讲义。

一个题目有时候会不止一个答案，其他班的孩子们都基本上想要迅速地找到一种解题方式，迅速地解决这个问题就算是圆满完成任务了，但是5班的学生不这样，他们对一道题目，不同的人总能提出不同的解法，而且每种解法都有各自的特点，比如这个可能是运算简单，但是过程比较长，容易出错，那个可能是构思巧妙，但是一般人很难找到突破口，每个孩子都有自己的思维方式和特点，寻找解题的方法也就不同，因此他们班的课堂上，总是有不同的声音在维护自己的观点。

每堂课就像是场辩论赛，而课堂的主角很多时候都是一个叫孙超的男生，这个戴眼镜的瘦瘦的男生，脑子里好像蕴藏着无数的想法，任何时候，他脑袋上的小灯泡一亮，就会有新的想法冒出来，有时候老师也会惊叹这个孩子的聪明之处。

不追求唯一答案的5班，同学们为了找到自己独特的见解，每天都对那些要学的内容冥思苦想，早就理解了那些知识点的内涵，所以对于他们来说，考试的时候出现在卷子上的试题不过是小菜一碟。

别的老师经常会向教5班的老师取经，怎样才能把学生教育得这么活跃，并且能够钻到学习中去?

老师们也只能感慨地说，这群学生身上有种不服输的劲头，他们在孙超的带领下，每个人都注重探索问题的答案，不再追求唯一答案，这样的一群孩子，让他们的学习跟别的班级学生有着很大的差别，也许你会担心他们的课程进度和学习效率，完全不必担心，他们的成绩在年级众多班级里遥遥领先。这样一群孩子，收获到的将不仅仅是标准答案。

给男孩的悄悄话

在学习中不能一味追求唯一答案，其实真正快乐的学习，往往就在于对答案的探寻中，哪怕你给出的答案是错误的。

有位大学教授曾这样说：“一个读完大学的普通学生，一共要经历二百六十多次的测验、考试，于是那些‘标准答案’的观念在他们心中根深蒂固，所以他们很多人都坚信，一些问题仅有唯一标准的答案，而这种观念也一直在支配着他们的学习。”

学习中，我们往往为了追求这个唯一正确的答案，而局限了自己的思维，并且觉得学习是件辛苦的事情。因为答案是唯一的，稍不留神，便是徒劳无功，若遵循这种想法，便会产生一种内在的压力，学习起来自然容易疲劳。

但事实是，学习中的大部分问题并不是这样的，任何一门学科、公式和定理都是人创造出来的，我们需要做到活学活用，这样，学习才有趣味可言。可是在大多数学校里，教给学生的却是“定理和公式是肯定的、一成不变的”，这是很荒唐的。正确的做法应是让学生明白“定理和公式是可以改变的”。

如果长期受这种“唯一标准答案”的影响，会被它破坏了我们轻松学习的习惯，还会束缚我们的思维。如果说学习的结果只是为了追求唯一正确的答案，那么必将是一件非常可悲的事情，同时我们所积极提倡的一切快乐、轻松地学习也将化为乌有。甚至，我们还会给自己蒙上一层惧怕学习的阴影，因为谁也不能保证，我们的答案恰巧就是正确的。

现在问你这样一道最简单的数学加法题：“一加一得出的结果到底是多少？”你应该眼也不眨一下就说：“等于二，没错的！”错了！那只能说明你对数学颇有研究，但并不能因此而肯定你会考高分！即使如此简单的试题，也还是有一些数学家对这个结果提出了质疑：“一加一确定等于二吗？”也许在数学理论中可以这样认为，但如果拓展到化学、物理，甚至哲学，接着再扩大到宏观的宇宙世界里，很显然，这种说法肯定是站不住脚的！虽然这是世界上最简单的加法运算，但还是有一加一不等于二的例外。所以我们对学习中的问题不要太过武断，更不要去钻牛角尖，不论是答案还是方法都一样。

错误的答案未必就一定不好，至少它让你知道，正确之外还存在一种错误的可能方式，而这就是最大的收获。

“唯一标准”不等于追求完美，所以它不能代表快乐，也不会给我们带来快乐。相信答案不是唯一的，我们才能学得更轻松、更快乐，我们的学习才会卓有成效。

抓住灵感的火花

当学校举办“绿色环保，低碳生活”创意服装秀的大赛通知下达到各个班级时，高二（1）班，顿时像炸开的油锅一样沸腾了起来。身为班长的朱桦，站在讲台上，清了清嗓子，对同学们说道：“刚才我念的就是此次创意服装秀的要求，既要提倡绿色环保，又要有所创意，希望我们大家一起出谋划策，设计出新颖独特、绿色环保的服装，争取此次比赛给老师和同学们留下深刻的印象。”

班长话音刚落，同学们就三三两两地说开了：“既然是绿色环保，在服装的设计上就应该考虑一下我们身边的废旧品，用废旧品做原料。”“仅仅这样也不行，还要有要创意，像利用塑料袋、废报纸等设计成服装，这已经没有什么创意了。”团支书刘雨瑶说道：“看来这次比赛，想要博得老师和同学们的称赞，还真的有一定的难度。不管怎样，大家一起动动脑筋，想想办法。”

正当大家陷入沉思，教室里格外安静的时候，对卡通漫画一直很痴迷的陈俊同学，坐在座位上，看着他从家里带来的一套手机充值卡上的卡通漫画，哈哈大笑了起来：“哇！这个卡通形象太可爱了，快！你们来看看。”刘雨瑶听后说道：“我们大家都在这里冥思苦想，你还有心思玩，你能不能认真点啊！”此时，班长看着陈俊手中的手机充值卡，若有所思。突然间，他灵机一动大声地说道：“有啦！陈俊你可是一大功臣啊！”大家一听，十分地疑惑，忙说道：“班长，你开什么玩笑，就陈俊这样还是功臣呢？”“是啊！陈俊手中的手机充值卡就是我们这次服装的材料啊！”性子急躁的何冰再也按捺不住了：“班长，你快说啊！这小小的充值卡怎么能成为服装的材料呢？”

班长笑着说道："看着陈俊手中的充值卡，我突然想到可以把一张一张的充值卡粘贴起来，设计成古代战士盔甲的形状，向老师和同学们展示一场现代绿色环保的盔甲服装秀。""这个主意不错，废弃的充值卡可以再利用，最主要的是设计出来的盔甲新颖独特。我家有很多用过的充值卡，现在终于派上用场了。"何冰补充道。陈俊抬起头看着大家说道："为了班级利益，我把搜集到的充值卡全部拿出来，发挥它们更大的用处。"大家听后哈哈地笑了起来。

经过全班同学的共同努力，几套风格迥异，新颖独特的盔甲出现在了全校老师和同学们的面前，T 台下响起了阵阵掌声。

给男孩的悄悄话

青春期男孩们，当灵感如闪电、如火花一般在你脑中飞过，你能牢牢地抓住它吗？

灵感，又称顿悟，它是一种高度复杂的思维活动，是人们在实践活动中因思想高度集中而突然表现出来的一种精神现象。在创新性思维酝酿构思阶段，由于某种事物或现象的启发，促使创造者茅塞顿开，一下子突破了思维上的障碍，使思维跃进到明朗阶段，这种突变式的思维形式就称为灵感思维。

有个人叫杰克，繁忙的工作之余最大的爱好便是溜冰。收入微薄的杰克为到溜冰场溜冰花费了不少钱，手头非常拮据。杰克最向往冬天，因为冬天可以到雪地里"免费"溜冰。可是春天一来，这些天然溜冰场便消失了。

有什么补救的办法呢？杰克针对"溜冰场地"冥思苦想，除了想到人工制造冰场的方案外，也没有什么好的办法。即使有了人工冰场，皮夹子空空的杰克也只能望场兴叹。

一天，杰克的头脑中突然闪过一个念头：我干吗老在"冰场"上兜圈子呢？溜冰，溜冰不就是一个溜字吗？只要能让人的身体溜来溜去，不就是一种乐趣吗？

于是，杰克开始集中思考怎样让人"溜"起来。他在观察了会溜的玩具汽车后，突然一个灵感涌上来：“要是在鞋子底面装上轮子，能不能代替冰鞋？这样的话，一年四季都可以溜冰了。”

经过几个月的努力，杰克终于把这种鞋做出来了。不久，他便与人合作开了一家工厂，专门生产这种被称为旱冰鞋的产品。他做梦也没想到，产品一问世，就成为世界性商品。没几年的工夫，杰克就赚了 100 多万美元。

因为一个灵感，杰克发明了旱冰鞋，不仅方便了他人，自己也因此得到了丰厚的回报。青春期男孩活跃，灵感很多，但时常任其白白流逝，可采取以下计划来发掘捕获灵感：

1. 随时记录灵感

由于灵感具有稍纵即逝的特点，如果不及时记录，过后恐怕很难再回忆起来。所以许多杰出人物都非常重视灵感的记录。

托尔斯泰说：“身边永远要带着铅笔和笔记本，读书和谈话时想到一些美好的地方、语言都要把它记下来。”

果戈理有一本厚达 400 多页的“万宝全书”，里面什么内容都有，上至天文地理，下至生活琐事，有时他外出散步，听到或临时想起什么趣事，就快速跑回家，翻开这本“万宝全书”记下来。

贝多芬有一次散步时忽然来了灵感，便蹲在地上写了起来，行人看见有人挡在路中央自然十分生气，但当大家看清是贝多芬时，便都停止了脚步，一直到贝多芬写完。

2. 多问自己几个“为什么”

如果不通过向自己提问许多“为什么”，历史上那些杰出人物就不会产生创新性的见解。他们总是透过所有的表面现象去寻找真正的问题。他们从来不把任何事情看作理所当然的结果。

那些不明确的，看来似乎是一时冲动提出来的问题，往往包含着更多的创新性思维的火花。

3. 经常表达出自己的想法

青少年一旦有了想法，不管是什么样的想法，都要表达出来。如果是独自一人，就对自己表达一番；如果身处群体之中，就告诉其他人共同进行探讨。你想要有创造力，就必须照料好大脑里每一株“杂草”，把它们当作一株株有潜在经济价值的新作物。把你的不寻常的离奇想法说出来，把它们从头脑中解放出来。使你有机会更仔细更充分地去审视、探索和品味，去发现它们真正的实用价值。

4. 永远充满创新的渴望

满足于现状，就不会渴望创造。时时保持创新的激情，灵感才可能出现。

换个角度考虑问题

“老师，不好了，周玲玲的演出裙子在来的车上被弄破了，怎么办呢？” 老师和同学们一听心里十分地着急，现在演出马上就要开始了，已经来不及另外再找了，怎么办呢？“周玲玲可是代表学校参加全市中学的文艺表演比赛啊！不能给学校给班级抹黑啊！她付出了很多的心血，才排练好这支独舞啊！”班长李冰着急地说道。“老师，都怪我不注意，不小心弄破了这条演出的裙子。”周玲玲低声地说道。

老师安慰道：“这事不怪你，现在还有一点时间我们大家一起想办法解决这个问题。”现在裙子上破了这么大一个洞，已经不适合穿在身上在舞台上进行表演了，也没有足够的时间再去另找一条合适的裙子了。大家正急得团团转的时候，李冰陷入了沉思。他想既然来不及另找，何不利用一下这条裙子，进行简单的加工呢。他突发奇想，找来一把剪刀，对周玲玲说：“快点，脱下这条裙子。”“你要干什么？”“快啊！没时间了。”

在他的一再催促下，周玲玲疑惑不解地脱下了裙子，递给了他。李冰接过之后，用剪刀干脆再上面剪了许多的洞，还把裙边剪成了一条条的丝带状，美其名曰“凤尾裙”。这让同学们眼前一亮，没想到一条破了的裙子，竟然能变得这么漂亮，不得不称赞李冰的奇思妙想。

周玲玲穿上这件“凤尾裙”，在舞台上伴着音乐翩翩起舞，优美的舞姿再加上那新颖独特的裙子，给评委老师留下了深刻的印象，并获得了高度的赞扬。

给男孩的悄悄话

男孩们，遇到难题时，你会反转自己的大脑吗？

适当运用逆向思维，将会获取出其不意的效果。盲目跟随别人、照搬旧有经验，会束缚手脚和大脑，轻易地败给别人，败给自己。

逆向思维，指不同于习惯和常规的思维，即思考和解决一个问题不是从习惯的正面入手，而是“倒过来想”“反其道而行之”，或从某个侧面切入，从而找到新视角、新突破口。对于这种方式，人们已经不陌生了，然而一旦遇到具体的实际问题，人们还是习惯用常规思维，很多本来可以解决的问题，也就被人们看成无法做到、难以解决的问题了。

世间万事万物都是相互联系的，人们掌握的知识也是多门类多学科的，因此，面对一个思维对象，不能更不必仅仅局限于传统习惯，不能更不必死守一个点。学会反转一下大脑，你的未来之路将越走越开阔。

青春期男孩在反转大脑、标新立异时，可借鉴以下几点：

1. 鼓励自己怀疑、反驳、否定前人包括自己在内的理论和既定的做法；鼓励自己向专家、学者以及自己提出挑战；鼓励自己敢于突破旧框框，超越一般人。

2. 勇敢地发表自己的见解，在科学和真理面前，相信科学，服从真理，与老师、前辈建立民主、平等的学术或工作关系。

3. 要大胆地走自己的路，只要认准了，不管别人怎么说，如何嘲笑，都应义无反顾地向前走，去夺取最终成功，而不能半途而废。

摆正学习的心态

好态度决定好结果

王攀一直觉得自己是个笨学生，他的成绩平平，表现平平。上次参加一个智力测试的结果刚好印证他对自己的判断，他的智商处于中等偏下的那个群体。但是这个测试结果，是以不同以往的形式呈现给孩子们和家长们的。据说这是一个心理学教授的实验，具体的事情王攀也不清楚。

但是王攀的妈妈被叫来了学校，同时来的还有一些其他孩子的家长。那个教授和学校的校长给家长们开会，说是他们的孩子都是测验出来智商很高的孩子，需要家长的配合才能挖掘他们的才能，把他们的智力水平发挥出来。这些家长们面面相觑，他们都是那种经常在家里数落孩子，骂孩子是个笨蛋的家长们。

听教授这么一讲，自己心里都充满了悔恨，后悔自己不该那么粗暴地说孩子笨，看来是自己的评价耽误了孩子的智力发挥。

家长们回去了。王攀紧接着就发现妈妈好像变了一个人，突然对他的学习和生活表现出了极强的好奇心，还时不时地听到她和邻居聊天的时候夸奖自己进步的事情。以前总是跟邻居抱怨自己的笨儿子如何如何，现在突然变了。学校里老师的态度也变了，经常关注他，问他问题，给他一些额外的帮助。学校里风传有一批智商很高的孩子就要出现了。

王攀也开始觉得自己没那么笨了，起码，他上课不睡觉，开始认真听讲，发现老师讲的东西自己都可以掌握，开始自己去主动地学习，发现学习也没那么累。最惊奇的是，在学期末的考试里，自己前进了好多。

回去告诉妈妈的时候，她都乐开了花。王攀自己想想，智商好像也没什么变化，只不过以前总是被老师催着，被妈妈催着做作业，现在变成了自己主动写作业，主动看书，主动和同学们交流。然后他就进步啦。

所以等以后，妈妈在人前夸奖他聪明的时候他就分辩说：“那是因为态度变了。”

给男孩的悄悄话

男孩们，你可曾注意到自己对待生活和学习的态度，你是否以一个认真积极的态度做着每一件事？其实，态度有着比能力更强的神奇力量，这是经过科学和实践屡次印证了的真理。从这个意义上说，好态度也是一种本领。

美国哈佛大学罗伯特博士曾做过一次令人瞩目的印证“态度”神奇力量的实验。

他选定了三组学生和三只完全一样的老鼠。

他对第一组学生说：这是一只世上最聪明的老鼠，你们要在六周的时间内好好训练它，以便使其能在最短的时间里冲出迷宫。为奖赏它，你们要在终点多备些可口的乳酪。

他对第二组学生说：这是一只很普通的老鼠，它智力平平，经过六周的训练它能否走出迷宫还是个未知数，你们不要抱太高的希望。终点上的乳酪随意你们给多少。

他对第三组的学生说：这是一只反应迟钝的老鼠，经过六周的训练要使它走出迷宫简直比登天还难。因此，终点上你们没必要准备乳酪。

经过六周的训练，最终的结果是：第一只老鼠迅速准确地冲出了迷宫。第二只老鼠虽也通过了迷宫，但时间用得多些。第三只老鼠并未到达终点。

最后，博士说出了谜底：实验用的老鼠同出一窝，没有智力上的高低之分。

同班的同学、同窝的老鼠，实验结果何以如此迥异？关键在于博士的引导使三组学生产生了截然不同的态度。这个实验告诉我们一个深刻的道理：以不同的态度面对相同的实验客体，出现完全不同的结果也是意料之中的事情。

我们每个人都面临着光怪陆离的大千世界和风雨起伏的坎坷人生，其实，大自然从本质上赋予每个人的最初能力是大同小异的。然而人与人之间存在的差异，归根结底就是每个人人生态度、学习态度的差异性。

相比较而言，态度胜于能力。一个人的生活态度决定他的人生高度。

如果说客观条件和智商是成功的一个条件，那么态度就是使你更快迈向成功的助推器。很明显，客观条件和智商一旦成型，很难改变，而态度则不同，态度可以靠自己把握。能不能登上成功的山峰取决于你对待这座山峰的态度。记住，你的脚永远比山还要高。

所以每一个青春期男孩都要以认真负责的人生态度走好每一步，只有这样你才能拥有一个与众不同的人生。对待学习也是如此，如果你觉得自己智力平平，也没有优越的物质条件，那么你完全没有必要自卑，因为一个好的学习态度会为你赢得更高的荣誉和更大的进步，对于那些认真生活和学习的人，无论是老师还是社会上的其他人士，都会另眼相看，这也将是你将来取得更好发展的资本。

一勤天下无难事

郝强和多多是同桌，郝强很羡慕多多什么都懂，而且成绩也好。他经常要多多给他讲，为什么多多比自己厉害。多多一般都会谦虚地拒绝，说自己也跟郝强一样是个普通的学生。但是郝强总是不满意，他特别想知道多多的秘诀。

多多满腹经纶的样子，让郝强看着都羡慕，郝强也希望自己说话的时候能够像多多一样引经据典，看起来很有学问的样子。尤其作文课上，那优美的词句简直是太迷人了。

多多禁不住郝强的软磨硬泡，答应郝强，传授秘籍给他。

周一早晨，升旗回来，多多神秘地掏出了一个小册子。郝强好奇地伸手拿过来，“原来你把武功秘籍都写在这个小本子上给我了，我是不是要先练心经？”郝强笑着调侃。

多多说：“这个可不是给你的，只是让你看看，这个本子我还得继续用呢。”

郝强打开本子，前面是多多的时间安排表。满满当当，周一到周五写满了不说，连周末都被排得满满的，甚至还有三个月才到的暑假的日程都有了。而且每天除了上学写作业之外，他还有好多时间是排了看书的。

再往后翻，郝强真的震惊了，后面全是书的名字，内容大概可以用包罗万象来形容了。半个本子上都是一个个书名，郝强禁不住问：“多多，你把这些书都看了？”那些繁多的书目让郝强眼前有些眩晕。他不敢相信这些多多都读过了。

多多边收拾自己的书桌边回答：“是啊，都看了，但是有的只是扫了一遍，没有精读，了解就好了。”

大家都16岁，郝强突然觉得自己很惭愧，一样的16岁，可是，我们做的事情却不一样，回家除了写作业，大部分时间都贡献给了电视机的郝强突然发现勤奋的力量。

勤奋不是一朝一夕的事情，但是勤奋能帮人打开知识的大门。郝强抄下了多多的时间安排表，他打算，自己从今往后也做个勤奋的人。

给男孩的悄悄话

多多看起来是那么与众不同的男孩，但他并没有拥有什么过人的智慧或者天赋，只是比其他男孩舍得下功夫。中国有句俗语“一勤天下无难事”，说出了一个很深刻的道理：通向成功的路没有捷径，一切事业的成功，都需要勤奋作为基础条件，只要勤奋，成功大门便会敞开，就等你走进去。勤奋不仅是成功的秘诀，也是打开真理大门的钥匙。

马克思写《资本论》，辛勤劳动，艰苦奋斗了40年，阅读了数量惊人的书籍和刊物，其中做过笔记的就有1500种以上；我国历史巨著《史记》的作者司马迁，从20岁起就开始漫游，足迹遍及黄河、长江流域，汇集了大量的社会素材和历史素材，为《史记》的创作奠定了基础；德国伟大诗人、小说家和戏剧家歌德，前后花了58年的时间，搜集了大量的材料，写出了对世界文学和思想界产生很大影响的《浮士德》；我国年轻的数学家陈景润，在攀登数学高峰的道路上，翻阅了国内外的上千本有关资料，通宵达旦地看书学习，取得了震惊世界的成就……

无数的事实其实都是在向我们揭示同一个道理，那就是：成功来自勤奋，成功在于勤奋。智慧不是自然的恩赐，而是勤奋的结果。只有握住勤奋的钥匙，才能打开知识宝库的大门。

发掘无限的潜能

杨波家住在偏僻的山村里，在几年的小学学习中，杨波的成绩都是一枝独秀的。暑假后杨波升入了市里的重点中学。

和新同学比起来，杨波觉得学习似乎有些吃力，一点都不敢懈怠。尤其是英语，杨波发现，自己和同学们的水平相差悬殊，以前对英语听力、读写不是特别重视，现在在英语听力、口语上，明显落后其他同学。要强的杨波很是着急。

杨波明白，虽然现在的成绩很差，但这只是一时的落后，只要刻苦，就一定会把英语成绩赶上来。

从那之后，杨波就给自己定下了目标：在一个学期之内，要成为班里英语成绩最好的学生之一。为了激励自己，他的桌子上，铅笔盒上到处到贴着小纸条：“英语，加油！”“坚持，你能行！”

意志坚定的杨波每天都与英语相伴:背诵单词文章,听英语磁带,读《书虫》系列的书，写英语日记。他的学习渗透到生活的每一个角落,坐在公交车上他会认真地听英语报站,拆包装,会看英文说明,碰见讲外语的外国人会大方地聊天。

虽然异常努力，但是杨波并不是“死读书”。他知道，只有身体健康、精神愉悦才能更好地学习。所以他不会刻意熬夜，早起去攻克英语。他只是把时间充分地利用起来。他的生活依然有序,学习、锻炼、学校活动都没有耽误。

原本英语基础不是很好的杨波，经过一段时间的学习，觉得英语是那么有意思，刚开始的时候是强迫自己学习，可是现在是真的喜欢上这门课程了。之前认为英语是枯燥的，可是现在却觉得英语是有生命力的,是用来交流沟通表达情感的。他对英语有了新的认识,开始更加疯狂地学习英语。

一个学期过去了，杨波不仅成了班里英语成绩最好的，还代表学校参加了市里举行的“中学生英语大赛”,在大赛中一举夺得金奖。他咨询老师，联系同学，在学校成立了英语角，现在他还担任学校英语广播电台的主持人。

杨波成了学校里的传奇人物，同时也激励大家：基础这么差的杨波都能成为“英语天才”，我们为什么不可以呢?

给男孩的悄悄话

苏联学者伊凡·业夫里莫夫指出：“一旦科学的发展能够更深入了解脑的构造和功能,人类将会为储存在脑内的巨大能力所震惊。人类平常只发挥了极小部分的大脑功能，如果人类能够发挥一半的大脑功能，将轻易地学会 40 种语言，背诵整套百科全书，拿 12 个博士学位。”这种描述并不夸张。

人类的大脑是世界上最复杂，也是效率最高的信息处理系统。别看它的重量只有 1 400 克左右，其中却包含着 100 多亿个神经元；在这些神经元的周围还有 1 000 多亿个胶质细胞。人脑的存储量大得惊人，在从出生到老年的漫长岁月中，我们的大脑足以记录每秒钟1 000个信息单位。现代科学研究表明，像爱因斯坦那样伟大的科学家，只用了自己大脑的1/10的功能，绝大部分脑细胞仍处于待业状态。而最新的研究更进一步指出，以前人们对头脑的潜能估计太低，我们根本没有运用头脑能力的1/10，甚至连1/100也不到。

无论用何种方法，通过何种途径，一旦潜能被激发后，你的行为一定会大异于从前，你就会变成一个大有作为的人。

潜能不管多么巨大，如果任凭它永远沉睡，不去唤醒它、点燃它、引爆它，就不会产生实际效用，没有半点价值。只有实现由潜能到显能的转化，变巨大潜能为巨大实力，才能够获得成功。要实现这一根本性的转化，青春期男孩须注意：

1. 培养良好的心理品质。它对开发人的潜能作用重大。

2. 提高身心健康水平。身心不健康，人的智力活动将受到压抑。

3. 学会学习。科学学习、创新学习、全脑学习、全身心学习等能使人更有效地发挥出自己的潜能。

4. 在使用中开发潜能。笛卡儿说："评价一个人不应当根据他的才能，而应当根据他怎样善于发挥才能。"

5. 选准最易突破的一点。面对种类繁多的各种潜能，并不需要对每一种潜能都投入完全一样的时间成本、精力成本去开发，那不仅分散了有限的精力，也很不现实。我们在全面了解、重视整体潜能的同时，应根据自己的优势，集中力量，选准一种关键潜能进行开发，取得突破，这样就能盘活整体潜能。

6. 承受适当的压力。人往往都有惰性，只有在一定的压力下，才能最大限度地开发自身的潜能。压力是促使进步的最好动力。

7. 根据自身的天赋、资质等客观条件开发潜能。人人都有自己的优势才能，人人都有自己的最佳发展区。最新教育观提出：由于每个人的特点不同，"每个人都应当有自己的课程"。每个人一定要根据自身特点，设计出自己开发、利用潜能的蓝图。

用成绩证明你的聪明

朱明是个聪明的孩子，从小大人们都是这么夸奖他的，他也认为自己很聪明，不过这个大家公认聪明的孩子在学校的成绩却一般。他认为那些爱学的学生都是榆木脑袋，如果自己稍微用功就能超过他们。但是那么学习根本没有意义。于是，朱明虽然挂着聪明的光环，在学校里的表现却非常一般。他在心里还一直瞧不起那些刻苦的同学，认为智商的高低才是真正区分人的优秀与否的重要标准，成绩根本代表不了什么。

班主任也找他谈过话，要他珍惜自己的聪明才智，好好读书，这样才有机会发挥自己的才智。但是朱明根本不把老师的话放在心上。直到有一天，班上成绩最好的一个同学受不了朱明一副骄傲自大的样子，向朱明下战书："如果你觉得你够聪明，我们就比一次成绩。如果我成绩不如你，就承认你聪明，如果我比你成绩好，你就别吹牛了。"朱明被那个同学用激将法将住了，不得不迎战。

他也开始认真学习，等到真踏实学习的时候，才发现，原来学习根本不像他想的那么容易，他从此决定，以后一定认真学习，无论是否能赢那位同学。

给男孩的悄悄话

有很多男孩学习成绩不好，却仍然很自豪，令人遗憾的是他们的自豪并不是因为在学习以外的其他领域取得了骄人的成绩，而是因为他们自认为"头脑聪明"，在智力上高人一筹，"我要是努力，我如果像小刚那么用功，早就排进前五名了"。

也许说这句话的人没有意识到，即使真的是自己头脑聪明，那么将造化赋予自身的天然优势搁置起来，任自己的智商老化，是一种"暴殄天物"的行为，让一种优点在自己的身上被无辜消磨而没有创造出应有的价值，是一件值得羞愧的事。

更何况，人与人之间智商的差别是非常小的，即使有个别天生聪明的人，如果后天不勤加学习和锻炼，原本的优势也会钝化，天才也会变成低能儿或者平庸的人。

脑子聪明没有什么了不起，每个人都有脑子，只是有的聪明些、有的笨些。笨鸟反而先飞，聪明若骄傲自满也只能是掉队的大雁。

即使你在班上脑子第一聪明，也没什么大不了，如果因为别人赞扬几句，就停下努力的脚步，那就是浪费。

有了好的材料还得锤炼、打造，方能变利刃，同样，有了聪明的头脑，不开发、用功，也是枉然。

看看你的班上学习成绩靠前的那些同学，他们的脑子未必就最聪明，而那些脑子聪明的，为什么不肯太用功呢？是他们太有自信，他们觉得这些都是小儿科、小菜一碟，于是他们不肯谦虚，不肯深入钻研，总是浮于表面。他们高估自己的聪明，没有挖掘出自己最大的潜力。

骄傲必定会落后，落后就会挨打。假如你的头脑还不太笨，还犹豫什么呢？这个世界不欢迎等待者，赶紧开始用功吧，骄傲只会使自己的潜能发挥不出来。

不要轻视课本内容

素质教育要求老师和学生们不要单纯地依赖课本，尽相信课本，不能简单地记忆和背诵课本知识。但素质教育也不是要求大家扔掉课本上的基础知识。

素质教育有另一个极端，而王峰就是这个极端里的学生。他非常讨厌课本知识，认为课本知识老土过时，他喜欢那种老师给了题目之后，大家各自靠着自己的资源去查阅资料形成报告的美国式教育，他讨厌中国填鸭式的教育。为此，他经常和老师们在课堂上抬杠，很多老师都批评并指点他要注意方式，但他还是坚持自己的观点，直到有一天，他真的要申请出国，参加语言考试的时候，他才发现，基础知识对于自己来说是多大的财富。

王峰虽然强烈地反对这种填鸭式的教育方式，也觉得课本上那些内容都是土得掉渣的东西，一点新鲜的理论都没有，但是他也不敢放弃自己的学习。勉强维持着对课本知识的学习，所以即使成绩没有那些爱学习的同学好，但是也基本能掌握基础的知识点。

申请出国的语言考试分为几个部分，听说读写当然必不可少，关于试题，还有一部分相当于考逻辑思维，很多都是数学题目，这些题目都是课本里的知识，也是基础的知识构成。靠着中国学生对基础知识的扎实掌握，王峰顺利地通过了语言考试。等到结果出来了才知道，原来很多其他国家的学生就是卡在数学这一关上。而这些数学题对于他和其他许多中国学生来说就是白白送分的题目。

后来他才明白，课本知识并没有他想的那么过时，基础的东西如果不掌握，其他的先进理论和知识就很难掌握。因为再高深的理论也是要靠着课本上这些最基础的原理和框架来支持和架构的，没有了这些基础，就如同没有根基的大树，就不可能屹立于天地之间，成为栋梁之才。

给男孩的悄悄话

“都什么年代了，还要学那些早已经死亡了的古代字词，还有那些烦琐的几何公式的推理过程……那有什么用呢？完全用不着嘛，学点实用的还差不多！”

或许你和王峰一样，有些瞧不起现在所受的教育。

和丰富快捷的网络相比，书本知识是那样的毫无生气，甚至老师的授课方式在你看来都是那样的中规中矩，充满程式化。

现在我们接受的教育就真的这么老土、没用吗？别忙着下定论。

你以为从前和以后的教育会有什么大的不同呢？

古希腊的学校课程在古代西方的影响最大。我们来看看公元前的古希腊。

古希腊的教育目的，重在文化陶冶，培养人的求知精神，其课程在智、体、德、美方面的配合，达到了极为和谐的程度。在理智方面，希腊人以“七艺”（文法、修辞、逻辑、算术、几何、天文、音乐）为基础；并且他们非常重视体育课程，把体育看作是纠正性格上优柔寡断和懦弱的方法，希腊的体育课程由跳、跑、角力、拳击、掷铁饼、投标枪等竞赛组成；还有道德教育和审美教育，戏剧的表演、诗歌的吟诵、舞蹈的动作，都充分表现了审美的元素，甚至游戏、运动和言语之间，也有节奏起伏、抑扬顿挫的讲究，用以培养学生细致、和谐的审美眼光。

唐朝是我国历史上的鼎盛时期，那时的课程涵盖广泛，不但识字、制度、伦理道德、历史故事、诗歌词赋等都包括在内，农工商各行业的知识与生活技能等也逐步融入课程之中。

现在的美国学校实行的是地方分权制，各州小学教育的情况不完全相同，但多数是7岁入学。读、写、算，要占课程的80%，另外设有自然常识、史地、音乐、体育等课程，有的学校还设卫生、缝纫、烹饪等。读《圣经》仍是小学教育的内容之一。

了解了这些，是不是可以发现，我们现在所接受的教育，其包含的课程几乎涵盖了每一门科学。语文、英语帮助我们更好地表达和交流，数学培养了我们缜密的逻辑推理，物理、化学、生物为我们打开自然科学的大门，体育强健我们的身体，音乐绘画开发我们的艺术细胞，哲学、政治、历史让我们理性和深刻……是不是已经包罗万象了呢？这些知识的学习让我们对世界和社会有了更为客观和全面的认识，在我们掌握了知识和技能的同时，也培养了我们的情趣，为我们今后的学习、工作打下了坚实的基础。

现在学校的课程内容一直在朝着优化和简化的方向进步，从而力求使我们能够更加快乐自主地完成学习。这也正是教育的根本。

一项学问，你学好了，它就为你服务，成为你一生的帮助，学得不好，就擦肩而过再也碰不到。你掌握的学问越多，你的帮手也就越多。

所以，不要看不起我们现在所接受的教育，它实际上几乎包罗了我们成长所需的各种元素。关键是学起来，为我所用！

艺术&才华

——腹有诗书气自华

有内涵的男孩爱读书

知识提升人的气质

石晓阳是个很不起眼的男生，起码在人群里，你不能一眼就找到他。但是如果你遇见他，你会发现他有些不同的地方。是更明亮的眼睛吗？好像不是，他戴着厚厚的眼镜，如果摘了眼镜，他的眼睛看起来像是睁不开的样子。但是他就是有那么点不一样，好像更有文化的样子。

其实，是因为读书的缘故，他看起来才和别人那么不同。他从小就很喜欢读书，每天都花很多时间看书，内容当然也是包罗万象，没有什么特别限制和偏好。不管是天文还是地理，不管是文学还是经济，他都涉猎，虽然有的书上的内容他基本都看不太懂，但是也会坚持读下去。

正是因为这样的积累和磨砺，石晓阳同学在班上才显得跟别人有点不同，也许是更有气质。起码，他在讲台上激扬文字的时候，看着也有那么点霸气存在于他的眉宇之间。

石晓阳参加辩论赛的时候，其他班的参赛队都很害怕他，因为他总是能够根据自己要论述的观点找出很多例证，让对方哑口无言。这样的时候，看着这个平凡的小男生，好像有点那种光芒四射的感觉，虽然他的长相平平，虽然他的个头偏小，但是看着自然就有那么一种气势蕴藏在他瘦小的身体里。

有时候，他又会显得比跟他一样年纪的同学更加忧郁和深沉，大概这个年纪的男生身上还不具备这么忧郁的气质。这样的忧郁会衬托出他的成熟的感觉。很多时候如果班上的同学，遇到了一些没有接触过的内容，就会去问他。和同学交往的时候，他还是那个热心而且知识渊博的“石博士”。

知识可以改变人的气质吗？温文尔雅，是不是需要通过读书来修炼修炼呢？

给男孩的悄悄话

古人云：“腹有诗书气自华。”具有渊博知识的人会散发出一种儒雅的风度。石晓阳身上的魅力，即是这种魅力。一个具有渊博知识的年轻人，远比那些随波逐流、见识肤浅的同龄人更有魅力。

渊博的知识是修养的前提。学识的素养，不是短时期可以装模作样的假象，而是在生活每个细节中的自然流露、自然表现。黄山谷曾说：“三日不读书，面目可憎。”可知读书求知的重要性。这也正是为何有的人面目平常，但谈起话来，使你觉得可爱、如沐春风；有的人为何满面脂粉，姿态万千，但交谈却风韵全无、索然无味的原因。

所以青春期的男孩要多读书，尤其要多读经典名著，从中吸取丰富的营养，使自己美好的青春年华更丰润。戏剧大师莎士比亚说过：“书籍是全世界的营养品，生活里没有书籍，就好像没有阳光，智慧里没有书籍，就好像鸟儿没有翅膀。”男孩子们，由此我们可以想到，读书对我们是何等的重要。正像俄国作家普希金所说：“书籍是我们的精神食粮。”男孩们，立即行动起来吧，向知识进军，用书籍点燃智慧的明灯。

书是人生最可靠的阶梯

爸爸常常对陈涵说：“陈涵啊！有位文学家曾经说过‘知识就是力量’这样一句话，力量大了就能解决比较多的问题了。如要想获取更多的知识，就必须不断地学习，去参加社会实践。现在你还缺乏相应的社会实践的能力，对你来说，从书本上获取知识，是最便捷的方式。”刚上六年级的陈涵对爸爸的话似懂非懂，并没有完全理解。

一个星期天的上午，爸爸有事没办法开车送他去少年宫学习书法，妈妈只能带着他乘公车前往，公车上的人很多，陈涵见有老奶奶上车，就主动把位置让给了老奶奶。自己和妈妈扶着座椅站着。突然间一个紧急刹车，车厢里的人全部向前倾倒。陈涵的头撞在了座椅上，额头上青了一块。他十分不解，为什么我的身子会向前倾倒呢，而我的脚却没有向前移动。

对这个问题他一直很困惑，很想知道这究竟是怎么一回事。他把自己的疑惑告诉了爸爸，爸爸并没有直接告诉他为什么，而是把一本《十万个为什么》递给了他，笑着说道：“你自己在上面找原因吧！”

陈涵接过了书，回到了自己的房间，认真地翻看了起来。经过一阵查找，他终于懂得了是怎么一回事。他高兴地对爸爸说：“我在书上找到原因了，是惯性造成的，看来我的头没有白撞。”爸妈听后，哈哈地大笑了起来。

给男孩的悄悄话

古今中外很多有成绩的人，对书都作出了高度的评价，其中高尔基说“书是人类进步的阶梯”，歌德告诉我们“读一本好书，就是和许多高尚的人谈话”，别林斯基认为“好的书籍是最贵重的珍宝”，由此可见书的重要性。书是我们一生中的良师益友，书不仅可以使我们获取知识，还可以培养我们的性情，对我们品行的形成起到了重要的作用。

青春期男孩正处于性格形成的重要时期，在此期间通过看书，培养自己的性情显得格外重要，但并不是所有的书都“开卷有益”，现在社会上由于监管力度不够，许多不健康的书籍出现在各大市场上，常常出现在男孩们的眼前。这就需要男孩们进行辨别，在浩瀚的书籍海洋中，吸取精华，舍弃糟粕。

此外男孩还可以把自己看过的好书推荐给其他同学，共同讨论，品味名著带给我们的精神享受。同时男孩自己也要有自制力，学会约束自己，远离不健康的书籍，避免对我们的成长造成不利的影响。

青春期男孩的心智还没有成熟，对事物还缺乏较强的辨别力，作为老师、家长，我们有义务帮助孩子们选择读后能沁人心脾的好书，为孩子的成长提供一个良好的环境，在书的海洋里畅游。

为自己列一个书单

在覃健的书桌上，有一本十分特别的记事本。上面写上“小说”“历史故事”“人物传记”“漫画书”等字。覃健从小就养成了一个良好的习惯，他不仅爱好看书，还喜欢把自己看过的每一本书分门别类地记下来，其中包括书名、作者、出版日期、出版社、于哪年哪月看完等。当他读到自己最喜欢的一本书时，他会做上特别的记号，推荐给其他的同学，甚至还会写下自己的读后感，与同学做交流。

此外他也会把同学向他推荐的书名记录下来，等有时间的时候再看，同时也会为自己拟一个看书计划。覃健爱好读书，阅读的书籍涉及范围特别广，古今中外都有所涉及，既有科普知识类、文学类，又有人物传记类、卡通漫画类。

在读小学的时候，覃健并没有为自己列一个书单，阅读的书籍也相对比较少。现如今，已是高中生的覃健，阅读的书籍越来越多。为自己列一个书单，这个书单既是覃健阅读量的直接体现，又是对修养身心过程的一个记载，又增强覃健的自信。

给男孩的悄悄话

一张薄薄的书单是我们青少年的精神财富，它记录的不仅是我们阅读量的多少，更是塑造青少年人生观、价值观、世界观的一种体现。一个人在青少年时期看什么样的书，读书在他的生活中占什么样的地位，往往能决定他今后的精神生活是否丰富多彩，与对生活的感悟和态度、对人生的理解有着密切的联系。

青少年不要把长长的书单看成是向别人炫耀的资本，那不是我们列书单的本意，在每本书名的背后应该是我们阅读后的一些思考和评价，对我们有点心灵上的触动。青少年与作者对话、与书中的人物进行对话，当我们遭到困难和挫折时，还能想到我们曾经读过的书，那张书单就是我们战胜自我的精神动力所在。

青少年们从现在开始，为自己列一个书单吧！写下那些伴你一路成长的好书。让那些影响你一生的好书，留下精彩的一笔吧！在自己的精神世界里，慢慢体会看书学习带来的快乐和富有。

在阅读中把握人生航向

学校开展了“读书月”活动，同学们当然得在这一个月多读几本书了，要不然怎么能叫“读书月”呢。可是读什么书呢？同学们有各自不同的想法。刘冕喜欢科幻小说，于是他决定在这一个月，读两本科幻小说。马林喜欢在家里摆弄他的电脑，于是他决定这个月要看一些有关计算机软硬件的书。刘建祥喜欢看漫画，这个月他可高兴啦！因为他可以借此看许多漫画书。王飞则比他们深沉多了，他喜欢看世界名著，于是他决定在这个月看完《浮士德》。

一个月之后，学校里进行了一次调查。结果老师发现，刘冕的理想是当一名科幻小说作家，马林想当一名计算机工程师，刘建祥想当一名漫画家，王飞则想当一名文学家。原来在阅读中，他们已经选择好了自己人生的航向。

给男孩的悄悄话

老师们总是这样告诫自己的学生，知识爆炸的年代需要我们每个人学习的东西越来越多，社会知识量的急剧增长也要求我们多读书、多学习，在阅读中把握人生的航向。

读书，可以让我们了解世界，看清自己的未来。通过读书，我们更能正确地把握人生的航向。也许每一个人所需要的书不一样，但人们在阅读中受到的知识的熏陶是一样的。读书不一定能改变人生的长度，但它一定可以改变我们对待生命的态度。

美国著名作家杰克·伦敦在19岁以前，还没有进过中学。但他非常勤奋，十分热爱读书，最终通过不懈的努力，使自己从一个小混混成为一代文学巨匠。

杰克·伦敦的童年生活非常贫困与艰难，他整天像发了疯一样跟着一群恶棍在旧金山海湾附近游荡。说起学校，他不屑一顾，并把大部分的时间都花在偷盗等勾当上。不过有一天，他漫不经心地走进一家公共图书馆内开始读起名著《鲁滨逊漂流记》，他看得如痴如醉，并深受感动。在看这本书时饥肠辘辘的他，竟然舍不得中途停下来回家吃饭。这时候他才发现自己原来那么喜欢文学，于是他决心要当一名文学家。

从那以后，一种酷爱读书的情绪便不可抑制地左右了他。一天中，他读书的时间达到了10 ~ 15个小时，从荷马到莎士比亚，从赫伯特斯宾基到马克思等人的所有著作，他都如饥似渴地读着。19岁时，他决定停止以前靠体力劳动吃饭的生涯，改成以脑力谋生。他进入加利福尼亚州的奥克德中学。他不分昼夜地用功，从来就没有好好地睡过一觉。天道酬勤，他也因此有了显著的进步，只用了三个月的时间就把四年的课程念完了，通过考试后，他进入了加州大学。

他一直渴望成为一名伟大的作家，在这一雄心的驱使下，他一遍又一遍地读《金银岛》《双城记》等书，之后就拼命地写作。到1903年，他已经有6部长篇以及125篇短篇小说问世。他成了美国著名作家。

杰克·伦敦的经历表明，正是阅读改变了他的人生航向，让他重新发现了自己的人生追求。

人非生而知之、生而能之，知识都是通过不断学习获得的。就算是一个天才，他也要通过不断学习、不断读书来充实自己。

青春期男孩正处在学知识的重要阶段，更应该充分珍惜自己读书的权利，广泛涉猎各方面的知识，这样不仅能开阔自己的视野，还能够为自己的人生导航。

多读书，营造自己的精神家园

阅读成了秦勇最喜欢的一件事情，这也是他最大的爱好。他喜欢独自一人在灯光下，闻着淡淡的墨香味，进入书的海洋，走进书中人物的内心世界，体会他们人生中的悲欢离合。

在《平凡的世界》中，秦勇看见了平凡人过着平凡而不平庸的生活，在他们身上闪烁着人性的光辉，他们那股自强不息的精神，在环境恶劣的情况下仍然对生活充满了希望，这让秦勇深受感动。在《简·爱》中，秦勇看到了一个敢于反抗、敢于争取自由和平等地位的妇女形象，文中主人公的一言一行让秦勇对她充满了敬佩之情。在《茶花女》中，他看见了女主人公在污秽的环境中，敢于追求纯朴、正直的爱情，始终保持独立的人格和尊严，对她的遭遇深表同情，唤起了他那颗怜悯之心。

在这一本本的著作中，经过那无数次的阅读，秦勇仿佛看到了世间无数的悲欢离合，看到了平凡人物身上闪烁着的高贵品质，从中懂得了什么才叫做真善美。

“阅读洗涤人的心灵，让人的精神家园更加富有。”这句话是秦勇写给自己的人生信条。

给男孩的悄悄话

法国著名作家雨果曾经说过：“书籍便是这种改造灵魂的工具。人类所需要的，是富有启发性的养料。而阅读，则正是这种养料。”我国近代著名作家余秋雨也这样说过：“只有书籍，能把辽阔的时间浇灌给你，能把一切高贵生命早已飘散的信号传递给你，能把无数的智慧和美好对比着愚昧和丑陋一起呈现给你。区区五尺之躯，短短几十年光阴，居然能驰骋古今，经天纬地，这种奇迹的产生，至少有一半要归功于阅读。”这无疑突出了阅读的重要性。我们可以从书籍和社会实践中获取知识和智慧，但在书籍中获取知识只有通过阅读才能实现。

通过阅读，我们可以对人生、社会、世界有更进一步的认识；通过阅读，我们可以与智人对话。阅读，也可以启迪我们的智慧，在阅读中感受圣人伟大的人格和思想，让自己站在巨人的肩膀上，让自己的思想凌驾于伟人之上。

通过阅读，来开拓我们的视野，让思维更活跃，在阅读中增加我们生命的宽度和厚度，弥补人生的长度。在阅读中，建设我们美好的精神家园，让我们的精神世界比物质世界更加富有。

多读一些经典名著

徐磊语文成绩不好，尤其是作文，经常逻辑混乱，语句不通顺。老师和徐磊家长沟通后，建议徐磊多读一些课外书，并推荐了一些经典名著。

爸爸妈妈连夜列了一个书单，第二天就从书店抱回了一大摞书。什么《钢铁是怎样炼成的》《老人与海》《平凡的世界》《三国演义》……看着这些书名，徐磊的头都大了。无奈地被爸爸摁在椅子里，翻开厚厚的大部头。

每天放学回家后，爸爸妈妈都会监督徐磊读书，徐磊把读课外书当成了一件苦差事。常常坐在那半天翻不了一页，只是在那里装样子。他实在是不爱看那些枯燥的文字，尤其是这些书都不是他喜欢的。

看着徐磊看书时如坐针毡的样子，爸爸妈妈感觉不是办法，总不能“牛不喝水强按头”啊。爸爸妈妈一商量，决定不再对书目做限制，让徐磊自己选书阅读。

徐磊一听乐坏了，原来自己还有选择权。于是就去书店买了一套《金庸全集》。由于是自己喜欢的书，读起来津津有味，常常忘了时间。越读越有意思，简直是爱不释手，这下再也不用爸爸妈妈监督了。

一部书看完，回味无穷，徐磊再把自己认为精彩的地方仔细读一遍。比如“乔峰大战聚贤庄”一段，徐磊读了又读，只觉得荡气回肠，被乔峰的英雄气概彻底打动了。为此徐磊还写了读后感，和同学们聊天的时候也讨论书里的故事情节。

刚开始，徐磊读书挺慢的，一章往往看很长时间，逐渐读书速度越来越快。很快一套《金庸全集》就读完了。他从中体会到了读书的快乐，一下子就喜欢上了读书。

他接着又看了《水浒传》《三国演义》等书。现在徐磊学会了读书，看书时而快时而慢，根据自己的情况粗细得当。看《水浒传》他重点注意几个主要人物的性格特点，和主要的故事情节。读《三国演义》精读描写几场著名的大战的场面，还留意一些有意思的历史小故事。

现在徐磊和同学的话题不再只是讨论最近哪个游戏好玩。现在他会和同学讨论“宋江接受招安是对是错”“为什么曹操赤壁之战会大败”。

通过读这些名著，徐磊开阔了眼界，积累了大量的知识。现在徐磊的语文成绩提高得很快，也不再为写一篇作文而愁眉不展了。

给男孩的悄悄话

青少年时期是接受人类最优秀的文化遗产和阅读古今中外名著的黄金时期。有选择地阅读一些名著，对提高男孩的思辨能力、社会活动能力、心理体验能力、演讲表达能力大有裨益。

一位作家曾把没读过名著的人比喻为“精神上的残疾人”。

所谓名著，都经受了时间的淘漉和历史的筛选，都是历久不衰的畅销书。它们都有极强的思想性和高超的艺术性，对社会各层次的读者都有极大的吸引力。

名著像蕴藏丰富的矿山，每开掘一次都会有新的收获。例如《红楼梦》中涉及社会生活知识异常丰富，政治、经济、军事、文学、哲学、美学、园林建筑、宫室器物、花鸟虫鱼、星象医卜，几乎无所不包，简直是小型“百科全书”。

名著的思想倾向健康，能鼓舞人昂扬奋发、积极向上。名著的大主题，都是在歌颂人性的真善美，鞭挞假恶丑，在探索或表达人类的对真理、正义、爱情、理想的不懈追求。

那么，青春期男孩在阅读经典名著时，应注意哪些方面呢?

不动笔墨不读书。要把自己的读书心得、体会用自己的语言文字表达出来。

随读随记，读写并进，收效才能大。读完一部名著后，要回过头来总结一下，该记的记下来，该写的整理成文章。有计划有目的地阅读，就一定能够不断提高自己的思想修养和艺术修养，一生受用无穷。

古人有很多行之有效的读书方法，如朱熹的“三到”读书法，苏轼的“八面受敌”读书法等，都可以用作参考。要结合自己的阅读情况，根据自己的爱好、涉猎范围，确定适合自己的读书方法。

读名著要用发展的眼光、开放的头脑进行思考。做到古为今用、洋为中用。我们可以学习鲁迅先生的拿来主义，要善于用批判的头脑进行思考，广取长处，为我所用。

跟名人学做读书笔记

余浩最近在看名人的传记，看到了关于名人如何读书的事情。

很多人读书的时候都爱做笔记，通常一边读，一边研究，一边在旁边写上自己的读书心得，很多人读过的书里都有密密麻麻的笔记，再次翻看的时候，可能又会加上新的感想和认识，这样一而再，再而三,有的人读书积累的读书笔记比书本本身的字数还要多。当然，对书上讲述的内容也就理解得透彻了。

余浩也受到了启发，他觉得这样做读书笔记一定比自己只是看书收获要大很多。他也在自己阅读的时候尝试去做读书笔记。

开始的时候没有自己的感想，就在自己认为重要的句子上画标记，等后来也开始把读到的内容和自己以前看到的内容相联系，做出自己的评价和判断，他觉得这样读书不仅收获大，而且不枯燥。

看来读书笔记的学问还真不小，以前的他读书就像走马观花，现在认真做读书笔记以后，他觉得自己在阅读中获得了很多以前没有过的收获。

给男孩的悄悄话

读书笔记是我们在看书时，把自己读书时的一些心得或书中精彩的部分整理出来而做的笔记。俗话说“好记性不如烂笔头”，只有用笔以文字的形式记录下来，才能保存久远。许多名人都有做读书笔记的习惯，俄国文学家托尔斯泰就要求自己身边永远带着铅笔和笔记本，读书和谈话的时候碰到一切美妙的地方和话语都把它记下来。

伟人尚能如此，那我们青少年更应该学会做读书笔记。现在比较多的青少年没有做读书笔记的习惯，看完书的那一刻，顿时产生了许多的思考，深受启发，但很少会记录下来。一段时间过后，自然也就没有什么印象了。对青少年来说，做读书笔记有很大的好处。一是可以记录下文中优美的语句，在我们写作时可以借鉴。二是做读书笔记可以更好地帮助我们深入理解，方便我们记忆。三是可以锻炼我们构思、写作的能力。对我们的学习大有帮助，为此在今后的学习中，我们要有意识地培养自己做读书笔记的习惯。

青少年可以从采用摘要式读书笔记、评注式读书笔记和心得式读书笔记这三个方面锻炼自己。

在书本中环游世界

谭文的爸爸当初给他起这个名字的时候，就希望他成为像苏轼一样的文人墨客，希望他有文化、爱读书，希望他最好也能舞文弄墨，成为一代文豪。老爸的愿望这么强烈，谭文自然小时候就受了许多熏陶，从他开始认字，老爸就买了很多书堆放在家里，等待着谭文像寻宝一样挖掘到它们，并且能够从书里获得珍宝。

谭文确实是个不爱户外活动的孩子，从小就喜欢钻到书堆里，各种内容和主题的书都看，他最爱看的就是关于世界各地的地理和文化方面的书。他觉得这样读书，可以不用直接去外地就能达到旅行的目的。很多书里都介绍了比自己去寻找那些景点还丰富的材料。不仅能了解那些景观，还可以了解许多的风土人情。小谭文开心极了，他经常跟爸爸说，自己已经环游过世界了。老爸总是打击他："你是做梦环游的吧？我还去过外太空呢！"

谭文很不服气，他说："不信，你问问我，我知道很多地方，而且知道那里的人们天天在做什么。"

老爸看着儿子这么自信，也决定考一考儿子："好吧，那我问你，北方的房子为什么是平顶的，南方的房子为什么是尖顶的？"

谭文说："这很简单嘛，北方雨水少，需要的阳光多，当然平顶的房子接受阳光照射面积多，也不用考虑太多排水的问题，而南方嘛，雨水多，就要考虑房屋顶部积水的问题，尖顶的房子可以很好地排水嘛。而且，不是北方的房子都是平顶的，北方有很多地区，也是尖顶的房子，这还要看这个地方在历史上的建筑习惯呢。"

听了儿子的话，老爸觉得自己当初的一番苦心没有白费，甚是欣慰。而谭文也觉得，自己读书多了之后，可以在书本知识的帮助下环游地球。这样不仅更方便，更自在，还经济实惠呢。

给男孩的悄悄话

宇宙无限广大，世界纷繁复杂。

就算你一刻不停地将你感兴趣的事情都去体验一番，所得仍将十分有限。这时候，鲁迅先生的拿来主义就可以派上用场了。别人的实践经验，或者是所见、所闻、所听、所感，你都可以拿来学习了解。当然这比较麻烦，还要花力气搜集，最便捷的方式是：打开一本书！

从古到今，书里不知蕴藏了多少丰富的知识。历史和地理，星空和物种，外星人和诡异事件……你能想到的，书里都有涉猎。

让书带你去看看海底的发光生物，让书带你去感受"泰坦尼克"

沉没的瞬间恐慌，让书将人类始祖的真实样貌在你面前细细呈现……

很多人都是通过读书的方式来丰富自己的人生体验。我们通过书籍抵达想要了解的历史时空，得来的经验和感悟再拿来对照现实生活，往往就能得出一个更加正确的思考和行动了。

书对历史和现实的忠实记录，开阔了我们的眼界，让我们爱不释手。而那些虚构的故事和人物也常常令人为之感动，书中人物的性格、精神通过书本的传递，一点点影响和塑造着我们的价值观。

中学时代，不妨多读几本优秀的大部头书，它能帮你解答不少生活里遇到的现实困惑。把心投进去，到主人公所处的年代和事件中神游一番。目力的限制可能会带来时空的隔膜，思想则能够自由穿梭。

苏联著名作家奥斯特洛夫斯基著的《钢铁是怎样炼成的》打动了几代人的心。主人公保尔·柯察金成了人们心目中英雄的化身，而且由于他是从一个少年成长起来的平民英雄，他的故事对我们而言更具有启发性和激励性。我们在书里能看到自己生活里的影子，接受自己的不完满并努力追求美好。书一点一点锤炼着我们的人格和品质，书中人物的价值观也在潜移默化地影响着我们。

歌德说过："会读书的人用两只眼读，一只眼看纸面上的话，另一只眼看到纸的背面。"

同样的一本书，在不同年龄段，也会带给我们不同的感受。比如那些大部头，小的时候看着新奇，再大些看个半懂，年龄增长了，才能领会得更多。

可见，我们并不是为了读书才去读书，而是因为读书为我们打开了更多看世界的窗子，让我们体验到更加丰富的人生美景。

看漫画也能学知识

虽然陈晨已是一名高中生，但他并没有改变爱看漫画书的习惯，仍像一名小学生对漫画书那样如痴如醉，这让爸妈十分难以理解。

爸妈为此伤透了脑筋，现在高中学习那么紧张，哪还有时间看漫画书啊！爸爸越想越不能理解，气急败坏地说："你看看你，都多少岁了，怎么还像个孩子一样，那么喜欢看漫画书，这对你的学习没有好处。”陈晨也急了，立马回答道：“谁说对我的学习没有好处，看漫画书不仅是我缓解学习压力的一种方式，更重要的是还可以从中获取知识。漫画中的人物形象，是我画画的素材；人物间风趣幽默的语言，是我写作文时值得借鉴的地方；各类漫画书中讲述的故事是我写作时的材料。漫画中是如何塑造人物性格特征，故事情节又是怎样表现的，人物的表情反映了内心什么样的心理……这些方面都是值得我们学习和探讨的。漫画中体现的真善美是值得我们中学生永远学习的。”

爸爸一听，傻眼了，没想到儿子说得头头是道。听儿子这么一说，觉得喜欢看漫画书未必是一件坏事，漫画书中还有很多值得学习的地方，也能从中学到知识。

给男孩的悄悄话

漫画陪伴着青少年一起成长，已经成为了他们忠实的好伙伴，成了他们童年回忆里不可抹去的一道风景。在我们还不认识字时，漫画、小人书成了我们唯一的读物。可爱的卡通形象，常常成为我们笔下的人物，由那一幅幅漫画组成的故事情节，成了我们年少时讲故事的素材。那一本本的漫画、小人书成了我们年少时维持友谊的纽带。它们带给了我们无数的快乐，直到现在我们还会津津乐道地谈起。为此，家长不能因为认为漫画书对孩子的学习没有帮助而禁止青少年看漫画。

漫画中那诙谐幽默的语言、生动的人物形象、复杂曲折的情节，常常让我们这些缺乏自制力的青少年们沉迷其中而不能自拔。书桌、床头、书包等地方，经常能看见漫画书的身影，甚至还会有部分男孩在上课的时候忍不住想多看一眼而不认真听讲，如果影响到我们的学习，就得不偿失了！漫画书是缓解我们紧张学习压力的一种方式，但我们需要掌握好看漫画书的时间，避免影响到我们正常的学习作息规律。

我来组织读书会

梁宇在班级里有一个十分特别的头衔，他是班级读书会的会长。他把读书会办得有声有色，深受同学们的欢迎，为此他成了班上的一大功臣。

读书会的创办最先是由梁宇提出来的，他从小就喜欢看书，一本书没几天就看完了。为了满足他看书的需要，爸妈经常帮他买许多的书，他的房间成了一个小小的书店。当同学们得知他有很多书籍时，便经常向他借书，他总是很乐意借给同学。当他们对同一本书感兴趣的时候，免不了扎在一起进行一番激烈的讨论。

为了便于同学们之间互相借书，相互讨论，他向老师提议成立一个班级读书会。他说成立这样的一个读书会，可以方便同学之间互相借书，实现资源共享，如果每周能安排一个特定的时间，同学们可以谈谈自己最近看书时的一些体会，或就某一本书展开讨论的话，这样会更好。老师一听，觉得这是一个不错的想法，立即同意他在班上开这样一个读书会，并由他担任会长。

梁宇没有辜负老师和同学们的期望，在他的管理下，读书会不仅让同学们知道和了解更多的好书，更让同学们提高了口头表达能力和鉴赏能力。

给男孩的悄悄话

读书会的建立对青少年来说是另一个学习的平台，不仅能培养自己的组织协调能力，更是对如何处理好人际关系的一种学习。读书会为青少年提供了一个展示自我、思想碰撞的平台，使资源共享目的得到了实现。

青少年正处于思想比较活跃的时期，常常有许多新颖独到的见解，创办这样的读书会有利于培养男孩的创新思维。每个人都可以发挥自己的聪明才智，组织各种形式独特、内容丰富多彩的读书会，体现自己的价值，找到自信，体会成功的喜悦。

古往今来，众多的文人墨客都喜欢类似读书会这样的读书讨论活动，古代文人的曲水流觞，西方的各种沙龙活动，都是我们交流探讨的方式。

读书会，不仅是青少年课外学习交流的平台，也是学校活动、班级活动的重要内容，对青少年心身健康发展起到了重要的作用。青少年也应该积极踊跃地参加类似读书会这样的活动，锻炼自己，使自己成长得更快。

勤于读书才能跟上时代

在张建眼里，爸爸是个标准的成功人士，爸爸的学习经历就更不用说了，从小学到大学都是名校，而且一直是名校里的佼佼者，大学毕业之后，在那个大学生好像都是干部的年代里，爸爸没有像他的同学那样，迅速地接受了组织或者自己找到的工作，一工作就是几十年。当初进的哪个单位，现在依然在哪个单位。而是选择了读研究生，等他硕士毕业的时候，放弃了留校的机会，到社会闯荡。

如今，不到四十的爸爸，经营着一家自己的上市公司，带着张建和妈妈住在高档别墅小区，每天早晨吃过早饭，都会有司机接爸爸去公司。张建一直想，自己以后如果也可以过着这样的生活就好了。

爸爸并不像他听到的其他大老板那样，有无穷无尽的应酬，每天都需要在灯红酒绿的地方谈生意，老爸每天六点准时下班，等到张建和下班的妈妈回家的时候，老爸已经张罗了丰盛的晚餐。在张建看来，老爸就是一个标准的成功男人，事业家庭双丰收。

每天吃完饭，老爸有时候会和妈妈、张建聊些时事，大部分时候都会自己去书房看书。他书房里的书很多，除了经营之道之外，还有哲学的、计算机的、地理的、物理的、文学方面的书，如果说老爸是不忘专业，那他也就需要看看计算机方面的书籍，他大学时的专业是计算机，但是他什么都看，知识系统很庞杂。

张建很奇怪，有一天，他终于问起了老爸这个问题。

老爸温和地说：“傻孩子，知识都是有生命的，很快就会老化，如果我不能不断地把知识升级换代，很快就会落伍的。我们当年在大学学的计算机知识，现在小学生都普及了。不学习，根本就跟不上时代变化呀。”

张建若有所思地点头，如果知识不升级，就会被淘汰。这句话，让他的感触很深。但是具体有什么感觉呢，或许这句话对他来说也很重要。不过，他还要仔细想明白。

给男孩的悄悄话

一个渴望有杰出成就的人必须要有知识，必须要不断地学习。一个人无论他的目标是什么，如果不去学习，没有知识，那么这一目标只能是海市蜃楼。即使是一个智力平平的人，如果能够去储备足够多的知识，并将之转化为行动的力量，也同样可以出类拔萃。

现代社会信息更新很快，可以说，如果不继续学习，我们就无法使自己适应急剧变化的时代，就时刻有被时代淘汰的危险。据美国国家研究委员会调查，半数的劳工技能在 1 ~ 5 年内就会变得一无所用，而以前这段技能的淘汰期是 7 ~ 14 年。特别是在工程界，毕业 10 年后所学还能派上用场的不足 1 / 4。

因此，不断学习也是我们青少年的必要选择，只有不断地学习，不断为自己充电，才会拥有一个永远加速的未来。

如果我们沉溺在对昔日以及现在表现的自满当中，学习以及适应能力的发展便会受到阻碍。学习和工作如逆水行舟，不进则退，不管你有多么成功，你都要对自身的成长不断投注心力，如果不这么做，学习自然无法有所突破，终将陷入停滞甚至是倒退的境地。

知识就像机器，也会折旧，只有终身学习，才能不断进步。社会在不断地发展变化，学习就像逆水行舟，不进则退，没有原地踏步的。只不过随着年龄的增长，学习不再局限于课本，而是更宽泛、更自然。

学习带给我们知识，更带给我们提升自己的原动力。认真对待它，学习就会潜移默化地变成我们的一种生活习惯，让我们终生受益。

用琴棋书画丰富生活

从音乐中找寻好心情

音乐就像是心里流淌的河流，伴随着耳机里那些流淌的音符，贾飞的坏心情也随着那流动的音乐河流流走，他开始沉浸在那些跳动的节奏中，虽然一直在操场的看台上坐着，但是刚刚因为考试失利的那些沮丧情绪仿佛都被有魔力的音乐驱赶走了。

他的好心情也随着音乐跳跃着赶来。听音乐是个调节心情的好方法。贾飞平时就喜欢听音乐，他觉得很多时候音乐能让他焦躁不安的心情平定下来，让他感受到平静的内心世界，不再为生活的困难而沮丧，重新集聚战胜挫折和困难的勇气。

没事的时候就听音乐，听音乐是贾飞的娱乐方式，也是他的生活态度。从流淌的音乐里寻找自己的内心，寻找在学习疲惫时候的放松，寻找在紧张不安时候的安慰，寻找在沮丧无奈时候的奋进精神。

不同的节奏能带给贾飞不一样的感受，不同的音乐在不同的情绪中播放，总能让他找到自己的好心情。他在音乐中寻找自己，寻找自己的好心情。

给男孩的悄悄话

现如今越来越多的人喜欢听音乐，人们也常常出入各种演奏会，感受高雅的音乐听觉艺术。像古典音乐、民族音乐、网络流行歌曲、校园民谣等音乐，经常在我们耳边响起传唱。青少年每天都能接触到很多的新事物，喜欢追求时尚和赶潮流，对新鲜事物有着很强的接受力。对音乐的热切关注，更是青少年日常生活中不可缺少的一部分。某明星最近出什么新歌了，新歌的曲风怎么样，好不好听成了青少年间经常谈论的话题，因此各种音乐手机和音乐播放器备受青少年的欢迎。

音乐是我们日常生活中的调味剂，听音乐不仅是一种娱乐和享受，更是一种对心灵的洗涤。在音乐的世界中，我们可以释放我们压抑的情绪，获取身心上的娱乐，为我们的生活增加更多的乐趣。音乐还是一门直通心灵的艺术，风格迥异的曲风、情感真挚的歌词、饱含深情的演唱，常常能让我们与音乐产生共鸣，释放出我们自己的情感，让生命到达另一种境界。在音乐中培养青少年的真性情，感受生命的多姿多彩。

听，梵·高在说什么

美术课讲到了西方的画作。看着美术课本上梵·高的画大家都感觉非常新鲜。那些线条看着毫无秩序，又组成了一幅和谐的画面，很少接触到西方的油画作品的同学们听着老师讲那些他们不曾听说的故事，感受着来自异国他乡的文化。

方明也是其中的一个学生，他喜欢画素描，关于美术的知识知道的比别的同学多些，但是他也没有系统地去领会西洋美术的美好之处。现在在老师的幻灯片里，在自己的课本上，他认真地观看着那些油画作品，他们的画作和中国画有着很大的不同，他们采用的多是浓重的色彩，还有那些粗犷的线条，对细节的描摹也非常突出。这些特点让人仿佛回到了当时的那个情境中。

方明在这些绚烂的画作中徜徉，想象着作者画这些画的时候可能出现的事件，那些复古的服装，那些优雅的绅士和淑女，那样明澈的蓝天，那样柔软的草地，仿佛把他带入了一个童话世界里，让他流连忘返。

绘画里藏着和真实的世界不一样的世界。在作者笔下的世界融合作者的观察和角度，这些西洋美术给了方明又一个艺术宝库的钥匙。

给男孩的悄悄话

西洋美术兴起的时间比较长，特别是欧洲文艺复兴时期，出现了众多著名的美术大师，如达·芬奇、米开朗琪罗、拉斐尔等，创作出了《最后的晚餐》《蒙娜丽莎》等传世之作。由于创作的风格不一样，由此产生了众多的派别，如浪漫派、印象派、抽象派等，这些派别的画作在雕塑、建筑、绘画等美术门类中都有所表现，并获得了世人的好评，至今仍是人类宝贵的精神财富。

西方美术对绝大多数的中国人来说还比较陌生，较少接触专业美术知识的青少年对此更是知之甚少。在对学生进行“德、智、体、美、劳”全面培养的今天，更是缺少不了对美术的学习。青少年参观西方美术展、了解美术发展史、学习专业的美术知识，对自身的全面发展具有重要的作用。通过对中西美术画作的对比，不仅能开阔学生的视野，还能激发学生的创作灵感，提高艺术鉴赏能力。

在中西对比中学习，在比较中进步。欣赏学习一幅西方名画，不单单是对作画时间、作画地点、作家创作时情景的了解和把握，更是对画家独特的审美能力、审美眼光的学习。青少年们应多关注这些世间杰作，提高自己的审美水平。

放开歌喉，唱出心声

“骁勇，你等等我，等等我啊！”唐骁勇回头一看，原来是同班同学李宏利，他急匆匆地追了上来。骁勇停了下来，李宏利气喘吁吁地说：“你怎么那么快就走了啊！我正想跟你说呢，明天是周末，我们去唱歌吧！放松一下。”骁勇连忙说道：“我不想去，一来我不会唱歌，五音不全。二来还有很多作业要写呢。”“去吧！刘军他们几个也会去的，在那里我们好好地娱乐一下，缓解一下我们紧张的学习压力。在那里体验一下当‘明星’的感觉，满足一下我们的明星梦！”

在李宏利的软磨硬泡下，骁勇最终还是答应了他的邀请。第二天晚上，他们几人如约来到了娱乐城。这里的人真多啊！既有青年学生、高级白领，又有中年人，还有头发苍白的老年人。既有人在这里举办生日聚会，又有人在这里办庆功宴，还有人在这里洽谈生意。在服务员的带领下，他们几人走向了二楼的包厢。在走廊里，可以清晰地听见包厢里唱歌的声音，经典老歌、网络流行歌曲、外文歌曲、戏剧等，随之飘进了耳朵里。

他们一进入包厢，整个人变得十分轻松。李宏利径直走向点歌台，精心筛选大家喜欢唱的歌曲。刘军拿着麦克风，兴高采烈地说：“趁着这样的机会，我们一定要好好地放松一下，体验一下当‘明星’的风采。骁勇，在这里就放开歌喉唱，这也是一种宣泄的方式。我们的三大原则就是‘大声、大胆、大概’，不追求音质音色，我们要的只是快乐！宏利，你点好歌了没有？快点啊！今天我们要当一回‘K 歌之王’，把心中的压抑和不快，统统地释放出来。”宏利急忙说道：“马上就好！”

音乐响起，大家都没有了拘谨。完全沉浸在音乐的世界里，大家拿出了自己的看家本领，其动作和神情都与歌唱明星十分相似，享受到了音乐带来的快乐。大家的烦恼、忧伤全被音乐带走了，放开歌喉，开心地唱了起来。当骁勇演唱《我的未来不是梦》这首歌时，同学们都响起了热烈的掌声。“真没想到，我们班还真是卧虎藏龙啊！骁勇说自己不会唱歌，没想到他的歌声这么动听，真是一个演唱人才啊！”“现在才知道，骁勇这么厉害啊！完全可以代表班里参加学校的校园十大歌手比赛了。”

骁勇听到同学们的称赞后，开心地说道：“我很少来这里唱歌，今天充分地感受到了音乐带来的快乐，现在感到十分轻松，最重要的是在这样音响设备较好的地方，真的过了一把‘明星’瘾，对唱歌有了一点自信。”

“开心就好，适当地放松，也是为了更好地学习。”李宏利接着说道。

给男孩的悄悄话

美丽的人生中，唱歌、跳舞是不可或缺的。自由、陶醉、愉悦，表现一回自己，甚至暂时地发泄不快，尽在其中。过去，找个清静的地方痛快唱歌、伴着曼妙的音乐展露歌喉是奢侈的事情。今天，随着现代影音技术的发展，人人都可以到包房中一亮歌喉，当一次“K歌之王”。

“不需要舞台只要有歌喉，不需要专业只要有快乐”，这是爱唱歌一族的口号。不同于以往的晚会现场清唱表演，包厢里的模拟演出更让人投入感情，达到出神入化的境界。人们的娱乐方式和娱乐生活由此改观。

在娱乐城清洁幽雅的环境里唱唱歌，的确使人放松身心，感觉很闲适。借助先进的电脑点歌系统和亲友来一段赛歌表演，把音响设备调到模拟状态，然后是模拟、掌声，融洽的气氛扑面而来，这种难得的体验是令人心旷神怡的。

熏染国画的人文情致

程波涛跟着爷爷去参观国画展览了，听说这次展览的作品都是国画大师的精品，作为国画爱好者的爷爷就拉着程波涛去看画了。爷爷希望孙子能看到国画的美，也能喜欢中国传统文化的精粹。

波涛随着爷爷来到了展览中心，大厅里到处都是大幅的国画，有的是彩色画，有的是水墨画，都是惟妙惟肖，那些花草、动物看着都活灵活现的样子，波涛被这些画的意境所吸引，驻足在一幅幅国粹面前，陶醉于这薄薄的纸上蕴含的深厚功夫。

他多想自己也能在大大的白纸上肆意挥洒，挥毫泼墨，画出自己心中的美丽世界啊。很多画作的下面还写着注释，都是对画的一些简单解释，看着那些优美的文字，让人陶醉的国画，波涛觉得自己仿佛来到了另一个世界。

回来之后，爷爷又给他讲了很多关于国画的故事，还有一些国画大师的生平事迹，他在国画的人文熏陶下，也开始慢慢被国粹所吸引，以前总觉得爷爷喜欢的都是老掉牙的东西，真的接触到这些国画作品的时候，才知道这是一个五彩缤纷的世界。

给男孩的悄悄话

中国画历史悠久，它与西方美术作品有所不同。中国的绘画形式用笔墨作画，画作内容十分丰富，如花鸟虫鱼、山川美景、人物肖像等。在艺术创作上，融汇了中国众多的传统文化，反映出了中华民族的审美情趣，把中国人在哲学、宗教、道德等方面的认识融入其中。中国的画家在创作中对西方画作有着许多的借鉴和学习，如齐白石、徐悲鸿等人。通过他们的努力使得国画散发出新的时代风采，使得中国传统文化与西方文化有了很好的交流与借鉴。

近几年，学校、社会和国家都十分注重青少年传统文化的学习，以让他们继承和弘扬中国传统文化，而国画就是其中杰出的代表。在画作中了解国画的特点，认真鉴赏国画的创作手法以及画家在画作中寄托的情感等，这些都是我们青少年们要学习的。

也许我们一时无法懂得如何去欣赏，但这不是我们不去了解和学习的托词。青少年要学会主动接受，在强大的好奇心的驱使下，去了解中国的国画，学习国画，实现对传统文化的继承和弘扬。

做个聪慧的小棋手

晚饭过后，张琳做完了作业就迫不及待地从房间里拿出跳棋，央求着爸爸与他一起下棋。此时，爸爸正在客厅认真地看着电视，他跑了过去哀求着说道：“爸爸，我的作业做完了，你答应过我的，我俩一起下跳棋。”“好，好，爸爸答应过你的事，就一定办到！”“太好了，终于可以和爸爸一起下棋了。”

妈妈也凑了过来，笑着说道：“你们俩谁输了，谁就帮着我洗碗做家务。”张琳和爸爸满口答应道：“没问题。”下棋正式开始了，张琳先行，爸爸跟着张琳下了同一步棋。张琳想着要把最远的那枚棋子最先到达对方的棋盘，这样可以减少很多的压力。为此，张琳的目光死死地盯住这枚棋子，绞尽了脑汁。而爸爸却不着急，慢慢地为自己牵线搭桥，构思好每一步棋。张琳费了很大的劲，还让那颗棋子胜利地到达对方的棋盘。正当他得意扬扬的时候，爸爸的棋子连跳几级，不费吹灰之力就进入了自己的棋盘，张琳看后都傻眼了。张琳似乎从中得到了点启发，决定整体作战，不能单个进行游击战。棋盘上的局势越来越复杂了，张琳举棋不定，思前想后，刚一落棋子，他马上就后悔了，刚才不应该走这步棋的。正当他下手悔棋，爸爸一把抓住了他的手，说：“落棋后就不能悔棋了，你应该考虑好了，再走这步棋。”“刚才是我没看见啊！”张琳忙说道。“下棋的时候一定要眼观六路，看好棋局，这是对你考虑不周全的小小惩罚，不能悔棋。”张琳一听，只好接受了。

棋局对张琳越来越不利了，他苦苦地哀求道：“爸爸，这次你就让让我吧！”爸爸看着他苦苦哀求的样子，满口答应了。尽管爸爸一再让步，张琳最终还是输了。

“儿子，你还要多向爸爸学习啊！现在你的工作，就是帮我洗碗干家务。”妈妈笑呵呵地说道。“是！有了这次的经验教训后，下次我一定要赢，给爸爸一个洗碗的机会。”爸妈听后，高兴地笑了起来。

给男孩的悄悄话

男孩子大都爱玩棋，既娱乐身心，又开发智力。

棋是博弈的一种，它不像拳击、足球等运动项目以拼体力为主，下棋拼的是智慧，比的是谋略，斗的是心计。棋不仅是竞技或娱乐，还是一种文化，与棋有关的一些词语都已渗入生活中，如“星罗棋布”“棋逢对手”“举棋不定”“丢卒保车”“丢车保帅”等等。

世事如棋，棋亦如世事。破釜沉舟、步步为营、“一着不慎，满盘皆输”的事在现实中也并不罕见。青少年如果能从棋理中悟出做事之理、做人之理，则不但是棋坛高手，也可算是人生中的智者了。

生活中常见的有中国象棋、国际象棋、围棋、军棋、跳棋以及网上流行的五子棋。至于民间杂棋的种类，则不可胜数。

挥洒翰墨，写意人生

“爸妈，我的书法作品得奖了，还是一等奖呢！”蒋炳璇还没进家门，就在家门口大声叫喊道。院子里的邻居听见后，朝他竖起了大拇指：“璇璇，真厉害，功夫不负有心人啊！”刚从学校接女儿回家的王阿姨听说后，忙对女儿说：“晓寒，我们要向哥哥学习，认真练字，好不好啊？”晓寒急忙跑了过去，拽着他的裤子说：“哥哥，我要向你学习，也要得一个大奖。”院子里的邻居听见后，哈哈地笑了起来。

蒋炳璇书法作品得奖的事，传遍了整个院子。院子里的叔叔阿姨、爷爷奶奶都称赞他，“蒋妈妈你真是教子有方啊！”“小小年纪就能写一手好字，不简单啊！”蒋妈妈听后，心里十分高兴，为儿子感到骄傲。

说起练习书法，蒋妈妈知道儿子付出了很多的心血。由于受到爸爸爱好书法的影响，蒋炳璇从小就喜欢练习书法。看了爸爸那苍劲有力，遒美健秀的毛笔字后，他决心要向爸爸学习，练习书法。在爸爸的指导下，他从如何拿笔开始学起，一横一竖都要认真地反复练习。刚开始，他按照爸爸的要求练习最简单的笔画。两三个月过去了，他十分不理解为什么爸爸还是要求他练习横竖这样简单的笔画，完全可以练习其他的笔画了。他决定跟爸爸好好谈谈，晚上他走到爸爸的书房，看见爸爸正在认真地练习书法，走近一看爸爸也在练习简单的笔画，这更让他好奇了。爸爸练习了十多年的书法，许多的书法作品还参赛得奖了，为什么还要练习这样简单的笔画呢?

爸爸抬起头看着他，笑了笑说道："练习好一横一竖，是我们练习好书法的基础。如果连这样的基础都不具备，又怎能写好毛笔字呢?练习书法，要有一颗持之以恒的决心，没有这样的恒心，不经过长年累月的练习，是不会进步的。练习书法，不仅仅是为了写一手漂亮的毛笔字，更是对我们意志与品质的培养。字如其人，欣赏一幅画作往往能从中看出这位作者的性格品质。爸爸希望你能坚持努力，终有一天会有所收获的。"蒋炳璇听后，羞愧地低下了头。

回到房间后，他拿起了毛笔继续开始一横一竖简单笔画的练习……

给男孩的悄悄话

书法是我国特有的、形体丰富的传统造型艺术，已有3 000多年的发展历史。中国书法一般使用圆锥形的软笔来书写汉字，并要求达到精、神、美的艺术效果。书法主要有行书、楷书、隶书、篆书、草书、魏碑等体。书法最早是指写字记事的技艺，随着书体渐多、技法逐精，书写内容成为表现书者的内在精神因素，以致发展成为一门独特的艺术，形成一整套完整的技法。

历史上书法名家众多，有钟繇、蔡邕、张芝、王羲之、王献之、颜真卿、柳公权、褚遂良、苏轼、米芾、赵孟頫、董其昌等等。

书法是一种构成艺术，它是依靠毛笔运动的灵活多变和水墨的丰富性，在纸面上形成有意味的黑白构成。它也是一种表现性的艺术，书写者的笔是他手指的延伸，笔的疾厉、徐缓、飞动、顿挫，都受主观的驱使，成为他情感、情绪的发泄；书法能够通过作品把书家个人的生活感受、学识、修养、个性等悄悄地折射出来，所以通常有"字如其人""书为心画"的说法；它又极具实用性，可以用于题词、书写牌匾。

青春期男孩学习书法，益处颇多。

1. 毛笔字的进步会带动钢笔字等进步。

2. 学好书法有利于眼睛、脊椎骨的健康，有益于长寿。

3. 有利于培养和形成良好的习惯与意志、品质。

4. 有利于综合素质的提高。

青春期男孩怎样才能学好书法呢？有专家指出：

1. 要激发兴趣，才会积极学习。

2. 根据自身的个性、爱好，选择最喜欢的字体入门。

3. 认真读名家法帖，练眼练心，做到胸有成贴，脑有成字。

4. 练手，即练指力、练腕力、练手感。要让笔成为手的延伸。

5. 要心平气和，善始善终，不可心浮气躁。

6. 要有恒心、有毅力，不可轻易变换字体。

7. 要学用结合，练写合一。

用画笔激扬青春

像其他的孩子一样，高二学生张海涛在周末的时候常去一个绘画工作室在那跟老师学习画画。对他来说，画画对他有着特殊的意义。

小时候，张海涛患有较为严重的自闭症，无论是在家还是在学校，他都不愿与人交流，常常独自一人发呆，从不开口与人交谈。爸妈十分焦急，想尽了各种办法，仍然不见好转。有一天，爸妈发现六岁的小海涛拿起了笔在一张白纸上来来回回地画着，虽然画的内容比较简单，只是一棵小树苗，但这却让爸妈无比高兴，因为儿子通过手中的笔来表达自己的情感了。从那以后，爸妈十分关注他的一举一动，虽然儿子不开口说话，但外出时儿子看着某一景物出奇地认真仔细，回到家后他把自己关在房间里，根据自己的回忆加上自己的想象把景物画下来。爸妈知道画画成了儿子自己与自己，与他们之间的一种沟通方式。爸妈看着小海涛的画，亲切地问道："海涛，你画的是我们院子里的那棵树吗？""海涛，这张纸上你画的是中心公园里的那座凉亭吗？”刚开始，小海涛虽只是用点头或摇头的方式来回答爸妈的问题，这对爸妈来说却也是一个极大的安慰，儿子现在动终于与他们有互动了。

慢慢地，奇迹发生了，小海涛能开口用简单的语言回答爸妈的问题了。尽管只是“是”或“不是”这样的回答，但爸妈高兴极了。爸妈根据海涛喜欢画画这一兴趣，坚持不懈地尝试着与儿子进行沟通。经过一番努力，海涛的自闭症得到了缓解，慢慢地喜欢开口说话了，喜欢与人沟通交流了。

现如今，已是高中生的海涛选择了学习美术。选择之初他对爸妈说：“爸妈，我喜欢画画，我会认真学习画画，争取考上美术院校，实现我想当画家的梦想。”爸爸听后高兴地说：“画画对我们一家三口有着特殊的意义，爸爸和妈妈永远支持你的选择，认真学习画画，实现自己的梦想。”

有了爸妈的支持后，海涛更是信心十足。周末不是外出写生，就是来到画室跟着老师学习，他从来不觉得辛苦。

给男孩的悄悄话

很多男孩都热爱绘画。小时候，照着课本，男孩子画一个武士、一把宝剑，任梦幻在心底飞翔。长大了，背上画夹，在青山绿水中徜徉、将惊艳永恒地记录在画纸上，是何等的满足、惬意！

画画的作用包括培养美感、促进认知、发展智力、提高手眼脑的协调性和手的灵活性、促进创造性的艺术想象力和表现力等等。这些作用中最重要的在于它具有培养创造性的功能，这种功能是通过造型活动实现的。

另外，画画能陶冶情操、锻炼身心、开发大脑思维的想象空间。

喜欢画画的人，性格大多乐观、豁达，遇事谨慎有分寸，感情细腻而浪漫。

青少年学画画，可以从素描和色彩开始。

由木炭、铅笔、钢笔等，以线条来画出物象明暗的单色画，称为素描。通常讲的素描多元化指铅笔画和炭笔画。素描是一切绘画的基础。

初学素描常从铅笔开始，主要是因为铅笔在用线造型中可以十分精确而肯定，能较随意地修改，又能较为深入细致地刻画细部，有利于严谨的形体要求和深入反复地研究。同时铅笔的种类较多，有硬有软，有深有浅，可以画出较多的调子。铅笔的色泽又便于表现调子中的许多银灰色层次，对于石膏等基础训练作业效果较好，初学者比较容易把握。

有一定素描基础之后可以开始色彩练习。拿水粉来说，它易改，易画，表现技法相对比较少。

水粉练习初期可以做一张色表。自学画的过程中可以从临摹——写生——临摹的学习方法来练习。

要有“多画、多看、多想”的习惯。画一张画的过程要遵循“理性——感性——理性”、“整体——局部——整体”的思维观察方法。

至于画的许多表达技法，须自己在练习中琢磨。

多游泳磨炼意志

游泳，是王明智最喜欢的一项兴趣爱好。小时候，他就经常和村里的小伙伴去村前屋后的河流、池塘里游泳。他们在那里打水仗、玩潜水、摸田螺，常常能待上一整天，直到夕阳西下还舍不得回家。他们在没有经过爸妈同意的情况下私自去游泳，常常免不了一顿打骂，但与游泳时的欢乐相比，这点打骂算不了什么。水中充满了他们童年时代的欢声笑语，也留下了他们成长的足迹。

对他们来说，游泳是一件充满乐趣的事。他与小伙伴常常逆游，而用时最短者常常成为他们中的小英雄。在王明智的眼里，游泳更是对自己的一种考验，是磨炼意志的好方法。记得有一次，他与小伙伴相约来到河边，河流比较湍急，但他们仍然决定逆游，最先到达上游大石头处者为胜。在做好热身准备后，一声令下，他和小伙伴们“噗通”一声钻进了水里，整个身子像一条泥鳅一样，一下子就不见了身影。王明智两手奋力划水，两脚来回不停地交替上下打水，抬起头来一边呼吸，一边朝目标游去。看着目标越来越接近，王明智心里十分高兴，可这时，他感觉到手脚十分酸痛，但他仍然不想放弃。“坚持就是胜利”的信念，让他再次鼓起了勇气，敢于征服激流，尝试着超越自我。

小伙伴们纷纷半途放弃了，可王明智凭借着坚强的意志，在小伙伴的鼓舞下，一鼓作气游到了终点。王明智对小伙伴说：“以后有机会我们还要进行这样的游泳比赛，在游泳中舒展我们的身心，让身与心都得到锻炼！”回忆起此次游泳，王明智津津乐道地说，“这次游泳让我终生难忘，这个过程不仅让我征服了激流，还磨炼了我的意志。”

给男孩的悄悄话

在碧波中起伏，与浪花共舞，享受水中无穷的乐趣，这就是青少年特别喜爱的游泳。游泳益处多多。首先，游泳可使心肌发达，使心脏的搏动量增加。对从事大运动量的活动者，包括重体力劳动者可提供很大的能量储备。其次，游泳可加强呼吸功能。由于在游泳中换气必须做大的呼吸动作，经过多次锻炼，可逐步增大肺活量，调整呼吸的节律，有利于人们进行持续性的劳动。此外，游泳还可以增强肌力和体力。由于游泳中肢体要不停地克服水的阻力，使肌纤维得到锻炼而增粗。从中既锤炼了身心，又磨炼了意志。

游泳时要注意的问题

（1）掌握水中呼吸要领：呼气应在水内进行，随着口中喊一声“哇”字，同时将水与气体用力呼出于水中；当抬头高出水面的一刹那，大力用口吸气。

（2）使身体在水中浮起：人在水中浮起，主要依靠人的胸、腹腔。初学者可以立在水池中，屈膝双手环抱于双小腿之上，用力使上体下压，然后慢慢伸展下肢，身体即可在水中漂浮。

（3）防止脚抽筋：在下水之前，最好做一些足部的伸展运动，并对双足实施按摩，这样的准备动作可以帮助肌肉迅速地排除有害物质，减小肌肉痉挛的发生率。

游泳时的卫生

（1）护耳：游泳时耳朵常常进水，容易引起耳疾。最好的办法是游泳前用消毒棉球把耳朵塞起来，游泳后及时排出耳道内的积水。方法是站在原地，头偏向有水的一侧，单脚用力跳几下，然后用棉花拭干耳道。

（2）护眼：游泳后清洗面部，滴几滴眼药水，预防结膜炎。

（3）护齿：游泳后要漱口，最好用牙膏刷牙，预防水池中过多的消毒剂对牙齿的侵蚀。

（4）护发：游泳后要冲洗头发，洗净黏附在头发上的污物，以免头发、头皮受侵蚀。

（5）护肤：游泳后最好用清水淋浴，以保持皮肤清洁，不受病菌感染。

在茶香中沉淀浮躁的心性

“对不起，对不起，我不是故意的。”踩了人的男生连声道歉。“没事儿。”苏青爽朗地笑笑。“苏青你没事儿吧？这几个月不见还真得刮目相看啦？”苏青的好哥们儿吕梁惊叫着。他的反应也不为过，换作是几个月以前的苏青，遇到一群男生疯闹时踩了他的脚那肯定就得骂人，说不定还得动手。但是今天苏青似乎异常淡定，这其中的原因自然只有苏青自己最清楚。

苏青一直以来都是个急性子，又有点儿斤斤计较，所以给人留下的印象通常都是嚣张跋扈的小男人。他自己一直觉得没什么，家里人也觉得这就是个人脾气秉性的问题也无可厚非，朋友们相处得久了也就都习惯并接受了这样的他。

但是教师岗位上退休下来的爷爷不这么看，他始终觉得男孩子就应该磊落洒脱，拿得起放得下。家里人都觉得爷爷的说法有理，但实施起来很难，毕竟冰冻三尺非一日之寒。苏青的脾气都已经成型了还能怎么做去改变呢？

要说这姜还是老的辣，爷爷找苏青很认真地谈了一次话，之后爷爷用了几个月的时间就让他有了很大的改变。爷爷的秘籍就是让苏青和他学茶艺。在学习茶艺之前，爷爷和苏青说学习茶艺可以让人修身养性，苏青一点儿也不相信爷爷的话。但是随着学习的一步步推进，苏青发现自己的心境和以前真的有很大的不同。慢慢地，他不仅学会了如何识别各种茶叶、泡茶的全部细节步骤、茶道中的礼节。更重要的是他发现自己渐渐地变得淡泊、宁静。现在的苏青，可以耐心地从净手到敬茶一丝不苟地完成，可以静下心来看厚厚的古籍资料，可以像涉世多年的老者一样得之坦然失之泰然地生活。虽然偶尔还是会计较一些小事，但比起以前也是有很大不同的。

所以当一群嬉笑的男生中有人踩到他时，他没有像以往那样骂粗口挥拳头，而是选择了宽容谦让。所以说学习茶艺不仅仅可以识茗品茗，更能修身养性，让人渐渐静下心来过自己的生活。

给男孩的悄悄话

性格暴躁的男孩，可以尝试接触茶道，在清幽的茶香中涤荡心灵，使灵魂沉静。

茶艺，也称茶道，是指茶叶的生产、制作及品茗的技艺。茶文化是中国文化的一个重要组成部分。

饮茶在我国有着悠久的历史，早在西汉时期就开始饮茶了。

到唐宋年间，饮茶广为盛行。唐代陆羽所著的《茶经》一书，是世界上最早最完备的茶学专著。由于该书的传播，茶道也开始形成并流行开来。

清郑板桥诗曰："从来名士能评水，自古高僧爱斗茶。"除了解渴、健身，茶更能令原本烦躁的青春期男孩们变得沉静、从容，让男孩们在喧嚣浮躁的生活中找到一方属于心灵的净土和乐园。

享受钓鱼的惬意

八年级的黄峰，最喜欢周末的时候跟着爷爷去湖边钓鱼。他跟着爷爷学会了许多垂钓的技巧，更体会到了其中的乐趣。

每到天气晴朗的周末，黄峰都会带上鱼饵和钓竿跟着爷爷去湖边钓鱼。他学着爷爷的样子，安放好鱼饵，放下了长线，将鱼饵抛入了水中，然后安静地坐在板凳上，静静地等着鱼儿上钩。十多分钟过去了，浮标一点动静也没有，黄峰忍不住问爷爷："这么久了，怎么还没有鱼儿上钩呢？"爷爷听后，哈哈地笑道："你小子，就耐心地等着吧！早着呢，这么快就有点不耐烦了。"黄峰一听，马上转过头去死死地盯着湖面，生怕错过了鱼儿上钩的时机。突然间，湖面上的浮标轻轻动了一下，这让黄峰惊喜不已，还没等爷爷回过神来，黄峰就迫不及待地把钓竿拉了出来。此时却发现并没有鱼儿上钩，反而鱼饵被鱼吃掉了。这时，黄峰失望极了，他伤心不已，一脸疑惑地望着爷爷。爷爷笑着说道："傻小子，你以为鱼儿会那么傻，能那么轻易地就上钩，那你也就太小看它们了，它们精着呢。""浮标上下动了动，那是鱼儿正在试探，这时你拉回钓竿的话，可想而知是徒劳无功了。这时你更需要耐心地等待鱼儿上钩，方才有收获。"黄峰点了点头。爷爷看了孙子一眼，继续说道："像你这样心急的人，是很难钓到鱼的，钓鱼时要有一种心境，这种心境就是那份安静。只有心静的人才能钓到鱼。这也就是为什么那么多的人钓不上鱼，而经常喜欢钓鱼的原因，因为钓鱼时的那份惬意与宁静，远远超过了钓鱼的乐趣，钓鱼其实就是一种心境。"黄峰吃惊地望着爷爷，说道："没想到，钓鱼还有这么大的学问啊！"

"下次钓鱼，我一定要改掉自己心急的坏毛病，耐心地等待着鱼儿上钩。像爷爷那样钓上第一条鱼来。"爷爷哈哈地大笑起来。

踏着余晖，黄峰跟着爷爷兴高采烈地回家了。尽管今天他没有钓上一条鱼来，但他却从爷爷那里学到了钓鱼之外的知识与办事的态度，这是黄峰今天最大的收获，这样的收获远远大于钓上来的鱼儿。

给男孩的悄悄话

男孩们，你们钓过鱼吗？风和日丽，与二三友人到河边静心执竿，相信那份钓的清闲、惬意要远大于载鱼而归了。

钓鱼的安全措施

（1）远离高压线。池塘旁、河边若有高压线，垂钓者甩钩时，容易碰上高压线，会造成短路触电，给垂钓者带来危险，所以垂钓者必须远离有高压线的地方。

（2）不宜在被污染的水中垂钓。被污染的水中可能含有酚类有机化合物（即芳香生物），这种化合物含有大量毒素和细菌。在这种环境里钓鱼，一是垂钓者长时间在这里呼吸，会染上病菌和有毒物质；二是钓上来受污染的鱼，人吃了也会得病。

（3）下雨打雷时不宜垂钓。在荒郊野外池塘钓鱼，钓鱼竿被雨淋湿变成导体，很容易被雷击中，酿成伤害事故，而且长时间淋雨也容易着凉感冒。

（4）不可到危险的环境中去钓鱼。如海边岩石上、河边高岸上、池边陡壁上或滑溜裂缝上，一不小心就会导致垂钓者失足跌至崖下、坠落水中，造成伤害。

情绪&情商

——让冒险的旅途充满阳光

做阳光男孩，享幸福生活

正确理解失败

钱巍坐在教室的角落里发呆，还想着自己昨天踢进的乌龙球。最近学校在举行班级间的足球联赛，爱好足球的钱巍自然也是班里的足球队主力。昨天是他们班能否进决赛的一场关键比赛，大家都使出全身力气，争取晋级决赛的名额。钱巍自然也不例外，他也极其希望自己的班级能够夺冠，并为此贡献自己的一份力量。

对手也是很强的，他们队员的体力明显要优于自己的队友，昨天的足球一直在钱巍他们班的半场里盘旋，他们没法对对方展开攻势，钱巍终于在后半场的时候截下了对方脚下的足球，也许是求胜心切，他铆足了劲，想把球开出自己的半场，也不知道是过于紧张，还是真的被昨天的太阳晒昏了头，他一脚开出去的球，既没有飞向队友，也没有向着对方的半场，而是向着自己的球门直奔而去。场上的观众都发出惊呼，守门员根本没有反应过来，球直接落进球网。如果是对方的球门，这是多么漂亮的动作，干净利落。现在也是干净利落，但却是利落的乌龙球。

钱巍沮丧地跪在了地上，对方的球员们欢呼雀跃，自己的队员们无奈地走向了各自的位置。钱巍试图改变这个格局，最终还是无力回天，他们以 0 ： 1 输给了对方，那一个球还是自己帮对方踢进去的。

他现在沮丧地坐在角落里，昨天他在操场上坐了很久，队员们简单安慰了他几句，但是大家都很沮丧。等队员们和观众都散去了之后，他大哭了一场。就这么输了，他们的冠军梦就被他一脚断送，他难过极了。

他昨天甚至发誓，以后再也不踢足球了，他不希望这样的事情再发生第二次。今天遇见和自己一起踢球的同学，他都觉得不好意思和人家打招呼，面对失败，他变得沮丧，甚至影响了他的人际关系。他总觉得自己亏欠大家的，亏欠队员们，也亏欠班上的同学。他不知道如何是好，颓丧地坐在座位上，痛苦地揪着自己的头发……

给男孩的悄悄话

每个男孩都渴望成功，但由于年龄小、能力有限、经历和经验缺乏以及各种因素的影响，难免会遭受失败和挫折。一次小小的失败，对成人来说是微不足道的，对青春期男孩来说却是一个不小的打击。

在我们的生活中，有许多这样的男孩，他们本来拥有聪明的头脑，以前也曾是全班甚至全校的尖子生，但往往因为一次考试不理想或是老师某一句话对他的打击，就变得消沉起来，学习成绩下降、上课精力不集中，甚至是逃学。

在这种心态的影响下，男孩们就可能变得精神萎靡、消沉慵懒、做事没劲头，完全一副颓废的模样。这种心态如果得不到调整，他的一生就只能是碌碌无为，不敢面对一点困难。

很多时候，给男孩带来最大打击的往往不是失败本身，而是他对失败的理解。等待青春期男孩的将是长长的一生，如果眼前一点暂时的小困难都应付不了，今后又如何经得起大风大浪？与其一蹶不振，不如培养自己乐观的心态，给自己面对困难的勇气。只有有了乐观的心态，才能积极认真地面对生活，才能在遇到困难时不灰心、不气馁，最后顽强地坚持到底！想正确面对失败，可以尝试以下几种做法：

1. 正确对待失败。要告诉自己失败在人生的道路上很难避免，让自己在思想上有准备，这样，即使遇到失败也容易承受，将失败的损失降到最低程度。鼓励自己勇于承担风险，如果我们总是躲避风险，就会缺乏自信心，因为躲避风险会使我们无法获得真正成功的感觉。那么就鼓励自己去做以前从未做过的事，在成功中寻找自信。

2. 防止消极的态度。有的人在失败后，消极、颓废、自卑、沮丧，从此一蹶不振，失去对生活的希望，或引起不恰当的对抗行为等，这是对待失败的消极态度。应告诉自己防止这种消极态度，以积极态度来对抗消极态度。如果你在某一件事上失败了，不能自我苛责，要自我鼓励，激起自己重新奋起的决心和自信心。

3. 告诉自己应该变失败为成功。如果自己能从失败中吸取教训，砥砺前行，使自己更成熟、坚强，激励自己从逆境中奋起，就能使失败变为成功之母。让我们勇敢地面对失败，用失败来做成功的基奠。

4. 不必太在乎外界评价。即使失败了，也应该告诉自己，谁都不可能总是在比赛上得第一名，也不可能总是得奖章。就是在没有外界奖赏的情况下，也应坚定地走自己的成功之路。

保有乐观的心态

陈沛受伤了，但校级篮球赛对他来说很重要，他本来打算带着自己的队伍去冲击冠军，没承想第二场比赛他就因对方犯规而扭伤了脚踝，躺在了病床上，无法下地，但是他的脸上还挂着笑容。因为他知道，没有他，他们的队伍也会取得好成绩，因为小组赛是积分制。他想着对手的实力，再和他们自己的实力对比着。

敲门声响起来，队友们进来了。大家刚从赛场上奔回来，身上还有些汗水的味道。陈沛问大家："怎么了这是，一个个这么垂头丧气？"

"队长，没你在我们根本没精神，上来就被人家压着打，一直到结束，连一点反攻的机会也没有。本来很弱的一个队，把我们打得措手不及，毫无招架之力……"

“是呀，队长，你在的时候，无论谁没精神，都会被你逗得开心，然后我们总能力挽狂澜，现在你不在队里，队伍就像个面条。”

“这次输得这么惨，看来咱们是没有机会夺冠了。”

大家你一言我一语地抱怨着，连取胜的信心都被一场失利折损了。陈沛笑着跟大家说：“同志们，振作嘛，没我不是还有你们嘛。这场输了，咱能出线吗？”

“能，咱们输了这场也积够了出线的分。出线没问题。”

“那就好嘛。能出线，小组赛就没白打嘛。出线了，所有队伍成绩清零，我们就又有机会从头开始啦！”陈沛分析了形势，大家的眉头开始舒展，“下次咱们比的时候，我一定去赛场，别都跟霜打的茄子似的。这样不输才怪。”陈沛的话，像是一盏灯点亮了大家的心情。本来大家是想安慰一下陈沛，让他别因为受伤不能参加比赛而难过，没想到一群人最后却被受伤的队长鼓励了半天，大家都有些不好意思。

但是，所有的队员相信，他们一定能赢得下一场比赛，因为队长乐观的心态，就像是黑暗里的灯塔，让他们不会在失败面前放弃希望。

给男孩的悄悄话

每个人的内心都有一面魔镜：正面是阳光普照、春暖花开；反面是阴沉愁闷。用哪一面来引领你的人生之路就在于你常常拂拭哪一面明镜。多帮孩子擦擦心中那面光明的镜子，孩子就能看到更多的光明之处。

我们都希望能够一帆风顺地长大成人，但是其实我们都知道，这个世界上每天都在发生美好事情的同时也在发生残酷的事情。如果我们试图生活在一个没有细菌的真空环境中，一旦接触到真实的社会，极有可能力不从心，免疫防线不堪一击。与其花心思让自己逃避生活，不如花心思去培养一颗乐观坚强的心灵。当我们愿意把目光盯向积极的一面时，黑暗就自然地被抛在了身后。

培养乐观心态说起来容易做起来难。从悲观到乐观，你需要一个相信自己的理由，那就是证明自己可以。

世事如庭前花，花开也有花落；世事又如天边云，云舒也有云卷。何必患得患失，终日萦挂于怀呢？生活好比一面镜子，你对它笑，它也对你笑，你对它哭，它也对你哭。快乐的行动决定于快乐的思想，一个乐观的心态，比一百种智慧都更有力量。

为生活减负，让自己轻松

魏一航是个高二的男生。他现在生活得非常不快乐，虽然他为自己制订了严格的学习计划，但是总是因为各种各样的事情而耽误，最后每项计划的完成情况都没有预期的那么好。于是他为此很沮丧，觉得自己的高中生活被搞得一团糟，他最害怕的是，正在专心地完成自己的学习计划的时候，某个老师又突然拿来一堆资料，迅速地发给他们，要今天晚自习放学之前交。这样他的计划就不得不改变，而原来的计划不能完成，他对新的任务就有很大的抵触情绪。

为此他很苦恼，觉得自己的学习就像是在无边无垠的苦海里，还有两年才高考，现在都开始担心自己坚持不到高考就已经心理崩溃了。又觉得自己处于慌乱中，他没法让自己安静下来，也没有开心的时候。看着别人高高兴兴地上课、写作业，他心里难过极了。

“别人肯定都比我好，比我优秀，他们才能对这些瞬息万变的事务应对自如。”魏一航就这么劝说自己，而这样的劝说更让他难过。他觉得自己注定是个悲剧。

一次测验结束后，他决定改变自己的悲惨生活，就主动找到了班主任王老师，和王老师探讨这个问题。一航很是沮丧，他找到王老师的第一句话就是：“王老师，我觉得自己的生活不如别人幸福！”

王老师被他这突如其来的感慨吓了一跳，笑着问一航：“对你来说，什么是幸福呀？”

一航手指头搅着自己的衣裳角说：“对我自己现在来说，幸福就是能够完成我的学习计划，能够过有条理的生活。”

王老师笑了，原来是个因为学习计划总是不能完成而苦恼的孩子。他接着问一航："你觉得咱们班，你最羡慕谁？"

一航想了想，说了个名字。王老师就让他去跟那个同学交流，那个同学在一航看来是个非常自由的同学，好像从来不为计划的事情担心。

交流之后，一航才发现，原来那个同学每次都为自己从来不制订计划，最后造成事情完不成而苦恼呢。

大家都有自己的苦恼，那么看看你的优势，你的苦恼是不是就会变少了呢？

给男孩的悄悄话

要想获取生活中的幸福，应使用一种"负的方法"。所谓"负的方法"，就是为生活减负，不给自己过多的欲望和压力，简简单单、轻轻松松地获取幸福。这种"负的方法"可以说道出了获取幸福的秘诀。从下面的小故事中，我们便可看出它有着多么大的效果。

在古希腊时期，有一个国王闲来无事，便微服走出宫门，走到一个补鞋的小伙子面前，一时兴起就问小伙子："你说在这个国家中谁是最快乐的人？"小伙子答："当然是国王最快乐了。"

国王问道："为什么啊？"

小伙子说："你想，有百官差遣，平民供奉，想要什么就有什么，这还不快乐吗？"

国王答："希望如你所说吧。"接着，国王便请小伙子一起喝酒去了。等小伙子醉得不省人事时，国王便命人把他抬回皇宫中，对王妃说："这个小伙子说，国王是最快乐的，我现在戏弄一下他，给他穿上国王的衣服，让他理理国政，你们大家不要害怕。"王妃答："遵命。"

等到那小伙子醒了，宫女便假装说："大王您喝醉了，现在有很多事情要等您处理。"于是小伙子被拥出临朝，众人都催促他快些处理事情，他却懵懵懂懂，什么也不知道。旁边有史官记其所言所行，大臣公卿们与之商讨议论，一直坐了一整天，弄得小伙子腰酸背痛，疲惫不堪。这样过了几天，小伙子吃不好睡不香，就瘦了下来。

宫女又假装说："大王您这样憔悴，是为什么啊？"

小伙子回答说："我梦见自己是一个补鞋的穷人，辛苦求食，生活很是艰难，好害怕自己会真变成那样，因此就瘦成这样了。"众人私下里偷着笑。小伙子到了晚上，翻来覆去睡不着，道："我是补鞋子的，还是国王呢？若真是国王，皮肤为什么又这样粗糙呢？若是补鞋子的，又为什么会在王宫里呢？唉，我的心很慌，眼睛也花了啊。"他竟真的分不清自己到底是谁了。

王妃说："大王这样不高兴，让歌伎们来给您取乐吧。"于是小伙子喝了葡萄美酒，又醉得不省人事了。后来，宫女们又给小伙子穿上旧衣服，把他送回简陋的床上。小伙子酒醒后，看见自己的破房、粗布衣服，一切都是原来的样子，却浑身酸痛，好像被棍子打过了一样。

过了几天，国王又来到他这里。小伙子对国王说："上次喝酒，是我糊涂无知，现在我才明白过来啊。我梦见自己当了国王，要审核百官，又有史官记对记错，众大臣都来商量讨论国事，心里便总是忧心不安，感觉有着巨大的压力，要处理的事情实在太多太繁杂了，弄得我浑身都痛，好像被鞭子打了一样。在梦里尚且如此，若是真当了国王，岂不更痛苦啊？前几天跟你说的话，实在是不对的啊。"

故事中的小伙子刚开始的想法，可能是很多青春期男孩都曾经有过的。我们常常错误地认为那些非常富裕或者有权有势的人才是最快乐最幸福的。于是我们总幻想，自己要是他们那该有多么幸福啊。其实这是最大的误解，因为幸福并不是拥有得越多越幸福，而是使自己简简单单、自由自在些才能获取幸福，而这正是"负的方法"。

没有太多压力和欲求的人往往更容易获得幸福。一个人不管在学习还是在日常生活中，只要他不受外力的强迫，内心是自由自在的，然后顺应自己的兴趣和爱好，充分地发展自己的兴趣和爱好，他就能获得幸福。而总是勉强自己要像别人一样，将别人的幸福视为自己努力方向的人，不但会失去自己的幸福，而且还会使自己时刻感觉到痛苦，因为在短时间内自己根本无法达到那个心目中幸福的人的地步。

这就好比我们的学习。如果我们认为在班上考第一的人才是快乐的，自己要想获得快乐也必须考第一的话，那么即使我们每次考试都取得了进步，我们也不会因此而开心。因为你会发现就算你进步了，但是总是会和考第一的人有一定的差距，你很难达到你所追求的那种快乐。而如果你运用“负的方法”，发现自己在不断进步，而不只是一味地与他人相比，你便会快乐起来。

催生心中的快乐

海东好像一直处于无忧无虑的状态，虽然年轻人确实没有什么可烦恼的，但是同学们至少也会为过多的作业，还有烦人的考试发愁，但是海东每天都是很快乐的样子，这让很多人都不明白。为什么大家一样在教室里上课，一样去操场上参加锻炼，他的成绩也一般，体育活动的表现也不是最出色的，他反而比那些优秀的学生更轻松呢？

而海东的好朋友刘越却经常为各种事情忧心忡忡。

刘越经常向海东抱怨一些小事情：明天就要考试了，现在还感觉自己像什么都没有记住的样子，该怎么办呀？下周的体能测试又要测 1000 米了，这是很让人发愁的事情呀，到时候不及格了又要做俯卧撑，累死了不说，还丢人。还有那个烦人的兴趣小组，每次都在周末举行活动，不能睡懒觉，还得准备好多材料。

海东其实和刘越参加的活动都一样，他也要参加明天的考试，他也要在下周体能测验，他一向没有刘越跑得快，他也跟刘越在同一个兴趣小组，但是他跟刘越的看法不一样。他是那种能把事情看得很开的人。所以他才看起来比较快乐，至少没有那么多精神负担，没有每天把自己搞得疲惫不堪、紧张不安。

明天有考试，海东尽力地复习了所有要复习的科目，他每天也在努力地去锻炼，坚持跑步，但是他真的没有运动员一样的体质，他只要求自己达标就好，他没有那么高的要求，也没有刘越那么多的精神负担，所以保持着精神的快乐，整个人的状态和刘越焦虑不安的状态很不一样。

海东希望自己能够获得幸福，但是他的幸福不是事事都追求第一名，都要做到最好，他只求尽自己最大的努力，有些方面真的没有别人做得好，但是他依然快乐，因为他付出了，并且得到自己认为应有的回报。

给男孩的悄悄话

钱钟书先生在《论快乐》一文中曾说："快乐在人生里，好比引诱小孩子吃药的方糖，更像跑狗场里引诱狗赛跑的电兔子。几分钟或者几天的快乐赚我们活了一世，忍受着许多痛苦。"生活中确实存在着这样或那样的挫折和痛苦，但生活中并不缺少快乐，人生快乐与否，有时完全在于心态和精神思想，人生常常遭遇痛苦，但精神却可以改变它，使人乐观，使人能够苦中作乐。

一个人快乐与否，不在于他拥有什么，而在于他怎样看待自己所拥有的东西。生活是快乐的源泉，有了生活，快乐就不会枯竭。生活中并不缺少快乐，缺少的是发现快乐的眼睛，缺少的是感到快乐的心灵。

一个信徒问禅师："人们都说信佛能够解除人生的痛苦，但我信佛多年，却不觉得快乐，这是怎么一回事？"禅师问他："你现在都忙些什么呢？"信徒说："人总不能活得太平庸了吧，为了让门第显耀，我日夜操劳，心力交瘁。"禅师笑道："怪不得你得不到快乐，你心里装满了苦闷和劳累，哪里还容得下快乐呢？"

这样的人在我们的生活中并不少见，他们常问："究竟快乐是什么？"许多人都在刻意追求所谓的快乐，有的人虽然得到了，但代价却是巨大的。其实，乐由心生，心随情移。快乐是一种心态，它与人的心境、心态密切相关。一个人生活得快乐与否，取决于自己内心的态度而绝非外在表现。在追求快乐的过程中，得之越艰，爱之越深。也许你并不富有，但你有一个健康的身体；也许你没有超人的地位，但你有一个幸福美满的家；也许你并不出名，但你有宁静而不受干扰的生活……快乐的关键是你要用心去感受快乐。

有一个很简单的道理：痛苦是快乐的催生剂，心态能把忍受变为快乐享受。态度就像磁铁，不论我们的思想是正面的还是负面的，我们都受它的牵引。而思想就像轮子一般，使我们朝一个特定的方向前进。虽然我们无法改变人生，但是我们可以改变人生观；虽然我们无法改变环境，但是我们可以改变心境。

所以，青春期的男孩们千万不要无视每天发生的小事，幸福和快乐往往与此相伴。快乐并非天外来客，生活中常常充满快乐，如果不珍惜每一刻时光，快乐就与你无缘。何必刻意地到处寻找快乐，其实快乐时刻在你身边；何必苦苦地等候快乐，快乐时刻要你去创造、去感受。让自己的精神快乐起来，我们才能怀着一份感激的心情去面对生活，去感谢每一缕阳光、每一棵大树、每一份关爱、每一次收获……让自己的精神快乐起来，我们才能用心灵去触摸快乐，让快乐充满我们的世界。

向昨天挥手作别

姥姥去世了，闫焰一直处于悲痛中，无心学习，虽然他也坚持去上学，但是课堂上很难听进去老师究竟在讲什么内容。

闫焰的父母都上班，自从闫焰满月，就被送到了姥姥家，闫焰一直跟着姥姥长大，是姥姥看着闫焰一天天长大，扶着他学走路，教他学说话，看着他一步一步成长，然后开始每天接送他上小学，在小学里每次闫焰获得老师的表扬或者获奖了，总是迅速地跑回姥姥家，给姥姥报喜。

直到初中，闫焰才回到了爸妈身边，他每天自己上学，放学了不再有人陪着他看电视、写作业了。吃完晚饭，爸妈都忙自己的事情，闫焰也总是在自己的小屋里忙自己的事情，但是周末的时候，还是会去陪姥姥。他时常会想念姥姥，想听姥姥给他讲故事，想吃姥姥做的美味。

可是就在今年，姥姥突然心脏病发作住院了。住院一个月，也不见好转，闫焰每天都去陪姥姥，他希望姥姥能渡过难关，但是姥姥还是走了。他觉得自己的世界都要崩塌了，眼前全是小时候和姥姥一起生活的场景。

他根本没法回到现实里，一直坚信姥姥其实没有去世，只是睡了。虽然他也参加了姥姥的葬礼，但是还是不肯相信这个让他难以承受的事实。他经常梦到和姥姥在一起，每次都是哭着醒来。

他的世界陷入黑暗当中，他完全活在了回忆里，老师得知了闫焰的遭遇，跟他谈心。老师安慰了闫焰，首先表示对他的理解，知道他的悲痛，而且也谈起了自己曾经因为爷爷去世的事情而不吃不喝的经历。但是老师鼓励闫焰说："姥姥已经走了，这是一个事实。你是一个男子汉，我们都要承认事实，但是你要记得姥姥对你的期望呀，只有你努力学习，去完成她对你的期望，你才能对得起姥姥。即使再伤心姥姥也不会回来了，不是吗？"

闫焰若有所思，但是真正要走出来，对他来说，还需要一个漫长的过程。

给男孩的悄悄话

有人曾说过这样一段话："天下只有两种人。比如一串葡萄到手，一种人挑好的吃，另一种人把最好的留到最后吃。按说第一种人应该乐观，因为他每吃一颗都是吃剩的葡萄里最好的；第二种人应该悲观，因为他每吃一颗都是吃剩的葡萄里最坏的。不过事实却相反，原因是第二种人还有希望，第一种人只有回忆。"

青春期中的男孩，你是属于哪一种呢？是每天都怀有希望，还是时常活在回忆中？我们每个人都应该努力成为那段话中所说的第二种人，心怀希望，积极投入生活，不让回忆羁绊自己的脚步，过分依恋过去是对现实的一种逃避。

许多青少年都有"爱回忆"的怀旧心理，怀旧其实是一种情结，它会让人深刻记住无数次感受过的欢愉，或者是沉溺在过去的苦痛中不能自拔。但是过分感念过去，就会落入一个情感的怪圈，让自己和周围的人承受很多痛苦。治疗怀旧心理最好的方法就是每天播种一个希望，让希望引领你走出去，迎接每一个崭新的日子。

希望为我们带来美好，美好的希望更是让人激动，让人无限憧憬。社会能进步几乎都是希望的功劳，是它让人们为了美好不断奋斗、拼搏，让社会天天在进步。男孩们，让我们播种希望，采摘幸福的果实吧。拥有希望，我们将活得朝气蓬勃、激昂澎湃，哪里还有时间去叹息、去悲哀，让时光荒废在回忆过去中呢？生命是有限的，但希望是无限的，只要我们不忘每天给自己一个希望，解开套牢自己的怀旧绳索，告诉自己不能活在回忆当中，我们就一定能够在生活当中得到快乐。

遵循本性生活

按照资质来看，王坤是个智商一般的孩子，他和班上其他的同学没有什么大差别，但是他总是觉得自己聪明绝顶，还认为世界上没有几个人比他更聪明，他甚至认为自己和爱因斯坦、牛顿能够并驾齐驱，在智商方面，在成就方面，至少以后自己也可以有和他们一样卓越的成就。

怀着这样的幻想，他从小学进入了初中。小学的课程和内容很简单，让王坤自信满满，他以为自己掌握所有的东西都是那么顺利，也迅速地验证了自己是个聪明绝顶的孩子的论断。

但是中学的课程和小学有很大的不同，要求和小学阶段的课程也非常不一样。他感觉自己开始有点吃力了，在考试的时候也不能全部找到那些问题的正确答案，于是他陷入了苦恼之中，他苦恼的原因不是因为自己不会那些题目，而是因为自己的高智商受到了学校的束缚。

他向妈妈提出，自己要休学，要在家里自己学习，他认为学校限制了他的本性，使得他卓越的才能不能发挥出来。

妈妈当然不同意他的要求，于是来到学校和班主任见面。老师从妈妈那里了解了王坤更多的生活细节之后，决定认真地和王坤谈谈。

其实王坤是个很自卑的孩子，他觉得自己什么都不如别人，于是在外面就狂妄地说自己是个高智商的孩子，来博得大家的关注。他通过学校限制自己的才能发挥为理由，掩饰自己平平的成绩，这样他才会觉得心理平衡些。

老师找到了王坤，给他拿着一棵植物，老师把所有的枝杈都剪掉，问王坤好看不好看。王坤摇头。老师才说，植物本来的样子，其实是最好看的，如果都把它们原来的本性剪掉，它就会很突兀，而且很难看，也不能很好地生长了。王坤若有所思地点点头。

他好像是明白了老师的话，慢慢地开始承认自己身上本来的特质，也不像以前那么狂妄自大了，开始变得温和，脸上也有了和别的孩子一样的明亮笑容。

给男孩的悄悄话

冯友兰先生曾说："幸福是相对的，顺自然之性便能获得幸福。"为解释这句话，他曾说了这样一个小故事。

三伏天，禅院的草地枯黄了一大片。"快撒点草籽吧！好难看哪！"小和尚说。

"等天凉了……"师父挥挥手，"随时！"

中秋，师父买了一包草籽，叫小和尚去播种。秋风起，草籽边撒、边飘。

"不好了！好多种子都被吹跑了。"小和尚喊。

"没关系，吹走的多半是空的，撒下去也发不了芽。"师父说，"随性！"

撒完种子，跟着就飞来几只小鸟啄食。"要命了！种子都被鸟吃了！"小和尚急得跳脚。

"没关系！种子多，吃不完！"师父说，"随遇！"

半夜下了一阵骤雨，小和尚一早冲进禅房："师父！这下真完了！好多种子被雨水冲走了！"

“冲到哪儿，就在哪儿发芽。”师父说，“随缘！”

一个星期过去了，原本光秃秃的地面，居然长出许多青翠的草苗，一些原来没播种的角落，也泛出了绿意。小和尚高兴得直拍手。

师父点头：“随喜！”

这个富有禅意的小故事，告诉我们要一切顺其自然，任何事情都不能勉强。随不是随便，是顺其自然，不抱怨、不躁进、不过度、不强求；随不是随便，是把握机缘，不悲观、不刻板、不慌乱、不忘形。

生活中有很多事情具有浓厚的哲学意味。我们在生活中，应当遵循自己的本性和自身的习惯，做到凡事顺其自然。当你顺其自然地做某件事的时候，就会有些意外而又有趣的事来临，我们经常会从中获得一些有益的经验。

而如果我们在学习生活中，做事情总是勉强自己，比如勉强自己学习优秀的同学或朋友的学习方法和生活习惯，而忽视自己的方法和养成的习惯，你会发现自己不但活得很累，而且出不了好成绩。我们无论做任何事，都不要勉强自己，否则只会增添自身的痛苦。

每天都给自己一段独处的时间，好好问问自己，到底想过什么样的生活？什么是可有可无的？什么是必须去不懈追求的？这样的追问可以一直延续下去，还可以把每天的想法记录下来，这样你会看到，随着生活阅历的增加，思考的深入，你的回答也不断成熟。只要我们不再一味追求外界的认可，疲惫无奈地生活在他人的注视之下，我们就会真诚生活，成为自己命运的主宰者。

在我们的学习和生活中，只要我们坚持反问自己，是不是做事太过于执着和勉强了，然后以一种顺其自然的生活态度来学习和生活，那么我们将不再疲惫。强扭的瓜是不会甜的，顺自然之性才能获得幸福。

快乐在前路等待

以前许尧认为每天可以玩网络游戏就是快乐，但是暑假放假后，他每天都在网上玩游戏，直到眼睛发酸、脖子也变得僵硬才停下来，以前那种快乐的感觉没有了，他觉得自己越玩越没劲。最后干脆放弃了网络游戏。

他躺在客厅的沙发上发呆，希望自己能够找到从前的快乐，以前每次过年都会很快乐，得到大人送的礼物和压岁钱，就会高兴得一蹦三跳。现在也没那种感觉了。这是什么原因呢？他想了很久才发现，原来这些快乐都不能持久。

怎样才能得到持久的快乐？他开始四处寻找答案，问家里的爸妈，问同学，问朋友，他最后在网上找到了一个自己觉得还算满意的答案，这个答案来自一篇博客文章。大概意思讲，拥有未来并且为之奋斗的人才会在奋斗的过程中体验到长久的快乐。

许尧从来没有想过自己长大后将要有个怎样的未来。看了那篇文章之后，他开始考虑自己的未来，自己的永远的快乐。他开始寻找自己未来发展的方向，开始尝试着为了自己的未来学习一些技能和知识，他每一点进步都让自己很高兴，很幸福，他想，这才是真正的快乐。

给男孩的悄悄话

你眼中的快乐是怎样的？

吃巧克力、打电子游戏，还是在新学期给自己更换一身时尚的“行头”？不同的年龄，我们因为不同的事而快乐。

小的时候，快乐是从天而降的。美味的零食、甜蜜的亲吻多得等不及排队就蜂拥而至；慢慢长大以后，快乐和我们玩起捉迷藏的游戏，要仔细寻觅才能将它捕获；而真正成为一个大人，偶尔快乐还会举着降落伞带给我们惊喜，有时它也依然喜欢和我们玩捉迷藏的游戏，但更多的时候，快乐需要我们自己创造。

现在就想一想吧，你要怎样做才能创造出快乐呢？现在的快乐是学有所成，走上社会后的快乐则是学以致用。

现在学来的每一样理论和实际的技能，其实都是在一点一滴地壮大你自己，使你具备今后可以胜任任何工作的基本素质。进入更专业的学习领域之后，你的翅膀就会长得更加丰满茁壮。一旦有一天，你的能力足够你负担自己的生活和选择，你就成长为一个独立和自由的人。而这些都要靠今天的学习获得，无尽的游戏只会让你浪费宝贵的时间而变成一个寄生虫。

你愿意依附他人活着，还是做一个自力更生、传播快乐的人呢？能凭借自己的能力为自己的生活负责就是一种快乐。这种快乐要靠今天的学习得来，学习让我们具备生存的能力。

我国著名教育家陶行知先生曾给他的学生写过一首《自立歌》，歌中这样写道："淌自己的汗，吃自己的饭，自己的事情自己干，靠人靠天靠祖宗，不算真好汉！"他告诉我们，自立是每个人在年少时就该具备的一种精神。在美国，即使是富裕人家的孩子，毕业以后父母也要求他们自谋生路，而不是直接进入家族企业，以此来锻炼孩子的自立能力。

读书究竟是苦还是乐呢？亚里士多德说，教育根苦而果甜。我们看到很多知名人士，他们在艰苦的境况下读书，最终收获了甜蜜的果实。

鲁迅先生从小学习就很认真。少年时，在江南水师学堂读书，第一学期成绩优异，学校奖给他一枚金质奖章。鲁迅立即拿到南京鼓楼街头卖掉，拿卖奖章的钱买了几本书，又买回一串红辣椒。每当晚上寒冷难以坚持读书时，他就摘下一颗辣椒，放到嘴里嚼，直辣得额头冒汗。鲁迅先生用这种办法驱赶寒冷，坚持读书，后来终于成为著名的文学家。

想想长大后的你，要靠什么来把握快乐？今天的嬉戏是否是在吞噬明天的快乐？眼前的快乐如果只是因为无聊的游戏，明天的你会因为这幼稚的行为而感到羞愧。不如趁着青春年少，趁着风和日丽，努力地学习飞翔。现在就开始做准备吧，认真对待每一堂课、每一本书，找到自己的快乐之源！

内心的成熟才是真正的成熟

好胜心要适度

短跑成绩出来了，李厚泽不是第一名，他屈居第二，第一名是他的好友马宁。李厚泽把自己的外套甩在身后，头也不回地离开了运动场，马宁收拾好自己的东西再喊他的时候，他早已经出了操场。

李厚泽很不高兴，因为一般情况下，他都是短跑组的第一名，马宁的身体素质虽然也不错，但是从来不能超越他。他们一起训练，一起吃饭，一起参加比赛，周末的时候还经常一起出去玩，但是这回他非常地不想理马宁。

李厚泽是个争强好胜的人，这一点短跑组的人都知道，曾经有一个队友一次成绩和他齐平了，他都老把人家当成敌人一样看待，有事没事想挤对人家，很长时间都能看到他有意无意地给那个同学使坏。现在他的好朋友不仅赶上了他，而且超过了他，队友们都为马宁捏了把汗。

李厚泽看见马宁就头疼，你比我强，你比我成绩好，我都落败了，我不想跟你一起训练，我不想跟你天天腻在一起，看见你我就难受。李厚泽每天都这样想，也疏远了马宁。马宁每次想主动地接近李厚泽，他都会迅速地逃开，两个好朋友之间的关系一下子变得很僵。

李厚泽倒是没有自暴自弃，他每天更刻苦地训练，比以前的训练强度要大很多，训练的时间也比以前长了。

教练把这些都看在眼里，也不说什么。等到第二次全组测验之前，才把他俩都叫到了办公室。教练说："你们俩的成绩最好，关系也最好。现在发生了什么事，我都知道。厚泽想赢没错，马宁超过你了也没错，你们都代表着咱们队最高的水平。竞争是好事，但是为了你高我低，就撕破脸不说话了，值得吗？"

教练严肃地看着李厚泽，他知道这个孩子的身体素质好，也很刻苦，他一心求胜，竞争意识很强，但是他也太争强好胜，这个特点迟早会影响他的训练成绩，所以教练打算借这个机会好好矫正一下他的思想观念……

给男孩的悄悄话

俗话说："人外有人，山外有山。"一个出色的男孩在一个小环境里非常优秀，但是走出了这个环境，他还是最强的吗？答案毋庸置疑，不一定。人的精力是有限的，虽然男孩子的精力很充沛，但是人无完人，他也不可能处处比他人强。争强好胜的心态是好的，能激励男孩们积极向上，但是这种好胜心过了头就会给男孩的生活带来一定的不便。

处处表现出比别人强的男孩，会遭到别人的厌烦。俗话说："枪打出头鸟。"如果在一个团体活动中，男孩子表现得过于争强好胜，就会把别人的热情给掩埋，一场热烈的团体活动如果只有他一个人在表演，这场"独角戏"是唱不了多久的。这是一个"人捧人"的时代，只有你放低自己，让别人意识到你的长处时，才能共同进步，才能出现一团和气的景象。

所以男孩一定要知道好胜心要有，但是不能过度。如果你一直争强好胜的话，就会养成和人比的习惯，由于害怕别人超过自己而去努力，生活就会失去很多乐趣，因为一切的付出都是在一种压力的状态下进行的。这样的生活，即便自己成为了最好的，甚至是唯一的，又能如何呢？你最终体会到的只是“高处不胜寒”的孤独和无奈。

孔子说：“过犹不及。”什么事情都要坚持一个度，因此男孩要控制自己的好胜心，让自己快乐地成长。那么应该如何控制好胜心呢？男孩可以做如下尝试：

1. 不要总是把别人当作参照物

把别人作为自己的奋斗目标是件好事情，但是要注意方法，不要以“一定要超过他”为目标，而应该是以取别人身上的优点来弥补自己的不足为目标。如果慢慢试着这样想，好胜心就会适当地减弱，你会发现在身上的包袱会一天一天变小，做任何事情都会很开心，很满足了。

2. 学会放松，这样才不会有过激的心理暗示

控制“好胜心”的关键就是看你是怎么进行自我心理暗示的，当你知道“好胜心”过强会对自己的成长不利的时候，你就会试着去改变，内心就会产生不因为这种“过激”心态而影响自己的学习和生活的想法。青春期的男孩需要明白，每个人都有自己的强项和弱项，不要太刻意地去逼着自己做一些让自己不开心的事情，这样你的好胜心就会控制在一个适度的范围内，就不会影响自己的心情和生活。

3. 学会宽容

世界上最大的宽容，不是宽容别人的错误而是宽容别人的优点，也就是说允许别人比自己优秀。只有这样男孩才能在生活中让自己平衡，才不会因为别人比自己强而心生妒意。争强好胜的心也会在宽容中得到平和。

英雄不只是打打杀杀

白元哲希望自己能够当个大英雄，能够像武侠小说里那样行侠仗义，打抱不平，能够像电视里的那样，铲除贪官污吏，保百姓一方太平。当英雄是小白同学的愿望，为了当英雄，他还不断地锻炼自己，主动报了跆拳道的学习班，希望有一天在见义勇为的时候可以派上用场。

妈妈本来不把他当英雄的事情放在心上，一个中学生，本分上学就好了，那些当英雄的事情离儿子很远呢。他肯定也就是说说，难不成还真的想见义勇为，截下凶猛的小偷?

但是妈妈真想错了，白元哲的老师打来电话，说白元哲现在受伤住进了医院，让白妈妈赶往医院。白妈妈一听就慌了神，受伤?儿子上学走的时候还好好的，怎么就受伤了，难道是车祸?不知道儿子的情况严重不严重。如果儿子有个三长两短，她该怎么办呢?

到了医院，除了老师和同学们以外，还有警察，白妈妈一时弄不清情况。她赶忙去找医生了解情况，白元哲没有生命危险，但是他被歹徒刺伤了，现在正在止血处理。白妈妈感觉天旋地转。

警察来向白妈妈说明情况，他们告诉白妈妈，他们在闹市区抓捕歹徒，但是歹徒逃窜了，在逃跑的过程中，刚好遇见了白同学，白同学果断地和歹徒缠斗，但是等警察过来的时候，穷凶极恶的歹徒刺伤白同学企图逃跑，现在歹徒已经被抓获。正是因为白同学的见义勇为，他们才顺利抓获了歹徒。白同学是个小英雄。

英雄?白妈妈愣住了。自己的儿子真当了英雄。警察们给学校写了表扬信，赞扬白同学的英勇行为，并且提醒大家在见义勇为的时候注意保护自己，注意采用智慧和匪徒周旋。

白元哲的英雄梦实现了，但是白妈妈却忧心忡忡，她只是希望儿子能平安健康……

给男孩的悄悄话

男孩具有冒险精神本身是个很不错的品质，但父母在看管和教育起来要付出更多的精力。男孩好像是天生就喜欢冒险，没有任何理由。

一个刚刚学会走路的男孩，他喜欢从上面的地方往下跳。他喜欢把自己藏起来，让全家人找不到他。他会尝试所有没吃过的东西，不管是食物还是药片，他都会往嘴里塞。他喜欢玩火，喜欢玩小刀。他会故意惹怒老师，看到老师很生气的样子，他会表现得很开心。

当男孩长大，有了自己的玩伴之后，他还会喜欢上一切富于冒险性的事物，他们喜欢玩滑板，喜欢去郊外的山谷蹦极，喜欢在海上扬帆滑翔，甚至会热衷于飙车。有一位儿童心理学家说得好：任何一个男孩，在他小的时候一定或多或少受过外伤，如果一个男孩在小的时候没有受过伤，那简直是个奇迹。

也许正因为如此，古希腊的哲学家柏拉图早在2300年之前就这么写道："在所有的动物之中，男孩是最难控制对付的。"

男孩的冒险是一种天分，需要家长用几分欣赏的眼光来看待。大多数的男孩为了冒险，甘心被摔跤，被挨打，这样的一种勇敢精神也是值得肯定呢；他们喜欢搞破坏，会把电动汽车拆得乱七八糟，这种创造能力也很值得肯定；他们也许是为了自己的朋友，通过打架的方式来替朋友讨回公道，最后总是伤痕累累，这样的正义感也很值得肯定。既然对男孩的行为感到无可奈何，那就来欣赏他吧。因为男孩除了冒险之外，还有一种英雄情结，这一点让喜好冒险的男孩显得尤为可爱。

男孩的英雄情结，不仅有利于他们男性气质的培养，更有利于他们尽快长成一个真正的男子汉。

在现实的社会中没有一个人会像奥特曼一样具有拯救人类、拯救世界的本领，男孩们心中崇拜的英雄是虚幻的，他们小小的心中并不了解真正的英雄应该具有什么样的气魄。如果家长在此不给予正确的引导，可能孩子还会把暴力倾向误以为是英雄的象征，那就违背了男孩崇拜英雄的初衷。男孩必须明白：英雄不只是打打杀杀。

任性不是个性

梁长旭同学最近总是跟妈妈吵架，因为他要每天花很多时间在服饰搭配上，那些在老师们和家长看起来的奇装异服，他认为很有个性，而且每次妈妈讲什么他都不听，他觉得这才是个性。如果听妈妈的话了，就是没有个性的表现，不是年轻人的风格。

总之现在长旭就是把自己的任性都归结为是个性，每次妈妈想劝他，都被他以标榜个性顶撞回来，现在妈妈很无奈，但是也找不到解决的方法。

学校里开始风行赛车，很多同学都开始花费金钱和精力在赛车上，而好的赛车价钱昂贵，大家一般都玩普通赛车。但是为了追赶潮流，甚至超过同学们，长旭决定买最贵的配件，自己组装赛车。自己的钱不够，只好去寻求爸妈的支援，但是动辄上千的配件对于他们这样一个普通的家庭来说，真的负担不起。所以他跟妈妈要钱的时候，妈妈没有给。他就跟妈妈争吵起来，认为她根本不注意培养他的个性，就是在扼杀他的天分。

妈妈被他气哭了，他还气鼓鼓地打电话给爸爸，告妈妈的状。爸爸听了他的倾诉之后，明白了事情的原委。回家了以后，老爸把他约出来，在小区附近的茶餐厅和他谈心。

“儿子，你这不是个性了，你这是任性。”

“咱家的情况你是知道的，你的要求已经超出了我和妈妈的能力。更何况，个性不是靠昂贵的金钱代价换来的。个性是你自己有自己的魅力，有自己的优点，有自己的处世风格。而不是那些奇怪的衣服和昂贵的赛车能给你的。个性是你自己的。你这样任性地跟妈妈顶嘴，绝对不是一个有个性的好孩子。”

长旭低下了头。听着爸爸的话，他觉得自己脸上火辣辣的，真的很后悔那样张牙舞爪地跟妈妈吵架。他已经长大了，不能那么任性，老惹妈妈哭了。

长旭决定自己培养自己的个性，收起了那些奇装异服，开始向新的方向前进。

今天，我们生活在一个“个性化”的时代，几乎每一个成长在“个性化”时代中的孩子都会崇尚“个性”，尤其是青春期的男孩们，都以拥有鲜明的“个性”而自豪。的确，没有个性的人生也是乏味而苍白的，没有个性的人往往缺少创造力而难成大事。

“任性”与“个性”只是一字之差，二者的意义却差以千里。任性是一种不健康、不成熟的情绪，直接威胁着青少年成长和进步。然而对于思想和心智都不成熟的青少年来说，“任性”却常常被标榜为“个性”。

如何才能在“个性”和“任性”之间划出一个清晰而准确的界限？怎样才能拥有积极健康的“个性”，并且“戒掉”影响个人进步发展的“任性”呢？

任性往往发生在一个人的孩子时期，而且往往与家长的过分溺爱有关。任性是对自己的个人需求和愿望丝毫不加以克制，放纵不约束自己，听凭秉性行事，而且抗拒、不服从外来的管教。当任性一旦成为一种“习惯”，性格上就会发生变化，很容易变得自以为是、性格孤僻、目中无人，成为一个在家庭、学校以至于社会中都不受欢迎的人。要知道，任性是一种不成熟的“伎俩”，一种“小孩子脾气”。当我们离开家庭走向社会，任性不仅不能解决问题，而且会让事情越来越复杂。

个性是在人们的成长过程中形成的对外界事物的一种稳定的态度与看法，成长环境、社会阅历和学识的积累都对个性的形成有着重要的影响。个性具有独特性，不因外界的影响而改变，诚实、善良、勇敢、果断、守信、坚定等都可以看作积极的个性。我们常说的“有个性”，是要有自己的主见，遇到问题时坚持自己的正确观点和合理行为，不随波逐流，不违心屈从。自古以来，成大事者大多有着积极健康的个性。

个性与任性之间的一个很重要的区别就在于，一个人的“个性”所包含的是合理的、正确的想法和行为，而任性则恰恰相反。成长中的青少年们缺少全面而理性地看问题的能力，常常会把一些不好的“任性”习惯当成“个性”来标榜。这时，多多听取师长们的意见和劝导是很有必要的。

要知道，真正长大的表现，是能够克制自己的不良情绪，收敛自己的任性脾气。任性只能说明自己还不够成熟，还需要不断打磨自己。我们甚至可以说，先天造就了任性，后天的修养形成了个性。个性是自我发展的需要，无论在学习中还是在以后的工作中，无论在家庭中还是在社会交往中，都可以尽情地发挥鲜明的个性，健康积极的个性会增加你的成功概率，会使你的人生更加精彩。要知道，顺利地做成每一件事都是不容易的，千万不能任性地耍脾气，要充分地发挥自己的个性，利用自己的特长，发扬自己的长处，为自己的发展创造更广阔的空间。

所以，青春期的男孩们，不要错把任性当个性，要学着成熟，这样才能活出自己的精彩。

男孩胆小怎么办

李哲是个男孩子，但是他非常胆小：都 6 岁了还不敢一个人睡觉，一定要妈妈陪在身边才能入睡；7 岁的时候还不敢坐转椅，也不敢玩滑梯，他担心会从上面摔下来；9 岁了他还不能主动和别人打招呼，和大人说话的样子总是羞羞答答的。

长大了，李哲的情况要好些。不过，在妈妈眼里看上去他很“窝囊”，他在与人交谈的时候总是词不达意，而且面红耳赤；碰到老师不愿意打招呼，情愿绕道而行；在公共场合很少发言，即便是碰到了自己了解的话题，也轻易不发表言论；平时学习成绩挺好的，可是一到考试就砸锅……

就是这样的一个看上去很胆小怕事的男孩，后来迷上了玩滑板，他很喜欢在空旷的广场上驰骋的感觉。有一次，妈妈看到李哲站在滑板上飞驰的样子，第一次感觉到儿子居然这样的帅气。妈妈因为惊讶所以惊喜，狠狠地夸奖了儿子。李哲得到了妈妈由衷的赞赏，对自己也燃起了信心，后来也就不再是个“窝囊”儿子了。

给男孩的悄悄话

男孩大多是地地道道的“小冒险王”，他们往往有英雄情结，并且攻击性强，我们印象中的男孩永远都是在充满热情地去追寻自己想要的东西。

但是生活中并不是所有的男孩都是这样的。也有很多家长抱怨自己的男孩并非如此，他们胆小、冷漠、孤独。李哲似乎比同龄的女孩还要胆小，一个小男孩怎么会那么胆小呢?

其实对于男孩而言，胆小并不是意味着绝对的软弱，男孩会从其他的方面找到自己释放能量的突破口，你不必过多担心自己的胆小。很有可能，男孩看似胆小的原因是没有发现让自己真正感兴趣的事情。事实上，男孩所谓的胆小，是完全可以克服的。

富兰克林·罗斯福在8岁的时候看上去还很胆小，脸上总是露出恐惧的表情。每次上课遇到老师叫他回答问题，他就会双腿发抖，嘴唇颤抖不已。

童年时期的罗斯福极度地自尊和敏感，他回避社交活动，也不敢结交朋友。但是他有一点与众不同的是，他总是强迫自己和嘲笑他的人接触，强迫自己参加一些诸如打猎、赛马等激烈的活动。他试图努力改变自己，他咬紧自己的牙床使嘴唇不再颤抖，他利用假期的时间到非洲追赶狮子，他要让自己变得强壮无比。

凭着这种奋斗的精神，他没有因为自己的缺陷而气馁。后来很少有人知道他曾非常胆小，只知道他是美国历史上一位深得人心的总统。

罗斯福的经历说明：男孩子那些很要命的缺点，是完全可以通过后天的努力来改变的。男孩应该勇于让自己克服胆小的缺点，成为一个有用的人。具体做法如下：

1. 多参加一些具有挑战性的运动，把自己置身于充满挑战的环境中，最容易让你学会挑战。

2 . 做好应对挫折的准备。在遇到困难的时候，尽量自己想办法解决。

3 . 有吃苦精神。因为物竞天择适者生存，这是自然存在的规律。如果男孩没有过吃苦的体验，也没有吃苦的精神，将来就很难应付挑战，也难以在激烈的竞争中获得胜利。

4. 培养意志力。能够坚持到底，才能获得最终的愉快体验。

5. 多玩一玩。不要以为玩会耽误学习，实际上在玩的过程中你可以发挥自己的想象能力，更容易激发你的创造力和学习能力。

6. 进行自我保护训练。学习必要的安全知识，以防不时之需。

忍耐，是走入社会的通行证

曹正奇同学是高一的学生，今年暑假他和爸妈商量了之后，决定自己在暑假的时候在小区附近的餐馆打工，勤工俭学，他在暑假赚的钱由自己支配。

以前经常来这个餐馆吃饭，但是当服务生还是第一回，正奇有点期待，也有点兴奋。期待的是跟学校不一样的生活，兴奋的是他可以赚自己人生的第一笔钱了。现在还没开工，就已经开始期待发工资了。

开始的几天，正奇热情高涨，每天热情地招待客人，给客人拿菜单，递茶水，忙得不亦乐乎，快乐得像个旋转的陀螺，每天在餐厅里旋转，几天下来，基本熟悉了当服务生的全部工作。计算着每天的薪水，觉得自己虽然每天都比学校累多了，但是还可以，至少还有钱赚，而且大部分客人对他的服务都很满意，没有刁难过他。

但是今天他一不小心，把茶水倒到了一个客人的衣服上。那个中年女人尖叫着站起来了。大声嚷嚷：“你怎么回事，没看见烫了我吗？”

正奇连忙道歉，不停地说着对不起，但是那个女人还不依不饶，拿起了一杯热茶就泼到了正奇的脸上，正奇的脸被茶水烫得火辣辣地疼，他从小都是泡在蜜罐子里长大的，哪有受过这样的委屈，他攥着拳头，怒气随时都会爆发，脸都被憋得通红。

老板赶忙过来调解，拉开了正奇。

正奇跟老板说他不干了，老板也没有生气，拉他坐下："正奇，我知道你受委屈了。但是这事忍一下就过去了，社会不是学校，在学校，谁让你受委屈，你可以找老师，老师让你受委屈，你可以找校长。到了社会，受了委屈，要学会忍耐呀！要不没法生存。"

正奇答应老板，自己回家想想，然后再决定要不要继续做服务生。他受了这么大的委屈，要掂量下自己是不是要继续下去，下次遇到这样的情况要怎么办，发怒能不能解决问题，适应社会真的要这样忍耐吗？

他还有许多问题都没有想明白，他要好好想想。

给男孩的悄悄话

正奇的困惑也许能在下面的小故事中找到答案：

一个研究《塔木德》的犹太学者，刚刚结束他的学习生涯，到艾黎扎拉比那里，请求给他写封推荐信。

"我的孩子，"艾黎扎拉比对他说，"你必须面对严酷的现实。如果你想写作充满知识的书，你就必须像小贩那样，带着坛坛罐罐，挨门挨户地兜售，忍饥挨饿直到40岁。"

"那我到40岁以后会怎么样？"年轻的学者满怀希望地问。

艾黎扎拉比鼓励地笑了："到了40岁以后，你就会很习惯这一切了。"

这一则小故事流行于犹太人之间，他们用这样的故事教育后代苦难是不可避免的。苦难教育对一个人的一生影响深远，很多人总是逃避苦难，不愿意去品尝，但要知道，只有经历苦难，才能从苦难中汲取动力和能量，只有真正懂得苦难的含义，才能品出苦难赋予你的甜。

对于苦难，任何人都会有一种不由自主想要逃避的心理，殊不知，经历了苦难之后的生活才能更甜。

男孩子自小应该有意识地接受艰难困苦的磨炼，学会敢于面对挫折，不怕失败，以培养坚忍不拔的意志和毅力。在逆境中千锤百炼成长起来的男孩才能更具生存竞争力。

让自己的心理上经得起挫败，关键就是要能“缩小”自己，不要有唯我独尊的意识，在看问题的时候能够从别人的角度来看，那么就不会轻易被一件小事情打败了。

然而现在的很多家庭，家长不舍得孩子吃苦，他们动辄“宝贝宝贝”地叫着，恨不得为孩子做一切。在这样的教育下，男孩们好吃懒做、娇气任性，还缺乏责任心、感恩心。很多事情男孩们都没有经历，不知道生活还有不如意的一面。男孩会以为很多东西从来都是像天上掉下来的一样容易，不需要费一点心力，这个时候，他怎么有机会、有能力去承担生活中的各种考验呢？

现在的男孩，尤其是一些家境优越的男孩，从来没有认真努力过，总认为一切都不用愁，自有父母安排。这样的男孩就是缺乏了危机的意识，相信当真正的困难来临的时候，他们会被彻底打败。在任何情况之下都保持着高度的警惕，才能更好地掌握自己的命运。

成为一个处处受欢迎的人

善于倾听收益多

窦鹏在小组里很少发言，他的笔总是不停地在自己的本子上记录着什么，同学们在争论的不可开交的时候，他总是在急速地书写。所以大家都叫他“记录员”。他对这个称号也不抵触，同学们叫他“记录员”的时候，他都应着。

小组讨论结束之后，每个人都要写总结和报告，报告小组讨论的内容，在讲台上宣读小组讨论的内容和主要观点，还要面对其他组同学的提问。这是一项艰巨的任务，刚才大家争论得面红耳赤，等讨论结束的时候才发现，已经忘记了别人说的是什么，自己一直在努力推翻别人的论点，而忘记了要记录下不同的观点，并且还要对这些观点进行陈述呢。

很快就轮到窦鹏的小组发言了，大家你一言我一语地商量让谁出马去讲台上发言，让发言最多的姜同学去？他除了坚持自己的观点以外早忘记了别人说的什么了，更别提让他评论别人的观点了。那别人呢，基本情况都差不多。他们都忘记了别人说了什么。

这个时候，窦鹏小声地说，“那我来吧。”他的声音很小，但是所有的小组成员都像看到了救星。他们点头如捣蒜。

窦鹏拿着那个黑色的笔记本上台去了。其实大家虽然觉得解决了上台出丑的尴尬，但还有点幸灾乐祸，因为他们觉得小组里实力最差的就是不爱说话的窦鹏了。他们不太相信窦鹏能说出什么惊人的观点和论述来。

窦鹏开始陈述小组里讨论到的几个主要观点，并且对每个观点都做了自己的评价，评价都很中肯到位，同学们在台下频频点头。最后窦鹏还总结了自己小组的结论。他没有像别的小组那样，把大家讨论出来的观点罗列在一起，而是找出了那些看似散乱的讨论话题的内在联系，找出了讨论的中心问题。

小组成员们开始对这个沉默的男生刮目相看了，原来多听比多说更能表现自己。

给男孩的悄悄话

知道人为什么长了一张嘴巴却有两只耳朵吗？那是在告诉人们：要多听听别人在说什么。可青春期的男孩常常忽略这一点，习惯了让对方听自己的滔滔言语，而没有学会倾听。每个人都有一种渴望被别人尊重或重视的愿望，而受到重视的最基本条件是愿意认真地倾听，所以当你自认为是理解朋友的时候，先得问问自己："我能专心地倾听朋友的话吗？"即使是一些平淡无奇的庸人之语，对说的人来讲，可能也是重要的。

愿意倾听别人，就等于表示自己愿意接纳别人，承认和重视别人。如果你能面带微笑，用一种专注而又迫切的眼光看着他，那会让人感觉你是欣赏他的。在这种氛围里，对方会充分地展现自己。如果你能善于让别人在你面前有一种强烈的表现欲，那你定能主动、积极地做个好朋友，做个好领导。如果一个职员向你这个经理提建议，即使开始还有点紧张，但你的倾听会使他马上感到放松和自信。倾听是一种无言的信任。

善于倾听的人总是善于理解和沟通的。当一个为成功而喜悦的人面对一个微笑着倾听的朋友时，他会感到这位朋友是理解他的，也是为他而高兴的。当一个因失恋而愁眉苦脸的人面对一个表情凝重而专注倾听的朋友时，他会感到自己的痛苦朋友能理解，虽然朋友没能提出如何重获爱情的好建议，但他已感到自己得到了一点心理安慰。

善于倾听的人肯定是其他人成功或失败时首先寻找的对象，他们有话会对你说，有苦会向你诉，他们毫无顾忌地向你敞开心扉。很多人都认为，要想自己变得优秀，就要主动出击去与别人竞争，在竞争中获胜最能证明自己的能力。其实表现优秀的方法还有一个，那就是学会倾听，这就有点以静制动的意味了。

因为倾听，你能够很好地发现自身可能存在的问题和缺陷，有利于自己及时改正；因为倾听，对方能够看到你的真诚和细心，也会对你更加信任和友爱。

如果想要更好地表现自己，那就不妨静下心来仔细聆听吧，你一定会有意想不到的收获。

学会赞美他人

李彬兴冲冲地跑到小飞跟前说："小飞，你的钢笔字真漂亮。我去交语文作业的时候看见你的字帖了。真好看！"

小飞腼腆地笑了。小飞从一个农村中学新转过来，对新学校环境的适应不太好。他跟不上这个学校的学习进度，每天都为了学习的事情很自卑，觉得自己是个农村孩子，样样都不如城市孩子优秀。他很少和同学们打交道，每天就是闷在自己的座位上发愁。

李彬是个活泼的男生，平日里喜欢和大家说笑打闹。他也发现了小飞每天闷闷不乐。小飞的成绩不好，可能是因为刚转学过来，两边学校的进度不一样。小飞也不爱和同学们玩，每天都独来独往的。

李彬去办公室交作业的时候发现了大家的字帖，最上边的是小飞的，他的钢笔字刚劲有力，真的很漂亮，不像自己的，歪七扭八，那些字好像都喝醉酒了一样。

所以李彬从办公室跑出来，直接找小飞来了。小飞听着李彬的夸奖很高兴。来了新学校之后，他觉得自己处处不如别人，学习跟不上大家的进度，他比大家晚了半个学期的课程，虽然每天放学了都补课，但还是没跟上来。体育活动以前在农村中学都是自由活动，哪有那么多足球篮球，现在自己体育也不行，什么都不会。音乐课是让他最头疼的课了，他唱歌总跑调，被同学们笑了好几回了。他觉得自己一无是处。

现在被李彬这么一夸，也觉得自己的钢笔字挺好看的，并且开始有了点信心，毕竟自己也不是一无是处的。

小飞很快和李彬成了好朋友，因为他觉得李彬人很好，能发现他的优点，还经常和他聊天。李彬也发现，虽然现在小飞成绩不好，但他还是很刻苦的，也爱学习，能抓住任何机会学新东西，而且也不怕不好意思什么的，遇见不懂的就问，问老师，问同学，每次都很认真，也很谦虚。受到表扬的时候，就会腼腆地笑。

小飞在日记里写下，是李彬的赞美点燃了他对新生活的向往，也点亮了他的希望，从李彬那里，他开始得到认同，开始学着融入这个班集体。虽然他没有当面感谢李彬，但是在他心里李彬真的是他很重要的好朋友。

给男孩的悄悄话

男孩们，当你得到父母、老师、朋友的一句赞美或表扬时，心底一定非常舒适、欣慰，浑身似乎积聚了许多力量吧！

有人说："良言一句三冬暖，恶语伤人六月寒。"我们要学会适时地给他人一句赞美。因为赞美的力量是无穷的。

赞美就像浇在玫瑰上的水。赞美别人并不费力，只要几秒钟，便能满足人们内心的强烈需求。看看我们所遇到的每个人，寻觅他们值得赞美的地方，然后加以赞美，并把赞美他人变成一种习惯吧！

每个人都喜欢听赞美的话，被赞美时心情会自然地轻松起来。如果说得好，会有利于双方的下一步交流。可如果说得不好，则会适得其反。

恰到好处的赞美与违心的拍马屁，往往只有一步之遥，要让赞美的话在别人听来不是令人反感的拍马屁。

青春期的男孩在赞美他人时，要注意以下几点：

1. 真诚而得体

对别人的赞美需要真诚，而真诚离不开真实，要恰如其分地赞美对方，必须符合事实。如果要在一些细微的地方赞美的话，更加需要对对方的工作、生活经历做一个大致的了解，以便准确地提出别人没能想到你会提及的细小之处，这样往往能收到“润物细无声”的效果。

2. 赞美用词要得当

赞美的形成，在于一般双方都是面对面的，所以内容上要具体，对象上要分明，有时尽管不直接涉及你所要赞美的客体，但对方早已心照不宣地知道你所指的是什么了。

同样注意观察对方的状态也是很重要的一个过程，如果对方恰逢情绪特别低落，或者有其他不顺心的事情，过分地赞美往往会让对方觉得不真实，所以一定要注重对方的感受。

3. 赞美不可过分夸张

赞美需要修饰，但是太夸张的赞美就会变成阿谀奉承，让人感觉不到真诚，只留下虚浮和矫揉造作。

4. 少说陈词滥调

一些人的赞美言辞中，充满了陈词滥调，如久仰大名、百闻不如一见等。一些人在社交场合赞美别人时，只会鹦鹉学舌，说别人说过的话。

5. 在背后赞美

有时你当面称赞一个人时，他极可能认为那是应酬话、恭维话。而在背后说人好话，他会认为那是认真的赞美，毫不虚伪，于是真诚接受，并对你感激不尽。

6. 不可冲撞别人的忌讳

几乎每个人都有自己的忌讳，每个国家和民族都有自己的忌讳。忌讳仿佛是永不结疤的伤痕，每个人都不允许别人侵犯它。赞美别人千万不可触及对方的忌讳，否则极易造成交际的失败，引起他人的反感。

赞美别人是一种境界、一种涵养、一种素质；赞美别人是对别人的一种肯定、一种理解、一种尊重；赞美别人，既是一种给予、一种馨香，又是一种沟通、一种祝福。赞美是对他人的认同，是对他人成绩的肯定和称赞，容易引起彼此的共鸣。

经常真诚地称赞他人的人，也一定经常得到他人的称赞。如果你想成为一个受欢迎的人，那就不要吝啬自己的称赞，带上自己的真心，收获对方的真诚。

做个幽默的男孩

接待美国中学生交流团的任务结束了，鲁浩南同学作为学生代表，也长出了一口气。由于这次是两个学校的联谊，两个学校为了锻炼学生们的社交能力，决定学生们的工作都交由他们各自负责，包括联系外界，以及各项活动安排都由学生自己完成，老师们除了必要的协助外，基本不插手此项任务。

外语水平较好的鲁浩南接到的是接待任务，作为队长的他，还有 10 个英语口语较好的队员，将负责美国中学生的基本接待和交流，以及美国学生来了之后，各项活动的陪同。浩南虽然英语水平好，但是真的这么正式接待外国学生还是第一次，到目前为止，他还从来没有和外国人说过话呢。

现在是个很好的锻炼机会，当然也面临着巨大的挑战。他们 11 个人开了个小会，会议决定，为了展现中国学生的风采，他们将全力以赴地做好接待工作。

美国学生们来了。浩南带着大家去迎接，安排 30 个学生的住宿，对方的负责人也是一个学生代表，为了来中国，还专门学了几句汉语，和浩南他们见面后，听到了浩南流利的英语，松了口气，也开始用英语进行交流。队员们语言关基本通过，但是还是有些拘谨，不好意思和那些外国学生打招呼，那些美国学生倒是很热情，但是自己的队员们都还处于人家问一句，他们回答一句的紧张状态。

浩南为了鼓励大家，首先带头给其中一个美国同学讲起了自己在准备这次接待活动中的一些趣事，这样逗得那些美国学生哈哈大笑，两方之间的气氛从很严肃一下子变得轻松了许多。那些美国同学也放松了下来，两拨人聊起了各自的学习和生活。在浩南的带动下，其他队员也和那些美国来的同学们打成一片，一群不同肤色,不同面容的孩子们一下子就熟悉起来,很快成为了朋友。

后来有个美国同学还写信给浩南，说他是幽默的男孩，跟他聊天轻松又有趣，和他们听说的中国学生都很拘谨的印象一点也不一样。

给男孩的悄悄话

你是一个像浩南那样幽默的男孩吗?

在社会生活中，幽默是无处不在的。幽默是语言的润滑剂，如果你善于灵活运用，必将为你的生活带来无穷的乐趣。

幽默是人际交往中的磁石，可以将你周围的人吸引到你身边来；幽默也是转换器，可以将痛苦转化为欢乐，将烦闷转化为欢畅。每个人都喜欢与机智幽默的人做朋友，而不情愿与忧郁沉闷、呆板木讷的人交往。

幽默可以缓解冲突。人际交往中，磕磕碰碰在所难免，遇到棘手的问题或尴尬的场面，恰当地运用幽默，能产生神奇的效果。

青春期男孩在运用幽默口才时应注意以下几个问题：

1. 要注意场合。因在不适当的场合展示所谓的幽默，会造成不良的影响，甚至是严重后果。

2. 要区别对象。就像音乐是给会欣赏音乐的人听的，绘画是给会品味绘画的人看的一样，找错了对象的幽默难免会造成双方的难堪。

3. 与残疾人开玩笑要注意避讳。

拿他人的缺陷、不足开玩笑，会伤害对方。

4. 内容要健康，格调要高雅。

5. 态度要友善。冷嘲热讽地开玩笑，别人会产生反感。

6. 和异性、不同辈分的人开玩笑要适当，“荤段子”不可说。

7. 不可板着脸开玩笑。

8. 不要以为捉弄他人也是幽默。别人会误以为你是恶意的而令你祸从口出。

9. 不可总大大咧咧地开玩笑，让人觉得你不够成熟、踏实、庄重。

正如拉布所说：“幽默是生活波涛中的救生圈。”幽默能够营造一个轻松、诙谐的谈话和交往氛围，能让人在紧张的环境中得以放松，能愉悦人的心情，也能够抚平生活中出现的波涛和褶皱。既然幽默有这么多的好处，何不学着成为一个能带给身边人快乐的幽默大师呢？

设身处地为他人着想

杨博超是高一（2）班的体育委员，他现在正在苦恼。现在是运动会报名的最后一天，体育老师又催他了。别的班各项比赛的报名都是异常火爆，只有他们班冷冷清清，没人愿意参加运动会。体育老师把他猛批了一顿，说他的动员工作没有做好。他是哑巴吃黄连，有苦说不出。他们班是实验班，也就是全校成绩最好的同学组成的一个班，虽然现在不过是高一，但是大家都拼命挤时间学习，谁都不愿意参加这种浪费时间的活动。他非常理解，但是运动会还是要有人报名，他磨破了嘴皮子，也劝不动大家。

他只好硬着头皮又站到了讲台上，“同学们，大家稍微给我点时间，容我再唠叨两句。咱们班运动会的名额还有好多，请各位踊跃一些吧，否则咱们班就会被取消参加运动会的资格。”他为难地看着大家，大家依然在埋头演算，没有理他，只有很少的几个人抬起头。

“我知道，大家都是为了珍惜学习时间，不浪费宝贵的时光，才不想参加运动会的。但是运动会可以让其他班的同学看到我们班同学的风采嘛，在体育方面其实有很多同学都是很有实力的。即使我们不参加项目，开运动会的那几天，大家也都要坐在操场看台上，与其看着别班的同学在那里拼搏，我们都无聊地坐着，还不如咱们也为自己的同学加油呢。希望大家能够再考虑考虑。”

这个时候，已经报名的一个男生站起来了：“其实博超每天被体育老师批，就因为咱们班不积极。大家就稍微停一下，尊重他一下，为了班里的荣誉，也为了咱们自己锻炼身体，咱们就支持一下他。即使最后咱们班在运动会上拿不到好成绩，至少咱们努力了。”

博超就差眼泪汪汪地感谢他了，大家也被博超和那个同学的话触动了，他们突然发现，讲台上的体育委员，不是在为了显示自己而强迫他们。他也很理解大家抓紧时间学习的心情，他至少看起来也不那么官僚，感动开始在班里蔓延。

第二天博超来教室的时候发现了一张张字条，是一个个名字和所报的项目。他感动极了，还有个同学，写了短短的留言：“如果我是你，我可能会跟咱们不争气的同学发火，我会暴躁，甚至强行地写上名字，凑够人数。但是你没有，虽然你是学生干部，你没有那么强迫我们做什么。我就尽我微薄的力量吧！为了2班，加油！”

给男孩的悄悄话

换位思考是人对人的一种心理体验过程。它客观上要求我们将自己的内心世界与对方联系起来，站在对方的立场是体验和思考问题，从而与对方在情感上得到沟通，为增进理解奠定基础。

换位思考的实质是对交往对象的切身关怀，深入对方的内心世界。它是一种理解，也是一种关爱。建立在换位思考基础上的相互理解和关爱能够很好地促进彼此间的团结与合作。

立场不同，所处环境不同的人很难了解对方的感受；因此对别人的失意、挫折、伤痛，不宜幸灾乐祸，而应有关怀、了解的心情。

只有理解他人，才能与人为善。如果我们不懂得欣赏他人，就难以接纳和理解他人，更谈不上奉献爱心。青春期男孩在与人相处时应增加了解，增进理解，少点误解，多点谅解，多一点友善，多一份爱心。

人与人要和谐相处，最重要的是学会相互体谅和适应，每个人都从对方的角度去考虑问题。比如为了让别人听清楚你的声音，不妨提高说话的声调，为了不让对方伤到，递给他剪刀的时候可以把把手那一边冲向他，当对方总是脾气暴躁对人苛刻的时候，想一想是不是他最近工作压力太大……

别人之所以和你观点不同，一定有他的原因。找出那个隐藏着的原因，你就拥有了解释他行为或者个性的钥匙。试试看，真诚地使自己置身于别人的处境里："我要是处在他的情况下会有什么感觉？会有什么反应？"

理解别人，并能够站在别人的立场设身处地地去为别人着想，重视不同个体之间的差异，以及不同人眼中看到的不同的世界，这样青少年才能真正做到虚怀若谷，避免由于偏颇造成失败。

要想与他人进行团结与合作，也需要自己常"换位思考"。只有彼此之间多了换位后的理解和关爱，才能在彼此的合作中真正地为对方设想，出现问题的时候才能够冷静地客观地兼顾对方，这样的合作才有更高的效率，也才更稳固。

正像俗语所说的那样，"穿别人的鞋，才知道痛在哪里。"尝试着站在对方的立场上关爱对方，了解他人的真实处境，切身地感受他人的喜怒哀乐，这样才有助于自己成为一个真正受欢迎的朋友与合作伙伴。

各取所长，共同成功

江明辉和郑铮都报名参加了创新大赛。但是他俩擅长的不一样，江明辉同学创意很新，而且有很多奇思妙想，但是他的表达能力不强，跟人说话的时候还经常脸红，稍微紧张了之后就会变得结巴。郑铮的语言表达能力很强，但是他的创意一般，他没有那么多奇思妙想，他能想到的，别人也能想到。

中学生创新大赛是以小组形式报名的，郑铮觉得自己的优势和劣势刚好和江明辉互补，就主动邀请江明辉，想要和他结为一组。但是江明辉不这样想，他觉得自己的创意才是核心，而郑铮虽然有三寸不烂之舌，终究是绣花枕头，草包一个。如果自己跟他一组的话，自己的创意肯定被郑铮拿去说来说去，到最后大家肯定以为那些成果都是郑铮一个人的。到头来自己白辛苦一场，还让他捡便宜。这种傻事他才不干呢。

学校的初赛，江明辉结结巴巴地解释自己的创意，郑铮看着自己苍白的创意内容，纵有千言万语，也描述不出一个花团锦簇来。负责点评的林老师建议他们合成一个小组，这样他们可以充分利用自己的优势，使小组成功的可能性大大提升。

郑铮表示积极赞同，江明辉迫于形势，也只好答应了。

果然江明辉把自己的创意想法告诉了郑铮之后，郑铮都能很好地理解，遇见不太清楚的地方都能很快和江明辉沟通，他们的创意企划书很快成型。

去市区参加创意计划答辩的时候，郑铮在讲台上滔滔不绝，他制作的幻灯片既内容翔实，又很精致漂亮。而他们的创意新颖，也赢得了评委们的青睐。两人以优异的成绩进入复赛。而评委问郑铮，这个创意是怎么想出来的，郑铮直接下台从观众席上请出了江明辉，对着大家说："这都是我们团队的核心成员江明辉同学的功劳，而我不过是负责把他的创意点子展示给大家。"

台下响起了热烈的掌声，江明辉终于发觉，原来合作才能共赢，在合作中发挥各自优势，才能成就事业。

给男孩的悄悄话

江明辉和郑铮的故事告诉我们，在面临困境时，无论你的眼光是短浅还是长远的，往往依靠自己一个人的力量很难能够摆脱困难。只有合作，产生一种“合力”，才能取长补短，进而推动你渡过难关，最后获得成功。

而且合作可以产生双重的奖励。一方面，可使青少年朋友获得生活的一切需求享受；另一方面，可使你的内心获得平静，这是贪婪者所永远无法得到的。

有时人们总在感叹为什么自己的付出没有得到等量的回报，实际上也并不是你的付出不够多，而是你忽略了与别人的合作。合作往往能产生意想不到的结果，而这一点却总是被人们忽略。

作为社会中的一员，谁也不能总是单独行动，有些事情靠一个人的力量是无法完成的。因为每个人的能力总是有限的。

有些人精力旺盛，认为没有自己做不到的事。其实精力再充沛，个人的能力还是有一个限度的。超过这个限度，就是人所不能及的，也就是你的短处了。每个人都有自己的长处，同时也有自己的不足，这就要与人合作，用他人之长补己之短，养成合作的习惯。

开始走入人际交往的男孩需要明白，合作才能共赢，合作也是通往成功的一条捷径。

乐群，做人之本

多与优秀的人交朋友

雨轩是个爱上网的孩子，他已经上初三了，但是每天还是放学之后先打开电脑上网，爸妈自然担心这样下去会影响学习成绩，影响孩子未来的前途，于是试探性地问他："雨轩，你最近是不是经常上网呀？"

雨轩边吃水果，边跟爸妈在客厅里聊天。"是呀。"他倒是坦然回答。

妈妈首先皱眉头了，"你这样每天花时间在网上，哪有时间复习功课呀？马上就中考了，中考之后择校都是要看成绩的，你不好好学习，以后怎么办呀？"妈妈的唠叨功夫又见长了。对待儿子的学习问题一向重视的妈妈这次看见雨轩还这么淡定地回答自己的问题，真的开始着急了。

爸爸还好些，不那么着急，他问雨轩，"你在网上都干什么呀？"

"认识了好多朋友，我们很聊得来。"

"朋友？网上的人多不可信！"老妈气呼呼地站起来，准备发飙。

"真的是很多朋友，他们人很好的。"雨轩还是不急不慢地说道。

"什么朋友呀，能跟我们简单说说吗？。"为了防止家庭战争的爆发，老爸从中斡旋。

"真的不像你们想象的那样，他们都是一些大学生，我们在申雪和赵宏博的博客里认识的。我们都是喜欢申雪和赵宏博这对世界冠军的。很多大学生跟我聊天，还让我好好准备考试，别在网上耗费太多时间，有个姐姐还给我讲学习方法。我遇见了难题，他们都会帮我解答，比学校的老师讲解得都详细呢！”

“还有吗？”妈妈也来了兴趣，刚才的怒火已经熄灭了。

“还有就是他们在自己的生活里都是很优秀的人，有的人给我讲文学方面的知识，有的能帮我解答关于科学知识方面的疑惑，还有的人在我跟你们闹了矛盾之后，还教育我，要理解父母呢。我跟着他们学会了很多有益的东西，他们都是很优秀的人。”

雨轩的话让爸爸妈妈放心了。结交优秀的人，让孩子受益匪浅。

给男孩的悄悄话

古人说：“近朱者赤，近墨者黑。”如果青少年想成功，那就要少接触平庸之辈，多跟杰出者交往。

多与杰出者、成功者交往，你不仅能在做事、做人方面获得收益，而且在人生的关键路口也会赢取助力。

古人说到立志、立身时无不谈到择友。朋友间的相互影响是无形而巨大的。多与杰出的人交往，不仅对自己心智有益，也会使生活充满乐趣。与杰出者交往也会快速地学到一些方法和经验，快速地成长。而且通过与杰出者的交往，你会快速地积累人脉，这是与一般人交往所得不到的。当然，事情的另一方面是，要与杰出的人在交往中产生精神的共鸣，撞击出心灵的火花，必须有充分的个人修养作为基础，这就要求自身时时修炼、时时完善。

你和什么人在一起，五年以后就会成为什么样的人。要成功必须和成功的人在一起。我们可以参考国际知名演说家博恩·崔西的建议：

不管在你的现实生活或是想象中，你习惯相处的那些人，会对你想成为理想人物的目标有着极大的影响力。

你的目标应该是能够“与鹰共翱翔”。你的目标应该是要和你所知道最好的人为伍。

你要和胜利者在一起，同时要远离那些自暴自弃、没出息的人。由于诸多无法掌控的因素，你身旁约有80%的人都是不甚积极、没有雄心壮志、没有目标、不太成功之辈。他们在生活中并没有很大的成就。他们每天都在浪费时间，牢骚不断，并且一逮到机会就抱怨个没完。假如你和这种人在一起，你就会变得像他们一样。

你一定要谨慎地选择那些你愿意花时间交往的朋友，因为他们对你的思想、人格，以及发生在你身上的任何事情都会有影响。

你的目标就是要成为别人乐意为伍的人。当你变成一个更积极且更有魅力的人物时，你将发现自己会吸引其他积极有吸引力的人与你为友。

与杰出者交往中，青少年应注意以下方面：

1. 应保持谦逊、谨慎，自大、骄傲适得其反。

2. 多向杰出者请教、询问，用他们的智慧和经验来促进自己的成长。

3. 应自尊自爱，不恭维奉承。

4. 多了解杰出者的事迹、成就，顺利交往的可能性才更大。

在很多时候，选择对了一个同行伙伴，自己往往也能走得更远。因此，试着与杰出者为伍，你一定能够收获更多。

对手也许是你明天最好的朋友

易晨是实验班的尖子生，但是他总是在发愁，因为第一排那个长得像豆丁一样的小女孩学习也很好，考第一的概率和他平分秋色，作为一个堂堂男子汉，他很不服气。那个小丫头片子怎么回事，老跟自己过不去。

高三的考试又多，每次看排名都能看见那个不想看到的名字，张小小，是挺小的，芝麻大的人，本事倒不小。他总是对她充满了敌意。任何时候都不忘记和她作对。尤其在课堂上，小姑娘回答问题出错的时候，易晨绝对会让小姑娘下不了台。

张小小看起来似乎平静如水，对易晨的挑衅全然不在意的样子。即使有时候被他当众羞辱了，也还是那种一潭死水的表情，不哭，却也不笑。

他以为高三会跟这个小姑娘一直敌对下去，他把她当作了自己最大的敌人。当然这个优秀的敌人让易晨如芒在背，任何时候都不松懈，时刻地努力着。

直到一个偶然的机会，这对冤家化干戈为玉帛了。

参加物理竞赛，初赛只有他们两个通过了。作为学校的代表去别的城市参加比赛。到达了指定地点，发现来自全国各地的尖子们汇聚在一起是件很让人兴奋的事情。易晨光顾着兴奋了，却把自己的代表证弄丢了。这可把他急坏了，没有代表证是没法参加竞赛的。正在他满地乱转的时候，张小小来了。弄清了怎么回事，张小小二话没说，埋头就帮他找代表证。

易晨气呼呼地说："你是来看我笑话的吗？我不要你的施舍，我大不了不参加了。"他还在维护着自己的自尊心，小小轻声地说："这次咱们都代表学校，要互相支持！"

找了半天，小小在一个旮旯里摸出那张沾满尘土的证件。望着小小额头的汗水，易晨突然觉得自己以前那么对这个小姑娘是有点过分了，一直是敌人，突然敌人对自己这么好。适应不了。

易晨有些不好意思了，小小却大方地笑了，把证件塞到了易晨手里。从这一刻开始，也许他们能被称作是朋友了。

给男孩的悄悄话

常言道：不打不相识。人与人之间的友谊可能就是因为争斗而发端。而且友谊还会在不断的争斗中得到巩固，不断加深。

《水浒传》中有这样一段故事：宋江被发配到江州，遇到早就想结识他的戴宗，与后到的李逵一起在一家酒店里喝酒。吃喝间，宋江嫌送来的鱼汤不好，于是叫酒保去做几碗新鲜鱼烧的汤来醒酒。正好酒馆里没有新鲜鱼，于是李逵跳起来说："我去渔船上讨两尾来与哥哥吃！”李逵走到江边，对着渔人喝道：“你们船上活鱼把两条给我。”一个渔人说：“鱼主人不来，我们不敢开舱。”生气的李逵不小心一连放跑了好几条船上的鱼，惹怒了几十个渔夫。后来还与绰号为“浪里白条”的鱼主人张顺打了起来。两人正打得难解难分时，早就认识张顺的戴宗跑来介绍二人认识之后说道：“你两个今番却做个至交的弟兄。常言道：不打不相识。”二人遂成为好友。

双方不打一场不会相识，经过交手而互相了解，更加投合，这种例子不胜枚举。最常见的就是武侠小说中的各路英雄，特别是结拜的兄弟，常常是因为误会而发生争执，但是当真相大白时，彼此又会互相欣赏而成为至交好友。

友谊的形成是一个方面，友谊的持续又是另外一方面。维持友谊往往比友谊的形成更加困难，因为这是一项长期的工程，需要精心地呵护。人与人相处，难免会发生各种各样的摩擦和争斗。因为每个人的性格不同，处世的方法不同，了解的事情也不一样，因而在同一件事的认识上会发生这样或那样的偏差，误会就会随之而产生。但是误会总是会消除的，在一番明争暗斗之后才会发现友谊的可贵，曾经失去才会倍加珍惜。互相包容，互相理解，容忍对方的小毛病，使小的争斗不至于扩大化，不至于动摇友谊的根基。所以争斗其实也会有它积极的一面，条件是争斗之后妥善处理误会，吸取教训，修补裂痕，使友谊更加坚固。从争斗中吸取教训，学会宽容。每个人都会有一些缺点，如果互相抱怨，互相指责，无法忍受对方，友谊就无从谈起了。

另外，在这样一个“物竞天择，适者生存”的社会，彼此之间的竞争无处不在，即使是再好的朋友也可能会发生竞争。而竞争既可能是良性的君子之争，也可能是使用阴谋诡计互相陷害，而我们要做的就是在竞争的时候始终不要忘了做人的基本原则，不要做出让人心寒的事情。这样才能在争斗过后，还能保持友好的关系。如果使用不正当的手段，就会让对方不齿你的行为，再也不会信任你，而友谊也就会荡然无存。因此保持友谊的争斗应该是良性的竞争。而且在竞争中双方能够互相学习共同促进能力的增长，这样的斗争何乐而不为呢?

所以,青春期的男孩们,学着用宽容的心态来看待朋友间的矛盾，你会发现自己的人脉会越来越宽，越来越广，那应当是一件让人十分羡慕的事情。

别紧张，和老师成为朋友

泽明站在操场上发呆，他最近不是很开心，每天上学都是无精打采的样子，历史老师点名要同学回答问题的时候点到了他，可是他盯着黑板看了半天，也没有给出老师要的答案，老师看着他半天没有说话。只好无奈地让他坐下了。

下课了以后，历史老师叫他，“泽明，跟我到办公室来一趟。”

肯定又是一顿狠批吧，泽明心里想，他没有给出老师要的答案，他上课在走神。他不知道自己怎么了，晚上总是睡不好，白天却又迷迷糊糊。马上就要考试了，自己却怎么也振奋不了精神。反正先做好被老师劈头盖脸狂训的准备。

历史老师手上端着一杯热水，递给他：“最近不舒服？”

本来想着会被老师一顿暴训的泽明没想到，迎来的居然是老师的关切，还有那杯热水，这是什么待遇，他犯错了，老师还奉送热茶。他有点受宠若惊了：“哦，也没什么，就是总没有精神。”

“心里有什么事，可以跟老师聊聊。你现在压力挺大的吧？”老师丝毫不提课堂上的事情。

“恩，有点吧。总是担心考试考不好，晚上做梦都在考试而且不是迟到，就是不能参加考试，很着急，醒来之后很久才发现是梦。”

历史老师点头：“别想那么多，你的成绩挺好的，只不过现在状态不好罢了。你没问题。”

泽明很少跟老师打交道，他还不能抹去老师和学生之间的鸿沟，他点头，就不再说话了。

历史老师耐心地给他讲了放松和调节心情的小办法，还分享了自己当年做学生时的经历和感受。他竟然说自己因为怕考不好，每次考试都必须吃糖果的糗事。

泽明开心地笑了，觉得历史老师很可爱。一下子，他们仿佛不是师生而是朋友。

以后，泽明遇见了不开心的事情都愿意和历史老师说道说道。他们真的成了很好的朋友，泽明后来才知道，老师并不是那么高不可攀，他们也是很好的知心朋友。

给男孩的悄悄话

你的老师严肃吗？见到他的时候你是不是很紧张，不敢和老师接近？其实我们在学习过程中很重要的是要和老师做朋友，每天都多注意和老师沟通，把自己的疑惑和老师沟通，甚至其他学习以外的问题也都可以和老师沟通，老师就如同你的妈妈，学习上的任何困难老师都可以帮你解决，你学习的每一个进步，老师都会为你感到高兴。

其实我们从小到大，都是老师教给我们知识，给我们讲生动有趣的故事，与我们一起关注学习成绩。老师的严格要求是为了帮助我们更好地学习，提高我们的学习成绩。所以我们有什么问题老师都会帮助我们的，请你与你的老师做朋友吧，把不懂的问题提出来，老师绝对不会说你笨的，他会为你的努力学习而感到高兴。你也可以把你的想法与老师一起分享，错误的得到更正，正确的你将得到老师的赞赏。长此以往，你会不断地进步与提高的。

而且上课回答问题的时候，老师就是你的朋友，面对她你还会紧张吗？而且你放心，老师也不会徒增你的学习压力，她更了解你的学习情况在班级中排到什么样的水平。让老师帮你订一个计划，将更加帮助你循序渐进，一步一步按计划进行，取得成功。

不要仰着头去看自己的老师，把自己和她放在同等的位置上，敞开心扉，做好朋友，你会得到巨大的进步和美妙的体验。

放低姿态，多向别人学习

耀祖今年暑假要回姥姥家过。姥姥家不在他们居住的这个城市，而是在一个很偏远很偏远的小山村里。那个村子到现在还没有通公共汽车，也就是前两年刚有了电视。可以想象那个地方和从小耀祖待的城市环境是多么的不一样。

耀祖的心里不是那么想去，但是妈妈坚持要耀祖回姥姥家陪陪姥姥，他只好同意了。

山村的生活很简单，每天都是日出而作，日落而息，简单而且安详。耀祖没有了小伙伴，没有了电脑，除了照顾姥姥的起居就是坐在院子里发呆。每天早晨都能听见远处传来悠扬的笛声，他决定去看个究竟。

到了山坡上，他看见了吹笛子的人，那是个干瘦的老爷爷，枯瘦如柴。耀祖和那个老爷爷攀谈起来。老爷爷说的是方言，耀祖只有很认真地听，才勉强听明白 80%，但是他觉得老爷爷是个很有意思的人。他的脑子里装了很多很多古老的传说，除了女娲补天是耀祖听过的，其他的都是他之前闻所未闻的传说和故事。

以后每天耀祖安顿好姥姥之后，就去山坡上听老爷爷讲故事。一个暑假过去了，耀祖的小记事本里写满了各种各样的神话和传说。他心满意足地收拾背包回学校了。他要把这些故事都整理出来，让大家知道，原来大山里还藏着那么多美好的传说。

回到家里，妈妈问他最大的收获是什么，耀祖拿出了自己的小本本，谈起了这些故事的来源："我每天在院子里都会听到悠扬的笛声，我就循着笛声找到了吹笛子的老爷爷。我一看到他又老又瘦，干巴巴的一个老头，顿时失去了兴趣。想着这么个乡村的老公公不定是从哪学了笛子，天天出来玩。后来交谈的时候才发现他真的很博学，他应该是个博士才对。他知道那么多的神话和传说，还能记得那么清楚。我用笔跟着记都记不了那么全呢！"

看着儿子眉飞色舞地讲述，妈妈会心地笑了。

给男孩的悄悄话

每个人的知识体系都不可能非常完备，再优秀的学生也会有许多缺陷，我们要想让自己的知识丰富，学问过人，就必须放低姿态。像耀祖那样做到不耻下问，全面吸纳知识，才能使自己的学问达到一个新的水平。男孩子们要注意纠正自恃才高、不屑于问，或者害怕麻烦别人而不好意思问的坏习惯。

任何东西都不是完美无缺的，就算世上最美的玉石也有斑点，我们每个人也同样有这样或那样的缺点。俗话说：尺有所短，寸有所长。我们只有正确认识到自己的缺点，发现别人的优点，才能不断地向别人学习，弥补自己的缺点，发挥自己的长处，取得更大的进步。在学习中，我们越能发现别人的优点，就越能虚心求教，向别人学习。

对于学习做学问而言，如果说“学”占了50%的话，那么另外50%就是问。其实在我国几千年的文化发展史中，许多大学问家对于“问”早就给予了足够的重视。孔子的“不耻下问”，想必大家都非常熟悉，后来还有“有疑而不问，非真能好学者也”等都是对“问”的重要意义的论述。

那么，我们该怎样去“问”呢？

我们要通过自我提问把问题找出来，比方问“为什么这么做呢”“还有更好的解法吗”等等，若自己答不出来，就要把它记录在问题记录本上去找别人解答。“问”的另一层含义是善问，许多男孩对“问”有心理障碍，其实我们完全可以利用上课前、课间休息、骑车回家的时间，一起讨论几道题，这样既能增进交流又可解决问题。别怕提出简单问题，简单的问题要么蕴含深刻的道理，要么反映了你学习上的缺陷，所以“问”时一定要让脸皮“厚”起来。

我们还可以在同学之间开展讨论，这种方式对于解疑是十分有用的。可以设想，即使我们每天只解决一个问题，长期坚持下来，获得的新知识也是无法计算的。

好问，对于学习是非常重要的。学习中，对于自己的疑问、不会不懂的知识，一定要敢于问、及时问、认真问，发现了问题，通过别人的帮助获得解决，这就是学习上的进步，就是一种有效的提高。

我们每个人都有自己独特的学习方法，所以同学之间就会有比较大的差异。你要在了解自己特点的基础上，发挥自己的优势，这样才能最大限度地提高自己的能力，缩小和别人之间的差距。

以一颗平常心对待同学间的竞争

金佳拿着地理试卷，怒气冲冲地跑去办公室，他的成绩少加了四分，所以他的排名从年级第一落到了第四，他很不服气，直接拿着地理试卷找老师们去了。

他成绩一向名列前茅，所以老师们都认识他，但是这次不再是去领奖状呀、交作业呀，他是去捍卫自己的荣誉去了。负责核分的老师给他又核对了一次分数，确实少加了四分。他的成绩被修改了过来，但是总成绩排名不再修改，他为此还是耿耿于怀。

班里一直排第二的那个女生的名次也凑巧排到了他前面。那个女生知道了金佳是因为少加了四分才成为第四之后，过来想安慰他一下，她轻声地说："你别这么生气了，大家都知道你学习最好了。"

金佳本来正在生气，结果看着一直是自己手下败将的女生居然跑过来"挑衅"，直接怒发冲冠，张嘴就来："您是站着说话不腰疼呀。得了第一就得了，还在这显摆什么，想看我笑话不是？"

本来出于好心来安慰他的女孩，一下子哑巴了，当场愣在那里，眼泪就掉下来了。女孩掉头就走，以后再也没理过他。

等他气消了之后，反省自己，也觉得自己把成绩看得太重了，为了那个分数和名次，还伤了同学的和气，其实那个女孩也不坏，她人挺热心。只是大家的成绩都差不多，金佳一直把她当作敌人一样看待和提防，所以才对她一直很有敌意。

如今为了这个弄错的成绩，得罪一个同学，非常不值得。他开始后悔自己的冲动，其实竞争是很正常的，没有竞争的话，他怎么知道自己的优势和劣势呢，没有竞争或许他也不会这么勤奋了。正是因为这个女孩，他才这么有奋斗精神的。

他想明白了这些，决定和女孩握手言和，他希望以后他们可以在竞争中共同进步，而不是像现在这样伤害别人。

给男孩的悄悄话

竞争无处不在，我们的学习中也充满了竞争，它就像是把“双刃剑”，用好了利人利己，可以大大促进自己的学习；用不好则会误人误己，不仅会阻碍自己的学习，还会影响同学之间的感情。因此，对于竞争我们要有一个清醒的认识。

同学之间的良性竞争能激发强烈的成就感和进取心，促使男孩顽强拼搏，同时也会给男孩带来快乐，注入新的活力。这是一种积极的活动，所以不能采取在学习中恶性竞争、破坏同学之间友谊的不良行为。

在一个班级里，学习成绩、文体比赛、劳动竞赛，甚至课余爱好，都会使同学之间产生竞争。但是在学生的心目中，最普通也最“残酷”的还是学习成绩上的竞争，也就是在考试分数上比高下。以正确的心态面对竞争，本来是一件很有益的事，但有些男孩为了实现这一目标，使用的却是消极竞争的策略。比如有的男孩为了麻痹自己的竞争对手，就在班里故意不学习，装出一副很轻松的样子，但是回家后却加班加点“开夜车”；有的男孩把学习上的竞争泛化到与同学的一般交往上，不仅在心理上嫉妒对方，而且还会表现出轻视对方的各种言行，甚至有时会在背后诋毁别人。这种消极竞争的做法，其实是一种心胸狭窄、不会学习的表现，是我们学习路上的“拦路虎”，它不仅使男孩无法获得真正的友谊，而且也无法吸收、借鉴别人的长处，另外它还会影响男孩的身心健康。

积极的竞争应是在一种友好的氛围中进行的，它能够促使自己和同学成绩的共同提高，而不是自己上去了，却把同学踩下来。因此会学习的同学必须彻底抛弃这种狭隘的消极竞争，学会积极竞争。

同学之间的竞争是不可避免的，那么男孩该如何对待才能既收到竞争的良好效果，又避免竞争可能带来的心理伤害呢？

教育专家们告诉我们：对待同学之间的竞争的正确态度应该是既不回避竞争，也不盲目竞争——竞争的目的不是压低别的同学，而是提高你自己，它要求我们必须做到如下几点。

1. 借助竞争激发潜力

在竞争的条件下，人们的自尊需要和自我实现的需要更为强烈，对于竞争活动会产生更加浓厚的兴趣，克服困难的意志更加坚定，争取优胜的信念也更加强烈。我们要从主观上认识到这些，树立起一种积极的心态，为了取得竞赛的优势，全力以赴，充分发挥自己的能量与创造性。

2. 找到适合于自己的目标

竞争的目标应该是有层次性的多样化的，如果只盯住顶尖的位置，或者只在自己不擅长的方面与人争锋，势必经常遭受挫折和失败，易使人产生挫折感、失败感与自卑感。所以我们应根据自己的实际情况，找到适合于自己的目标。这个目标不会唾手可得，需要我们付出努力，但又不是可望而不可即的。

3. 学会与自己竞争

从前的你和现在的你肯定不一样，将来的你和现在的你也不会一样。因此要学会对自己做纵向比较，看自己哪些方面进步了，还能取得什么进步，这也是一种竞争，而且这种竞争有助于你正确看待同学之间的竞争。

4. 抱着合作的态度参与竞争

这才是真正的明智之举，不仅获得了竞争的动力，而且避免了对同学采取嫉妒、贬低和仇视的态度，有助于维护同学间的友爱关系及集体精神。

5. 适时的心理调整

当竞争过频或过强，就容易产生紧张、忧虑、自卑等消极的情绪体验，不利于自己的身心健康。如果出现这样的情况，可以通过适当降低竞争目标、改变竞争对手、转移竞争取向等措施，及时地加以调整，以消除过分紧张的心理压力。

其实合作与竞争是相辅相成的，只有把两者有机地结合起来，在“比、学、赶、帮、超”的氛围中，竞争双方的学习才能得到最大限度的提高。因此具体到自己的学习中，一方面是努力超过对方，另一方面也要和同学友好相处，你有问题可以诚心地问他，他有问题来问你的时候你也应该认真给予帮助，如果两人都不能解决，可以在一块儿共同研讨。

尽管如此，真正的竞争还是自己与自己的竞争，超越昨天的自己，才是真正的竞争取胜。

总之，我们要正确对待同学之间的竞争，既要保持一种锐意进取的精神状态和斗志，又要保持一颗平常心。让竞争朝着积极、良性的方向发展，并以此来激励和促进我们的学习。

竞争与友谊是并行不悖的，它们并没有本质上的冲突。在与同学的竞争中，我们应向竞争对手伸出友谊之手；同学向我们借笔记或请教于我们时，应给予热情帮助。从而做到彼此激励，相互竞争，共同攀登，形成一个和睦、友好、互助的良好氛围，实现学习的共同进步。

学会接纳不同个性的同学

林飞和肖扬是同桌，又住在同一个宿舍，但两个人的矛盾大家都看得出来。有一段时间，两个人谁都不理谁，连老师都知道了他俩的事情。虽然从没吵过架，但是打心眼里，两个人谁都看不惯谁。

这天下课的时候，高老师叫住了往外走的林飞。“林飞，跟我来一下。”林飞以为高老师有什么事情要他帮忙，就跟着高老师进了办公室。

林飞：“高老师，有什么事吗？”

“哦，今天课代表没来，你帮我把这些资料发下去吧。”

“哦，好的。”林飞刚要拿资料，又被高老师叫住了。

“先别忙，林飞。你过来，老师有点事儿问问你。”

林飞纳闷地走过去，看着高老师笑眯眯的眼睛：“有什么事儿吗，高老师？”

“你跟肖扬是怎么回事儿呀，上次小组实验，我让你俩一起给我搭把手，你俩谁都不搭理谁，是不是闹矛盾了？”看着林飞低下头，欲言又止的样子，高老师又问：“怎么，对肖扬有意见了？来，跟老师说说。”

林飞看着高老师说：“也没什么，肖扬就是有时太张扬了，也不顾及别人的感受，他认为好的事情，就要大家一起跟着做，也不问问别人的意见。大家一起的事情，总是他说怎样就怎样。”

高老师听了点点头：“肖扬确实很有个性，这是他的缺点也是他的优点，你说是不是林飞？老师知道你是一个宽容温和的好学生，你和肖扬应该互相帮助才对，不应该互不理睬，那样对学习对做人都不好。老师觉得你们两个都很优秀，大家对你们两个也都很信任，你们两个要是能互相学习一起帮助大家多好。”林飞听了点点头：“老师我明白了。”

过了两天，高老师在走廊里看到了肖扬：“肖扬，林飞说你很能带动大家的积极性，适合当队长组织这次的足球比赛。”肖扬听了纳闷地说：“林飞会让我当队长？他对我那么大的意见，还嫌我张扬，会让我当队长？”高老师说：“那怎么了，老师怕你忙不过来，派他做副队长，给你帮忙。”肖扬一听撇了撇嘴说：“他那样温温吞吞的，对谁都好，连点原则都没有，说话大家都不听，能管好什么呀？”高老师一听就乐了：“这就是你对林飞不满的地方？金无足赤，人无完人。你跟林飞通过组织这次比赛，好好磨合磨合吧，也各自好好反省反省。”肖扬听了，挠挠头，不知道高老师葫芦里卖的什么药。

给男孩的悄悄话

现代的社会越来越提倡个性，有个性的人一般很容易吸引他人的目光。所以在学校里，追求个性的同学也层出不穷。但是这里所说的个性，一般是特立独行，而心理学上的个性是指一个人的个别性，是这个人在在思想、性格、品质、意志、情感、态度等方面不同于其他人的特质。这种特质会外化为他的言语方式、行为方式和情感方式等等。心理学上还指出，任何人都有自己的个性，任何人都是一个个性化的存在。

接纳不同个性的同学是一门学问，因为一般人很容易接纳和自己个性接近的同学，而排斥那些和自己迥异的同学。但是这样会让我们错过很多友谊，错过很多向别人学习的机会。所以不能拒绝自己不喜欢的同学，只要你用心观察，就会发现“三人行必有我师”，特别是男孩子，只有博学众人之长，才能根深叶茂，为以后的发展打下基础。

此外只有和不同个性的同学打交道，才能发现自己的不足，弥补自己的不足。人与人的思维方式存在着很大的差异，在相互交往中差异的碰撞会产生智慧的火花。

其实个性的相同和相异不是绝对的，强调个性的差异性时，我们也不排除个性的共同性。每个人与他人都或多或少地存在着个性相同的基础，只要愿意真心交流，就不存在没法跨越的鸿沟。一个班里的同学，在相同的学习环境里接受相同的教育，彼此之间个性的差异里存在的共同性就更不可忽视。

学会接纳不同个性的同学，能帮助男孩抓住成长的机会、完善人格，给自己和他人都打开一扇友谊之门。

拥有良好心态

抛开狭隘，心底无私天地宽

邹涛被班主任拎到办公室去了。因为今天政治老师讲课的时候，他睡觉被发现了。政治老师要他认真听讲，并且为了让他提神，要他站 3 分钟再坐下。他不服气，直接坐下了，还一副傲慢的样子。坐下之后，趴到桌子上继续睡。

下课后，政治老师提醒他以后不要睡觉，他站起来直接跟老师说："你管得着嘛！"

于是，现在他就被班主任拎过来继续接受教育。

"怎么回事，为什么下课的时候，老师提醒你不要上课睡觉，你还顶撞老师呀？"

邹涛还不服气，觉得政治老师跟班主任打他小报告了："她讲课讲得没趣，我自然就困，我还得怨她没把课讲好呢。"

班主任知道，邹涛是个爱斤斤计较的男生，他就是嫌政治老师上课让他站着，让他在同学们面前丢面子了，是诚心报复老师。

于是就说："政治老师讲课好不好，不是你说了算的。你作为学生，上课睡觉，自然是不符合作为一名学生的规范的。下课老师劝你，也是为了让你在课堂上收获更多东西，她如果是为了让你出丑，可以直接让你站一节课，还可以当着全班同学的面挖苦你呀。"

邹涛还是把脸扭到一边，显然还是不服气，他觉得他受不了老师这样的批评，单独批评也就算了，还当着全班同学说，即使课下，也伤了他的自尊。“男孩子，已经这么大个子了，还这么小气，让同学知道了才笑话你呢，”班主任打趣他，“心胸开阔点，已经是大人了，还跟个小朋友一样。”

邹涛有些不好意思了，被老师这么一说，好像自己真的有点小家子气。他心想，算了，这样再跟老师置气显得自己好像太计较这些。

班主任看着他不那么倔了，就趁热打铁地说：“咱作为一个男子汉，要想不让老师再当着大家说咱，就表现得像个男人。”

邹涛乐了，班主任真有幽默感，“那怎么做才像个男人？”

“不跟女人一般见识，让她看看一个优秀的男人是怎样由上课睡觉，变成最勤奋、最优秀的学生的。”

邹涛知道，班主任又给他下套了。

给男孩的悄悄话

生活中，有些男孩听到师长的几句批评就无法接受，甚至发火、痛哭；只爱交与自己性情一致的朋友，而容不下比自己优秀或与自己意见有分歧的人；遇到一些得失、委屈，生活、学习上的一点失误，便耿耿于怀，斤斤计较而日夜不安。这都是狭隘的种种表现。

狭隘是心胸狭窄、气量狭小的人格表现缺陷。狭隘也常常表现为吝啬小气，吃不得亏，否则心里就不平衡，就会想方设法弥补“受损”的利益。

青春期男孩应如何应对狭隘呢？

1. 树立正确的人生观

人生匆匆，何必计较太多！抛开“自我中心”，心底无私才会天地宽。

2. 正确处理人际关系

（1）要有大度的气量。与人相处，肯定会发生一些不愉快的事，如果缺乏气量，与之斤斤计较，就无法相处。相反，如果气量大度，胸怀宽阔，就会使那些不愉快的事化为乌有。

（2）要有忍让的精神。忍让，绝不是软弱，而是心胸宽阔、风格高尚的表现，提倡忍让并不意味着放弃原则。心胸狭窄的人极容易错误地估计形势，错误地对待人和事。

3. 开阔视野

狭隘的人不仅生活在一个狭窄的圈子里，而且他知识面也非常狭窄，因此开阔视野很重要。如男孩应多参加一些社会公益活动，参观一些伟人、名人纪念馆，听一些英雄人物事迹报告会等，这能使我们在亲身经历中顿悟很多人生道理。丰富课余文化生活，组织多种多样的文娱、体育活动，拓宽兴趣范围，使自己时刻感受到生活、学习中的新鲜刺激，感受到生活的美好，陶冶性情，从而在健康向上的氛围中增强精神寄托，消除心理压力。

4. 多与人交往

狭隘的人，其心胸、气量、见识等都局限在一个狭小范围内，不宽广、不宏大。青春期男孩应多与人接触，对不同的人有不同的认识，从而积累经验，从中明白对与错的道理。

学着放松自己

吕明泽满头大汗，但这不是在运动场上，而是在考场上。考试的预备铃声响了，还没有到发卷子的时候，他已经紧张得出虚汗了。考场上的监考老师以为他不舒服，走近他问需不需要帮助。他被老师这么一问，更加紧张了，连说话都有些结巴了。他摇摇手说没事，老师递给了他几张纸巾。

吕明泽不是学习最差的学生，但是考试的时候，他绝对是最紧张的那类学生。每次考前都要反复检查准考证、文具，削铅笔都要削好几根备用，总是担心考试的时候铅笔断掉会影响自己的状态。

离高考越近，他的考试紧张症就越严重，第一场考试是语文。一场考试结束，他感觉自己都要虚脱了。神经紧绷着，那状态就像是高负荷运转的机器，紧绷的神经随时可能因为压力过大而绷断。

他决心这次考试结束以后一定要调整一下自己的状态，不然他都不敢相信，在高考的考场上他能否控制得住颤抖的手。他现在在考试前一天的晚上就已经很难入睡了。

考试结束，他第一时间去了学校的心理咨询室寻求帮助。心理老师看着他苍白的脸，还有因为紧张而冒出的汗珠，认为应先给这个紧张的孩子放松一下他绷紧的神经。

心理老师让明泽放松自己，但是明泽紧绷的身体僵硬地坐在沙发里，根本没法让肌肉放松。老师又尝试让他深呼吸，经过长达十分钟的深呼吸之后，明泽的身体才放松地陷在柔软的沙发里。

平时放松都这么艰难，看来要他在考试的时候轻松对待绝非易事，心理老师开始教他简单的放松训练方法，希望他能慢慢舒缓自己的紧张情绪。

至于对他考试紧张状态的干预，恐怕还需要一个漫长的过程。

给男孩的悄悄话

生活中，有与吕明泽类似烦恼的男孩很多。有些男孩面对老师、面对爱慕的人，上台演讲前、面试时、比赛前、照相时等，常常感觉紧张、脸红、心跳、发抖，学习或工作中总是惴惴不安，神经绷得如一张满弓，唯恐出了差错……

当今世界是一个竞争激烈、快节奏、高效率的社会，这就不可避免地给人带来许多紧张和压力。精神紧张一般分为弱的、适度的和加强的3种。人们需要适度地精神紧张，因为这是人们解决问题的必要条件。但是过度地精神紧张，却不利于问题的解决。从生理心理学的角度来看，人若长期、反复地处于超生理强度的紧张状态中，就容易急躁、激动、恼怒，严重者会导致大脑神经功能紊乱，有损于身心健康。因此青春期男孩要克服紧张的心理，设法把自己从紧张的情绪中解脱出来。

现代医学证明，70%的病人只要消除不良情绪的影响，疾病就会不治而愈。难怪柏拉图曾经说：“他们所犯的最大错误是，他们想治疗身体，却不想医治思想。可精神与肉体是一致的，不能分开处置。”

以下的方法有助于青春期男孩消除紧张情绪：

1. 全面认识自己，培养自信心，不可太在意他人对你的看法或想法。给自己多打气，从内心确认“我能行”。

2. 对自己所面临的事物要有充分的思想准备。心中有数，遇事才能沉着、应付自如。

3. 畅所欲言。当有什么烦恼的时候，应该说出来，不要藏在心里。把你的烦恼向你值得信赖的、头脑冷静的人倾诉，如你的父亲或母亲、挚友、老师、学校辅导员等等。

4. 暂时避开。当事情不顺利时，你暂时避开一下，去看看电影或看一本书，做做游戏，去随便走走，改变环境，这一切能使你感到松弛。

5. 改掉乱发脾气的习惯。当你感到想要骂某个人时，你应该尽量克制一会儿，把它拖到明天，同时用剩余的精力去做一些有意义的事情。例如打一场球或散步，以平息自己的怒气。

6. 谦让。如果你觉得自己经常与人争吵，就要考虑自己是否过分主观或固执。即使你是绝对正确的，你也可按照自己的方式稍做谦让。

7. 对人的批评要从宽。不要去苛求别人的行为，而应发现其优点，并协助其把优点发扬。这不仅使你获得满足，而且使你对自己的看法更趋正确。

8. 使自己变得“有用”。

9. 为他人做些事情。如果你一直感到烦恼，试一试为他人做些事情。你会发觉，这将使人的烦恼转化为精力，而且使你产生一种做了好事的愉快感。

10. 一次只做一件事。在紧张状态下的人，连正常的工作量有时都担当不起。最可靠的办法是，先做最迫切的事，把全部精力都投入其中，一次只做一件，把其余的事暂且搁到一边。

11. 不必苛求完美，降低对自己的期望。

为什么忧郁笼罩我的生活

张奕男患了严重的抑郁症，整天都感到心烦意乱，无精打采，注意力分散，精力不足，干什么事情都缺乏兴趣。

那还是在他刚记事的时候，妈妈在一场意外的车祸中不幸死亡，从那时候起张奕男就开始了和爷爷奶奶在一起生活。每当张奕男看着别的孩子和爸爸妈妈在一起欢乐的样子，他不知道有多么羡慕。然而他逐渐地意识到这一切对他来说，永远是不能实现的。于是他开始有意地封闭自己，到了初中，凡是认识他的人都会说张奕男是个性格内向、文静、不爱交际的孩子。的确，这时候的张奕男已经变得孤僻、倔强。但是在张奕男心中，他的理想不会改变。

马上要升高中了，张奕男满怀希望地准备考重点高中，可是由于考前复习时用脑过度，常有头痛、失眠、恶心、食欲不振的感觉，在参加考试时又因心情紧张而出现心慌、脸色苍白、记忆力下降等症状。只进入了一个普通高中，张奕男感到失落、烦闷。看着那么多的同学都步入了理想的高中，他深深地感到自卑、失望，心情极不舒畅。久而久之，他开始有了失眠、健忘、思维能力下降、多梦、腰酸、脖子疼等症状。

给男孩的悄悄话

根据世界卫生组织等的研究发现，平均每一百人中就有 3 人罹患抑郁症，其中因为抑郁症所带来的身体疾病，甚至自我毁灭的例子比比皆是。继癌症、艾滋病后，抑郁症已成世纪三大疾病之一。

当青春期男孩在学业上退步，或与朋友吵架、和家人冲突，都很容易有疏离感而导致忧郁。多数忧郁的男孩，或多或少会在言语、行动上流露蛛丝马迹，例如觉得“没什么未来”“生活不可能好起来了”；严重的甚至有“活着不值得”“我不会再烦你了”“没有我，你们会过得更好”“我很希望一觉就不再醒来”。所以当男孩们突然写信、把心爱的东西送走、告诉朋友师长绝望想放弃的感觉、有自伤的行为、对药物或武器的来源突然感兴趣等状况，就有可能走入自我毁灭的歧途。

抑郁症在西方社会被称为“精神上的流行性感冒”，其传播范围之广，受其影响之容易，可以从“流感”二字看出来。在东方社会，抑郁症也并不少见。

青春期男孩们，如果你持续两个星期以上表现出以下5个甚至更多的症状，你就需要就医或拜访心理健康专家：

1. 心神不宁或急躁不安。

2. 躯体症状持续对治疗没有反应。

3. 注意力难以集中，记忆力下降，决策困难。

4. 疲劳或精神不振。

5. 持续地悲伤、焦虑，或头脑空白。

6. 睡眠过多或过少。

7. 体重减轻，食欲减退。

8. 失去活动的快乐和兴趣。

9. 感到内疚、无望或者自身毫无价值。

10. 出现自杀或死亡的想法。

忧郁是成功之路上最不受欢迎的敌人，它是悲观的孪生姐妹。一个人整天沉浸在忧郁的阴影中，还有什么乐观、积极向上的心态去追求成功呢？最重要的就是不要去看远方模糊的幻象，而要做手边清楚的事。

忧郁是一道无形的网，它不仅网住你的思想，还网住你的行动。如果你心中梦想的是成功，那么请你尽快地走出忧郁的低谷。

帮助男孩们走出忧郁有这样几种方法：

1. 问你自己：可能发生的最坏情况是什么？

如果你必须接受的话，就准备接受它。然后想办法改善它。

2. 忧虑的人往往变得邋遢，你应反其道而行之。服装整洁、理理发，洗个澡。

3. 多对自己笑一笑。笑是精神的阳光，你笑对生活，生活也会笑对你。

4. 反复地说出自己的名字，给自己打气。说：“这没有什么了不起！”这是一种积极有效的心理暗示术。

5. 改变交往的对象，结识新朋友。

6. 做自己感兴趣的事，如跑步、唱歌、听音乐等。

7. 帮助别人，做一些公益性的事。你将会找回自我的价值，感受到生活中有比个人的忧愁更为重要的事。

8. 还有其他一些方法，比如“让自己忙碌”。卡耐基说，忧虑的人一定要让自己沉浸在自己喜爱的事情、工作里，否则只有在绝望中挣扎。

舍弃虚荣心

齐鸣讨厌开家长会，但是每年都要开家长会，而且一年两次，每次都是要求家长参加。家长会其实就是一个大家互相攀比的平台，每次开家长会，学校外面都停满了车，豪华的，不豪华的。家长们也会衣着光鲜。

齐鸣不想开家长会是因为爸爸是个工人，妈妈以前是，后来下岗了，就在菜市场那边卖煎饼。每次开家长会妈妈都是收了煎饼摊之后再来学校。他家没有车，豪华的没有，不豪华的也没有。妈妈也不会衣着光鲜地来，她是褪下套袖和围裙就来了，进了教室，有时候身上还带着煎饼的味道。齐鸣觉得不光彩。

老师会邀请学生家长发言，家长们坐在自己孩子的座位上，孩子们站在教室的后面。齐鸣因为这次考了第一名，齐妈妈是第一个被邀请发言的家长。

她局促地搓着手：“我儿子挺争气的，在家也不用我们管很多。我每天很早就出门卖煎饼了。没空给他做饭，他都是自己照顾自己。我和他爸爸觉得，没有给他像别的孩子一样舒适的生活，我们很对不起他。”妈妈哭了，用冻得通红的手擦着眼泪。她看起来比其他同学的妈妈老了好多岁，皱纹都爬上了她的额头。

齐鸣对自己家没有那么富裕的嫌弃少了些。他觉得自己那么虚荣地跟家境富裕的同学攀比，很对不起爸妈。自己有时候还因为这事跟爸妈生气，他们没有训斥他，只是自己回了卧室之后叹气。

齐鸣突然觉得自己很不懂事，都是他的虚荣心，伤害了爸妈。爸妈经常跟他说，就是砸锅卖铁也要供他读书。他却在为自己的爸妈不能开车来开家长会，不能像别人的爸妈一样珠光宝气地来参加家长会而偷偷记恨爸妈。他深深地为自己的行为和想法而悔恨。

等轮到学生要当着爸妈的面说出自己的愿望的时候，齐鸣当着所有的同学，还有老师，还有同学们的父母，哭着跟妈妈说，要给她们幸福的生活。齐鸣不再和同学们攀比父母了，他知道，爸妈给他的爱一点也不比别人的父母少。

给男孩的悄悄话

词典上对虚荣心的解释为：“表面上的荣耀，虚假的荣誉。”心理学上认为，虚荣心是自尊心的过分表现，是为了取得荣誉和引起普遍注意而表现出来的一种不正常的社会情感。在现实生活中，很多人都具有虚荣心，虚荣心理是指一个人借用外在的、表面的或他人的荣光来弥补自己内在的、实质的不足，以赢得别人和社会的注意与尊重。它是一种很复杂的心理。

今天，随着生活质量的提升，我们的需求也必然越来越高了。当家庭间的发展有差距时，青春期男孩就会产生虚荣、攀比心理，攀比学习用品、衣服鞋袜、电脑，甚至金银首饰，更有的攀比是否有私家车接送。在这样的相互攀比中，家庭条件好的不免扬扬自得，他们成了许多青少年羡慕的“贵族子弟”，这一倾向反过来又导致这些“贵族子弟”产生高人一等的优越感，更加追求物质享受，贪慕虚荣；一些家庭条件较差的男孩，他们又不知道该如何正确对待，心中自然就会滋生异样感觉——自卑感或虚荣心。就这样，一个人的人格渐渐就被这种消极的、不正常的心理歪曲了，他的价值观和人生观便更为偏颇了。

曾有专家把虚荣心的表现分为如下方面：

1. 喜欢谈论有名气的亲戚朋友或以与名人交往为荣。

2. 热衷于时髦服装。

3. 行事喜摆阔。

4. 不懂装懂，海阔天空。

5. 热衷于追求一鸣惊人的效果。

6. 对名著、影片只求一知半解，夸夸其谈。

7. 好表现自己，尤其想在大庭广众面前露一手。

8. 好掩盖自己。

9. 对表扬沾沾自喜。

10. 对批评耿耿于怀。

11. 表面热情，内心冷淡，讨好别人。

12. 讲面子，面子第一。

虚荣心理，其危害是显而易见的。其一是妨碍道德品质的发展，不自觉地会有自私、虚伪、欺骗等不良行为表现。其二是盲目自满、故步自封，缺乏自知之明，阻碍进步成长。其三是导致情感的畸变。由于虚荣给人的沉重的心理负担，需求多且高，自身条件和现实生活都不可能使虚荣心得到满足，因此怨天尤人、愤懑压抑等负面情绪不断滋生、积累，导致情感畸变、人格变态。

虚荣心强的人往往不惜玩弄欺骗、诡诈的手段来炫耀、显示自己，借此博取他人的称赞和羡慕，最大限度地满足自己的虚荣心。但是由于这种人自身素质低、修养差，经常是真善美与假恶丑不分，往往把肉麻当有趣，将粗俗当高雅，打扮不合时宜，矫揉造作，不伦不类，使人感到很不舒服，甚至产生反感。

华丽的外表无法掩饰心灵的空虚。很难想象一个爱慕虚荣的人能有多大的成就，因为他们总是把一些浮在表面上的东西作为提高自己地位的条件，而不是扎实地生活和工作。

由于虚荣心具有许多负面影响，是一种扭曲的心理，它会遭到他人的反感和敌意，甚至批判，因此要尽量克服它。

青春期男孩要克服虚荣心。其一，要树立正确的荣辱观，即对荣誉、地位、得失、面子要持一种正确的认识和态度。不可过分追求荣华富贵、安逸享受，否则就会陷入爱慕虚荣的泥潭。

其二，要进行正确的比较。多比干劲、成绩、知识，多比别人的长处，从而认识到自己的不足；少比金钱、吃穿、职位，否则极易导致心理失衡。

多一点宽容，忘却仇恨

张磊偷偷地跑到车棚，找到班主任的自行车，趁着车棚里人少，没人注意到他的时候，给班主任的车子放了气。做完这件事，他觉得心里舒坦多了。他这么做就是因为上午他跟别的班的同学在楼道里起了冲突，班主任看见了之后，当着楼道里的很多同学大声训斥了他和那个男生，但是他觉得班主任是偏袒了外班的男生，委屈了他，于是他决定给老师的车子放气，来报复他。

完成了他的报复行为之后，张磊回到了教室里，班主任正在给一个同学讲解题目，他看着老师的背影，突然觉得很内疚，他以前因为和校外的小青年产生了冲突被一群人围堵的时候，路过的班主任呵斥走了那群孩子，就骑着他刚才放气的车子把他送回家。现在他却因为老师训斥而报复老师，这样的想法让他觉得很内疚。

他主动地走到老师跟前，跟老师说了自己的报复行为和悔恨的心理。老师拍拍他的肩膀：“都过去了，准备上课吧。”

他欢快地跑到了自己的座位上，那种因为报复产生的愤怒和窃喜还有悔恨，都被老师的一句话化解了。

给男孩的悄悄话

报复指在社会交往中有些人欲以攻击方式对那些曾给自己带来伤害或不愉快的人发泄不满。报复心理、行为不仅会对他人造成威胁和伤害，而且有害自己的身心。一位名人说：“为你的仇敌而怒火中烧，烧伤的是你自己。”所以，青少年朋友要学会远离仇恨和报复。

忘记仇恨就是忍耐。老师的批评、朋友的误解，过多地争辩和“反击”实不足取，唯有冷静、忍耐、谅解最重要。“退一步海阔天空”说的就是这个道理。

忘记仇恨就是快乐。人人都有痛苦，都有伤疤，经常去揭，会添新创，学会忘却，生活才有阳光，才有欢乐。如果没有忘却，人不会快乐，只会被淹没在对过去的懊悔、痛苦和对未来的恐惧、忧虑与烦恼之中。

忘记仇恨就是潇洒。“处处绿杨堪系马，家家有路到长安。”宽厚待人、忘记仇恨乃事业成功、家庭幸福美满之道。事事斤斤计较、患得患失，活得也累。法国19世纪的文学大师雨果曾说过这样一句话：“世界上最宽阔的是海洋，比海洋宽阔的是天空，比天空更宽阔的是人的胸怀。”人难得在世间走一遭，何必寻找那么多的烦恼呢？

实际上，忘记仇恨是爱他人、爱世界的一种方式。在现实生活中，你千万不要用显微镜看待周围。人人都有不足，事事都有缺憾。但是瑕不掩瑜，只要我们忘记仇恨，不刻意追求完美，我们就会从中发现自己喜欢的方面。

青春期男孩针对自身的报复心理，可采取以下几种方法来调解：

1. 学会用动机和效果统一的观点去衡量人的行为，这样可以减少许多不满情绪的产生，为报复心的萌生断了后路。可能他人的动机不坏，而方法有误，给你带来恶果，这时你就应该谅解。

2. 心理换位。当你受伤害或不愉快时，不妨进行一下心理换位，将自己置身于对方境遇中，想想自己会怎么办。通过这样的换位，你也许能理解对方的许多苦衷，正确看待他人给自己带来的挫折或不愉快，从而消除报复心理。

3. 多考虑报复的危害性。报复毕竟是对他人的一种伤害，每个人在出现报复的念头时务必要多考虑报复的危害性。报复行为会不会受到社会舆论的谴责？会不会触犯纪律或法律？如果你的良心约束不了你，那只有用法律来束缚你。

4. 有报复心理的人一般心胸狭窄，易受情绪影响，且恶劣心境的影响强烈而漫长。所以要加强自身修养，开阔心胸，提高自制能力，让自己在阳光雨露下生活。

多一点宽容，根除报复心理，我们将赢得更多的朋友。

找到浮躁的根源

最近乐安心浮气躁，做什么都毛毛躁躁，总是安定不下来。本来现在学习压力就大，现在他被自己的状态弄得一团糟。他也不知道最近自己是怎么回事。做什么都是三分钟的热度，好多事情都半途而废。不光是学习方面，以前一直坚持的游泳，现在也坚持不下去了。每周去孤儿院做志愿者的事情也被一些琐碎的小事耽误下来。

语文老师每周是要查周记的。看了乐安的周记，语文老师崔老师给他的评语里写道："最近在周记里表现出了浮躁的情绪，望能克服，迅速回归到正常的状态。"

乐安实在不知道怎么才能回到正常的状态，于是在一个语文自习的时候，把老师请到了外面，跟老师讨论自己的浮躁状态。他先向老师汇报了自己的基本情况，就是考试在即，他担心自己不能进步，上次考试就不理想的他现在是求胜心切，还有就是爸妈在跟他讨论让他毕业出国的事情，让他的心里很是烦乱。

语文老师大致了解了乐安现在的状况之后说："那么考试在即，你对复习有计划吗？"

乐安摇摇头，他说："我就觉得时间不够用，看会儿语文，又觉得数学没复习呢，赶紧又去做数学题，数学题没做几道，又想起来物理作业要交，又甩下数学题去做物理作业，一会儿又想起来什么，又打断了学习去做别的什么工作。整个人就跟没头苍蝇一样乱转。每天都觉得很疲惫，但是却没有收获。"

老师点点头，表示理解他的境况。他迫切地希望老师能够给他一个明确的解决方法，哀求老师给他提建议。

老师笑着说："这很简单，你把你现在的目标写出来，然后制订一个达到目标的步骤和计划。别这么眉毛胡子一把抓了。再这么浮躁下去，你会更焦急。”

从定下心复习一个科目开始，乐安开始了他的镇静学习之路，改掉自己浮躁的毛病，让心沉淀下来，然后开始认真地投入到学习中去。

给男孩的悄悄话

浮躁心理是当前一些男孩子的通病之一，表现为行动盲目，缺乏思考和计划，做事心神不定，缺乏恒心和毅力，见异思迁，急于求成，不能脚踏实地。

生活中有些男孩子，他们看到一部小说在社会上引起强烈反响，就想学习文学创作；看到电脑专业在科研中应用广泛，就想学习电脑技术；看到外语在对外交往中起重要作用，又想学习外语；想当歌星，又想当企业家、老板，今天学电脑，明天学绘画……由于他们对学习的长期性、艰巨性缺乏应有的认识和思想准备，只想“速成”，一旦遇到困难，便失去信心，打退堂鼓，最后哪一种技能也没学成。

浮躁的人自我控制力差，容易发火，不但影响学习和事业，还影响人际关系和身心健康，其害处可谓大矣。

轻浮、急躁，对什么事都深入不下去，只知其一，不究其二，往往会给工作、事业带来损失。不浮躁是要踏实、谦虚，戒躁是要求我们遇事沉着、冷静，多分析多思考，然后再行动，不要这山看着那山高，干什么都干不稳，最后毫无所获。

青春期要想真正地有所作为，浮躁不可不戒。戒除浮躁有以下几个秘诀：

1. 学着知足常乐。比上不足，比下有余，从中获得自足、宁静。

2. 自我暗示。自我暗示是控制情绪的一个简捷而实用的好方法。例如你可这样暗示自己：无论面对怎样的处境，总会有一种最好的选择，我要用理智来控制自己，绝不让情绪来主导我的行动。只要我善于控制自己的情绪，我就是一个战无不胜、快乐的人。

3. 开拓当中要有务实精神，要实事求是，不自以为是，踏踏实实做好每一件事情。

4. 遇事要善于思考。考虑问题应从现实出发，不能跟着感觉走，命运应掌握在自己手里。道路就在脚下，切实做一个实在的人。

5. 多读一些书，找到自己浮躁的根源，让内心趋于平静。

不做孤独的男孩

施皓一直很少和同学们交往，爱好文学的他认为自己是个忧郁的诗人，每天躲在孤独的角落里写那些忧伤的文字才是他的生活写照。有时候，他也会因为孤单而觉得自己一个人不够阳光。但是大部分时候，他还是比较享受这样的生活状态，有点阴郁的忧伤。

一件事情改变了施皓的看法，从他开始感觉到集体和朋友的温暖之后，他不再喜欢那种阴郁的状态，他开始喜欢有朋友的温暖阳光照耀的生活。

突发事件是他下楼的时候扭伤了脚踝，没法去学校上课的他，开始抱怨自己的生活，认为自己就是倒霉，这样落下的功课要是回学校再补就要费力了。正在他抱怨的时候，他家的门被敲开了，是班上的三个同学。

施皓诧异地看着他们，三个同学，施皓只和其中的一个人比较熟悉，就是见了面还可以打个招呼聊聊天的那种，其他两个都是那种只知道大家是一个班，但是还没说过话的那种关系。他们居然来给自己补习功课。

既然人家好心来了，施皓也不好拒绝，而且他正愁着自己去学校了再重新补课浪费时间。既然人家热心，他就欣然接受大家的好意算了。

以后每天放学，都有同学来他家帮他讲白天上课讲的内容。每天都是不同的同学结伴而来。施妈妈留他们在家吃饭，他们都婉言拒绝。施皓在家休息了十天，全班同学几乎都来过了。施妈妈看着儿子这么好的人缘，每天心里都乐开了花。

十天的时间，通过每天来给施皓补课，同学都慢慢地和施皓熟悉起来。以前这个忧郁的小诗人现在也开始和大家打成一片，开始真正融入到这个集体。每天和大家一起聊天，讨论问题，和大家一起参加活动，不再躲在角落里一个人体验孤单的生活。

他的小诗集里现在充满了来自友谊的阳光。

给男孩的悄悄话

生活中，许多正处于青春期的男孩性格孤僻、害怕交往，常常觉得自己是茫茫大海上的一叶孤舟，或顾影自怜，或无病呻吟。他们不愿投入火热的生活，却又抱怨别人不理解自己，不接纳自己。心理学家将这种心理状态称为闭锁心理，把因此而生的一种感到与世隔离、孤单寂寞的情绪体验称之为孤独。

孤独产生的原因多而复杂，比如学习上的挫折，缺乏与异性的交往，失去父母的挚爱，周围没有朋友等。此外，孤独的产生也与人的性格有关，比如有的人情绪易变，常常大起大落，容易得罪别人，因而使自己陷入一种孤独的状态；还有的人善于算计，凡事总爱斤斤计较，考虑个人的得失太重，因此造成了人际交往的障碍。

孤独给人们带来的是种种消极的体验，如沮丧、失助、抑郁、烦躁、自卑、绝望等，因此孤独对人体健康有很大的危害。据统计，身体健康但精神孤独的人在十年之中的死亡数量要比那些身体健康而合群的人死亡数多一倍。人的精神孤独所引起的死亡率与吸烟、肥胖症、高血压引起的死亡率一样高。

以下是一些孤独心理的预警级心理活动：

1. 即使在欢快的场合，也很难被当时的气氛感染，仍然认为自己很孤单。

2. 觉得大多数人很难沟通，认为别人都不理解自己。

3. 过于内向，有什么心事没有一个能倾诉的人。

4. 认为人们都各怀鬼胎，不值得信任。

5. 心里很希望别人来接近你，但是自己却不采取主动。

6. 觉得自己是个多余的人。

一般来说，人的天性是不能忍受长期孤独的，但是有的人自己将自己推至了孤独的境地。

其实孤独并不可怕。一生之中，每个人都会或多或少地体验到孤独感。以下是克服孤独感的一些方法：

1. 战胜自卑。只有咬破自卑心理织成的茧，你才能冲出黑暗，远离孤独。

2. 为他人做点什么，让自己受欢迎。

3. 多交一些知心朋友，交流之中，你能够体会到友谊的温暖。

4. 多参与外界活动，开阔心胸。

5. 培养一些课余爱好，从中获得乐趣。

用理智熄灭怒火

朱志远涨红着脸，攥着拳头，在教室的后面转来转去，他等着他的同桌米军的到来。他这么愤怒是因为米军翻看了他的日记，他觉得米军严重地侵犯了他的隐私权。他要等米军来了好好收拾他一顿，以解他心头之恨。

其实朱志远和米军既是同桌也是很好的朋友，他们一起分享了很多男生的小秘密。朱志远有写日记的习惯，米军也知道。他厚厚的日记本，米军一直想看，但是朱志远不愿意把自己的小秘密完全暴露给朋友，他希望有自己的独立空间。于是米军经常向朱志远要，但是他从来没有答应过。

下午有体育课，米军因为感冒请假没去操场。等朱志远回来就发现自己的日记本在米军的桌上，还翻开着。朱志远想肯定是米军这个家伙中途出去，以为自己回来得没这么快。朱志远是回教室拿乒乓球的，要不然也不会这么早回来，当然也不会发现米军偷看自己的日记。

下课了，同学们都回来了，米军还没回来。朱志远有些沉不住气了。快上课的时候，米军跟着班主任进来了。朱志远看着老师来了，只能暂时压着内心的愤怒不爆发，而班主任直接叫朱志远去办公室，当然也带着米军。

到了办公室，米军诚恳地给朱志远道歉，说自己出于好奇，看了朱志远的日记，觉得很不对，就找老师承认错误了。希望当着老师的面给朱志远道歉，希望朱志远能原谅自己的行为。朱志远昂着头，不肯搭理米军。

老师也不说话，看着他们沟通，现在朱志远正在气头上，米军在竭力请求原谅。朱志远忽然一把抓住了米军的衣领，米军闭着眼睛说："如果打我一顿，你能消气的话，你就打我，都是我不对。"

班主任老师依然不说话，静观其变。朱志远也觉出了自己的过分，想着平日里大家关系那么好，为了这点事情大打出手好像也不太合适，而且还当着老师的面。想到这些，朱志远放手了。

不过老师依然没说话，他看着朱志远的怒气慢慢消散，看着这两个孩子在修复他们的友谊，他想，自己就不用插手了。

朱志远的怒气慢慢平息了，他接受了米军的道歉，两人回去了。好朋友依然是好朋友。

给男孩的悄悄话

生活中常常会遇到这样的事情：当你兴冲冲地赴同学的聚会却路遇交通阻塞，公共汽车上别人不小心踩了你一脚，你买东西时商场服务员对你极不礼貌……这时，你往往会不由自主地感到愤怒。

愤怒是一种常见的消极情绪，它是一个人对客观现实某些方面的不满，或者个人的意愿在受到阻碍时产生的一种身心紧张状态。在人的需要得不到满足、遭到失败、遇到不平、个人自由受限制、言论遭人反对、无端受人侮辱、隐私被人揭穿、上当受骗等多种情形下，人都会产生愤怒情绪，愤怒的程度会因诱发原因和个人气质不同而有不满、生气、愤怒、恼怒、大怒、暴怒等不同层次。发怒是一种短暂的情绪紧张状态，往往像暴风骤雨一样来得猛，去得快，但在短时间里会有较强的紧张情绪和行为反应。

易怒者主要与其个性特点有关，大都属于气质类型中的胆汁质。

胆汁质的人直率热情，容易冲动，情绪变化快，脾气急躁，容易发怒。易怒还与年龄有关，青春期男孩年轻气盛，情绪冲动而不稳定，自我控制力差，比成年人更易发怒。

愤怒的情绪对人的身心健康是不利的。人在愤怒时，由于交感神经兴奋，使心跳加快、血压上升、呼吸急促，经常发怒的人易患高血压、冠心病等疾病。愤怒还会使人缺乏食欲，消化不良，导致消化系统疾病。而对一些已有疾病的患者，愤怒会使病情加重，甚至导致死亡，这一点古人早有认识，如中医认为“怒伤肝”“气大伤神”等。

生活中，男孩们可以尝试以下建议，来及时熄灭愤怒的火焰：

1. 当你愤怒时，首先冷静地思考，提醒自己：不能一直消极地看待事物，自我意识是至关重要的。

2. 转移怒气。大多数转移注意力的活动都有助于平息怒气，例如阅读、看电视电影、听音乐等。

3. 独处。它能冷却怒气，也不会伤害别人。

4. 逃避。走入一个怒火不会再被激起地方。

5. 当你不生气时，同那些经常受你气的人谈谈心，互相指出对方最容易使人动怒的那些言行，然后商量一种办法，平心静气地交流看法。比如可以写信，由中间人传话或一起去散步等，这样你们便不会以愤怒相待。其实，只要在一起多散几次步，你便会懂得发怒的荒谬了。

6. 当你发怒时，要提醒自己，人人都有权根据自己的选择来行事。如果一味禁止别人这样做，只会增加你的愤怒。你要学会允许别人选择其言行，就像你坚持自己的言行一样。

7. 请可信赖的亲友帮助你。让他们每当看见你动怒时，便提醒你。你接到信号之后，可以想想你在干什么，然后努力推迟动怒。

8. 不要总是对别人抱有期望。只要没有这种期望，愤怒也就不复存在了。

9. 让愤怒发泄出来。这里的发泄意在置换“愤怒源”。比如当你听到某位同学说你的坏话时，你有冲上去揍他一顿的冲动，但是你不能那样做，你可以在怒气还未上升到极盛的时候，找个好方法把它清除掉。比如说你可以一个人摔一摔凳子、踢一踢桌子、打一打墙。如果你想大骂他两句的话，可以找个没人的地方，仰天破口大骂，以解胸中怒气。

当然，不管是制怒也好，泄怒也罢，最重要的是，不但要学会如何排除掉愤怒的想法，还应当学会怎样把腾空了的地方装上健康和积极的念头与想法。比如在调适愤怒之后，要做一次换位思考，或者想想下次怎样做可以和气处理，避免问题的激化。

不为小事抓狂

晚上是学校的元旦晚会，在大礼堂举行。本来是件令大家很开心的事情，但是却有不愉快的事情发生。为了占到前排的座位，许文昌早早地让同学用一本书帮他占了座，然后他们就去教室里上课了。等到晚上六点五十他和同学来到大礼堂的时候，发现自己用书占座的位子上坐着别人，那个男生还把自己的书扔到了过道里。

许文昌的火不打一处来，这座位都有个先来后到，我占座了，你还侵占我的位置，这也就算了，居然还把我的书扔到了过道里。他上前找那个坐在自己占的位置上的男生理论。那个男生偏偏还一脸蛮横的样子，这可惹怒了许文昌。虽然学校里要求大家都文明礼让，但是那种想打人的冲动一下子涌上了脑门，哪还顾得了那么多。许文昌仗着自己人高马大，一下把那个男生从座位上拎了起来，他要求那个男生让开座位，并且把自己的书捡回来，当着大家的面在礼堂的舞台上给他道歉。那个男生还不服软，眼看拳头就要碰撞。

教导主任来了，呵斥了他们。算是没有打起来。

晚会还没有开始，一场斗殴差点开始。

被拎到了学校的教导处，许文昌和那个男生都低头不说话了。教导主任问明了原委，两个男生也各自承认了自己的错误。教导主任又训斥了他们几句，交代了如果打架斗殴将接受多么严重的惩罚和处分。

两个男生面面相觑，不敢吱声了。教导主任也没有再说别的，就放他们回去看晚会了。等他们走了，教导主任摇摇头，这些年轻的孩子们，为了一句口角都有可能大打出手，一时冲动没准就犯下大错。他要想想对策了，要不然，没准谁一时冲动，动了手，就不仅是两个孩子受伤害的问题了，两个家庭，还有学校，还有其他孩子们都会受到影响。

给男孩的悄悄话

冲动是指在理性不完整的状况下的心理状态和随之而来的一系列行为。打架、斗殴、报复大多在这种情况下发生。

生活中，一些青春期男孩经常为一些小事抓狂，遇到一些小事就想不开，甚至因此走向极端。其实仔细想一想：这些真的都不是什么大不了的事，我们只是专注在一些小问题上，把问题过度放大了，浪费宝贵的力气为小事抓狂，当然就平添了许多压力。

冲动主要有两个危害：第一，与易冲动的人打交道，说话做事得非常小心，说不定你的某一个词语或一个手势就会触犯他的忌讳，造成沟通障碍；第二，易冲动对于冲动者本人也没有好处。很多人事前反复告诫自己，哪些话不要说，哪些事不要做，可是一到节骨眼上，还是忍不住说了不该说的话或做了不该做的事，事后又懊悔不已。

自制力薄弱的人遇事不冷静，不能控制激情和冲动，处理问题不顾后果，任性、冒失。这种人易被诱因干扰而动摇，或惊慌失措。

青春期男孩不妨尝试以下几种方法，来平息冲动：

1. 调动理智控制自己的情绪，使自己冷静下来，尽量使自己不陷入冲动鲁莽、简单轻率的被动局面。比如，当你被别人无聊地讽刺、嘲笑时，如果你顿时暴怒，反唇相讥，则很可能引起双方争执不下，怒火越烧越旺，自然于事无补。但如果此时你能提醒自己冷静一下，采取理智的对策，如以沉默为武器表示抗议，或只用寥寥数语正面表达自己受到伤害，指责对方无聊，对方反而会感到尴尬。

2. 用暗示、转移注意力法。使自己生气的事，一般都是触动了自己的尊严或切身利益，很难一下子冷静下来，所以当你察觉到自己的情绪非常激动，眼看控制不住时，可以及时采取暗示、转移注意力等方法自我放松，鼓励自己克制冲动。言语暗示如“不要做冲动的牺牲品”“过一会儿再来应付这件事，没什么大不了的”等，或转而去做一些简单的事情，或去一个安静平和的环境，这些都很有效。人的情绪往往只需要几秒钟、几分钟就可以平息下来，但如果不良情绪不能及时转移，就会愈演愈烈。

3. 冷静下来后，思考有没有更好的解决方法。在遇到冲突、矛盾和不顺心的事时，不能一味地逃避，还必须学会处理矛盾的方法，一般采用以下几个步骤：

（1）明确冲突的主要原因是什么，双方分歧的关键在哪里。

（2）解决问题的方式可能有哪些。

（3）哪些解决方式是冲突一方难以接受的。

（4）哪些解决方式是冲突双方都能接受的。

（5）找出最佳的解决方式，并采取行动，逐渐积累经验。

4. 平时进行一些有针对性的训练，培养自己的耐性。可以结合自己的业余兴趣、爱好，选择几项需要静心、细心和耐心的事情做做，如练字、绘画、制作精细的手工艺品等。

接受生活中的苦辣酸甜

快乐的人愈快乐

小寒的爷爷每天坐在加油站外面的椅子上，向开车经过镇上的人打招呼。

这天，小寒在他身旁，陪他慢慢地共度光阴。他俩看见一位长得瘦高、背着大包、看来像个游客的男人到处打听，想要找地方住下来。

陌生人走过来说："这是个怎样的城镇？"

老人慢慢抬起头回答道："你来自怎样的城镇？"

游客说："在我原来住的地方，人人都很喜欢批评别人，邻居之间常说别人的闲话，谁也瞧不起谁，总之那地方很不好住。我一点儿也感受不到快乐。"

爷爷对陌生人说："那我得告诉你，其实这里也差不多。"

过了一个小时，一辆载着一家人的大卡车在这里停下来加油。车子慢慢转进加油站，停在老先生和他孙子坐的地方。母亲带着两个小孩子下来问哪里有洗手间，爷爷指着一扇门，上面有根钉子悬着扭歪了的牌子。

这位父亲也下了车，问老人说："住在这市镇不错吧？"

坐在椅子上的爷爷反问道："你们原来住的地方怎么样？"

中年人说："我原来住的城镇每个人都很善良，人人都愿帮助邻居。无论去哪里，总会有人跟你打招呼，我们在那里很快乐！”

爷爷脸上露出和蔼的微笑，回答说：“其实这里也差不多。”然后那家人回到车上，说了声谢谢，挥手再见，驱车离开了。

小寒不解地问爷爷：“为什么您告诉第一个人这里一点儿也不好，却告诉第二个人这里很好呢？”

爷爷慈祥地看着孙子说：“不管你搬到哪里，你都会带着自己的态度；那地方是好是坏，全在于你自己！”

给男孩的悄悄话

悲伤的人总是以悲伤的态度回忆过去，而且越回忆越悲伤，还把这种态度又带到了新的生活中，而快乐的人则总能看到美好的一面，越回忆越快乐，并且把快乐的态度带给了新生活，这是什么原因呢？

要回答这个问题，先要明白心理学上的一种现象：状态依赖记忆。

即你目前的情绪状态，会影响你的记忆内容和方向。因为人在大脑中搜索记忆，必须要依赖一根导火线，以便掀出记忆中相同状态的旧事。人在回忆的时候会产生一种“一致性压力”，驱使人调整记忆方向，与现在的想法、情绪、感受趋于一致。也正是因为这个原因，快乐的人比较容易忘记那些不愉快的事，而回忆曾经那些愉悦的事情。因此快乐的人会越快乐。同理，悲伤的人会越悲伤。

这种心理现象足以来解释为什么有的人总是高高兴兴的，每天都能感受到无尽的乐趣，也总能给大家带来快乐。而有的人则很伤感的样子，总是莫名地皱眉头，性格孤僻，不怎么合群。

没有心事的男孩很少很少，大多数男孩还都会遇到各种各样成长的烦恼。青春期男孩应放松心态，多体会生活中的美好。也可以为自己准备一个一个“快乐记事本”。将生活中那些快乐的事情、感动的事情、鼓舞的事情记载这个本子里，很用心地记下美好的回忆。

想开了是天堂，想不开就是地狱

康志学同学觉得自己身处炼狱，虽然这个高中是他拼命学习才进入省重点，虽然他从初中一开始就立志考上这个中学，为自己的未来铺路。但是现在，他觉得自己虽然不到生不如死的地步，但是也有类似的感受。

康志学一直是个品学兼优的好学生，在初中的时候也算是学校的头号人物，每次成绩独占鳌头不算，还当着班长和学生会主席，学校到处都有他的身影，老师们都把他当作在校学生的榜样和楷模。当然，他也考上了有名的省重点，传说去了这个高中，一只脚已经踏入了大学的门槛。

中考结束，收到了自己梦寐以求的录取通知书，他还心怀憧憬，希望也能在这个群英荟萃的中学里独占鳌头，再振往日雄风。但是来了一周，这个学校就给他来了个下马威。学校进行摸底考试，成绩出来了，他在班里排 36 名，在全年级排 489 名。这对于从来没在年级里拿过第二的他来说简直是致命的打击。

他骄傲的心受到了极大折磨，他的精神一下子颓废了好多，来学校之前那些雄心壮志都烟消云散了。他开始怀疑自己的能力和智商，每天都闷闷不乐。

班主任马老师看多了这样的情况，但是很少有学生像康志学这样，这么长时间还萎靡不振，于是马老师跟他谈话了。

马老师告诉康志学，来这个学校的学生都是各地的尖子生，所以来这之后，跟原来的初中竞争力水平是不一样的。不是他的水平下降了，而是对手们的水平不是一个档次的。如果他想不开的话，就会被大家落下得更远。

康志学骄傲的心彻底被老师的话粉碎了，感觉自己以前就像是井底之蛙。现在想想，那些在自己前面的同学，还有后面的同学，在他们自己的初中里也都是出类拔萃的人物，现在来这里，都要重新开始了。

康志学转过弯来了，没有什么想不开的，只要努力就好，哪里都有更好的。我会变得更强大，竞争促进进步，这是他给自己的礼物。他陡然从炼狱的心境里解放出来，决心开拓新天地。

给男孩的悄悄话

生活中，不少青春期男孩因考试失利而精神萎靡，因无法适应快节奏的学习而丧失斗志……这些心理多半是他们意志薄弱、心态不成熟的一种表现。而这些异常的心理、悲观的心态往往导致痛苦的人生，往往影响男孩们对环境的正确看法。悲观者实际上是以自己悲观消极的想法看待客观世界，在悲观者心中，现实是或多或少被丑化了的。现在社会上许多人，对未来的生活常常持有一种悲观的迷茫心理。对自己的过去，不管有无成败，不管是否辉煌，都一概加以否定，心理上充满了自责与痛苦，嘴上有说不完的遗憾。对未来缺乏信心，一片迷茫，以为自己一无是处，什么事都干不好，认知上否定自己的优势与能力，无限放大自己的缺陷。

有时候，同一件事，想开了是天堂，想不开就是地狱。

俄国作家契诃夫在文章中说：

“要是火柴在你的衣袋里燃起来了，那你应当高兴，而且感谢上帝：多亏你的衣袋不是火药库。

要是有穷亲戚上别墅来找你，那你不要脸色苍白，而要喜气洋洋地叫道：挺好，幸亏来的不是警察！

如果你的妻子或者小姨子练钢琴，那你不要发脾气，而要感谢这份福气：你是在听音乐，而不是听狼嗥或者猫的音乐会。

你该高兴，因为你不是拉长途马车的马，不是毛毛虫，不是狗，不是驴，不是熊，不是臭虫。

你要高兴，因为眼下你没有坐在被告席上，也没有看见债主在你面前。

如果你不是住在边远的地方，那你一想到命运总算没有把你送到边远的地方去，你岂不觉着幸福？

要是你有一颗牙痛起来，那你就该高兴：幸亏不是满口的牙痛起来。

你该高兴，因为你居然可以不必读《公民报》，不必坐在垃圾车上，不必一下子跟三个人结婚。

要是你被送到警察局去了，那就该乐得跳起来，因为多亏没有把你送到地狱的大火里去。

要是你挨了一顿桦木棍子的打，那就该蹦蹦跳跳，叫道：我多么运气，人家总算没有拿带刺的棒子打我！”

男孩们应该学一学契诃夫这种乐观精神，也许你确有难言的烦恼，以致使你对以后的人生失去多半的兴趣；但是你却可以用另外一把钥匙去打开快乐之门，一改你忧闷不堪的心情。

励志大师卡耐基为我们提供了 4 个问题以消除生活中的烦恼：

你担忧的是什么?

你能怎么办?

你决定怎么做?

你什么时候开始做?

乐观的人生，带给你的是永远的自信和隐不去的笑容。而自信和微笑带给你的是充满朝气的个人形象与和蔼可亲的交际性格。

乐观是一种美好的品格，青春期男孩应营造追求快乐的环境，培养自己乐观的性格。

1. 让自己获得更多的友谊。你要创造条件让自己建立起良好的人际关系，学会怎样进行愉快融洽的人际交往。

2. 让自己行使更多的自主权。把握生活中的各种机会，自己决定选择什么不选择什么。

3. 调整好心态。当陷入痛苦或忧虑之中时，可以采取听音乐、阅读、骑自行车或与朋友交谈等方法，让自己从失望中振作起来，尽快恢复愉快的心情。

4. 控制自己的欲望。欲壑难填，当一个人物质占有欲太强，就极有可能“欲火焚身”，因此应正确对待自己的物质追求，控制自己的物质占有欲。

5. 培养广泛的兴趣和爱好。为自己多寻求、开发良好的兴趣和爱好，积极参加各种有益的活动，就能使自己快乐起来。

学会承受失败

自从进入这所市重点高中以后，王浩就开始讨厌学习。其实王浩在中学和小学时学习很好，经常在班上名列前茅，可自从进入市重点高中以后，王浩发现，班上的同学个个都很强，开学不久的一次考试将王浩推进了深渊。那次考试，他竟然有两门不及格，就连他最拿手的数学也只考了 70 分，这无疑是给了他当头一棒。

那次考试之后，他曾暗下决心，要努力学习，迎头赶上。但期中考试之后，他彻底绝望了，因为他又有两科不及格，总成绩也不高。班主任为此还专门找他谈了话，将他批评了一顿，班主任认为是他没有用功学习。其实，他已经很努力了，只是不知为什么成绩总上不去。之后他索性破罐子破摔，经常不写作业，上课也不好好听讲……他看不到自己的未来，也不知道自己以后能干什么……

学业上频频失利使他产生了消极的认识，他曾经的"辉煌"都被现在的失利吞噬了。他否定了自己的能力，看不到自己的未来。

给男孩的悄悄话

与王浩承受同样痛苦的男孩们，试问一句：人生一世，就无失败？而杰出者与庸人的区别就在于如何直面失败。

生活中，许多人要是没有遇到失败，就不会发现自己真正的才干。他们若不遇到极大的挫折，不遇到对他们生命本质的打击，就不知道怎样发掘自己内部贮藏的力量。

爱默生说："伟大人物最明显的标志，就是坚定的意志，不管环境变化到何种地步，他的初衷与希望，仍然不会有丝毫的改变，而终至克服障碍，以达到所企望的目的。"

卡耐基说："跌倒了再站起来，在失败中求胜利。"这也是历代伟人的成功秘诀。

失败是对一个人人格的考验。在一个人除了自己的生命以外，一切都已丧失的情况下，内在的力量到底还有多少？没有勇气继续奋斗的人，自认失败的人，那么他所有的能力，便会全部消失。而只有毫无畏惧、勇往直前、永不放弃人生责任的人，才会在自己的生命里有伟大的进展。

铁要经过千锤百炼才能成钢，一个普通的人要经过千锤百炼才能成为一个成功者、胜利者。在他奋斗进取的过程中，每一次失败就是一次锤炼。一个普通的人，身上有很多的缺陷、弱点和短处，带着这些毛病，他是不可能成为一个胜利者、成功者的。只有在失败的痛苦磨炼中，人们才肯丢掉这些毛病。

青春期男孩在面对失败、挫折时，要做到以下几点：

1. 停止抱怨。不断地抱怨，只会让你情绪迅速低落。如果你想找出一个解决问题的办法，谈论你的问题是好的，但是让自己成为一个悲剧的主角只会使你持续抱有消极态度，并且一次又一次地提起它，不堪其扰。上帝对每个人都是公平的，抱怨最终只会让自己更被动。

2. 坦然接受事实。千万不要让失败日夜折磨自己的心灵。默默地接受这些事实吧，这会使你的情绪好一些，并且使你对将来抱有积极的态度。

那些错误、背叛你的朋友、你干过的傻事，统统让它们从你的脑海中消失吧！吸取教训并且勇往直前，而不是一直提醒自己这些事情，让它们把你拖垮。你的目标只有一个，就是成功。

3. 依然保持乐观积极的面貌，采用自我心理调适法，提高心理承受能力。

一些研究发现，当心情沮丧的时候做一些你喜欢的事情，或者是购物，或者是“虚度光阴”，都有助于提高你的免疫系统的工作效率、释放紧张情绪。偶尔地放纵一下自己，你会更充满力量。

在疲倦和沮丧的时候不要躺下，那只能让你更消沉。站起来意味着你会更警醒、能够更快地思考、更好地解决问题和保持积极。

4. 调整思路，降低原先脱离实际的“目标”，及时改变策略。

受伤不可怕，学着修复自己的心

第一次物理考试，康瑞不及格。他的学习一直很好，这次受了打击。康瑞在回家的路上把试卷拿出来，在路边的小花园里哭了。他没有得过不及格，他突然觉得自己的未来很渺茫，一个物理考试都没有及格的人还有什么资格谈论未来呢。

爸妈一直对他的学习要求就很严格，他们很喜欢看他成绩单上的分数，喜欢看他带着奖状回家，这次这个不及格不知道父母会有什么样的反应。他变得沮丧，为了这个失败的分数，为了自己的小小的自尊心。

回到家，他把自己关在自己的屋子里不肯出来，爸妈费了很大的力气才把他从屋里劝出来，关切地问他发生了什么事。他拿出了自己的物理试卷，眼泪也跟着掉下来了。父母一下子明白了事情的原委。原来在学习上一向没受过挫折的孩子现在受了打击。虽然父母也希望儿子一直优秀，但是他不可能一辈子都不受打击，于是父母鼓励康瑞要正确看待挫折和失败。

听了父母的劝告，他开始重新反思自己的失败。物理考试不及格是事实，他承认自己觉得很伤自尊。但是考试也反映了他学习上的问题，起码要复习的内容他没有掌握好。这样开始总结经验了以后，他心里不再那么难过了。

经过这次，康瑞也已经知道了如何在受伤之后恢复自己的信心了。

给男孩的悄悄话

从人类文明产生的时候开始，竞争就如影随形。我们要和别的物种竞争食物，和大自然竞争主动权，和生命竞争时间。每一个人的降生，就是参与竞争的开始，培养自己的竞争意识，须知竞争是生命中的常态，你得懂得胜败都是兵家常事，对得失都有一份平常心。

我们遇到失败是难免的，面对失败，有些家长往往采取掩盖和安慰的方法去让孩子逃避失败。殊不知，他们这种害怕孩子失败的心态，可能会导致孩子一蹶不振，毁了孩子的未来。

人们希望事事成功，然而在现实生活中，常胜将军是没有的，在人生的道路上，失败是难免的。这是因为客观事物是纷繁复杂而又不断地发展变化的，关键问题就是尽量少些失败，多些成功，以及如何勇敢地面对失败。男孩如果没有经受过失败的痛苦，就往往不能以正确的态度对待失败。因此我们应该及早知道如何面对失败：

1. 要认识到失败在人生的道路上很难避免

我们在思想上要有准备，如果准备好，承受失败的打击也就会更小。要鼓励自己勇于接受挑战，品尝到真正的成功。

2. 防止消极态度

如果失败了，不要消极地看待自己，认为“我真笨”“我是一个没有用的家伙”，而应该告诉自己“这件事我做错了”“今天我不太勤快”“这次我表现得不够好”等等。

3. 尝试转变失败为成功

常言道：“失败是成功之母。”这是指失败既是坏事，又是好事。我们要正确面对失败，就要勇敢地面对失败，变失败为成功之母。不要总是自责，认为“我老是写不好字”“我真笨”“我太丑”，要勇于战胜困难。

4. 不必太在乎外界评价

如果过于在意外界的评价，就会经不起挫折。要从小学会努力，锻炼拼搏精神，这样当你遇到挫折、困难、委屈、痛苦等，就能奋起努力，变失败为成功，也会对你今后的成长大有好处。

风度&品质

——你将成为未来的精英

美好德行增进魅力

不要忽视父母的爱

叶添跟母亲吵架了，他一气之下，冲出家门，走进茫茫的夜色中。漫无目的地走了一段路后，他发现走得匆忙，竟然一分钱都没带，连打电话的钱都没有！

夜色渐深，叶添饥肠辘辘的感觉越来越强，忽然一个小小的馄饨摊映入眼帘，一位老婆婆在摊前忙碌着。馄饨的香气扑鼻而来，叶添咽了一下口水，又看了一眼锅中翻滚的馄饨，慢慢转身离去。老婆婆早已注意到徘徊不定的叶添，她热情地问道："小伙子，吃碗馄饨吧！"叶添转过身尴尬地摇摇头，说："我忘记带钱了。"老婆婆笑了笑："没关系，我请你吃！"

片刻之后，老婆婆端来一碗馄饨和一碟小菜。叶添吃了几口，忍不住掉下了眼泪。"小伙子，怎么了？"老婆婆关切地询问。"哦，没事，我只是感激！"叶添拂去脸上的泪花，"您跟我互不认识，只不过偶然在路上看到我，就对我这么好，煮馄饨给我吃！但是……我跟我妈吵架了，她竟然把我赶出来，还说不让我再回去了……您是陌生人都对我这么好，我妈竟然对我这么绝情！"

老婆婆听了，语重心长地劝他："你怎么会这样想呢！我只不过煮了一碗馄饨给你吃，你就这么感激我，而你妈给你煮了十多年的饭，从小到大照顾你，你怎么不感激她呢？为什么还要跟她吵架呢？”叶添听了这话，默默无语，“是啊！一个陌生人为我煮了一碗馄饨，我尚且如此感激，而母亲辛苦把我养大，我为什么心中没有感激之情？为什么还要与母亲争执？”叶添慢慢地吃着馄饨，脑海中显现出许多儿时的画面。馄饨吃完，他谢别了老人，朝家走去。当走到自家胡同口时，叶添看到妈妈疲惫而又熟悉的身影正焦急地左右张望。看到叶添回来，妈妈长舒了口气，说道：“叶添啊！你让妈急死了！赶紧回家吧！饭菜都凉了！”此时，叶添的泪珠再次滑落。

给男孩的悄悄话

父母的爱是永远不会消逝的。它不会因为时间的推移而有丝毫的改变，也不会因为你的误解而有丝毫的减弱，父母的爱，像一块无瑕的宝石，任凭时光的洗涤，依然晶莹剔透，依然璀璨夺目。但是青春期男孩子，你对父母的爱是怎么样的呢？

在孝顺父母长辈的时候，态度才是最为重要的，也是最难做好的。比如儿女放学回家的时候，疲惫不堪的父亲吩咐倒杯茶给他喝，做儿女的茶是倒了，但端过去时，沉着脸，将茶杯在茶几上重重一搁，用冷硬的语调说：“喝吧！”父亲见到儿女这样的态度时，虽然喝着儿女倒的茶，可是心里又将作何感想呢？

孝顺父母应该发自内心，而且态度一定要非常诚恳，这样父母才能感受到你对他们的爱，才能享受到你带给他们的点点幸福。

孝敬，要做到发自内心。有一位诗人曾经写过：人类的美是以爱来呈现的。而孝敬感恩的心灵，是人类最美丽的种子，它发芽之后，开出最美的爱之花，结出最美的爱之果。所以，千万不要对父母感到厌烦。

热情接待来访者

妈妈的大学同学们要来家里做客。周末早晨，周和妈妈一起准备招待客人的水果和用具，妈妈一边告诉他准备什么东西，一边给他讲她的大学时光和今天要做客的朋友。他觉得妈妈的朋友们都很有趣，所以也消除了最开始妈妈说要他帮忙招待客人的紧张状态。

门铃声响起来，周去开门，几个衣着光鲜的阿姨走进来。他热情地和阿姨们打招呼，妈妈见了她们之后和她们热情地拥抱，周就忙着给阿姨们端茶倒水，妈妈给大家介绍了自己的儿子周，也给周简单介绍了她的几位大学同学。妈妈和那些阿姨聊天的时候，周就在一边安静地待着，也不插话，有时候给众位阿姨递送水果；等大家问他周围有什么好玩的地方的时候，他热情地给妈妈的朋友们介绍当地的特色景点；妈妈去做饭的时候，他还帮忙在厨房收拾餐具。大家都夸奖周是个热情周到的孩子。

送走了客人，妈妈满意地夸奖周做得好。周不好意思地挠挠头。热情招待客人是小学生都应做到的文明礼貌，现在他都是中学生了，做好这点小事是应该的。

给男孩的悄悄话

一个人的修养决定他的生存方式。有修养的人，不但能受人尊重，而且还能成大器；没修养的人，不但害人害己，还会不得人心。对于男孩来说，尤其在公共场合，更应重视行为举止。

生活在现代社会的人，必须学会待人接物的方法，善于与人礼尚往来。因为和谐的人际关系无疑已成为当今世界人才的重要素质之一。有些男孩因缺乏待人接物的经验，往往在交际中表现得不尽如人意。

在生活中我们会发现，凡是社交能力比较强的人，往往更容易赢得机遇。而这些处世本领、交往能力，都需要从小培养。

男孩参加接待客人的活动，有利于培养主人翁精神。在参与接待客人的过程中，体会到主人和客人地位的不同，自然会产生一种自豪感和责任感，会比平时更小心，殷勤百倍。这也有利于培养男孩礼貌待人的好习惯。要接待好客人，让客人满意，就必须在语言、行为上都讲究礼貌，实际上这也为男孩提供了礼貌待人的机会。而且能学到一些待人接物的方法。最初男孩是不会接待客人的，这就需要学习和锻炼。怎样培养接待客人的能力呢？

1. 做好心理准备

在客人尚未到来之前，我们应该了解，客人什么时间来，谁要来。客人与父母、与自己的关系以及该如何称呼。使自己在心理上做好接待客人的准备。

2. 与父母共同做准备工作

男孩可以和父母一起做接待客人的准备工作，如打扫房间、采购糖果等，共同创造一个欢迎客人的气氛。

3. 在父母的帮助下接待客人

例如，客人来了，可以请父母帮助自己招呼每一个人，请客人坐，请客人吃糖果。还可以把自己的玩具拿出来给小客人玩，把自己的相册拿给大家看。

4. 学着与客人交谈

男孩应大方地回答客人的问话，在别人讲话时不随便插嘴。

不说虚伪的客套话

贺炜觉得自己是个聪明人，至少足够圆滑世故。他和同学相处的时候总是很注意夸奖别人，虽然很多时候他想要的效果并没有达到。他喜欢恭维别人，希望别人在恭维里得到满足，这样对他以后也有帮助，但是很多时候他的恭维都会遭到同学的白眼。

昨天就因为下课的时候他当着大家说后面那个胖胖的兰兰同学好像是瘦了，而遭到兰兰的白眼，还直接说他虚伪，每次想跟别人借作业本就夸奖人家，等到用不着的时候就不搭理人家。

兰兰其实只是这么感觉贺炜的同学中的一个。贺炜经常拿虚伪的客套话跟同学交往，同学们都觉得他很虚情假意，每次看着好像很热情，但是转眼他就会收回那个热情的笑脸，让人觉得很难看到真实的他。所以很多同学不太喜欢他这样。

贺炜也开始觉察到同学对他的厌烦，他们好像并不喜欢自己的这套圆滑世故，他们更喜欢坦诚的交往，更喜欢直接面对真实的评价，互相之间也没有那么多的戒备。

贺炜想要改变自己说客套话的习惯，但是这并不容易，这需要一个过程，不过他已经开始用真诚的态度和同学们交往，这已经是一个巨大的进步了。

给男孩的悄悄话

能真诚对待别人的人，就能使双方的心灵需求得到满足，就是心灵的沟通达到一定的高度，而只有心灵的沟通才能真正产生信任。因此，打动别人最好的方式就是真诚。

如果一个人不用真诚去交朋友，去经营人脉，也许他能够获得一时的成功，但绝不会得到一世的朋友。

有一次一群朋友在一起聚会，吃饭的时候，大家交换名片，其中有一位来自报社，另一位试图对其进行称赞，一看是报社的，便稀里糊涂地说："哇，您是有名的大作家！"人家问："我怎么有名？"他说："我每次都看见你写的文章。"人家说："我的文章都在哪里？"他说："每次都是头版头条啊！"然后人家告诉他："真的吗？我是专门写讣告的。"讣告能在头版头条吗？显然是虚假的赞扬引起了别人的反感。但是这位先生仍然没有意识到自己的错误，看到旁边有一位小姐，聊了没几句，本来这位小姐长得很胖，他说："小姐，您真苗条！"小姐说："什么，说我苗条，我知道你是在骂我。"

虚伪的客套话，给人一种虚情假意的印象，或者会被认为怀有某种不良目的，被赞扬者不但不感谢，反而会讨厌。言过其实的赞扬，不能实事求是，会使受赞扬者感到窘迫，也会降低赞扬者的水准。虚情假意的奉承对人对己都是有害而无利的。

有一句话男孩们要记住：真实的赞扬是拂面清风，凉爽怡人；虚假的赞扬像给人吃大块的肥肉，让人烦腻不堪。

真诚的赞美和虚伪的客套话最大的区别在于是否发自内心。真诚的赞美起源于内心深处的一种"美感"，一种冲动，它反映了一个人对另一个人的认可：外表漂亮，言谈合自己的口味，行动敏捷，品格高尚……即在两个人之中，其中一个人在另一个人身上发现了符合自己理想和价值标准的可贵之处。我们认识这个人、了解这个人的时候，已经有一种无形的力量促使自己要去赞美他的一些优点。

但是虚伪的客套话却不同，它不是发自内心地对另一个人认可和钦佩，而是基于内心早已存在的一种目的，一种对眼前或日后能够收到“回报”的投资。

一个不以真诚的心对待别人的人，就会失去别人的信任。英国诗人乔叟曾说过：“真诚才是人生最高的美德。”很多人总觉得周围的人难以信任，对一切都抱有一颗戒备的心，然后感叹世事难料，人心不古。

真诚是做人的基本品质，是人们相互信赖和友好交往的基石。每个人都喜欢与真诚的人打交道，与真诚的人交往。因为这样可使自己有安全感，不必心存疑虑。

为人真诚表现在与朋友交往中，就是以诚相待，说实话、办实事、做老实人，对朋友不可虚情假意，也不可口是心非，切忌对朋友要小心眼和小聪明。

因此，青春期男孩应为人真诚，真诚地与别人交往。

用礼仪获取他人的好感

吴飞从小就受家人溺爱，养成了什么都不顾只顾自己的性格。一天，妈妈带吴飞去参加老同学聚会。用餐时，大人们推杯换盏尽情地聊着，吴飞眉眼不抬，只看眼前的菜盘子。只见他伸着筷子，看哪盘菜好吃就一个劲儿地挑着吃，一副不管不顾的样子。有位阿姨开了个玩笑说：“这小伙子真精啊！”妈妈听了简直无地自容。

是呀，在家里吃饭这不算什么事，奶奶每次做了好菜都紧着吴飞吃。像三鲜虾仁这道菜，吴飞就专挑虾仁吃，奶奶还帮着他挑，直到把盘子里的虾仁挑得一个不剩，留下一堆黄瓜片，他才住手。现在虽说到了外边，可习惯已经成自然了，这丢脸的吃相一时哪里改得过来。

妈妈凑近吴飞悄悄耳语几句，想让他收敛一点儿，可是吴飞根本就听不进去。他还很委屈呢：我不就吃个菜吗，哪那么多事，在家里不是天天这样吃啊。果然是习惯成自然，看来妈妈要纠正吴飞的吃相，需要下不少功夫。

给男孩的悄悄话

吴飞没有礼貌，让妈妈感到惭愧，更给别人留下了不好的印象。古人说："不学礼，无以立。"中国是一个历史悠久的礼仪之邦，讲究文明是人们的处世之本。礼貌待人，反映着一个人的精神面貌和文化素质，是心灵美、语言美和行为美的和谐统一。

而今天，我们经常见到听到一些青少年缺少文明礼貌的行为：脏话连篇，随地吐痰，在一些公共场合旁若无人地大声喧哗，随手乱扔废弃物，买东西交款不排队，上公共汽车乱挤，等等。人们瞧见了会说："这孩子缺家教。"

在公共场合，青春期男孩须留心自己的言行举止，不可忽视。男孩们可注意以下几点：

1. 公开露面前，须把衣裤整理好。尤其是出洗手间时，最好与进去时保持一样，或更好才行，边走边扣扣子、边拉拉链、擦手或甩水都是失礼的。

2. 参加正式活动前，不宜吃带有强烈刺激性气味的食物(如葱蒜、韭菜、洋葱等)，以免因口腔异味而引起他人的不悦甚至反感。

3. 在公共场所里，高声谈笑、大呼小叫是一种极不文明的行为，应避免。在人群集中的地方特别要求交谈者加倍地低声细语，声音的大小以不引起他人注意为宜。

4. 在人群中，应力求避免从身体内发出各种异常的声音。咳嗽、打喷嚏、打哈欠等均应侧身掩面再为之。

5. 公共场合不得用手抓挠身体的任何部位。文雅起见，最好不当众抓耳挠腮、挖耳鼻、揉眼搓泥垢，也不可随意剔牙、修剪指甲、梳理头发。若身体不适非做不可，则应去洗手间完成。

6. 对陌生人不要盯视或评头论足。当他人作私人谈话时，不可接近之。他人需要自己帮助时，要尽力而为。见别人有不幸之事，不可有嘲笑、起哄之举动。自己的行动妨碍了他人应致歉，得到别人的帮助应立即道谢。

7. 在人来人往的公共场所最好不要吃东西，更不要出于友好而逼着在场的人非尝一尝你吃的东西不可。爱吃零食者，在公共场所为了维护自己的美好形象，一定要有所克制。

8. 在大庭广众之下，不要趴在或坐在桌上，也不要在他人面前躺在沙发里。走路脚步要放轻，不要走得咚咚作响，遇到急事时，不要急不择路，慌张奔跑。

9. 得了感冒或其他传染病应避免参加各种公共场所的活动，以免将病毒传染给他人，影响他人的身体健康。

10. 对一切公共活动场所的规则都应无条件地遵守与服从，这是最起码的公德观念。不随地吐痰，不随手乱扔烟头及其他废物。非吐非扔不可，必须等找到垃圾桶后再行动。

如何讲话有吸引力

吴亚迪觉得自己的口才非常好，能够滔滔不绝地讲一个小时都没有问题。但是大家想要和他聊天或者交流的愿望好像并不强烈。他觉得是大家不能够理解他的独特思想，其实不是这样的。

吴亚迪是个外向的同学，他也确实口才比较好，经常喜欢跟大家辩论，争个你高我低，但是他很不尊重大家的谈话，经常是另外的两个同学在聊天的时候他会突然插进来，也不管人家是不是在说话，就非常着急地表达自己的观点。大家都会因为他的插话而变得非常不愉快，没法再继续自己的话题。

吴亚迪却没有注意到这个问题，觉得是自己比较能说，别的同学是自叹不如。但是后来他感受到了同学们对自己的疏远，也开始观察别人的聊天，他发现，其实一个人表达观点的时候，其他人是都关注着说话的人，他们不急于说话的更尊重说话的人。他想着自己身上的毛病，谈话的技巧他还没有掌握好……

给男孩的悄悄话

我们天天都要与人交谈，但是不知你发现没有，有些人说话生动有趣，能吸引人注意力，另一些人则说得眉飞色舞，却没有人关注他谈话的内容。可见我们在说话的时候，也是要注意技巧的。下面我们列出几点谈话技巧，供青春期男孩们参考：

1. 和别人谈话的时候一定要看着对方的脸。当别人对你说话的时候，一定要专心致志，漫不经心会让人觉得你是有意怠慢，这是一种不可原谅的粗蛮行为，甚至是对他人的一种羞辱，因为别人与你说话，你置之不理，就等于说你对他的话不屑一顾。别人说话的时候，不要总是用“是”“不”或是清咳来干扰对方，这一点往往会带来不好的影响。

2. 用言语或是动作偶尔表达你的赞同就足够，有时频繁地点头表示赞同也会令人不快。

3. 谈话不可长篇大论，次数不可过于频繁，这样才不会让你周围的人离你而去。

4. 未经别人允许，不要贸然介入别人的活动或是上去帮忙，这也是十分粗鲁的举动，一定要尽量避免。别人的事情他自己必定有自己的解决办法，事后如果你认为他那样做有所不妥，那么你有足够的时间去帮他纠正或是补充。

5. 在别人谈话的时候打断别人也是一种不礼貌的行为。少说自己，多说说自己的朋友。不经过慎重考虑，不要胡乱指责任何人。

总之，对青春期男孩来说，保持良好的文明礼仪，将受益终生，它不仅能增添你的形象魅力，更能令你走上成功的道路。

打造个人风度

找个合理的途径宣泄你的愤怒

王阿姨曾遇到过这样一件有趣的事：一天深夜，她突然接到一个男孩打来的电话，对方的第一句话就是："我烦死他们了！"

"他们是谁？"王阿姨问。

"他们是很多人，我的同学、老师、爸爸妈妈。"

王阿姨感到突然，于是礼貌地告诉他："你打错电话了。"

但是，这个男孩好像没听见似的，继续说个不停："我学习不好，老师非常不喜欢我，同学们也都挺疏远我的，爸爸妈妈听不进去我说的话……"

尽管这中间王阿姨一再打断他的话，告诉他，她并不认识他，但是孩子还是坚持把自己的话说完。最后，他对这位素不相识的王阿姨说："阿姨，您当然不认识我，可是这些话已被我压了多时，现在我终于说了出来，舒服多了。谢谢您，对不起，打搅您了。"

原来王阿姨充当了一个听筒的角色。

给男孩的悄悄话

故事中的男孩举动看似错乱，实际很正常。它形象地说明了青春期男孩也会有很多烦恼，总要有一个倾诉、宣泄情绪的地方，而且消极情绪往往是蓄之越久，越沉重压抑。故事中的男孩子其实很聪明，他为自己找了一个看似荒诞、实则有效的发泄途径。

男孩是天真无邪的，他们的喜怒哀乐很真实，也很强烈，这往往直接支配着他们的行为。同成人一样，男孩常常利用多种情绪来表达自己的需要与愿望。烦恼、攻击、挫折、愤怒这些侵犯性情感是点燃攻击性行为的导火线。

很多父母都认为，男孩没有学业负担，不愁衣食，受到的照顾无微不至，他们不会有什么压力。怎么会抑郁呢？其实，现在的男孩在得到铺天盖地的爱的同时，却越来越失去了随心所欲地玩的自由；在得到大量玩具的同时，却失去了与父母拥抱、游戏和谈话的机会；在学校，教师与男孩、男孩与男孩之间有时会有一些矛盾发生，如受到批评、不能与同学友好相处，这些都会使男孩产生压力感。

在男孩的眼里，这是一个陌生的世界，每天都会有很多新的事物发生。男孩正以惊人的速度吸收各类不同的信息，结果他每天都发现很多不可理解的事情。爸爸妈妈可能会离开一段时间，不知去了哪里，还会不会回来？白天在街头看见一只大黑狗，晚上睡觉时就会想，狗会不会趁我睡觉的时候走进我的房间咬我呢？或者会不会有魔鬼躲在我的床底下呢？……这些忧虑使男孩不安和恐慌。

有的男孩小小年纪就遇到了感情上的重大打击，如亲人去世、父母关系紧张或离异、考试失利（特别是未考上理想的学校）等，往往会出现情绪上的强烈反应。此外，学习成绩不好，长相不出众，总认为自己处处不如人，不受老师重视，不引人注目等，也会使男孩产生一种失落感。

成人抑郁，可以向人诉说、排泄，男孩感到压力时，由于语言表达能力有限，往往无法清楚地表达自己的情绪，因此，他们有时无法得到成人及时的帮助，而且他们由于自身的知识以及处世经验缺乏，处理问题的能力差，因而不能自己排解压力。所以，当压力过大或者持续时间过长时，男孩会产生很多生理或心理问题，这些将严重损害男孩的身心健康，这时，男孩就可能出现精神抑郁。

抑郁使青春期男孩们感到孤立、恐惧和不快乐。抑郁的男孩不知道自己哪里不对，只知道自己的感觉糟透了，不像以前的自己。当他感觉越来越糟的时候，会感到自己越来越没有力量，不能控制自己的心情和生活，好像有一种神奇的东西在控制自己。一些中小学生还通过饮酒、上网聊天、吸毒等来排解抑郁，但是这样的结果往往会使他们的抑郁加重，还有一些人试图自杀。

尽管并不是每个男孩都有患抑郁症的可能，但也应该引起父母的特别警惕，当男孩遇到困难，情绪压抑的时候，我们应该及时告诉男孩，不要把烦闷锁在心里，有不开心的事情要说出来。此外，还可以教给他一些宣泄情绪的小窍门，比如让他大哭一场，或者做一件自己喜欢的事情，或者和好朋友倾诉等。

男孩可以用语言发泄情感，给自己创设悄悄话角，当你感到愤怒时，独自大喊大叫，舞动自己的手臂。你还可以通过运动形式表达情感，设立体育角，当你想打人的时候，就打陀螺，用沙包击靶子，或戴上手套任意打击沙袋，也可任意在垫子上翻滚，这样使自己的情感发泄到一个合适的替代对象上，从而得到心理的满足。

用适宜的服饰提升气质

吴毅是个爱美的男生，他希望自己能够打扮得帅气出众。看着电视里明星们穿着破洞的牛仔裤，还有那些露着肚脐的上衣，他觉得那就是时尚。于是把妈妈新买的牛仔裤剪了几个洞，还专门磨出了毛边，用自己的零用钱买了件非常时尚前卫的T恤，这样子看起来或许是更加好看了。

走在大街上，他看到大家频频侧目，但是眼神里根本不是他所期待的惊讶他的帅气的感觉，而是一种带有厌恶的眼神，他非常不明白到底是怎么回事。就到商场里的试衣镜前去照镜子，这一看他才明白，这样的装扮就像是街上的小混混，怪不得大家都一副讨厌的神情。

他脱掉了自己所谓的时尚服装，重新穿回了自己的运动装，把耳朵上那些金属耳钉也收了起来，头发也理短了。这样再站在镜子前，终于看到了朝气蓬勃的自己。现在他的心里舒服多了，原来穿衣打扮一定要适合自己的身份才行。

当然，学校联欢晚会的时候，他还是戴上那些闪闪发光的饰物，穿着那身所谓的时尚装扮去舞台上表演街舞，那个时候，不会有人把他看作不良少年，相反同学们会觉得跳街舞就该这么装扮。

给男孩的悄悄话

俗语说，“人靠衣衫马靠鞍”“佛靠金装，人靠衣装”，衣服是人的第二肌肤。男孩们一定有过这样的经历：穿一身漂亮的衣服，心情立即愉快起来，不自觉中，头扬起，胸挺起，脚步轻盈而有力，人也特别有信心。可见，服饰对人的气质起多么大的辅助作用。

服饰是人形体的外延，包括衣、裤、裙、帽、袜、手套及各类服饰。它们起着遮体御寒、美化人类的作用，又是一种无声的语言，它显示着一个人的个性、身份、涵养及其心理状态等多种信息，正如莎士比亚所说：“服饰往往可以表现人格。”世界知名的服装心理学家高莱讲：“着装是自我的镜子。”一个人穿戴什么样的服饰，直接关系到别人对其个人形象的评价。不是说任何服饰穿戴在任何人身上一定都能产生美感。事实证明，服饰只有与穿戴者的气质、个性、身份、年龄、职业以及穿戴的环境、时间协调一致时，才能真正达到美的境界。古希腊“和谐就是美”的美学观点在服饰美中得到了最充分的体现。

青春期男孩们可以根据爱好、修养、气质、审美特点等，选择充分体现自身个性的服饰，但也要与整体的交际环境、气氛相协调。

下面为青春期男孩们提供几种选择服饰的原则：

1.TPO 原则

当今最流行的 TPO 是现代人较重视的服饰穿戴原则，分别是英文中时间（Time）、地点（Place）、场合（Occasion）三个单词的缩写。此原则要求人们在着装时以时间、地点、场合 3 项因素为准。

（1）时间原则

时间既指每天的早上、中午、晚上3个时间段，也包括春夏秋冬的季节更换，以及人生不同年龄阶段的时间原则要求。通常，在家中或进行户外活动时，着装应方便、随意，可以选择运动服、便装、休闲服。

服饰应当随一年四季的变化而更替变换，不宜标新立异，打破常规。

夏季应以凉爽、轻柔、简洁为原则，在使自己舒爽的同时，也让服装色彩与款式给予他人视觉和心理上的良好感受。

冬季应以保暖、轻便着装为原则，避免臃肿不堪，也要避免只要风度不要温度，为形体美观而着装太浅薄。应该注意，即使同是裙装，在夏天面料应是轻薄的，冬天要穿面料厚的，春秋两季可选择的范围更大更多些。

（2）地点原则

地点原则要求地方、场所、位置不同，着装应有所区别，特定的环境应配置与之相适应、相协调的服饰，才能获得视觉和心理上的和谐美感。穿着只有在正式场合才适合的正装去娱乐、休闲、购物、观光，或者穿牛仔装、网球裙、运动衣、休闲服进入正式场所，都是与环境不和谐的表现。

（3）场合原则

不同的场合有不同的服饰要求，只有与特定场合的气氛相一致、融洽的服饰，才能产生和谐的审美效果。

在欢度节日或纪念日、结婚典礼、生日纪念、联欢晚会、舞会等喜庆场合，服饰可以鲜艳明快、潇洒时尚一些。一般来说，在正式的喜庆场合，男孩的服装应以深色为主，单色、条纹、小暗格都可以。

在庄重场合，比如参加庄严仪式、正式宴会等隆重庄严的活动，服饰应当力求庄重、典雅。凡是请柬上规定穿礼服的，应按规定着装。

庄重场合一般不宜穿夹克、牛仔，更不能穿短裤或背心。

正式场合的衣着应当严格符合穿着规范。男孩子穿西装，一定要系领带。西服应熨平整，裤子要熨出裤线，衣领、袖口要干净。

2. 服饰的色彩

色彩因其物理特质，常对人的生理感觉形成刺激，诱发人们的心理定式和联想等心理活动，此外还具有某种社会象征性，许多色彩象征着某种性格、情感、追求等等。

服饰配色包括同类配色和衬托配色。同类配色指相同的颜色进行组合搭配，一般是下浅上深，内浅外深，或者相反。

一般来说，黑、白、灰三色是配色中的最安全色，最容易与其他色彩搭配和谐。

3. 服饰与形体、肤色的搭配

人的身材有高矮之分、胖瘦之别，肤色有深浅之差，这是上天赋予的，我们不能选择，但我们可以选择服饰的质地、色彩、图案、造型工艺，达到美化自己的目的。

比如说，胖男孩穿横条衣服更会显得肥胖，而穿紧身衣服可显得清秀。身材矮小的男孩适宜穿造型简洁、色彩明快、图案简单的服装。脖子短的男孩穿低领或无领衣可以使脖子显得稍长。

中国人的肤色大致可分为白净、偏黑、发红、黄绿和苍白等几种，穿着必须与肤色在色彩上相协调。肤色白净者，适合穿各色服装；肤色偏黑或发红者，忌穿深色服装；肤色黄绿或苍白的人，最适合穿浅色服装。

青春期男孩们着装时，应讲究得体、整洁、典雅、大方、简约，而不能一味地追求新潮、名牌。一般说来，着装有以下忌讳：

1. 忌脏。

2. 忌乱，不合规范。

3. 忌破损。

4. 忌过分暴露。

5. 忌过于单薄透明。

6. 忌过于短小。

7. 忌过于紧身。

8. 忌过多色彩、过分鲜艳。

9. 忌过分怪异奇特。

美好的品德是衬托美好形象的绿叶

秦健同学在学校非常受欢迎，因为他成绩好，又热衷参加学校组织的活动，更因为他很注重自己的形象。虽然大家都穿校服，但是他的校服总是能保持清洁，发型也清爽，白衬衫，深蓝色的中山制式校服，很容易让人联想到偶像剧里充满阳光味道的男主角。

他不是那种清高孤傲的男生，他热心帮助遇到困难的同学。一次下雨的时候，他看见有个同学不小心滑倒在泥地上，他立马跑到雨中去扶那个同学起来，虽然他的衣服上也染了污渍，但是那个时候，他的样子更容易让人想到清爽和阳光。

他因为有美好的形象而代表学校参加了中学生代表大会，出席会议的时候给人留下深刻印象的不仅是他朝气蓬勃的形象，更让人觉得印象深刻的是他的彬彬有礼、谦虚谨慎、守时观念等美好德行。

秦健之所以这么与众不同，就是因为他能够保持自己的独特个性，既能注意形象和服饰打扮，也能展现自己的美好品行。如果他是个非常不注意个人形象的人，或许也没有那么多人给予他那么高的评价了。但是，如果单纯的外表美，恐怕也不会得到这么多赞扬，毕竟人们都喜欢美好形象，也更喜欢中学生美好的品德。

给男孩的悄悄话

在日常生活中，青春期男孩们常常听到这样的劝告：不要以貌取人。但是经验告诉我们，人是很难做到不以貌取人的。从人的审美眼光出发，爱美之心人皆有之，人们对美的认识，很多时候是从第一印象中产生的，而人的仪表恰好承载了这一“特殊”的任务。

美国心理学者雷诺·毕克曼做过以下有趣的实验。

在纽约机场和中央火车站的电话亭里，在任何人都可以看到的地方，放 10 美分，等到一有人进入电话亭，约 2 分钟后敲门说：“对不起，我在这里放了 10 美分，不知道你有没有看到？”结果退还硬币的比率，询问者服装整齐时占 77%，而询问者衣服较寒酸时则占 38%。

电话亭里的人在被服装整齐的人询问时，可能会察觉此人可能跟自己说了很重要的话；而面对衣着寒酸的人，因为在不想接触的念头下，不想去理会对方的问题，所以根本没有听清楚他说的话，就开口回答“不”，企图赶走对方。

可见，良好的仪表犹如一支美丽的乐曲，它不仅能够给自身提供自信，也能给别人带来审美的愉悦，既符合自己的心意，又能左右他人的感觉，使你办起事来信心十足，一路绿灯。

在竞争日益激烈的今天，仪容对一个人的作用是万万不能忽视的。形象创造价值、形象决定命运的说法绝不是夸大其词。

一个人的外貌对于他本身有影响，穿着得体就会给人以良好的印象，它等于在告诉大家：“这是一个重要的人物，聪明、成功、可靠。大家可以尊敬、仰慕、信赖他。他自重，我们也尊重他。”

如果能找对自己的长处，切合自己的特点，改造自身的形象，那每个青春期男孩都会散发出与众不同的迷人光彩！

青春期男孩可以从以下几点来打造自己的形象。

1. 仪表整洁，衣着得体

现代社会中，杰出人士们坚持这样一个吸引人际的原则：一个人风度翩翩、俊逸潇洒，能产生使人乐于交往的魅力。

2. 精神饱满，神情自然

他们在社会交往中始终保持旺盛的精力、饱满的热情、大方自然的神情。与人交往，神采奕奕，精力充沛，显得富有自信，这样就能激发对方的交往热情，活跃交往气氛。

3. 谈吐幽默，言语高雅

谈吐能直接反映出一个人是博学多识还是孤陋寡闻，是接受过良好教育还是浅薄无知。作家丁玲回忆与鲁迅先生谈话时说："鲁迅先生谈吐深刻、严密、有力而又生动活泼，句句吸住我们。渐渐谈下去，愈来愈强烈地发射出真挚的热情，又有一种严峻的强大的威力，从他瘦削的脸上透射出来。"深刻的谈话使人听得入迷，产生"听君一席话，胜读十年书"之感。

4. 举止大方

杰出人士大都具备朴素大方、温文尔雅的行为习惯，举止稳重，文明得体，坐、立、行的姿态正确雅观，能表现出自己良好的教养，给人留下可信赖之感。

用笑容为形象加分

程文今年终于被评为"三好学生"了。站在领奖台上，回想起这一年多的改变，程文眼里泛起了点点泪光。

程文成绩优异，从小到大不知道获过多少奖项，"数学竞赛一等奖""英语演讲比赛金奖""书法比赛优胜奖"等。但是在程文的心目当中，没有哪个奖项的分量比得上"三好学生"奖。

程文出生在一个富裕的家庭，爸爸是当地一家大公司的总裁，妈妈是一名医生，在医院也颇有名气。程文从小就很聪明，爸爸妈妈也努力为他提供好的学习条件。在学习上，程文认真努力，善于思考，从小学到现在的高中，他的成绩在班级里一直都是最优异的，在学习上几乎没有什么可以难得住他。

爸爸妈妈以程文为傲，学校老师也欣赏他的才情，视他为珍宝，经常给他特别辅导。

但是在同学们的眼中，程文高傲、冷漠、性格孤僻、不好接触。程文不爱和大家玩笑，也不和大家讨论问题，觉得这样的聊天无聊，浪费时间。有时候和同学见面招呼都不打，所以很多同学都不喜欢他。

每年的"三好学生"都是通过同学们投票评选出来的，每年程文都落榜。为此程文很苦恼，不知道自己究竟错在哪，难道自己努力学习有错吗？他把自己的烦恼都说给教书十几年的爷爷听。爷爷告诉他，同学们不喜欢他并不是因为他学习有多努力，成绩有多好，而是因为他对人太冷漠了，对人不友好，那样的话别人怎么会喜欢自己呢？“孩子，记住，要学会微笑。”爷爷抚摸着程文的头慈爱地说。

程文意识到了自己的错误，从那以后，逐渐改变自己的言行。和同学见面会微笑着打招呼；参与同学间的话题讨论；帮助在学习上有需要的同学。大家都很欣喜这位“学习天才”的改变，慢慢开始接受他，而程文也在和同学交往的过程中发现了同学的可爱真诚，体验到了交流的快乐。

终于这次评“三好学生”，程文全票通过。他想从此以后自己要更加注意自己的言行，善待他人，微笑着学习，微笑着生活。

给男孩的悄悄话

微笑无声，却传达着“我喜欢你”“我表示欣赏、赞同”“你很受欢迎”等丰富的含义。微笑，是为人处世中最有价值、最富有吸引力的面部表情。

生活中，微笑能给对方良好的第一印象；微笑可以表示对他人的尊重和友好；微笑能打破僵局，解除人的心理戒备；微笑能表示对他人赞许、理解、谅解等态度。

微笑是人际沟通的通行证。微笑能给人以温暖，令人愉悦和舒畅。

与人初次见面，面露微笑，就好像具有一种磁力，使人顿生好感；见到老朋友，点头微笑，打个招呼，会使人感到你不忘旧情，是个重礼仪的人；服务人员自然地面露微笑，则会给人一种宾至如归的感觉。一家百货公司的经理曾说过，在录用女店员时，小学未毕业却能经常微笑的女子，比大学毕业而满脸冰霜的女子机会大得多。

青春期男孩在微笑时，要发自内心、发自肺腑，不要做作、虚伪地微笑。只有笑得真诚，才显得亲切自然，与你交往的人才能感到轻松愉快。

微笑的基本做法是不发声、不露齿，肌肉放松，嘴角两端向上略微提起，面含笑意，使人如沐春风。

微笑可进行技术性训练。因为人们微笑之时，口角两端向上翘起。练习时，为使双颊肌肉向上抬，口里可念着普通话的“一”字音。还得训练眼睛的“笑容”。取厚纸一张，遮住眼睛下边部位，对着镜子，回忆过去的美好生活，使笑肌提升收缩，嘴巴两端做出微笑的口型，随后放松面部肌肉，眼睛随之恢复原状。

还可以在多位朋友面前讲一段话，讲话时注意自己的笑容，并请朋友给予评议帮助矫正。

用优雅的风度俘获心灵

韩祥已经 17 岁了，可是和同龄的孩子比起来，他的个头是那么的矮小，黄黄的、稀疏的头发，一张并不英俊的脸上长满了红色的青春痘和褐色的小雀斑。

现在韩祥是学校有名的“才子”，他能写很优美的诗文，很多杂志都有刊载。他还会声情并茂地演讲，在很多演讲比赛中都获得了不错的名次。韩祥潇洒自信、机智幽默，特别受同学们的欢迎。

但是在以前，韩祥完全是另外一副样子。总是一个人精神萎靡地躲在角落里，长吁短叹。感叹命运的不公：世界上有那么多人那么完美，为什么偏偏自己会是一只丑小鸭？

因为对自己的外表很自卑，韩祥不喜欢去公共场所，学校里的活动也是能躲就躲。他总是设法躲避课间操，因为个子矮，每次他都是站在队伍的前面，每当这时候，韩祥就觉得特别丢脸。调座位的时候，他也不愿意和女生同桌，因为他总担心脸上的青春痘和雀斑会让爱干净的女生嫌恶。渐渐地，他把自己封闭了起来，做什么都畏首畏尾。

很庆幸，韩祥克服了自己的心理障碍，重新振作起来。在封闭自己的那段时间里，韩祥读了大量的课外书，通过读书他意识到，很多伟人都不是完美的。拿破仑也是矮个子，却建立了雄霸一方的拿破仑帝国；鲁迅先生个头不高却是文坛巨匠；霍金瘫坐轮椅却成了“宇宙之王”。

一个人是否能赢得尊重和外表没有什么必然联系。意识到这点，韩祥对于脸上的痘痘和雀斑也不介意了。照着镜子端详自己：其实也没有想象中的那么差，长痘痘说明自己年轻，鼻梁上的小雀斑为自己增添了几分可爱。

走出自卑阴影的韩祥，用自己的才华和乐观赢得了同学们的喜爱和尊重。

给男孩的悄悄话

人们常说“他真是风度翩翩”“她秀外而慧中”等类似的话，这指的都是一个人的风度。

风度是一个人性格、气质、文化水平、道德修养的外在写真，是人自身所具有的较为稳定的行为习惯的外在表现方式，即一个人在言谈举止中自然表现出的各种独特的语气、语调、手势、动作等。

由于人的性格、气质不同，内在修养不同，行为习惯各异，每个人的风度也就不尽相同。良好的风度是众人所追求的，而它则是以个人良好的文化素养、渊博的学识、精深的思辨能力为内核的。那些胸无点墨、不学无术的人，任凭其仪表怎么美丽，也不可能具有良好的风度。

良好的风度需要较长时间的培养与修养，需要先加强自身内在的涵养，使自己心灵美，然后这种内在美才可能转化为良好的风度。

没有人愿意和毫无风度、畏畏缩缩、不自信的人交往。如果不懂怎样和人交往，必将是孤立的。可以说，人际关系的好坏是决定人生成败的重要因素。所以我们必须注重自身风度，随时随地给别人留下良好印象：说话有尺度，交往讲分寸，办事重策略，行为有节制。

生活中，一些人能像磁石吸引铁屑一般，自然而然地吸引他周围的人，做事则得心应手、顺心如意，这是因为他们拥有磁铁般富有吸引力的风度、个性。尽管看起来他们似乎没有那些不怎么成功的人努力，但机遇围绕着他们打转，朋友们称他们为“幸运儿”。如果我们进一步分析他们，就会发现他们有着迷人的风度、个性，这就是他们赢得人心的原因。

培养受人欢迎的风度是很必要的，它能使成功的机遇倍增，能够发展人际关系，塑造良好形象。

那么，青春期男孩如何打造自己的风度呢?

1. 懂得幽默。以轻松的心态处世，人生将充满光明，也会使与你接触的人受到感染。

2. 时常微笑。笑容会使你显得和蔼可亲、平易近人。

3. 注意你的声音。讲话语调镇定、平稳的人最受人喜爱。

4. 刚见面时握手，谈话中找时机轻拍一下对方的肩，都是热情的表现。

5. 不要忽略礼貌，常说“请”和“谢谢”。

6. 善用自嘲，可增强你的魅力。

7. 不要小气。

8. 不过于在意自己的相貌。很少有人能拥有完美的外表，何况美丽的外表不见得比优雅的谈吐、亲切的微笑更让人喜爱。

9. 注意自己的身姿，抬头挺胸，让大家知道你充满自信。

10. 不要吝啬赞美的话，如果你对谁有好感，就该向他(她)说出来。要对别人有兴趣，谁都觉得，只关心自己的人很乏味。

11. 与对方的目光相接，表示你沉稳、自信，同时表示你对对方感兴趣。

12. 多读报纸杂志，及时掌握当前的热门话题，能够变得健谈起来。

13. 不要急于求成。懂得保持一定的距离，懂得怎样适可而止，才更有吸引力。

14. 把自己当主人。因为你觉得害怕，所以才会害羞。但如果你把自己当作主人而非客人，主动招呼、照顾别人，就会使人觉得愉快。

15. 兴趣广泛、关心时事，这样才有丰富的谈话资料。难以想象有谁对每天只知道上班、下班、吃饭、睡觉的人有兴趣。

16. 勇于参加讨论，发表意见。通常人们都很佩服那些勇于站出来发表自己看法的人。另外，被认为很有魅力的人一般都很主动、很活跃，不会当旁观者。

17. 不要动不动就发脾气。常发脾气只能让人对你多加提防。

18. 能相信别人。爱猜疑的人不会给人以温暖和关怀，而温暖和关怀是魅力不可或缺的要素。

19. 不刻意隐瞒自己的情感。对什么事都不动声色，别人会觉得你很冷漠。

20. 学会处理生活上大大小小的事。只会处理、学习办公桌上的事，不会成为很有魅力的人。

21. 要有自己的原则。让人知道你也会生气，也会对某些事看不惯，不是一个“好好先生”。

22. 穿自己喜欢的衣服。选择衣服时要看自己满不满意，不要过于考虑别人喜欢。只有自己满意，你才会觉得愉快、自信，这才是吸引人的地方。

男孩要敢于坐到前排位置

吴鹏飞一直是个内向的男生，起码他一直是这么认为的。在小学的时候，他一直坐在教室的角落里，他不希望引起别人的注意，他喜欢自己一个人躲在角落里的感觉。但是上了初中之后他决心改变，希望自己也有所作为，希望自己能够成为一个杰出的人。他在那些励志的杂志上看到，凡是杰出的人物都善于在众人面前表现自己。

于是，来了初中之后，他主动找老师换座位，来到了前排。在前排好像自己的一举一动都会在老师的眼皮底下，他开始很紧张，每天不敢分半点神，生怕自己的一点动作被老师逮住了就会受到批评。在前排被提问的机会也多了许多，于是他不得不每天都认真地预习功课，写好作业，预防着老师的随机提问。

在前排坐了一学期之后，他发现自己在全班同学面前回答问题不再那么结巴了，也不再脸红了，而且比以前更爱和同学说话了。

坐前排真的给了吴鹏飞一个锻炼自己的机会，他珍惜这个在人群中能够表现自己，展现自己的机会。他想，除了在教室，以后他有机会的话还要坐到其他人群里的前排，这样坚持下去，才能离成功更近些。

给男孩的悄悄话

在这个世界上，想坐前排的人不少，真正能够坐在“前排”的却总是不多。许多人之所以不能坐到“前排”，就是因为他们把“坐在前排”仅仅当成了一种人生理想，而没有采取具体行动。那些最终坐到“前排”的人之所以成功，是因为他们不但有理想，更重要的是他们把理想变成了行动。

让自己坐到人群的前排位置的意图并不是显摆，而是帮助自己正确认识自我，从而培养一种胆识。而毫无疑问地，胆识是一种能力。

不敢坐到前排的人心理存在一种障碍，这种障碍是一些我们不明原因的、在本能上感到害怕的事情，这些事情可能是我们每天都会经历的，比如害怕被人嘲笑，害怕失败，害怕意想不到的变化，或是其他什么使我们内心想要退缩的事情。我们才感到安全。如此一来，尽管我们得到的不是我们内心期待的东西，但它至少是令我们感到舒适并为我们所熟悉的事物。这些心理障碍还会使人在与他人交往的过程中产生一种社会恐惧，简单地说，就是在社交场合怕被别人注意或稍有差错就产生极度恐惧的情绪。

据专家调查发现，社交恐惧症是最常见的神经紧张和失调的病症，它是一种对难堪或出丑表现的强烈反应和令人身心疲惫的恐惧感。拥有这种症状的人害怕在公共场合讲话，不愿意接触人，不愿意求人办事，与人共事。

可见障碍对一个人的工作、生活都是极其不利的，所以我们想要成功就要努力帮助自己克服这道障碍。

当你发现自己存在着社交恐惧时就应该及时克服，下面的方法不妨一试。

1. 客观全面地看待事物。具有自卑心理的人，总是过多地看重自己不利和消极的一面，而看不到有利、积极的一面，缺乏客观全面地分析事物的能力和信心。这就要求我们努力提高自己透过现象看本质的能力，客观地分析对自己有利和不利的因素，尤其要看到自己的长处和潜力，而不是独自哀叹、妄自菲薄。

2. 要将别人的思想、言论和行为与自我价值截然分开。别人的评价，只能代表别人对事物的看法，并不是真理。这些评价，你可以择其善者而从之，不要全盘接受。

3. 从购置衣物开始，根据自己的判断去买。因为衣服是要穿在你身上，而不是穿在别人身上。别人的选择只代表别人的爱好和审美，并不代表你。

4. 培养信心。一位名人曾经说过："处于现今这个时代，如果说'做不到'，你将经常站在失败的一边。"你可以试着想自己已完成的事，这样你对能做的事会更有信心。只有失败者才会将注意力集中在失败和缺点上。

锻炼强壮体格

青春期男孩要早睡早起

清晨6点钟，闹钟的铃声划破了黎明的宁静。睡梦中的明明醒过来，伸手关掉闹钟后，翻个身，继续睡觉。

这时，妈妈尖锐的喊叫声突然响起："明明，赶快起床了！约好从今天开始要跟着爸爸一起去公园晨练的，不是吗？"

明明翻了个身，继续睡。快要进入梦乡时，妈妈摇醒了他。

明明实在是不愿起来，可是妈妈又猛然地大声喊着："赶快起来啊！"

"再睡5分钟，只要再睡5分钟就好了！"明明像虾米一样把身体缩成一团，拉回被妈妈掀开的被子。

"快点起来！爸爸早就准备好啦！你怎么还在睡呢！"

"那让爸爸一个人去不就成了吗！"明明发脾气了。

但妈妈似乎没有要放弃的意思，今天无论如何一定要把明明叫醒。"你昨天已经跟爸爸约好了早上一起去运动的，不可以不守信用！"妈妈说着又把被子掀起来。

明明很无奈地脱掉睡衣，换上妈妈准备好的运动服。

爸爸在门口做着简单的运动操，明明到了门口，打了一个很大的呵欠。

"终于起床啦？"

明明毫无精神地点点头。

“我看你的眼睛，好像还没有完全睡醒。叫你早点睡，偏偏不听，这会儿又困！”爸爸摇摇头说。

于是爸爸走在前面，明明跟随在后，一步一步慢慢地向附近的公园走去。

给男孩的悄悄话

你是不是因为学校布置的家庭作业太多，父母又要求学琴、练书法、绘画、写日记、背诵等，熬至深夜？是不是你因为每天晚上看电视，直到“祝您晚安”，第二天成了“熊猫眼”？诸如此类的生活习惯是很不科学的。

中国有句俗话“早睡早起身体好”，但是却很少有人真正地深究过这其中的原因，为什么早睡早起身体才会好呢？医学专家告诉我们，生长激素分泌最盛的是23时至半夜，超过这个时间睡觉，对人的健康影响很大。有医学专家根据医疗实践指出，经常晚睡的人常有过敏性鼻炎和气管炎等毛病。临床上发现，熬夜工作的人眼睛易疲倦、常脚酸、不爱走路，且有情绪不稳定的倾向。青春期男孩为了自己的健康成长，一定要注意培养早睡的习惯。

英国约克大学的赫伯特博士说，睡多没好处，一个人如果睡得太久，会引起血液循环不良。他说，人在睡眠中，呼吸一般比醒时慢，其间血液里的二氧化碳逐渐增加，会变成体内的麻醉剂，睡得越多，就越想睡。睡懒觉这一陋习对于身体健康极为不利。

现代医学研究证明，人的生命活动都遵循着一定的周期性或节律而展开。例如，人的情绪、体力、智力都有一定的时间规律，人体的许多生理指标如脑电图、体温、血压、呼吸、脉搏以及激素的分泌量等，都是按照季节、昼夜的规律而有节奏地变化着，我们的起居作息也必须要符合这个运转规律。否则就会降低人体对外界环境的适应能力，导致疾病的发生和引起早衰。

在作息习惯方面，则应当建立一套科学、合理的作息制度，这是因为有规律的作息制度，可以在人体中枢神经系统形成一种良性刺激，建立各种各样有节律的条件反射，使各组织器官的生理活动能不知疲倦地长时间地进行下去，使人更好地与外界环境相适应，提高人体的健康水平。这也是强身健体、延年益寿的重要途径。孙思邈将作息时间具体规定为："虽云早起，莫在鸡鸣前；虽言晚起，莫在日出后。"

如果你很难纠正睡懒觉的坏毛病，就需要爸爸妈妈帮忙了，可以请爸爸妈妈早上叫你起床。当然这要在早睡并保证充足睡眠的前提下。或者让闹钟给你提个醒。可以将闹钟设定早一点，给自己一段缓冲的时间，不会觉得起床是一件受罪的事情。在用这个方法的时候，要注意将闹钟放到你够不着的地方，让你不得不下床制止闹钟再响。

硬板床胜过羽绒褥

14 岁的大勇身体瘦瘦的、个头矮矮的，看着同龄的孩子都比自己高大，心里就很不是滋味。他整天想着怎么样可以让自己变得高大强壮。

前两天爸爸用一个硬板床换掉了大勇睡习惯了的席梦思床，说是帮助儿子生长发育。大勇想想就觉得好笑，一张硬板床还能促进骨骼发育？大勇认定爸爸是在哄骗他。

硬板床哪有席梦思睡起来舒服啊，这两天大勇晚上总是睡不太好，一直觉得床硬。自己从小到大一直都是睡席梦思，床铺软软的，躺在床上都能陷下去，可舒服了。可是那舒服的席梦思现在被爸爸用讨厌的硬板床换走了。

早上起床后，大勇就向爸爸妈妈抗议："你们都睡席梦思就让我一个人睡硬板床，睡起来一点都不舒服，我要换床！"

妈妈听了说："你现这个时候正是骨骼发育成型的时候，要是床太软，很容易导致脊柱变形弯曲的。"

爸爸接着说："这可是我专门给你定做的，你习惯了睡席梦思，刚开始睡硬板床肯定会觉得不舒服，晚上给你换个软点的床垫，习惯了就好了。”

爸爸看大勇还嘟着小嘴，就故意说：“小孩子睡得太软，不容易长高啊！你要是不怕长得矮那就给你把床换回来喽。”

“睡硬板床就可以长高了？”大勇仍然疑惑。“睡硬板床，脊柱不弯曲变形，当然有利于长高了。可惜你睡不习惯，还是换回来吧。”爸爸说。

大勇最怕长不高，赶忙说：“要不先别换了，让我妈再给换个软点的床垫吧！”爸爸听了得意地笑了。

时间长了，大勇果真习惯了，觉得自己的床睡起来很舒服，起床之后精神抖擞，再也不抱怨硬板床不舒服了。

给男孩的悄悄话

英国教育家洛克在他的著作《家庭学校》中指出，男孩睡的床应该是硬的，不要铺过厚的垫子，睡硬床有助于男孩身板长得挺拔。他认为，能在任何环境中熟睡的人，才能饮到睡眠的甘露。

现今的床弹性过强，太柔软了，人们感觉睡在上面十分舒服，其实这样的床并不好。从生理上讲，正常人的脊柱是直的，从侧面看，脊柱有四个生理弯曲，看起来像个“S”形。对床的基本要求是能保持脊柱的正常生理状态，维护背面观呈直线，侧面观呈生理弯曲。但睡在席梦思床上，不管采取哪种姿势，都容易陷下去，翻身不易，而且身体的中段往往总要下陷，改变了脊柱正常的生理状态，使身体朝上的那侧肌肉放松，而下陷于软垫部分的肌肉被动地拉紧。这样一来腰背部的肌肉就得不到很好的休息。归根结底，床宜硬不宜软。

其实男孩与床之间的学问不仅仅在于是软还是硬，还有其他一系列值得家长注意的问题。如枕头的高度，男孩是否要和父母分床睡等。我们下面就这两个方面看看。

在男孩睡觉时，枕头的高度很有讲究。中国有句俗话“高枕无忧”。实际上枕头太高了，人睡觉时颈椎无疑会被垫高，结果会使人的颈椎、胸椎、腰椎不能在一条直线上。现在医学上提倡“低枕无病”，枕头的最佳高度应该是比平躺时略高。同时枕芯可以用荞麦皮、小米、绿豆等，也可以在里面放点儿菊花，但一定要注意防虫。

另外，与父母同床睡会大大影响儿童睡眠质量。与“单独睡”儿童相比，“与父母同床睡”的儿童，更多地伴有就寝习惯不良、睡眠焦虑、夜醒、异态睡眠、睡眠呼吸障碍和白天嗜睡等睡眠问题。

和父母同睡不仅会影响男孩的睡眠质量，更严重的是，和父母同床容易引起男孩的依赖。

和父母同睡的男孩问题要比女孩更多一些。一般来说，男孩的独立意识比女孩要强，如果男孩喜欢和父母同睡，这个男孩往往属于恋母心态比较严重的人，这种类型的男孩往往性格敏感脆弱。因此家长应该及早注意让男孩单独入睡。

减肥：健康第一，时尚第二

许飞从小就是个小胖墩，街坊的叔叔阿姨见到他，都喜欢捏他的脸蛋。长大后，许飞的体重只增不减。许飞的妈妈为此非常头疼，她想让许飞减肥，但又不知道该用什么方法，节食的话，许飞正是长身体的时候，缺乏营养对他将来不利。

运动减肥倒是个好办法，可是许飞太胖了，他稍微动一动就会满头大汗。许飞最不喜欢运动，妈妈怎么说都没有用。

就在妈妈头疼之际，许飞竟然自己主动要求减肥。原来许飞今天去体检，他一上秤，医生就皱起了眉头，拍着他的头说：“小胖子，你可得减肥了，这样下去，你长大连路都走不动。”

而当班上另一名男同学体检的时候，医生就夸他身材好，同班的女同学都投去了羡慕的眼神。

许飞看到那名男生穿的淡颜色的牛仔裤、白色的T恤，看起来是很帅。他体检完就去商店，也想照着那位男同学那样给自己买一身，可是他试了很多衣服，都穿不进去，服务员告诉他，这里没有他的尺码。

许飞下定决心减肥，就是想和那名男同学一样，也被人关注。他每天不吃饭不喝水，就吃点黄瓜和西红柿。不过三四天，人就饿得昏昏沉沉。

妈妈强行把他拉到饭桌上，告诉他："减肥是好事，可是也不能盲目减肥，只有健康地减肥，才能减出好身材。"

许飞下定决心，一定要健康减肥，减出既健康又匀称的好身材。

给男孩的悄悄话

现在社会的审美观偏于"瘦"，这是有一定道理的，和胖相比适当偏瘦一点，对健康更有好处。由此，也给那些偏胖的男孩带来了心理压力，他们会产生自卑的心理。

青春期正是长身体的时候，父母会给孩子提供非常丰富的营养，由于各种原因，现在肥胖的男孩越来越多。从健康的角度考虑，减肥是很有必要的。专家建议，青春期的男孩学习的压力大，身体成长需要的营养更多，所以不能盲目地靠节食减肥，那样会影响男孩的学习和成长。那么处于青春期的男孩该怎么样减肥既有效又健康呢？

1. 合理膳食。很多男孩的饮食习惯不很好，他们饮食没有规律，吃饭的时间吃不下，不是吃饭的时间又喜欢吃高能量和油炸的食品，如此暴饮暴食高能量高热量的食物很容易发胖的。食物摄取时达到营养的平衡也很重要，医生根据临床经验告诉大家，有些孩子看着很胖，但是却营养不足。他们摄取的营养过于不均衡，导致身体缺乏某些营养，由此造成肥胖。所以要多吃水果、蔬菜，不要一味地吃肉食。值得注意的是，不在睡前吃东西也有助于控制体重。

2. 按时休息，心情舒畅。生活具有规律性，有助于男孩们控制体重。一般处于青春期的孩子需要的睡眠时间为 8 个小时，所以在早睡早起的前提下，保证睡眠的时间，既不要太长也不要太短。

3. 适量运动。适量的运动对每个年龄阶段的人来说都是非常有必要的，它不但有助于控制体重，还可以提高身体素质，解决很多身体上的问题。但是对于青春期的男孩来说，运动更是不可少的。适量的运动，有助于长个子，有助于排解学习的压力，也有助于减肥。不过如果想通过运动减肥的话，长期的坚持是不可少的。对于青春期的男孩来说，可以选择在学校里方便操作的运动，比如跑步、体操、打球、单杠等。

其实无论胖或瘦，只要不过度，身体健康就行，不能一味地追求骨感。因为减肥主要是为了健康，不是单纯的视觉上好看与否。

无病少吃药

小东从小就体弱多病，妈妈一直怀疑是自己怀孕期间没有好好注意休息引起的。所以对于小东的体弱，妈妈心怀歉疚。

为了弥补自己的“过失”，改善小东的体质，妈妈从各处搜寻增强免疫力的维生素、营养保健品，又是补锌，又是补铁，整天忙得不亦乐乎。可小东的身体似乎更弱了，动不动就感冒发烧，打针吃药。

开始上初中后，学习任务加重了，这就更需要好好补充脑力和体力了。可是小东又不好好吃饭，还挑食。看着小东日渐消瘦，妈妈很心疼。为了给小东补充营养，只得花更多的钱买更好的保健品。

小东对吃这些东西已经习以为常，只是更不爱吃饭了。妈妈带小东到医院开了很多健胃消食的药片，可是一点用处都没有。有天晚上又服用了很多维生素片后，小东突然腹痛难忍，还头晕恶心。爸爸妈妈急忙把他送到医院。医生仔细检查询问后，发现是长期过度服用维生素所致。这样的结果让妈妈懊悔不已。

爸爸妈妈听从医生的建议，开始注意小东饮食的合理搭配，家里每天都会购置很多新鲜的水果蔬菜，还偶尔蒸条鱼，炖点汤，小东似乎很爱吃。爸爸每天都会早起半小时陪小东跑步，然后做会儿早操。周末，爸爸妈妈经常带他去爬山。

慢慢地，小东热爱上了体育锻炼，早上不再赖床了，每天早起去跑步，做操，已经不用爸爸妈妈敦促了，而且胃口越来越好，个头明显长高了很多。

现在的小东脸色红润，身体健康，学习成绩也有所提高。看着小东的这些变化，妈妈把剩下的一大堆花花绿绿的药片全部倒进了垃圾箱。妈妈欣慰地想：以后再也不需要这些东西了。

给男孩的悄悄话

有些家长认为吃药可以“有病治病，无病强身”，所以当男孩身体稍微有一些不适，他们就会给男孩服药，有时甚至多种药物一起服用，由于用药不科学从而引起疾病，这种现象也早已屡见不鲜。

我们都知道，是药三分毒，药物在缓解身体不适症状的同时，所产生的毒副作用也不可忽视。

其实，迷信药品实际上是一件愚蠢而危险的事情。但是这并不意味着生病就不再需要看病吃药，而是要科学健身，理智面对疾病，选择有效而无副作用的方式让男孩尽快康复。

人体的免疫系统总是在不停地与人体内外部的致病因子作战，以阻止其对机体的危害。已被证实的致病因素有很多：细菌、病毒、吸烟、酗酒、环境污染物质、阳光紫外线、精神压力、不良饮食以及人体自身产生的变异细胞。免疫系统在与其斗争过程中，每时每刻都在产生数以百万计的免疫细胞、T 淋巴细胞、B 淋巴细胞、生产抗体的细胞、天然的杀伤细胞和吞噬细胞。在与致病因素进行旷日持久的斗争中，免疫系统从何处获得它生产抗体的基本生物活性物质，它的活力保持依靠的是什么?

科学研究得出，人体免疫系统活力的保持主要靠食物。食物中有多种营养素能刺激免疫系统，增强免疫力，如果缺乏这些成分，会严重地影响身体的免疫机能。哪些营养素对免疫力有重大影响呢?

1. 蛋白质。蛋白质是构成白细胞和抗体的主要成分，实验证明，蛋白质严重缺乏的人，会使得免疫细胞中的淋巴球数目大量减少，造成免疫机能严重下降。

2. 维生素 C。维生素 C 能刺激体内制造干扰素（一种抗癌活性物质），用来破坏病毒以减少与白细胞的结合，保持白细胞的数目。正常人在患感冒后，维生素 C 会被急速地消耗掉，因此，感冒期间多补充维生素 C，可增强机体免疫力，减轻感冒症状。

3. β－胡萝卜素。人体缺乏 β－胡萝卜素时，会严重削弱身体对抗病菌的能力，并使人易患眼病。

4. 维生素 B_6。维生素 B_6 缺乏会引起免疫的退化，导致胸腺萎缩，淋巴球数目减少等。

5. 维生素 E。维生素 E 能增加抗体，以清除病毒、细菌和癌细胞。而且维生素 E 也能维持白细胞的稳定性，防止白细胞细胞膜产生过氧化反应。补充维生素 E 的 60 ～ 70 岁的老年人，其免疫功能常相当于 40 岁的中年人。

除此以外，营养素中的叶酸、维生素 B_{12}、泛酸和铁、锌、铜、镁、硒等矿物质都和免疫功能有关系，人体在缺乏上述物质时，都会严重影响免疫系统功能。这些物质有的能激活人体内上百种对生命具有重要作用的激素和酶，有的能使 T 淋巴细胞在与细菌和病毒斗争时显得更为活跃，但更多的是，它们能提供免疫系统生产抗体所需要的物质，从而确保抗体维持在一定水平。

男孩们不要再认为只有靠药物才能战胜疾病。其实药物只是人体战胜疾病的一种武器，真正的灵丹妙药还是自己的主动健康观念。对于健康来说，轻松愉快的精神状态、良好的生活方式、适当的体育锻炼，比任何昂贵的药品都更为重要。

养成良好习惯

制订“删除坏习惯”的计划

最近半个月，一向表现很好的侯阳在上课期间出现了注意力不集中、爱打瞌睡、目光呆滞、脸色苍白的状况，精神状态极度不佳，常拖延作业，学习成绩也有所下降。班主任王老师观察到后，关心地问道：“侯阳，马上就要期末考试了，是不是学习压力太大了，没有休息好啊？看上去你脸色不好，还是去看看医生吧！”“没有，不用——不用——真的不用，王老师我没有不舒服，不用去医院。”侯阳吞吞吐吐地回答道。

一个星期过去了，侯阳的精神状态还是没有好转的迹象，学习成绩下滑得比较快。王老师决定去侯阳家进行家访。在家访中，王老师得知侯阳一回到家，就把自己关在房间里，不像往常一样帮妈妈干些力所能及的家务，常常要爸妈敲好几次门才出来吃饭。吃完饭后，放下碗筷又把自己关在房间里。王老师说道：“侯阳近来精神状态不太好，现在学习任务比较重，但还是要有充足的睡眠，这样才能开始第二天的学习。”爸妈听后一脸的疑惑，忙说道：“侯阳的作息时间一直没有改变，他晚上很早就睡觉了，怎么会精神状态不佳呢？”这究竟是怎么一回事呢？他们疑惑不解。当得知侯阳的学习成绩也有所下降时，他们决定好好地观察一下侯阳。

侯阳像往常一样，很早就上床睡觉了。爸妈也像平常一样，早早地熄了灯，但他们并没有睡，而是躲在门后观察对面房间儿子的一举一动。没多久，儿子房间发出一丝丝微弱的灯光，爸妈轻轻地走了过去，侧着身子静静地在门外听房间里有什么声响。此时，从房间里传出了“噼噼啪啪”的声音，爸妈打开门一看，只见侯阳坐在电脑前正聚精会神地玩着电脑游戏，对于爸妈的突然闯入，侯阳丝毫没有注意到，还沉浸在虚幻的游戏里。爸妈终于找到侯阳精神状态不佳的原因了。

最近一个月以来，侯阳感到学习压力大，想以玩电脑游戏作为一种释放压力的方式。没想到却从此迷恋上了游戏，常常抑制不住，甚至背着爸妈通宵达旦地玩游戏。

学习成绩下滑的事实和爸爸妈妈的劝导，让侯阳下定决心改掉自己迷恋游戏的坏习惯。

傍晚放学回家，他像往日一样帮助妈妈做家务，转移自己对游戏的注意力。晚饭过后，他帮着妈妈收拾碗筷，回到房间做好作业，预习好第二天的功课后，就和爸妈一起散步，一边散步一边谈论见到的趣事。爸爸常常和他一起下棋，陪着他练习书法，渐渐地侯阳玩电脑游戏的时间越来越短了，对游戏不再像以前那样痴迷了。他发现自己还有那么多的兴趣爱好，在转移自己对游戏的注意力的同时，更是一种修身养性。

给男孩的悄悄话

习惯是人生的主宰，一个好的习惯让人受用一生，许多个好习惯加起来，就可以成就一个人一生的辉煌。性格决定命运，习惯作为思维、心态的反复再现而成了性格的一部分，所以我们说习惯决定命运。从小培养好习惯，改掉坏习惯，青少年的命运也将随之改变。

生活中，青春期男孩如何制订有效的“删除坏习惯”的计划呢？

1. 要充分认识好习惯的重要性、坏习惯的危害性，你才能有坚定的决心、坚决的行动去“删除”坏习惯。

2. 许多青少年面对自己的“坏习惯”没有足够的自制能力和意志，

经受不住“坏习惯”的纠缠。比如无法控制网络、烟酒的诱惑等等。那种凡事都无所谓的想法，使自己偏离了健全的自我意识的轨道。青少年应根据自己的实际情况，为自己制定一个惩罚“坏习惯”的制度，通过自我努力，达到有效控制，克服坏习惯，达到自我完善。

3. 按部就班，一步一步做起。一旦决定改变习惯，就拟定当月的目标。目标不可过大，比如有人戒酒时，就采用每天比前一天少喝一点的办法，最后戒掉。

4. 古人说，要“齐家治国平天下”须从“修身、养性”开始，即从点滴的习惯开始，行知并重。要想克服拖延的坏习惯，就必须懂得珍惜时间；要想克服懒惰的坏习惯，就必须勤奋；要想克服打架斗殴的恶习，就必须学会宽容。

5. 我们常说万事开头难，一个新习惯的诞生，必然会冲击相应的旧习惯，而旧习惯不会轻易退出，它要顽抗，要垂死挣扎。另外，我们的机体、心灵也需要时间从一种状态过渡到另外的状态，需要一个适应过程。从记忆的角度讲，人也需要不断复习新建立的好习惯，以求强化它。所以，前三天要准备吃点苦，要下功夫，要特别认真，过了这一关，坦途就在眼前。

6. 为自己找个榜样，看看成功人士是如何改掉坏习惯的。

要改变坏习惯，男孩们还可以尝试以下做法：

1. 认识到自己有什么坏习惯必须改掉。例如使你逃避问题的习惯，使家人、朋友或同学厌烦的习惯，你觉得并不能带来愉快但又不能自拔的习惯，等等，都是必须改掉的坏习惯。

2. 学一点风趣、机智。让别人与你谈话都觉得很愉快，乐意听你说话。

3. 学会提问，而且问得恰当。问别人私事要适可而止，切不可追根究底。对别人关切的事能表示关怀，有诚意对他人做进一步的了解。

4. 不可装着自己什么都懂。不知道就说不知道，诚恳地问人家，更容易给人亲切感。

5. 找一些有利的新朋友。例如你要改掉暴饮暴食的习惯，就和饭量小的人一起吃饭。

6. 多参加各种各样的活动。不要把自己的快乐活动限制在你喜欢的那一两项中。

7. 凡事不必看得太重。从日常平淡的生活中发掘乐趣，与你周围的人共享生活的甜美。

8. 把握机会多交朋友。

9. 多想别人好的一面，少提缺点。

锤炼一双勤劳的手

“教官要求我们被子叠得像豆腐块一样，我不会叠，教官当着同学们的面批评了我，我还有一大堆脏衣服，怎么办？”大国在电话里哽咽地说道。

妈妈在电话这头干着急：脏衣服可以拿回来洗干净，可是被子怎么办，总不能天天去学校给宝贝儿子叠吧？真不知道送儿子读寄宿学校是对还是错。

从小大国的衣食住行全部由家人打理，这些琐碎事情他哪会干呢？现在妈妈有点后悔没有让大国养成自己的事情自己干的习惯，这不，刚开始军训就遇到麻烦了。

大国家三代单传，全家人对这个独苗视如珍宝。爷爷奶奶更是溺爱到不行，吃饭热点怕烫着，天气冷点怕冻着，就连多走几步路都怕累坏了宝贝孙子。大国心安理得地享受着各种优待。

说大国过着“小皇帝”般的生活，真是毫不夸张。“衣来伸手，饭来张口”是大国生活的真实写照。在住校之前，大国连牙膏都没有自己挤过，更别说整理床铺，收拾屋子了。

来到学校之后，没想到宿舍卫生需要自己打扫，被褥需要自己叠，衣服需要自己洗，还要自己排队打饭……

从来不知道需要自己做的事情有那么多。大国觉得懵了，一下子适应不了这种变化。

挨批评后，大国一直闷闷不乐。看着周围的同学熟练地整理着床铺，大国就觉得很惭愧。同时他也很好奇：为什么大家都会呢?

寝室长看着大国手足无措的样子，知道大国在家肯定养尊处优惯了，就走过去友好地对大国说：“没事，我教你，很简单的，习惯就好了。”大国很感激。

在室长的帮助下，大国终于把自己的被子叠得整整齐齐，“没有想象中那么困难。”大国不好意思地对室长说道。虽然这和教官要求的“豆腐块”还有距离，但是他心里美滋滋的：自己已经完成了这么“艰巨”的工程，其他还有什么可怕的呢?

大国暗下决心：这只是一个开始，自己要努力适应环境，自己的事情自己干。

给男孩的悄悄话

像大国这样“衣来伸手，饭来张口”的男孩在生活中并不鲜见。著名哲学家罗素指出：“真正的幸福绝不会光顾那些精神麻木、四体不勤的人们，幸福只在辛勤的劳动和晶莹的汗水中。”勤劳，是中华民族引以为荣的传统美德。而如今，“贪图安逸”成为一些青春期男孩生活的主题。殊不知，将来危害的还是自己。

对于任何人而言，懒惰都是一种堕落的、具有毁灭性的东西。懒惰、懈怠从来没有在世界历史上留下好名声，也永远不会留下好名声。懒惰是一种精神腐蚀剂，因为懒惰，人们不愿意爬过一个小山岗；因为懒惰，人们不愿意去战胜那些完全可以战胜的困难。

因此那些生性懒惰的人不可能在社会生活中成为一个成功者，他们永远是失败者。成功只会光顾那些辛勤劳动的人们。懒惰是一种恶劣而卑鄙的精神重负，人们一旦背上了懒惰这个包袱，就只会整天怨天尤人、精神沮丧、无所事事，这种人将成为对社会的无用之人。

许多青春期男孩在安逸的生活中忽略了懒惰的可怕性而变得愚昧无知，他们只会从享受中体味生活，却不懂得如何去营造生活、去创造生活。

勤劳和成功是相辅相成的，有很多人因为勤劳而成功，但却很少有因懒惰而成功的人。虽然勤劳并不一定能获得令人瞩目的巨大成功，但人们如果辛勤工作，却能够获得个人最大限度的成功。

勤劳或懒惰不是天生的，很少有人一生下来就是辛勤的工作者，也很少有人是天生的懒虫，大多数人的勤劳或懒惰都是后天的，是习性所致。此外，孩童时期的家庭环境以及所受的教育，也都有很大的影响。

生活中，青春期男孩要养成勤劳的习惯，可尝试做下列事情：

1. 自己的事自己做，比如洗衣服、刷鞋、收拾房间等。

2. 在学校里，多参加劳动；或走出校园，进行社会实践、公益活动。

3. 假期里打一份工，锻炼自己。

4. 去农村、山区体验生活，认识“勤劳”的价值。

每天自省5分钟

最近一次英语测验的成绩出来了，徐涛的成绩下降了很多，上次的数学成绩也不理想，身为学习委员的他担心会挨老师的批评。

下课后，老师果然把徐涛“请”进了办公室。老师开门见山地问：“这两次测验的成绩怎么这么差，是上课有什么地方听不明白吗？”

徐涛小声地说道：“都能听明白……上次测验是因为晚上没有睡好，第二天没有精神。这次是因为听英语听力的时候，耳机有噪音，没有听清楚，也影响了后面题目的发挥。”听了徐涛的话，老师没有多说什么，只是说：“马上就要期中考试了，好好准备，别出现不必要地失误。”

能这么轻松自如地“应付”老师，徐涛感到很得意。最近他迷上了网络游戏，整天想着练装备、打怪兽、升级。上课自然无心听讲，功课也做得很潦草。一段时间后，就觉得学习有些吃力了，连着两次测验成绩都不好。

不过徐涛倒是不怎么担心，凭自己的聪明，只要自己稍微多花点时间，成绩马上就可以提上去的。要期中考试了得先放一放游戏，准备功课了。可是没有想到自己在这段时间落下的功课太多，尤其是数学，很多知识点都不懂。因为对老师说过都懂，就不好意思去问老师。期中考试，徐涛的成绩更差了。

班主任老师要求徐涛总结原因。徐涛总结道："这次考试，坐在我前面的是隔壁班成绩很差的同学，考试时总回头看我的试卷，我总得提防他抄袭，结果扰乱了思维，没法安心做题。"老师听了，生气地说道："你总是找客观原因，根本就没有认识到自己的问题，回去好好反省一下，写个书面总结给我！"

这次考试失利，又挨了老师批评，徐涛确实很受打击。他决定好好反思最近的行为：的确是因为自己迷恋网络游戏，没有把心思放在学习上。自己还为了掩盖自己的错误做法找了很多借口，甚至自己也被这些借口迷惑了，认为那是造成自己学习退步的原因。

通过反省后，徐涛认识到了自己的错误，深刻总结了成绩下降的原因。"敢于承认错误就是好样的，有反省才能有进步！"老师欣慰地说。

给男孩的悄悄话

生活中，许多男孩面对问题时，总是说"我不是故意的""这不是我的错""本来不会这样的，都怪……"找借口、指责别人已经成为他们的习惯，反省自己却比登天还难。人人都犯过错误，但很少有人能反省自己。

大多数人就是因为缺乏自省习惯，不晓得自己这些年以来的转变，才会看不清楚自己的本质。而一个不知道自身变化的人，就无法由过去的演变经验来思考自己的未来，当然只能过一天算一天。

一个人如果能随时诘问自己过去的转变，就可以找出以往看待事物的观点是对还是错。若是正确，往后当然可以继续以此眼光去面对这个世界；万一是错的，也可以加以修正。如此就可以帮助你以正确的观点去看待周围的事物。

曾子说："吾日三省吾身。"智者以世人为鉴，时刻反省；愚者只以自己为鉴，永远只能停留在原地。

人生天地间，浮浮沉沉、起起落落是常有的事情，这就要求我们必须随时自我反省，修正自己的错误，扬长避短。

青春期男孩每天可以抽出5分钟时间，反省一下自己："与人交往中，我今天有没有做不利于人际关系的事？在与某人的争执中我是否也存在不对的地方？对某人说的那句话是否得体？某人对我不友善是否有什么特殊原因？今天所做的事，处理是否恰当？是否有不妥之处？怎样做才会更好？有没有补救措施？到目前为止，我做了些什么事？有无进步？时间有无浪费？目标完成了多少？"

反省的好处在于可以通过修正言行来使自己进步。每日反省5分钟，能纠正你做人处世的方法，让你有更加明确的方向。

告别优柔寡断

一进门李可就把自己摔在床上，一动不动地趴在那儿。这次的特长生申报就这样泡汤了。李可是一名高三的学生，面对高考的压力，学校的特长生申请无疑给他不甚宽广的前途照进了希望的曙光。

半个月以前，李可接到学校的通知这届的高三学生可以申请特长生。李可兴奋了许久，他知道这样的机会无疑使他离考上自己心目中理想大学的目标更近。其实李可是个多才多艺的孩子，他学过一段时间的美术，而在音乐方面的天分也是亲朋好友们公认的。

但现在这样的优越条件竟然成了李可的一块心病，他觉得考美术比较好，但又不想放弃用音乐实现自己梦想的机会。于是整整一星期的时间过去了李可还在犹豫到底应该以音乐的特长申报推荐生还是以美术的特长申报推荐生。如果选音乐作为特长，李可还是有些担心的，因为毕竟申报的人很多，那么把音乐作为特长的自然不在少数。他在音乐这方面最多算是有天分，但和那些受过专业老师指导的比自然还是有很大差距的。但如果选择了以美术作为特长，虽说是自己系统地学习过，但放弃了一个展示音乐才能的机会也很可惜。李可之前听很多同学和长辈们说过，来选拔推荐生的主考都是某一领域里有头有脸的人物，他想要是能申报音乐的特长生说不定他们会看在他的天分上破格录取呢。

就这样，时间在李可不断的纠结中只剩下最后的三天，李可急得像热锅上的蚂蚁 。最后只好强迫自己静下心来分析利弊，最后决定稳中求胜申报美术的特长生。但是由于时间紧迫所以剩下的准备时间就很有限，许多申报的同学从一开始就决定了报哪个方面的特长生，所以准备得很充分。李可在决定上浪费了太多时间以至于没有做好充分的准备。所以在最后的推荐生考试中没有被选中。

试想如果在当初的选择上李可没有犹豫不决，那么他成功成为推荐生的机会是不是会大很多?

给男孩的悄悄话

现实生活中，常听到男孩子们说“我要早下决心，那个机会就是我的了”之类的话。为什么会这样呢?因为他们做事不够果断，总是犹豫不决。

有一位作家说过：“世界上最可怜又最可恨的人，莫过于那些总是瞻前顾后、不知取舍的人，莫过于那些不敢承担风险、彷徨犹豫的人，莫过于那些无法忍受压力、犹豫不决的人，莫过于那些容易受他人影响、没有自己主见的人，莫过于那些拈轻怕重、不思进取的人，莫过于那些从未感受到自身伟大内在力量的人。他们总是背信弃义、左右摇摆，最终自己毁坏了自己的名声，最终一事无成。”

凡事都要果断。一切的失败，都可以从拖延、犹豫不决和恐惧中找到一些答案。“果断”二字，看似容易，做起来很难。在没有想好对策之前犹豫不决还可以理解，想清楚了还在犹豫，这就是失败的一大诱因。

犹豫不决，只能使我们的行动受到无限期的拖延，最终使我们什么都做不了，更谈不上成功，结果只能是望洋兴叹。如果你发现了已经来临的机会，那么千万不要犹豫，该出手时就出手，果断出击抓住它，那么收获就会伴随而来。

生活中，青春期男孩怎样告别优柔寡断的坏习惯呢？

1. 着重培养自信、自主、自强、自立的勇气和信心，培养性格中意志独立性的良好品质。

2. 不要追求尽善尽善。金无足赤，人无完人，只要不违背大原则，就可以决定取舍。

3. 有胆有识。心理学认为，人的决策水平与其所具有的知识经验有很大的相关。一个人的知识经验越丰富，其决策水平就越高；反之则越低。

4. 凡事预则立，不预则废。平时经常开动脑筋，勤学多思，是关键时刻有主见的前提和基础。

5. 遇事要冷静。排除外界干扰和暗示，稳定情绪，由此及彼、由表及里地仔细分析，有助于培养果断的意志。

做事追求完美，但不苛求

身为班长的沈庆元，对自己的要求十分高，不管做什么事情，都会竭尽全力，对细节部分更是不肯轻易放过，事事都想争取接近完美。但在班级工作中，他并没有受到大家的好评，反而引起了同学们的一些不满。同学们的不满主要是因为班长沈庆元过分追求完美，已经到了苛求的阶段。

下个月，学校要举行一次红歌合唱比赛活动，各班级接到通知后，纷纷抓紧时间排练。班长沈庆元负责组织全班同学的排练工作，排练前，沈庆元根据同学们的身高条件，排好了队形。排练的时候，班长就同学们的着装、表情、神态都给出了具体的要求，只要他发现有个同学做得不够好，他就会要求全班同学重新排练。刚开始，大家还能积极配合，次数多了很多的同学产生了厌烦的情绪。因为每次正当大家在认真排练，兴致正高的时候，他常常叫大家暂停，说道："刚才又有一个同学做错了，大家要把排练看成是真正的比赛，不能出一点差错，只有这样才能取得好成绩。"大家在排练的时候，十分担心自己会出错，会影响到整个排练的进程，为此注意力常常很难集中在一起，反而经常出错。在音调上，班长对大家的要求更加严格，在一个音节上，经过无数次努力，同学们还是很难达到要求。可班长就是不肯放过，一次又一次，无数遍地进行尝试，同学们的嗓子都哑了，可他仍然在坚持。“希望大家能再坚持一下，我们要一次比一次做得好，争取达到完美。”

同学们听后对他的意见也越来越大，认为他这样做太过苛求了，什么事都想做到最完美。但这样一味地追求完美，带给同学们的是身心疲惫。“真不知道，班长这种过度的追求完美，有什么样的意义？”“无论我们做得多好，也无法达到完美。”

当同学们产生厌烦情绪时，班长也认识到了自己思想上的错误，凡事可以追求完美，但不能苛刻。

给男孩的悄悄话

有句广告词说“没有最好，只有更好！”作为不甘平庸的青少年，应该不断追求完美。追求完美，就是做任何事情都力求做到最好，至少是自己能力的极限。能够做得更好的事情绝不迁就自己的惰性；明明知道可以做得更好，绝不抱着“差不多就行了”的思想得过且过。

追求完美，是人类自身在渐渐成长过程中的一种心理特点，或者说一种天性。人类正是在这种追求中，不断完善着自己，使得自身脱去了用以遮羞的树叶，衣服变得越来越漂亮，成为这个世界万物之精灵。如果人只满足于现状，而失去了这种追求，那么大概现在还只能在森林中爬行。但是追求完美过了头，就变成了偏执，反而达不到完美了。

青春期男孩们，事事追求完美是一件痛苦的事，它就像是毒害你心灵的毒药。因为这个世界本来就不是完美的，过去不是，现在不是，未来也不会是，人如果事事追求完美，那无疑是自讨苦吃。

青春期男孩们追求完美的初衷总是最美好的，但如果不切实际地一味追下去；一心只想十全十美，最终往往是两手空空。直到有一天你才会明白：为了寻找一片最完美的树叶而失去了整片的森林，是多么得不偿失。世间许多悲剧，正是因为一些人热衷于追求虚无缥缈的完美，而忘却了任何一种正常的选择都可以走向完美。完美不是一种既定的现象，而是一种日臻完善的执着追求过程。

告别拖延和惰性，把握今天

赵野在班上有个外号叫“赵明日”。因为不管你跟他说什么事儿他都习惯性地回复“明天再说吧”。即使事情很紧急他也会这样回答。就因为他这样的性子，不知道耽误了多少事，吃了多少亏，有人是不撞南墙不回头，他是撞了南墙也不回头。

班上小组长收作业时，他总跟人家说“先收别人的吧，我的等会儿再说”。赵野总是喜欢把事情往后拖，总是抱着大事拖小，小事拖了的侥幸心理。实在拖不过去的他也一定要拖到最后时刻才强迫自己去做。所以往往出现很多失误和瑕疵，常常把自己的生活弄得局促不堪。

这两天赵野把自己关在房间里走来走去，原来他的惰性又把他害了。一周前班主任在班会上布置了任务，要求把班级板报和标语重新换一期，准备迎接学校的雷锋活动月“文明班级”评比活动。赵野主动接下了这个任务，但总是明日复明日地往后拖着，以为一星期的时间很充足，而办个板报换个标语用不了多长时间。所以班主任每次提醒他抓紧时间的时候，他都摸摸脑袋说“明天，明天就做，当天就能完成任务”。

时间就这样在赵野的“明天再说”中流逝了。眼看着离规定时间只有一天了，赵野终于发现再也推脱不了了。于是硬着头皮慌里慌张地勉强完成了任务，结果可想而知，这次的评比中赵野所在的班级名落孙山。同学和老师都没有责怪他，但是他自己觉得愧对整个集体。于是在下课后找到了班主任，向班主任承认了自己的错误，并说明了自己办事拖沓的毛病希望班主任能够帮助他改正。

班主任认真地给赵野分析了他的这种惰性的来源和可能形成的

后果。最后他给赵野出了个主意，就是每天早上起床以后就给自己列一张清单。这一天要做什么，什么时候是最后期限都列出来。然后按照单子上的去做，最好提前完成，绝不把事情拖到最后一秒才去做。

回去以后，赵野按照班主任的方法每天列清单，并告诉自己今日事今日毕。一段时间之后，赵野的这种拖延和惰性改了很多。渐渐地同学们也不再叫他“赵明日”了。

给男孩的悄悄话

生活中，我们都会有这样一些经历：早上闹钟响了，想起床又告诉自己“再睡几分钟吧”，结果有可能会迟到；想给亲友、同学打个电话，等到几小时、几天之后才打；这个月须完成的学习任务要到下个月才能完成；衣服堆得有味了再洗……

拖延使许多青春期男孩无数美好的梦想、计划变成幻想，使他们丢失了“今天”。

成功学创始人拿破仑·希尔说：“生活如同一盘棋，你的对手是时间，假如你行动前犹豫不决，或拖延行动，你将因时间过长而痛失这盘棋，你的对手是不容许你犹豫不决的！”拖延是行动的死敌，也是成功的死敌。拖延令我们永远生活在“明天”的等待之中，拖延的恶性循环使我们养成懒惰的习性、犹豫矛盾的心态，这样就成为一个永远只知抱怨叹息的落伍者、失败者、潦倒者。拖延是这样的可恶，然而却又这样的普遍，原因在哪里?

自信不足、心态消极、目标不明确、计划不具体、策略方法不够多、知识不足、过于追求十全十美等，这些都是原因。

其实拖延就是纵容惰性，也就是给了惰性机会，如果形成习惯，它会很容易消磨人的意志，使你对自己越来越失去信心，怀疑自己的毅力，怀疑自己的目标，甚至会使自己的性格变得犹豫不决，养成一种办事拖拉的作风。

杰出人士为了打败“拖延”这个敌人，往往会给自己制订一份严密而又紧凑的工作计划，然后像尊重生命一样坚决地去执行它。

青春期男孩如何克服拖延、摆脱惰性呢？美国著名组织管理专家、效率大师斯蒂妮·卡尔帕女士，曾提出17种有效的方法。青少年朋友不妨一试：

1. 承认拖延。

2. 接受挑战。

3. 列出所有的借口、拖延的后果。

4. 纠正自己，避免去说“等到……”“暂时”这类的话。

5. 把制定期限视为一种生活方式。

6. 分而治之、积少成多，逐步完成。

7. 不能做完的事不要开始，开始了就一定要做完。

8. 保持整洁有序。

9. 不要过分准备。

10. 要果断坚决。

11. 定出优先顺序以利于制订计划。

12. 留意自己的精力周期，将冗长乏味的工作安排在你精力水平处于巅峰的时间段里去完成。

13. 把你的计划和做法告诉别人，尽力完成承诺。

14. 果断迈出第一步。

15. 一次只处理一个问题。

16. 不要三心二意。

17. 每完成一样工作或方案，就奖赏一下自己。

目标&计划

——规划远行的蓝图

把握梦想的罗盘

不要限制你的未来

乐乐是个成绩平平的初中生，每天和大家一起上学，一起放学，一直没有什么特殊的表现。而乐乐的妈妈一直期望自己的儿子是个神童，或者在未来能够有大的作为，儿子的表现让她很失望，她经常抱怨儿子说："你说你什么都不强，以后怎么在这个社会安身立命？"

每次妈妈数落乐乐的时候，乐乐都低头不语。妈妈的期望很高，她希望乐乐像爱因斯坦一样，或者莫扎特也行，起码有一方面是有着卓越的资质的。

乐乐是个温和的孩子，没有跟妈妈因为自己未来的事情吵架，他总是默默地听着妈妈的数落，有时候自己一个人的时候也会想，我是不是就这么笨呢？是不是我就注定一辈子一事无成呢？想着想着，他也就认为妈妈说的话很有道理了。他开始认为，自己就是个一无是处的孩子，以后也注定是个一无是处的人。

其实乐乐不是他妈妈想的那样，对任何事情都不感兴趣，在任何方面都不能够有自己的专长的孩子。他是个动手能力很强的孩子，屋子里的那些小玩意很多都是他拆了装，装了又拆的玩具，他喜欢看那些机械装置方面的图书和杂志，在一次学校组织的主题夏令营活动中，他还因为自己制作的遥控小飞机而获奖了呢。当校长邀请他发言的时候，他犹豫了："校长，我什么都做不好，我从小就不能做好任何事情。”校长看着这个为难的孩子：“傻孩子，你做的小飞机就很好呀！每个人都会在自己热爱的东西里面找到自己合适的位置呢！”

乐乐犹豫再三，终于站到了获奖台上，他说：“我一直以为，我未来什么也做不了。但是我的小飞机给我带来了希望，或许有一天，我也能成为一个能造出航天飞机的科学家。”

受邀请来参加颁奖典礼的妈妈也意识到自己在平时对孩子的要求和期望太高了，听了儿子的发言，她感到既内疚又高兴。内疚的是，自己的话给儿子的心套上了枷锁，高兴的是，她终于意识到这一点，并且儿子对未来还没有失去信心。

台下响起了热烈的掌声。一个孩子的希望被点燃了。

给男孩的悄悄话

乐乐妈妈的错误观念差点扼杀了一个未来的航天科学家的梦想。每个人都是自己人生的设计师，没有人可以保证我们的将来，更没有人能保证我们的生命，所以，我们要像乐乐一样跳出别人的“定论”，勇敢地活出自己的精彩人生。

爱因斯坦4岁才会说话，7岁才会认字。老师给他的评语是：“反应迟钝，不合群，满脑袋不切实际的幻想。”他还曾遭到被退学的命运。法国化学家巴斯德在读大学时表现并不突出，他的化学成绩在22人中排第15名。牛顿在小学的成绩一团糟，曾被老师和同学称为“呆子”。罗丹的父亲曾怨叹自己有个白痴儿子，在众人眼中，他曾是个前途无“亮”的学生，艺术学院考了三次还考不进去。他的叔叔曾对他很绝望。《战争与和平》的作者托尔斯泰读大学时因成绩太差而被劝退。老师认为他“既没读书的头脑，又缺乏学习的兴趣”。

如果这些人不是“走自己的路”，而是被别人的评论所左右，怎么能取得举世瞩目的成绩呢？

哪怕你现在还不是最优秀的人，但不管在什么情况下，都不要轻言放弃理想。因为生命是神奇的，任何人都没有资格保证我们的人生。

男孩的生命，要靠自己去雕琢。男孩要选择自己的生活道路，确定人生的目标，也就是为自己“人生道路怎么走”“朝着什么方向走”“最终要达到什么目的”进行设计。被别人“保证”，并且照着别人的“保证”去做的人，他的生命注定只能平淡无奇、碌碌无为。只有对自己的生命充满激情和幻想的人，才会不断地超越自己，达到一个又一个高峰，人生也因此而绚丽多彩，跌宕多姿。

给自己定一个终生目标

成晓从小就有这样的愿望：要学画画，考广告创意设计专业，做优秀的广告创意设计师。这可不是一天两天的兴趣。成晓小时候就表现出画画的天赋，大一些看电视、上网、看报，开始对那些广告小创意表现出极大的兴趣。他第一次告诉爸爸妈妈这个愿望，是上小学五年级的时候，爸爸妈妈都有些震惊，想着小孩子脑子里竟然已经有目标了，虽然不似其他小孩子“科学家”“天文学家”“考古学家”那么伟大，但有努力的方向，终究是件好事啊。

成晓一直庆幸，他有这样开明的爸爸妈妈，在他的目标上从不过问，也不评价。一直以来他们就告诉成晓：只要一直朝着一个方向走，就会感到每天充满生活的勇气。

在学校里，同学们坐在同一个教室，真正怀着长远理想的能有多少人呢？成晓虽然成绩不很突出，能力不算出众，但他那个成为广告创意设计师的心愿却一直十分坚定。到高中，大家都为着高考埋头苦读时，老师谈起志愿，问了全班同学，唯有成晓充满希望、斗志昂扬地说出了自己一直以来的梦想。他知道自己的方向很明确，所以希望不会灭的，走出的每一步都有着它的意义。

给男孩的悄悄话

放眼古今中外，无数杰出人士都具有远大的终生目标。汉司马迁一生著《史记》，“欲究天人之际，成一家之言”；鲁迅“横眉冷对千夫指，俯首甘为孺子牛”，用一支笔为同胞呐喊终生。

在生命中没有目标的人，很容易受到一些微不足道的诸如忧虑、恐惧、烦恼和自怜等情绪的困扰。所有这些情绪都是软弱的表现，都将导致无法回避的过错、失败、不幸和失落。

一个人应该在心中树立一个目标，然后着手去实现，并把这一目标作为自己思想的中心。这一目标可能是一种精神理想，也可能是一种世俗的追求，这当然取决于他此时的本性。但无论是哪一种目标，他都应将自己思想的力量全部集中于他为自己设定的目标上面。他应把自己的目标当作至高无上的任务，应该全身心地为它的实现而奋斗，而不允许他的思想因为一些短暂的幻想、渴望和想象而迷路。

终生目标应该是一个你终生所追求的固定的目标，你生活中其他的一切事情都围绕着它而存在。

为了找到或找回你的人生主要目标，青春期男孩可以问自己几个问题，比如：

我想在我的一生中成就何种事业？

临终之时回顾往事，一生中最让我感到满足的是什么？

在我的日常生活中哪一类的成功最使我产生成就感？

我最热爱的工作是什么？

如果把它作为自己终生的事业，怎样做到在有利于自己的同时，也对别人有帮助？

我有哪些特殊的才能和禀赋？

我周围有些什么资源可以帮助我实现自己的目标？

除此以外，我还需要什么才能实现自己的目标？

有没有什么职业是我内心觉得有一种声音在驱使我去做的，而且它同时也会让我在物质上获得成功？

阻碍我实现自己目标的因素又有哪些？

我为什么没有现在去行动，而是仍然在观望？

要行动，那么第一步该做什么？

男孩们，认真、慎重地思考上述问题，你会发现，它对寻找、定位自己远大目标，将有切实的帮助。

像凸透镜一样聚焦全部能量

过完一个周末，顾风疲惫不堪，竟然还是觉得收获甚少。他是个认真的孩子，用来休息的周末时间，他却给自己列了满满一张计划表，上面详细写着预计要完成的任务。顾风分配好时间，制定了时间表，严格地按照时间分配任务。

但是马上又要迎来一个周一时，他突然意识到，他所期望的远没有达到效果。这是为什么呢？顾风对爸爸愁眉苦脸地说："我觉得我把握好了时间，但为什么我还是觉得效果不好啊……"爸爸仔细看了看儿子的时间表和任务表，马上发现了问题所在。

"你有没有发现，你给自己制定的任务，都是需要深入的，而你给自己设定的时间表，却是分成零散的小块小块的。这样，你 45 分钟的时间，去做本应当深入的事情，还未进入状态，脑子里的闹钟就响了，提醒你要挪到下一项了，自然效果是远没能达到的。"

顾风听了爸爸的分析恍然大悟，确实，拥有大块的时间而把时间分割成小块来用，实在是太不明智的行为。一个课题，用 45 分钟来思考和用两个小时来思考，效果自然是远不一样啊。当思维已经开始进入一个深层的状态，甚至可以用更多的时间来研究同一个课题，对一个问题分析的厚度则完全上了一层次了。

给男孩的悄悄话

一个人的精力和时间是很有限的，在这种情况下，如果选不准目标，到处乱闯，几年的时间会一晃而过。如果想取得突破性的进展，就该像学打靶一样，迅速瞄准目标；像激光一样，把精力聚于一束。一个人只要"咬定青山不放松"，长期专注于某一事业，他通常就能成为这方面的专家、成功者。

世界上许多伟大事业的成就者都是一些资质平平的人，而不是那些表面看起来出类拔萃、多才多艺的人。为什么会出现这种情况呢？其实在我们的生活中处处能见到这种情况，一些年轻人取得了远远超出他们实际能力的成就。很多人对此疑惑不解：为什么那些看上去智力不及我们一半、在学校里排名末尾的学生却获得了巨大的成功，并在人生的旅途中把我们远远地抛在了后面呢？其实那些看起来智力平庸的人，往往能够专注于某一领域、某一事业，并长期耕耘不辍，最终实现了自己的目标；而那些所谓的智力超群、才华横溢的人，总是喜欢毫无目的地四处游荡，等到蓦然回首时，仍旧一无所有。

那么，青春期男孩怎么才能培养专注的习惯，克服“今天想干这个，明天想干那个”的毛病呢？以下几点建议可供借鉴：

1. 找到真正的兴趣所在

兴趣，是推动学习的重要内在动机，往往可以决定一个人的一生道路。有了兴趣，我们就能废寝忘食，全神贯注。

2. 不要因一时不出成果而动摇

许多人一心想有所成就，这种心情是可以理解的。但过于急切地盼望成功，则容易走向反面。

3. 不要为别人的某些成功所诱惑

干事业，最忌见异思迁，而造成见异思迁的原因有很多，其中一个原因就是为别人的某些成功所动。正确的做法是认准自己的目标，执着地追求。

4. 不要怕艰辛，要舍得吃苦

有些人对爱因斯坦在物理学领域的杰出贡献羡慕不已，却很少琢磨他床下几麻袋的演算稿纸。因此千万不要光羡慕别人的成就，要准备下些苦功夫才行。

5. 控制自己的情绪、心态

应学会尽量少受外界干扰，即便受了干扰，也要及时“收回脑子”，这也是锻炼专注力的一个重要方面。

享受不断超越的过程

张一凡无疑是这所中学的名人，这里所有的学生和老师都听说过他，都知道高二（9）班有个很傲的男生叫张一凡。一凡在这个学校里一点都不平凡，高一的孩子们刚进这个学校的时候都会听到从高年级的学生那里流传来的关于张一凡的传奇故事。

如果你在学校里遇见张一凡，肯定不会觉得他像你想象的那样璀璨夺目，他只是个平凡的孩子，如同他的名字。他是个体育生，是靠着体育特招来到这所重点高中的。刚来的时候，班上的很多同学都觉得，体育生都是每天去操场跑步，学习成绩很差，上课就睡觉的孩子。但是张一凡的到来，改变了很多人的想法。

他是练长跑的，看着他跑步会觉得他就像是装着永动机的机器，永远不会累。每次学校运动会的时候，都能看见他飘逸的身影，对别人来说比要命都艰难的万米长跑，对他来说，就是一场秀。

跑得快，不足以让一个体育生在这个以学习成绩闻名的重点高中里成为传奇。张一凡的惊人之处在于，他的学习成绩也能在年级两千多人里遥遥领先，让其他同学望尘莫及。

他最富传奇色彩的故事是高二时参加一个锦标赛获得金牌，他同时也获得了来自清华大学的橄榄枝，清华可以破格录取他，他可以从高二年级，直接背上背包，去清华。他拒绝了。清华是无数中学生的梦想，但是，当清华向他抛来橄榄枝的时候，他拒绝了。他依然在这个中学里，每天去训练，每天上课，跟大家一样考试，有时候会出去几天参加各项比赛。生活依旧在继续，他还在迎接他的每个挑战。享受每天的进步，或者是体育训练上有些小的突破，或者是又看了些什么样的书，或者是认识了几个新朋友，都能让他开怀。

张一凡说，我是个平凡的男生，我不要一步登天的感觉，那样会让我飘飘然，我会一步一步跑过来，并且享受每一次挑战。就像是一场场赛跑，我会在每一场挑战里全情投入，享受这个过程。

给男孩的悄悄话

张一凡的选择，让人敬佩。他可以选择唾手可得的名校，但是他更着迷的是超越的过程。人生就是一个不断超越的过程，成功的动力源于拥有一个不断超越的进取目标。

一个人在现代社会中生存，知识面越广，得到的信息就越多，人生的视野就越开阔。一个鼠目寸光的人，很难有所作为。超越不了自己，就谈不上超越别人。这不但不利于自己事业的发展，也很难在竞争激烈的社会上立足，最终只能为时代大潮所抛弃。

追求超越自我的人，每一分每一秒都活得很踏实，他们尽其所能享受、关怀、做事并付出。除了工作和赚钱以外，他们的人生还有其他意义。若非如此，即使居高位，生活富裕也会感到空虚、乏味，不知生活的乐趣究竟在哪里。

人生战场上的真正赢家目标远大而明确，他们追寻生命的真谛和超越自我。他们能够把生活的各个层面融合为一体。为了享受生活的乐趣，他们不仅剖析自我，而且从大处着眼，展望生命的全貌。

进取心始于一份渴望。当你渴望实现梦想时，进取心便油然而生。当你坚信能改善自己的生活状况时，进取心便能滋长茁壮。渴望是原动力，当你想要一样东西、想要做成一件事时，你心中便有一份力量，推动你去获得、去进取、去追求。

进取心是内心的驱动力量，是经由想象而产生的意念。我们可以利用进取心推动我们向目标迈进。有进取心的人会勇往直前，越挫越勇，为实现梦想而努力。

培养独立精神

干家务活，培养自理能力

于远的爸爸妈妈从小就对孩子有一个简单的要求，与学习无关——每天做点家务，周末帮妈妈一起收拾、打扫。这个要求在同龄的孩子中算是“稀罕”的了。在于远的班里，几乎所有同学都有着会给他们包办一切事情的家庭，父母都希望孩子能够在有限的时间内学习尽可能多的文化知识，而不被任何事情“分心”。但其实于远的成绩一点儿也不比那些孩子差，还兼有能力和魄力，又关心同学，一直是典范型的学生。

由于于远的优异表现，家长会上，老师让于爸爸于妈妈讲讲培养孩子的心得。

“我们其实没做什么，除了教他学会生活，身为父母，我们并不能决定他的未来。”

“我们一直听孩子说，你们常让孩子做家务。孩子的课业负担那么重，你们怎么能保证他有足够的学习时间呢？”一名家长这样问道。

“学习的时间是他自己的，我们不考虑这个问题。我们必须意识到，以后孩子进入社会之后，需要他们处理的杂事会更多，远远多于他现在做的这么一点家务。如果现在不培养，那么即使他们上了好大学，依旧是一个不会生活的人，相当于重新起步。家长要做的是让孩子学会生活，不仅仅是学会学习。”

听了这番话，连老师也忍不住点了点头。“确实，”他说，“于远的生活能力很强，在孩子们中间他可以扮演任何的角色。也正是因为这样的教育，他能够非常妥当地处理学习和生活的关系，在各个方面都能做得有条不紊。”

给男孩的悄悄话

生活中，一些男孩很少干家务活，甚至连最基本的生活自理能力都没有。他们早起不叠被子，床上、桌上乱七八糟，不会洗衣，不会做饭、烧菜，光是吃现成的，穿现成的，很少主动擦(扫)地、打水、收拾屋子……养成了一种“小皇帝”“少爷”“小姐”的习气。他们常常理直气壮地说：现在的任务是专心念书，上大学，家务劳动那些生活琐事，干不干无关紧要。

其实正如古人所说：“一屋不扫，何以扫天下？”干家务活虽是小事，但做些力所能及的家务活，对青少年的责任感、适应能力、生存能力、良好习惯的培养都起着潜移默化的作用。

青少年多干些家务活，有许多益处：

首先，可以提高自己的独立生活能力。要想获得生活上的自立、自理能力，最好的办法就是帮父母分担家务劳动。

其次，可以培养良好的意志品质，培养克服困难的精神。这对于今后的学习和工作都是十分有益的。

再次，可以培养关心他人的品质，促进家庭和睦。

最后，干家务活有利于开发智力，促进智能的提高，有助于创造力和实际操作能力的发展。

生活中，家务活范围很广，包括：扫地、抹桌子、拖地、叠被子、整理房间、做饭、买菜、洗衣服等。青少年怎样才能使自己乐于干家务活呢？

要端正做家务的认识。我们对做家务有几种认识：第一种认为做家务是父母的事，我们不必做家务；第二种认为我们的主要任务是学习，做家务会影响学习，所以做家务不是我们的事；第三种认为做家务太平凡，没出息，要做就做大事，不做小事。这几种认识都是错误的，错就错在对做家务的重要意义认识不足。

做家务是对家庭的一种贡献、一种责任。一个人从小就没有这种奉献精神和责任的人，将会对社会和国家做出什么贡献，尽到什么责任？做家务看起来是小事，实际上小事里包含着大事，连一点点小事都不肯去做，怎么可能把大事做好呢？

总之，只有端正对做家务的认识，才有可能愿意去做、乐意去做家务。另外，掌握一些做家务的方法，掌握一些生活小窍门，是大有好处的。

切莫跟风盲从

海涛暑假过后已经升入高中三年级了。和其他中学生比起来显然是“大人”了。为了显示自己长大了，高三的男孩子们经常会做一些追逐流行的疯狂事，海涛也不例外。

自从升入高中后，海涛猛然觉得自己长大了，而且有了很强的性别意识：自己已经是了不起的男子汉了，为了表明自己男子汉的身份，海涛不得不随大流地做一些证明自己“身份”的事情。

班里的男同学很大一部分都爱上网打游戏，最近流行玩“穿越火线”，可是海涛并不觉得好玩。说老实话，都快要高考了，自己实在没有多余的精力玩游戏，可是如果自己不玩，和其他男孩子就没有可以交流的共同话题。

为了和同学们打成一片，海涛上网也只玩“穿越火线”，甚至还和几个男同学翻墙去附近的网吧上网。在网吧里看到很多学生模样的人嘴里都叼着烟，海涛也模仿着兜里揣上烟，他就是从那时候开始学会吸烟的。

随着《一起来看流星雨》的热播，剧中的男女主角一时成为同学们热捧的对象。纷纷模仿剧中男主人公的发型、服饰、行为动作。海涛也被卷进了这股大潮。

他疯狂地喜欢上了男主角，在网上下载他的歌曲，去他的博客留言，迷上娱乐新闻，留意他的一举一动。还用平时攒下的零用钱买他的各种海报，并把卧室里贴得满满的。他还曾冒雨逃课去参加偶像出席的活动。

海涛最近因为偶像和好朋友肖祥闹矛盾了。肖祥喜欢的是剧中的男配角，这也就罢了，他还批评说男主角没有演技，长得也不如男配角。海涛一听就火了，他不允许任何人诋毁他的偶像，两个人在自习课上就吵起来了。

现在游戏、追星占据了海涛日常生活的很大一部分时间，他的学习成绩明显下降了。

给男孩的悄悄话

人若一味盲从跟风，失去自己，是一种不幸；人若失去自主，则是人生最大的缺憾。赤、橙、黄、绿、青、蓝、紫，谁都应该有自己的一片天地和特有的亮丽色彩。你应该果断地、毫不顾忌地向世人宣告并展示你的能力、你的风采、你的气度、你的才智。

“横看成岭侧成峰，远近高低各不同。”凡事绝难有统一定论，谁的“意见”都可以参考，但永不可代替自己的“主见”，不要被他人的论断束缚了自己前进的步伐。追随你的热情、你的心灵，它们将带你实现梦想。

遇事没有主见的人，就像墙头草，没有自己的原则和立场，不知道自己能干什么，会干什么，自然与成功无缘。

其实，除了在日常生活中“随大流”可能没错之外，在其他许多事情上这样做，往往就会葬送了自己。

唯有不盲从，才能为自己打开一片新的天地。

青春期男孩们，你的一切成功、一切成就，完全取决于你自己。你应该掌握前进的方向，把握住目标，让目标似灯塔般在高远处闪光；你应该独立思考，有自己的主见，学会自己解决问题。在生活道路上，必须善于做出抉择，不要总是踩着别人的脚步走，不要总是听凭他人摆布，而要勇敢地驾驭自己的命运，调控自己的情感，做自我的主宰，做命运的主人。

生活中，青春期男孩应做到以下几点：

1. 看到别人都争相做一件事时，你应冷静地思考一下：这值不值得随大流，适不适合自己。

2. 多向师长、专家求教，博采众长，方有自己较成熟、全面的想法。

3. 过犹不及，拒绝跟风盲从并非代表否定一切，叛逆一切。

自己做一个决定

三中的竞赛班选拔考又要开始了。数学和物理都很强的黄宇面对的最尴尬的境地，莫过于这两门只能择一门，而且连选拔考试的时间都完全重合。“我两样都喜欢，两样都不愿意放弃”，与爸爸谈心，黄宇满脸愁容，为选拔考的事情伤透了脑筋。

黄宇从小对理科表现出非常强烈的好奇心和求知欲，也一直孜孜不倦地做着竞赛题，既锻炼思维，又严密逻辑，越做越有成就感，更是罢不了手了。尤其是物理和数学，黄宇在这两门课上，几乎从没有失败过，而且立志要进竞赛班，学得更精深。

“两门课都是你的心头爱，两门课你都想学，但是换个角度想想，并不是非要去上竞赛班，才能学得更好啊。所以即使要放弃一门，你也可以继续自己的钻研是吧？爸爸妈妈一直帮你规划得太多了，是时候让你自己去做决定了。不要怕后悔，只要你自己选的，就走下去，爸爸妈妈都会支持你。”

给男孩的悄悄话

生活中，许多男孩从小到大，从日常生活、交友、学习、报考专业、工作，甚至恋爱，都听从父母、老师的意见和安排。他们或者依赖，或者无奈。然而，真正的杰出青少年，应勇敢地自己做一个决定。

打开历史长卷，我们不难发现，杰出者的身上具有许多种优良品质——勇敢、忠诚、创新、进取，当然独立也是这些品格中不可缺少的品质之一。如果一个依赖于他人的人也会获得成功的话，恐怕历史上就不会出现那么多杰出人物了。没有独立做前提，成功也许只是个假设。独立性格是成功者的必备条件，历史既然如此证明，现实生活也是这样。独立习惯的养成，对一个人的事业、未来、人生都有莫大的好处，所以一个青年人若想成就事业，独立是必不可少的一个条件。

有一位学术界知名的学者曾告诫青年学生们：

“如果你过分依赖别人，那你便会上当，因为你不能分辨别人的话究竟是对的还是不对的，而你对于别人的动机也就茫然不知。”

如果你要做一个成功的人，那就应该是个品格独立的人，你就应该学会对自己负责。在生活中自己做决定，依赖于主观、客观条件，青春期男孩可以从以下几方面能力的训练着手：

1. 多进行独立的思考，有想法、有主见。

2. 有足够的自信心，坚信自己可以做得很好。

3. 提升自身的综合能力。因为，有实力才有发言权。

4. 观察力。要善于见微知著，提挈全局，抓住要领。

5. 分辨力。要分辨矛盾双方的强弱与均衡，使决断具备清晰的条理。

6. 判断力。权衡利弊，在充分掌握全局的基础上，判断你的决定的效应。

对权威和教条说 “不”

颜伟刚交了日记本，马上就后悔了。“唉，冲动是魔鬼啊，没好下场了……”他嘟嘟囔囔的样子引起了同桌尚哲的注意。“大伟，你犯了啥‘原则性’错误了？自打交完作业你就不正常，莫不是你那日记本有鬼？”“有冲动鬼啊……唉……”颜伟不停地叹气，“你记得上次那道例证题吗？我不是跟你说，老师那步骤不太对吗？后来我去查了，果然验证了我的方法是对的，我就在日记里写了这事。

虽说数学老师不一定会知道吧，我就担心这么一不小心，被盯上了……”尚哲一听，反倒乐了，“你傻啊，这不是什么大不了的事情，老师也有错的时候嘛，他应该感谢你给他指正才对！”

几天后日记发下来了，颜伟的日记后面写着一大段评语：

能够对老师的方法有怀疑精神的学生是值得表扬的，更何况还是个有疑问愿意去探索的好学生呢！没有任何的言论可以被称之为标准，所以当权威偶尔也不显得正确无误时，就要学会说“不”。你做得非常好！

给男孩的悄悄话

“权威”，是指在某种范围之内有威信、有地位或者具有使人信服力量的人。权威的存在，有时是对探索实践的一种促进，因为“权威认定”毕竟有它的可信价值；而有的时候，权威的存在，则是对探求的阻碍，因为权威毕竟不是真理。

古希腊哲人说：“吾爱吾师，吾更爱真理。”杰出人士们在继承前人的基础上，总是抱着怀疑一切的态度，在实践中坚守着正确的事物。

意大利科学家伽利略敢于对权威说“不”，用实验证明了不同重量的铁球能同时着地的正确结论。日本指挥家小泽征尔在大赛中敢于对国际权威们说“不”，指出乐谱有错，一举夺魁。

生活中，当后天教育与青少年的自然天性发生冲突的时候，青少年便会以各种方式加以反抗，但是青少年反抗的结果往往是失败，因此便教育了青少年：权威是不容置疑的，作为青少年只能无条件地遵从。

于是人便从不敢反抗到不愿反抗，到最后根本想不起来去反抗……久而久之，在青少年的思维模式中，由教育所造成的权威模式便形成了。这个过程也就是青少年的成人化过程和社会化过程，每个人都会经历这种过程，从来没有人例外。

来自教育的权威使人们逐渐习惯以权威的是非为是非，对权威的言论不加思考地盲信盲从，其结果正如我们传统的“听话教育”那样：在家听父母的话，在学校听老师的话，在职场听主管的话——而唯独缺少“自我思考、冲破权威、勇于创新”的能力。

其实，权威之所以成为权威，也是得益于在实践中的不断探索。倘若后来的人们拘泥于前人的成果，实际上也就是否定了权威们寻找真理的方式。杰出人士们所坚持的就是“权威们”曾经使用过的武器。

对大多数青少年来说，接受权威人士所给他们的负面评价是最大的不幸。许多人失败于智商测试、学习能力测试和其他测试，同时这些人又愿意接受命运的安排，所以他们甚至在成人之前就已经投降了。对他们来说，差的等级和其他低分自然而然地转化为后来在人生上的低效率。杰出的人物们选择了另一条道路：他们就是不相信那些贬低他们，而且是反复贬低他们的权威人士。他们有远见、有勇气、有胆量向老师、教授、专家和教育测试中心所给出的评价进行挑战。

青春期的男孩敢于质疑权威、教条，敢于大声说一次“不”，这是自立、创新的第一步，也是迈向成功的基石。

打造完美品质

为自己种下诚实的种子

拿到卷子以后，于光激动得很，成绩平平的他总算勉强拿到 90 分了！发完卷子老师开始讲解试题，于光兴致勃勃，很是得意。

“下一题，答案是 C，谁来讲解一下解题步骤……”

“啊？……”

于光的前桌扭过头：“怎么了？”

“没，没什么……”于光试卷上大大的“B”和老师打的勾让他突然忐忑不安起来。“老师判错卷子，同学也不知道，没关系吧……这可是个难得的 90 分啊……”心理矛盾激烈得很，惹得于光后半堂课什么也没听进去。回家的路上他捏着这试卷挣扎着想着要如何跟爸爸妈妈汇报呢……“这可是个难得的 90 分啊！”他不停地嘀咕着，很明显，难得的 90 分对于光来说实在是不忍心轻易丢掉，何况选择题一道也不过两分……减去两分，88 分，虽说差不了多少，却终究有点失落。

到家门口，他本想“泰然自若”地进门与爸妈汇报，不料突然停下来，觉得浑身不自在。他想，这样一来，我岂不是跟作弊没什么两样了吗？ 90 分或者 88 分没什么大不了的啊……唉，下次再努力考 90 不就得了。要是这么得到 90 分，也太不光明磊落了！

那晚，于光没把卷子交给爸爸妈妈看。第二天他找到老师改了分数，高高兴兴地回了家，一身轻松地汇报了 88 分的测试结果。不就是个 90 分嘛，有的是机会呢，可是诚实这件事，违背一次就给自己沾上了个污点了。

给男孩的悄悄话

诚实是衡量人品行是否高尚的一把尺子，这把尺子适用于所有人。诚实不仅能反映一个人的品行，同时它还能使人树立起对家庭、对工作、对朋友、对社会的强烈责任感。因此不管时代怎样发展，不管社会怎样变迁，青少年朋友们都不要忘记：诚实是做人的根本。诚实是一切美德的根本，要获得别人的信任与尊重，你首先应该做到诚实。因为欺骗别人的人，他最终会为人所识破，从而被疏远，甚至遭到鄙弃。

19 世纪英国浪漫主义运动的哲理诗人塞缪尔·科尔里奇曾教导自己的儿子：

“你不要去做那些眼睛所不能看见的任何事情，也就是我和你同在的时候你不愿意去做的那些事情。当你做错什么事情的时候，就应该像个男子汉似的立刻去承认错误。你的抱歉也许体现出你的愚拙，但是别人却能够猜测得到你是一个非常诚实的人。一克诚实，要远比一磅智慧强得多。我们可能因某人的聪明和智慧而羡慕他，但我们更因他所具有的美好品质而尊敬他、爱戴他。坚持真理、襟怀坦荡、以诚待人、朴实无华，是造就美好的基石。”

在任何情形下都有诚实的美誉，这样的人，在学校里会得到师生们的喜爱，在公司里会得到老板的重视，在朋友圈里会获得好人缘，在社会上会成为一个受人尊重的成功人士。

那些不坚持诚实，没有绝对正直品德的人是很危险的。他们在平时也许是愿意站在正直的一方面的，但是一旦关系到自己的切身利益，比如在金钱面前、在名誉面前、在升职面前……他们就要离开正直，就要不说正直话，不做正直事了。

因此很多人常在事情发生以后才悟到，欺骗的行为是不可靠的，是必定要失败的！

从小就做一个诚实的人，你所收获的将比别人更多。

生活中，青春期男孩应注意以下两点：

1. 当向父母、老师、朋友撒谎后，应及时道歉、说明缘由，以求原谅。

2. 准备一个“谎言本”，时常记录、翻阅，来警醒自己。

守护你的尊严

黄同光终于还是忍无可忍了。当那个“王子哥”又开始“耀武扬威”时，大家都知道，又一场“心理战”开始了……

“王子哥”是2班有名的“公子”级人物。由于家庭经济特别富裕的原因，“王子哥”每天上下课有专车接送，在家的生活有保姆打理，自然养成了高高在上的优越感。这种优越感在他那个事事惯着他的家里倒是没什么特别，但在学校里，自然引起同学们的不满。

这一次，“王子哥”依旧像往常一样，随手拿了后桌黄同光的书就翻起来。翻着翻着一不小心扯下一页来，好学生黄同光保管得干干净净的书就这么生生少了一页。黄同光一看就急了：“你就不能小心一点吗？”“怒什么，不就是本书吗，给你钱。”说着甩出二十块钱来，满脸不屑地看了黄同光一眼。

周围的同学都愣住了。虽说“王子哥”一向高傲，自视清高，“了不起”得很，但甩出钱来“明晃晃”地摆阔还是头一次。这一举动，无疑对黄同光是莫大的侮辱，平日里从不发火的黄终于也忍无可忍，立即从位置上站起来，把钱甩回给“王子哥”，厉声便道：“没人要你的钱！钱能买，尊严不能卖。”

给男孩的悄悄话

自尊，也称自尊心，是一种自己尊重自己、爱护自己，并期望自己受到他人和社会的尊重与爱护的心理。自尊心是人们前进的动力，是一种积极的心理品质。

古人曾说："欲人尊我，必先自尊，欲人重我，必先自重。"古往今来，守护尊严的事例不胜枚举。孟老夫子不满齐宣王的无礼，故意装病不见他；饥民耻于吃嗟来之食；陶渊明不为五斗米折腰……

"人不可有傲气，但不可无傲骨"的话，至今仍如黄钟大吕，回响在青少年耳边。

一个人，即使是一个弱者，如果能唤醒自己心底的尊严，他将会获得重新积聚力量的机会和重新审视自己的能力。

生活中，许多青春期男孩希望父母不要在客人面前说自己的缺点，反感大人（包括父母、老师）居高临下地训斥自己，希望大人有事与自己商量解决，重视他人对自己的评价，重视自身的穿戴、言行，这都是自尊的表现形式。它有利于优化自己，提升自己。

自尊，是人的一种美德，是无价的，是人最珍贵的、最高尚的东西，因此，我们可以贫穷，但我们不能失去做人的尊严。

一个人如果没有自尊，他就会自卑，就不会爱惜自己，就会自暴自弃，什么也干不成。

一个人如果没有自尊，就不会自重自敬，就会盲目服从，人云亦云，没有自己独立的思想和主见，因此，其骨子里散发的就只有"奴气"。这样的人，怎么让人正视、尊重？"自敬，则人敬之；自慢，则人慢之。"这是一条千古不灭的真理。

当然，自尊不等于唯我独尊，不等于刚愎自用，更不等于自负、自夸、自命清高。一个人若总是过于自爱自贵，最后必会遭受失败。

青春期的男孩们，无论今后是春风得意，还是贫困、潦倒，你都要保持做人的尊严，唯有你自己自爱、自尊、自敬，才会得到他人的尊敬。因为你把自己看成什么样的人，你在别人的眼里就是什么样的人。

人无信不立

5班今天进行班委选举，于恒竟得了全票。惊讶之中老师问同学，为什么于恒有这样好的人缘。

“于恒是个说话算话的人，够义气，只要他答应的，绝对完成。”

“他可负责了，工作接手了就特别认真，事情交给他，总是绝对放心的。”

“他待人好，遇事不推，是自己的责任绝对自己解决。”

“记挂朋友。从来不爽约！”

“借东西按时还，从不拖，这的确少见！”

听了这些话老师大概就明白于恒最大的优点了。于恒一向对任何事情都十分上心，同学需要帮忙的时候，只要答应下来了，总是完成。对老师也一样，只要交给他一份工作，确实就无须担心结果了，说一不二，这的确难能可贵。

有人也曾经问过于恒：“凡事这么较真干吗，太累了。”于恒总摇头，说：“答应了的事哪能反悔呢？要是做不到，就不该答应。给别人许诺了，给人希望了，又要让人失望，何必？能做到的，就得认真尽力地去做，要不，就别接手。”“对朋友也一样，第一次你爽约，朋友心里嘀咕几声，第二次，最多也就责备几句，第三次，可能人家心里就有怨气了。但是你一直遵守诺言，你就会是一个值得信任的人，就不怕没有真朋友。”

给男孩的悄悄话

为人处世，讲诚信、守承诺，是基本前提。只有如此，才能赢得别人的尊重和信任。所谓“人无信不立”即是如此。

汉代的季布以诚信著称，时人谚云：“得黄金百斤，不如得季布一诺。”李白在《侠客行》中高歌“三杯吐然诺，五岳倒为轻”，以五岳为轻来夸张侠客然诺之重，热情讴歌了助信陵君窃符救赵又如约自杀以谢的侯嬴以及此类的侠客，可见“诚信”的分量。

良好的信用，不仅让人赢取名誉、事业顺利，而且可以改写成败，甚至生死。

生活中，一些青少年有意无意地忘了自己的承诺，以为无足轻重。其实不然，许下诺言，就一定要去实现它，这是你在这个社会立足的根本。你一再地违背自己的诺言，就没有人会再相信你，在别人眼里你也就成了一个十足的小人。跟你打交道的时候，别人会一直在想："这小子会不会又想骗我？还是别搭理他吧！"试想，在这个人际关系十分重要的社会里，没有了朋友，你还能做什么？随着我国诚信制度的建立、健全，一个人的诚信将与他的生存能力直接挂钩。未来社会将会这样：不诚信者，寸步难行。

坚守承诺能使你受人尊敬，也能给你带来很多成功的机会。也许为了这个承诺你付出了很多，但是你会在以后收到更多的回报。

青春期的男孩们在许诺时需要注意以下几条准则：

1. 你在许诺的时候是否想过"我真的能履行诺言吗"这句话。当感到自己做不到时，你最好不要轻率地向别人许诺。

2. 在已经许诺了以后，你就应该认真地对待，努力地去实现它。即使是一个小小的承诺，比如"明天把书还给你"，在你完全可以做到的情况下也不要掉以轻心。

3. 如果你做不到你曾许诺过的事，就应该及时地通知对方。你充足的理由和真诚的歉意会使别人原谅你的，同时也可避免不必要的误解和名誉上的损失。

一步步走向自信

"我常常觉得，我只要被老师叫到名字，就特别紧张，紧张到说不出话来。我也不知道为什么，我看着别的同学能够答得又正确又流利，总是很羡慕他们。我学的知识还是不够多，我相貌平平，我性格不开朗……我也很想融入课堂，融入集体，可是我总是觉得害怕……"这是刘子成的日记。当老师读完这些充满自卑的文字时，由衷地为这孩子担心。老师明白，这不能"融入"，其根本就在于他强烈的自卑感：羡慕他人，认为身边的人都高高在上，可望而不可即，在公众场合不敢说话，在人群里觉得自己渺小，认为自己的一切都是缺憾……自卑其实每个人都多多少少有一些，可是这极端的不自信，对于一个青春期的孩子，实在是不小的障碍。

老师没有找刘子成谈话，深知所谓的“一对一”交流，会给那敏感的心灵带去更重的负担。他在刘子成的日记后写下了这么一段评语：

子成，很难想象，一个男孩子能这样细腻地写出自己内心的感受。想想，这就是你的一个明显的优点。你说你相貌平平，那么你不丑陋；你性格不开朗，那么你不轻浮；你的知识不够多，那你一定不会自视清高。你仔细想想，不是吗？当你在为这些不够烦恼的时候，别人正在纠结着“过犹不及”的问题呢。相信我，你的长相很让人喜爱，你的知识已经足够你表达出自己的想法，你的性格内敛单纯。只要你想要，什么事情是不可能的呢？

一周后，刘子成举手要求发言了，一个月后，刘子成开始尝试演讲了，一年后，刘子成成了一个成绩优秀的、很受欢迎的男孩子。

给男孩的悄悄话

放眼古今中外，自信是每一个成功人士最为重要的特质之一。信心是我们获得财富、争取自由的出发点。有句谚语说得好：“必须具有信心，才能真正拥有。”

自信可以让我们成为自己所希望的那样，自信可以让我们心想事成。

只有先相信自己，别人才会相信你。一个人一旦在自己心中把自己的形象提升之后，其走路的姿势、言谈、举止，无不显示出自信、轻松和愉快，从气势上表现出可以自己做主并且冲劲十足、热情高涨、热心助人。

一个冲劲十足、热情高涨、热心助人的人绝对拥有成功的资本。

“信者”为“储”，不信者即无储，不自信就自卑，自卑就会恐惧……所以缺乏自信带来的后果是非常可怕的。

拥有自信，足以改变一个人不幸的命运。

一个人只有相信自己，才能说服别人来相信你；如果连自己都不相信自己，那么这意味着他已失去在这个世界上最可依靠的力量。

凡是有自信心的人，都可表现为一种强烈的自我意识。这种自我意识使他们充满了激情、意志和战斗力，没有什么困难可以压倒他们，他们的信条就是：我要赢！我会赢！

试看世界上一切事业的失败，大多数并不是由于经济上的损失，而是因为缺乏自信。人生最大的损失，除丧失人格之外，就要算失掉自信心了。当一个人没有自信心时，做任何事情都不会成功，就像没有脊梁骨的人是永远站不起来的一样。

因此，拥有自信，你就可以创造奇迹，失去自信，就只能听任命运摆布。

下面为青春期的男孩介绍几种培养自信心的方法：

1. 面带微笑

笑是快乐的表现。笑能使人产生信心和力量；笑能使人心情舒畅，振奋精神；笑能使人忘记忧愁，摆脱烦恼。没有信心的人，经常是愁眉苦脸，无精打采，眼神呆滞；雄心勃勃的人，眼睛闪闪发亮，满面春风。

2. 挺胸抬头

人的姿势与人的内心体验是相适应的，姿势的表现可以与内心的体验相互促进。一个人越有信心、越有力量便越昂首挺胸，成功的人、得意的人、获得胜利的人则意气风发。一个人越没有力量、越自卑就越无精打采、垂头丧气。学会自然地昂首挺胸，就会逐步树立信心、增强信心。

3. 默念“我行”“我能行”

默念时要果断，要反复念，特别是在遇到困难时更要默念。只要你坚持默念，特别是在早晨起床后反复默念 9 次，在晚上临睡前默念 9 次，就会通过自我的积极暗示心理，使你逐渐树立信心，逐渐有了心理力量。

4. 多想开心的事

每个人都有自己开心的事，开心的事就是你做得成功的事，那是你信心的产物、力量的产物。多回忆令自己开心的事，将使你正确估价自己的力量。

5. 主动与人交往

在与人微笑的问候中，双方都会感到人间的温暖、人间的真情，这种温暖与真情就会使人充满力量，就会使人增添信心。

学会抵御诱惑

郭凯终于挣扎着走出了网吧，他背后还传来哥们儿不够意思的抱怨声，但是他没有再回头，他不能再这么沉迷在网络中了。上个月因为好奇，和同学一起去网吧开始玩游戏，一旦开始就无法自拔，他每天放学都第一时间冲进网吧，打开那个虚拟的世界。

上课精力无法集中，他的脑海里还是那些攻城的策略，满脑子的战术，自然慢慢地跟不上老师的进度。这样他就越发不想看书和学习，形成了恶性循环。开始在网络中结识所谓的“绿林豪杰”，他们一起攻克难关，他还在这个团队里体验到了集体的温暖。在这个小团体内部，他们打下的所有装备都是共享的，每次对付特别难缠的怪物都是集体出动，分工明确。他觉得这个世界才是他想要的世界。

但是成绩很快就亮起了红灯。开家长会时，妈妈被老师单独叫过去谈话。他知道原因，这个原因他比谁都清楚。他以为妈妈回家会暴训他一顿，因为爸爸是个军官，常年不在家。只有妈妈和郭凯一起，平时妈妈对他要求得很严格。

妈妈回家后没有提在学校的事情，她的眼睛红红的。她回卧室打电话了，郭凯在客厅看电视，听见妈妈在跟爸爸说自己的老师对自己的担忧，还有妈妈低声的啜泣，大概意思是儿子长大了，还是需要爸爸来管，希望爸爸从外地可以调回来。

郭凯知道爸爸不可能调回来，妈妈也不会真希望爸爸舍弃了部队的事业，回家来陪他们。郭凯觉得自己很对不起妈妈，于是决定克制自己，不再接受诱惑。他要好好地重新开始。

面对诱惑，有时候还是心里痒痒，尤其是自己游戏里的队友们在通过各种方式要他迅速归队的时候，那是一种极难拒绝的邀请。但是他必须克制自己，否则没法兑现自己给妈妈许下的承诺。

最后一次，他这是最后一次进网吧，是为了和经常玩的哥们儿告别。他的出现让很多人很高兴，大家听了他的来意，却嗤之以鼻。他没有接受他们的挽留，坚决地走了出来。郭凯要重新步入学习生活的正轨。

给男孩的悄悄话

在学习和生活中，不良诱惑无处不在，每个人都要不断面对诱惑做出选择，每个人的选择都是有对有错的。有的错误可以慢慢改，但有的错误，则会影响人的一生，带来不可估量的负面影响。

生活中充满诱惑，当我们面对诱惑时，最强有力的支持来自于自己心灵深处，强而有力的自制力是我们抵抗诱惑的力量源泉。只有强而有力的自制力才能保障我们不迷失自我，不失去努力的方向，护送我们到达成功的彼岸。自制力可以说是我们成功的必要条件。

现在的中小学生大都物质条件优越，身边充满了各种各样吸引他们的东西，电视、电影、游戏机、各种动画玩具，特别是网络都充满了诱惑。如果他们不能正确地对待学习和玩耍的关系，必然会严重影响学习。所以在学习上，加强自制力，自觉抵制不良诱惑是非常必要的。

当然我们面对的诱惑有强有弱，有的对于我们来说本来便不算是诱惑。当你走进网吧时，努力使自己退出来，你的自制力便增强了一分；当同学让你一起打球而你有安排时，果断地拒绝，你的自制力又增强了一分；你喜欢看电视，那么你就努力坚持让自己一个月不看电视，这样你的自制力就又增强一分。久而久之，虽然会有痛苦、反复，但你的自制力已在不知不觉中养成了。

自制力是我们顺利完成工作和学习、取得成就的必要条件。缺乏自制力的人往往无法取得预期的成功。伟大的文学家车尔尼雪夫斯基说过："一个具有崇高德行的人，能够把吸引他的一切多样的憧憬克服了，使之服从他的主要憧憬。不错，为了这，他必须常常同自己斗争。"

我们不是生活在真空里，每时每刻都会受到外界的干扰。人的大脑有一百四十亿个神经元细胞，清醒时，一瞬间就有数百万条通道在同时传送信息，产生无数个杂念。为了最大限度地避免内外干扰，集中注意力，要排除来自外界的各种诱惑，也要排除自己内心的厌学情绪。

不管是对我们现在的学习，还是对今后的工作和生活，自制力都起着非常重要的作用，自制力越低，成功的可能性就越小。所以我们必须增强自己的自制力，那么怎样培养和增强自己的自制力呢？

当今社会，是经济与科技高速发展的社会，竞争充满了社会的各个角落，虽然我们每时每刻都存在着对手，对手也每时每刻都在给我们施加压力，但真正的敌人却是我们自己。我们的自身常常成为影响自己成功的最大绊脚石，很多时候，我们失败了，其实究其主要原因并不是因为别的人或者事，而是因为自己拖了自己的后腿。要想最大限度地避免这种情况发生，就要让自己的自制力更强，而要想让自己的自制力不被自己击溃，我们就必须着眼于今天。不管什么事情，今天应该完成的，今天就一定要努力去完成，需要改正的，今天一定要改正。只有这样，每一天都控制着自己，我们的自制力才会一天天地增强，才会保障我们的学习和工作能够顺利地向着好的方面发展。

肖伯纳说："自我控制是强者的本能。"如果你想成为学习上或者生活上的强者，那么你就得学会自我控制，坚决抵制各种不良诱惑。

提高自己的控制力抵制各种诱惑，就应该从日常的行为习惯着手，从一件件小事做起。你可以给自己制定一些行为规范，采用量化的方式来自我评估。比如贪玩的男孩可以给自己规定放学后一个小时用于学习，然后才可以出去玩；爱花钱买零食的男孩可以规定每天少花点钱；爱随地吐痰、不拘小节的男孩应准备好一些手纸，把痰吐到手纸里……每隔一段时间，回过头检查自己制定的规范执行得怎么样。

加强自制力

13 岁的何松，虽然上八年级了，可他却像一个小学四五年级的小学生一样，上课的时候，常常克制不住自己。在课堂上不是与同桌讲话，就是在抽屉里看自己的漫画书，很少能认真地听老师讲课。周边的同学也不断地向老师说："老师，上课的时候何松经常与同桌讲话，而且很大声，已经影响到我们听课。""老师，上课的时候何松经常动我俩的课桌，我和同桌都不好写作业了。"

在老师的眼里，何松是一个十分聪明的孩子，活泼好动，但常常缺乏自制力，上课的时候经常管不住自己，上课前五分钟还能专心致志地听讲，五分钟过后就开始坐不住，管不住自己了。下课的时候，老师把何松叫到了教室的走廊处，对他说："据老师观察，你上课的时候有点开小差哦！上课的时候要认真听讲，影响到其他同学听课就不太好了。""老师，我知道自己这样做不对，可我没有办法约束自己，我该怎么办呢？我很想改掉自己的这一坏毛病。"

老师笑了笑，说："你知道自己缺乏自制力就已经是一个很大的进步了，培养自己的自制力，学会约束自己，确实比较困难，但是只要我们持之以恒，就一定能克服的。"何松点了点头。"那好，现在我们为自己制定一个小目标，每节课坚持 10 分钟认真听讲，一个星期过后，再坚持 15 分钟，慢慢地养成认真听课的好习惯，一步一步地学会约束自己，心中无数遍告诉自己，一定能行的。"何松按着老师帮他制订的计划，认真地实施了起来。刚开始，何松觉得很难坚持，但仍没有放松对自己的要求，一个星期过后，何松慢慢地觉得上课真有意思，原来生活中常见的现象，能在课堂上找到答案，能得到解答。

何松的注意力完全被老师吸引了，课堂上的乐趣远远超过了抽屉里的漫画书。在老师的帮助下，何松不断地激励自己，学会了约束自己，增强了自制力。

给男孩的悄悄话

生活中，青春期男孩情绪丰富不稳，约束自己的能力较差。欲望与理智的矛盾常纠缠在一起，令人烦恼。想整天看电视，想打游戏，想上网，想买美食新衣，想拿别人的好东西……

由于身心的发展还不成熟，青少年容易被传播媒介中的暴力、迷信、色情内容诱惑，出现模仿和盲目崇拜的现象。

作为新时代的青少年，每个人都应随时随地地遵守社会的行为规范，懂得作为社会的一分子，都应约束自己的行为，不给他人造成伤害。唯有如此，我们的每个社会成员才可以享受平等、幸福的生活。

一个人要成就大的事业，不能随心所欲、感情用事，对自己的言行应有所克制，这样才能使较小的错误、缺点得到抑制，不致铸成大错。高尔基说："哪怕是对自己的一点小的克制，也会使人变得强而有力。"德国诗人歌德说："谁若游戏人生，他就一事无成，不能主宰自己，永远是一个奴隶。"要主宰自己，必须对自己有所约束、有所克制。

自制能力是在日常生活中和工作中善于控制自己情绪和约束自己言行的一种能力。一个意志坚强的人是能够自觉控制和调节自己言行的。如果一辆汽车光有发动机而没有方向盘和刹车的调节，汽车就会失去控制，不能避开路上的各种障碍，就有撞车的危险。一个想要有所成就的人如果缺乏自制力，就等于失去了方向盘和刹车，必然会"越轨"或"出格"，甚至"撞车""翻车"。

如果一个人有比较强的自制能力，那么这个人一定能够战胜自我，远离祸害，做到快快乐乐。如果不幸遇到祸害，他一定能够泰然处之，化祸为福。可见，自制对平安快乐的人生是极其重要的。

专家们指出，青春期男孩要成为一个约束自己、自制力强的人，须做到以下几点：

1. 对自己多分析，找出自己在哪些活动中、何种环境中自制力差，然后拟出培养自制力的目标步骤，有针对性地培养自己的自制力。对自己的欲望进行剖析，扬善去恶，抑制自己的某些不正当的欲望。

2. 提高动机水平。心理学的研究表明，一个人的认识水平和动机水平，会影响一个人的自制力。一个动机强烈、人生目标远大的人，会自觉抵制各种诱惑，摆脱消极情绪的影响。无论他考虑任何问题，都着眼于事业的进取和长远的目标，从而获得一种控制自己的动力。

3. 从日常生活小事做起。人的自制力是在学习、生活工作中的千百件小事中培养、锻炼起来的。许多事情虽然微不足道，但却影响到一个人自制力的形成。如早上按时起床、严格遵守各种制度、按时完成学习计划等，都可积小成大，锻炼自己的自制力。

4. 绝不让步迁就。培养自制力，要有毫不含糊的坚定和顽强。不论什么东西和事情，只要意识到它不对或不好，就要坚决克制，绝不让步和迁就。另外，对已经做出的决定，要坚定不移地付诸行动，绝不轻易改变和放弃。如果执行半途而废，就会严重地削弱自己的自制力。

5. 进行自我暗示和激励。自制力在很大程度上表现在自我暗示和激励等意念控制上。意念控制的方法有：在你从事紧张的活动之前，反复默念一些建立信心、给人以力量的话，或随身携带座右铭，时时提醒、激励自己；在面临困境或诱惑时，利用口头命令，如“要沉着、冷静”，以组织自身的心理活动，获得精神力量。

6. 经常进行自省。如在学习中忍不住想看电视时，马上警告自己管住自己；当遇到困难想退缩时，马上警告自己别懦弱。这样往往会唤起自尊，战胜怯懦，成功地控制自己。

保持谦逊

一个月前，严旭在历史考试中拿了个 98 分，一个月后，严旭的卷子上写的是一个鲜红的 80 分。退步的幅度让严旭有些接受不了，他拿着卷子左看右看，最后发现错的题都太不应该。

放假后，严旭战战兢兢地把卷子递给妈妈。“……错了的，其实都会的，太粗心了……”“粗心可不是主要原因，”妈妈摇摇头，“记得上回考 98 分的时候你怎么说的吗？你说，历史多简单啊，根本不需要使劲。这 80 分就是后果。当你一直给自己暗示历史很简单的时候，你自然就忽视了细节。所谓粗心，本是可以避免的，只是你给自己惰性了。这惰性，其实就是你的骄傲自得啊！你仔细想想，一张 98 分的卷子，能代表什么呢？一次考试只是你这一阶段还算认真，这次考试还算严肃对待罢了。要说实力，周围考 95 分、97 分的同学，都不输于你啊。”

严旭低下头，不敢吱声了。“我知道……上回考完，太得意忘形了，这个月也没太认真，该记的没好好背……所以……”

“认识错误就好，一个人要是太容易满足于现状，成绩就容易下滑。你想啊，一个在攀登的人，如果他总是想着，这个高度就够了，那手一松，不就立刻坠下去了吗？而他要是一直告诉自己，‘还是不够，还是不够’，那他就能继续奋力，对不对？”

严旭点点头。要想继续往上攀爬，就要知道，学无止境。

给男孩的悄悄话

古人云：“满招损，谦受益。”一个谦逊的人，懂得人生无止境，事业无止境，知识无止境。

为了启发人们谦虚处世，俄国作家列夫·托尔斯泰也打了一个很有意义的比方：“一个人就好像是一个分数，他的实际才能好比分子，而他对自己的估价好比分母，分母越大，则分数的值越小。”

一个人不管自己有多丰富的知识，取得多大的成绩，推而广之，或是有了何等显赫的地位，都要谦虚谨慎，不能自视过高。应心胸宽广，博采众长，不断地丰富自己的内涵，增强自己的本领，进而创出更大的业绩。如能这样，则于己、于人、于社会都有益处。

由于骄傲，“力拔山兮气盖世”的项羽，最终败在了他所轻视的刘邦手下；由于自大，“过五关斩六将”的关羽败走麦城。

“月盈则亏，水满则溢。”谦逊不是要我们觉得自己渺小，而是为了更好地了解自己，给自己一个准确的定位，并能发挥自己的特长，规避自己的弱点，成就自己的人生。

所以，人立身处世，必须谦虚谨慎，温良恭让，善于隐匿，虚怀若谷，不矜功自伐，不肆意张扬，这样才能很好地保护自己，并受到别人的欢迎和拥戴。

生活中，青春期男孩如何保持谦逊呢？

1. 诚恳地对待每一个人。

2. 了解别人的优点，同时学会正确看待别人的不足。

3. 建立内在的自我价值，任谁的打击都不要动摇。

4. 即使自己的确才学过人，也要顾及他人的自尊。记住：尺有所短，寸有所长，别人未必没有比你强的地方。

用好口才为自己增值

使用文明优雅的语言

“我晕！和我比试下军棋？看来你是活得不耐烦了。行啊，要是你小子不怕被我灭，就放马过来吧！”小程正在和同学小超兴高采烈地讲电话。妈妈在一旁听得直皱眉。

待小程放下电话，妈妈问道：“你现在怎么脏话连篇呢，都是和谁学的？这么说同学多不好啊！”小程觉得莫名其妙：“没有啊，我什么时候说脏话了？小超是我的好朋友，我们平时都这么说话的！”

妈妈见小程还没有认识到错误，生气地说道：“这难道还不是粗话、脏话吗？这么说话会伤害同学间的感情！”小程看妈妈生气了，也就不敢再说什么。可是他还是不明白：和同学很正常的交流怎么在妈妈那就成“脏话连篇”了呢？

从小程上小学的时候，妈妈就常听到他说一些改编过的儿歌、诗句，如“春眠不觉晓，处处蚊子咬。打上敌敌畏，不知死多少。”以前，妈妈没怎么在意，现在看来，很有必要规范一下小程的文明用语了。

妈妈准备召开一个家庭会议，让小程认识到说脏话的错误。家庭会议上，爸爸妈妈都批评了小程，并给他讲了说脏话的危害。

“说脏话很容易形成习惯，说话时不小心就会带出来，这样是很损坏个人形象的，同时也给他人造成心灵上的伤害。”爸爸语重心长地说，“别以为你没有指着别人鼻子骂，说的就不是脏话。脏话可分为粗话、黑话、气话、怪话等，你现在的很多用语都属于脏话。”

妈妈接口说道：“同样是说话，为什么不使用文明的语言呢？这会让你变得更有魅力。”

经过爸爸妈妈的“轮番轰炸”，小程也觉得自己说话似乎确实有不妥的地方，看来今后说话得更注意。

给男孩的悄悄话

时下，新词、流行语漫天飞舞。当中不乏粗俗与低劣者。走在大街上，三三两两的少男少女从你身边经过，或衣饰光鲜，或青春动感，或美貌动人。然而，满口的脏话令人心生厌恶、敬而远之。

自由与个性，并不代表随心所欲、丢弃文明和优雅。语言运用不当，也可能在交际中失败，以致损害了自己的形象。

跟那些具有优雅口才的人交谈，比喝了醇酒更令人兴奋，文明良好的话语可以带给人愉悦和激动，增进人们之间的感情交流与融洽。

在社交场合，青春期男孩们应尽量选择温和、亲切的语调、语气，以显示你的友善。同样的话语，如果使用的语调、语气不同，表达的意思也不同。同样是一句“对不起”，可以表示致歉或友善的情感，也可以表示威胁或讽刺、挖苦。许多男孩对长者不喊“大爷”“大妈”“先生”，而是叫“老头”“老太婆”之类的俗称；对幼者不是用“小朋友”“小同学”之类称呼，而是用“小把戏”“小东西”“小家伙”，这样的俗称有时用在家庭或朋友间倒也未尝不可，但与人接触之初就不行了。

总之，作为有文化、有知识、有教养的现代青少年，在交谈中，一定要使用文明优雅的语言。下述语言，绝对不宜在交谈之中采用：

1. 粗话。有人为了显示自己为人粗犷，出言必粗。讲粗话，是很失身份的。

2. 脏话。讲脏话，即口带脏字，讲起话来骂骂咧咧，出口成“脏”。讲脏话的人，非但不文明，而且自我贬低，十分低级无聊。

3. 怪话。有些人说起话来，怪里怪气，或讥讽嘲弄，或怨天尤人，或黑白颠倒，或耸人听闻，成心要以自己的谈吐之“怪”而令人刮目相看，一鸣惊人。这就是所谓说怪话。爱讲怪话的人，难以令人产生好感。

4. 黑话。即流行于黑社会的行话。讲黑话的人，往往自以为见过世面，可以吓唬人，实际上却显得匪气十足，令人反感厌恶，难以与他人进行真正的沟通和交流。

5. 荤话。即说话者时刻把艳事、绯闻、色情、男女关系之事挂在口头。爱说荤话者，不止证明自己品位不高，而且对交谈对象也不尊重。

6. 气话。即说话时闹脾气，泄私愤，图报复，大发牢骚、指桑骂槐。在交谈中说气话，不仅无助于沟通，而且还容易伤害人、得罪人。

锻炼当众发言的能力

邵宁站在领奖台上，手里握着金灿灿的奖杯，从容自信地在领奖台上说着他的获奖感言。从台下看上去，他是那么自信。

邵宁以前是个高大而又生性腼腆的大男孩，声若蚊蝇，说不了几句话就面红耳赤的，更别提在公共场合讲话了。

邵宁不爱说话，更害怕在人多的地方讲话。这给他的人际交往带来了很大的困难。周围的人都误以为他为人冷漠，不好接触。其实邵宁很渴望与人交流，只是不知道该怎么表达自己。

邵宁总担心自己说错话，不敢在课堂上表达自己的看法，不敢参加班级竞选，更别说什么演讲比赛或辩论赛了。但是他觉得很压抑，想要找到自己的声音。在一次被同学讥笑“不像男子汉之后”，邵宁决心改变自己。

他把自己的想法告诉了爸爸妈妈，他们很支持。首先从说话开始，爸爸妈妈教他要声音洪亮地讲话，吐字清晰。多看书，从书中汲取营养，注意词汇的积累，学会正确地组织语言。尽量多和周围的人说话，交流。刚开始大声说话的时候，邵宁总觉得很夸张，总是脸红。慢慢习惯了，可以自然地放大声音说话了，和同学们在一起能很好地沟通交流了。

这些都是私底下的交流，下一步就是训练在公众面前发言了。邵宁刻意上课多回答老师的问题，阐述自己的见解，最初总是磕磕巴巴，说话不连贯，紧张到说话忘词。

爸爸分析说："你要是对老师的问题做了充分的准备，阐述的时候就不会语句不连贯，当然这和你情绪紧张也有关系。"邵宁在爸爸妈妈的帮助下不断地发现问题解决问题。很快他就能大方地在课堂上阐述观点了，必要的时候还和老师同学们辩论。

在老师同学的共同推荐下，邵宁代表班级参加了学校的演讲比赛。在比赛前，他查阅了大量的资料，不停地修改自己的演讲稿，最后不负众望地取得了好成绩。

邵宁经历了从不敢开口，到敢大声说话、爱说话的转变。现在的邵宁还经常从书中搜集一些演讲辩论的素材，不断地整理积累。在这个长期的过程中，邵宁逐渐形成了自己的语言风格——犀利幽默。"邵氏语言"深受同学们的喜爱。

给男孩的悄悄话

古人说"一言可以兴邦""三寸之舌，强于百万雄兵；一人之辩，重于九鼎之宝"。有位政界要人曾说过，个性和口才的能力比起外语知识和哈佛大学的文凭更为重要。的确，口才很重要。但有的青少年也许会说："我先天不足怕开口，见生人就脸红，没口才。"没有人是天生的口才家，许多擅长说话的人，最初大都是笨嘴拙舌的人。

先天不足后天补，完全是做得到的。青春期的男孩们要想在公众面前成功地发言，具体可参考如下建议：

1. 要有充分的准备

如果你在讲话时对所要讲的内容没有认真考虑过，你肯定会感到无话可说，即使说起来也不会流畅自如。因此，必须在讲话之前有充分的准备，或者写成提纲，或者默诵、试讲。你对讲话的内容愈熟悉，你就愈能讲得好，愈不会信口开河、无的放矢。另外，要了解听众的职业、文化层次等。

2. 勇于勤讲多练

善于言辞的才能并不是天生的，而是在环境的影响下，通过个人的实际锻炼逐步发展的。因此，我们要克服害羞胆怯的心理，在生人面前或人多的场合，要争取讲话的机会，勇敢地发表自己的意见。虽然开始时不一定会成功，甚至会遭到别人笑话，但不要介意，要认真分析自己讲话失败的原因，勤讲多练，不断改进，这样才能不断提高自己说话的水平。

3. 从书中获取值得借鉴的知识

为了这种目的而读书时，最好多注意文体及文字的使用方法。同时边看边想，琢磨该怎么做才会表现得更好，如果自己也写同样题材的发言稿，有什么地方会不如它？

4. 培养自己独特的风格

无论或长或短，或庄重或轻松的发言，都应该拥有自己的风格，这点很重要。

尽管说话前的准备工作十分重要，但是在无法预先准备的情况下，应在说完话之后，再想想是否有更好的表达方式。做到这一点，也能使你的口才有所进步！

5. 正确地使用语言，清晰地发音

你应该注意过深深吸引我们的演员是怎样说话的吧？只要仔细观察便不难发现，所谓的好演员，都很重视清晰的发音与正确的措辞。语言的目的，在于传达概念。如果采用无法传达概念的说法，或引不起别人兴趣的说话方式，将是最愚蠢不过的事。

你可以请朋友或同学帮忙，每天大声地朗诵书本，并请他注意听。

只要换气的方式、强调的方法、朗读速度等一有不适当之处，就请别人叫停，并且为你改正。朗诵时嘴巴要张大，一个字一个字地清楚发音。要是速度太快，或有不认识的字，就马上停止。即使单独练习时，也要用自己的耳朵仔细听，遇到较难发音的字时，就多加练习。

6. 勇于挑战，坚持不懈

青少年在练习时，应有持之以恒、勇于挑战的精神。

男孩们，一切的成功都与勇气与勤奋分不开。只要肯按照上面说的几种方法去努力，大家一定也能如同故事中的邵宁一样，敢于在公众面前发言，甚至站到高高的领奖台上。

如何化解尴尬

放寒假了，小雷和同学们早就约定好，假期中大家好好聚聚。好不容易到了聚会的日子，好多同学都来了，一年多不见，同学们都有了很大的变化：男生似乎都长高了，女生也似乎都变漂亮了。大家兴奋地诉说着各自的学习生活。

可是聚会中有名的“大嘴”李良似乎专门和小雷过不去，总是用言语刺激小雷，让他感到很难堪。

一见面，李良就大大咧咧地说：“呦，小雷，好久不见了，脸色看起来不错啊，脸上一片欣欣向荣的景象，这些痘痘都可以炒着吃了吧！”小雷知道李良在取笑自己长青春痘，心里很不舒服，可是总不能老同学一见面就发火，而且以李良的个性根本意识不到他的话让小雷难堪了。

小雷忍了忍，笑着说：“是啊，等这些痘痘成熟了，搞个项目进行产品开发，先炒给你吃。大家作证，到时候你别不吃啊！”周围的同学听了都笑着拍起手来。聚会气氛一下变得热烈起来。

在吃饭的时候，李良又开始“找茬”了。当小雷正拿起一条鸡腿往嘴里塞的时候，李良又开始说了：“看你长得也不高，怎么这么能吃，简直就是一头……”说到这里，李良也觉得有点过，就赶紧住口。

这时候，正在吃饭的同学们都停住了，周围一下安静下来，大家都静静地看着小雷。小雷也真火了，但是一想，要是真翻脸，好好的聚会气氛就会被自己搅了，自己也会没有面子。

想到这里，小雷装作满不在乎，继续啃着鸡腿，笑呵呵地说："可不是吗，俗话说物以类聚，人以群分，要不我能和你坐在一块吃东西吗？"聚会上一下子爆发出了哄堂大笑，大家都笑话李良自找苦吃，同时夸赞小雷大度、机智。李良也只能苦笑不已。

小雷用自己的机智幽默化解了自己的尴尬。不仅没有因为发生在自己身上的小插曲破坏聚会的和谐气氛，还保住了自己的面子。

给男孩的悄悄话

生活中，青春期男孩会遇到许多尴尬的情形。自己的一句口误，他人的一个失误，都会令双方窘迫无比。那么，如何化解困境，使气氛热烈如初呢？

1. 自嘲法

适时适度地自嘲，不失为一种良好修养，一种充满魅力的交际技巧。自嘲，能制造宽松和谐的交谈气氛，能使自己活得轻松洒脱，使人感到你的可爱的人情味，有时还能更有效地维护面子，建立起新的心理平衡。

自嘲是那些缺乏自信者根本不敢使用的艺术。因为自嘲需要拿自身的失误、不足甚至生理缺陷来"开涮"，对丑处、羞处不予遮掩、躲避，反而把它放大、夸张、剖析，然后巧妙地引申发挥，取得一笑。没有豁达、乐观、超脱、调侃的心态和胸怀，是无法做到的。可想而知，自以为是、斤斤计较、尖酸刻薄的人是难以运用自嘲艺术的。自嘲谁也不伤害，最为安全，你可用它来活跃谈话气氛，消除紧张；在尴尬中自找台阶，保住面子；在公共场合获得别人青睐；在特别情况下含沙射影，刺一刺无理取闹的小人，由此可见，能自嘲的人必定是智者中的智者、高手中的高手。

2. 借题发挥法

西晋时，阮籍有一次上早朝，忽然有侍者前来报告：“有人杀死了自己的母亲！”

放荡不羁的阮籍不假思索地说：“杀父亲也就罢了，怎么能杀母亲呢？”

此言一出，满朝文武大哗，认为他“有悖孝道”。阮籍也意识到自己言语的失误，忙解释说：“我的意思是说，禽兽才知其母而不知其父。杀父就如同禽兽一般，杀母呢，就连禽兽也不如了。”一席话，竟使众人无可辩驳，阮籍避免了杀身之祸。

其实，阮籍在失口之后，只是使用了一个比喻，就暗中更换了题旨，然后借题发挥一番，巧妙地平息了众怒。

3. 委婉法

委婉，或称为婉转、婉曲，是一种修辞手法。它是指在讲话时不直陈本意，而用委婉之词加以烘托或暗示，让人思而得之，而且越揣摩，含义越深越多，因而也就越有吸引力和感染力。

轻松、微妙、巧妙、含蓄的俏皮话，说得委婉，将改变你在人们心目中的形象，使听众感到你并不是一个失败者，而是赢者。

4. 环境控制法

出现尴尬局面时，我们应学会控制环境，即随机应变，控制局势，才不致使自己进退两难。

另外，语言失误时，男孩们要有发现及时、改口巧妙的语言技巧，否则要想化解难堪也是困难的。

在实践中，青少年遇到这种情况，有以下两个补救办法可供参考：

1. 引申法，迅速将错误言辞引开，避免在错中纠缠。就是接着那句话之后说：“然而正确说法应是……”或者说：“我刚才那句话还应做如下补充……”这样就可将错话抹掉。

2. 移植法，就是把错话移植到他人头上。如说：“这是某些人的观点，我认为正确的说法应该是……”这就把自己已出口的某句错误纠正过来了。对方虽有某种感觉，但是无法认定是你说错了。

说话要注意对象

小硕和宋阳在同一个班级读小学六年级，两个人是好朋友，经常在一块写作业，下跳棋。由于两个孩子经常在一起，双方的家长也都很熟了。

今天，小硕的妈妈接到宋阳妈妈的电话，说小硕总是笑话宋阳，说他长得胖，还长青春痘。现在宋阳一照镜子就唉声叹气的，也不愿意出门。

小硕妈妈觉得很奇怪，小硕心地善良，在学校也很团结同学，怎么会笑话好朋友呢？妈妈要等小硕放学回家后，好好问问。

"小硕，宋阳最近怎么没来家里玩啊。"小硕一进门妈妈就问道。小硕说："宋阳这几天心情不好，放学后就一个人走了，也不理我，等明天我问问是不是出什么事情了。"

"那你有没有说过宋阳很胖，长青春痘之类的话啊？"妈妈小心地问。小硕着急地说："没有啊，宋阳是很胖，也长了很多痘痘，可是我从来没有说过他。"妈妈放下心来："那就奇怪了，宋阳怎么会误会你笑话他呢？"

"啊，不会是我说自己胖了，也开始长痘了，他误会是说他吧？"小硕大喊道。

原来是这样的，周三下午放学的时候，小硕和宋阳走在一起。小硕向好朋友抱怨说自己最近长胖了很多，连肚子都鼓起来了，还抱怨脸上长讨厌的青春痘。

"我现在又胖又丑，怎么办，好烦啊！"小硕叽叽咕咕一路，平时爱说的宋阳却没怎么说话。宋阳是班里公认的小胖子，最近脸上长了很多红色的青春痘。

"你怎么可以在宋阳面前抱怨自己长得胖，还有青春痘呢？这样宋阳心里会很不舒服，觉得你是在嘲笑他。"妈妈明白问题出在哪了，"本来，宋阳就因为自己胖而挺自卑的，现在认为连好朋友都笑话他，更自卑了。以后说话要分对象。"

小硕觉得很惭愧，他没有想到，因为自己说话不得体而给好朋友带来了这么大的伤害，明天上学的时候一定要跟宋阳好好解释。

给男孩的悄悄话

俗话说："到什么山唱什么歌，见什么人说什么话。"青少年在说话时，一定要看清对象。说话不看对象，往往会给他人留下坏印象，甚至伤害他人。

我们说话的对象是社会上的各种人，他们年龄、性别、性格、脾气等各不相同，他们各有不同的思想认识。各人所处的位置不同，对同一事物的理解是有差异的，说话的分寸也就要根据各种人的地位、身份、文化程度、语言习惯来做不同的处理。例如在日常生活中，对同辈人与对长辈(或上级)、对陌生人与对知己、对不同性别的人说话都应讲究分寸，考虑到听者的接受程度。

具体而言，青春期男孩开口说话前应该注意以下几点：

1. 注意对方的身份

说话一定要注意对方的身份，对老师要尊敬，对同学要有礼貌，否则的话，会造成很多不必要的麻烦。

2. 注意对方的特点

鬼谷子曾说，和聪明的人说话，须凭见闻广博；与见闻广博的人说话，须凭辨析能力；与地位高的人说话，态度要轩昂；与有钱的人说话，言辞要豪爽；与穷人说话，要动之以利；与地位低的人说话，要谦逊有礼；与勇敢的人说话不要怯懦；与愚笨的人说话，不可以锋芒毕露。

3. 注意年龄

青少年、中年人、老年人经历不同，志趣各异，心态不同。我们与人谈话时，应考虑哪些该谈，哪些不该谈。比如，在老年人面前不宜多提不吉利的话。打听人家的年龄，对老年人不宜说："您几岁了！"最好说："你今年高寿？"或"您今年高龄？"对小孩应说："你今年几岁了？"对与自己年龄相近的异性，特别是未婚的男女，不宜直接问“你今年多大年纪了”，以免引起某些不必要的猜测。射箭要看靶子，弹琴要看听琴人，若说话不看年龄，就难免事与愿违。

4. 注意环境

说话时应看清当时的环境和具体场合使自己的话显得十分得体，而且语言要幽默，要能鼓舞人心。

5. 注意文化程度

一个人的文化教养与理解话语的能力密切相关。这就要求说话时要善于根据对方的知识水平而选用合适的话语表达。如果不看对象，随意用词，就不能取得预期的交流效果。

一般来说，对于文化程度低的人所采用的方法应简单明确，多使用一些具体的数字和例子、大白话、家常口语；对于文化程度高的人，则可以多用较典雅的语言，或采取抽象的说理方法。

6. 注意他人的心境

同一个人，心境不同对言语反应也不相同。情绪好的时候，别人即使对他说些不中听、不得体的话，他听了就听了，表现出随和性；情绪不好或心烦时，自己不愿意多说话，更不爱听别人唠唠叨叨，听到一句不顺心的话就会起急，甚至莫名其妙地对人发火。

学会“绕弯子”说话

徐森是徐强的堂弟，现在读高一，比徐强低一个年级，两人在同一个学校读书。徐森学习成绩很好，可是就是脾气不太好，不团结同学。最近，徐森竞选班干部失败，很是烦恼。回到家后不断地向堂哥徐强发着牢骚。

“哥哥，你说，我哪一点不配当干部？学习成绩够格了吧？体育成绩达标了吧？卫生我也不差啊？怎么就是选不上班干部呢？我哪点比张明辉差，凭什么他就能当班长？”徐森还在唠唠叨叨。怎么也想不明白，为什么同班的张明辉不论学习还是体育成绩都不如自己，他就能当班长。

徐强知道堂弟脾气暴躁，对同学不友好，得罪了不少同学。看他这么困惑苦恼，想劝他吧，以他的脾气未必肯听，于是决定采用迂回战术。

徐强说："是啊，你看你，学习成绩这么好，体育也很棒，而且你比张明辉帅多了！"徐森点头表示认可。"他有什么啊，听说就是人缘好点罢了，整天就知道给这个补课啊，给那个疏导心理啊，谁有问题了，他跑在前面。听说他还经常帮助同学干值日，你说他傻不傻啊！"

徐森有点尴尬了，徐强继续说："听说你们班现在班风正，同学团结，学习成绩排在年级前列，要是你当班长，在你的带领下你们班肯定更不得了，张明辉能干的，你肯定干得更好！你们同学怎么回事，怎么不会比较优劣呢？"

这时候，徐森脸上红一阵白一阵的："那个……其实，张明辉做得挺好的。我脾气不好，没耐心……"

徐强见目的达到了，装作恍然大悟状："哦，你是说你对同学没有耐心吗？那就对了，我说你这么优秀，同学怎么会不选你呢。其实班干部不是只要学习好就可以的，最重要的是要团结大家，能热心为班级服务，你要是努力和同学搞好关系，相信下次竞选你肯定没有问题。"

徐森也不好意思抱怨自己落选了。他觉得他自己已经找到了问题的根源，现在正在试着和同学友好相处。

给男孩的悄悄话

生活中，当遇到难以正面说服的人或难以拒绝的人时，应考虑改变一下策略，避开正面，迂回出击。利用迂回战术，常常可以收到意想不到的效果。

1. 委婉暗示法

用含蓄、委婉的语言，巧妙地向对方发出某种信息，以此来使对方不自觉地接受一定的意见、信息或改变自己的行为。

2. 以退为进法

以退为进指避实就虚，闪开对方所期待的进攻路线或目标，从看似无关的话题入手。

以退为进的交谈方式，是一种有效的交谈策略。它表面是退缩，实质是进攻，退是为了更好地进。就像拉弓箭一样，先把弓弦向后拉，目的是为了把箭射出去。

男孩们运用这种方法，要注意三点：要知情，知己知彼，方能百战百胜；要有度，退要适度，进要有力，有如拉弓，过度则弓弦易断，不够则不能把箭射远；要顺应对方的话题和心态，自然而然，顺理成章，才能退得巧妙，进得有力。

3. 先扬后抑法

先指出他人的优点、长处，再画龙点睛、亮出对方的不足之处。两相比较，对方易于接受你的意见。

4. 巧创氛围法

此法指设法创造出合适的气氛、环境，借以说理，使对方信服。

有一位大学校长运用此法作报告，收到了很好的效果。

在一次集会时，校长面容严肃，戴方帽、穿礼服登台，只讲了几句开场白，就从口袋里掏出笔记本写着什么，然后把笔记本丢在地上。又掏出香蕉吃，把皮随手扔掉，接着是嚼糖果、花生，最后竟把泡泡糖也吐在台上，还用脚踩了踩。

在学生们再也看不下去时，校长开口了："各位同学，大家已经看清楚什么是不道德了，从现在起，我们要共同维护校园的整洁，报告完了。"

结果，掌声四起。

累积人脉财富

说话要顾及他人的颜面

今天下午最后一场考试后，高考就结束了。高三（7）班的同学在考试后还有一个告别班会。开完班会后，同学们就各自有不同的路要走了，升入不同的大学继续学习或者是走上社会参加工作。

班会上大家依依惜别，整个班会被淡淡的离愁别绪笼罩着。老师在班会上讲了大家在三年中成长的点点滴滴，并对大家的未来寄予厚望。大家都敞开心扉，说着各自的心里话。

有的同学在学习生活中产生过矛盾，甚至曾经恶语相向，但现在离别在即，突然发现彼此又那么不舍。大家在一起回忆一同经历过的欢乐与痛苦。

班会越往后进行，就越悲伤。以前大家都只知道忙碌学习，最后聚在一起才发现其实大家有那么多共同的话题可以聊，越聊越是舍不得离开。

班会接近尾声时，班长站出来跟大家道别。班长的一席话让班里的很多同学眼睛里泪光闪闪，李忠磊也差点哭出来。班长是自己的好朋友，平时他很木讷没想到今天表现得这么好，看来很在状态。“最后，大家一起唱周华健的《朋友》，不管在哪里，我们永远都是好朋友！”班长激动地说。

大家的情绪也被带起来了，又听班长说道：“我领唱，大家一起来！”班里同学全体站起来了。

班长唱道：“朋友啊朋友，你可曾……”这时班里出现了很轻微的骚动，但很快就恢复平静了，很显然大家都意识到班长唱的是另外一个歌手的《朋友》。

看着大家都默不作声，李忠磊想：班长可是我的朋友啊，不提醒唱错了，多丢人啊。于是大声地喊道：“唱错了！这不是周华健的！”

班里开始出现更大的骚动，大家都用责怪的眼光看着李忠磊。班长脸越来越红，站在那里手足无措。空气似乎一下子凝结了。

后来还是老师打了圆场。歌还是唱了，但是完全没有那种味道，总觉得挺尴尬。一直到离校，班长都没有再说一句话，也没有和好朋友李忠磊单独告别。

李忠磊开始后悔了，后悔自己不应该直接指出班长的错误，没有给他留面子，使得整个班会没有画上一个圆满的句号，也使得他们的友情蒙上了阴影。

给男孩的悄悄话

一位名人曾教育自己的孩子说：“你要给别人一次面子，就可能会增加一个朋友；你每驳别人一次面子，就可能失去一个朋友。”面子是人们一种表面上的荣耀感，一种自尊心的满足，面子就是尊严。人们对面子有一种本能的保护反应，对于伤害自己面子的人有一种本能的敌意，对于维护自己面子的人有一种本能的好感。

人都有失误之时，及时地给他一个台阶，大家皆大欢喜，他也必定对你心存感激。相反，如果你当仁不让，让对方下不了台，他也许会恨你一辈子。

古人云：以和为贵。人与人之间，没有必要为了不起眼的小事伤了彼此的和气。

生活中，青春期男孩怎样才能做到给别人面子呢?

1. 在关键时刻和重要场合给朋友捧场。

2. 遇到要分输赢的场合，手下留情，不必赢得太多，“得饶人处且饶人”。

3. 真诚地赞美别人。

4. 讲究批评人的方式，给人留足面子。永远不要在公众场合或当着第三者的面批评别人。同时在批评的时候，最好肯定一下别人的优点和长处。

5. 不揭人之短，不笑人之丑。

宽容，化敌为友的良方

小可是小学六年级的学生，长得瘦瘦小小的，别看长得小，学习成绩一点都不落后，年年都被评为学习标兵。

自从班里转来了一个新同学，无忧无虑的小可也有了烦恼。刚转来的同学叫龚浩，个子要比小可高一头，身体壮壮的，说起话来瓮声瓮气。刚来班里没有几天就“晋升”为班里的“调皮大王”。

“调皮大王”对人一点都不友好。尤其爱欺负瘦小的小可，他经常在上学的路上煽动其他同学对他高喊“豆芽菜”，每当这时候小可就羞得无地自容。看着龚浩高高大大，每次小可都忍气吞声。

还有一次，放学的时候下雨，龚浩没有带伞，竟然去抢夺小可的伞，还把他推倒在泥水里。小可真是太讨厌龚浩了，他常常想：怎么会有这么坏的学生呢？在学校里小可总是小心翼翼地躲避龚浩。

为了全体同学共同提高，班里实行“对对帮”，小可竟然和龚浩是一对，老师让小可帮助龚浩提高学习成绩，而龚浩也可以帮小可加强体育锻炼。小可对龚浩避之唯恐不及，现在却要整天和他在一块学习，他可受不了。

知道自己和龚浩要结成对子的消息后，小可的第一反应就是找老师换“对子”。

在去老师办公室的路上，小可迟疑了：龚浩虽然经常欺负自己，但是听说他也做了很多好事，有一次捡到一大笔钱，就在路边等了很久，才把钱还给失主。或许他并不是真“坏”吧。虽然成绩不好，可是总是能按时完成作业，看来在学习上他确实是需要帮助。

想到这里，小可决定试试。

小可不再计较以前的事，耐心地为他讲解题目，检查作业，真诚地帮助他，在他的努力下，龚浩的成绩提高得很快。通过一段时间的相处，小可发现，龚浩没有想象中的可怕，甚至觉得他很可爱。

现在龚浩不仅不会再欺负小可，还教他踢足球，陪小可锻炼身体。曾经最讨厌的人成了小可最好的朋友，现在俩人整天形影不离。

给男孩的悄悄话

小可与龚浩的故事，读后让人感慨良多。因为宽容，小可少了一个敌人，多了一个朋友。宽容有着不可估量的作用，它能改写许多人生故事的结尾，能化敌为友。

宽容，是一种美德，一种大爱。宽容对赢得友情、消除仇恨，乃至事业的成功都是必要的。因此在日常生活中，无论对父母、对恋人、对老人、对同学、对领导、对同事、对朋友……青少年都要有一颗宽容的心。宽容，往往折射出待人处世的经验、待人的艺术、良好的涵养。学会宽容，需要自己吸取多方面的“营养”，需要自己时常把视线集中在完善自身的精神结构和心理素质上。

待人宽容，男孩能为将来成就大事奠定良好的基础。一个人以敌视的眼光看人，就会对周围的人戒备森严，心胸窄小，处处提防，就不可能有真正的伙伴和朋友，就会陷入孤独和无助中。宽宏大量、与人为善、宽容待人，能主动替他人着想，关心和帮助别人的人，则讨人喜欢，被人接纳，受人尊重，具有魅力，因而能更多地体验成功的喜悦。

有人说宽容是软弱的象征，其实不然，有软弱之嫌的宽容根本称不上是真正的宽容。宽容是人生难得的佳境——一种需要操练、需要修行才能达到的境界。

当然，宽容绝不是无原则地宽大，而是建立在自信、助人和有益于社会基础上的适度宽大，必须遵循法制和道德规范。对于绝大多数可以教育好的人，宜采取宽恕和约束相结合的方法；而对那些蛮横无理和屡教不改的人，则不应手软。从这一意义上说“大事讲原则，小事讲风格”，乃是应取的态度。

处处宽容别人，绝不是软弱，绝不是面对现实的无可奈何。在短暂的生命历程中，男孩如果能学会宽容，意味着你的人生将更加快乐。

如何实现良好沟通效果

志平看起来很孤单，在家里没有兄弟姐妹，在学校也没有什么朋友，几乎不与人交流沟通。每天就奔走在学校和家两点一线间，生活枯燥乏味。

父母开始担心志平不会与人沟通，会对今后的学习生活造成不好的影响。

通过观察，爸爸妈妈发现，志平与人说话的时候总爱若有所思地看向远方，显得心不在焉，说话也没有底气，总感觉蔫蔫的。

可能是学习压力大，志平和人聊天的时候，总爱抱怨，不是说功课太多，习题太难，就是说食堂的饭菜有多么难以下咽。刚开始和他说话的人还能敷衍两句，到后来很显然别人都不愿意听了，志平还在像祥林嫂般地重复着那些单调的话。

“为什么没有人听我说话？怎么就都不理解我呢？”困惑了很久后他向妈妈说道。

妈妈问：“与人沟通是需要技巧的，你在与人说话交流的时候运用过这些技巧吗？”

“技巧？平常的沟通还需要什么技巧，我又不是做演讲！”志平嘀咕道。

“你好好想想，当别人对你说话的时候，你有没有看着别人的眼睛认真地听？你和说话人之间有眼神的交流吗？你让他感觉到你在认真地听了吗？”妈妈一连串的问题让志平有点招架不住了。

“另外，与别人说话的时候不仅要注意眼神的交流，还要注意语气，声音的大小等。你平时和别人说话的时候，声音总是很小，哼哼唧唧的，一个男子汉怎么可以这样呢？”顿了一下后，妈妈继续说：“而且你总是诉说自己的愁苦、失落等一些消极的事情，没有人总愿意听这些的。你要多看些书扩大知识面，这样你就会有很多话题和别人聊了。”

“你以后与人交流的时候要注意认真倾听，不要滔滔不绝。还有就是要心胸开阔，谈一些彼此都喜欢的积极有意义的事情，找到共同话题，才能愉快地交流沟通。”妈妈建议道。

看来与人沟通确实需要一些技巧，志平觉得应该按照妈妈的方法试试。

给男孩的悄悄话

生活中，青春期男孩不善于和家人、朋友、同学沟通，为人际关系、学习生活造成了诸多障碍。在很大程度上，一个人沟通的品质决定了他生命的品质。所谓沟通，不仅是以言语，还可以经由动作、姿势、眼神以及接触等方式进行。

沟通良好，意味着经由言语或非言语的方式，明确表达你的意向。更重要的是沟通良好还表示你了解对方想要表达的意思。

沟通有三大要素，据权威机构研究，这三大要素以及它们所占比例是：文字占7%；声音占38%；肢体动作占55%。完美的沟通需要这三个要素的有效搭配。

要拥有良好的沟通品质和沟通效果，青春期的男孩们最好遵循以下几个原则：

1. 多谈对方感兴趣的话题。
2. 多谈对方熟悉的事情。
3. 多谈对对方有利有益的事情。
4. 多用推崇、赞美的语言。
5. 多听少说。80%用于听，20%用于说。
6. 多问少说。80%用于问，20%用于说。
7. 多谈轻松的话题。

男孩们，如果你感到自己在沟通中处于被动的地位，不妨问问自己如下几个问题：

对哪些情境的沟通感到愉快？

对哪些情境的沟通感到有心理压力？

最愿意与谁保持沟通？

最不喜欢与谁沟通？

是否经常与多数人保持愉快的沟通？

是否常感到自己的意思没有说清楚？

是否常误解别人，事后才发觉自己错了？

是否与朋友保持经常性联系？

是否经常懒得给人写信或打电话？

通过这样的问题，你一定能够发现自己在哪些方面存在不足，从而确定在哪些方面需要重点改进。比如沟通范围狭窄，则需要扩大沟通范围；忽略了与友人的联系，则须写信、打电话；沟通主动性不够，则需要积极主动地与人沟通等等。把这些制成一个循序渐进的沟通计划，然后把自己的计划付诸行动，体现在具体的生活和工作小事中。比如觉得自己的沟通范围狭窄，主动性不够，你可以规定自己每周与两个以前并无深交的同学打招呼。

另外男孩还应懂得弱化自己，强化别人。

聪明的人总是先让别人感觉到重要，并最终以此赢得尊重。

《福布斯》杂志上曾登过一篇《良好人际关系的一剂药方》的文章，其中有几点很值得大家借鉴：

语言中最重要的5个字是："我以你为荣！"

语言中最重要的4个字是："您怎么看？"

语言中最重要的3个字是："麻烦您。"

语言中最重要的2个字是："谢谢。"

语言中最重要的1个字是："你。"

那么，语言中最不重要的一个字是什么呢？是"我"。

学会弱化自己，强化别人吧！这样不久你就会发现，喜欢你和帮助你的人会越来越多。

遇见未来的自己

用知识敲开未来之门

“每天都在学习，很多时候我都是被父母灌输的思想影响着，今天我才发现，如果我真有自己选择的机会，那么我也会选择读书。因为没有知识的人，未来的社会很难接纳我。”这是张浩在日记里激励自己好好珍惜读书机会的话，他今天参加了在市中心的大礼堂举行的读书讲座。这次讲座给张浩留下了深刻的印象，如果不珍惜现在读书的机会，在未来只能被社会抛弃，这是很残酷的事实。

以前都是爸妈要求自己多读书，他们每次都讲没有知识就没有前途，张浩也不把父母的话放在心上，今天听了那个教授的话，才明白爸妈说的都是真的。如果现在不好好读书，以后的生活将是举步维艰。

未来的时代是知识的时代，没人能在没有知识和技能的情况下生活得很好，那么就只有从现在开始加倍努力。那些知识真的能变成财富吗？张浩一直认为书里的那些公式和单词是不能变成财富的，但是听了讲座才知道，知识是给我们一个基础，在这个基础上，我们可以获得一种思考问题的角度和思维方式，有了科学的思维，我们才能创造财富。

无论如何，张浩决定珍惜现在的机会，好好读书。

在科技发达的现代化社会，一个人如果没有知识和技能，就会寸步难行。

达·芬奇曾经善意地提醒年轻人："趁年轻力壮去探求知识吧，你将弥补由于年老而带来的亏损。读书带来的智慧乃是老年的精神养料。年轻时应该努力，这样老时才不至于空虚。"

我们不能做现代文盲，否则不可能有幸福的未来。读书是为了获得科学知识，而科学知识是将来的谋生之本。没有少年时代的刻苦读书，就没有美好、幸福的明天。一个人不管将来想成为什么样的人，从事什么样的职业——开公司、当公务员、参军等，都必须从小努力读书，用知识武装自己的头脑。没有知识的人将会生存困难，因为他们连改变命运的资本都没有。

联合国教科文组织曾经提出："谁掌握了知识和技能，谁就拥有了走向人生的通行证。"人们通过教育得到一定的知识，从而改变其认知、做事、生活以及生存和处世的能力。

在古人看来，读书可以安身立命，可以修身养性，使人成为高尚的人，所以有哲人说："一日不读书便觉满身污垢。"读书可以治国平天下，读书可以足不出户就知道天下事。读书是你走向未来社会的通行证。

现在随着就业压力的加剧，有些男孩可能会说，大学毕业了也找不到好工作，觉得读书没有用处。这是一种误解，实际的情况是，越是在就业形势严峻的时候，知识和能力越是显得重要，读好书的人才能脱颖而出，才能在职场上游刃有余；而那些该读书的时候游手好闲，以为拿了毕业证就可以万事无忧的人自然工作难找，因为他们没有学到真知识，没有掌握真本领。在任何情况下都要相信，读书改变人生，知识改变命运。

人生的道路有千万条，无论要走好哪一条，都需要知识作为后盾。我们周围少年天才不少，而他们未来的成功还是要取决于今天的努力。

知识改变命运，让知识带你开启最辉煌的未来之门！

成为自己崇拜的人

初三（1）班的同学正在展开一场关于理想的热烈讨论。题目是方飞想出来的“十年后，我能否成为自己崇拜的人”，大家由这个题目展开了讨论。

有的同学崇拜毛泽东，崇拜他能够在民族危难的时候挺身而出，带领人民走向了新生活。有的同学崇拜周恩来，喜欢他为中华崛起而读书的豪迈和后来在外交中表现出的风度和礼仪。有的同学崇拜成龙、姚明……

每个人都有自己崇拜的偶像，当然也不乏科学家、医生、教师等专业的人才，后来讨论到了下一个部分“十年后，我能否成为我自己最崇拜的人”。

每个人都需要列出自己如何成为自己崇拜的人的具体步骤和所须做出的努力。大家突然觉得成为一个优秀的人需要做的事情很多，然后需要掌握的知识也远比我们预期的多。方飞希望自己能够当一个救死扶伤的医生，他知道自己必须从中学开始就要好好学习生物知识，不仅如此，还要学好其他的课程，这样才能为未来做个好医生打下良好的基础。虽然现在他还不用那些跟医生的职业有关的实习，但是他也需要关注这些方面的基础生理知识。这个积累的过程很漫长，他需要坚持下去，才能在十年后成为自己最崇拜的医生。

给男孩的悄悄话

青春期的男孩，几乎每个人都有自己的偶像。我们惊羡偶像们伟大的成就、精彩的生活、不凡的经历，有时把他们的照片贴满自己的小屋，还去购买他们的成长书。

榜样的感召力量是无穷的，崇拜某一个人，说明在内心里我们有成为这样的人的理想和愿望，只是这种愿望常常被我们忽略，有时我们觉得自己还小，未来还很遥远，有时觉得自己太过平凡，可能无法拥有卓越的人生。但是还没有试过、努力过，怎么可以轻率地说不可以，做不到呢？

事实上，春天种下什么，到了秋天就会收获什么。

春天种下一棵苹果树，夏天花开满园，到了秋天，果实成熟，沉甸甸地挂在枝头。我们立即摘下来品尝，或储藏起来制作更美味的果酱，留在冬天回味。

要想成为自己所崇拜的人，我们必须从今天开始就做点什么。

比如有当外科医生的理想，现在就打开你的课程表吧，从里面选出和当外科医生相关的课程重点突破。大部分的医学常识其实中学的生物课程就已经涉及了，如脉搏每分钟正常跳动的范围、细胞的组织结构等，这有助于你准确判断病人的生命体征或成功。而物理化学知识，会帮助你解决救助过程中出现的各类紧急状况。

或许你是想成为杰出的外交官，那样的话你就一定要熟悉历史，练就一口流利的外语和掌握各种外交辞令。

我们现在所进行的学习，就像种下苹果的种子一样，会让自己在十年后收获一个果实累累的秋天，到那时，你早已经做好了成为一个优秀外科医生的各项准备，然后通过临床的学习和实践，很快你就可以在手术台上“穿针走线”，攻克一个又一个疑难杂症，为患者送去健康。或者你还将走上国际讲坛，用流利的英语讲述中国外科医生的发现和成就。

古今中外很多拥有辉煌人生的人，都是在少年时期就明白了这一点。

当然了，千万不要认为实现理想，只学习一个领域和学科的内容就可以了，因为各个学科之间其实都是相通的。你今天读什么书，决定着明天你会成为怎样的人。每一门学科的学习都会为你打开一扇窗，打开的窗子越多，展现在你眼前的世界也就越广阔。当然不论哪一个清晨，你都需要在出门前确定好目标，并准备好足够多的可能需要的东西，这样你才会走得更远。

总之从今天开始就学着为自己加分吧，使自己从内到外都更接近你想要变成的那个样子，坚持下去，明天的你就会是你想的那样！

知识是立身之本

李凡如同他的名字一样是个相貌平凡的孩子，但是他有一颗不甘平凡的心。他希望自己有个美丽的未来。他爱读书，从书里看到了那些五彩缤纷的未来。他相信，书中有太多他需要的资源和能量。

他读书涉猎很广，除了学校学习的课本之外，关于天文地理、风土人情、文学作品，凡是能提供给他新的知识和思想的书他都读。他有很多的关于未来的愿望，其中的一个愿望是能够真正博览群书，这样他就能从书海中吸收更多的营养，而现实中他确实也在这么做，他坚持每天都用心读书，不管是学校规定的参考书目，还是自己主动涉猎的书籍，他都认真研读。这样的生活让他开始有个对未来的期待，他希望自己的以后能够和书中的人那样，有着丰富的经历和强大的心灵。

李凡想当一名作家，他想把世间百态用自己手中的笔勾勒出来，他知道，如果不读书，他根本无法启动美丽的文学词库，也没法细致地描摹人间的喜怒哀乐，现在他每天都在书海中吸收营养，充实自己，就是为了自己的作家梦在一步步努力。

给男孩的悄悄话

男孩们，你曾经梦想过自己的未来吗？未来的自己该是什么样的，未来的生活会很美好吗？

人的一生，除了出生和死亡，自己的时间完全是由自己规划的！你要给自己规划一个怎样的未来呢？不要常常想，未来还很遥远，时间过得很快，它几乎是呼哧一下就飞走了。

今天的妈妈还是一头乌黑的青丝，可不知道从哪一天开始，点点白霜就给她涂上新的色彩；今天的你，还拥有无限精彩的可能，可不知从哪一天起，你的未来只能局限在某一个点上生根发芽。

这一切是如何发生的呢？就在你嬉戏无度的无数个下午，就在你忙着看漫画的一节节课上，你放弃了时间，于是时间代替你为你的未来做了规划。

春种秋收，有耕耘才会有收获。今天的学习，正是在为明天的美好打基础。所以，不如提早规划一个未来给自己，不要让时间在不知不觉间悄悄溜掉。

今天的你所能做的，就是通过读书学习来使自己掌握更多的知识。在有了一定的知识储备之后，你可以再向着复合型人才的方向发展，使自己多具备几项本领。比如做一个外交官，仅仅只是学习政治历史知识肯定是不够的，人文、地理、气候甚至是生物常识，趁现在有足够的时间和精力，都可以去了解。多一种知识，在面临突发情况时就能应对自如，知识会随时帮你。还有外语，未来世界，多掌握几门外语对任何工作都十分必要，因为未来世界，各个国家、民族间的交流将会越来越频繁，世界将会越变越小。我们不用出国，就可以在自己生活的城市、居住的大楼中遇到很多“老外”，语言不通的话就可能会带来误会和麻烦。

通过读书，我们让自己预见美丽未来。而不管未来我们从事的是哪一种职业，丰厚的知识都是我们的立身之本，知识会让我们过上更美好的生活！

面对青春期男孩出现的各种问题，父母必须认真分析原因，有的放矢地解决问题，在孩子的青春期与孩子一起成长。

写给青春期男孩的书